한글문헌학

백두현(白斗鉉)

경북대학교 대학원 문학박사(1990). 경성대학교 문과대학 국어국문학과를 거쳐 경북대학교 인문대학 국어국문학과 교수로 재직하다가 정년 퇴임하였다. 옛 한글 문헌과 그 속에 담긴 한국어의 역사적 변화 그리고 한글생활사의 변천에 관심을 갖고 연구해 왔다. 훈민정음 해례본과 문자체계의 원리, 한글 편지와 한글 음식조리서, 한글 학습 자료 등을 중점적으로 연구해 왔다. 주요 저서로는『영남 문헌어의 음운사 연구』,『현풍곽씨언간 주해』,『음식디미방주해』,『석독구결의 문자체계와 기능』,『한글생활사 연구』,『훈민정음의 문화중층론-관점의 전환과 새로운 해석』,『조선시대의 한글 교육과 확산』,『한글 학습서의 역사』등이 있고, 훈민정음과 한글문헌에 대해 다수의 논문을 발표했다. 훈민정음학회 회장 및 국어사학회 회장을 역임하였으며, 제22회 일석국어학상(2024. 6.)을 수상하였다.

한글문헌학

초판 1쇄 발행 | 2015년 2월 26일
초판 2쇄 발행 | 2015년 7월 8일
개정판 1쇄 발행 | 2024년 9월 6일
개정판 2쇄 발행 | 2025년 8월 20일

지은이 | 백두현

펴낸곳 | (주)태학사
등록 | 제406-2020-000008호
주소 | 경기도 파주시 광인사길 217
전화 | 031-955-7580
전송 | 031-955-0910
전자우편 | thspub@daum.net
홈페이지 | www.thaehaksa.com

ⓒ 백두현, 2024, Printed in Korea.

값 30,000원

ISBN 978-89-5966-673-7 (93710)

한글 문헌학

백두헌

태학사

머리말

　문헌학은 문헌의 기본 정보를 밝혀서 인문·사회과학은 물론 관련된 여러 연구 분야에 필요한 자료를 제공하는 학문이다. 한글문헌학은 문헌학의 한 갈래로서 한글 문헌을 대상으로 그 내용과 가치를 연구하는 학문이다. 한글 문헌은 한글로 표기된 문헌으로 한국의 언어와 문화를 담고 있는 그릇이다. 우리는 한글 문헌을 통해 한국인이 축적해 온 한국문화의 정수를 만날 수 있으며, 이것을 정련하여 세계인과 함께 향유할 수 있다.
　한글 문헌에 담겨 있는 내용은 여러 분과의 학문 연구와 관련되어 있다. 그렇기 때문에 한글문헌학의 연구 성과는 한국학 연구에 다방면으로 기여할 뿐만 아니라 특히 국어학과 국문학 연구에 가장 큰 쓸모가 있다. 또한 한글문헌학은 한국의 전통 의학, 전통 음식 조리법, 옛사람의 생활문화, 민간신앙과 풍습, 전란과 여행의 경험, 문자생활, 서체 연구 등 한국문화 전반의 연구를 위한 토대가 된다.
　저자는 문헌학과 서지학 간에 일정한 차이가 있다고 생각한다. 문헌학은 개별 문헌의 외형과 물리적 특징은 물론 그 문헌이 생성된 역사적·사회적 배경 그리고 후세에 미친 영향과 그 의미를 종합적으로 연구하는 학문이다. 예컨대 김안국이 간행한 『경민편언해』, 『여씨향약언해』, 『이륜행실도』, 『농서언해』 등을 연구할 때, 한글문헌학에서는 이들의 판본과 계통에 대한 연구는 물론, 16세기 초기에 이러한 문헌이 간행된 역사적 배경, 이 책들이 후세에 미친 영향과 그 의미까지 파헤치려고 시도한다. 이에 비해 서지학은 문헌의 형태와 물질적 속성 및 그것의 분류에 치중하는 학문이다. 이런 점에서 문헌학의 관심 범위가 서지학의 그것보다 더 넓다고 할 수 있다. 이 책에서 '문헌학'이라는 용어를 쓴 취지가 여기에 있다.

그러나 연구 방법에 있어서 문헌학과 서지학은 서로 공유하는 부분이 매우 많다. 이에 저자는 서지학계에서 이루어진 학문적 성과를 이 책에 적극적으로 수용하였다. 특히 형태서지학에 관련된 분야, 즉 활자와 판본학에 대한 내용, 해제 작성법 등의 내용은 상당 부분 서지학자의 연구 성과에 의지한 것이다.

이 책은 4부 12장으로 구성되어 있다. 각 장에서 다룬 주요 내용과 취지는 다음과 같다. Ⅰ부는 한글문헌학의 연구 대상인 한글 문헌의 가치를 설명하고, 문헌에 대한 형태서지학적 기초를 닦는 데 초점을 두었다. 1장과 2장에서는 한글문헌학의 연구 대상과 방법을 간략히 제시하면서, 한글 문헌의 가치를 밝혔다. 아울러 한글문헌학 연구가 한국학 연구의 기초가 됨은 물론 디지털 시대에 새롭게 활용될 수 있음을 말하였다. 3장과 4장은 한글 문헌의 서지적 형태와 판본에 대한 이해를 위해 마련된 것이다.

Ⅱ부는 한글 문헌의 분류와 내용 변이를 다루었다. 5장에서는 주제를 기준으로 한글 문헌을 분류하여 현존하는 한글 문헌의 전모를 파악할 수 있도록 하였다. 6장에서는 한글 필사본의 중요성을 감안하여 한글 필사본 자료의 전모를 설명하고, 그중에서 특히 한글 고문서에 대해 더 자세히 해설하였다. 7장은 문헌의 내용이 어떻게 구성되어 있으며, 그것이 이본에 따라 변화하는 모습을 설명하였다.

Ⅲ부는 연구 방법론의 모색과 그 적용에 대해 다루었다. 8장은 문헌해석학의 연구 방법을 적용하는 절차를 설명하였다. 여기서는 개별 문헌의 세부 사항을 종합적으로 파악하여 서지 목록을 작성하고, 그 문헌에 대한 해제 작성 능력을 키우는 데 초점을 두었다. 9장에서는 문화중층론이

란 개념을 세워 문헌 연구를 위한 통합적 연구 방법을 제안하였다. 이 글은 『정신문화연구』 37권 3호에 실었던 글이다.

Ⅳ부는 역사적 고찰과 현대적 활용이라는 큰 주제 아래 3개의 장을 두었다. 10장은 4개 부류(불교서, 유교서, 병서, 음식조리서)의 한글 문헌을 대상으로 이들의 역사적 추이를 논한 것이다. 여기서는 4개 부류의 문헌만 다루었으나 앞으로 부류를 더 확장한 연구가 필요하다. 11장은 한글 서체에 대한 역사적 변천을 서술하기 위해 서체 분류 기준을 세우고, 관련 용어를 체계화하여 이것을 주요 필사본에 적용해 보았다. 훈민정음 창제 이후 전개된 한글 서체의 변화도 함께 다루었다. 한글 서체에 대한 체계적 지식은 한글 문헌 연구에 도움이 됨은 물론 한글 서체의 조형성과 예술성을 이해하는 데 유용한 것이다. 한글 서체에 대한 선행 연구를 수용하고, 새로운 논의를 추가하여 11장을 작성하였다. 11장에서 한글 서체 분류를 위한 원칙을 세우고 이에 의거한 한글 서체 분류 체계를 설정하였다. 또한 언간과 고문서에 나타난 서체의 양상과 변화를 기술함으로써 한글 서체의 역사적 변화를 연구하기 위한 기초를 놓아보려 했다. 10장과 11장은 역사적 관점에서 한글 문헌의 변천과 서체를 다룬 셈이다.

마지막 장인 12장에서는 한글 문헌의 현대적 활용을 위한 방안을 논하였다. 특히 문화콘텐츠 개발의 원천 자료로서 한글 문헌에 대한 접근법과 그 사례를 설명했다. 12장은 오늘날 '디지털'과 '국제화'로 요약되는 커다란 변화의 흐름 속에서, 한글 문헌 연구의 영역을 넓히고, 새로운 가능성을 확보하기 위한 노력의 하나이다. 민족 문화 혹은 민족 정체성 탐구라는 울타리가 허물어진 현대 한국사회에서 국어국문학을 포함한 한국학은 자신의 존립 기반을 새로 구축해야 하는 처지에 놓여 있다.

저자는 이 책을 2003년에 1차 집필하였고, 2004년에 복사본을 만들어 연구와 강의에 활용하기 시작했다. 그 후 10년 동안 해마다 내용을 고치고 바꾸는 등 수정과 보완을 거듭했다. 2013년에 저자는 1년간의 연구년을 얻었다. 이 기간을 틈타 집중적으로 수정 보완하였고, 그 후에도 틈틈이 고치기를 되풀이했다. 좀 더 나은 책을 만들기 위해 고심에 고심을 거듭했다. 더 고치고 다듬어야 할 부분이 아직도 남아 있지만 이제 이 책을 공간에 부쳐, 이 분야에 관심을 가진 분들께 제공하기로 결심했다. 이 책은 한글 문헌에 관심을 갖고 공부하거나 연구하는 분들을 위한 것이다. 아울러 한글 문헌에 관심을 가진 고급 교양인들에게도 유용한 책이 될 것이다.

  저자는 이 책을 쓰면서 많은 분들의 도움을 받았다. 국어사 문헌 연구에 큰 공을 이루신 류탁일·홍윤표 선생님의 업적이 저자에게 큰 힘이 되었다. 이보다 앞서 한글 문헌을 다루신 최현배·허웅·전재호·이기문·안병희 선생님의 연구 성과는 저자에게 소중한 자양이 되었다. 서지학계의 권위이신 백린·손보기·천혜봉·남권희 교수의 연구 논저에서 인용한 것도 적지 않다. 한글 고문서와 관련하여 김봉좌 박사의 도움이 컸으며, 홍은진 박사와 정승혜 교수의 글에서 도움을 받았다. 『고문서집성』(한국학중앙연구원)과 국립중앙박물관 등에서 낸 도록의 도움도 많이 받았다. 인용처를 일일이 표시하기는 했으나 혹시 누락된 것이 있을 수 있다. 너그러운 양해를 바란다. 그밖에도 많은 분들의 연구 업적을 참고하고 이용했으나 여기에 일일이 밝혀 적기 어렵다.

  이 책의 원고본으로 강의를 도와준 송지혜 교수, 편집에 애써 준 안미애 교수, 고서감별법과 서지 정보 조사에 도움을 준 임기영 박사, 제9장과 12장의 집필을 도와 준 배준영 군, 초고의 교정을 도와준 여러 제자들에게도 고마운 뜻을 전한다. 이 책을 튼튼하고 아름답게 만들어 준 태학사 지현구 사장과 편집진의 노고에 감사드린다.

  이 책의 목적은 서지학과 문헌학에서 이루어진 연구 성과를 수용하여, 한글 문헌의 이해를 위한 기초를 닦고, 연구 방법을 세우기 위한 것이다. '한글문헌학'이란 용어를 쓴 것은 이러한 취지를 집약한 것이다. 한글문헌학을 지향한 저자의 목표가 이 책에서 충분히 달성된 것은 아닐 것이다. 앞으로 심화된 한글문헌학 연구로 나아가는 길을 닦는 데 이 책이 도움이 되기를 바란다. 모자란 점은 관련 학자들의 더 나은 연구를 통해 앞으로 채워 갈 것이라 생각한다.

한글 문화 유산의 보고이자 미래를 위한 새로운 터전이 될 한글박물관이 개관되어 이 책을 출판하는 기쁨이 더욱 크다. 이 책이 한국의 옛 문헌에 관심을 가진 모든 분들께 도움이 되기를 기대해 본다.

2015년 1월 30일 경북대학교 복현 큰배움터에서
백두현 적음

이 책 초판 2쇄를 찍으면서 미교정된 곳을 찾아 바로잡았다. 이 작업은 황지윤과 백채원이 도와주었다.

이번 개정판에서는 12장 내용을 재편하고 몇 가지를 추가하였다. 이 작업은 안미애 교수와 안주현 교수가 도와주었다. 두 분의 노고에 감사 드린다.

2024년 8월 15일
청룡산 대덕산 삼필봉에 감사하며 백두현 적음

차례

머리말 *5*

I부 한글 문헌과 문헌학

1장 한글 문헌의 뜻과 가치 ·· *23*
   1.1. 한글 문헌과 한글문헌학의 뜻 ································· *23*
   1.2. 한글 문헌의 가치 ·· *25*
       1) 한글 문헌은 한국인의 정체성을 담는 그릇 ········ *25*
       2) 한국학 연구를 위한 기초 ······································ *25*
       3) 한국어와 한국문학 연구의 보고 ··························· *27*
       4) 문자생활 및 한글의 변천 연구를 위한 기초 ······ *28*
       5) 교육 자원으로서의 한글 문헌 ······························· *29*
       6) 문화 자원으로서의 한글 문헌 ······························· *30*
   1.3. 한글문헌학의 연구 분야와 연구 방법 ····················· *32*

2장 문헌과 문헌학 ·· *34*
   2.1. 문헌의 뜻 ·· *34*
   2.2. 문헌학의 뜻과 연구 방법 ·· *36*
      2.2.1. 문헌학의 뜻 ··· *36*
      2.2.2. 문헌 연구 방법 ··· *39*
        1) 문헌의 외형과 형태 연구 ······································ *39*
        2) 문헌의 내용과 주제 연구 ······································ *40*
        3) 문헌의 원문 연구 ··· *42*

2.3. 책(冊)의 기원과 관련 용어 ·· 45
   1) 책(冊)의 기원 ··· 45
   2) 권(卷) ·· 46
   3) 본(本) ·· 46
   4) 전(典) ·· 47
   5) 서(書) ·· 47
   6) 서적(書籍) ··· 47
   7) 전적(典籍) ··· 48
   8) 질(帙) ·· 48

3장 옛 책의 형태와 그 명칭 ·· 50
3.1. 책의 형태와 세부 명칭 ··· 50
  3.1.1. 책의 외부 ··· 50
    1) 표지 ·· 50
    2) 책의 외부 명칭 ··· 54
  3.1.2. 책의 내부 ··· 56
    1) 광곽과 변란 ··· 56
    2) 판심(版心) ·· 57
    3) 어미(魚尾) ·· 58
    4) 판심제(版心題) ·· 60
    5) 계선(界線)과 행관(行款) ·· 61
    6) 판면 바깥: 천두(天頭)와 지각(地脚) ························· 62
    7) 권말의 형식: 권말서명과 간기(刊記) ························ 62
  3.1.3. 책의 장정법(裝幀法) ··· 63
    1) 두루마리[卷子裝] ·· 64
    2) 절첩장(折帖裝) ·· 64
    3) 선풍장(旋風裝) ·· 66
    4) 호접장(胡蝶裝) ·· 66
    5) 포배장(包背裝) ·· 67

6) 선장(線裝) ·· 69
    3.1.4. 종이의 지질과 종류 ··· 71
        1) 제지법의 발달 ·· 71
        2) 재료에 따른 종이의 종류 ·· 72
        3) 제조법에 따른 종이의 종류 ·· 75
        4) 염색법에 따른 종이의 종류 ·· 75
        5) 용도에 따른 종이의 종류 ·· 76

4장 판본의 분류와 감별 ·· 78
    4.1. 간행 여부에 따른 문헌 자료의 분류 ·· 78
        1) 사본(寫本) ·· 78
        2) 간본(刊本) ·· 84
    4.2. 간행 시기에 따른 판본 분류 ·· 89
        1) 원간본(原刊本) ·· 89
        2) 중간본(重刊本) ·· 90
    4.3. 인출 시기(印出時期)에 따른 분류 ··· 92
        1) 초쇄본(初刷本) ·· 92
        2) 후쇄본(後刷本) ·· 92
        3) 보각본(補刻本) ·· 93
    4.4. 출판 판원(版元)에 따른 분류 ·· 94
        1) 관판(官版) ·· 94
        2) 사찰판(寺刹版) ·· 107
        3) 서원판(書院版)·성균관판(成均館版)·향교판(鄕校版)·
            재사판(齋舍版)·누정판(樓亭版) ·· 110
        4) 사간판(私刊版 혹은 私版) ·· 110
        5) 방각판(坊刻版) ·· 111
    4.5. 판본과 활자 ··· 114
        1) 목판본 ··· 114
        2) 한글 금속활자본 ·· 118

  3) 한글 목활자본 ·· *125*
 4.6. 판본 감별법 ··· *132*
  1) 목판본과 활자본을 감별하는 방법 ························· *132*
  2) 금속활자와 목활자를 감별하는 방법 ······················ *133*
  3) 원간 금속활자본과 그것의 목판 복각본을 감별하는 방법 ··· *133*
  4) 기타 판본 감별 참고 사항 ···································· *134*

Ⅱ부 한글 문헌의 분류와 내용 변이

5장 한글 문헌의 분류 ··· *137*
 5.1. 주제에 따른 한글 문헌의 분류 ······························ *137*
  1) 종교서류 ··· *138*
  2) 전문서류 ··· *145*
  3) 역사서류 ··· *151*
  4) 자서 물명류(字書 物名類) ···································· *156*
  5) 운서류(韻書類) ··· *161*
  6) 교화서류 ··· *163*
  7) 문학류 ·· *167*
  8) 언간류 ·· *175*
  9) 한글 고문서류 ·· *181*
 5.2. 언해의 대상과 방법에 따른 분류 ···························· *182*
 5.3. 기타 기준에 따른 분류 ··· *185*
  1) 재료별 분류 ··· *185*
  2) 시대별 분류 ··· *186*
  3) 지역별 분류 ··· *187*

6장 한글 필사본과 한글 고문서 ····································· *188*
 6.1. 한글 필사본 ··· *189*

1) 언간 ·· *191*
　　　2) 기행문(紀行文) ··· *198*
　　　3) 일기(日記) ··· *202*
　　　4) 역사서 ·· *205*
　　　5) 가장전기(家狀傳記) ··· *205*
　　　6) 제문(祭文) ··· *210*
　　　7) 여성교육서 ·· *211*
　　　8) 음식조리서 ·· *218*
　　　9) 한글 서화 ··· *218*
　　　10) 문학류 ··· *219*
　　　11) 한글 고문서 ·· *219*
6.2. 한글 고문서 ··· *220*
　6.2.1. 한글 고문서의 분류 ··· *220*
　　　1) 관문서(官文書) ··· *221*
　　　2) 매매·계약 문서 ··· *221*
　　　3) 의례(儀禮) 문서 ··· *222*
　　　4) 신앙·종교 문서 ··· *222*
　　　5) 의식주 문서 ·· *222*
　　　6) 가족·친족 문서 ··· *222*
　　　7) 공동체 생활 문서 ··· *223*
　　　8) 개인 생활 문서 ··· *223*
　6.2.2. 한글 고문서의 기재 양식과 내용 ····························· *224*
　　　1) 한글 토지 매매 문서 ··· *225*
　　　2) 한글 배지[牌旨] ·· *227*
　　　3) 한글 노비 매매 문서 ··· *229*
　　　4) 한글 수기(手記)와 수표(手標) ······························· *229*
　　　5) 고목(告目) ··· *230*

7장 문헌 내용의 구성과 그 변이 ·· 234
   7.1. 책의 내용 구성 ·· 234
       1) 내사기(內賜記) ··· 234
       2) 서문 ·· 236
       3) 목록과 범례 ·· 237
       4) 본문 ·· 238
       5) 발문 혹은 후(後) ··· 239
       6) 간행 기록 ··· 240
   7.2. 이본(異本)의 내용 변화 ··· 246
       1) 『삼강행실도』(三綱行實圖) ································· 247
       2) 『이륜행실도』(二倫行實圖) ································· 257
       3) 『오륜행실도』(五倫行實圖) ································· 263

Ⅲ부 연구 방법론의 모색과 그 적용

8장 문헌해석학의 방법론과 서지·해제 작성법 ····················· 273
   8.1. 문헌해석학의 방법론과 연구 절차 ······························· 273
       1) 1단계: 문헌 조사와 수집 ···································· 274
       2) 2단계: 수집된 문헌의 형태 서지 기술 ························ 275
       3) 3단계: 문헌의 기록 문자와 내용의 교감 ······················ 275
       4) 4단계: 이본의 계통적 위치 비정 ····························· 276
       5) 5단계: 문헌의 사회·역사적 배경 분석 ······················· 276
       6) 6단계: 언어 분석 ··· 276
   8.2. 목록 작성을 위한 서지 기술 방법 ······························· 277
   8.3. 해제 작성법과 사례 ··· 282
      8.3.1. 디지털 한글박물관의 해제 작성법과 사례 ················ 283
      8.3.2. 국립중앙도서관의 해제 작성법과 사례 ··················· 293
      8.3.3. 한글박물관의 해설문 작성 사례 ························· 300

1) 『훈민정음』(해례본) ·· 300
2) 『석보상절』 ··· 302
3) 『무예도보통지언해』 ·· 304

9장 한글 문헌의 문화중층론적 연구 방법 ····························· 306
9.1. 한글 문헌 연구를 위한 새로운 방법론의 필요성 ············· 306
9.2. 문화중층론의 개념과 층위 ··· 309
   1) 문화중층론의 개념 ··· 309
   2) 문화중층론의 층위와 구성 요소 ······························ 313
9.3. 문화중층론의 분석방법과 적용의 문제 ·························· 322
   1) 문화 요소의 추출과 해석방법 ································ 322
   2) 적용상의 문제점과 해결 방안 ································ 327
9.4. 맺음말 ··· 332

Ⅳ부 역사적 고찰과 현대적 활용

10장 한글 문헌의 역사적 추이(推移)와 그 의미 ······················ 339
10.1. 불교서 ·· 340
   1) 세종의 불교서 간행 ·· 341
   2) 간경도감판 불경언해 ··· 343
   3) 선불교 언해서 ··· 344
   4) 진언집 ·· 348
   5) 불설대보부모은중경언해 ······································· 349
   6) 대중 포교서 『염불보권문』 ··································· 350
10.2. 유교서 ·· 353
   1) 사서삼경언해 ·· 353
   2) 번역소학과 소학언해 ··· 363
10.3. 병서(兵書) ·· 367

1) 병서를 언해한 까닭 ·· *367*
         2) 병서의 범주와 현전(現傳) 언해본 ······················ *370*
    10.4. 음식조리서 ··· *377*
         1) 필사본 음식조리서 ······································· *378*
         2) 신활자본 음식조리서 ···································· *385*

11장 한글 서체의 역사적 변천 ····································· *390*
  11.1. 말, 문자, 서체 ·· *390*
  11.2. 현대 한글의 서체와 그 다양성 ······························· *391*
  11.3. 문자 관련 용어의 정의 ······································· *393*
  11.4. 한글 서체의 분류와 그 적용 ································· *395*
       1) 기존 학설의 검토 ·· *395*
       2) 서체 분류의 원칙 ·· *398*
       3) 한글 서체의 분류 ·· *399*
       4) 한글 필사본에 적용해 본 서체 분류의 실제 ············ *409*
  11.5. 한글 서체의 시대적 흐름 ···································· *410*
       1) 한글 서체의 탄생: 훈민정음 해례본의 글꼴 ············ *410*
       2) 인쇄본에 나타난 한글 자모자의 변화 ··················· *415*
       3) 한글 서체 변화의 시대 구분 문제 ······················· *424*
  11.6. 한글 필사본의 서체 ·· *425*
       1) 한글 필사본의 서체 분석 방법 ··························· *427*
       2) 가장 오래된 한글 필사본의 서체 ························ *429*
       3) 한글 필사본 서체의 특성 ································· *431*

12장 한글 문헌의 현대적 활용 ····································· *449*
  12.1. 현대적 활용의 뜻과 가능성 ·································· *449*
  12.2. 한글 문헌에 대한 접근 방법과 활용 방향 ·················· *451*
       1) 역사적 배경을 살핌 ······································· *452*
       2) 문헌의 내용을 살핌 ······································· *454*

3) 문헌에 얽힌 이야기를 살핌 ·· 458
12.3. 문화콘텐츠의 개념과 문화원형 디지털화 사업 ··················· 461
  12.3.1. 문화콘텐츠의 개념 ·· 461
   1) 문화콘텐츠 ·· 461
   2) 인문콘텐츠 ·· 463
   3) 문화 기술(Culture Technology) ·· 463
   4) 문화콘텐츠 개발의 과정과 방법 ······································ 464
  12.3.2. 디지털 한글박물관과 한글 문헌 콘텐츠 구축 사업 ····· 466
  12.3.3. 문화원형 디지털 콘텐츠화 사업과 그 성과 ··············· 467
   1) 문화원형 사업의 개요 ·· 467
   2) 문화원형 사업의 한국어문학 관련 과제 ························ 469
12.4. 한글유산을 이용한 영상 강의 제작 ···································· 473
  12.4.1. 한글유산의 정의와 범위 ·· 473
  12.4.2. 한글유산의 분류와 데이터베이스 구축 ····················· 476
   1) 한글유산의 분류 ··· 476
   2) 한글유산 데이터베이스 구축 ·· 477
  12.4.3. 한글유산 영상 강의를 위한 강의안 작성 사례 ·········· 479
   1) 강의 주제 잡기 ·· 479
   2) 자료 수집하기 ·· 481
   3) 강의 내용 구성하기 ·· 482
   4) 영상 강의 제작하기 ·· 482

참고문헌 487
찾아보기 529

I부

한글 문헌과 문헌학

1장 한글 문헌의 뜻과 가치

1.1. 한글 문헌과 한글문헌학의 뜻

한글 문헌이란 한글로 기록된 문헌을 말하며, 한글문헌학은 한글 고문헌을 연구 대상으로 하는 학문이다. 한글 문헌의 시대적 범위를 보다 분명히 드러내기 위해 '한글 고문헌'이란 용어를 쓰기도 한다. 한글 고문헌[1]은 한글로 표기된 옛 문헌을 가리킨다. 한글 고문헌을 가장 단순하게 "한글로 적힌 서적이나 문서 등의 옛 기록물"이라고 정의할 수 있다.

한글 고문헌의 상한선은 한글이 반포된 1446년이다. 한글 고문헌의 하한선은 서지학계에서 일반적으로 통용되는 고서(古書)의 하한선인 1910년으로 잡을 수 있다. 그러나 1910년 이후에도 전통적 고서로 장정한 책[韓裝本]이 나오는 점을 고려하여 하한선을 1945년까지 연장할 수도 있다.[2]

한글 문헌은 판본으로 간행된 것은 물론, 한글 편지와 한글 고문서, 한글 가사 등 손으로 쓴 필사본 자료를 망라한다. 문헌의 주 내용이 한문으로 표기되어 있으면서 그 속에 한글로 쓴 문장이나 어휘가 들어간 자료도 한글 문헌에 포함된다. 『용비어천가』의 많은 내용이 한문이지만 한글 문장으로 작성된 가사가 들어 있으므로 당연히 한글 문헌에 속한다.

---

[1] '한글 옛문헌'이란 이름을 쓸 수도 있다. '옛한글 문헌'이라고 하면 일차적으로 한글 고어자로 표기된 문헌을 가리키지만, 결과적으로는 '한글 고문헌' 혹은 '한글 옛문헌'과 겹치는 부분이 많다. 이들을 망라하여 '한글 문헌'이라 부르기로 한다.

[2] 요즘은 해방 이전에 나온 양장본을 '양장 고서'(洋裝 古書)라 부르고 있다.

조선시대 대표적인 농서의 하나인 『농가집성』(農家集成)은 내용의 대부분이 한문 문장이지만 이 책의 「금양잡록」(衿陽雜錄)에는 곡식 어휘의 어휘 표기에 한글이 사용되어 있으므로 한글 문헌으로 간주한다.

그러나 한자의 음과 뜻을 이용하여 우리말을 적은 향찰 자료와 이두 자료, 그리고 한자의 약체자(略體字)를 이용한 구결 자료는 한글 문헌에 포함되지 않는다. 이들은 국어사 자료이기는 하나 한글 문헌은 아닌 것이다. 그러나 한글로 표기된 구결 자료는 한글 문헌에 넣을 수 있다. 표기가 한글로 된 것만 한글 문헌으로 인정한다.

한글 문헌 중 대표적인 것이 이른바 언해서(諺解書)이다. 한문으로 된 원전을 '언문'(諺文)으로 번역한 것이 언해서이다. 『능엄경언해』, 『법화경언해』 등의 불경 언해와 『소학언해』, 『논어언해』, 『맹자언해』 등 유교 경서류가 대표적 언해서이다. '언해'(諺解)라는 명칭이 책 이름에 사용된 가장 빠른 예는 『정속언해』(正俗諺解)이다. 1518년(중종 13년), 김안국(金安國)이 경상도 관찰사 재임 중에 목판본으로 찍어 낸 『정속언해』는 책의 제목에 '언해'라는 말을 처음 사용한 문헌이다. '언해' 이전에 쓰인 용어는 '번역'(飜譯)이었다. 『번역박통사』(飜譯朴通事上, 1517년), 『번역노걸대』(飜譯老乞大, 1517년), 『번역소학』(飜譯小學, 1518년) 등이 그 예이다.

목판이나 활자로 인쇄한 것뿐 아니라 직접 손으로 쓴 한글 문헌이 인쇄한 한글 문헌 못지않게 많다. 수많은 한글 고소설이 필사본 형태로 전하고 있으며, 옛 사람들이 주고받은 한글 편지도 그 양이 적지 않다. 또한 한글로 필사한 각종 문서와 일기, 기행문 등의 기록 자료가 있다. 이러한 문헌을 뭉뚱그려 우리는 '한글 문헌'이라 칭하며, 이것을 연구 대상으로 삼는 학문을 '한글문헌학'이라 명명한다.

1.2. 한글 문헌의 가치

오늘날과 같은 현대 사회에서 전통 시대에 기록된 각종 한글 문헌을 공부하고 연구하는 것이 어떤 의미를 가지는 것인가? 이 질문에 답하기 위해서 우리는 먼저 한글 문헌의 가치를 이해할 필요가 있다. 한글 문헌이 지닌 가치는 곧 한글문헌학의 연구 가치로 직결된다. 한글 문헌의 가치와 이에 대한 연구가 갖는 의의는 다음과 같이 설명할 수 있다.

1) 한글 문헌은 한국인의 정체성을 담는 그릇

한글 문헌은 한국인과 한국문화의 정체성을 담아내는 그릇이다. 한글 문헌은 한국인의 사상과 정서와 문화와 창조적 재능을 표현하고 수용하는 매개체로 기능해 왔다. 한글 문헌은 과거 한국인의 경험과 지식과 재능을 담고 있을 뿐 아니라, 미래 한국인이 창조할 새로운 문화의 밑거름이다. 이런 점에서 한글 문헌은 한국인이 과거에 일궈 온 정체성을 드러내는 매개체이면서, 동시에 미래에 만들어 갈 한국문화의 원천이라 할 수 있다. 한글 문헌에 대한 깊이 있는 연구는 한국인에 대한 이해는 물론 세계 문화 발전에 이바지하는 디딤돌이 될 것이다.

2) 한국학 연구를 위한 기초

문헌학은 인문학, 사회과학, 전통 과학 등 여러 학문 분야에서 요구하는 기초 자료를 제공한다. 이와 마찬가지로 한글문헌학은 한글로 표기된 모든 자료를 대상으로 하는 것이기 때문에 한국학 연구를 위한 기초 자료를 제공하는 분야이다. 각종 한글 서적과 한글 문서는 그 내용이 여러 분과 학문에 관련될 수 있기 때문에, 한글문헌학의 연구를 통해 제공되는 각종 문헌들은 다방면의 한국학 연구에 기여할 수 있다.

지금까지 한국학 연구의 주 자료는 한문(漢文)으로 된 문헌들이었다. 한글 문헌은 국어학과 국문학 연구의 대상으로만 여겨온 경향이 있었다.

이렇게 된 이유는 그동안 연구 대상이 된 문헌들이 주로 언해본 한글 자료이거나 한글 고소설, 시조, 가사 등 문학류가 대부분이기 때문이다. 그러나 한글 문헌에는 이러한 것 이외에도 다양한 종류의 자료가 풍부하게 전해지고 있다. 국내외를 여행하면서 보고들은 바를 한글로 기록한 각종 기행문(기행가사, 유배일기, 연행록 등)은 조선 후기의 사회상과 문화, 외국 문물과의 접촉을 연구하는 데 좋은 자료가 된다.[3] 전쟁의 경험을 기록한 『산성일기』, 개인과 조상의 삶을 기록한 한글 행장류(行狀類, 한산이씨고행록 등), 한글 가승(家乘)과 한글 족보, 한글 유서(遺書) 등은 크고 작은 집단사회의 역사를 연구하는 자료가 된다. 다양한 내용의 한글 문헌은 국어국문학뿐 아니라 다방면의 학술 자료로 활용될 수 있다.

한글 문헌은 조선시대 전통문화 연구의 중요 자료가 된다. 17세기 후기 사대부가의 음식조리법을 담은 『음식디미방』은 한국 음식의 원형을 보존한 책으로서 전통음식을 연구하는 데 꼭 필요한 책이다. 18세기 이후에 저술되거나 필사된 한글 음식조리서는 60여 종이 전해지고 있다. 이들의 원전 이미지와 원문 및 주석문을 갖춘 아카이브를 구축하면, 국어사 연구는 물론 전통 음식의 현대적 변용을 위한 원천이 될 것이다.

전통 사회에서 한국인이 영위한 현실적 삶을 잘 보여주는 한글 문헌이 더 있다. 한글 편지와 한글 고문서가 그것이다. 곽주(郭澍, 1569~1617)가 쓴 「현풍곽씨언간」은 당시 한국어의 모습뿐 아니라 풍습과 제도, 사회생활, 인간관계, 민간신앙 등의 다양한 내용을 담고 있다. 이동표(李東標, 1644~1700)가 어머니 순천김씨에게 보낸 편지에는 흥미로운 역사적 사실이 등장하고 있다. 이동표는 과거 시험에 나아가 대과에서 장원급제했

---

[3] 실학자 홍대용이 지은 「을병연행록」은 북경 여행을 한글로 기록한 기행문이자 기록문학이다. 이 문헌이 가진 가치에 주목하여 여러 학자들의 연구가 이루어졌다. 소재영·조규익·장경남·최인황(1997)의 주해를 필두로 하여, 김태준·박성순(2001)의 번역, 정훈식(2012)의 번역이 이어졌다. 국어학적 연구로는 홍은진(2001)이 있다. 「을병연행록」에 대한 융합적 연구가 필요하다.

으나 타인의 시험 부정 때문에 무효 처리되어 버렸다. 이 상황에서 근심하고 고생하는 선비의 모습이 이 편지에 그려져 있다. 이동표가 어머니에게 보낸 편지에 나타난 이 사연은 조선왕조실록에 그 시말이 기록되어 있다. 전경목(2011)은 이동표의 한글 편지와 조선왕조실록의 기록을 서로 연결지어 흥미로운 연구 결과를 내놓은 바 있다. 이런 사례에서 보듯이 한글 편지는 국어 연구뿐 아니라 사회사, 생활사, 정치사 연구 등에도 이용될 수 있다.

한글 음식조리서, 한글 편지, 한글 고문서 등은 생활 밀착형 자료라 할 수 있다. 이러한 한글 문헌들은 국어학 혹은 국문학 연구에 그치는 것이 아니라 한국학의 여러 방면에 활용될 수 있다. 우리는 한글 문헌의 이러한 가치를 재인식해야 한다.

3) 한국어와 한국문학 연구의 보고

한국어는 한국문화를 담는 그릇이면서 동시에 새로운 한국문화를 창조함에 있어서 핵심적 역할을 한다. 한국인과 한국문화의 정체성은 한국어와 이것을 표현하는 한글을 통해 구현된다. 이런 점에서 한국어와 한국문학 연구는 한국 언어문화의 재발견을 통해 세계 문화 발전에 이바지하는 디딤돌이 된다.

한글문헌학은 한국어 및 한국문학 연구와 떼려야 뗄 수 없는 관계를 맺고 있다. 한국어와 한국문학 연구의 상당 부분은 한글 문헌에 의존하지 않을 수 없다. 한글문헌학은 이 분야 연구의 토대를 제공한다. 따라서 한글 문헌에 대한 분석과 이해는 한국어와 한국문학 연구자들에게 필수적 과정이라 하겠다. 국어사 연구는 물론이고, 시조나 가사 등의 운문문학 연구와 고소설 등의 산문문학 연구로 나아가는 데 한글문헌학이 도움을 줄 수 있다. 연구 대상 한글 문헌을 질서화하고 분석·연구하며, 그 내용과 가치를 밝히는 작업을 함에 있어서 한글문헌학은 그 기초가 된다.

4) 문자생활 및 한글의 변천 연구를 위한 기초

한글이 창제되기 이전에 한국인의 문자 생활은 한자(漢字)와 한문(漢文)에 의존하였다. 한자를 수용하여 우리말을 표기한 것으로 이두·구결·향찰이 있었다. 이들은 한자를 우리말에 맞도록 변용한 것이지만 한자의 범주를 벗어난 것은 아니었다. 1446년에 세종대왕의 창안으로 조선인의 문자 생활에 한글이 추가되었다. 한글은 문자 생활이란 측면에서 한문과 한자에 의존해온 기존의 문자 생활에 커다란 변화를 초래했다. 어리석은 백성이 그 뜻을 펴고자 해도 능히 드러내지 못하는 점을 안타까이 여긴 세종의 한글 창제 의도에 부합하여, 새 문자는 문자 생활에서 소외되었던 사회 계층에게 큰 환영을 받았다. 양반가 여성과 궁녀를 비롯하여, 여성들은 물론 양반 지식인들도 실생활의 필요에 따라 한글을 사용하였다.

그러나 한글은 창제 이후 거의 450여 년 동안 국가 정책 차원에서 한 번도 돌봄을 받지 못한 상태로 방치되어 왔었다. 그러다가 갑오개혁(1894년, 고종 32년)과 함께 군국기무처에서 의정부 이하 각 관청의 편제와 직무를 근대 정부 조직으로 개편하였다. 이때 한글을 국가의 문자 즉 '國文'으로 인정하고[4] 학부(學部) 안에 편집국을 두어 국문 철자를 관장하게 하였다. 이러한 역사적 과정을 거치면서 한글은 진정한 의미의 백성

---

[4] 1894년 11월 21일에 고종이 내린 칙령 제1호에서 "法律勅令總以國文爲本……"라고 한 것이 그것이다. 이 칙령은 한글을 '國文'으로 인정한 국가적 공식 기록으로 그 역사적 의의가 매우 큰 것이다. 이 칙령은 세종의 훈민정음 반포 이후 처음으로 정부에서 마련한 한글 정책이며, 그 후의 문자생활에 혁명을 가져왔다. 그리고 1895년 5월 8일에 이 칙령이 개정 공포될 때 이 조항은 "法律勅令은 다 國文으로써 本을 삼고……"와 같이 國漢文으로 번역되었다. 그 후 국민 교육과 언론 출판 등의 활성화와 함께 한글맞춤법 제정이 절실하게 필요하게 되었고, 이에 따라 광무 11년(1907)에 국문연구소(1907.7.8.~1909.12.27.)가 개설되었던 것이다. 1907.9.16.~1909.3.3. 기간 동안 국문연구소 연구위원들이 회의를 거듭하여 『국문연구의정안』(國文研究議定案)(7권 416장)을 제정하였다. 그러나 일제의 대한제국 강제 합병으로 이 안은 실행되지 못하고 말았다. 게다가 『국문연구의정안』 원본은 일본으로 반출되어 버려 동경대학교 도서관에 소장되어 있다.

을 위한 문자가 되었고, 이로써 문자 생활의 민주화가 본격적으로 진행될 수 있었다.

조선시대의 한글은 우리가 흔히 잘못 알고 있듯이 여성 중심으로 사용되었던 것이 아니다. 현재 전하는 많은 한글 편지의 필자를 분석해 보면 양반층 남성이 쓴 것이 상당히 많다. 사대부가 언간 533건의 발신자를 성별로 분석해 보니 여성이 55.4%이고, 남성이 44.6%였다. 수신자는 여성이 77.5%이고 남성이 22.5%였다(백두현 2005a:59). 여성의 사용 비율이 전체적으로 높게 나타나지만 남성의 한글 사용도 적지 않은 수준임을 이 수치가 보여 준다. 또한 음식조리서나 궁중에서 대비·왕비·궁녀 등 여성의 활동과 관련된 문헌 작성은 한글로 이루어진 것이 많다. 이런 점에서 한글 문헌에 대한 연구는 여성들의 문자생활사를 기술하고, 나아가 한국 여성의 지성사를 서술하는 데 기여할 수 있다.

한글문헌학은 1446년 이후 생성된 온갖 한글 문헌을 연구 대상으로 한다. 따라서 한글 문헌을 연구하는 것은 한글을 통해 이루어진 한글생활사 연구의 기초를 놓는 일이기도 하다. 지금까지 한글 문헌에 대한 연구는 국어사 및 고전 국문학 방면에서 주로 이루어졌다. 전근대 한국 사회의 사회사·문화사·생활사 등을 고려하여 보다 넓은 관점에서 한글 문헌을 연구한 성과가 거의 없었던 것이 사실이다. 범위를 더 좁혀, 한국인의 문자생활이라는 측면에서 한글 문헌 전체의 흐름을 살펴보려는 연구도 찾기 어렵다. 우리는 종전의 이러한 한계를 극복하여, 한글 문헌을 보다 넓은 시각에서 연구하는 방향으로 한글문헌학을 발전시켜 가야 한다.

5) 교육 자원으로서의 한글 문헌

한글 문헌의 가장 실용적인 측면은 각급 학교 국어 관련 교과서에서 다양한 목적의 교육 자료로 활용되는 점이다. 한글 문헌에 담긴 다양한 소재들은 미래 세대를 위한 교육 자원이며, 학교 교육에 활용할 수 있는 보물 창고[寶庫]이다. 한글 문헌에 반영된 한국 전통문화의 다양한 소재는 교육에도 활용할 수 있다. 한글 문헌의 교육적 활용은 미래 세대에게 한민족 문화의 정체성을 인식시키고, 나아가 그것을 창의적으로 계승 발전시켜 세계 문화 발전에 기여하는 밑거름이 될 것이다.

6) 문화 자원으로서의 한글 문헌

문화 자원의 관점에서 보면 한글 문헌은 문화콘텐츠와 문화상품 등 창조적 문화 발전의 밑거름이 된다. 가까운 예로 한글 문헌에 기반한 새로운 글꼴(폰트 font) 개발을 들 수 있다. 문서작성기에서 쓰이고 있는 훈민정음체, 판본체, 궁체, 흘림체 등은 한글 고문헌의 서체를 창의적으로 변용한 것이다. 출판계에서 가장 널리 쓰이는 정자(正字)의 해서체는 교정청판 사서언해(1590)의 서체와 관련이 깊다. 이 서체는 정자체의 전범이 되었으며, 『오륜행실도』(1797)와 교서관판 『소학언해』에 이르러 단정하면서도 굵은 획의 해서체로 변모되었다가, 20세기 이후 학교 교과서의 서체로 자리 잡았다. 오늘날의 교과서에 쓰이는 해서체의 뿌리는 조선시대의 교과서였던 사서언해 초간본의 글꼴과 밀접한 관련을 맺고 있다.

한글 문헌에 담겨 있는 수많은 소재들은 현대 문화산업에서 활용할 수 있는 자원이기도 하다. 예컨대, 한국학중앙연구원 장서각 소장본 중에는 궁중에서 행해진 각종 행사를 한글로 기록한 다수의 문헌이 있다. 특히 궁중 음식과 의복 등 일상생활과 관련된 궁중 문서에는 한글로 기록된 것이 포함되어 있다. 조선시대의 궁중에서 기록된 각종 자료를 통해 우리는 궁중 생활의 구체적 면모를 알 수 있다. 이러한 자료를 오늘날의 인터넷 환경에 알맞게 가공하여 디지털화하는 작업이 이루어진다면, 우리의 한글 문화 자산은 세계적으로 열린 인터넷 공간에서 더욱 빛나는 존재가 될 것이다.

문화관광부와 국립국어원의 노력으로 2003년 10월에 디지털 한글박물관이 인터넷상에서 개관되었다. 이 박물관에는 수많은 한글 전적을 체계적으로 분류 전시하여 누구나 쉽게 옛 한글 문헌에 접근할 수 있게 되었다. 한글 문헌의 원본은 국립중앙도서관, 규장각, 각 대학 도서관 고서실 등에 소장되어 있어서 일반인들이 접근하기 어려운 것이다. 디지털 한글박물관은 각종 한글 문헌을 이용자들이 연구 및 학습 자료로 자유롭게 이용할 수 있도록 만들었다. 일반 대중이 한글 문헌을 쉽게 이해할 수 있도록 문헌마다 해설문을 붙여 놓았다. 디지털 한글박물관의 콘텐츠들은 앞으로 여러 영역에서 다양한 목적으로 한글 문헌을 활용할 수 있는 토대를 놓았다. 여기서 제공된 한글 문헌은 앞으로 2차·3차의 가공을 거쳐 여러 가지 목적에 부응하는 문화 콘텐츠 개발에 활용될 수 있다.[5]

한글문헌학은 한국학 연구의 기초 분야이다. 이에 대한 관심이 더욱 커지고 더 많은 연구자가 나와야 할 것이다. 그리고 앞으로 이 분야의 연구자들은 전문적 성격의 연구 결과를 일반 대중이 함께 공유하고 향유할 수 있도록 적극적으로 노력할 필요가 있다. 전문 학자들의 연구 성과는 일반 대중과 소통하고 공유됨으로써 그 가치가 더욱 의미 있는 것이 된다. 한글 문헌에 대한 대중들의 이해가 높아지면 이 분야에 대한 사회적 관심이 커지게 된다. 이러한 과정을 통해 한글문헌학의 학문적 가치

---

[5] 한국콘텐츠진흥원의 문화원형 디지털화 사업은 한국문화의 원형 소재를 디지털 콘텐츠화하여 문화 산업 발전에 기여한 사업이다. 2002~2011년간 총 654억 원을 투입하여, 237개 과제(콘텐츠 약 30만 건)를 개발한 후, 그 결과물을 2004년 6월부터 2021년 12월 31일까지 '문화콘텐츠닷컴' 웹사이트를 통해 제공하였다. 한글 문헌의 문화콘텐츠에서의 활용과 관련해 2004년 1월 19일자 동아일보에 실렸던 흥미로운 기사를 소개한다. 스토리 창작사 '엔브레인'은 조선시대 궁중을 중심으로 필사된 장편 한글 소설 「명주보월빙」(明珠寶月聘), 「옥원전해」(玉鴛箋解) 등을 분석해 그 속에 나타난 남녀 간의 사랑, 인간관계, 권력투쟁 등을 문화상품의 원형으로 추출하여, 이것을 현대의 드라마나 만화, 게임 창작을 위한 스토리 소재로 이용할 것을 제안하였다. 문화원형 디지털 사업에 한글 문헌이 활용된 좋은 사례이다. 한글문헌학의 연구는 전통 문화 자원의 디지털화 사업에 기초를 놓는 일이 될 것이다.

가 높아지게 되고 학문적 자생력도 튼튼한 기반을 얻게 된다. 우리는 한글 문헌학의 연구 성과를 다수의 국민이 향유할 수 있도록 노력해야 한다.

한글 문헌은 국어사나 고전문학 연구에 그치는 것이 아니라 한국학의 여러 방면에 활용될 수 있으며, 미래 세대를 위한 교육과 문화산업에 활용될 수 있다. 그러기 위해서는 한글 문헌에 관한 연구 성과가 학교 교육과 사회 교육을 위한 새로운 자원으로 활용되도록 해야 한다. 한글 문헌에 대한 연구는 전통 문화의 현대적 재창조를 위한 각종 사업에 원천 자료를 제공하는 데 기여할 수 있다. 한글 문헌은 디지털 콘텐츠 사업에 원천 자료로 이용되고 있으며, 각종 창작 활동을 위한 새로운 아이디어를 만드는 데도 기여하고 있다. 이제는 한글 문헌의 활용도를 높이기 위한 연구와 실천이 필요하다. 이런 점에서 한글 문헌 연구자는 더 넓은 조망과 식견을 갖고 연구하는 태도가 필요하다.[6]

1.3. 한글문헌학의 연구 분야와 연구 방법

한글문헌학의 하위 연구 분야는 일반적인 문헌학의 하위 연구 분야와 같은 것으로 볼 수 있다. 류탁일(1989)은 문헌학의 연구 분야를 1)문헌형태론(文獻形態論), 2)문자론(文字論), 3)생성배경론(生成背景論), 4)전승변화론(傳承變化論), 5)고증론(考證論), 6)원전비평론(原典批評論), 7)번역주석론(飜譯注釋論)과 같이 세웠다.[7] 한글문헌학의 연구 분야도 이와 유사하게 설정할 수 있다. 다만 2)문자론은 그 연구 범위가 한글 문자체계의 역사적 변화 및 한글 서체의 변화 등에 국한될 것이다.

한글문헌학의 연구 방법은 서지학의 기본적 연구 방법론에서 출발한

---

[6] 한글 문헌의 문화중층론적 연구 방법을 제안한 이 책의 제9장은 저자의 이러한 뜻에서 나온 것이다.

[7] 이 분류 체계는 류탁일(1989)에서 원용한 것이다. 분야의 명칭을 더 쉬운 용어로 일부 수정하였다.

다. 위의 연구 분야 중, 1)문헌형태론에서는 형태서지학의 방법론을 활용할 수 있다. 이 책의 3장과 4장이 이 방법론을 적용한 것이다. 연구 분야 중 2)문자론, 4)전승변화론, 6)원전비평론에는 주제서지학 및 원문서지학의 방법론을 응용할 수 있다. 이 책의 5장, 6장, 7장에서 이 방법론을 활용하였다. 3)생성배경론에는 문헌 생성의 사회적·정치적·문화사적 배경을 파악하기 위한 종합적 관점과 방법이 필요하다. 이를 위해 저자는 문헌해석학의 방법론(8장)과 문화중층론적 연구 방법(9장)을 제안하였다. 10장, 11장, 12장에서는 한글 문헌에 대한 역사적 고찰과 현대적 활용을 대 주제로 하여, 한글 문헌의 역사적 추이, 한글 서체의 역사적 변화, 한글 문헌의 현대적 활용을 각각 다루었다. 여기서는 각 장의 연구 대상에 따라 요구되는 연구 방법론을 통합적으로 활용하였다.

2장 문헌과 문헌학

2.1. 문헌의 뜻

문헌은 문자로 적힌 서적이나 문서 따위의 기록물을 뜻한다. 이 기록물(records 혹은 documents)은 종이나 목재에 쓰인 것은 물론 비문이나 청동기에 새겨진 문자 즉 금석문까지 포함한다. 문헌은 지나간 시기의 제도와 관습, 역사와 문물을 연구하는 데 필요한 문자 기록 자료이다. 문헌의 개념은 종이 서적과 종이 문서, 목간(木簡)과 금석문을 모두 포괄한다.

오래된 문헌 즉 고문헌은 고서(古書)와 고문서(古文書)로 나누어진다. 고서란 성책(成冊)되어 책의 형태를 갖춘 것이고, 고문서란 성책되지 않은 낱장 혹은 여러 장으로 된 기록물을 뜻한다.

그런데 '문헌'이란 용어는 원래 오늘날과 같은 넓은 의미로 사용되지 않았다. '문헌(文獻)'의 '문(文)'은 서적 또는 전적(典籍)'의 뜻으로 사용된 것이며, '문헌(文獻)'의 '헌(獻)'은 한자 '현(賢)'을 가차(假借)한 것으로서 '현인'을 뜻하는 말이기도 하다. 이와 관련된 전거(典據)는 다음과 같다.[1]

1) 논어의 '문헌' 용례
   (1) 文典籍也 獻賢也. (論語 集注) 문은 전적이고, 헌은 현인이다.

---

[1] 이 예시문의 한문은 류탁일(1986), 『한국문헌학연구서설』(세종문화사)에서 인용한 것이다.

(2) 子曰 夏禮를 吾能言之나 杞不足徵也며 殷禮를 吾能言之나 宋不足徵也는 文獻이 不足故也니 足則吾能徵之矣 (論語 八佾)

공자께서 말씀하셨다. "하 나라의 예(禮)는 내가 능히 말할 수 있으나 기 나라는 족히 실증할 수 없으며, 은 나라의 예는 내가 능히 말할 수 있으나 송 나라는 족히 실증할 수 없다. 이는 문헌(文獻)이 부족하기 때문이다. 만약 (문헌이) 족하다면 내가 능히 실증할 수 있다."

2) 『월사선생집』(月沙先生集) 서문의 '문헌' 용례[2]

又孔子嘗歎 二代之文獻無徵. 蓋有獻然後有文. 觀此數篇論議, 則其爲文獻 何如也. 雖百世可徵也. 公之文獻. 尤豈可任其埋沒. 不以新一世之耳目哉.

또 공자께서는 일찍이 이대(二代)에 실증할 만한 문헌이 없음을 탄식하였다. 대개 헌(獻)이 있은 뒤에야 문(文)이 있는 법이다. 이 몇 편의 논의를 보면 그 문헌됨이 어떠한가. 비록 백세(百世) 뒤라 할지라도 실증할 수 있을 것이다. 공의 문헌을 어찌 세상의 이목(耳目)을 일신(一新)하는 데 쓰지 않고 내버려 둘 수 있겠는가.

3) 책 이름에 쓰인 '문헌'

『東國文獻備考』(동국문헌비고)(洪鳳漢 홍봉한 지음).

『增訂文獻備考』(증정문헌비고)(李萬運 이만운 지음).

1)은 공자가 "문헌이 족했다면 송 나라와 기 나라의 문물제도를 다 밝혀낼 수 있었을 텐데"라고 아쉬워했다는 내용이다. 논어의 이 인용문에서 문헌은 '문물제도를 담은 전적(典籍)'을 뜻한다. 이를 다르게 표현하

---

[2] 『월사선생집』은 조선 중기의 문신 이정구(李廷龜 : 1564~1635)의 문집이다. 이 문집에는 왕휘(汪煇)·강일광(姜日廣)·양지원(梁之垣)·장유(張維)·송시열(宋時烈)이 각각 쓴 서문 다섯 편이 실려 있다. 현대어 번역은 한국고전번역원(http://www.itkc.or.kr)의 한국고전종합DB에서 가져온 것이다.

여, '문헌은 문물제도 및 그것을 담은 책의 내용을 알고 있는 선현(先賢)의 구두 전수(口頭 傳授)'라고 정의할 수 있다. '문헌'(文獻)은 '文'과 '獻'의 합성어로서 '文'은 전적(典籍), '獻'은 현자(賢者)를 뜻하는 의미를 지니고 있다. 이 뜻이 전의되어 '文'은 온갖 사실에 대한 기록을, 그리고 '獻'(헌)은 그것을 알고 있는 사람을 뜻하게 되었다. 이것을 현대적 용어로 표현하면, '문헌'의 '文'(문)은 기록정보(recorded information)를, '獻'(헌)은 구술정보(oral information)라고 말할 수 있다. 후대로 내려오면서 '문헌'은 한 낱말로 쓰이게 되었고 '기록정보'라는 의미로 굳어졌다.

2)는 송시열이 지은 월사선생집(이정구의 문집)의 서문에 나오는 구절을 발췌 인용한 것이다. 송시열은 공자의 말을 인용하여 '文'은 '각종 문물제도를 담은 전적'이라 했다. "헌(獻)이 있은 뒤에야 문(文)이 있는 법이라"라는 말은 현자의 가르침이 먼저 있고 문이 이루어진다는 뜻을 담고 있다. 3)은 책 이름에 쓰인 '문헌'의 용례로서 이 낱말이 '서적'의 의미로 사용되었음을 보여 준다.

위의 고전 인용문에서 보듯이, '문헌'은 과거와 현재의 문물제도에 대한 기록 및 학술 연구의 대상이 되는 각종 문서와 서적을 총칭하는 개념으로 쓰여 왔다. 오늘날은 '문헌'의 뜻이 더욱 넓은 의미로 확대되었다. 그리하여 글 또는 그림을 실은 각종 인쇄물과 문서류는 물론이고, 전자장치에 저장한 디지털 자료(digital data)까지 포괄하는 뜻으로 '문헌'이 사용되고 있다. 이 책에서 '문헌'은 이와 같은 넓은 의미 즉 '종이 매체와 디지털 매체 등에 문자로 구현된 자료 일체'를 뜻하는 것으로 본다.

2.2. 문헌학의 뜻과 연구 방법

2.2.1. 문헌학의 뜻

문헌을 대상으로 하는 학문을 가장 넓게 이름 붙여 문헌학이라 한다. 문헌학(文獻學)(philology)과 가까운 명칭으로 서지학(bibliography)이 있다. philology는 문헌학 또는 문헌해석학이라 번역할 수 있고, bibliography는 서지학(書誌學)이라 번역한다. Bibliography는 book(Biblio)와 writing(graphy)이 합성된 말로 '책을 쓰는 것'이라는 뜻이었다. 서양 언어에 서적을 뜻하는 어휘로 Papyrus, Biblion, Liber, Book(Buch), Literature 등이 있다. 파피루스(Papyrus)는 이집트의 나일강 강변에 자라는 풀이름인데 우리나라의 왕골과 비슷하다. 고대 이집트인들은 이 풀의 줄기 속대를 고르게 펴고 말려서 파피리(Papyri)라는 필사 재료를 만들었다. 비블리온(Biblion)이란 낱말은 그리스어 Biblos에서 온 것이지만 그 기원은 Papyrus에서 비롯된 것이다.[3] Liber는 라틴어계 낱말로 나무껍질 즉 수피(樹皮)를 뜻한다. 고대 로마에서는 나무껍질을 말리고 가공하여 종이처럼 사용했기 때문에 이 말이 서적을 뜻하게 된 것이다. 영어의 Book와 독일어의 Buch는 고대 산스크리트어 bōkōs에서 비롯되어 문서나 책을 뜻하는 말로 쓰였다.

한국어에서 문헌과 관련된 낱말로 '글', '책', '종이', '붓', '먹' 등이 있다. '글'은 한자어 '契'(계)의 상고(上古) 한자음에서 차용된 것으로 보고 있다. 이와 같은 맥락에서 '붓'은 '筆'(필)의 상고 한자음에서, '먹'은 '墨'(묵)의 상고 한자음에서 차용된 것으로 본다. 그런데 '종이'는 그 정체가 미상이다. 현대어 '종이'의 15세기 어형은 '죠히'였다. 이 낱말에 이어 16세기 말기에 '종히'가 등장하고 이것이 20세기에 와서 '종이'로 변한 것이다.[4]

그림 1 파피루스

---

3 이 설명은 청주고인쇄박물관의 해설문을 참고한 것이다.
4 죠·히 爲紙〈1446훈민해,56〉. 紙 죠히 지〈1527훈몽자,상,18a〉. 종히〈1581속삼강,중,

붓과 먹처럼 종이도 중국에서 수입된 만큼 '붓'과 '먹'이 중국 차용어이듯이 '죠희'도 중국에서 차용된 낱말로 짐작해 볼 수 있다. 그러나 고대 중국어에서도 '죠희'와 관련될 만한 한자어가 확인되지 않는다. 음절 구조로 보아 '죠희'는 고유어일 가능성이 더 높다.

국내에서 '문헌학'이라는 용어는 류탁일(柳鐸一) 선생의 『한국문헌학연구』를 통해 하나의 학술 용어로 자리 잡았다. 그는 문헌 자체의 속성과 특징 연구에 치중하는 '서지학'[5]보다 더 넓은 의미로 '문헌학'이란 용어를 썼다. 그가 말한 문헌학은 문헌 자체의 속성뿐 아니라 그것이 가진 역사적·사상적·문화적 가치를 연구하는 데 더 무게를 둔다. 이때의 문헌학은 서지학을 포괄하는 용어이다. 이 책에서도 '문헌학'을 이와 같은 의미로 쓸 것이다. 한글문헌학은 각종 한글 문헌들이 가진 자료 자체의 속성과 특징을 연구함은 물론, 한글 문헌에 내포된 역사적 의의, 사상적 가치, 사회적 배경 등을 통합적 관점에서 연구하는 것이다.

류탁일(1986, 1989)을 참고하여 저자가 구성해 본 문헌학 연구의 하위 부문은 다음과 같다.

(1) 문헌형태론(形態論) : 문헌의 재료, 서사의 도구 등 문헌의 물리적 성질과 형태를 연구한다.
(2) 문자론(文字論) : 문헌에 표기된 문자의 성격과 서체 및 그 변화를 연구한다.
(3) 생성배경론(生成背景論) : 문헌이 나오게 된 역사적·사회적 배경을 연구한다.
(4) 전승변화론(傳承變化論) : 문헌이 시대적으로 변모해 가는 모습을 연

열,7a〉
이 책에서 출전이 〈 〉로 표기된 용례는 검색 프로그램 '깜짝새'에서 가져 온 것이다.
[5] 서지학은 도서(圖書) 자체의 성격과 특성을 연구하여 기술하는 학문이다.

구한다.

(5) 고증론(考證論) : 문헌과 관련된 각종 사실을 논증하고 밝히는 연구이다.
(6) 원전비평론(原典批評論) : 가장 정확하고 올바른 원문을 확정하려는 연구이다.
(7) 번역주석론(飜譯註釋論) : 문헌의 어려운 곳을 풀이하거나 번역하는 연구이다.

이와 같은 여러 부문을 연구하는 사람을 우리는 문헌학자(philologist)라 부른다. 언어와 문자 연구자를 전통적으로 philologist라고 부른 것은 문헌 연구가 일차적으로 언어와 문자 연구에서 시작하기 때문이다. 문헌학자는 인류 문화가 축적되어 담겨 있는 문헌을 조사 · 정리 · 분석 · 주석 · 번역 · 출판하고, 그 속에 담긴 가치를 밝힘으로써 인간이 남긴 기록 유산에 대한 이해를 넓혀가는 사람이다.

2.2.2. 문헌 연구 방법

1) 문헌의 외형과 형태 연구

문헌은 종이, 활자, 나무 등 물질적 재료로 만들어진다. 문헌의 물리적 형태와 재질 및 그것의 변천 과정을 연구하는 분야를 **형태서지학**이라 부른다. 동양에서는 이 분야를 판본학이라 한다. 책의 간행 시기와 간행 방법, 책의 물질적 재료 등을 실증적으로 연구한다. 문헌의 연대나 진위(眞僞)를 식별하여 그 가치를 평가하는 것도 이 분야의 소임이다.

형태서지학에서는 활자본과 목판본을 식별하고, 활자본의 경우에는 활자의 종류와 그것의 특징 및 역사적 변화 양상을 규명한다. 목판본의 경우에는 목판 인쇄의 발달, 목판의 재료와 판각 기술, 판식과 그 변화 등을 연구한다. 책의 장정법, 종이의 지질, 장서인(藏書印)을 비롯한 인기(印記), 전존(傳存) 과정 등을 밝히는 일도 이 분야에서 행한다. 이 분야에 대한 자세한 설명은 이 책의 제3장에서 베풀 것이다.

2) 문헌의 내용과 주제 연구

문헌은 문자로 작성되며, 수많은 문자들이 언어 규칙에 따라 결합하여 텍스트를 이룬다. 텍스트가 가진 내용과 주제를 분류하고 해석하여, 고금(古今)의 수많은 문헌을 체계 있게 편성하려는 문헌학의 한 분야가 이로부터 나온다. 문헌의 내용과 주제를 기준으로 문헌을 분류하고 목록을 만들어 체계화하는 분야를 서양에서는 주제서지학 혹은 체계서지학이라 부르고, 동양에서는 목록학이라 부른다.

문헌을 분류할 때 사용하는 기준에는 여러 가지가 있다. 주제별, 국가별, 시대별, 지역별, 문자별 등의 기준을 세워 온갖 문헌을 체계적으로 분류하고 목록화하는 작업이 이 분야의 목표이다. 이 작업을 통해 우리는 필요한 문헌을 쉽게 찾아서 이용할 수 있다. 다종다양하게 많은 각종 문헌을 일정한 기준에 따라 구조화함으로써 문헌에 담긴 학술적 성격, 사회문화적 요소, 시대적 특성을 연구하는 데까지 나아갈 수 있다. 또한 일정 부류에 속하는 문헌의 역사적 추이를 밝혀 문헌의 시대적 변천 과정을 드러낼 수 있다. 이와 같은 일을 주제서지학에서 행한다.

이 분야는 특정 주제를 다룬 문헌 목록, 문헌의 내용과 개요, 문헌에 대한 학문적 평가 등의 정보를 이용자에게 제공하고, 특정 주제를 연구하는 학자에게 자료 접근 방법과 자료 선별 방법을 안내하는 역할을 한다.

동양의 전통적 문헌 분류체계로 널리 통용된 것은 사부법이었다. 사부법(四部法 혹은 四分法)은 중국의 진(晉)나라 초기부터 수(隋)나라를 거치며 성립되었다. 사부법에 앞서서 칠분법을 적용한 한서 예문지(漢書 藝文志)가 있다.[6] 칠분법이 더욱 간략하게 정비된 것이 사부법이다. 사부법은

---

6 칠분법의 명칭은 다음과 같다. 집략(輯略), 육예략(六藝略), 제자략(諸子略), 시부략(詩賦略), 병서략(兵書略), 술수략(術數略), 방기략(方技略).

몇 단계를 거치면서 다듬어지다가 수서 경적지(隋書 經籍志)에서 경(經)·사(史)·자(子)·집(集)이라는 순서와 명칭이 확정되었다. 사부에 속하는 내용은 대략 다음과 같다.

(1) 경부(經部) : 사서오경, 소학, 효경, 등 유교 경전의 원문과 주석서.
(2) 사부(史部) : 사서(史書), 전기(傳記), 금석문(金石文), 지지(地誌), 직관(職官), 정서(政書) 등.
(3) 자부(子部) : 제자백가서(諸子百家書)를 비롯하여 경사집부(經史集部)에 해당하지 않는 주제를 포괄함. 도가, 불가, 병가, 농가, 술수, 보록(譜錄), 정음(正音), 역학(譯學), 잡가(雜家), 유서(類書), 서학(西學)류 등.
(4) 집부(集部) : 한시문(漢詩文) 문집류, 시문평(詩文評), 척독(尺牘), 사곡(詞曲), 소설 등.

사부법과 달리 주제를 더 세분화하여 천문(天文), 지리(地理), 수리(數理), 산물(産物), 산업(産業), 정법(政法), 유학(儒學), 불가(佛家), 도가(道家), 역사(歷史), 시문(詩文) 등의 분류 체계를 세우는 방법도 있다.

그러나 서양의 문헌학과 도서관학이 전래되면서 듀이 십진분류법이 도입되었다. 오늘날 다수의 고서 소장 기관에서는 이 방법을 채용하여 고서를 분류하고 있다. 1945년에 펴낸 국립도서관의 『고서부 분류목록』(古書部 分類目錄), 성균관대학교 도서관의 『한적분류목록』(漢籍分類目錄) 등은 고서 정리를 위해 십진분류법을 채용하였다. 한글 문헌의 내용과 주제에 따른 분류는 제4장에서 더 자세하게 다룰 것이다.

표1 조선시대의 주요 문헌 목록집

|| 조선시대에 나온 문헌 목록집 ||

1) 해동문헌총록(海東文獻總錄) : 김휴(金烋 1597~1640)가 인조 5년(1637년)에 우리나라의 문헌을 조사 정리한 책이다. 그는 가세가 기울어진 남인(南人) 출신으로 벼슬이 어려워 학문에만 전념했다. 그는 스승 장현광(張顯光)의 교시에 따라 낙동강을 중심으로 동서남북 지방의 명문 대가와 서원 등을 일일이 다니면서 문헌 자료를 두루 조사하여 이 책을 편찬하였다. 신라 이후부터 조선 중기까지의 각종 문헌 명칭도 수록되어 있다.
2) 연려실기술 별집(燃藜室記述 別集) 권14 : 이긍익(李肯翊 1736~1806)이 조선 태조부터 숙종 때까지의 정사(政事) 등 각종 기록을 정리한 책이다. 권14에 각종 서목이 실려 있다.
3) 해동역사 예문지(海東繹史 藝文志) : 한치윤(韓致奫 1765~1814)이 단군 조선부터 고려 말기에 이르는 역사를 기술한 책이다. 그중 권 42~45의 예문지 경적(藝文志 經籍) 1~4 항목에 각종 서목(書目)이 실려 있다.
4) 증보문헌비고(增補文獻備考) : 영조 46년(1770년), 홍봉한(洪鳳漢) 등이 왕명을 받아 엮은『동국문헌비고』(東國文獻備考)를 지었다. 이만운(李萬運) 등이 정조 6년(1782년)에 다시 중수(重修)하여『증정문헌비고』(增訂文獻備考)를 편찬했다. 그 후 광무 11년(1907)에 홍문관 학사들이 대폭 증수하여 1908년에 출판한 책이『증보문헌비고』(增補文獻備考)이다. 그중 권242~250의 예문고(藝文考) 1~9의 내용이 서지에 대한 것이다.

3) 문헌의 원문 연구

문헌의 내용은 문자를 기본적 수단으로 표현된다. 문자로 표현된 문헌의 내용 텍스트를 흔히 원문 또는 본문이라 부른다. 이 원문을 대상으로 연구하는 분야를 원문서지학(原文書誌學)이라 부른다. 중국에서는 이 분야를 교감학(校勘學), 교수학(校讐學)[7]이라고 부른다. 원문의 구성 체제, 최초 작성된 경위와 그 후에 일어난 변개, 최초 작성될 때 일어난 오자나

---

[7] 교수학(校讐學)에 들어 있는 '수'(讐)자는 원수라는 뜻이다. 잘못된 글자를 찾아내어 바로잡는 것을 마치 원수 때려잡듯이 한다고 이 글자를 쓴 것이다.

탈자, 인쇄하거나 판각할 때 잘못된 점 등을 밝혀서, 정확한 원문을 복원하고 확정하려는 분야가 원문서지학이다. 이 분야에서는 원간본과 그 후의 이본들을 대조하여 원문에서 달라진 점을 규명하고, 본문에 덧붙여지거나 빠진 부분을 점검하고, 그 원인과 배경을 밝혀 원문에 대해 보다 정확하고 충실한 이해를 도모한다.

이 분야에서 하는 작업을 구체적으로 설명하면 다음과 같다. 첫째, 원문을 대교(對校)하여 본문에 오자 혹은 탈자가 있는지를 밝힌다. 둘째, 원본의 본문과 이본의 본문을 서로 대조하여 차이가 있다면 바로잡아 어느 것이 올바른 것인지를 확정한다. 셋째, 본문의 내용 구성과 편차에 차이가 있거나 첨삭 혹은 재편성이 있는지를 살피고, 그렇게 된 역사적 경위를 밝힌다. 넷째, 원간본과 후대의 이본들을 비교하여 원문에서 일어난 차이점을 밝혀 그것의 원인과 의미를 규명한다. 원문서지학의 방법을 적용하여 한글 문헌을 연구하는 방법과 사례는 이 책의 제7장 2절(이본의 내용 변이)에서 베풀 것이다.

중국에서 이 원문서지학 즉 교감학이 크게 발달하였다. 송나라 때 판각술(板刻術)이 발달하여 다수의 이본이 발생하고, 본문의 변개가 일어나면서 문헌의 진위가 문제되었다. 이 문제를 해결하기 위한 책으로 정초(鄭樵)의 『교감략』(校勘略)이 나오게 되었다. 청나라 대에 고증학이 크게 일어나면서 이 분야는 활기를 띠게 되어 장학성(章學誠)의 『교수통의』(校讐通義)와 같은 업적이 나왔다.

우리나라에서는 고려 때 대장경을 간행하면서 승려 수기(守己)가 수많은 불경을 수집하여 원문을 대조 교감하여 정본을 만들었다. 수기의 작업은 매우 치밀하고 정교하게 이루어졌고, 그가 행한 교감의 결과를 모두 모아 30권으로 만든 책이 『고려국신조대장교정별록』(高麗國新雕大藏校正別錄)이다.

조선시대에는 국가에서 책의 간행을 위해 교서감(校書監)과 서적원(書籍院)을 설치하였다. 원문의 교정 작업에도 유의하였으나 착오가 생기는 일이 잦았다. 이에 중종 때에 이르러 원문에 잘못이 있는 경우 담당자를 처벌하는 벌칙 조항까지 만들었다.[8]

표 2 교정을 위해 엄격한 책임을 정한 법규

‖ 철저한 교정을 위한 법규 예 ‖
1) 매권(每卷)에 오자(誤字) 1자가 있을 때 곤장 30대에 처한다.
2) 모두 합쳐 5자 이상일 때는 근무 일수에서 50일을 감하여 봉급을 지급한다.
3) 권말(卷末)에는 교정자, 감인관 등 책임자의 이름을 올린다.

표 3 조선시대 교정 기관 담당 관원과 그 역할

‖ 조선시대의 교정 기관 및 담당 관원의 역할 ‖
책을 편집하고 출판하기 위해 교서관(校書館), 주자소(鑄字所)와 같은 정부 기관을 설치하고, 여기에 다음과 같은 직책의 관원을 두었다.

1) 감교관(監校官) : 학식이 깊은 문신(文臣)으로 임명. 총책임자.
2) 감인관(監印官) : 인쇄를 관장한 실무 감독관. 교서관 관원이 담당.
3) 창준(唱準) : 원고본(原稿本)에 있는 글자 이름을 불러 주는 인물.
4) 수장(守藏) : 활자를 보관 관리하는 인물. 창준(唱準)이 부르는 글자를 찾아 판 위에 놓는다.
5) 균자장(均字匠) : 판면에 놓은 활자를 고르게 손질하는 장인. 고도의 기술이 요구된다.
6) 인출장(印出匠) : 판면(版面)에 먹물을 칠하고, 종이를 얹은 후 털뭉치[인체 印髢]로 문질러 인쇄 작업을 하는 장인이다.

---

8 『대전후속록』(大典後續錄)에는 오자와 탈자 등 교정 오류를 처벌하는 법규 조항이 있다. 자세한 내용은 안병희(1992a)를 참조할 수 있다.

2.3. 책(冊)의 기원과 관련 용어

1) 책(冊)의 기원

고대 중국에서 문자는 돌이나 동물의 뼈, 청동기 그릇 등에 문자를 새겼다. 문자의 중요성을 인식하고 기록의 실용성을 추구한 결과 책이란 형태가 고안되었다. 기원적으로 책(冊)이란 명칭은 죽간목독(竹簡木牘)에 옻(漆)이나 먹으로 특정 내용을 기록한 것을 가리킨다. 여기서 죽간이란 대나무 조각을 이용한 것이며, 목독은 나무 조각을 가공한 것이다. 죽간은 보관의 편리함과 내구성을 갖추도록 대나무의 푸른색을 제거하고 물기를 뺐다. 대나무의 푸른 기운을 빼는 작업을 '살청(殺靑)', 나무를 진액을 빼내고 말리는 작업을 '한간(汗簡)'이라 하였다[9]. 목독은 건조시킨 나무를 일정한 면이 나오도록 가공하여 길쭉한 네모꼴로 자르고, 표면을 곱게 밀어서 그 위에 붓으로 글자를 썼다.

죽간목독(竹簡木牘)을 줄여서 간독(簡牘)이라 부른다. '간독'과 연관되어 쓰이는 용어로 간(簡), 책(策), 부(簿), 부(符), 첩(牒), 독(牘), 찰(札) 등이 있다[10]. 이러한 명칭은 모두 그 재료·내용·목적에 따라 만들어진 것이며, 약간씩의 의미 차이를 갖고 있다.

'책'(冊)은 서적의 외형적 단위이며, 죽간(竹簡)이나 목독(木牘)에 문자를 적고 그것을 엮은 형태를 본뜬 글자이다. '책'은 서책의 물리적 외형적 단위를 나타내거나 또는 일반적인 서적의 의미로 사용된다. '책'을 문헌 자료 일반의 의미로 사용하는 것은 우리나라 특유의 용법이다. '책'이라는 용어는 홀로도 사용되지만, 합성어의 구성소로 들어가 '책자(冊子), 책력(冊曆), 책판(冊版), 간책(簡冊), 죽책(竹冊), 전책(典冊), 서책(書冊), 첩책(帖冊)' 등 여러 용어에 사용되었다.

---

9 한간(汗簡)을 한청(汗靑)이라 부르기도 한다.
10 이 용어들에 대한 자세한 내용은 천혜봉(1991:71)을 참고할 수 있다.

2) 권(卷)

이 명칭은 비단에 쓴 글을 말아서 두루말이 형태로 보관하였던 데에서 기원한 용어이다. 앞에서 살펴 본 '冊'이 '죽간목독'을 꿰맨 형태에서 유래했다면, '卷'은 좀 더 후대에 나타난 두루말이에서 유래한 것이다. 두루말이를 뜻하는 '卷'은 서사 재료가 비단이었기 때문에 생겨난 것이다. 비단에 글을 써서 둘둘 말아 보관했기에 '卷'(권)이라 불렀던 것이다.

두루말이를 말기 쉽도록 그것의 한 쪽 끝에 둥글고 작은 막대를 달아서 붙였다. 이 막대를 '축'(軸)이라 한다. 일권(一卷)은 곧 일축(一軸)이다. 그리하여 '권축'(卷軸)이라는 낱말이 한 단어로 쓰이는 것이다. '卷'(권)과 '軸'(축)은 두루말이로 된 책수(冊數)를 나타내는 용어이다.

그러나 가장 일반적 고서 형태인 선장본에서 '권'은 책의 내용 단위를 나타내고, '책'은 외형 단위를 뜻한다. 우리나라의 전통적인 문집류는 대개 두 권을 한 책으로 묶은 것이 많다. 고서의 서지 기술에서 '4권 2책'이니 '5권 5책'이라 할 때는 앞의 '권'은 내용 단위를 가리키고, 뒤의 '책'은 외형 단위를 가리킨다. 이런 용법에서 '권'은 현대 용어로 '장'(章 chapter)에 가깝고, '책'은 현대 용어로 '책 한 권 두 권'이라 할 때의 '권'에 해당한다.

3) 본(本)

'본'(本)은 『후한서』(後漢書)의 '연독전주'(延篤傳注)에 '책을 빌려 읽었다(借本諷之)'라는 구절이 등장하는 것으로 보아, 일찍부터 '서책'의 의미로 쓰였음을 알 수 있다. 오늘날 한자 문화권에서 '본'(本) 한 글자를 책의 뜻으로 사용하는 나라는 일본뿐이고, 한국과 중국에서는 '본'(本) 한 글자로 '책'을 가리키는 용법이 없다. 한국과 중국에서는 '본'(本)자를 특정 서적을 뜻하는 합성어의 일부 구성소로 사용한다. '고려본, 목판본, 활자본, 필사본, 초간본, 중간본, 귀중본, 희귀본, 진본' 등이 그 예이다.

'판'(版 혹은 板)은 주로 간행 기관을 기준으로 기관 이름 뒤에 붙인다.

'해인사판 신증유합, 송광사판 천자문, 하경룡판 중용언해' 등이 그 예이다. 이에 비해 '본'은 소장자 또는 소장처를 표시하는 명사 뒤에 붙인다. '규장각본 이륜행실도, 경북대본 중간두시언해' 등이 그 예이다. 학자에 따라 '판'과 '본'을 구별 없이 사용하는 경향도 있으나, 양자를 구별하여 쓰는 것이 정확성을 기하는 데 도움이 된다.

4) 전(典)

'전'(典)자는 책상 위에 책을 얹어 놓은 모양을 본떠 만든 글자이다. '전'(典)은 일찍부터 '책'과 같은 의미로 사용되었다. 오늘날에도 '전'(典)의 옛 뜻이 유지되어, 귀중한 고서를 일컬을 때 이 용어를 사용한다. '고전(古典), 경전(經典), 정전(正典), 원전(原典)' 등이 그 예이다. 우리나라에서 이 명칭은 주로 홑자로 사용하기보다는 합성어의 일부 구성소로 사용하고 있다.

5) 서(書)

'서'(書)자는 오른손으로 붓을 잡고 글씨를 쓰는 형상을 상형한 것이다. '서'(書)자도 한국에서는 홑자로 사용하지 않고 합성어의 일부 구성소로 쓰이고 있다. '서적(書籍), 서책(書冊), 서첩(書帖), 경서(經書), 불서(佛書), 고서(古書)' 등이 그러한 예이다.

6) 서적(書籍)

'서적'은 우리의 고전 자료에 가장 빈번히 나타나며, 책을 뜻하는 가장 일반적 용어로 사용되었다. '서적'은 삼국시대나 고려, 조선시대를 막론하고 가장 보편적으로 쓰인 용어이다. 고려조에 널리 쓰인 '서적점(書籍店), 서적포(書籍鋪), 서적원(書籍院)'과 같은 명칭에서 그 용례를 확인할 수 있다.

7) 전적(典籍)

'전적'도 '서적'과 함께 우리나라에서 널리 사용된 용어이다. '전적'은 단아하고 품위 있게 만든 귀중한 서적을 의미하는 경우가 많다. '전책(典冊), 전서(典書), 전지(典志)' 등이 그 예이다. 초기에는 이 명칭이 소중한 경사(經史)의 서적을 가리켰으나 이후 점차 고전 일반에 통용되어 지금에 이르고 있다.

8) 질(帙)

이 명칭은 주로 책의 외형 단위를 나타내는 의미로 사용되었으며, 내용 단위로는 사용되지 않았다. '완질(完帙)'은 여러 권 혹은 여러 책이 합쳐져서 통일된 완전한 문헌을 뜻하는 용어이다. 완질(完帙)에 대해 전체 책 수 중 일부가 없어진 것을 낙질(落帙) 혹은 낙질본(落帙本)이라 부른다. 완질에서 대부분이 없어지고 겨우 한두 권만 남은 것을 영본(零本)이라 부른다.

표 4 책의 온전한 정도에 따른 명칭

‖ 책의 온전한 정도에 따른 명칭 ‖
1) 완질본(完帙本) : 여러 책으로 된 것이 완전히 갖추어진 것. 『서전언해』는 5권 5책으로 되어 있는데 5책이 다 갖추어진 것을 완질본이라 부른다.
2) 낙질본(落帙本) : 완질본을 기준으로 한두 권이 빠진 것. 5책 중 한두 권이 없어진 것.
3) 영본(零本) : 완질본을 기준으로 많이 분실되고 겨우 한두 권만 남아 있는 것. 5책 중 한두 책만 남은 경우.
4) 낙장본(落張本) : 한 책에서 몇 장이 떨어져 나간 것.
5) 완본(完本) : 떨어진 장이 없이 온전한 것.
6) 선본(善本) : 완본으로서 보관 상태가 매우 좋아 책이 깨끗하고 인쇄가 선명한 것.

‖ 기타 명칭 ‖

1) 수택본(手澤本) : 어떤 개인이 소장하면서 늘 가까이 두고 보았던 손때 묻은 책. 유명 인사의 수택본은 귀중하게 취급된다.
2) 수진본(袖珍本) : 책의 크기를 작게 만들어 소매 속에 넣어 다니면서도 볼 수 있도록 한 것. 구급방류의 의서나 풍수 관련 서적에 수진본이 많다.

3장 옛 책의 형태와 그 명칭

책은 인간의 지식과 문화를 담아내는 그릇이다. 이 그릇은 물질적 재료를 통해 만들어진다. 문헌을 구성하고 있는 각종 재료의 물리적 특성에 초점을 두는 연구 분야를 판본학 혹은 형태서지학이라 부른다.

책을 만드는 데에는 기본적으로 필요한 재료가 있다. 필사본을 만들 때는 우선 글씨를 쓰기 위한 붓과 먹 그리고 종이가 필요하다. 인쇄본을 만들 때는 금속이나 나무로 만든 활자, 목판 판재, 조판틀, 먹, 장정을 위한 재료, 인쇄를 위한 도구 등이 필요하다. 이 장에서는 여러 형태의 문헌 중 특히 목판이나 활자로 간행된 판본 즉 간본(刊本)을 중심으로 책의 물리적·외형적 특성을 설명한다.

3.1. 책의 형태와 세부 명칭

3.1.1. 책의 외부

1) 표지

책의 겉을 감싸는 종이를 표지(表紙)라 한다. 표지의 기능은 일차적으로 책 속에 담긴 내용을 보호하고, 책의 외관을 보기 좋게 장식하는 것이다.

한국 고서의 책 표지는 닥종이를 여러 겹 붙여서 두껍게 만들었다. 표지의 겉면은 책을 보호하고 장식적 아름다움을 더하기 위해 노란 빛이 나는 잇꽃 물감을 들이거나 들기름을 먹여 황갈색 빛깔을 내기도 했다. 표지는 기름을 먹이고 밀랍으로 문지른 황색 계통의 장지(壯紙)로 만들었다. 표지에 기름을 먹이고 밀랍으로 문지른 것은 장식적 효과와 더불어 습기나 좀벌레의 침해를 막기 위한 방책이었다. 책의 외관을 특별하게 꾸밀 때는 표지 위에 고운 비단이나 마포(麻布)를 덧붙이기도 하였다. 책 표지를 꿰매는 끈은 붉은색의 실끈이나 삼끈을 주로 사용하였다.

그림 1 『음식디미방』의 표지. 실끈은 최근에 새로 맨 것이고, 제첨은 별도 종이에 묵서하여 붙였다.

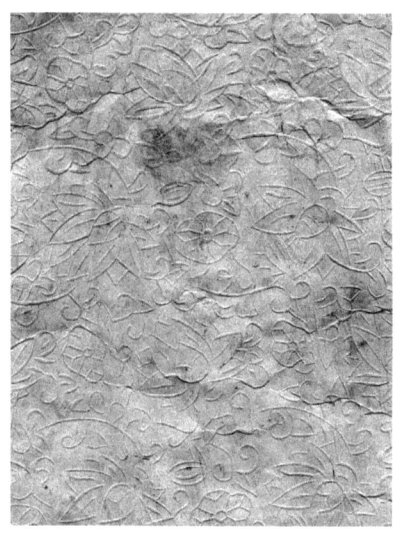

그림 2 표지에 압인(押印)된 능화문 모습

한국 고서의 표지가 갖는 특징 중의 하나는 표지에 새겨진 문양이다. 이 문양의 종류와 형태는 참으로 다양하여 수백 가지가 넘는다. 이 문양들을 총칭하여 능화문(菱花紋)이라 부른다. 이 능화문은 목판에 새겨서 찍은 것이다. 능화문을 새긴 목판을 능화판이라 한다.

능화문은 표지를 견실하게 만들면서 책의 품격을 높여 준다.[1] 능화문은 책의 표지에 장식적 아름다움을 더할 뿐 아니라 표지 면에 요철을

---

[1] 고서의 표지 문양에 새겨진 능화문에 대한 종합적 연구와 현대적 활용 방안은 『우리 옛 책의 아름다움』(한국문화콘텐츠진흥원 · 청주시문화산업진흥재단, 2005)을 참고할 수 있다.

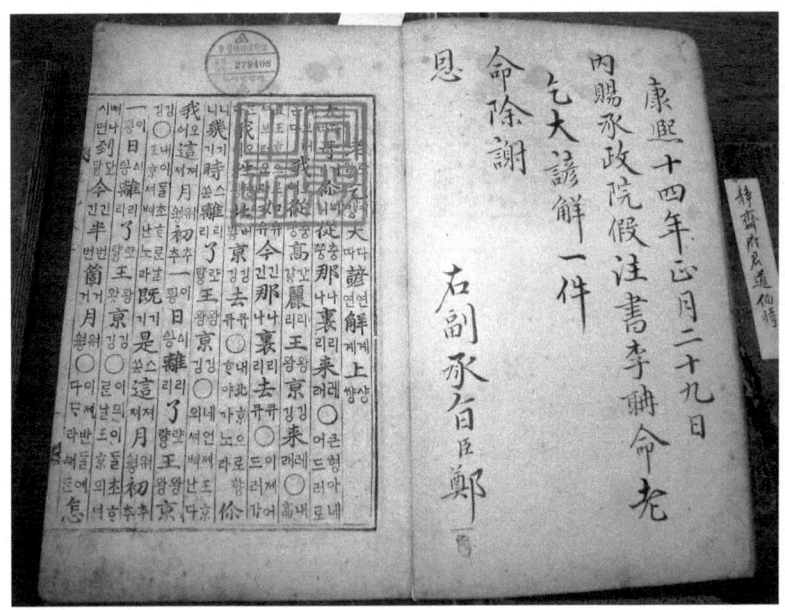

그림 3 내사기의 예. 이담명(李聃命, 1646~1701)에게 내사한 『노걸대언해』. 대구 가톨릭대학교 소장

주어서 표지를 보다 튼튼하게 만든다. 책의 견고함을 더하는 실용성과 함께 미적 효과를 아울러 발휘하는 것이 능화문이다. 또한 이 능화문의 형태는 시대별로 일정한 경향이 있어서 책의 간행 연대를 감정하는 데 중요한 기준이 된다.

표지를 두껍게 만들 때 그 안쪽 면에 다른 종이를 덧대기도 하는데 이를 표지 배접지(褙接紙)라 부른다. 이 배접지는 깨끗하고 흰 닥종이를 쓰기도 하지만 이미 사용한 종이를 재활용해 쓰기도 한다. 관판본의 경우는 관청에서 용도 폐기된 고문서를 사용하기도 한다. 방각본의 경우는 다른 인본을 찍다가 못쓰게 된 종이를 표지 배접지로 사용하는 경향이 있다.

표지 안쪽에 희고 깨끗한 백지를 한 장 붙이는데 이것을 면지(面紙)라 부른다. 면지는 표지의 안쪽 면에 붙여 배접지를 보완하는 효과가 있다. 특히 면지는 임금의 명에 의해 서적을 배포할 때 내사기(內賜記)를 쓰는 자리이기도 하다. '내사'(內賜)는 임금이 하사하였음을 의미한다. 내사기에는 내사한 연대가 기록되어 있기 때문에 이것을 통해 책의 간행 연대를 알아내기도 한다.

(1) 표지에 쓰는 것

표지의 밖으로 나오는 겉면에 책의 이름을 쓴다. 표지의 왼쪽 상단부터 아래 방향으로 책의 이름 즉 서명(書名)을 쓰고, 한 종의 책이 여러 책으로 되어 있을 때는 서명 아래 그 책의 차례를 일정한 문자로 쓴다. 이것을 책차(冊次)라 한다. 책수(冊數)나 책차(冊次)를 나타내는 방법에는 여러 가지가 있다. 1책만으로 된 것은 표지 서명 뒤에 單(단)이라 표기하거나 아무 표시를 하지 않는다. 2책인 경우는 乾坤(건곤) 혹은 上下(상하), 3책인 경우는 上中下(상중하) 혹은 天地人(천지인) 혹은 一二三, 4책인 경우는 元亨利貞(원형이정) 혹은 春夏秋冬(춘하추동), 5책인 경우는 仁義禮智信(인의예지신)의 순서로 표기한다. 그 수가 많을 때는 一二三四……를 이어서 표기한다.

그림 4의 책 표지는 1632년 영남 감영에서 간행한 『두시언해』 중간본이다. 표지 서명이 '杜詩'(두시)이고 책차는 '第十二'로 되어 있다.

책의 앞표지 오른쪽 상단에는 그 책의 주요 내용을 간략하게 알려 주는 요목을 쓰기도 한다. 『두시언해』의 표지 오른쪽 상단에 '鳥獸魚花草竹木'(조수어화초죽목)이라 씌어 있다. '새·짐승·물고기·화초·대·나무'를 읊은 시가 제12책에 들어 있다는 뜻이다. 이것을 편목 표시(編目表示) 혹은

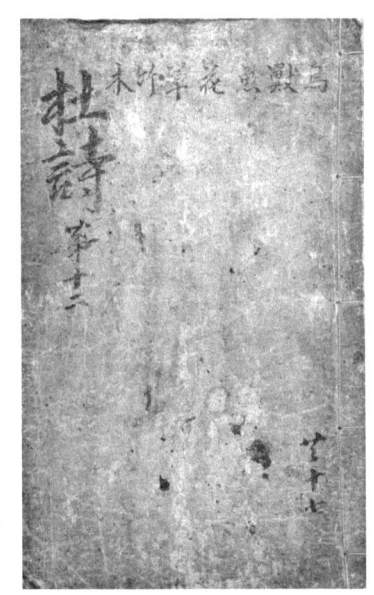

그림 4 『두시언해』 중간본 표지

요목(要目)이라 한다. 편목 표시는 책을 펼쳐 보지 않아도 그 내용을 알려 주기 때문에 책 수가 많은 경우에 유용하다. 또 책 수가 많은 경우에는 책의 오른쪽 하단, 노끈으로 묶은 자리에 전체 책의 숫자를 쓴다. 위 그림에 보이듯이 이 자리에 '共十七'(공십칠)이라 쓰여 있는데, 이것은 전체 책의 수가 17책이라는 뜻이다.

2) 책의 외부 명칭

우리가 옛 문헌을 소개한 글을 읽을 때, 책의 내·외부에 관련된 여러 가지 전문 용어를 만나게 된다. 책의 각 부위마다 독특한 이름이 붙여져 있으며, 이런 명칭을 이용하여 책의 물리적 상태나 체제를 설명하기 때문이다. 책의 내·외부 각 부위의 명칭을 알아야 옛 문헌 자료를 접했을 때 책의 특성을 파악할 수 있고, 그 문헌에 대해 정확하게 기술할 수 있다. 다음 그림을 통해 먼저 책의 외부 명칭에 대해 알아보자.

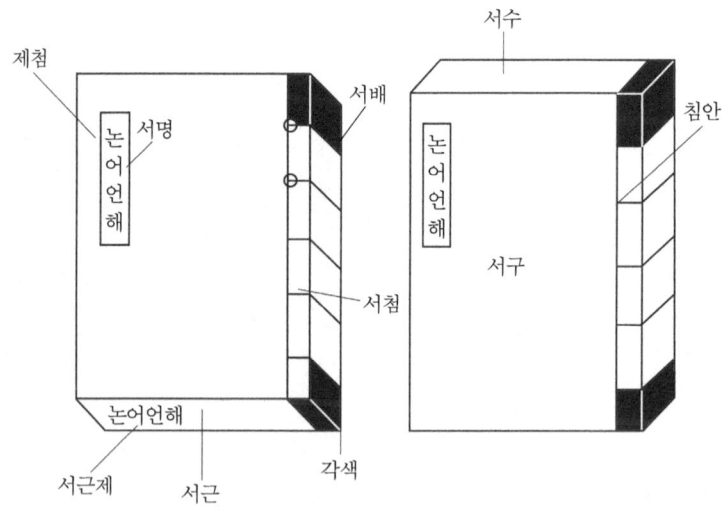

그림 5 책의 외부 명칭

그림에서 표지에 쓰여 있는 서명을 표지 서명이라 한다. 표지 서명을 인쇄하거나 붓으로 써서 표지에 붙인 종이를 제첨(題簽)이라 한다. 제첨을 쓴 종이를 제첨지(題簽紙) 혹은 줄여서 첨지(簽紙)라 부른다. 제첨지는 종이나 비단을 마름질하여 세로로 길쭉한 직사각형 형태로 만들었다. 제첨을 작은 나무판에 새겨서 찍기도 하는데 이 판을 제첨판(題簽板)이라 한다. 제첨을 붙이는 목적은 책의 품격을 더 높이기 위해서이다.

제첨을 붙이지 않고 표지에 바로 서명을 쓴 것이 더 많다. 표지 서명은 권두서명(혹은 권수제 卷首題)과 동일하게 쓰기도 하지만 권두서명이 길 때는 그것을 줄여서 쓴다. 예컨대 『分類杜工部詩諺解』(분류두공부시언해)를 「杜詩諺解」 혹은 「杜詩」로 줄이거나, 『論語諺解』(논어언해)를 『論解』로 줄이는 방식이다.

서근(書根)은 책을 세웠을 때 바닥에 접하는 면이다. 우리말 용어로 바꾼다면 '책밑' 정도가 될 것이다. 서근에 쓰는 제목을 서근제(書根題)라 한다. 고서는 양서처럼 책장에 세워 두는 것이 아니라 눕혀 두는데 이렇게 눕혔을 때, 이 서근제 덕분에 그 책이 무슨 책인지 쉽게 알아볼 수 있다.

서배(書背)는 실끈으로 묶은 책의 옆면이다. 고서 책을 좌우 두 손으로 잡을 때 오른손에 잡히는 측면이 서배이다. 우리말 용어로 바꾼다면 '책등'이 적당할 것이다. 서뇌(書惱)는 책등의 중간 부분이고, 서구(書口)는 서배의 반대편에 해당한다. 서구는 책장을 넘길 때 종잇장이 넘어가는 부면을 가리키며 책의 내용으로 들어가는 입구라는 뜻으로 서구(書口 책입)이라 이름 붙인 것이다. 서배와 서구에도 책 제목을 줄여서 쓰는데 각각 서배제(書背題)와 서구제(書口題)라 부른다. 이런 제목을 쓰는 목적은 서근제와 같이 책을 눕혀 놓았을 때 무슨 책인지 쉽게 알 수 있도록 하기 위함이다.

각색(角色)은 책의 우하단 모서리인데 가장 잘 닳는 부분이다. 책의 마모를 방지하기 위해 이 부위에 헝겊 따위를 둘러 덧대기도 한다. 덧대는 헝겊을 각포(角布)라 한다. 각포에 채색(彩色)을 입혀 장식성을 더하기도 한다.

침안(針眼)은 책을 실끈으로 꿰매기 위해 바늘이 들어갈 수 있도록 만든 구멍이다. 선장법(線裝法)으로 장정된 책에는 실을 꿰기 위한 구멍이 반드시 있어야 한다.

3.1.2. 책의 내부

판면의 양식을 판식(版式)이라 한다. 그림 6을 보면서 판식과 관련된 용어를 더 자세히 알아보자.

1) 광곽과 변란

변란(邊欄)은 판면의 네 변(사주 四周)을 둘러싸고 있는 검은 선으로 광곽(匡廓) 혹은 판광(版匡)이라 부른다. 광곽의 테두리선을 이루는 네 변을 그 위치에 따라 상변, 하변, 우변, 좌변이라 부른다. 변란의 검은 선이 1개

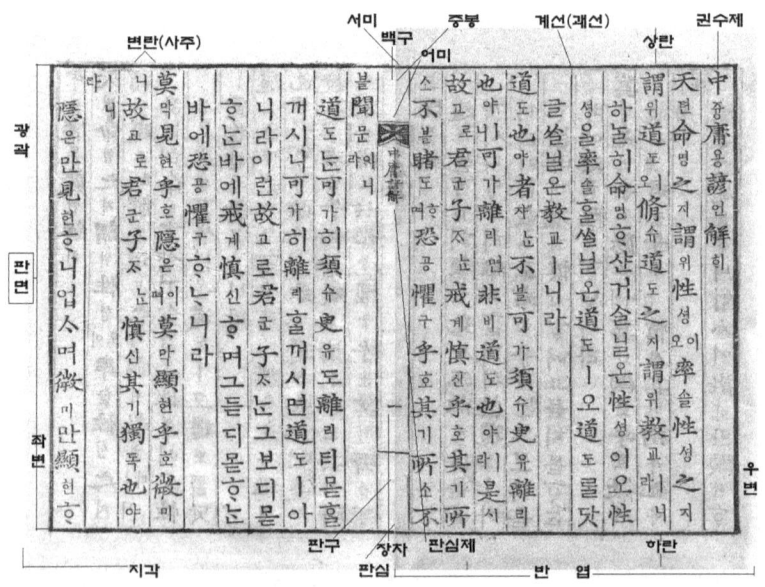

그림 6 책의 내부 명칭. 『중용언해』

인 것은 사주단변(四周單邊), 2개인 것은 사주쌍변(四周雙邊)이라 한다. 그 밖에도 좌우단변 상하쌍변, 좌우쌍변 상하단변 같은 변란 선도 있다.

서지 조사에서 광곽의 크기는 한 판면의 절반 즉 반엽(半葉) 크기를 잰다. 반엽의 크기를 재서 '세로×가로'의 순서로 표기한다. 광곽의 크기를 재는 대상은 제1권의 첫 장 앞면을 원칙으로 한다. 광곽 테두리 선이 두 개인 쌍변인 경우는 안쪽 선을 잰다. 쌍변의 안쪽 선은 가늘고 바깥쪽 선은 굵다. 테두리 선이 한 개인 단변일 경우, 그 선이 굵은 것이 보통인데 이때는 굵은 선의 안쪽 부분을 잰다. 활자본에서는 광곽을 이루는 변란의 가로선과 세로선이 접합하는 이음새 부위에 틈이 있으나, 목판본에서는 가로선과 세로선이 붙어 있다. 이것은 활자본과 목판본을 구별하는 기준의 하나이다.

서미(書眉)는 광곽 상변 위의 여백, 즉 본문 상단의 여백 지면을 가리키는 말이다. 앞서 설명한 것처럼 서근(書根)은 그 반대쪽 부분인데 책을 세울 때 바닥에 닿는 면이다. 고서는 서가에 책을 세워서 꽂는 것이 아니라 눕혀서 상하로 포개어 놓는다. 이 때 눈에 보이는 앞부분이 서근이며, 여기에 써 놓은 책제(冊題)를 서근제(書根題)라 부른다. 서근제는 눕혀서 쌓아 놓은 책을 찾는 데 도움이 된다.

2) 판심(版心)

판면의 중앙 부분을 판심이라 한다. 판심은 책을 제본할 때 접혀지는 부분에 있다.[2] 판심은 다시 몇 가지 세부 명칭으로 나뉘는데, 판구(版口), 판심제(版心題), 어미(魚尾)가 그것이다. 판심의 상단과 하단에 공백 칸이 있는데 이것을 판구(版口)라 한다. 판구가 희고 아무것도 없는 것은 백구(白口), 판구에 검은 선이 있는 것은 흑구(黑口)라 부른다. 검은 선의 굵기와 크기에 따라 대흑구(大黑口) 혹은 소흑구(小黑口)라 부른다. 검은 선이

---

2 접혀지는 곳을 중봉(中縫)이라 부르기도 한다.

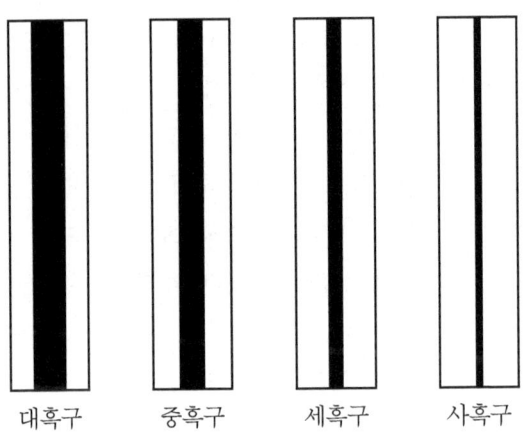

　　　대흑구　　중흑구　　세흑구　　사흑구

그림 7 판구(版口)의 형태

실처럼 가느다란 것은 세흑구(細黑口) 혹은 사흑구(絲黑口)라 부른다. 또 판구(版口)가 길쭉한 것은 코끼리 코에 비유하여 상비(象鼻)라 한다.

　우리나라 고서에서 흑구는 고려 후기부터 나타나며, 고려본에는 검은 선이 아주 가는 세흑구가 쓰였다. 조선 전기에는 흑구가 내향흑어미(內向黑魚尾)와 한 쌍이 되어 자주 나타난다. 그러다가 중종·선조 연간의 흑구는 내향 삼엽화문어미(三葉花紋魚尾)와 한 쌍이 되어 쓰인 예가 많다. 그러나 이러한 것은 하나의 경향성이지 일반화할 수는 없다. 특히 복각본의 경우는 19세기의 판본도 흑구를 가진 것이 있다. 예컨대 '嘉慶 十一年 丙寅 流月日 高山 安心寺 開板'(가경 십일년 병인 유월일 고산 안심사 개판)이란 간기를 가진 『불설대보부모은중경언해』는 1806년에 간행된 복각본이지만 흑구에 삼엽화문어미까지 나타나 있다.

　3) 어미(魚尾)

　판심에는 모양이 물고기 지느러미처럼 생겼다고 이름 붙인 어미(魚尾)가 있다.[3] 어미는 판심에서 중요한 부분이다. 어미는 그 형태가 다양하며 시대별 특성을 갖고 있기 때문에 문헌의 연대 감정에 판별 기준이 된다.

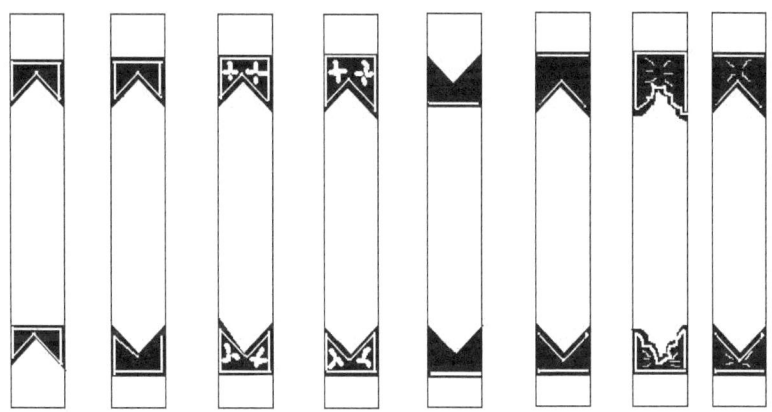

그림 8 어미의 다양한 형태 (출처 : 백린, 「고서의 장철과 판심에 대하여」, 도협월보(1966) 참고)

어미는 그 색깔과 모양에 따라 그 이름이 다르다. 어미가 흰색 바탕이면 백어미(白魚尾), 검은색 바탕이면 흑어미(黑魚尾)라 한다. 어미가 판심의 윗부분에 한 개만 있는 것을 상어미(上魚尾) 혹은 상 단어미(上單魚尾)(혹은 上 홑어미)라 부른다. 상하에 각각 한 개씩 있는 것을 겹어미(쌍어미 雙魚尾)라 한다. 상어미의 꼬리가 아래로 향한 것을 상하향어미(上下向魚尾)라 하고, 상하 어미가 두 개가 모두 하향 형태이면 상하하향어미(上下下向魚尾)라 한다. 상어미는 하향이고 하어미는 상향이면 상하내향어미(上下內向魚尾)라 부른다. 어미 안에 가는 선으로 꽃잎 무늬를 넣기도 하는데 이것을 화문어미(花紋魚尾)라 한다. 꽃잎의 개수에 따라 이엽(二葉) 화문어미, 삼엽(三葉) 화문어미라 부른다.[4] 꽃잎의 개수를 헤아리는 방법에는 두 가지가 통용되고 있다. 하나는 한 장의 접은 부분, 즉 중봉(中縫)의 한쪽 면에 있는 꽃잎 수를 헤아리는 방법이다. 이것은 반엽의 꽃잎만

---

[3] 이하 그림의 설명문에 인용처를 표시하고 그 뒤에 '참고'라고 표기한 것은 해당 인용처의 그림을 참고하여 새로 그린 그림임을 뜻한다.

[4] 二葉(이엽), 삼엽(三葉)의 葉(엽)을 쓰지 않고 '판(瓣)'을 쓰기도 한다. '瓣'보다 '葉'이 더 이해하기 쉽고 일반적이기 때문에 이 책에서는 '엽'(葉)을 쓴다.

세는 것이다. 다른 하나는 접힌 부분을 펼쳐서 양쪽 면의 꽃잎 수를 모두 세는 방법이다. 즉 한 엽 전체의 꽃잎을 세는 것이다. 접힌 부분을 기준으로 한 엽의 양쪽 면의 꽃잎이 서로 다를 수 있기 때문에 양쪽 면의 꽃잎 전체를 세는 것이 더 정확한 방법이다. 그러나 반엽의 꽃잎을 기준으로 표기하는 것이 관례다.

어미는 시대적으로 다른 모양을 띠고 있어서 판본을 가름하는 데 중요한 구실을 한다. 어미의 시대적 특징은 다음 몇 가지로 간략히 요약할 수 있다(천혜봉 1991:298). 화문어미의 경우, 내향삼엽화문어미(內向三葉花紋魚尾)는 중종 무렵부터 나타나기 시작하여 임진왜란 이후 계속 되다가 숙종 무렵에는 내향이엽화문어미가 섞여 드물게 나타났다. 영조 때 부터는 대체로 내향이엽화문어미로 바뀌고 있으며, 정조 무렵부터는 주로 上이엽화문어미가 출현하고 있다.

내향삼엽화문어미에 있어서 중종·명종 연간에 간행한 활자본의 화문은 가늘고 섬세하나 재주갑인자본부터는 화문이 굵고 조잡한 편이다. 그리고 세종 16년(1434)에 주조하여 찍어낸 초주갑인자본의 경우 한결같이 상하하향흑어미(上下下向黑魚尾)로 되어 있다. 이것은 책의 간행 시기를 추정하는 데 큰 도움이 된다.

4) 판심제(版心題)

어미 아래에는 보통 그 책의 이름이 들어가는데, 이것을 판심제 혹은 판심서명이라 부른다. 책의 권두서명을 짧게 줄여서 판심제로 삼는다. 예컨대 『書傳諺解』(서전언해)를 줄여서 '書解'(서해)라고 판심제를 붙인다. 『分類杜工部詩』(분류두공부시)는 판심제가 '杜詩'(두시)로 되어 있다. 판심제를 새길 공간이 좁기 때문에 이렇게 줄인 것이다. 판심의 상어미(上魚尾) 윗부분을 화구(花口)라 부르는데 여기에 책 혹은 글 제목이 새겨진 경우가 더러 있다. 이 제목을 화구제(花口題)라 부른다.

판심제와 하어미(下魚尾) 사이에 장차(張次)를 나타내는 숫자가 들어

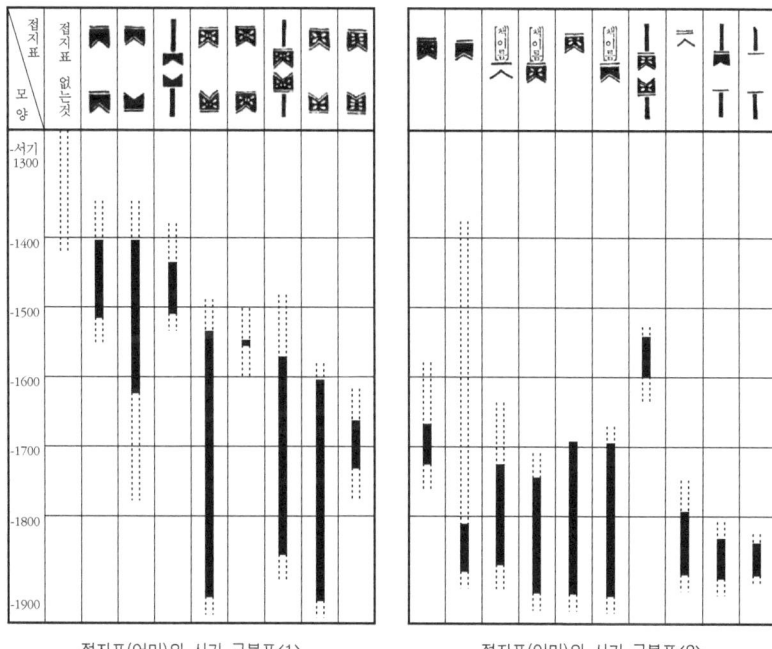

접지표(어미)의 시기 구분표〈1〉   접지표(어미)의 시기 구분표〈2〉

그림 9 판심 어미의 형태에 따른 시기 구분 표1과 표2.(출처: 손보기, 『금속활자와 인쇄술』, 세종대왕 기념 사업회, 2000 참고.) '접지표'는 종이가 접히는 부분에 있는 표지라는 뜻이며, 어미(魚尾)와 같은 말이다.

간다. 장차는 요즘말로 하면 쪽수(페이지 번호)이다. 앞뒷면을 합쳐서 하나의 숫자로 나타낸다. 즉 2페이지가 한 장이 되는 것이다.

5) 계선(界線)과 행관(行款)

계선(界線)은 본문의 각 줄 사이를 구분하기 위해서 그은 선으로 '괘선'(罫線)이라 부르기도 한다. 고려본은 계선이 없는 것이 대부분이어서 고려본 여부를 판단하는 데 하나의 잣대가 된다. 그러나 조선 초기 불교서에도 이 전통이 이어져 계선이 없는 것이 더러 있다. 활판본에서 계선은 가느다란 철선(鐵線)이나 대나무 조각 따위를 사용하여 조판한다. 목판본에서는 판면에 계선을 양각(陽刻)으로 새긴다.

3장 옛 책의 형태와 그 명칭 61

위 그림의 판면 전체를 일엽(一葉)이라 하고, 중간의 접히는 선[中縫 중봉]을 기준으로 그 한 쪽 면, 달리 말해 판면 전체의 절반을 반엽(半葉)이라 한다. 행관은 반엽의 행수와 한 행에 완전하게 들어가 있는 글자 수를 헤아려 '10행 18자' 혹은 '9행 17자'와 같은 방식으로 나타낸다. 글자를 셀 때는 본문의 큰 글자를 기준으로 한다. 앞 그림 6 『중용언해』의 행관은 10행 17자이다.

6) 판면 바깥 : 천두(天頭)와 지각(地脚)

판면 바깥 상하에는 여백이 있다. 위쪽 여백을 천두(天頭), 아랫쪽 여백을 지각(地脚)이라 한다. 천두는 상란(上欄), 지각은 하란(下欄)이라 부른다. 상란에다가 주석을 두기도 하는데 이것을 두주(頭註) 혹은 상란주(上欄註)라 부른다. 『병학지남』의 이판본 중에 두주가 있는 것이 많다. 그런데 일반적으로 고서의 주석은 본문 속에서 한 행을 둘로 쪼개어 본문 글자보다 작은 글자로 넣는다. 이것을 협주(夾註) 혹은 세주(細註)라 한다.

7) 권말의 형식 : 권말서명과 간기(刊記)

책의 본문이 끝나는 부분을 권말(卷末)이라 한다. 권말에는 발문(跋文)이 붙기도 한다. 그 책을 짓고 간행한 경위나 취지를 저자 혹은 편찬자가 쓴 글을 발문이라 한다. 발문 끝에는 발문을 쓴 연대와 쓴 사람의 이름이 기재된다. 발문을 포함한 책 전체 내용이 끝나면 그 책의 끝이라는 표시가 나온다. 예컨대 『경민편』 권말에는 '警民編終'(경민편종)이라고 명기하여 전체 내용이 끝났음을 알려 준다. '終'(종)은 본문이

그림 10 『중용언해』 권말 간기

끝났다는 뜻이다. 이곳의 '警民編'을 권말서명이라 한다. 권말서명은 권두서명과 일치하는 것이 보통이다.

권말서명 뒤에 간기(刊記)가 나온다. 위에 보인 『중용언해』의 경우는 권말서명 다음 면에 그림 10과 같은 간기가 나온다. 이 간기는 "경진년에 내각에서 새로 간행하고 목판을 갈무리하다"라는 뜻이다. 이 간기가 있으면 문헌의 간행 연대를 쉽게 확정할 수 있다.[5]

3.1.3. 책의 장정법(裝幀法)

중국에서 한자를 기록한 서사 재료 중 가장 오래된 것이 이른바 갑골이다. 거북 등 껍질이나 마소의 대퇴부 뼈에 새긴 중국의 상대(上代) 문자가 갑골문자이다. 갑골문자는 국가의 대소사를 조상신에게 물어보는 점복(占卜)의 용도로 쓴 것이다. 고대의 서사 재료로 쓰인 것으로 목간(木簡)이 있다. 길쭉한 직사각형 나무판이나 대나무 조각에 전달코자 하는 내용(공무 혹은 경전)을 붓으로 쓴 것이 목간이다. 이것을 죽간(竹簡) 혹은 목독(木牘)이라 부르기도 한다.[6] '冊'이라는 상형문자는 이 죽간이나 목독에 구멍을 뚫어 가죽 끈으로 엮은 모습을 나타낸 것이다. 신라와 고대 일본의 죽간에 구멍이 나 있는 것은 꿰었던 흔적이 남은 것이다.

죽간 목독에 이어 비단과 같은 천에 글씨를 썼고, 곧이어 종이가 나타나게 되었다. 종이는 중국 후한(後漢) 때에 채륜(蔡倫, ?~121 추정)이 발명한 것이라고 알려져 있으나 채륜 이전에 벌써 종이가 만들어져 사용되고 있었다. 채륜은 전래되는 제지 기술을 새롭게 하여 종이의 생산 방식과 품질을 대폭 크게 향상시켰던 것으로 보인다.[7]

서사 재료의 발달과 더불어 책을 매는 방법인 장정법도 발달했다. 책

---

5 간기의 내용과 기술 방식에 대한 것은 7장 1절 6)항에서 더 자세히 설명할 것이다.
6 죽간과 목독을 줄인 말이 '간독'(簡牘)이다.
7 채륜은 원흥(元興) 원년(105년)에 낡은 헝겊・낡은 그물줄・나무껍질 따위를 이용하여 새로운 종이 제조 기술을 개발하였다. 그가 만든 종이를 채후지(蔡侯紙)라 불렀다.

을 매는 방법은 시대에 따라 보다 편리하고 실용적인 방향으로 발전해 갔다. 옛 문헌의 장정법은 두루마리[卷子裝] 형태로부터 절첩장(折帖裝), 호접장(胡蝶裝), 포배장(包背裝), 선장(線裝)에 이르기까지 여러 가지 형태로 변해 왔다. 이러한 책의 장정법 변화에 대해 알아보자.[8]

1) 두루마리〔卷子裝〕

이 장정법은 죽간 목독 이후 서사 재료가 비단이나 종이가 바뀌면서 등장한 장정법이다. 두루마리는 간독에 비해 휴대와 보관이 용이하다. 필사하거나 인쇄한 비단 혹은 종이를 여러 장 이어 붙여서 둘둘 말아 놓은 것이 두루마리다. 두루마리의 한 쪽 끝에 막대(軸축, 棒봉, 막대)를 달아서 잘 말 수 있도록 하였다. 이런 까닭으로 두루마리를 권축본(卷軸本), 권자본(卷子本), 권축장(卷軸裝)이라 부르기도 한다. 종이로 두루마리본을 만들 경우 보존과 미관을 고려하여 장황(裝潢)[9]을 했다.

우리나라의 대표적인 두루마리본으로 경덕왕 10년(751)에 간행된 것으로 추정하는 『무구정광 대다라니경』(無垢淨光 大陀羅尼經)이 있다. 신라 경덕왕 13년(754)에 착수하여 그다음 해에 완성된 백지 묵서 『화엄경』도 두루마리로 되어 있다.

2) 절첩장(折帖裝)

절첩장은 앞의 두루마리 장정법에 따른 불편을 없애기 위해 고안된 것이다. 줄여서 첩장(帖裝)이라 부르기도 한다. 두루마리 장정을 해 놓으면 보관하기는 편리하지만, 펼쳐서 본 뒤에 다시 감는 데 시간이 많이 걸리고 불편하다. 그리고 책 중간 부분 혹은 끝 부분의 내용을 찾아보기

---

8 아래 장정법의 설명은 천혜봉의 『한국서지학』을 참고한 것이다.
9 장황(裝潢)은 두루마리의 겉 부분을 꾸미고 보호하는 방법을 의미한다. 즉, 장(裝)은 장표(裝褾)를 나타내며, 이것은 두루마리의 겉 부분을 보호하면서 꾸미는 것을 뜻한다. 황(潢)은 종이를 노란색의 황벽(潢蘗)으로 염색하여 방충(防蟲)하는 것을 말한다.

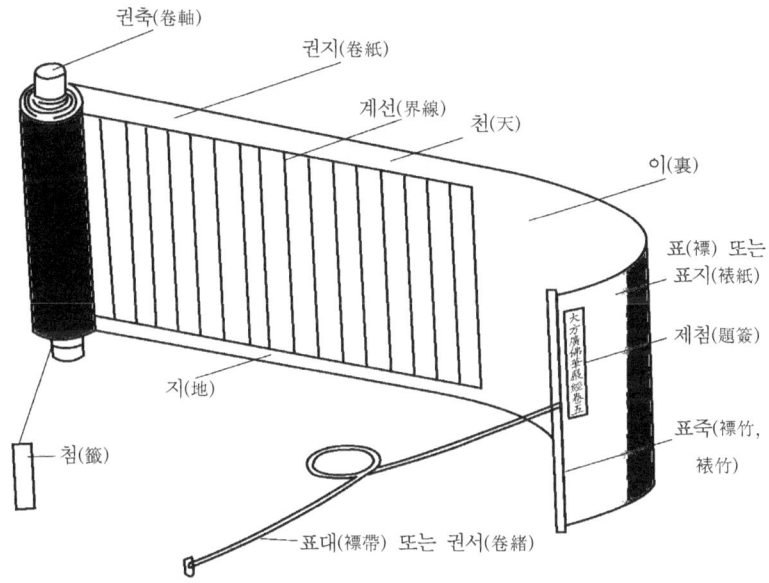

그림 11 두루마리본 (천혜봉, 『한국서지학』, 민음사, 1991:91 참고)

가 매우 번거롭다.

 이러한 두루마리 장정의 단점을 보완하기 위해 한 쪽 끝부터 병풍 접듯이 차곡차곡 접어서 만든 것이 절첩장이다. 종이를 적당한 폭으로 절첩(折疊 꺾어서 차곡차곡 접음)하고, 바깥에 노출되는 면을 보호하기 위해 그 앞뒤에 두터운 종이를 덧붙여 표지를 만들었다. 앞뒤의 표지가 서로 떨어져 있다. 절첩장은 고려 후기 이후의 불경과 사경(寫經)에 주로 나타나고 있다. 이렇게 접은 것을 첩장(帖裝)이라 하고, 이 방법으로 장정한 책을 첩장본(帖裝本) 또는 절첩본(折帖本)이라 한다. 이 방법은 두루마리 장정법에 비해 편리한 점이 있다. 내용의 중간 혹은 끝 부분을 찾아보기가 쉽고 펼친 후 다시 말지 않아도 되는 것이 장점이다. 하지만 접은 부분이 쉽게 낡아 떨어지는 단점이 있다.

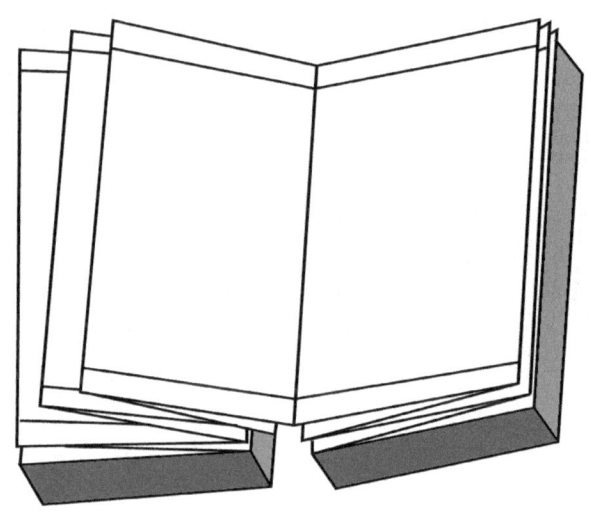

그림 12 절첩장의 예 (천혜봉, 『한국서지학』, 민음사, 1991:96 참고)

3) 선풍장(旋風裝)

절접창(折帖裝)과 비슷하나 앞뒤의 표지가 한 장으로 서로 붙어 있다. 표지만을 잡고 거꾸로 흔들면 표지를 제외한 내용 쪽이 모두 쏟아져 나오게 된다. 불경(佛經)에 더러 나타나는 장정법이다. 선풍장이란 명칭은 접힌 부분이 쏟아지면서 펼쳐지는 모습이 회오리 모양과 비슷하여 붙여진 것이다.

4) 호접장(胡蝶裝)

호접장은 선풍장(旋風裝)의 단점을 보완하여 개발된 장정법이다. 호접장은 한 장의 목판에서 인출한 것을 문자가 인쇄된 면[印面]을 안쪽으로 향하도록 접은 후에 그 접힌 부분에 풀칠을 하여 각 엽(葉)을 붙여서 연결하는 장정이다. 이렇게 장정하면 한 엽이 2장씩 떨어져 있어서 그 엽(葉)의 모양이 마치 나비가 두 날개를 편 것과 비슷하다. 호접장은 다음 세 가지 특징을 가진다. ㉠ 각 장의 판심이 있는 뒷면을 이어서 풀로 붙였다. ⓛ 책장의 중심(판심)이 안쪽(책등)에 있다. 보통의 선장본에서는 판심이 책등의 반대쪽에 있다. ⓒ 책장을 넘길 때 인쇄된 면과 백지 면이 번갈아 나타나므로 읽을 때 두 장씩 넘겨야 한다.

호접장은 대체로 중국 송(宋)나라 이래 보급된 장정법이다. 호접장의 장점은 광곽 주위에 넉넉한 여백이 있어서 벌레 등의 침해에 의한 본문 훼손이 적다는 것이다. 다만, 이 장정법에 의한 책은 오래 사용하는 동안 책장이 떨어지거나 풀로 붙인 곳이 떨어져 낙장되는 것이 단점이다. 국내에서 호접장을 적용한 책은 경주 기림사(祇林寺) 소조비로자나불(塑造毘盧舍那佛)의 복장품(腹藏品)인 『수능엄경(首楞嚴經)』(공민왕 19년 1470년 인출) 등이 있다.[10]

5) 포배장(包背裝)

호접장은 낙장이 잘 되거나 장정을 다시 할 경우 판심 부분이 좁아서 원문이 마멸되는 경우가 많았다. 이 단점을 극복하기 위해 고안된 장정법이 포배장(包背裝)이다. 포배장법은 인쇄면의 글자가 밖으로 나오도록 정확히 반으로 접은 후, 절단면의 가까운 곳에 송곳으로 두 구멍을 뚫은 다음, 비벼 꼰 종이끈을 꿰어 여유 있게 남긴 다음 자른다. 그리고 그 끝에 풀칠을 하고 나무방망이로 쳐서 밀착시킨 후, 가지런히 자르고 표지를 싸서 장정하는 것이 포배장이다.

포배장은 호접장에 비해서 견고하고 편리한 방식이다. 호접장은 판심이 책의 안쪽에 있기 때문에 색인 역할을 하는 판심제를 찾을 때 책을 다 펼쳐야 하고, 책을 읽을 때 두 장씩 넘겨야 하는 불편한 점이 있었다. 호접장과 달리 포배장은 인쇄된 면을 바깥쪽으로 향하도록 접어서 판심이 책의 앞도련에 있기 때문이다. 접은 종이를 여러 장 중첩한 다음, 뒷

---

[10] 호접장을 다른 용어로 호장본(蝴裝本), 접장본(蝶裝本), 점엽본(粘葉本)이라 부르기도 한다.

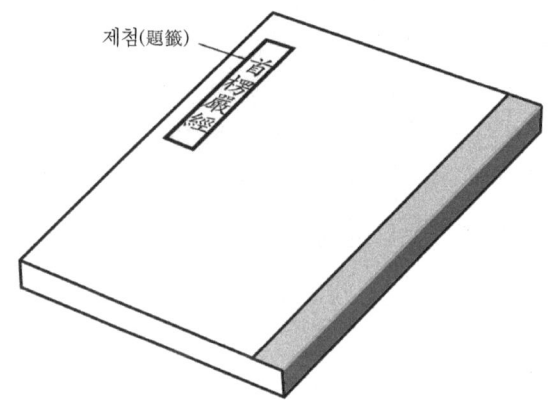

그림 13 포배장의 예 (천혜봉, 『한국서지학』, 민음사, 1991:100 참고)

도련을 두 곳에 구멍을 내어 종이 지심(紙心)[11]으로 묶고 앞뒤로 연결된 표지로 책등을 감싸는 것이 포배장법이다. 이는 선장법에 더 가까워진 장정법이다.

포배장은 원대(元代)부터 보급되었으나, 튼튼하지 못하여 책이 오래되면 표지가 떨어져 나가는 문제점이 있었기에 그 사용이 점차 줄어들었다. 현재 전하는 포배장 서적으로는 『동국정운』(東國正韻)(1447)과 『능엄경언해』[12](1461)가 대표적이다.

---

11 '지심'은 '지념'(紙念) 혹은 '지정'(紙釘)이라 부르기도 한다. 책을 맬 때 구멍을 뚫어 종이를 두들겨 단단하게 한 것을 돌돌 말아서 박는 것으로 종이못이라 보면 된다. 지심은 책의 장정을 튼튼하게 만드는 데 중요한 역할을 한다. 선장에서 다섯 구멍을 꿴 실끈이 끊어져 없어져도 지심이 남아 있으면 책의 형태가 무너지지 않는다.

12 이 책의 원 이름은 『대불정여래 밀인수증료의 제보살만행 수능엄경』(大佛頂如來 密因修證了義 諸菩薩萬行 首楞嚴經)[언해]이지만 줄여서 나타냈다.

6) 선장(線裝)

선장은 포배장의 단점인 표지 훼손을 줄이고 책을 보다 튼튼하게 만들기 위해 고안된 장정법이다. 옛 문헌에서 가장 널리 사용된 방법이어서 오늘날 고서점이나 고서실에서 볼 수 있는 책 대부분이 이 방법으로 되어 있다. 포배장은 실을 사용하지 않아서 제본이 튼튼하지 못하고, 책이 쉽게 풀어지는 단점이 있다. 포배장에다가 책등 부분에 여러 개의 구멍을 뚫고 노끈으로 꿰어서 책등을 견고히 묶은 것이 선장(線裝)이라 보면 된다.[13] 선장법은 포배장처럼 책등을 싸지 않고, 노끈으로 꿰매는 것이다. 표지는 대체로 귀중본일 경우 비단[絹布]을 싸기도 했지만 보통은 닥

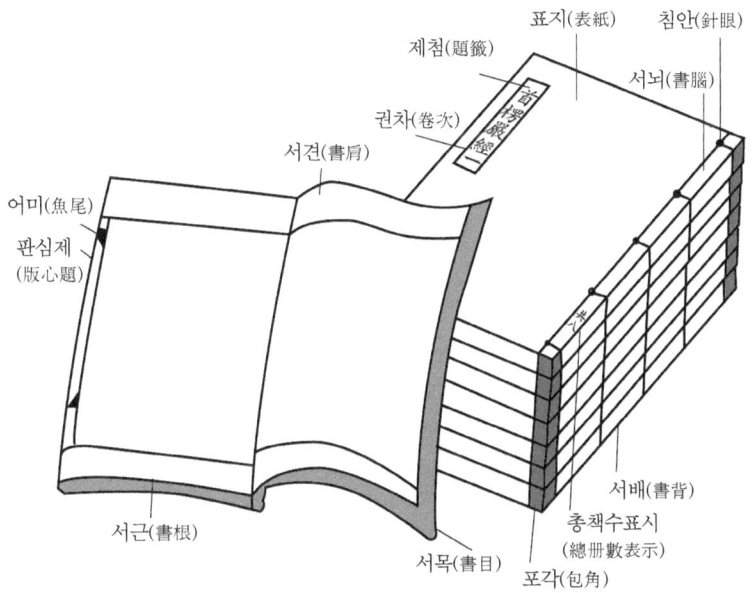

그림 14 선장의 예 (천혜봉, 『한국서지학』, 민음사, 1991:102 참고)

---

13 '線'(선)에는 실의 뜻도 포함되어 있어서 線裝(선장)이라 한다. 한자의 원뜻을 그대로 살린다면 '絲裝'(사장)이란 용어가 더 어울린다.

종이[저지 楮紙]를 여러 겹 붙여서 사용했다.

이 선장법은 송대(宋代)에서 싹터 명대(明代)에 널리 퍼졌으며, 우리나라에서 고려말 이후의 책은 거의 대부분 이 선장법으로 만들었다. 포배장과 선장의 차이는 다음과 같다.

(1) 포배장은 앞뒤 표지가 한 장으로 연결되어 책등을 감싸는 것임에 비하여, 선장은 앞뒤의 표지가 떨어져 있어 각각 한 장이 된다.

(2) 포배장은 지심을 꿰어 단단히 묶은 후 그 위에 표지를 감싸는 것이지만 선장은 지심으로 묶은 후 그 위에 표지를 대고 표지에 구멍을 여러 개 뚫어 실로 꿰매는 점이 다르다.

(3) 선장은 포배장보다 훨씬 견고하여 책이 쉽게 부서지지 않아 가장 실용적이고 발전된 장정법이다.

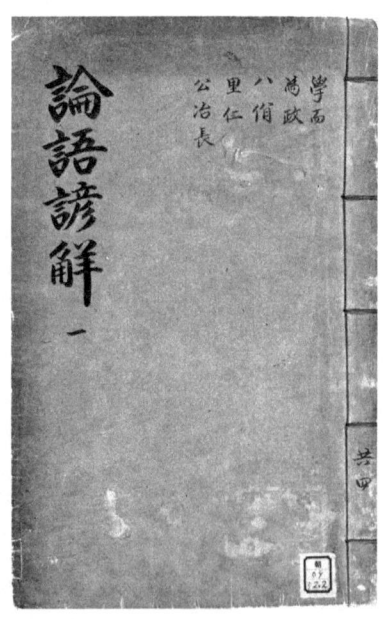

그림 15 선장의 실제 형태. 오침안의 형태가 선명하다. 『논어언해』

한국의 선장본 고서는 책의 크기와 관계 없이 모두 구멍을 다섯 개 뚫어서 꿰맨 오침안정법(五針眼釘法)으로 이루어져 있다. 그러나 중국이나 일본의 경우, 책의 크기에 따라 사침안정법(四針眼釘法)이 아니면 육침안정법(六針眼釘法), 드물게는 팔침안정법(八針眼釘法) 등과 같이 짝수로 꿰매는 법이 사용되었다. 세로 길이의 책등에 오침안을 적절히 배치하는 방법은 무엇일까? 그리고 조선의 고서들은 한결같이 오침안 즉 다섯 구멍을 둔 까닭은 무엇일까? 또한 조선의 선장본 고서는 중국이나 일본과 달리 표지에 각종 문양이 새겨져 있어 책의 품격을 높이고 있는데 이렇게 만든 연유는 무엇일까? 이런 의문은 예사롭지 않은 문화적 전통이 고서에 서려 있음을 암시한다.

3.1.4. 종이의 지질과 종류

1) 제지법의 발달

우리나라에서 제지술이 언제 전래되었으며, 종이를 언제부터 만들었는지 그 역사를 알려주는 명확한 기록이 없다. 대체로 한사군 설치와 함께 중국으로부터 제지법이 전파되었을 것으로 짐작되며, 아무리 늦어도 기원후 4세기경에는 우리나라에 제지법이 알려졌을 것으로 본다.[14] 『일본서기』(日本書紀)에 고구려의 승려 담징(曇徵, 579~631)이 610년 3월에 일본으로 건너가 종이와 먹 만드는 법을 전했다는 기록이 있다.

755년(경덕왕 14)에 필사된 『화엄경』(권50)[15]의 조성기(造成記)에 닥나무를 재배하여 종이를 만드는 과정이 다음과 같이 서술되어 있다.

(1) 사경에 드는 종이를 마련하기 위해 닥나무 뿌리에 향수를 뿌려 생장시킨다.
(2) 닥나무 껍질을 벗겨 물에 불리고 삶아 익힌다.
(3) 종이를 만드는 기술자[紙作伯土]는 보살계를 받아 재계한 후 작업에 임한다.

---

14 정선영, "종이의 역사", 『한국의 종이 문화』, 1995, 한국민속박물관, 129면.
15 이 문헌은 앞부분이 없어지고 권44부터 권50까지만 남아 있다. 현재 남아 있는 경심부(經心部)에 박은 목축(木軸)은 붉은 색으로 양 끝을 수정으로 장식하였다. 이 사경(寫經) 중 한 축 끝인 권50의 뒤에 14행으로 쓴 조성기(造成記)가 이두문(吏讀文)으로 기록되어 있다. 이두 연구에 귀중한 문헌이다.

이 조성기에 '紙作伯士'(지작백사)가[16] 등장하는 것으로 보아 8세기 중엽의 신라에서 닥종이 제지법이 확립되어 있음을 알 수 있다. 『고려사』 식화지(食貨志)에 수공업 관청에 제지 기술자 지장(紙匠)이 있었다는 기록이 있으며, 인종 23년(1145)에는 전국에 닥나무 재배를 권장하고 제지를 장려했다고 한다.[17] 송나라 사신으로 1123년(인종 1)에 고려를 다녀간 서긍(徐兢)이 『고려도경』에서 고려 종이의 제조법과 품질에 대해 기록한 바 있다. 명나라 때의 도융(屠隆)은 『고반여사』(考槃餘事)라는 책에서[18] 고려지(高麗紙)가 희고 단단하며 질기기가 비단 같아 글씨를 쓰면 먹빛이 아름다워 진기한 물품이라고 극찬하였다. 조선시대에는 태종 15년(1415)에 종이를 만드는 관청 조지소(造紙所)[19]를 설치하여 책의 출판에 대비하였다.

2) 재료에 따른 종이의 종류

종이를 만드는 재료는 주로 닥나무가 쓰였지만 그밖에도 여러 가지가 이용되었다. 재료에 따른 종이의 종류를 알아보자.[20]

저지(楮紙) : 닥나무 속껍질을 벗겨 삶아 찧어 그 섬유질을 엉기게 하여 만든 종이다. 이렇게 만든 종이를 닥종이라 하며 한지(韓紙)는 바로

---

16 '紙作伯士'(지작백사)는 종이를 만드는 전문기술자를 가리킨다. '伯士'는 전문 기술자를 우대하는 직명이다. 백제가 두었다고 하는 '오경박사'(五經博士)의 '박사'(博士)와 '백사'(伯士)는 전문가를 뜻하는 직명이란 점에서 서로 통한다. 저자가 보기에 '박사'(博士)는 문장 혹은 경학의 전문가를 뜻하고, '백사'(伯士)는 기술 분야의 전문가를 가리키는 것이 아닌가 짐작된다. 「정도사석탑조성형지기」(淨兜寺石塔造成形止記, 1031)에도 '伯士'가 등장한다.
17 『한국의 종이 문화』, 1995, 한국민속박물관, 3면.
18 『고반여사』(考槃餘事)는 산가(山家)에 은둔한 독서인의 취미를 적은 책이다. 이 책은 서(書). 첩(帖). 화(畫). 지(紙). 묵(墨). 필(筆). 연(硯). 향(香). 다(茶). 금(琴) 등을 소장하면서 감상하고 즐기는 방법을 설명한 것이다.
19 조지소는 세조 11년(1465)에 造紙署(조지서)로 개칭되었다. 이 관청은 한강변 세검정 인근에 있었다고 한다.
20 이하 한지의 지질에 대한 설명은 정선영(2008) 등을 참고한 것이다.

그림 16 닥나무

닥종이를 가리킨다. 닥나무(楮)는 뽕나무과에 속한다. 우리나라에서는 함경북도를 제외한 전 지역에 자생한다. 닥나무는 크게 세 종류로 나누는데 '마닥'과 '외닥'과 '참닥'이 그것이다. 닥나무 섬유는 가늘고 길며 강하고 광택이 나는 것이 특징이어서 종이 원료로 적합하다. 닥나무껍질은 우리나라에 가장 많이 쓰인 종이의 원료이다.

죽지(竹紙) : 대나무 줄기에서 대나무 관 내부의 얇은 속껍질을 닥에 섞어서 만든 종이다. 갈색 빛깔이 많이 난다. 종이가 얇고 빠닥거린다. 세종 때 찍은 불경에 죽지가 더러 사용되었다.

고정지(藁精紙) : 고정지는 볏짚, 보릿짚, 귀리 등의 홰깃대(벼, 갈대, 수수 따위의 이삭이 달린 줄기)를 가공하여 닥·마 등의 다른 원료와 섞어서 만든 종이이다. 세종 때의 기록으로는 그 혼합 비율이 5(닥):1(고정)이라 한다. 닥이 귀한 만큼 그 대체용으로 구하기 쉬운 볏짚의 홰기 따위를 섞어 썼던 것이다. 종이 색깔이 진갈색이 나고 탁한 느낌을 준다. 세종·세조 연간에 간행된 불경에 고정지가 쓰인 것이 더러 있다.

상지(桑紙) : 뽕나무는 닥나무와 성질이 비슷하여 그 껍질을 원료로 하여 종이를 만들었다. 우리나라에서도 구하기 쉬워 많이 이용되었다.

종이의 빛깔에 황색이 많이 비친다.

마지(麻紙) 혹은 황마지(黃麻紙) : 마는 종이 원료로 가장 오래 전부터 쓰인 것이다. 저마(苧麻 모시풀)와 대마(大麻 삼)의 껍질을 사용하였다. 조선 초기에는 마지에 황벽(黃蘗)나무에서 얻은 노란 물감을 염색하여 황마지(黃麻紙)를 만들었다. 방충(防蟲) 효과가 있어서 사경 용지로 많이 사용되었다.

면지(綿紙) : 목화의 섬유질을 닥과 섞어 만든 종이를 면지라 한다. 광택이 적고 잘 부풀어 오르며 질기지 못하다. 먹이 잘 먹혀 들어가서 붓글씨 쓰기나 수묵화 그리는 데 적합한 종이다.

태지(苔紙) : 태지는 닥나무 껍질을 삶고 찧어서 만든 섬유질액에 파란 색의 이끼를 넣어서 뜬 종이다. 우리나라의 옛 종이로 문양을 넣은 종이가 드문데, 태지는 이끼 문양의 정취가 고아(高雅)하여 중국에서도 높은 품평을 받았다고 한다. 중종실록(권95, 중종 36년, 1541년 6월)에 병조판서 김안국이 태지 다섯 묶음을 중종께 진상한 기록이 있다. 그리고 김안국의 문집 『모재집』(慕齋集)에 경기도 여주의 교린사 승려가 태지를 잘 만들었으며 승려 상암(上巖)과 성은(性恩)이 태지를 사용했다는 기록이 있다(정선영 2008:56~57).

노로지(露露紙) : 19세기말~20세기 초기 이후 러시아의 제지 기술이 수입되어 만들어진 양지(洋紙)의 일종이다. 일제시대에 문집, 족보, 대중서적 등에 이 종이가 많이 사용되었다. 쉽게 변색되지 않는 내구성이 있으며, 표면이 매끄럽고 광택이 난다. 이 종이는 석인본(石印本) 인쇄 기술에 적합하여 석인본 출판에 많이 사용되었다.[21]

---

21 '노로지'는 류탁일 선생의 『한국문헌학연구』에서 가져온 용어이다. 그런데 요즘에는 '노루지'라고 부르면서 이 용어를 습자지 비슷한 포장용지를 가리키는 데 쓰고 있다. 영어의 'roll paper'를 일본식으로 발음하여 '노루지'라고 부른다는 설이 있다. 그런데 포장용지로 요즘 쓰고 있는 노루지는 위에서 서술한 20세기 초기의 노로지와 지질이 크게 다르다.

그밖에도 소나무 껍질을 섞어 만든 송피지(松皮紙), 안피(雁皮)나무 껍질을 섞어 만든 안피지(雁皮紙), 버드나무 껍질을 섞어 만든 유엽지(柳葉紙), 율무의 홰깃대를 섞어 만든 의이지(薏苡紙) 등이 있다.

3) 제조법에 따른 종이의 종류

도침지(搗砧紙) : 가공한 한지를 굵은 홍두깨에 말아 다듬이질 하여 광택을 낸 것이 도침지이다. 필사에 편리하고 종이가 질기고 강해지도록 도침질을 하여 만든 종이다. '도련지'(搗鍊紙)도 이와 같은 방법으로 만든다. 도침질을 한 종이는 고급품이어서 간찰 용지로 많이 쓰였다.

장지(壯紙) : 종이 여러 겹을 붙여서 만든 두꺼운 종이를 가리킨다. 한지를 뜰 때 두껍게 뜨거나 낱 종이 여러 장을 붙여 두껍게 만든다. 과거 시험 답안지용으로 이 종이를 쓰기도 하여 과지(科紙), 시지(試紙), 시권지(詩卷紙)라 부르기도 한다.

4) 염색법에 따른 종이의 종류

감지(紺紙) : 쪽풀에서 얻은 염료를 이용해 감람색으로 물을 들인 종이다. 금가루와 은가루를 넣어서 만든 잉크를 금니(金泥)와 은니(銀泥)라 했는데, 이것으로 감지에 쓴 사경(寫經)이 전해지고 있다. 고려시대와 조선 초기에 서사된 감지 금니 사경은 황금빛 변상도가 매우 정세하고 화려하여 특별한 가치를 가진다.

도화지(桃花紙) 혹은 홍화지(紅花紙) : 홍화지는 잇꽃(紅花)에서 얻은 노란색 염료로 물들인 종이다. 책의 겉표지에 이 물감을 많이 들였다.

분백지(粉白紙) 혹은 분당지(粉唐紙) : 분을 먹여 희고 깨끗하게 만든 고급 종이다. 선조 임금이 이 종이로 만든 중국 책을 좋아했다는 기록이 있다.

상지(橡紙) : 도토리 열매에서 얻은 진갈색 염료로 물들인 종이다. 금니와 은니로 사경을 쓸 때 이용되었다.

유지(油紙) : 닥종이에 기름을 먹인 종이다. 비올 때 쓰는 우비를 만드는 데 쓰기도 했다. 유둔지(油芚紙)라 부르기도 한다. 고서 중에 기름 먹인 종이를 쓴 것이 더러 있는데 지질이 누렇게 변색되어 보존성이 오히려 더 나빠진 모습을 보인다.

기타 다양한 색을 넣은 색지(色紙)가 있다. 청색을 내는 물감 재료[염료 染料]는 마디풀과에 속하는 쪽이라는 일년초를 찧어 걸러서 아청색이 나는 즙을 만들어 사용했다. 적색 염료는 잇꽃[홍화 紅花] 꽃잎이나 꼭두서니 뿌리로 즙을 내어 사용했고, 황색 염료는 치자나무 열매로 치자물을 내어 썼다. 흑색 염료는 붉나무(천금목, 오배자), 자색 염료에는 지치(자초 紫草), 갈색 염료에는 해당화 뿌리와 오리나무 껍질을 이용했다. (『한국의 종이문화』 1995, 국립민속박물관)

5) 용도에 따른 종이의 종류
문서지(文書紙) : 관문서나 사문서 등 문서를 만드는 데 쓴 종이. 대부분 얇고 실용적 종이로 썼으나, 여러 사람이 올린 연명 소지(所志)나 상소문은 두꺼운 장지에 쓰기도 했다.
책지(冊紙) : 책을 만드는 데 쓴 종이로 가장 일반적이고 많이 사용되었다.
서간지(書簡紙) : 편지 작성에 사용된 종이를 말하며, 다양한 지질의 종이가 상황에 맞게 선택되어 쓰였다. 사돈 간에 주고받는 편지에는 도침질을 하여 광택이 나고 약간 두꺼운 종이를 썼다.
사경지(寫經紙) : 불교 경전을 필사하는 데 쓴 종이로 가장 좋은 품질의 종이를 사용하였다. 두께가 있고 도침질을 하여 광택이 나는 종이를 사경지로 썼다.
시전지(詩箋紙) : 시화(詩畵)를 겸한 간찰지로 쓰인 것이 시전지다. 목판에 새긴 문양을 종이에 찍어 아름다운 풍취를 더하였다. 화전지(花箋

紙)라 부르기도 한다.

　화선지(畫宣紙) : 그림을 그리거나 글씨를 쓸 때, 즉 서화 용도로 쓰는 종이를 말한다.

　창호지(窓戶紙) : 흔히 문종이라 부른다. 주로 한옥의 문에 바르지만 벽의 도배지로 쓰기도 했다.

　17세기 중엽에 쓴「유시정언간」은 품질이 좋은 종이에 아름다운 글씨로 쓴 편지다. 이 언간의 사연 중에는 "고정지(藁精紙) 긴 것 열여섯 권, 책지(冊紙)로 뜬²² 것하고 흰 책지를 다 내어 보내소."(41번 편지)라는 문장이 있다. '고정지'와 '책지'라는 종이 이름이 이 편지에 나타나 있다. 유시정이 쓴 편지 속에는 '명지(名紙)', '슈지', '환지', '백지', '편지지', '심을 지른 종이'라는 이름도 등장한다. 명지(名紙)는 과거 시험장에 나아가 쓰는 답안지로 보통 시지(試紙)라 부른다. 시지의 오른쪽 상단에 친가 3대조와 외가 3대조 이름을 적으므로 명지(名紙)라 부른다. '슈지'는 이미 쓴 편지 종이 따위의 허드렛종이를 가리킨다. 환지(還紙)는 이미 쓴 종이를 물에 녹여 먹물을 뺀 후, 다시 떠서 만든 종이를 뜻한다. 오늘날로 말하면 재생지인 셈이다. 유시정은 명필로 이름이 높은 사람이라 종이에 대한 관심이 많았던 것으로 보인다. 그의 언간에 보이는 종이 이름들은 매우 흥미로운 자료의 하나이다.

---

22 한지 만드는 과정에서 대발로 닥껍질을 녹인 섬유질을 뜨는 과정이 있기 때문에 '종이를 뜬다'라고 표현한 것이다.

4장 판본의 분류와 감별

문헌의 생성과 출판에 관련된 기본 정보를 조사하여 문헌의 서지적 특성을 파악하고, 문헌 간의 차이점을 감별하는 능력은 옛 문헌을 공부하는 데 필요한 기초이다. 문헌의 생성과 출판에 관한 정보를 파악하기 위해서 그 문헌의 저자 혹은 필자, 간행 여부, 간행 방법, 간행 시기, 간행 주체, 간행지 등을 조사해야 한다. 이러한 조사는 문헌 연구의 필수적 과정이면서, 다른 분야의 연구로 나아가기 위한 토대가 된다. 4장에서는 문헌을 나누는 몇 가지 분류 기준에 의거하여 사본과 판본 연구에 필요한 기초 지식을 배우기로 한다. 사본의 특성, 간인본(刊印本)의 성격과 종류, 목판본, 금속활자본, 목활자본, 복각본 등 각종 판본의 감별 방법을 여기서 설명한다.

4.1. 간행 여부에 따른 문헌 자료의 분류

문헌은 목판이나 활자로 간행한 것인지, 붓으로 쓴 것인지에 따라 간본과 사본으로 나뉜다.

1) 사본(寫本)
(1) 사본의 유형

사본은 목판이나 활자를 통해 간인(刊印)되지 않은 것이며, 붓으로 직접 쓴 문헌 자료를 총칭한다. 사본과 같은 뜻으로 필사본(筆寫本)·초본(抄本, 鈔本)·선사본(繕寫本)·서사본(書寫本)·등본(謄本) 등의 용어가 쓰이기도 한다.

사본은 다시 고본(稿本), 전사본(轉寫本), 사경(寫經)으로 구분된다. 편·저자가 글 내용을 엮거나 지어서 처음으로 쓴 책을 고본(稿本,[1] 藁本)이라 부른다. 고본과 같은 뜻으로 초고본(草稿本)·초본(草本)·원고본(原稿本) 등과 같은 용어를 쓰기도 한다. 저자가 직접 쓴 경우를 자필본(自筆本) 또는 수고본(手稿本)이라 한다. 고본이 몇 차례에 걸쳐 깁고 고쳐졌을 경우, 순서에 따라 초고본(初稿本) 또는 초초본(初草本)이라

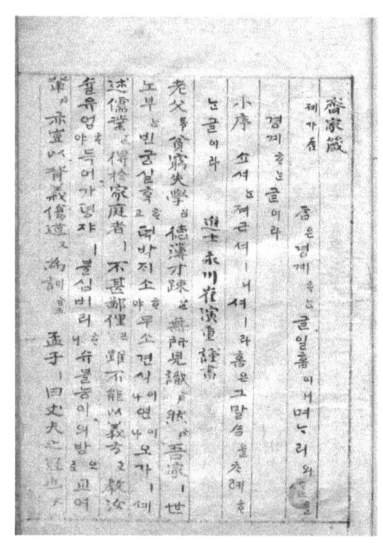

그림 1 정서한 원고본의 사례 『제가잠』(齊家箴) 권두

하고, 그다음 고쳐진 것을 재고본(再稿本) 또는 중초본(中草本)이라 하며, 또 그다음의 것을 삼고본(三稿本)이라 한다. 필사 차수(次數)를 딱 정하지 않고 말할 때는 개고본(改稿本)이라 한다.

고본을 최종적으로 손질하여 완성한 것은 정초본(定草本) 혹은 정고본(定稿本)이고, 바른 글씨체로 정서한 것은 정서고본(淨書稿本)이다. 목판에 새기기 위하여 바른 글씨로 또박또박 쓴 정서고본을 판하본(板下本)이라 부른다. 판하본(板下本)은 말 그대로 '판에 내린다'(놓는다)는 뜻이다.[2]

---

[1] 고본의 하나로 사초(史草)가 있다. 조선왕조실록의 편찬을 위해 사관(史官)들이 조정에서 일어난 일을 기록해 둔 것이 사초이다. 사관은 평소에 작성한 사초의 원고본을 집안에 보관해 두었다가, 실록 편찬에 들어가면 사초를 춘추관에 제출하였다. 이것을 납초본(納草本)이라 한다.

[2] 판하본에 대응하는 한자어 표기를 '版下本'으로 쓰기도 한다. 목판(木板)에 내려놓는다는 점에 초점을 두면 '板下本'으로 표기함이 더 정확하다.

전사본(轉寫本)은 다른 것을 보고 베껴 쓴 것을 말하며, 같은 뜻으로 쓰는 용어로 전사본(傳寫本)·이사본(移寫本)·전초본(傳鈔本) 등이 있다. 전사본은 고본에 비하여 문헌적·사료적 가치가 떨어지는 것이 일반적이다. 그러나 전사본이 유일본인 경우나, 내용상 가치가 있거나, 저명한 학자의 수교(手校)가 가해졌거나, 명망가의 수기(手記)나 장서인이 있는 경우는 높은 가치가 인정된다. 전사본 중 오래된 것을 고사본(古寫本) 또는 구초본(舊鈔本)이라 부른다. 베껴 쓴 책을 저본으로 하여 다시 베껴 쓴 경우를 중사본(重寫本) 또는 중초본(重鈔本)이라 한다. 어떤 판본을 보고 그대로 베껴 쓴 책을 모사본(摸寫本)이라 부른다.

사경(寫經)은 불경을 필사한 것을 가리킨다. 사경은 일반 사본과 같이 단순히 배우고 읽기 위해 필사한 것이 아니다. 신앙심을 가진 사람이 종교적 차원에서 정성을 쏟아 경문(經文)을 쓰거나 변상도(變相圖)를 그려 넣은 것이 사경이다. 사경은 온갖 정성을 들여 만들었다. 최상의 종이로 만든 질 좋은 백지(白紙)나 감색물을 들인 감지(紺紙) 혹은 상지(橡紙)에 금·은가루를 섞어 쓴 것도 있다. 우리나라에서 전해지는 사경으로 가장 오래된 것은 신라 경덕왕 13년(754)에 착수하여 그 이듬해(755)에 완성한 신라백지묵서 대방광불화엄경(大方廣佛華嚴經)이다. 이 사경 맨 끝에는 사경을 만든 조성기를 이두문으로 기록해 놓아 국어사적 가치는 물론 당시의 불교문화 연구에 귀중한 자료가 된다.[3]

사본이 만들어지는 경위는 다음 세 가지로 나누어 볼 수 있다.[4]

첫째, 지은이가 자기의 생각을 독자적으로 기록하여 만든 것. 창작서(創作書). 편지나 기행문, 시조 등 문학성이 있는 문헌은 여기에 포함된다. 학

---

3 도서관 참고도서실에 가면 박물관 도록, 전시 도록 등 각종 도록이 있다. 이러한 도록에 고려 조선 초기에 조성한 불교 경전의 사경 도판이 실려 있다. 그 정교함과 화려함에 경탄하게 된다.
4 이 내용은 류탁일 선생의 『한국문헌학연구』를 참고하여 저자가 보완한 것이다.

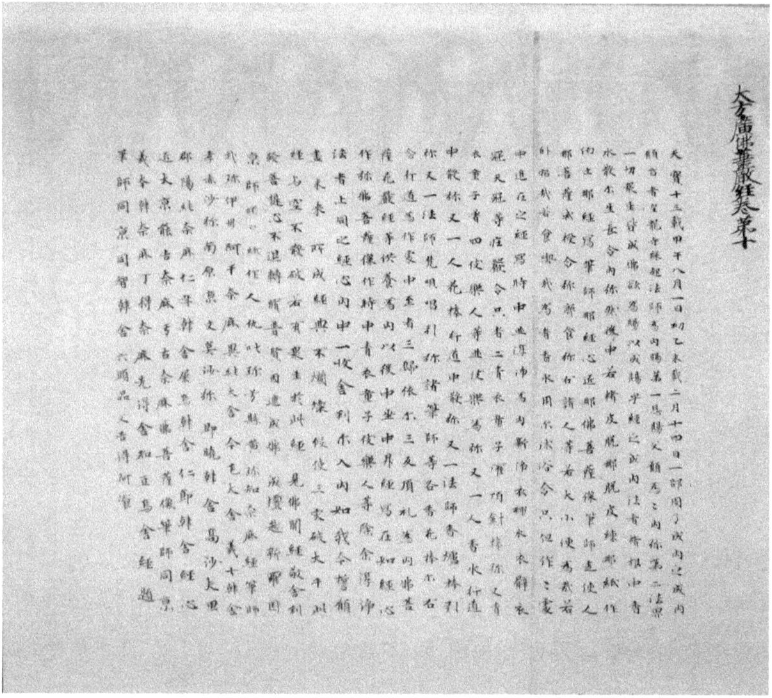

그림 2 신라백지묵서 대방광불화엄경 권10 끝의 조성기(이두문).
두루마리 전체의 크기는 세로 29cm, 가로 1390.6cm. 현재 전하는 닥종이로서도 가장 오래된 것 중의 하나. 리움미술관 소장, 국보 제196호.

술적 성격을 지닌 논설도 창작서라 할 수 있다.

둘째, 기존 책을 보고 베껴서 만든 것. 견사서(見寫書). 간본의 구입이 어려워 다른 사람이 가진 간본을 보고 옮겨 적은 것이다. 고소설류나 유교 경서류 등에 이런 전사본이 많다.

셋째, 기존 책을 읽어 주는 것을 듣고 베낀 것. 문사서(聞寫書). 시부나 고소설을 베낀 것 중에 이런 문헌이 있는데 본문을 세밀하게 분석해 보아야 그 특성을 잡아낼 수 있다.

(2) 사본의 특성과 가치

사본은 간본과 비교해 볼 때 다음과 같은 몇 가지 특성을 가진다.[5]

㉠ 유일성: 동일한 사본이 두 개 있을 수 없다. 한 사람이 같은 책을 여러 번 베껴도 절대로 같은 책일 수 없다. 사본은 결코 똑같은 것이 생성될 수 없는 유일성(唯一性)이 있기 때문에, 내용이나 형태가 좋든 나쁘든 이 세상에 오로지 하나밖에 존재하지 않는 유일본이다.
㉡ 보수성: 베끼는 사람은 원본에 충실하게 하려는 경향이 있다.
㉢ 변이성: 베끼는 사람은 의식적으로 내용을 일부 바꿀 수도 있고, 실수로 원본과 달리 베낄 수도 있다.

사본은 그 종류가 매우 다양하고 많아서 필사자와 필사 시기 등 관련 정보를 확인한 후 이용하는 것이 바람직하다. 특히 한글 고소설의 경우 작품마다 사본의 수가 잡다하여 계통 파악이 쉽지 않다. 한 작품에 속하는 이사본(異寫本)을 두루 수집하고 비교함으로써 충실한 연구로 나아갈 수 있다.

사본 중에는 자료적 가치가 높은 귀중본도 있고 그렇지 못한 것도 있다. 명망 있는 학자나 명필이 쓴 고본은 귀중한 것으로 간주된다. 임금이 친히 쓴 책은 어필본(御筆本) 또는 신필본(宸筆本)이라 하고, 왕세자가 직접 쓴 책은 예필본(睿筆本)이라 하여 매우 귀중히 여긴다. 일반적으로 다음 경우에 해당되는 사본은 자료적 가치가 높은 귀중본이 된다.

㉠ 간본이 없으며 내용적 가치가 높은 필사본.
㉡ 간본 혹은 현존 필사본과 다른 계통인 것.
㉢ 간본이 간행되기 이전에 필사된 것.

---

5 류탁일, 『한국문헌학연구』 참고.

㉣ 원저자의 자필본 또는 명망 있는 사람이 쓴 필사본.
㉤ 저명한 학자의 서문이나 발문, 장서인(藏書印) 혹은 필사기(筆寫記)가 있는 필사본.

지금까지 국어사의 연구에 이용된 문헌은 대부분 간인본(刊印本)이었다. 국어사 연구자들이 사본에 많은 관심을 기울이지 못했던 것이다. 사본이 연구 대상으로 이용되지 않은 직접적 원인은 다수의 사본이 필사자를 모

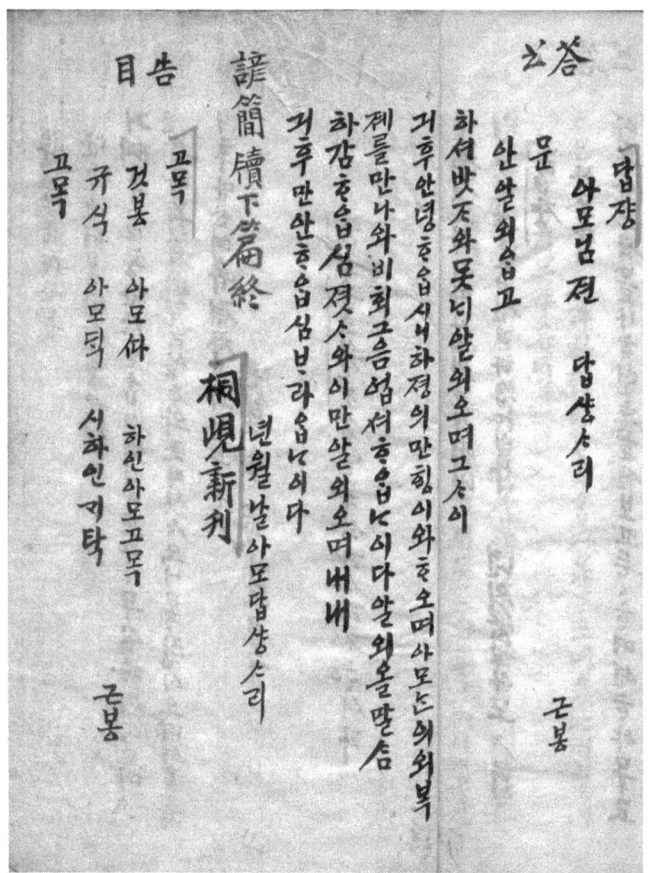

그림 3 사본만 전하는 『언간독』, '동현 신간'(桐峴 新刊)본의 전사본. 아직 이 책의 판본은 나타나지 않았다.

르거나 필사 시기를 알 수 없다는 데 있다. 사본에는 최초에 이루어진 초고본(草稿本)과 그 뒤에 다시 베껴 쓴 등사본(謄寫本), 그리고 이 등사본을 보고 다시 베낀 재등사본 등이 있을 수 있다. 이들 간의 관계를 명확히 밝히기 어렵다는 점도 사본 연구를 가로막은 요인 중 하나이다.

사본 중에는 저자와 저술 연대가 밝혀진 문헌이 적지 않다. 연대가 확실한 사본일수록 연구 가치가 높다. 이러한 사본을 더 적극적으로 연구할 필요가 있다. 여러 방면의 전공자들이 한글 사본을 보다 용이하게 이용할 수 있도록 접근성을 높여야 한다. 다양한 사본의 원문을 전산화하고, 읽기 어려운 옛한글 문장을 현대국어로 번역하여 누구나 쉽게 접근할 수 있도록 가공할 필요가 있다. 최근 언간과 고문서에 대한 관심이 커지면서 필사본 연구가 점차 활발해지고 있는 것은 바람직한 현상이다.

2) 간본(刊本)

간본(刊本)에 쓰인 한자 '刊'은 새김의 뜻이다. 그래서 간본은 목판본에 잘 어울리는 말이다. 인본(印本)에 쓰인 한자 '印'은 찍음의 뜻이다. 인본은 활자본과 목판본에 두루 어울리는 말이다. 두 용어를 합쳐서 간인본(刊印本)이라 부르며, 이는 목판·활판·석판 등의 방법으로 인출한 책을 두루 가리키는 명칭이다. 간인본은 사본에 대립되는 명칭이며, 각인본(刻印本)이라 부르기도 한다.

조선시대의 간본은 크게 활자본(활판본)과 목판본 두 가지로 나누어진다. 활자본은 다시 금속활자본과 목활자본으로 구분된다. 19세기 말기에 서구의 인쇄기술이 도입되면서 석인본(石印本, 혹은 石版本)과 납활자로 찍은 신활자본[鉛活字本]이 출현하였다. 이밖에도 영인본, 유인본, 탁인본 등이 있다. 간본별로 그 특징을 간략히 설명하면 다음과 같다.

(1) 목판본(木版本 혹은 木板本)[6]

목판본(木版本)은 닥종이에 쓴 원고본 즉, 판하본(板下本)을 나무판에 뒤집어 붙이고 글자를 새겨 찍어낸 것이다. 목판본은 활자가 발명되기 전에 사용된 가장 일반적인 인쇄법이다. 목판본의 다른 이름으로 간판본(刊板本), 간각본(刊刻本), 각본(刻本) 등이 있다.

목판본 서적을 만드는 데 다음과 같이 전문적 기능을 가진 사람이 필요하다. 첫째 판목을 톱으로 자르고, 판면을 대패로 연마하는 목수(木手)가 필요하다. 둘째 원고를 짓고 붓으로 판하본을 쓰는 저술자 혹은 서사자가 필요하다. 셋째 판하본을 연마된 판면에 뒤집어 붙이고 칼로 새기는 각수(刻手)가 필요하다. 넷째 글자를 새긴 판면에 먹을 칠한 후 한지를 붙여 찍어내는 인출장(印出匠)이 필요하다. 다섯째 인출된 낱종이를 묶어서 책으로 제본하는 제책장(製冊匠)이 필요하다. 목판본을 만드는 데 여러 방면의 기술자가 동원되었던 것이다.

목판은 필요한 부수만큼 찍어내고 그 판목을 보관해 두었다가 책이 필요할 때마다 다시 인출할 수 있다. 그러나 목판본 제작은 인력과 비용이 많이 들고, 판에 새긴 문자들은 다른 책을 만드는 데 사용할 수 없다. 목판본이 가진 또 하나의 큰 결함은 새겨진 판목의 보관 공간을 마련해야 한다는 점이다. 목판의 보관 공간을 마련하기 위해 장판각(藏板閣)을 짓기도 했으나 이런 건물을 지으려면 또 많은 비용을 들여야 한다. 게다가 온도와 습도를 고려하여 목판의 보존 환경을 갖추는 것은 매우 까다로운 문제였다.[7] 활자는 이런 단점을 극복하기 위해 나온 것이다.

(2) 활자본(活字本)

활자로 조판하여 찍은 책은 활자본 혹은 활인본(活印本)이라 부른다.

---

[6] 목판본 전반에 대한 자세한 정보는 『목판의 행간에서 조선의 지식문화를 읽다』에 수록된 남권희(2013)의 논문 "목판과 지식 문화"를 참고할 수 있다. 이 논문에 목판본의 특성, 제작 과정, 판각 비용, 판면과 마구리 등에 관한 설명이 자세하다.

[7] 목판본의 보존과 관리에 대한 문제는 남권희·옥영정(2013)의 논문 "조선시대 책판은 어떻게 관리되었나"를 참고할 수 있다.

활자본은 활자를 만든 재료에 따라 금속활자본, 목활자본, 도(陶)활자본으로 구분된다. 목활자나 금속활자로 만들어진 책은 비교적 흔한 편이나 도활자본(陶活字本)은 극히 드물다. 도활자는 질그릇을 만드는 찰흙을 구워 만든 것이어서 토활자(土活字) 혹은 오지활자라 부르기도 한다.

금속활자본을 만들려면 먼저 구리와 주석 등을 합금하여 금속활자를 주조해야 한다. 금속활자의 주조에는 전문적 기술과 높은 비용이 필요하여 거의 대부분 국가 기관에서 만들었다. 이에 비해 목활자는 나무를 깎아서 만들기 때문에 기술적으로나 비용의 면에서 훨씬 용이한 것이었다. 그래서 목활자본은 사사롭게 만든 것이 적지 않다.

활자본은 조판 방식에 따라 조립식 조판과 부착식 조판으로 나누어진다. 조립식 조판은 활자판에 글자를 조합하여서 조판하는 방식인데 밀랍을 배합한 인랍(印蠟, 인쇄용 왁스)을 사용하지 않는다. 이 방법은 주로 금속활자 조판에 사용되었다. 부착식 조판은 인랍을 판틀의 행간에 부어 놓고 그 위에 활자를 부착시킨다. 부착식 조판은 대부분 민간 목활자본 인쇄에서 사용되었다(류탁일 1989:33~34).

활자본 서적을 만드는 데는 활자를 만드는 주조장(鑄造匠), 판에 글씨를 식자(植字)하여 고르게 하는 균자장(均字匠), 내용 교정을 위한 교정자, 먹을 발라서 찍는 인출장, 인쇄한 종이를 책으로 묶는 제책장이 필요하다. 활자본의 특성을 류탁일(1989:37)은 오식성(誤植性, 글자를 잘못 심음), 한인성(限印性, 판형이 흔들려 50~300부 정도만 인쇄 가능함), 자양(字樣)의 동일성(같은 글자는 꼴이 같음)을 들었다.

(3) 석인본(石印本)

석인본(石印本)은 석회석의 일종인 석판석(石版石)에 화학물질을 이용하여 문자의 형상에 따라 요철(凹凸)을 만들어 찍는 기술이다. 이 기술은 1796년 오스트리아의 스네펠더(Alios Senefelder)가 발명하였고, 중국을 통해 조선에 전해진 듯하다. 우리나라에서는 1880년 이후 우표 인쇄에 이 기술이 도입되어 1900년 이후 서적 인쇄에 사용되었다(류탁일 1989: 43). 석인 인쇄술은 일제 강점기에 문집 간행 및 양서 출판에 많이 이용되었다. 해방 이후에도 가끔 사용되다가 지금은 완전히 사라져 버렸다. 아래 그림은 1939년에 대구에서 간행한 석인본 『영남삼강록』의 모습이다.

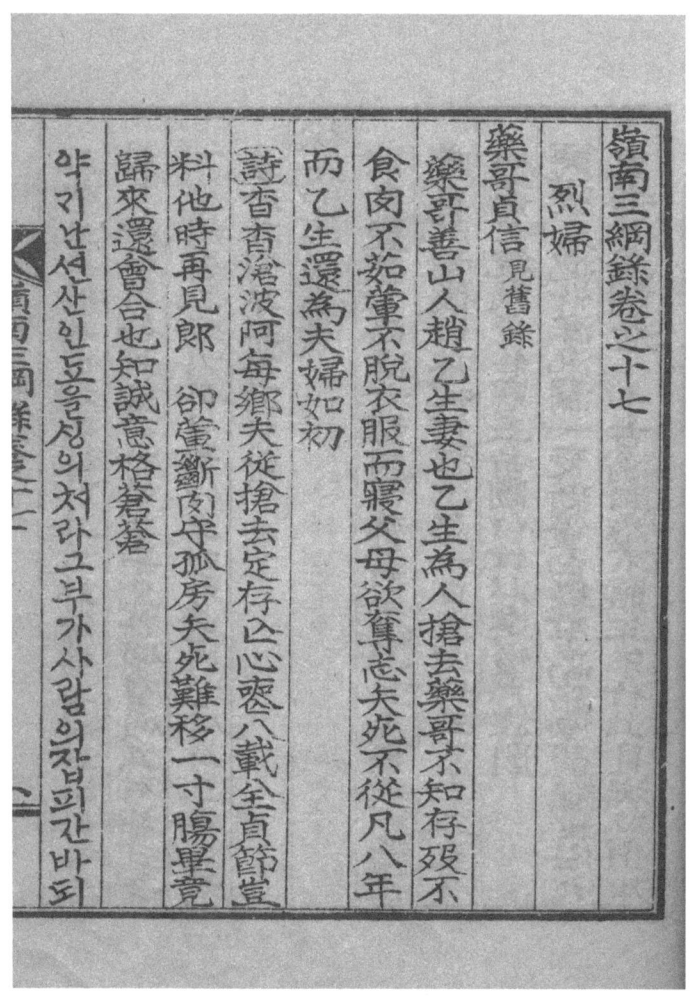

그림 4 노로지에 인쇄한 석인본 『영남삼강록』(1939년 대구 간행)

(4) 탁인본(拓印本)

탁인본(拓印本)은 돌이나 쇠에 새긴 비문이나 기물에 새겨진 글을 종이에 그대로 찍어낸 것을 가리킨다. 줄여서 탁본(拓本)이라 부른다. 비문을 탁본한 것은 학술적 가치가 높은 것이 많다. 우리가 잘 아는 광개토대왕비의 탁본은 사료로서 그 가치가 매우 높다. 탁본은 그것이 탁인된 시기가 중요하다. 원래의 금석문이 인멸되어 없어지고 탁본만 남은 경우, 그 탁본은 매우 귀중한 것이 되어 그것이 원본 역할을 한다.

(5) 영인본(影印本)

영인본(影印本)은 현대에 와서 보편화된 것이다. 희귀본이나 진본 등 입수하기 어려운 판본을 원본으로 삼아, 사진 제판의 기술을 이용하여 복제한 인쇄물이 영인본이다. 영인본은 희귀본을 널리 보급하고, 원본을 내용과 형태 그대로 보여 줄 수 있다는 점에서 학술 연구에 크게 기여했다. 그러나 영인 작업의 과정에서 본문의 수정과 변개 등이 있을 수 있으므로 이용할 때 주의해야 한다.[8] 영인본을 가지고 연구할 때는 의심스러운 부분이 있으면 원본을 확인해야 한다. 원본 접근이 불가능한 경우 다른 영인본 혹은 관련 자료를 찾아서 확인 대조해야 한다.

이밖에 유인본(油印本)이 있다. 유인본은 등사원지(謄寫原紙)에 글이나 그림 등을 철필로 긁거나 그려서 등사기로 찍어낸 자료를 가리킨다. 이 방법은 1940년대에서 1970년대 정도까지 이용되다가 기술의 진보와 함께 사라졌다.

요즘에는 복사기가 널리 보급되어 필요할 때 즉석에서 복사본을 만들

---

[8] 1946년에 조선어학회에서 영인한 훈민정음 해례본은 많은 손질을 하여 원본을 깨끗하게 손질했다. 이런 작업이 원본 모습을 바꿀 수 있기 때문에 영인본의 이용에 조심해야 한다.

어 낼 수 있다. 각종 전자 기기의 개발에 따라 광학식, 전자식, 감열식 등의 기술을 이용하여 복사하는 기술이 크게 발달하였다. 이런 기술로 만든 문헌을 복인본(複印本) 또는 복사본(複寫本)이라고 부른다.

요즘에는 디지털 기술이 고문헌이나 서화의 복제에 이용되고 있다. 디지털 사진기와 투사 촬영기(스캐너)로 문헌을 디지털화하고 이것을 이미지 파일로 만든다. 이 파일을 컴퓨터에 저장해 두고 인터넷을 통해 필요한 사람들이 쉽게 이용할 수 있게 되었다. 2003년 10월에 개관한 인터넷 공간의 디지털 한글박물관은 디지털 기술을 옛 한글 문헌에 적용하여 학술 문화 자원을 널리 활용할 수 있게 한 대표적 사례이다. 국립중앙도서관 등 각종 고문헌 소장 기관에서 제공하는 디지털 원문 이미지 자료가 다수 공개되어 있다.

4.2. 간행 시기에 따른 판본 분류

간본은 간행 시기 더 정확히 말하여 출판의 선후 관계에 따라 원간본과 중간본 등으로 분류된다. 이에 관한 지식은 원간본을 확정하고 이로부터 산출된 이본들의 계통을 세우는 데 꼭 필요하다.

1) 원간본(原刊本)

원간본은 어떤 책의 여러 이판본들 중 최초로 간행한 것을 가리킨다. 이것을 초간본(初刊本), 초각본(初刻本), 원각본(原刻本) 등으로 부르기도 한다. 여기서 '각(刻)'자가 들어간 것은 특히 목판으로 간행된 경우만을 가리킨다. 원간본이나 초간본은 고본(稿本)을 최초로 간행한 것이기 때문에 고서로서 중요한 가치를 지닌다. 원간본은 중간본 등에 비해 인쇄 상태가 깨끗하고 품질이 좋은 것이 대부분이다. 드물기는 하지만, 엄밀한 교정을 하지 못하거나 일부 내용을 빠뜨려 오류가 나타난 원간본도 있다.

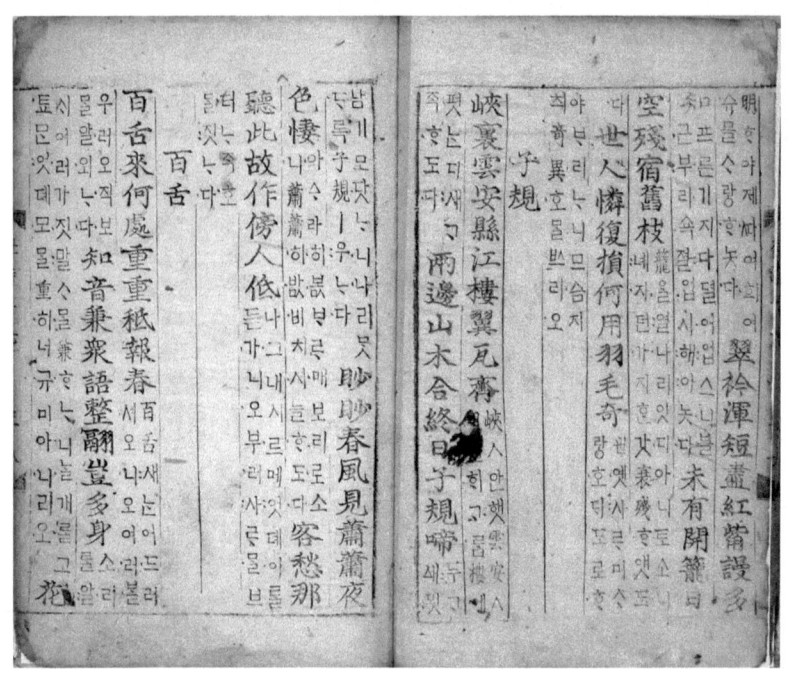

그림 5 원간본 『두시언해』. 동경대 소장 소창문고 귀중본 영인 CD에서 인용함.

2) 중간본(重刊本)

초간본 이후 거듭 간행된 책을 가리킨다. 중각본(重刻本), 후각본(後刻本), 후간본(後刊本) 등으로 부르기도 한다. 초간본을 그대로 이용하여 거듭 간행한 것을 복각본(覆刻本) 혹은 번각본(飜刻本)이라 한다. 초간본의 내용을 일부 변경하거나 새로운 내용을 첨가하여 판하본(板下本)을 새로 써서 다시 간행한 것은 개간본(改刊本)이라 한다. 중간본은 복각본(번각본)과 개간본을 통칭하는 명칭이다.[9] 중간본은 초간본의 잘못을 수정한 것도 있으나 대체로 초간본에 비해 정교하지 못하고 목각(木刻) 솜

---

9 서지학적 관점에서 중간본과 복각본을 엄밀하게 구별하기도 한다. 내용의 수정이나 변개를 떠나서 판하본을 새로 써서 찍으면 중간본이고, 이전 판본을 풀어서 판하본으로 쓰면 복각본이라 구별하는 것이 그것이다.

씨가 서툰 것이 많다.

복각본(覆刻本)은 이미 간행된 책을 풀어서 낱장 상태로 만든 후, 각 장을 목판에 뒤집어 붙인 후 새겨서 찍어 낸 책이다. 이것을 번각본(飜刻本) 혹은 모각본(模刻本)이라 부르기도 한다. 대체로 중앙 기관에서 간행한 활자본을 지방 감영 등에 보내어 목판본에 복각한 판본이 많다. 인경목활자본을 번각한 목판본도 전해지고 있다. 복각본은 저본이 된 간본과 자체(字體) 및 판식이 매우 비슷하지만 자세히 관찰하면 도각(刀刻)의 솜씨와 자형의 변화 등에 차이가 보인다. 복각본은 글자 획이 초간본보다 더 굵어지고 도각의 솜씨가 정교하지 못한 것이 대부분이다. 복각본에는 모본(母本)의 내용과 오류 등이 동일하게 나타난다.

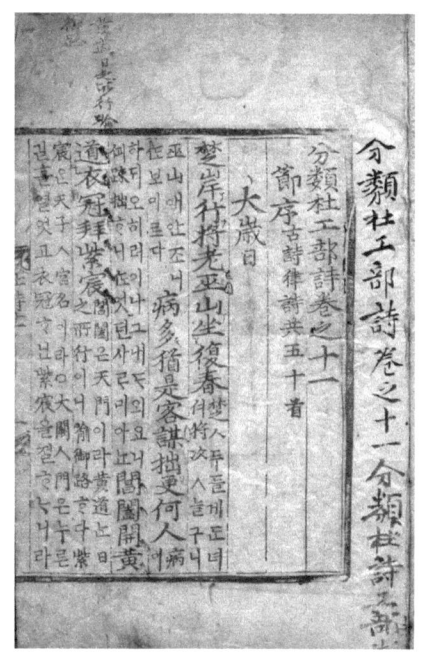

그림 6 중간본 『두시언해』. 개간본 또는 개각본의 사례가 된다.

개간본(改刊本)은 어떤 책을 저본으로 하되 그 내용을 수정하거나 보충한 후 판하본을 다시 써서 새긴 책이다. 이렇게 판하본을 다시 써서 판각한 것이 개각본(改刻本)이다. 또한 앞서 간행된 책에서 빠진 것을 더 보충하여 간행한 것을 중간본(增刊本), 증각본(增刻本), 증보판(增補版)이라 부른다.

4.3. 인출 시기(印出時期)에 따른 분류

인출 시기 즉, 인쇄의 선후에 따른 분류는 주로 목판본에 적용된다. 활자본은 조판해서 필요한 부수만큼의 인쇄를 마치면 그 조판을 푼다. 이것을 해판(解版)이라 부른다. 해판을 하는 이유는 그 활자를 사용하여 다른 내용을 조판하기 위함이다. 활자본은 목판본처럼 같은 판을 그대로 보관해 두었다가 훗날 다시 인출하는 경우는 없다.

1) 초쇄본(初刷本)

초쇄본은 초간본이든 중간본이든 그 판에서 첫 번째로 인쇄하여 찍어 낸 책을 가리키며, 초인본(初印本)이라고 하며, 이것은 주로 목판본에 적용되는 개념이다. 초쇄본은 후쇄본에 비하여 일반적으로 문자와 판식에 있어서 이지러진 부분이나 깨어진 곳이 없고 나뭇결이 나타나지 않는 등 인쇄 상태가 깨끗하고 정교하다.

2) 후쇄본(後刷本)

초쇄본을 찍어낸 후 그 책이 다시 필요한 경우에 동일한 판목(板木)을 이용하여 인쇄한 것을 후쇄본이라 한다. 후인본(後印本)이라 부르기도 한다. 후쇄본 또는 후인본은 목판(木板)에서 인출한 경우에 한정된다. 목판 인쇄에서는 같은 판목을 보관해 두었다가 책의 수요가 생기면 그 때마다 종이와 먹을 동원하여 계속 찍을 수 있다. 그 대표적 사례가 고려시대에 새긴 팔만대장경판이다. 이 판을 이용해 고려 때는 물론 조선 초기부터 일제 강점기에 이르기까지 여러 차례 인출하였다. 이렇게 여러 번 인쇄하다 보면 문자와 판식에 있어서 떨어진 부분이 생기게 되거나, 판목이 닳아서 책의 나뭇결[10]이 나타나기도 한다. 심한 경우에는 판면 전체

---

10 한자어로 이것을 목리(木理)라고 부른다.

또는 일부 문자가 해독할 수 없을 정도로 마멸되기도 한다. 이런 경우는 심하게 마멸된 판목만을 다시 새겨 만들었다. 이런 판본을 보각본(補刻本)이라고 하며, 해당 판목을 보판(補版)이라 한다.

후쇄본의 감별은 어미나 글자의 서체 등 형태서지학적 특징에 의거하지 않고, 글자와 판면의 마멸 정도, 인쇄 상태 등에 초점을 두고 판단함이 옳다.

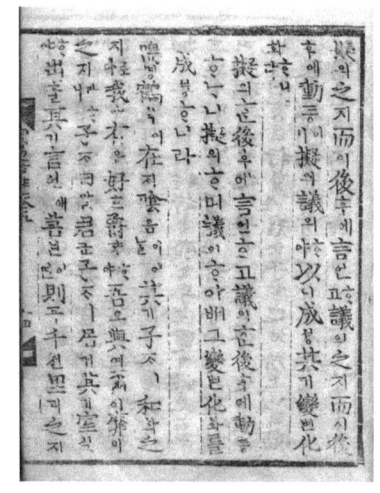

그림 7 후쇄본 사례 『주역언해』 영변부판

3) 보각본(補刻本)

판목이 너무 오래 되었거나 많이 후쇄하게 되면 문자의 마멸이 심해서 판독이 어렵게 된다. 또한 보관상의 부주의로 판목의 일부가 분실되기도 했다. 이러한 경우 마멸되거나 분실한 판목을 다시 새기게 되는데 이렇게 하여 간행한 책을 보각본이라 한다. 일명 보수본(補修本), 수보본(修補本), 보판본(補版本), 체수본(遞修本)이라 하기도 한다.

보각본에는 한 장의 판목을 완전히 보각한 경우도 있으며, 한 판목에서 떨어져 나간 부위를 파내고 나무에 활자를 새겨 끼워 넣은 것도 있다. 후자를 청자의 제작 기법 용어를 빌려 상감(象嵌)이라 부르며, 일본학계에서는 매목(埋木)이라 한다. 이처럼 매목으로 끼워 넣어 인쇄한 경우에는 매목한 부분이 주위의 다른 글자와 비교해서 글자의 자형이나 먹색의 선명도에서 현저히 다른 모습을 보인다.

향교나 서원의 교재로 많이 찍어낸 사서삼경 언해류에 보각본이 많은 편이다. 중간본 『두시언해』도 1632년 이후에 몇 차례에 걸쳐 후쇄되었는데 이 과정에서 다수의 보각본이 생겨났다.[11] 앞의 그림 7에서 보인

그림 8 보각의 과정에서 매목할 부분의 글자를 파낸 모습. 파낸 자리에 목활자를 만들어 삽입한다. 『유교책판 나무에 수를 놓다』(한국국학진흥원, 2013:95).

후쇄본 영변부판 『주역언해』는 판면이 너무 닳아서 일부 몇 개의 판을 완전히 새로 새겨 보판한 장이 여러 개 들어가 있다. 개각판과 보각에 관한 자세한 정보는 남권희(2013:64~73)를 참고할 수 있다.

4.4. 출판 판원(版元)에 따른 분류

1) 관판(官版)

관판은 중앙이나 지방의 관아(官衙)에서 간행한 책을 총칭하는 용어로서, 관각본(官刻本), 관간본(官刊本) 등으로 부르기도 한다. 관판본은 간행 주체가 된 관아의 명칭에 따라 그 종류가 다양하다. 고려와 조선조의 관판본에 대해 개략적으로 살펴보면 다음과 같다.

(1) 고려 관판본

고려의 경우 중앙 관서인 비서성(秘書省)에서 경사(經史)를 비롯한 여

---

11 중간 『두시언해』의 여러 이판본에 대한 설명은 이호권(2003) 참고.

러 전적의 출판 업무를 시작한 것은 정종(靖宗) 때였다. 고려 관판본은 중앙의 비서성 또는 전교서(典校署)가 주관하여 지방 관아로 하여금 판각하여 진상케 하고, 비각(秘閣), 서적포(書籍鋪), 서적점(書籍店)과 같은 기관에서 책판을 관리하면서 인쇄·보급한 것이 특징이다. 고려 왕실에서는 전적의 수집과 간행에 큰 관심을 기울였다. 궁중에 설치한 임천각(臨川閣)과 청연각(淸燕閣)에는 경사자집의 각종 전적이 가득하였다고 송나라 사신 서긍(徐兢)이 기록한 바 있다. 고려 선종 8년(1091)에는 중국에 없는 책 127종을 고려에서 구해 중국으로 가져갔다는 기록도 있다.[12]

고려 후기에는 지방 관아의 판각술이 크게 발달하여 중앙의 관여 없이 독자적으로 책을 간행하였다. 고려시대는 조선시대에 비해 중앙 집중화가 훨씬 덜 되어 지방의 문화와 경제적 기반이 튼튼하였음은 잘 알려진 사실이다.[13] 청주 흥덕사에서 나온 금속활자와 그 인본은 지방의 출판문화를 짐작케 하는 증거의 하나이다.

(2) 조선 관판본

조선시대에 들어 활자 인쇄가 고도로 발달함에 따라 아름다운 활자본이 다양하게 나타났다. 태종은 교서감(校書監)과 서적원(書籍院)을 합쳐서 교서관(校書館)을 만들었고, 나중에 그 이름을 고친 전교서(典校署)가 인쇄와 출판을 담당토록 하였다. 세종 대에는 주자소(鑄字所)가 활자 제작과 인쇄에서 중요 역할을 담당하였다. 정조 이후에는 내각(內閣)이 출판 업무를 맡아서 했다.

조선시대의 전적은 책의 내용과 용도에 따라 관련된 관서에서 분담 간행하였다. 그리하여 관상감(觀象監), 사역원(司譯院), 춘방(春坊), 시강원(侍講院), 종부시(宗簿寺), 내의원(內醫院), 혜민서(惠民署), 장악원(掌樂

---

12 자세한 내용은 천혜봉(1991:147~150) 참조.
13 박종기(2008), 『5백년 고려사』(개정판), 푸른역사.

院), 훈련국(訓練局), 군기시(軍器寺), 성균관(成均館) 등의 여러 관서에서 필요한 책을 간인하였다. 예컨대 관상감에서는 천문지리와 술서(術書)를, 사역원에서는 중국어 등 역학서를, 내의원에서는 의서를 간행하는 식이었다. 중앙 관판본은 어느 것이나 판각이 정교하고 인쇄가 깨끗하다. 교서관장판(校書館藏板)과 내각장판(內閣藏板)이 이런 모습을 보인 대표적 판본이다.

지방 관아에서는 목판본을 많이 간행하였다. 지방 관아의 출판 사업은 세종 이후 활기를 띠어 전국의 여러 감영에서 책을 간행했다. 그중에서도 특히 경상감영인 영영(嶺營)과 전주감영인 완영(完營)에서 다수의 책을 간행하였다. 이뿐 아니라 각 도에 소속된 부(府), 목(牧), 군(郡), 현(縣)에서 간행한 판본도 존재한다. 이들 지방 관아에서 나온 판본은 정교함에서 중앙 관판본에 미치지 못하지만 개인이 찍은 사판본(私版本)이나 영리를 추구한 방각본(坊刻本)에 비해서는 정제되어 있고, 책 크기가 크고 장정이 튼튼하다.

(3) 고려 대장도감판(大藏都監版)

이것은 고려조 고종 23년(1236)에 대장경을 간행하기 위해 임시로 설치한 대장도감에서 간행한 불경을 총칭한다.[14] 대장경은 초조대장경과 재조대장경 두 가지로 나뉜다.

고려시대에는 모두 네 번에 걸쳐 대장경판이 조성되었다. 대장경판 조성은 고려 현종 2년(1011)에 시작하여 현종 20년(1029)에 완성한 초조대장경(初雕大藏經)에서 비롯되었다. 후속된 두 번의 경판 조성은 초조대장경의 보충이고, 네 번째 경판 조성 사업의 결과가 현재 해인사 장경각에 보존되어 있는 대장경판이다. 이것이 바로 우리가 흔히 팔만대장경 또는 고려대장경이라 부르는 경판이며, 이를 재조대장경(再雕大藏經)이라 칭

---

14 고려대장경에 대한 보다 자세한 정보는 남권희(2002)의 제2장을 참고할 수 있다.

한다.

초조대장경은 거란의 침공으로 수도 개경을 버리고 피난하게 된 현종 임금이 부처의 힘을 빌려 거란의 침입을 물리치고자 18년에 걸쳐 조성한 것이다. 이 초조대장경은 대구 팔공산 아래의 부인사(符仁寺)에 대장도감을 설치하여, 송(宋)판 불경, 거란판 불경, 국내판 등을 저본(底本)으로 하여 『대반야경』(大般若經)(600권), 『화엄경』(華嚴經), 『금광명경』(金光明經) 등 6,000여 권의 경판(經板)을 만든 국가적 사업이었다. 제1차로 완성된 이 경판은 팔공산의 부인사에 소장되어 있었으나, 1232년(고종 19) 몽골군의 침입으로 소실되었다고 한다.[15] 경주의 황룡사 구층탑도 이 때 불타 버렸다.

몽고의 침입으로 대장경판이 불태워지고, 백성들이 전란의 고통에 휩싸이게 되자 네 번째의 대장경 판각이 이루어졌다. 대장도감(大藏都監)을 새로 설치하고, 1236년(고종 23)부터 1251년(고종 38)에 걸쳐 재조(再雕)대장경을 완성하였다. 이 경판은 처음 강화도성(江華 都城) 서문 밖의 대장경 판당(板堂)에 수장되어 있었다. 후에 강화도 선원사(禪源寺)로 옮겨졌으며, 조선 초기에 서울의 서대문 밖 지천사(支天寺)로 옮겼다가 다시 합천 해인사로 옮겨 지금까지 보존되고 있다.[16]

고려대장경은 현존하는 목판 대장경 중에서 가장 오래되었을 뿐 아니라 내용상으로도 가장 정확한 판본이며, 목판 조각의 기예가 뛰어나다는 평가를 받고 있다. 현재 불교학계에서 대장경의 표준으로 이용되고 있는 일본의 『대정신수대장경』은 고려 재조대장경을 참고한 것이다. 고려대장경의 학술문화적 우수성이 전 세계로부터 인정받게 되어 1995년에 유네스코가 세계 기록 유산으로 지정하였다. 최근 고려대장경연구소에서는 대장경 전체를 디지털화하여 '고려대장경지식베이스' 사이트에서[17] 다

---

15 이 초조대장경은 일본 교토의 난젠사(南禪寺)에 1,715권이 남아 있다.
16 이 재조대장경은 경판 수가 8만 1,258판이어서 흔히 '팔만대장경'이라 부른다.

양한 검색 기능을 제공하고 있다.

(4) 간경도감판(刊經都監版)

간경도감은 조선조 세조 7년(1461) 6월에 불경의 간행을 위해 설치되어, 성종 2년(1471) 12월에 폐지되기까지 약 11년간 존속한 기관이다. 여기서 간행한 책을 간경도감판이라 한다. 간경도감판에는 한문본 불경도 있지만 언해(諺解)한 불경이 더 많다.

세조는 대군으로 잠저(潛邸)할 때부터 불교를 좋아하여 부왕인 세종의 불서 편찬 및 간행을 적극 도왔으며, 사육신과 단종을 죽이고 왕위에 오른 뒤에는 죄의식을 느껴 부처에 대한 신심이 더 깊어졌다. 1457년(세조 3)에 왕세자가 병으로 죽자 아들의 명복을 빌기 위하여 친히 불경을 사성(寫成)하였고, 『법화경』 등 다수의 불경을 간행하였다. 또 1458년에는 신미(信眉), 수미(守眉), 학열(學悅) 등을 시켜서 해인사 대장경 50부를 인출하여 각 도의 명산대찰에 분장(分藏)하였다. 이것은 세조가 숭불정책을 실천한 첫 사업이었다. 1459년에는 『월인석보』를 간행하였다. 불경의 간행을 본격적으로 수행하기 위해 전제 왕권의 힘으로 간경도감을 설치했다. 중앙의 간경도감을 본사(本司)로 하고 지방의 여러 곳에 분사(分司)를 두었는데, 현재까지 밝혀진 지방의 간경도감 분사는 개성부·안동부·상주부·진주부·전주부·남원부 등에 있었다.

간경도감에서 언해본 출판 사업에 관여했던 고승은 신미(信眉)와 학조(學祖)가 있고, 문관으로는 한계희(韓繼禧), 윤사로(尹師路), 노사신(盧思愼), 강희맹(姜希孟), 김수온(金守溫), 황수신(黃守身) 등이 있다. 또 판하본 작성에는 강희안(姜希顔), 정난종(鄭蘭宗), 성임(成任), 안혜(安惠), 황오신(黃伍信), 박경(朴耕) 등 당대의 명필이 동원되었다. 간경도감에서 간행한 언해본 불서에는 『수능엄경』(首楞嚴經)(세조 8, 1462), 『묘법연화

---

17 http://kb.sutra.re.kr/ritk/index.do

경』(妙法蓮華經)(세조 9), 『아미타경』(阿彌陀經), 『선종영가집』(禪宗永歌集), 『금강경』(金剛經), 『반야심경약초』(般若心經略疏)(세조 10), 『원각경』(圓覺經)(세조 11), 『목우자수심결』(牧牛子修心訣), 『사법어』(四法語), 『몽산화상법어약록』(蒙山和尙法語略錄)(세조 13) 등 10종이 있다.

세조 대에는 숭불 왕권에 힘입어 간경도감을 통한 불경의 번역 및 간행이 이루어졌다. 그러나 유교적 통치를 중시한 성종이 등극한 후 간경도감이 폐지되었고, 국가적 사업으로서의 불경 간행은 중단되었다.

간경도감의 출판 사업은 여러 가지 점에서 중요한 의미를 가진다. 첫째, 귀중한 국어학 자료를 많이 생산하여 국어사의 연구에 크게 기여하였다.[18] 특히 간경도감판을 토대로 하여 16세기 초기 이후 전국의 여러 사찰에서 언해본 불경을 간행함으로써 훈민정음 창제 이후 이 문자가 전국으로 보급되는 데 기여했다. 둘째, 당시에 이루어진 주요 불경의 한글 번역본은 그 후 조선시대 사찰 간행 불경의 표준이 되었다. 간경도감판을 바탕으로 한 불교 서적이 지방 사찰에서 계속 간행됨으로써 불교는 민중 속에서 그 영향력을 유지할 수 있었다. 이런 점에서 간경도감의 불서 간행은 그 문화사적 의의가 큰 것이다.

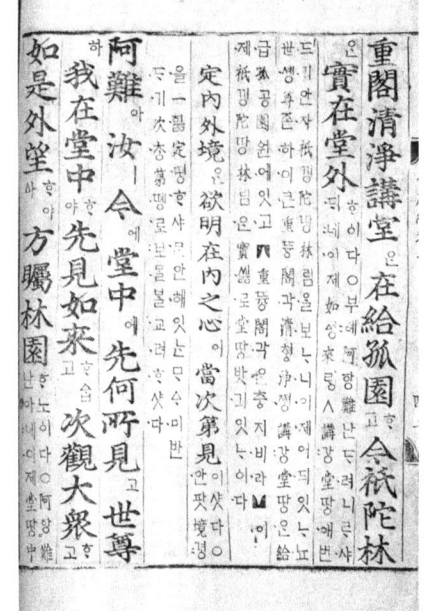

그림 9 간경도감판 『능엄경언해』(을해자본)

---

18 국어사적 측면에서 간경도감 언해본들은 15세기 국어 연구를 위한 귀중한 자료이며, 특히 방점 표기가 되어 있어서 성조 변천사 연구에 중요 자료가 된다.

(5) 교서관판(校書館版)

교서관판은 유교의 여러 경서를 간행하고, 인장 및 전각(篆刻) 등의 업무를 관장하던 관아인 교서관(校書館)과 이에 소속된 주자소(鑄字所)에서 간행한 책을 가리킨다. 교서관은 태조 원년(1392)에 교서감(校書監)이란 명칭으로 설치되어, 태종 원년(1401)에 교서관, 세조 12년(1466)에 전교서(典校署)로 각각 개칭되었다가 성종 15년(1484)에 다시 교서관으로 환원되었다. 그 후 정조 원년(1777)에 규장각이 설치됨에 따라 규장각을 내각(內閣)이라 하고, 교서관은 외각(外閣)으로 편입되었다. 교서관을 운각(芸閣)이라 부르기도 했다.

교서관에서 만든 활자를 교서관 활자라고 하는데 금속활자로 무신자(戊申字)가 대표적이다. 무신자는 1668년(현종 9)에 수어청(守禦廳)에서 김좌명(金佐明 1616~1671)이 갑인자를 개주한 것이다. 1670년(현종 11)에 『첩해신어』를, 1695년에 『중용언해』 등을 교서관에서 간행할 때 이 활자를 사용했다. 교서관판 『첩해신어』는 규장각 및 대마도 종가문고에 전해지고 있다.[19]

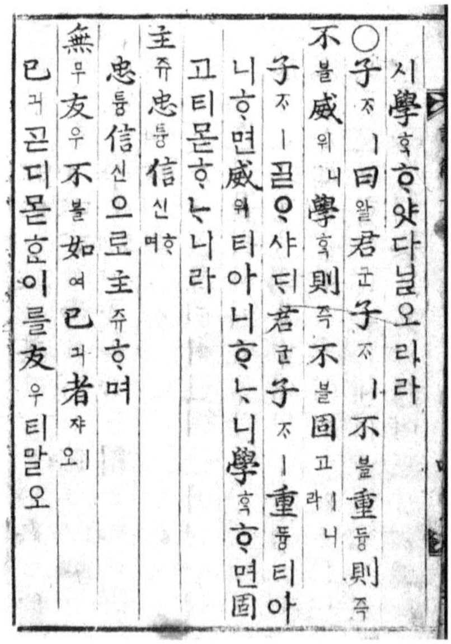
시學ᄒᆞ얏다닐오리라
○子ㅣ曰君子ㅣ不重則
不威ㅣ니學則不固ㅣ니라
子ㅣ골ᄋᆞ샤ᄃᆡ君子ㅣ重티아
니ᄒᆞ면威티아니ᄒᆞᄂᆞ니學ᄒᆞ면固
고티몯ᄒᆞᄂᆞ니라
主忠信ᄒᆞ며
忠信으로主ᄒᆞ며
無友不如己者ㅣ오
己ᄀᆞᆮ디몯ᄒᆞᆫ이를友티말오

그림 10 교서관판 초간 논어언해(금속활자)

교서관판은 활자본이 많지만 목판본도 더러 있다. 교서관에서 간행한 언해본으로 대표적인 것은 임진왜란 직전에 간행된 『논어언해』, 『맹자언해』 등의 사서언해인데, 이들을 묶어 경서자본 사서언해라 부른다. 18세기에는 『여사서언해』(1734) 등이 교서관

19 『첩해신어』에 사용된 일본 문자를 왜언자(倭諺字)라고 하였다.

에서 간행되었다.

(6) 내의원판(內醫院版)

내의원은 1443년(세종 25)에 내약방을 개칭한 것으로 의원을 두어 왕과 왕실에 필요한 약 제조와 병 치료를 담당토록 한 기관이다.[20] 내의원에서 간행한 책을 내의원판이라 한다. 의서 편찬과 간행은 내의원이 중심이 되어 이루어졌다. 내의원에서 의서 간행에 이용한 활자를 내의원자라 부른다. 여기에는 목활자가 많다. 김중권(2009:359~361)이 정리한 조선 초기 간행 의서 목록표를 보면 조선 초기(정종 이후부터 임진왜란 이전까지)에 도합 74개의 의서가 간행되었다. 이 의서들은 내의원에서 편찬했으나 간행은 지방 감영이나 교서관 등에서 수행하였다. 이 74개 의서 중에서 차자 표기로 된 자료로는 『향약구급방』(1417, 1427), 『향약집성방』(1433, 1456, 1478)이 있고, 한글이 사용된 자료로는 『구급방언해』(1466), 『신선태을자금단방』(神仙太乙紫金丹方)(1497), 『구급이해방』(1498, 1499, 1523), 『언해벽온방』(1518), 『언해창진방』(1518), 『속벽온방언해』(1525), 『간이벽온방언해』(1525), 『촌가구급방』(1538 남원판, 1572), 『우마양저염역치료방』(牛馬羊猪染疫治療方)(1541 교서관판), 『구황촬요』(1554), 『간이벽온방』(1578) 등이 있다.

조선 후기(선조 이후)에 이르면 내의

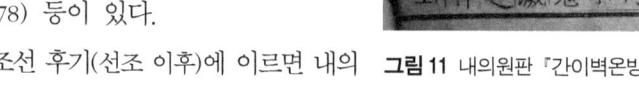
그림 11 내의원판 『간이벽온방』(목활자)

---

[20] 내의원의 직제와 역할, 여기서 편찬한 의서와 사용된 활자에 관한 연구는 김중권(2009)을 참고할 수 있다. 강순애(2000)는 내의원판 『언해두창집요』에 대해 소개하였다.

원이 의서 편찬은 물론 활자를 갖추고 독자적으로 간행한 내의원자본 간행 의서가 16종이나 된다(김중권 2009:370). 이 중에서 『언해구급방』(1607), 『언해두창집요』(1608), 『언해태산집요』(1608), 『간이벽온방』(1613), 『동의보감』(1613), 『벽온신방』(1653), 『언해납약증치방』(17세기 후기)이 한글 관련 자료이다.

한글 의서 문헌들은 조선시대의 의학 연구와 우리말 연구에 중요한 자료이다. 이 자료들을 통해 의약 관련 어휘와 약재명, 계량 단위 명사, 조제 관련 동사와 부사 등 국어사에 관한 다양한 연구가 가능하다.

(7) 내각판(內閣版)

내각판은 조선조 정조 원년(1777)에 설치된 규장각(奎章閣)에서 간행한 책을 이른다. 출판 기관으로서의 내각은 규장각의 별칭이었다. 간기에 '內閣'이 명기된 책으로서 대표적인 것은 '경진신간내각장판'(庚辰新刊內閣藏板)이라는 간기를 가진 『대학언해』 등 사서삼경 언해본이다. 1820년 경진년에 찍은 활자본 사서삼경 언해본이 있고 이것을 목판본으로 번각된 것이 다수 전해지고 있다. 여기서 간행된 책은 활자본과 목판본 모두 간행되었으며, 정교하게 만들어진 책이 많다.

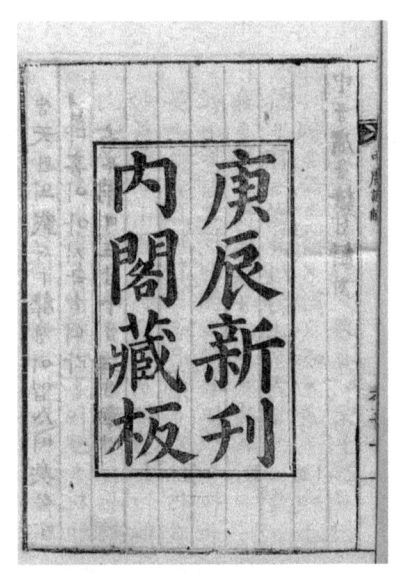

그림 12 내각판 『중용언해』의 간기. 사각형 안에 있는 간기를 목기(木記)라 부른다.

(8) 훈련도감판(訓練都監版)

훈련도감판은 조선조 선조 때 임진왜란 직후인 1593년(선조 26)에 임시 기구로 설치된 훈련도감(訓練都監)에서 간행한 책을 이른다. 훈련도감의 간인본은 목활자본(木活字本)으로 찍은 점이 특징적이다. 이 목활자를 훈련도감 활자라 부른다. 이들은 갑인자(甲寅字), 경오자(庚午字), 을해자(乙亥字), 갑진자(甲辰字) 등의 금속활자 글꼴을 모방하여 만든 것이다. 여기서 편찬된 책은 무예와 병기 등과 같은 군사 및 병서에 관한 책은 물론이고, 의학서나 역사서를 비롯하여 삼경(시경, 주역, 서전)언해의 초간본도 1610년경에 간행하였다.

임진왜란 후 많은 서적이 소실되어 버리고, 교서관의 출판 기능이 마비되자 풍부한 인력을 확보하고 있던 훈련도감에서 군졸을 이용하여 출판 업무를 맡아서 수행했다. 이는 교서관의 기능이 회복될 때까지 계속되었다.[21]

(9) 사역원판(司譯院版)

사역원(司譯院)은 고려 때부터 존재한 기관이다. 조선조에도 계속 이어졌다. 태조 때부터 사역원을 설치하여 외국어 교육과 외교상의 통역과 문서 번역을 담당케 하였다. 이곳에서 간행한 책을 사역원판이라 칭한다.[22] 사역원판은 한어(漢語)·청어(淸語, 滿洲語)·몽고어(蒙古語)·왜어(倭語)를 가르치기 위해 만든 교재가 대부분이다. 이 네 언어를 가르치는 학문을 각각 한학(漢學)·청학(淸學)[女眞學]·몽학(蒙學)·왜학(倭學)이라 하고, 묶어서 사학(四學)이라 하였다. 사역원에서 편찬된 문헌은『노걸

---

21 인조 말기에 교서관의 기능이 회복되었다. 그 후로는 국가적 간행 사업이 다시 교서관으로 넘어 간 것으로 보인다.
22 사역원 관아는 종로구 적선동과 도염동에 걸쳐 있었다. 그 규모는 동서가 23칸, 남북이 24칸(총 552칸)으로 대청(大廳), 상사당상청(常仕堂上廳), 한학전함청(漢學前衘廳) 등 30여 개의 청이 있는 큰 규모였다.

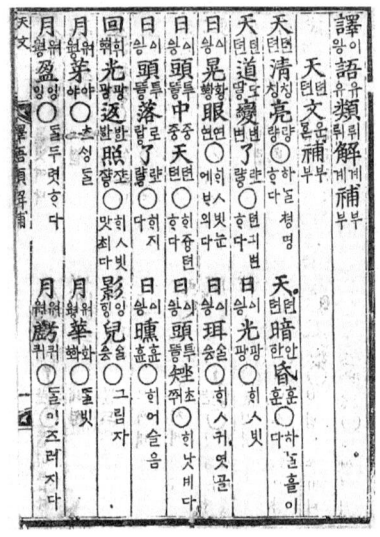

그림 13 사역원판 『역어유해보』

대』(老乞大)나 『박통사』(朴通事), 『오륜전비기』(五倫全備記), 『한청문감』(漢淸文鑑), 『동문유해』(同文類解), 『첩해신어』(捷解新語) 등과 같은 역학서들이다.

사역원의 외국어 교수는 직급상 종6품직이었으나 정3품직 훈상당상(訓上堂上), 종4품직 첨정(僉正), 정5품직 도사(都事) 등을 지내고 가르친 경험이 풍부한 인격자를 임명하였다. 사역원 학생은 주로 중인층의 자제였다. 역학은 가업으로 계승되어 몇몇 집안은 대대로 역관을 배출하였다. 그러나 사역원 학생 중에는 이미 문과에 합격하고, 문신이 되어 관직에 있으면서 한어 공부를 위하여 사역원에 와서 한 달에 15일간 공부하는 경우도 있었다.

(10) 관상감판(觀象監版)

관상감은 조선조 때 천문·지리·역수·각루(刻漏, 시간) 등의 업무를 보던 관아이고, 여기서 간행한 책을 관상감판이라 한다. 여기서 간행된 책은 주로 월력·책력·천문·명리학(命理學) 등 술수(術數)에 관한 책이 주종이다. 고려 이래로 설치되어 있던 서운관(書雲館)을 세종 15년(1433)에 관상감으로 개칭하였고, 고종 32년(1895)에는 관상소(觀象所)로 바뀌었다.[23] 이곳에서 간행된 책으로는 『보천가』(步天歌), 『관상완점』(觀象玩

---

23 관상감은 천문뿐 아니라 풍수지리, 명리학과도 관련성이 있었다. 조선시대 과거에는 문과, 무과, 잡과가 있었다. 잡과의 하나인 음양과(陰陽科)에 합격한 인원은 초시에서 천문

占), 『인자수지』(人子須知), 『천세력』(千歲曆), 『만세력』(萬歲曆) 등이 있다. 여기서 간행된 한글본은 아직 발견된 적이 없다.

(11) 학부판(學部版)

학부(學部)는 갑오개혁(1894) 이후 정부 조직이 혁신되면서 생긴 관아이며, 지금의 교육부에 해당한다. 서구 문물을 중심으로 한 새로운 지식의 보급을 위해 국민 교육용 교과서로 학부에서 간행한 책을 학부판이라 이른다. 학부판 교과서로 『조선지지』(朝鮮地誌), 『만국지지』(萬國地誌), 『국민소학독본』(國民小學讀本) 등이 1895년에 간행되었다. 이 책들의 가장 큰 특징은 본문이 한문이 아닌 국한문으로 되어 있다는 점이다. 국가 간행의 주요 교육서가 국한문으로만 간행된 일은 이때 이르러 비로소 실현되었다. 그러나 학부판의 문장이 비록 국한문체라고 하지만 한문투와 한자어가 압도적으로 많고 한글은 토씨 정도에만 사용되었다. 한문 쪽으로 심하게 기울어진 국한문 혼용체여서 보통 사람들이 생각하는 국한문 혼용체 혹은 국문체와 거리가 멀다. 학부판은 인서체의 목활자로 간행한 것이 특징이다.

(12) 지방 관아판(官衙版)

지방 관아판은 조선 팔도의 각 감영과 그에 부속된 부(府)·목(牧)·군(郡)·현(縣) 등의 지방 관아에서 간행한 책을 가리킨다. 팔도의 감영 명칭은 소속된 지방의 명칭과 관련하여 다음과 같이 불려졌다.

畿營(기영, 경기도 감영) : 畿營本 또는 畿甸觀察營本(기전관찰영본)

학 10명, 지리학 4명, 명과학(命課學) 4명을 뽑았다. 복시에서 절반을 탈락시키고 천문학 5명, 지리학 2명, 명과학 2명을 최종 선발하였다. 합격자에게 예조인(禮曹印)이 찍힌 백패를 주었고 관상감 등에 배속시켰다.

錦營(금영, 충청도 감영): 錦營本 또는 湖西觀察營本(호서관찰영본)
完營(완영, 전라도 감영): 完營本 또는 湖南觀察營本(호남관찰영본)
嶺營(영영, 경상도 감영): 嶺營本 또는 嶺南觀察營本(영남관찰영본)
原營(원영, 강원도 감영): 原營本 또는 關東觀察營本(관동관찰영본)
箕營(기영, 평안도 감영): 箕營本 또는 關西觀察營本(관서관찰영본)
海營(해영, 황해도 감영): 海營本 또는 海西觀察營本(해서관찰영본)
咸營(함영, 함경도 감영): 咸營本 또는 關北觀察營本(관북관찰영본)

慶州(慶州府): 慶州府本, 慶州府(藏)版
安東(安東府): 安東府本, 安東府(藏)版
濟州(濟州牧): 濟州牧本, 濟州牧(藏)版
淸道(淸道郡): 淸道郡本, 淸道郡(藏)版
豊山(豊山縣): 豊山縣本, 豊山縣(藏)版

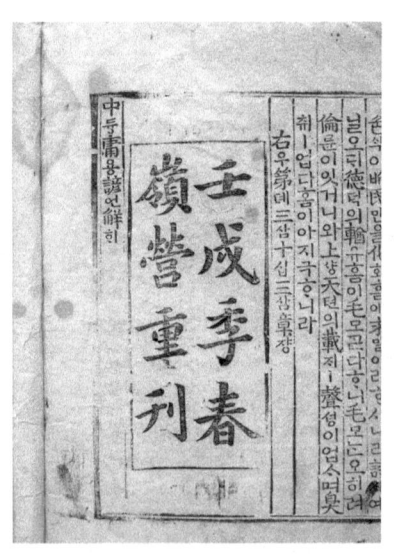

그림 14 영남감영판 『중용언해』의 권말 목기(木記)

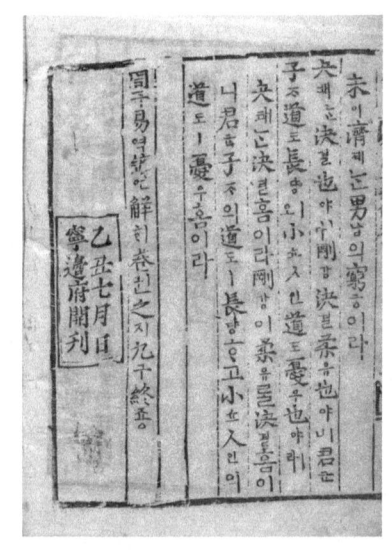

그림 15 영변부판 『주역언해』 권말 간기. 이 영변부는 오늘날 북한 핵시설이 있는 바로 그 곳이다.

지방에서 간행된 판본 중에는 활자본의 복각본이 많다. 이렇게 된 까닭은 국가에서 널리 보급할 필요가 있는 책을 교서관에서 활자본으로 인출하여 지방으로 보내면, 지방 관아에서 그것을 목판에 복각하여 간행했기 때문이다. 대체로 지방 관아판은 인쇄의 정교함에서 중앙 관본에 비하여 떨어지는 것이 보통이다. 지방 관아 중에서도 책을 가장 많이 간행한 곳은 경상감영 즉 영영(嶺營)이었고, 그다음이 전라감영 즉 완영(完營)이었다. 영남과 호남 지방이 인력과 물자가 가장 풍부하였고, 목판과 종이를 마련하기 쉬웠기 때문이었다.

지방 관아판은 거의 대부분 한문본이고 한글본은 종류나 수량에 있어서 그리 많지 않다. 한글본으로 대표적인 것은 영영(嶺營)에서 간행한 『두시언해』(중간본)와 『십구사략언해』이다. 감영판 언해본 중에 가장 많은 것은 사서삼경류인데 영남 감영에서 찍은 판본이 가장 많다.[24]

2) 사찰판(寺刹版)

사찰에서 간행한 책을 모두 묶어서 사찰판(寺刹版)이라 부른다. 사찰판 불교서의 주 내용은 불교 교리를 설명한 것, 참선과 수행을 위한 가르침, 발심 염불을 권유한 포교에 대한 것이 대부분이다. 사찰판의 권말 간기에는 출판에 참여한 승려, 판각을 한 각수, 출판비를 시주한 시주자 이름 등이 자세히 기록되어 있다. 불서를 간행하는 것이 업장(業障)을 소멸시키고 공덕을 쌓는 방법이라는 불교의 가르침에 따라 많은 대중이 출판 불사(佛事)에 참여하였다. 이런 까닭으로 돌아가신 부모의 극락왕생을 기원하며 간행한 불교서가 적지 않다. 그 대표적 책이 『불설대보부모은중경언해』(佛說大報父母恩重經諺解)이다. 이 책은 전국의 여러 사찰에

---

[24] 영남감영판 사서언해류는 요즈음도 고서점에서 흔히 볼 수 있으며, 어렵지 않게 구할 수 있다. 이런 책 한두 권을 마련하여 교육 자료나 학습 자료로 이용해 보면 고서에 대한 친근감과 그 아름다움을 체득할 수 있다. 현재는 대구 봉산문화거리의 고서점이 가장 활발하게 움직이고 있다. 서울 인사동거리의 고서점은 겨우 두어 개가 남아 있다.

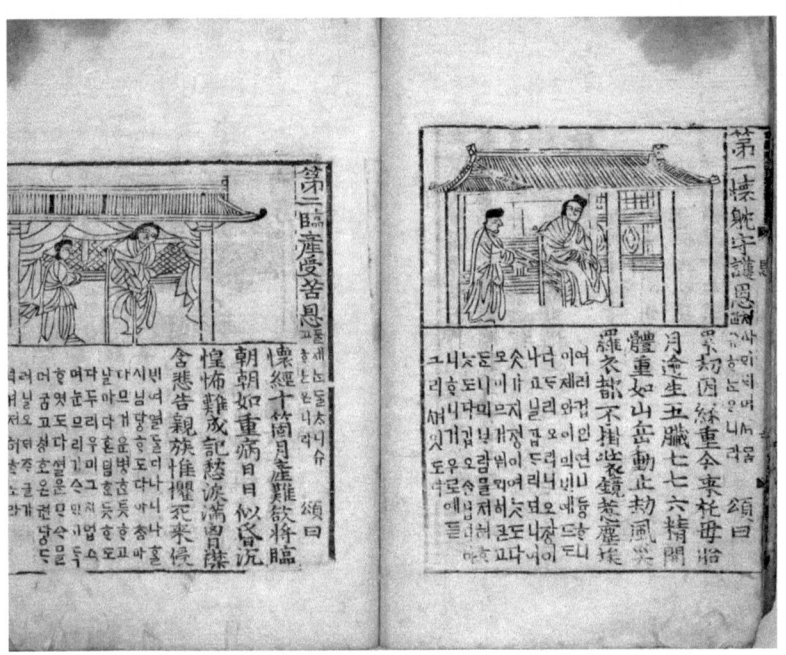

그림 16 『부모은중경언해』의 한 이본. 동경대학 소창문고 소장본을 수록한 CD에서 인용함.

서 간행된 이본이 40여 개나 된다.[25]

간경도감이 폐지된 후 불경 간행 사업은 여러 지역에 흩어져 있는 사찰이 담당하게 된다. 16세기부터 지방의 여러 사찰에서 불서(佛書) 언해본들이 나왔다. 가야산 봉서사판 『목우자수심결언해』(1500)는 간경도감판의 복각본이지만 지방에서 간행된 최초의 언해본이다. 『사법어언해』(四法語諺解)의 중간본이 충청도 고운사판(孤雲寺版)(1517), 황해도 심원사판(深源寺版)(1525), 전라도 송광사판(松廣寺版)(1577) 등 각 지역에서 간행되었다. 『몽산화상법어약록언해』(蒙山和尙法語略錄諺解)[26]의 복각

---

[25] 송일기·박민희(2010:212)에 따르면 지금까지 발견된 이본은 한문본이 45종, 언해본이 40종이다. 16세기 후반의 판본만 하더라도 경기도(장단) 화장사판(1553), 전라도(승주) 송광사판(1563), 황해도(문화) 명엽사판(1564), 충청도(은진) 쌍계사판(1567), 경상도(풍기) 기방사판(1592) 등이 있다. 그 후에도 조선조 말기까지 이 책은 계속 간행되었다.

본이 강원도 유점사판(1521), 경상도(풍기) 석륜암판(石輪庵版)(1523), 황해도 심원사판(1525) 등으로 간행되었으며, 충청도 고운사판(1517), 함경도(영변) 영발암판(永鉢庵版)(1535), 전라도 송광사판(1577)은 체제를 약간 바꾼 중간본이다. 그밖의 16세기 판으로 전라도(순창) 취암사판(1567)과 충청도(서산) 개심사판(1584)에서 간행된 『몽산화상육도보설언해』가 있고, 경상도(풍기) 희방사판(1569) 『칠대만법』 등이 있다.

한편 사찰에서는 승려의 한문 학습을 위해 『유합』과 『천자문』을 간행하기도 했다. 경기도 칠장사(七長寺)에서 간행한 『천자문』(1661)과 『유합』(1664), 1700년경에 남해 영장사(靈長寺)에서 간행한 『유합』과 『천자문』이 대표적 사례이다.

사찰판에는 간기 관련 기록이 매우 자세하다. 시주자의 이름, 판서자(板書者), 판화자(板畫者), 연판승(練板僧), 각수승(刻手僧), 간행 작업을 뒷바라지(취사, 서기 등)한 사람의 이름이 간기란에 기록되어 있다.[27]

조선시대 사찰판은 복각본이나 중간본인 것이 매우 많다. 각종 불경과 포교서가 사찰의 필요에 따라 여러 번 간행되었기 때문이다. 포교서로서 여러 사찰에서 간행된 『염불보권문』이 그러한 예이다. 사찰은 다양한 한글 자료를 간행함으로써 불교와 한글의 대중적 보급에 크게 기여했다.

---

26 이 책의 원간본은 15세기 중엽에 간행된 것으로 추정하고 있다. 원간본의 후쇄본으로 1472년에 인수대비가 인출한 판본이 있다.
27 간기의 기록 양식에 대한 자세한 설명은 7장 1절 6)항에서 베푼다.

3) 서원판(書院版)·성균관판(成均館版)·향교판(鄉校版)·재사판(齋舍版)·누정판(樓亭版)

조선시대의 사학(私學)이었던 서원에서 간행한 책을 서원판이라 한다. 서울의 공립학교였던 성균관에서 간행한 책을 성균관판이라 하고, 지방의 공립학교인 향교에서 간행한 책을 향교판이라 한다. 서원과 향교에서 간행된 책은 유학에서 섬기는 선현의 언행록, 전기, 문집류가 대부분이다. 유학 학습을 위한 경서류와 성현의 가르침을 담은 성리학서도 간행하였다.

서원과 향교에서 간행한 경서언해본은 매우 드물다. 서원의 재정이 넉넉하지 못했으므로 책의 간행이 활발하지 아니했고, 인쇄 상태도 다른 판본에 비해 좋지 않은 편이다. 재사(齋舍)는 한 집안의 제사를 모시는 향사처(享祀處)를 가리킨다. 재사에서 조상의 문집, 족보, 행실록 등을 간행한 경우가 있으며 이를 재사판이라 부른다. 누정(樓亭)은 선비 문인들의 학습, 휴식, 집회 등이 이루어지는 공간이었다. 드물기는 하지만 누정에서 간행된 판본도 존재한다. 재사판과 누정판은 문중 조상이나 스승에 관련된 문집과 기록물 등을 출판했으며, 19세기 이후에 목활자판이 많이 나왔다(남권희 2004:60~62).

재사판과 누정판의 출판은 조상의 이름을 드러내어 가문과 학파의 명예를 높이기 위함이었다. 문집과 족보의 출판은 사회적 신분의 우월성을 보여주는 징표가 되었다. 서원판을 비롯한 이 다섯 가지 판은 유교문화의 실천 기관에서 나왔다는 점에서 공통성을 가진다. 이들을 묶어서 유교판이라 이름 붙일 만하나, 모두 한문본에 그치고 있다.

4) 사간판(私刊版 혹은 私版)

넓은 뜻으로 사간판은 관판이 아닌 간본을 총칭한다. 사간판은 양반 관리이든 민간인이든 개인이 출판 비용을 부담하여 간행하거나, 가문 혹은 문중에서 공동으로 비용을 부담하여 간행한 문집 등을 포괄한다. 민간에서 사사로이 간행한 모든 책을 사간판이라 부르며, 사판(私版)·사가본(私家本)·사각본(私刻本)·사가판본(私家版本)이란 용어를 쓰기도 한다. 고려시대에는 불서와 문집류, 조선시대에는 시문집이 사간판의 주류를 이루었다. 16세기 후기부터 문집 및 족보류가 출판되기 시작하여 19세기말 이후에 크게 성행하였다. 사간판은 관판에 비해 판각이 조잡하고 인쇄가 거친 것이 많다.

한글 사간판으로 가장 이른 것은 이수륜(李壽崙)가에서 찍은 『신증유합』(新增類合)이다. 이 책의 권말

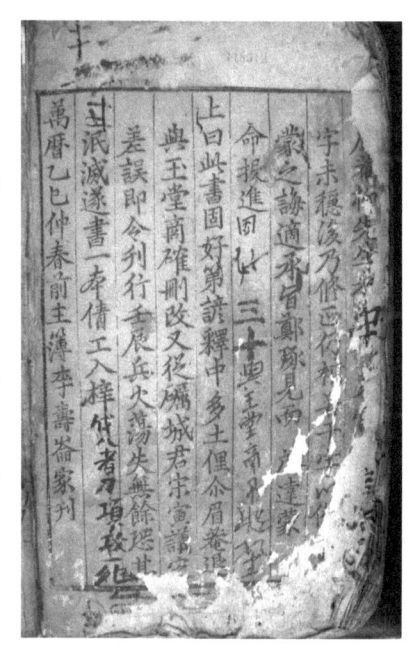

그림 17 이수륜판 『신증유합』의 권말 발문 및 간기. 계명대학교 동산도서관 소장

에는 '萬曆 乙巳 仲春 前主簿 李壽崙 家刊'(만력 을사 중춘 전주부 이수륜 가간)이라는 간기가 있다. 1605년에 이수륜의 집안에서 판각한 것임을 알 수 있다.[28]

5) 방각판(坊刻版)

방각판은 서사(書肆)에서[29] 판매를 목적으로 간행한 책을 가리킨다. 이 용어는 중국의 남송 때 서방(書坊) 또는 방사(坊肆)에서 민간이 상업적

---

28 이수륜판의 『신증유합』에 나타난 자훈(字訓) 중 가장 특징적인 것은 '宦'의 훈을 '벼슬 환'과 '고자 환'으로 해 놓은 점이다. '고자 환'은 환관(宦官)에 대한 의도적 폄하를 보여주는 훈이다.
29 서사(書肆)는 출판사 겸 책방을 겸하였다. 서방(書坊) 및 서포(書鋪)라고 부르기도 한다.

4장 판본의 분류와 감별 111

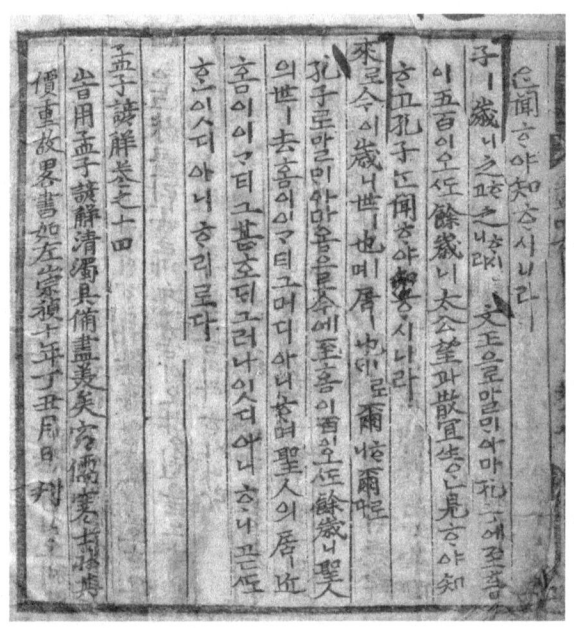

그림 18 최초의 한글 방각본인 궁유한사본 『맹자언해』, 권14의 권말 간기

판매를 위해 목판본을 간행한 데서 유래하였다. 방각판은 상업적 출판이기 때문에 출판 비용을 줄이기 위해 판형과 책의 형태를 작게 하였다. 인쇄 상태도 조잡한 것이 많다. 우리나라에서 편찬된 방각판에는 한문용 교재, 척독(尺牘), 민간용 의서, 한글 소설류 등이 많다. 방각판을 간행한 출판 주체(서사)의 명칭은 서사가 소재한 동네 이름, 발행자, 지명, 인명 등을 따서 붙인 경우가 많다.

  방각본(坊刻本)의 출현 시기는 출판문화사에서 중요한 의미를 갖는다. 저자가 소개한 방각본으로 특이한 것이 있다. '崇禎 十年 丁丑 月日 刊'(숭정 십년 정축 월일 간)이란 간기를 가진 '궁유한사본' 『맹자언해』가 그것이다. 이 간기에 나온 숭정 10년은 1637년이다. 책을 사 보기 어려운 궁박하고 가난한 선비를 위해 출판된 이 책은, 출판비 절감을 위해 한문 원문을 과감히 생략하여 대폭 줄였다.[30] 한문 원문은 구결토가 달린 한자만 남겨 놓고 나머지는 모두 삭제하고 싣지 않았다. 그러나 언해문은 온전히 살려 두었다. 예전의 유생들은 하나의 경서를 백 번 이상 읽어 거의 모조리 외우고 있었다. 이런 사람들을 위해 원문의 구결토가 붙은 한자만 나열해도 기억 속에서 원문 전체를 되살릴 수 있었다. 그래서 한문 원문에서 토가 붙은 글자만 남겨 놓고 대폭 줄여버린 것이다. 언해문을 온전하게 살려 놓은 이유는 한문 원문의 뜻을 정확하게 이해하기 위함이었을 것이다. 한문 원문을 크게 줄인 이유는 권말의 다음 기록에 나타나 있다.

時用孟子諺解 淸濁具備 盡美矣 窮儒寒士 病其價重 故略書如左
(시중에서 사용하는 맹자언해는 청탁이 구비되어 아름다움을 다해 놓았다. 그러나 궁색한 유생과 가난한 선비들이 책값이 무거움을 병통으로 여기기에 이와 같이 글을 줄였다.)

이 책은 민간의 출판업자가 가난한 선비들에게 싼 값으로 책을 공급해 주기 위해 간행한 것이 틀림없다. 방각본 출판이 시작된 전라도 태인에서 간행된 책들은 모두 1637년 이후의 것이다(류탁일 1989). 판매에 초점을 둔 이 책의 성격으로 볼 때, 궁유한사본 사서언해는 가장 이른 시기에 나온 방각본이라 할 수 있다. 따라서 궁유한사본 『맹자언해』는 한글 방각본의 최고본(最古本)이 된다.[31]

임진왜란 이후의 방각본 중 앞선 것은 호남지방의 완판(完板), 태인판(泰仁板), 금성판(錦城板) 등을 들 수 있다. 완판본은 서계(西溪), 완산(完山), 완서(完西), 완남(完南), 완귀(完龜) 등의 여러 서포에서 간행한 판본

---

[30] 한문 원문을 줄인 양상은 백두현(1993)을 참고할 수 있다. 원문에서 구결토가 달린 글자만 남겨 두는 방식을 취했다.
[31] 경북대학교와 영남대학교 고서실에는 이와 동일한 체제의 『대학언해』와 『중용언해』가 소장되어 있다.

과 하경룡(河慶龍)이 간행한 판본을 총칭한다. 현전하는 완판 계열로서 가장 앞선 것은 서계(西溪) 서포에서 간행한 『사요취선』(史要聚選)(1648)이다. 태인판에는 손기조(孫基祖)와 전이채(田以采)·박치유(朴致維)가 간행한 방각본이 있다. 나주의 금성판(錦城板)으로 현전하는 초기의 것은 영조 1년(1725) 오문(午門)에서 새긴 『구운몽』(九雲夢)이 있다.

이와 달리 서울지방에서 간행된 경판본(京板本)으로 가장 오래된 현전 판본은 정동(貞洞) 간행 『의례류설』(疑禮類說)(1792)이고, 그다음이 광통방(廣通坊) 간행 『천자문』(1804)이다. 이밖의 방각본으로 경기도 안성판본(安城板本)[32], 20세기 초기 대구 간행의 달성판본(達城板本) 등이 있다. 방각판은 한문 초학서(천자문, 명심보감 등)와 고소설(삼국지, 구운몽 등)이 가장 많다. 판매용 출판이기 때문에 가장 많이 팔리는 책을 간행한 것이다.

4.5. 판본과 활자

지금까지 우리는 간행 여부와 간행 주체를 기준으로 한 문헌의 분류와 그 내용에 대해 알아보았다. 이 절에서는 간인본에 초점을 맞추어 목판본과 활자본의 특성을 배우고, 금속활자와 목활자에 대한 개요를 익히도록 한다. 아울러 한글본에 사용된 한글 활자 중 대표적인 몇 가지를 설명할 것이다. 끝으로 판본 감별법을 요약 제시한다.

1) 목판본

판목(板木)에 글자를 새긴 것을 목판(木板) 또는 책판(冊板)이라 한다. 목판은 사각형의 나무판과 그 양쪽에 손잡이(마구리)를 붙인 꼴로 되어 있다. 판면은 돋을새김(陽刻)으로 사각형의 테두리(四周)와 중앙의 판심

---

[32] 이는 대부분 거의 간행 연대가 불분명한 것이 한 특징이다.

(版心)으로 구성되며 좌우 양쪽의 판면에는 행간이 있고, 행간에 글자를 채워 새긴다.

우리나라의 고서로 가장 많은 것이 목판본이다. 목판은 한 번 새겨 필요한 부수만큼 책을 찍어 낸 후 책판을 서가에 보관해 두었다가 그 책이 필요하면 종이와 먹을 구하여 다시 찍어 낼 수 있다. 활자본은 인출 후 활자판을 해체하지만 목판은 판면이 닳아서 못 쓸 때까지 책을 찍어 낼 수 있었던 것이다.

목판본은 배나무, 가래나무, 산벚나무 등을 가공하여 나무판을 만들고 그 판면을 다듬어 글씨를 새기고 먹을 묻혀 인출한 것이다. 목판본의 제작 순서는 다음과 같다.[33]

① 판재 마련 : 배나무, 산벚나무를 베어 진흙 펄에 담가 수액을 빼낸다.
② 판형 만들기 : 건져낸 나무를 건조시켜 톱으로 잘라 적당한 크기의 판형을 만든다.
③ 판면 다듬기 : 대패로 판면을 고르게 다듬는다.
④ 판하본 쓰기 : 판형에 맞추어 판하본을 정서한다.
⑤ 판하본 붙이기 : 판면에 판하본을 뒤집어 붙여 고정시킨다.
⑥ 글자 새기기 : 판하본에 따라 각수가 글자를 새긴다.
⑦ 초벌 인쇄 : 먹물을 바르고 종이를 붙여 인쇄한다.
⑧ 교정하기 : 초벌 인쇄지를 보고 교정하여 잘못 새긴 글자를 고친다.
⑨ 완성 및 인출 : 교정이 완료되면 목판 제작이 끝난다. 완성된 목판에 먹물을 고루 묻혀 인쇄한다.
⑩ 목판의 보관 : 햇빛이 들지 않고 바람이 잘 통하는 곳에 목판을 보관한다.

---

[33] 목판의 제작 과정은 한국국학진흥원에서 낸 『유교책판 나무에 수를 놓다』(2013) 제4장에 사진과 함께 실려 있다.

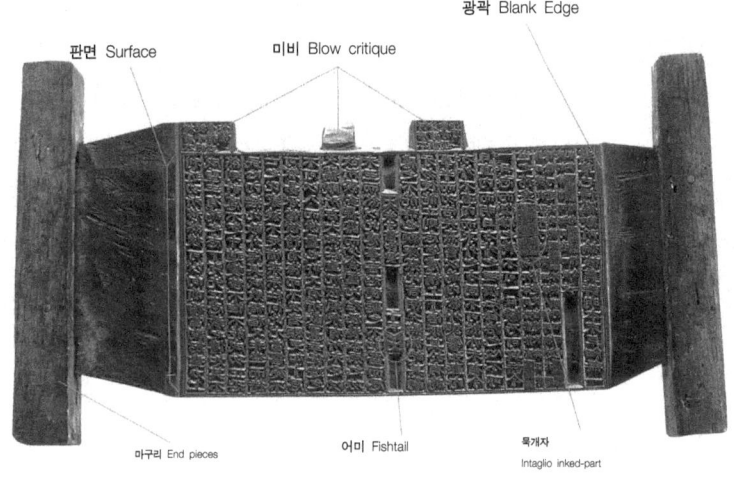

그림 19 목판의 형태와 명칭. 한국국학진흥원 『유교책판 나무에 수를 놓다』(2013:70).

　산에서 베어낸 원목을 소금물이나 연못 바닥의 진흙뻘에 장기간 담가 수액을 빼낸다. 그것을 건져 내어 뒤틀리지 않도록 그늘에서 말려 판재를 마련한다. 이어서 판재를 톱으로 잘라 목판 크기의 판형을 만든다. 그것을 대패로 고르게 밀고 깎아서 판면을 다듬는다. 그다음에 이루어지는 작업은 위 순서의 ④ 이하와 같다. 완성된 목판의 전체 모양과 세부 명칭은 그림 19와 같다.

　목판 인쇄술은 중국 당나라에서 처음 시작되어 신라에 전해진 것으로 알려져 있다. 현재 전해지는 목판본으로서 가장 오래된 것은 불국사 석가탑 속에서 나온 『무구정광대다라니경』(無垢淨光大陀羅尼經)이다.[34] 고

---

[34] 이 문헌의 간행 시기를 판단함에 있어 우리나라, 중국, 일본의 학자들 간에 차이가 있다. 우리나라 학자들은 석가탑 건립년(751년)을 기준으로 이 책이 751년 이전에 간행된 것으로 추정하고 있다. 국립중앙박물관에 보존되어 오던 석가탑묵서지편이 판독되면서 연대 문제가 새로 부각되었다. 한편 중국에 현존하고 있는 가장 오래된 목판본은 『금강반야바라밀경』(金剛般若波羅密經)인데 이 책은 함통(咸通) 9년(868)년에 간행되었다.

그림 20 불교가사를 새긴 한글 판목

려 시대 목판본으로서 가장 오래된 것은 목종 10년(1007)에 개성 총지사(摠持寺)에서 간행한 『일체여래심 비밀전신사리 보협인다라니경』(一切如來心 秘密全身舍利 寶篋印多羅尼經)이다. 이들은 모두 두루말이[卷子本] 형태로 되어 있다. 고려 대장경은 모두 목판본이다.

조선시대의 목판본은 전국 각지에서 수천 종이 만들어졌다. 특히 경상도 지역에서 압도적으로 많은 책이 간행되었다. 청주 고인쇄박물관의 자료에 따르면[35] 함경도 156종, 평안도 234종, 황해도 137종, 강원도 121종, 경기도 124종, 서울 140종, 충청도 514종, 경상도 2,082종, 전라도 1,097종의 목판본이 간행되었다고 한다. 이 수치가 모든 목판을 망라한 것은 아니겠지만 전체적인 경향을 보여 주는 것은 틀림없다. 이 수치를 통해 우리나라 전 지역에서 목판 인쇄 문화가 골고루 보급되었음을 알 수 있다.

한글 반포와 함께 간행된 『훈민정음』(해례본, 1446)(간송미술관 소장)이 바로 목판본으로 제작된 것이다. 바로 이어서 간행된 『용비어천가』 역시

---

35 청주 고인쇄박물관 http://www.jikjiworld.net/에서 인용함.

원간본은 목판본으로 간행되었다. 한글 문헌으로서 가장 이른 것들이 목판본으로 간행되었고, 현재 전해지고 있는 판본의 압도적 다수가 목판본이다. 목판본은 우리나라의 출판문화사와 한글문헌 연구에서 중요한 비중을 차지하고 있다. 한글 목판의 한 예는 그림 20과 같다. 마구리가 빠져나가고 없어진 모습이다.

2) 한글 금속활자본

목판본과 범주를 달리하는 간본으로 활판본(혹은 활자본)이 있다. 활자본은 활자를 만든 재료에 따라 금속활자본과 목활자본으로 구별한다.

금속활자본은 활자 재료로 구리, 주석, 납 등을 사용했다. 금속활자는 여러 시기에 걸쳐 주조되었으므로 활자의 주조 연대에 따라 그 명칭이 달라진다. 또 사용된 문헌에 따라 활자 이름이 붙기도 한다. 잘 알려진 바와 같이 현존 세계 최고(最古)의 금속활자는 고려에서 만들어졌다. 고려시대의 금속활자로 13세기 초에 『남명천화상송증도가』(南明泉和尙頌證道歌)(1239)를 찍은 이른바 '증도가자', 『상정예문』(詳定禮文)(1234~1241)과 『동국이상국집』(이규보)을 찍은 '상정예문자', 청주 흥덕사에서 『불조직지심체요절』(1377)과 『자비도량참법집해』(慈悲道場懺法集解)를 찍은 '흥덕사자', 개인 무덤에서 출토된 '고려 복자'(覆字)[36] 등이 있다. 2010년에 남권희 교수가 『남명천화상송증도가』(南明泉和尙頌證道歌)를 찍은 고려 금속활자를 발굴하여 학계에 소개하였다. 이것이 국가 공인, 고려 금속활자로 확정되면 세계문화사 서술을 바꾸는 획기적 자료가 될 것이다.

---

36 고려 복자는 1975년 3월에 실시한 분석에 의하면 구리 50.9, 아연 0.7, 주석 28.5, 납 10.2, 철 2.2%의 금속 성분을 함유하고 있다. 이 글자의 서체는 송설체 계열이고, 여러 가지 특징을 고려할 때 고려 후기에 만들어졌을 가능성이 높다.

그림 21 고려 금속활자 : 고려 복자(覆字), 청주 고인쇄박물관.

그림 22 국립중앙박물관 소장 한글 금속활자 (국립중앙박물관,『한글 금속활자』, 12면)

조선시대에 들어 가장 먼저 나온 활자는 태종 3년(1403)에 만든 계미자(癸未字)이다. 수십만 개의 계미자를 주조하여『춘추좌씨전』,『십칠사찬고금통요』,『도은선생시집』등을 찍었다. 세종 2년(1420)의 경자자(庚子字), 세종 16년(1434)의 갑인자(甲寅字), 세종 18년(1436)의 병진자(丙辰字), 문종 즉위년(1450)의 경오자(庚午字), 세조 연간에 나온 강희안자, 정축자, 무인자, 을유자 등 조선시대의 금속활자는 수십 종이 알려져 있다.

한글 금속활자로서 연대가 가장 빠른 것은『석보상절』에서 초주갑인자 한자와 함께 쓰인 석보상절 한글자이다. 이것을 초주갑인자 병용 한글자 혹은 석보상절 한글자라 부른다. 그러나 이 활자의 실물은 현재 전해지지 않는다. 국립중앙박물관에는 한글 금속활자 실물이 소장되어 있다. 글자가 큰 언문자대자(諺文字大字)가 232자, 글자가 작은 언문자 소자(諺文字 小字)가 520자로서 도합 752자가 전하고 있다. 이들의 대부분은 1668년(현종 9)부터 제작하여 사용한 무신자 병용 한글자이다(이재정 2005, 2006). 그러나 언문자 소자 중에는『능엄경언해』(1461) 및『두시언해』(1481, 초간본)에 쓰인 을해자 병용 한글자로 추정되는 활자가 있다

4장 판본의 분류와 감별　119

(이재정 2006:240).

한글 문헌에 사용된 한글 금속활자 중 가치가 높은 몇 가지를 소개하면 다음과 같다.[37]

(1) 석보상절 한글자(초주갑인자 병용 한글자)

이것은 『석보상절』과 『월인천강지곡』의 한글 표기에 사용된 글자로 초주갑인자 병용한글자(初鑄甲寅字 竝用한글자) 또는 석보상절 한글자라 부른다. 이 책에 쓰인 한자 활자는 초주갑인자이다. 한자의 서체가 부드러운 필사체(筆寫體)임에 비하여 한글은 강직(剛直)한 직선으로 된 인서체(印書體)이고, 그중 큰 글자는 오늘날의 고딕체와 방불하다. 아래아자(·)의 자형이 둥글고 고르다. 한글 활자의 대자(大字)는 한자 소자(小字)보다 크고 굵다. 이 글자는 훈민정음 창제 후 세종이 만든 최초의 한글 금속활자라는 점에서 그 가치가 특별하다.

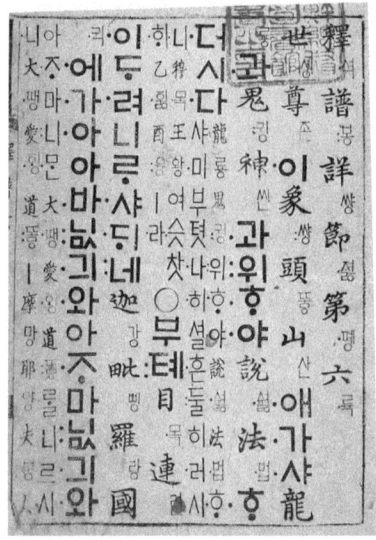

그림 23 『석보상절』 권6, 석보상절 한글자 (초주갑인자 병용 한글자)

---

[37] 한글 활자에 대한 아래의 설명은 청주 고인쇄박물관의 해설 내용을 참고한 것임을 밝혀 둔다. 아래에 제시하는 그림은 대부분 필자가 수집한 자료이지만 청주 고인쇄박물관에서 인용한 것도 있다. 인용처는 별도로 표기해 두었다.

(2) 능엄경 한글자(을해자 병용 한글자)

능엄경 한글자는 세조 7년(1461)에 간행된 활자본 『능엄경언해』에 사용된 한글자이다. 『능엄경언해』의 한자는 1455년(세조 1)에 만들어진 을해자이다. 이 책에 사용된 한글 활자는 『능엄경언해』가 출판된 1461년경에 제작된 것이다. 초간본 『분류두공부시언해』(1481)에도 이 활자가 사용되었다. 능엄경 한글자의 서체는 딱딱하고 굳은 고딕체에서 붓의 부드러운 느낌이 드러나는 모습으로 바뀌었다.

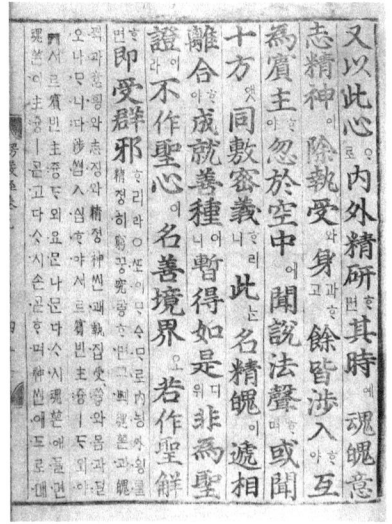

그림 24 능엄경 한글자(을해자 병용 한글자)

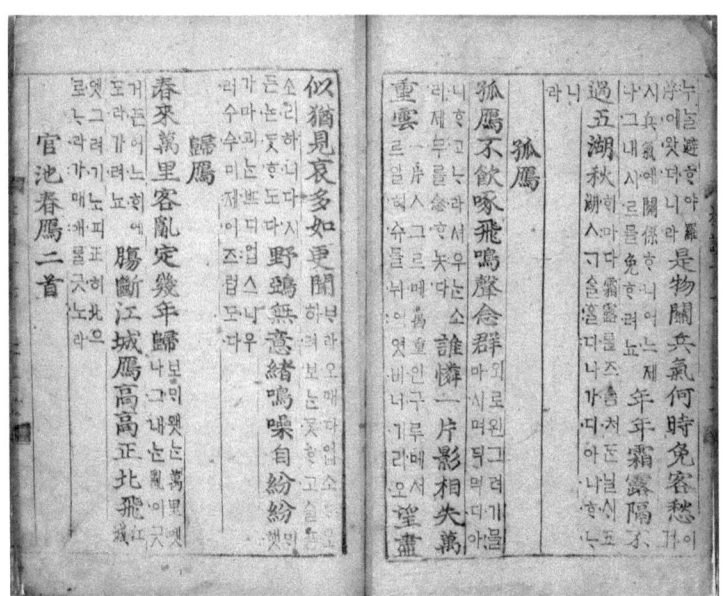

그림 25 두시언해 한글자(분류두공부시언해 권17)(을해자 병용 한글자. 능엄경 한글자와 같은 것임). 동경대학 소창문고 소장본을 수록한 CD에서 인용함.

(3) 원각경 한글자(을유자 병용 한글자)

원각경 한글자는 세조 11년(1465)에 만들어진 동활자이며 정난종자라 부르기도 한다. 세조가 원각사를 준공하고 『대방광원각수다라요의경』을 간행하기 위해 정난종의 글씨를 자본(字本)으로 삼아 주조한 활자이다. 만든 해를 기준으로 을유자 병용 한글자라 부르기도 한다. 서체가 대체로 평평하고 납작하며 폭이 약간 넓은 것이 특징이다.

그림 26 원각경 한글자(을유 병용 한글자)

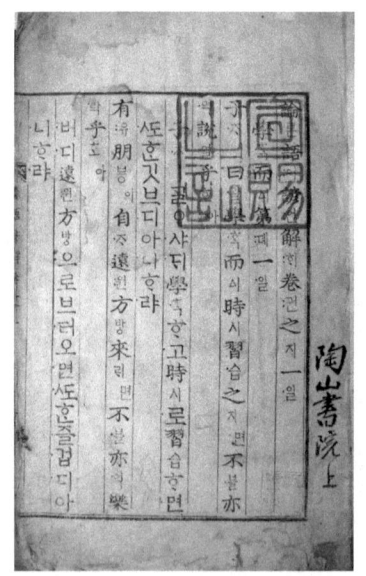

그림 27 을해자 경서 한글자. 『논어언해』 초간본(도산서원본)

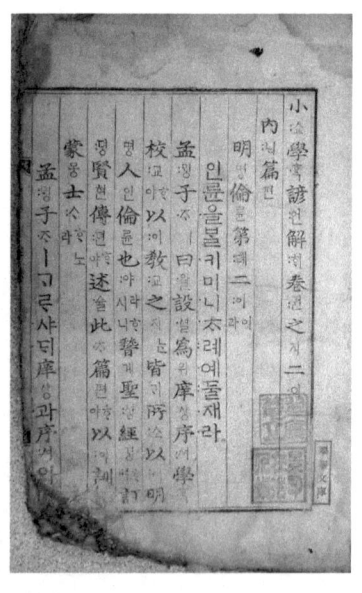

그림 28 을해자 경서 한글자. 『소학언해』 초간본(경북대 취암문고본)

(4) 경서 한글자(을해자 경서 한글자)

을해자 경서 한글자는 『대학언해』, 『중용언해』, 『논어언해』, 『맹자언해』와 『소학언해』, 『효경언해』 등 유교 경서의 인쇄에 사용된 한글 활자를 가리킨다. 줄여서 경서 한글자라 부른다. 이 활자로 가장 먼저 간행한 책은 『소학언해』(선조 19, 1586)이다. 교서관에서 간행한 초간본 사서언해 활자본이 모두 이 활자체에 속한다.

(5) 무신자 병용 한글자

무신자 병용 한글자는 현종 9년(1668)에 김좌명(1616~1671)이 호조 및 병조의 물자와 인력을 이용하여 수어청(守禦廳)에서 만든 동활자이다. 이때 목활자도 함께 만들었다. 이 활자로 찍은 책으로는 『시경언해』, 『대학율곡선생언해』 등이 있다. 그림 29의 『서전언해』에서 이 활자를 볼 수 있다.

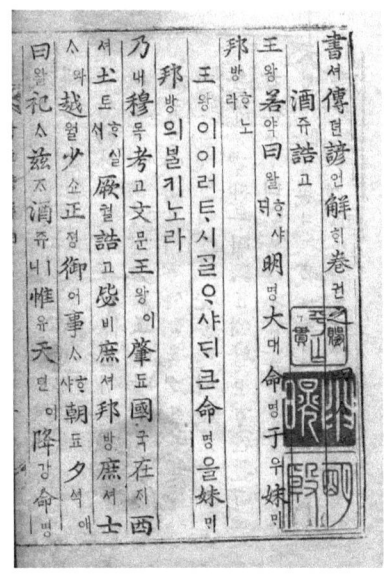

그림 29 무신자 병용 한글자(무신자). 『서전언해』

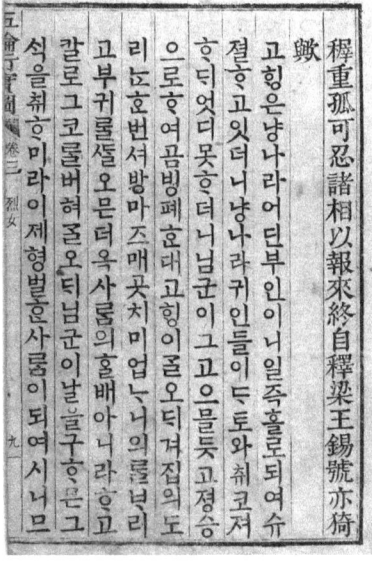

그림 30 오륜행실도 한글자(재주정리자 병용 한글자). 『오륜행실도』 권3, 열녀편

(6) 오륜행실도 한글자(재주 정리자 병용 한글자)

이 한글 활자는 철종 9년(1858)에 한자 활자와 함께 주성된 동활자이다. 활자의 정교함과 모양에서 초주 정리자에 비해 약간 못하지만 다른 활자에 비하여 글자체가 보기 좋고 그 크기가 적당한 인서체이다. 구한말까지 학부의 교과서·법령·조약서·관보 등 정부 인쇄물 간행에 이 활자가 사용되었다. 현재 이 활자는 국립중앙박물관에 보관되어 있다. 정리자를 사용한『오륜행실도』와 그것을 목판본으로 복각한 이본은 다음과 같다.

    1797(정조 21) 원간본 초주정리자(初鑄整理字)
    1859(철종 10) 목판 중간본
    1860(철종 11) 재주정리자(再鑄整理字)
    1872(고종 9)   목판 중간본

(7) 신활자(납활자, 연활자)

1880년 일본에서 최지혁의 글씨를 바탕으로 신활자를 주조하여『韓佛字典』을 찍은 글자체이다. 1883년 정부에 박문국(博文國)이 설치된 이후 신식(新式) 한글자가 만들어져 사용되었으며 보통 신활자라 부른다. 신활자를 만든 재료가 납이어서 납활자 혹은 연활자(鉛活字)라 부르기도 한다. 아동용 교재를 비롯하여 서구의 문물을 소개하는 계몽서와 번역서 등이 신활자로 간행되었다.

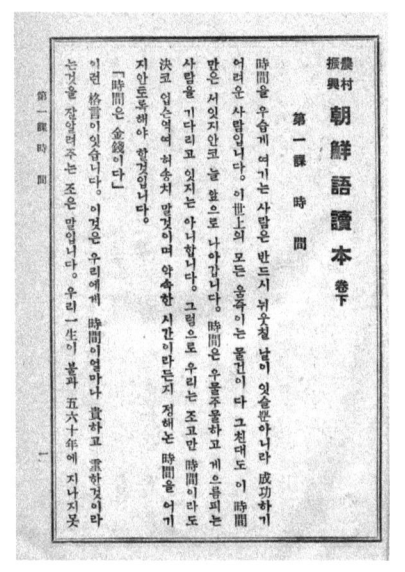 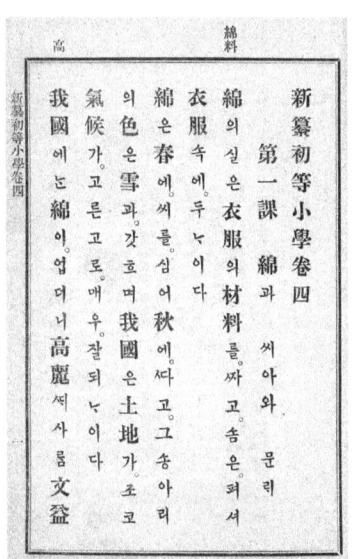

그림 31 신활자(연활자)로 찍은 『농촌진흥 조선어 독본』

그림 32 신활자(연활자)로 찍은 『신찬초등소학』(1909)

3) 한글 목활자본

금속활자는 그 재료가 귀한 만큼 비용이 많이 들어가고 만드는 기술도 특별한 것이었다. 이러한 단점을 보완하는 것이 목활자이다. 목활자에 의한 인쇄 기술은 중국 원나라 때의 관리였던 왕정(王禎, 13세기 후반~14세기 전반)이 실용화하였고, 이 기술이 조선에 들어와 『대명률직해』라는 법전 간행에 처음 이용되었다.

목활자는 활자 재료로 박달나무, 돌배나무, 자작나무, 산벗나무, 감나무 등을 주로 사용했으며, 조선 초기에 이루어진 대표적인 목활자본은 『대명률직해』(大明律直解, 1395)와 『동국정운』(東國正韻, 1447) 및 『홍무정운역훈』(洪武正韻譯訓, 1455)이다. 특히 『동국정운』의 한글 한자음 표기자는 최초로 제작된 한글 목활자이다. 한글 목활자 중 대표적인 것 몇 가지에 대해 간략히 설명한다.

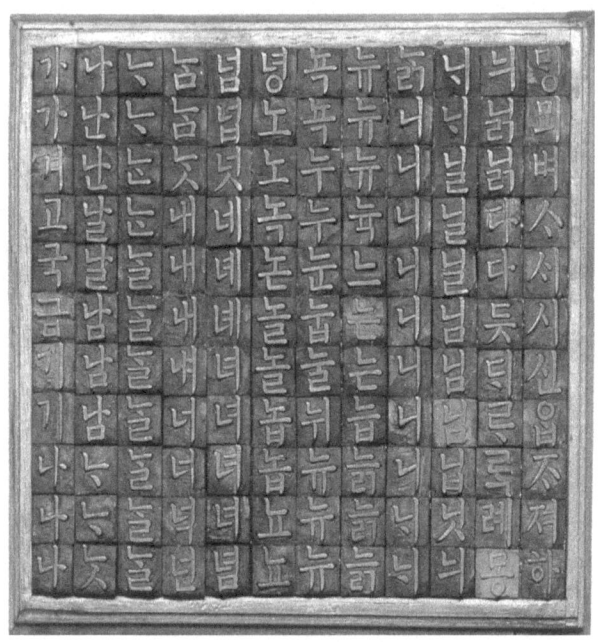

그림 33 한글 목활자 보관함, 국립중앙박물관 소장. 『겨레의 글 한글』
(국립중앙박물관 2000:125).

(1)『대명률직해』(大明律直解) 목활자

조선 개국초 태조 4년(1395)에 백주지사(白州知事) 서찬(徐贊)이 목활자를 만들어 서적원[38]에 바치자 이 활자로『대명률직해』를 간행하였다. 이것이 우리나라 최초의 목활자 인쇄였다. 그런데 이것은 한자 목활자이다. 이하에서 설명하는 목활자는 한글 활자가 존재하는 서적만을 대상으로 하였다.

---

38 태조는 전적과 도서를 관장하는 교서관(校書館)과 서적원(書籍院)을 설치하여 출판 일도 관장케 하였다.

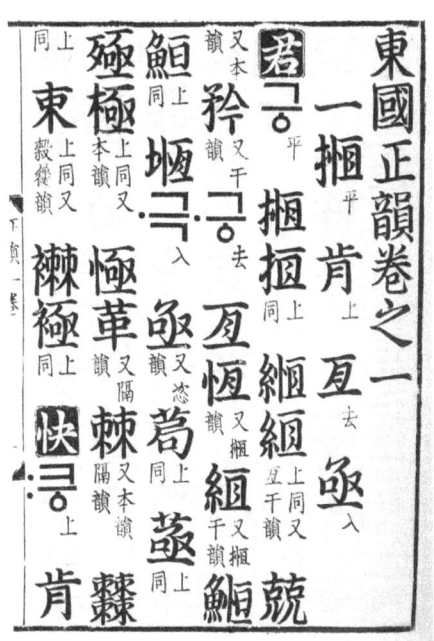

그림 34 동국정운 한글 목활자. 한자는 금속활자(갑인자)이다. 국보 142호.

(2) 동국정운 한글 목활자

동국정운 목활자는 세종 30년(1448) 11월에 간행한 『동국정운』에 사용된 것인데 한자와 한글자가 모두 있다. 이 책의 한자 중 대자(大字)는 목활자이고, 소자(小字)는 금속활자인 갑인자이다. 한자음을 표기한 한글자는 목활자이다. 동국정운 한글 목활자는 그 크기가 석보상절 한글자보다 훨씬 크다.

(3) 홍무정운역훈 한글 목활자

이 활자는 단종 3년(1455)에 간행한 『홍무정운역훈』(洪武正韻譯訓)에 사용된 목활자이다. 한자와 한글자가 공존한다. 이 책에 쓰인 한자 대자(大字)를 '홍무정운자'라 한다. 한자 소자(小字)는 금속활자인 초주 갑인자가 사용되었다. 홍무정운 한글 목활자는 동국정운 한글 목활자와 비슷한 점이 있으나 활자의 제작 기법이 약간 떨어지는 편이다. 홍무정운역훈 한글 목활자는 『동국정운』의 것보다 필사체에 더 가까운 것이다.

(4) 인경(印經) 한글 목활자

인경 한글 목활자는 연산군 1년(1495)에 성종의 계비(繼妃) 정현(貞顯)대비가 성종의 명복을 빌기 위해 불경을 간행할 때 만든 것이다. 연산군 2년에도 임금이 하사한 비용으로 목활자를 더 만들어 한글본 『육조대사법보단경』(六祖大師法寶壇經)과 『진언권공』(眞言勸供)을 간행하였다. 두 책의 간행은 정현대비와 인수(仁粹)대비가 당시의 고승 학조(學祖)대사의 도움을 받아 이루어 낸 것이다. 글자체는 해정(楷正)한 필사체이며, 새김이 정교하고 단정하다. 인쇄도 먹색이 진하고 깨끗하여 이 활자로 찍은 책들은 그 품격이 높다.

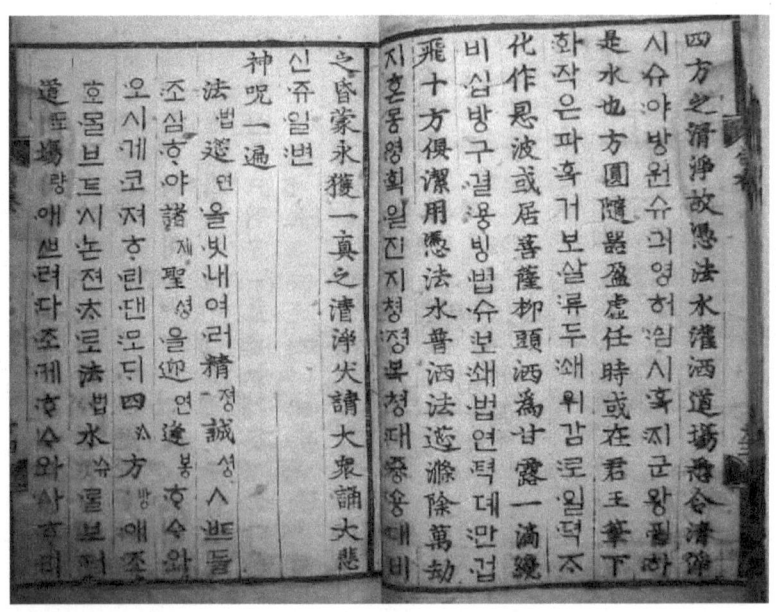

그림 35 인경 한글 목활자. 『진언권공』(1496) 보물 제1053호

(5) 훈련도감(訓練都監) 한글 목활자

임진왜란 후 1594년에 훈련도감이 설치되고 여기서 목활자를 만들어 서적 인출에 썼다. 훈련도감에서 옛 활자의 글자체를 본떠 각종 목활자를 만들어 서적을 간행했던 바 이들 활자를 통틀어 '훈련도감자'(訓練都監字)라 부른다. 이 중에서 한글자를 특정하여 '훈련도감 한글 목활자'라 부른다. 훈련도감자는 물자와 인력이 부족한 전후 시대 상황에서 전문 기술이 부족한 군졸들이 만든 것이라 자형과 자획이 정교하지 않고, 인쇄도 조잡한 편이다. 그러나 인쇄를 관장하던 교서관을 대신하여 출판 사업을 이어 갔다는 점에서 그 의의가 크다. 훈련도감판 『시경언해』, 『서전언해』, 『주역언해』 등에 훈련도감 한글 목활자가 사용되었다.

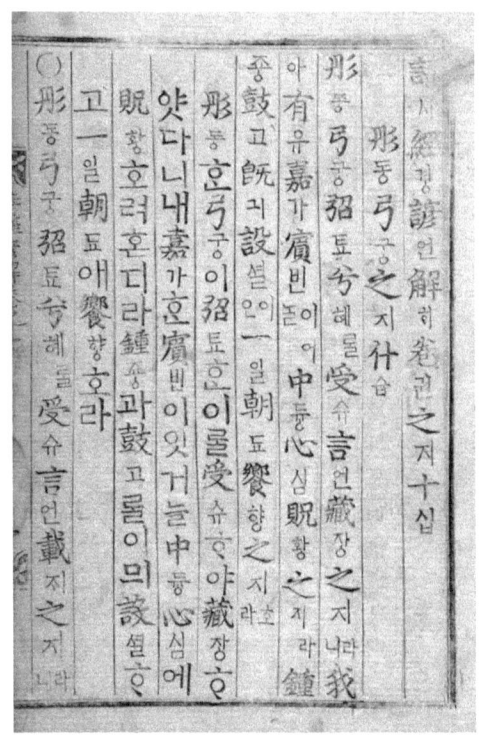

그림 36 훈련도감 한글 목활자. 『시경언해』 초간본

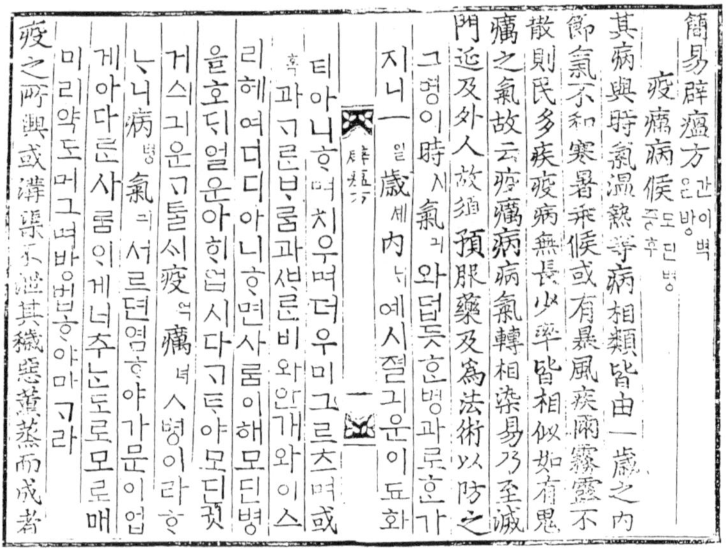

그림 37 내의원 한글 목활자. 『간이벽온방』

(6) 내의원(內醫院) 한글자

내의원 한글자는 선조와 광해군 연간에 내의원에서 의관들이 엮은 의서를 간행할 때 사용된 목활자이다. 『간이벽온방』 등의 책을 인출하는 데 사용했다. 4.4절 (6)항의 '내의원판(內醫院版)'에서 그 판본을 자세히 설명하였다. 내의원판의 활자는 대부분 목활자로 찍었고, 여기에 사용한 한글자를 내의원 한글자라 부른다.

(7) 학부 인서체 한글자(學部 印書體 한글字)(학부 인서체 병용 한글자)

학부 인서체자는 고종 32년(1895)부터 신설된 교육기관에서 사용할 교과서 출판을 위해 만든 목활자이다. 이 중에서 한글자를 특정하여 학부 인서체 한글자(혹은 학부 인서체 병용 한글자)라 부른다.

고종 31년(1894) 갑오개혁으로 정부 조직이 혁신되면서 내각 아래 7개 부가 새로 마련될 때 교육을 담당하는 학부(學部)가 설치되었다. 정치·

사회·역사·지리·기예·도덕 등 여러 분야의 새로운 문물을 가르칠 교과서 편찬이 시급하였다. 이 필요에 따라 교서관 활자를 일부 사용하고 새로 목활자를 만들어 각종 교과서를 간행하였다. 학부 인서체자로 찍은 인본에서 자획이 가늘게 닳고 일그러진 것은 교서관 철활자이며, 자획이 굵고 먹색이 진한 것은 새로 만든 학부 인서체자 목활자이다. 이 목활자는 서둘러 새겼기 때문에 자형이 정연치 않으며 인쇄 상태도 조잡한 편이다. 또 국가가 위태롭고 민심이 흔들리던 당대의 사회 분위기를 반영한 듯 서체에 힘이 없고 균형이 깨어져 있다.

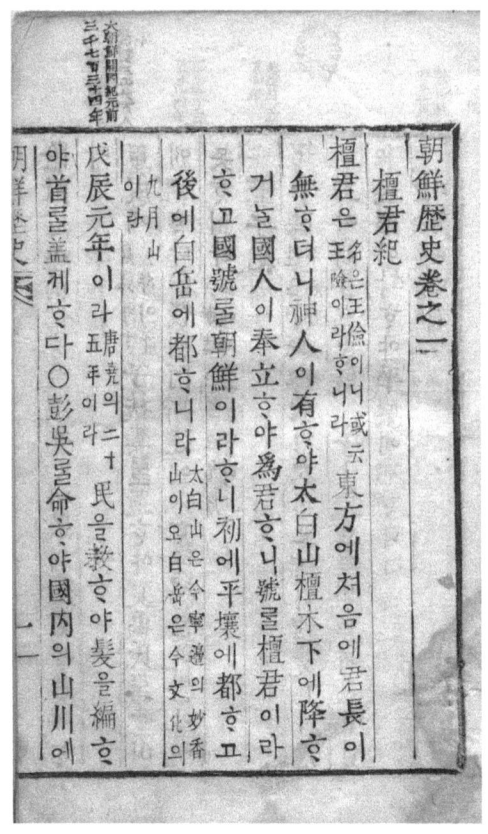

그림 38 학부 인서체 목활자. 『조선역사』(1895)

4장 판본의 분류와 감별 131

4.6. 판본 감별법

형태서지학에서 고서를 다룰 때 그 문헌이 목판본인지 활자본인지, 활자본이라면 금속활자인지 목활자인지를 구별해야 한다. 이 절에서는 서지학자들의 선행 연구와 저자의 경험을 바탕으로 판본 감별법에 대해 설명하기로 한다.[39]

1) 목판본과 활자본을 감별하는 방법

	활자본	목판본
광곽 (匡郭)	금속활자본은 판의 사주를 조립하기 때문에 광곽선의 네 변 연결 부분에 틈이 있다.	목판본의 사주는 하나의 목판에 통째 새긴 것이므로 광곽선의 네 변이 모두 붙어 있다.
어미 (魚尾)	동일한 판을 사용하기 때문에 같은 동일 형태의 어미가 반복적으로 등장한다. 어미와 판심의 좌우선 사이에 간격이 있다.	판마다 어미를 새기기 때문에 2엽, 3엽, 유문어미로 어미 형태가 다른 것이 자주 나온다. 하나의 목판에 새긴 것이므로 어미와 판심선이 서로 붙어 있다.
먹색 (墨色)	금속활자에 묻은 먹색이 진하지 않고 한 면에서도 농담(濃淡)의 차이가 있다.	먹색이 진한 편이며, 한 면에서 농담(濃淡)의 차이가 없이 고르다.
마멸 (磨滅)	활자를 오래 사용한 경우, 글자의 획이 마멸되어 가늘어지고 일그러지나 글자 획은 붙어 있다.	목판을 여러 번 사용하면 글자가 닳아서 나뭇결이 보이고, 획이 떨어져 나가기도 한다.
계선 (界線)	글자와 계선(界線)이 붙어 있는 일이 거의 없다.	글자와 계선(界線)이 붙어 있는 경우가 적지 않다.
자획 (字劃)	글자 획이 고르고 일정하다. 아래 위 글자가 서로 떨어져 있어서 아래 위 글자의 획이 서로 침범하는 경우가 없다.	목판본은 글자 획이 날카롭고 뾰족하며 굵기가 일정치 않다. 아래 위 글자의 획이 서로 침범하는 경우가 있다.

---

39 판본 감별에 대한 서지학자의 선행 연구로 저자가 주로 참고한 책은 류탁일(1986)(1989), 천혜봉(1991)(1993a)(1993b), 남권희(1992)(2013) 등이다. 그리고 서지학자 임기영 박사(경북대 도서관)가 정리해 준 내용도 크게 도움이 되었다.

자열 (字列)	글자의 가로 열이 고르게 배치되어 한 선상에 일정하게 놓인다.	글자의 가로 열이 고르게 형성되지 않는다.
자양 (字樣)	같은 거푸집에서 활자를 만들기 때문에 같은 글자 모양이 자주 나타난다.	같은 글자 모양이 거의 나타나지 않는다.

2) 금속활자와 목활자를 감별하는 방법

	금속활자본	목활자본
글자획 (字劃)	어미자 거푸집을 만들어 쇳물을 부어 글자를 만들므로 글자 획의 굵기가 고르고 정연하다.	목활자는 자본(字本)을 종이에 써서 나무에 뒤집어 붙이고 새기므로 글자 획의 굵기에 차이가 있고 정연하지 못한 편이다.
자양 (字樣)	동일한 거푸집을 이용하여 글자를 만들므로 같은 모양의 글자가 자주 나타난다.	자본을 만들어 글자들을 각각 새겨내므로 동일한 글자라도 같은 모양이 없고 조금씩 다르다.
먹색 (墨色)	먹색이 진하지 않고 글자에 따라 착묵 상태가 고르지 않다.	먹색이 진한 편이며, 착묵 상태가 고른 편이다.
나뭇결 (木理)	나뭇결의 선[木理]이 보이지 않는다.	나무로 활자를 만들기 때문에 나뭇결 선[木理]이 나타난다.
칼자국 (刻痕)	자획에 칼자국이 없다.	목활자는 글자 획에 칼자국이 예리하게 나타나는 경우가 많다.

3) 원간 금속활자본과 그것의 목판 복각본을 감별하는 방법

	금속활자본	목판 복각본(번각본)
광곽 (匡郭)	판의 사주를 조립한 금속활자본은 광곽선의 네 변 연결 부분에 틈이 있다.	복각본의 사주는 하나의 목판에 새긴 것이므로 광곽선의 네 변이 모두 붙어 있다.
어미 (魚尾)	조판한 것이어서 어미와 판심의 좌우선 사이에 간격이 있다.	하나의 목판에 새긴 것이므로 어미와 판심선이 서로 붙어 있다.
글자획 (字劃)	글자 획이 고르고 일정하다.	원간본을 뒤집어 붙여서 자획대로 새기므로 글자 획이 원간본의 것보다 두껍고 굵어진다.

먹색 (墨色)	먹색이 진하지 않고 한 면에서도 농담(濃淡)의 차이가 있다.	먹색이 진한 편이며, 한 면에서 농담(濃淡)의 차이가 없이 고르다.
마멸 (磨滅)	활자를 오래 사용한 경우, 글자의 획이 마멸되어 가늘어지고 일그러지지만 글자의 획은 붙어 있다.	복각한 목판을 오래 사용하면 글자의 획에 마멸과 나뭇결이 보이고, 획이 떨어져 나가기도 한다.

4) 기타 판본 감별 참고 사항

목판본을 여러 번 찍어서 인출한 후쇄본에서는 계선(界線)이나 사주변란(四周 邊欄)의 선이 떨어져 나간 경우가 많다. 글자 획도 떨어져 획이 끊어진 글자가 있다. 이런 현상은 목판이 나무 재질로 되어 있기 때문에 나타난 것이다. 여러 번 찍은 후쇄본일수록 글자의 탈획이 많고 판면의 상태도 나빠져 있다. 글자 획의 나뭇결[木理]도 후쇄본으로 갈수록 많이 나타난다.

금속활자에서는 글자의 자면에 나뭇결 같은 무늬가 보이지 않는다. 금속은 먹물을 밀어내는 성질이 있고, 목판은 먹물을 흡수하는 성질이 있다. 따라서 금속활자본은 목판본에 비해 인쇄된 판면의 먹색이 선명하거나 진하지 않다. 금속활자의 기본 형태는 대부분 사각형을 유지하고 있지만 목판본이나 목활자본은 그렇지 못하다. 주조한 지 오래되고 많이 사용한 금속활자일수록 금속이 닳아서 글자 획이 가늘어지는 모습이 나타난다.

목활자본은 금속활자와 달리 활자의 크기가 일정치 않으며, 균자장이 조판할 때 식자(植字)의 각도를 수평과 수직으로 가지런히 고르기 어렵다. 목활자본은 글자의 자면(字面)이나 어미에서 나뭇결을 찾아볼 수 있고, 글자 획이 떨어져 나간 것도 쉽게 발견된다. 그러나 금속활자본과 마찬가지로 목활자본에서도 글자의 획이 서로 침범하는 경우는 없다.

II부

한글 문헌의 분류와 내용 변이

5장 한글 문헌의 분류

　우리는 제2장에서 책의 내·외부 명칭과 형태적 속성을 연구하는 분야 즉 형태서지학과, 각종 문헌을 체계적으로 분류하는 연구 분야 즉 주제서지학(=체계서지학)에 대해 배운 바 있다. 5장에서는 두 분야의 연구 방법을 결합하고 응용하여 주제에 따라 한글 문헌을 분류하는 방법과 그 내용을 자세히 설명한다. 주제를 기준으로 한글 문헌을 분류해 보면 한글 문헌 전체를 조감(鳥瞰)할 수 있는 관점을 확보할 수 있다.

　한글 문헌의 범위는 분류의 기준 혹은 관점에 따라 여러 가지로 나누어질 수 있다. 문헌의 주제, 문헌이 기록된 재료의 소재(素材), 문헌의 산출 시대, 산출 지역, 언해 방법 등 여러 가지 분류 기준을 세울 수 있다. 현전하는 한글 문헌의 전모를 파악하기 위해서 가장 효과적인 분류는 주제에 따라 문헌을 나누는 것이다. 동양의 전통적 분류 체계인 사부법(四部法)을 한글 문헌에 적용하여 '경사자집'(經史子集) 네 가지 큰 범주로 문헌을 분류하는 방법도 있다. 그러나 사부법은 다종다양한 한글 문헌을 네 개 범주로만 분류하기 때문에 한계가 있다. 이러한 점을 고려하여 주제에 따른 한글 문헌의 분류체계를 세우고자 한다. 5장의 말미에서는 언해 방법과 기록 재료 등 여타의 기준에 따른 한글 문헌의 분류에 대해 간단히 서술할 것이다.

5.1. 주제에 따른 한글 문헌의 분류

　주제에 따라 문헌을 분류할 때는 어떤 주제 항목을 몇 개나 설정할 것인가라는 문제에 부딪친다. 전통적 유서(類書)나 분류 어휘집의 방식을 빌려와 천문, 지리, 수리(數理), 산물, 산업, 정법(政法), 유교, 불교, 도교, 시가, 소설 등으로 나누는 방법이 있다. 서양의 듀이 십진분류법이 고문헌 분류에 적용되면서 주제의 분류는 더욱 세분화되었다. 대학 도서관 등 고서 소장 기관에서는 이 방법을 채용하고 있다. 1945년에 펴낸 국립도서관의 『고서부분류목록』(古書部分類目錄), 성균관대학교의 『한적분류목록』(漢籍分類目錄) 등은 고서 목록에 십진분류법을 채용한 것이다. 여기서는 이러한 몇 가지 분류법을 참고하여, 한글 문헌을 대주제에 따라 큰 부류를 설정하고, 그 부류 안에 속하는 문헌을 소주제에 따라 나누어 분류하는 방법을 취한다. 먼저 범주간 식별이 분명한 대주제와 소주제 분류 항목을 설정하고, 이어서 소주제 분류 항목을 중심으로 자세히 서술한다.

1) 종교서류

종교서류는 종교의 교리와 신앙에 관련된 한글 문헌을 뜻한다. 현전하는 한글 문헌으로 볼 때, 종교서류는 아래의 여섯 가지로 나누어진다.

(1) 불교서

한글 불교서는 크게 두 가지로 나눌 수 있다. 하나는 불교 경전을 언해한 것이고, 다른 하나는 경전 이외의 법어, 포교서, 진언집 등 불교 관련 언해서를 포괄한다. 불교 경전류는 부처의 가르침과 불교 교리를 담은 경전을 가리킨다. 여기서 말하는 한글 불교서는 경전 언해본과 그밖의 모든 한글 불교 문헌을 모두 포함한다.

한글 불교 경전에는 『능엄경언해』(1461/1462), 『법화경언해』(1463), 『금강경언해』(1464)를 비롯한 간경도감판 불교 언해서가 포함된다. 16세기 이후에 간행된 『불설대보부모은중경언해』, 『지장경언해』 등도 불교 경전에 넣을 수 있다. 세조 때 간경도감에서 많은 불경언해를 간행했다. 간경도감 언해본 불서들은 그 후 여러 지역의 사찰에서 복각되거나 중간되어, 조선시대 불교 언해서의 근원이 되었다.

선불교 관련 언해본이 많음은 한글 불교서의 주요 특징이다. 고승들의 법어를 해설한 『법어』(1466), 『몽산화상법어약록언해』(1467), 『몽산화상육도보설언해』(1567) 등은 경전은 아니지만 선불교 언해본으로 이 부류에 포함된다. 불교 포교서 역시 대표적인 불교서에 속한다. 『염불보권문』은[1] 예천 용문사에서 초간본이 간행된 이후 대구 동화사, 합천 해인사, 평안도 용문사, 전라도 선운사 등 전국의 여러 사찰에서 간행되었다. 한반도에서 불교의 전파가 가장 오래된 만큼 여러 종교 중 불교가 가장 많은 한글 문헌을 생산하였고, 한글의 역사적 전개에 가장 큰 영향을 미쳤다. 조선시대 한글 불교서 간행의 역사적 추이와 그 의미에 대한 자세한 논의는 10장 1절로 돌린다.

(2) 유교서

한글 유교서는 사서삼경 언해본과 같은 유교 경서와 유교의 도덕과 윤리를 내용으로 한 한글 문헌을 포괄한다. 사서언해에는 『논어언해』, 『맹자언해』, 『대학언해』, 『중용언해』가 있고, 삼경언해에는 『시경언해』, 『서전언해』, 『주역언해』가 있다. 이들을 묶어서 사서삼경언해라 부른다. 사서언해는 임진왜란 직전인 1590년에 초간본이 간행되었다. 삼경언해 즉 『시경언해』, 『주역언해』, 『서전언해』는 임진왜란 이전에 번역이 완성되었으나 난리 통에 간행되지 못하다가 1613년경에 훈련도감 목활자본으로 초간본이 간행되었다. 그 후 사서삼경언해는 중앙 정부와 지방 감영에서 활자본과 목판본으로 여러 차례 중간되었다. 언해서 중 가장 흔한 것이 사서삼경 언해본이다. 특히 영남감영에서 간행한 목판본이 가장

---

[1] 이 책의 원명은 『대미타참략초요람 보권염불문』(1704년 예천 용문사판)인데 약칭하여 『염불보권문』이라 부른다.

많다. 국어사적 측면에서 유교 경서 언해본의 가치는 그리 높지 않다. 언해문 문장이 심한 직역체이고 풀이하지 않은 한자어가 많으며, 이본 간의 차이가 극히 미미하기 때문이다.

유교 경서 이외에도 소학언해와 여성교육서를 유교서에 넣을 수 있다. 『번역소학』(1518)과 『소학언해』(1588 외), 『효경언해』(1590 외) 그리고 여성을 대상으로 한 『내훈』(內訓, 1472), 『여훈언해』(女訓諺解, 1532), 『여사서언해』(女四書諺解, 1736) 등도 유교서에 포함된다. 19세기 후기 이후는 유교서와 불교서의 언해본은 다른 종교서 간행에 비해 상대적으로 크게 위축되었다. 조선시대 유교서 간행의 역사적 추이와 그 의미에 대한 자세한 논의는 10장 2절로 돌린다.

(3) 도교서

조선 왕조는 주자학을 통치 이념으로 삼았기 때문에 이와 다른 학문이나 종교는 철저히 배척되었다. 심지어 노장 사상을 다룬 책을 읽거나 저술하면 사문난적(斯文亂賊)으로 몰려 지탄을 받기도 했다. 조선조 중기까지만 해도 이런 학문 편향적 배척이 좀 덜하여, 장자의 저술로 알려진 『남화경』(南華經)에 한글 구결을 붙인 『구해남화진경』(句解南華眞經)과 같은 책이 16세기에 간행된 적이 있었다. 그러나 이 책의 언해는 이루어지지 못하였다.

통치 이념으로서의 주자학이 그 힘을 잃은 19세기 후기에 가서 비로소 도교경전류의 언해서가 간행되었다. 이러한 도교서로 『태상감응편도설언해』(太上感應編圖說諺解, 1852), 『경신록언해』(敬信錄諺解, 1880), 『과화존신』(過化存神, 1880) 등이 있다. 이런 책들은 권선징악의 내용을 담고 있는 것이 많으며, 도교와 관련된 신격화된 인물, 예컨대 태상 노군이나 신선을 섬기거나 신선 사상을 추구하는 특성을 가진다.

엄밀한 의미의 도교서는 아니지만 관우(關羽 162~219)를 섬기는 관성교(關聖教)의 언해본도 도교서와 거의 비슷한 시기에 간행되었다. 재난을

피하고 복을 구하려는 점에서 이들의 간행 동기가 서로 비슷하여 관성교 문헌도 도교서 언해본에 묶어서 다루기도 한다. 『관성제군명성경언해』(關聖帝君明聖經諺解, 1855), 『관성제군오륜경』(關聖帝君五倫經, 1884), 『삼성훈경』(三聖訓經, 1880), 『남궁계적』(南宮桂籍, 1876) 등이 여기에 속한다.

19세기 말의 조선은 사상적 중심을 잃었다. 유교적 가치관은 이미 크게 흔들렸다. 조선의 억불 정책 속에서 불교는 퇴락하였고, 기독교는 아직 성장하지 못하였다. 새로운 시대를 열기 위한 혁명적 자생 사상으로서 동학이 창시되었다. 동학의 가르침이 불길처럼 펴져가 혁명으로 이어졌으나 정치 체제를 바꾸지 못했다. 주자학이 조선의 통치 이념으로 기능을 상실하면서 자생 종교인 동학이 싹트고, 외래의 신종교가 유입되면서 조선 사회가 사상적으로 큰 변모를 겪었던 시기가 19세기이다.

국가 경영은 뒷전이고 사리사욕에 혈안이 된 노론계의 세도정치 집단(안동김씨 등)과 무능한 왕권(고종과 그 주변의 권력)은 외세를 끌어들여 새로운 변화를 요구하는 시대적 요구를 무참히 짓밟았다. 지도 이념과 사상적 중심축을 상실한 시대의 무능한 왕과 불행한 백성들은 도교에 이끌리게 되었고, 도교류 문헌은 이런 시대적 분위기 아래 간행되었다. 지도 집단이 무력화된 조선의 백성들은 굶주림과 질병, 탐욕적인 외세의 침탈에 짓밟혀 파탄 상태에 빠졌다. 동학의 흥기는 이런 상태를 극복하기 위한 자생적 노력이었지만 왕권 주변 권력이 끌어들인 외세에 짓밟혔다. 이런 궁박한 현실 속에서 무력(武力)과 재부(財富)의 힘을 상징하는 관우를 숭배하게 되어 도교 사상이 펴져갔고, 도교서 한글 문헌이 출현했던 것이다. 도교류 한글 문헌의 역사적 배경이 바로 여기에 있다.

(4) 그리스도교서

예수의 가르침을 담은 서적을 그리스도교서라 부르기로 한다. 그리스도교서는 천주교서와 기독교서(개신교서)를 모두 포괄하는 용어이다. 서양 종교가 유입되면서 한글 번역본 그리스도교서가 다수 간행되었다. 필사본으로 유통되던 천주교 서적은 1862년과 1864년에 목판본으로 출판되기 시작했다. 1862년에 간행된 『천주성교공과』(天主聖敎功課), 1864년에 간행된 『영세대의』(領洗大義), 『성교요리문답』(聖敎要理問答), 『천당직로』(天堂直路), 『성교절요』(聖敎切要) 등이 있다(백종구 2010:214). 1864년의 『성찰기략』(省察記略), 『회죄직지』(悔罪直指), 『신명초행』(神命初行), 『영세대의』(領洗大義), 『성교요리문답』(聖敎要理問答) 등이 이른 시기에 나온 그리스도교서이다. 그 후 1866년에 『성경직해광익』(聖經直解廣益), 1884년에 『성교백문답』(聖敎百問答), 『천당직로』(天堂直路), 『주년첨례광익』(周年瞻禮廣益)[2] 등 다양한 기독교서가 간행되었다.

천주교 선교사들은 1881년에 일본 요코하마에 근대적 활판 인쇄 시설을 갖추었고, 1882년에 이를 나가사키로 옮겨 '성서활판소'라 불렀다. 1886년에 이 인쇄 시설과 한글 활자들을 서울로 들여와 활자본 그리스도교서를 대량으로 출판하였다.[3]

기독교(개신교) 성경의 한글 번역은 선교사 존 로스(John Ross 1841~1915)와 존 매킨타이어(John MacIntyre 1837~1905)에 의해 이루어졌다. 로스는 1877년에 요한복음, 마가복음, 누가복음, 마태복음, 사도행전 등을 번역하였고, 로스에 이어 매킨타이어가 1886년에 신약전서 번역을 완료했다. 번역된 기독교 성경의 출판은 근대적 인쇄기를 갖춘 중국 심양의 문광서원에서 시작되었다. 1882년에 『예수성교 누가복음전서』와 『예수성교 요안내복음전서』가 3천부씩 발간되었는데 이것이 최초의 기독교 성경이다. 1887년에 신약전서인 『예수성교전서』가 간행되었고, 1906년에 공인 번역본 『신약전서』가 간행되었다. 특히 북감리교 선교사 아펜젤

---

2 이 책에는 연중의 교회 축일에 대한 해설과 신심서 등이 실려 있다. 이 책은 1865년에 베르뇌 주교가 감준(監準)하여 제1권만 목판본으로 간행되었다가 1884년에 블랑 주교가 감준하여 4권이 활판본으로 완간되었다.

3 그리스도교 서적 간행에 대한 서술 내용은 백종구(2010:213)의 연구를 참고한 것이다.

러(Henry G. Appenzeller 1858~1902)는 배재학당 안에 국문, 한문, 영문 세 가지 활자를 갖춘 삼문출판사를 세워 한글 기독교서를 출판했다(백종구 2010:218~220).

천주교 성경은 한문을 거쳐 한글로 번역된 것이 많지만 기독교 성경은 영어나 불어 등 서구어 원문에서 한글로 번역되었다. 천주교와 기독교 서적의 보급은 서민들의 한글 학습에 기여하기도 했다.

(5) 동학교서

동학교서는[4] 최제우가 창시한 동학교와 그 이후에 설립된 천도교에서 간행한 한글 경전류와 교리 관련 가사를 뜻한다. 동학의 대표 경전은 『동경대전』이지만 이는 한문 서적이다. 1898년 최시형이 순교한 후 손병희가 3대 교주가 되어 이름을 천도교로 개명하고, 『각세진경』 등 교리해설서와 「몽중문답가」, 「권도문」 등의 한글 가사를 지어 교리를 가르쳤다.

동학교류 한글 문헌으로 대표적인 것은 동학가사이다. 한문은 모르고 한글만 아는 부녀자와 평민을 대상으로 동학의 사상을 전파하기 위해 가사체로 지은 교리 해설문을 묶어 동학가사라 한다. 이러한 동학가사는 동학의 한문 경전보다 더 큰 영향을 미쳤다. 동학가사는 최제우가 1863년경에 지은 『용담유사』에 가사 9편이 실림으로써 처음 나타났고, 그 후 동학교단에서 여러 편의 가사가 창작·간행되었다. 동학가사로서 가장 방대한 자료는 경북 상주에서 남접(南接) 동학 교단을 세운 김주희(金周熙)가 1922년부터 1933년 사이에 간행한 상주 동학가사이다. 그 분량이 전체 110편에 이른다.[5] 상주 동학가사 작품들은 대부분 김주희가 지은

---

4 동학교서보다 더 넓은 용어로 '민족종교서'라는 용어를 쓰는 것도 가능한 방법이다. 민족종교서는 한민족 고유의 사상과 신앙을 바탕으로 나온 교리 관련 한글 문헌을 가리킨다. 민족종교서를 다시 나누어 동학교서와 대종교서 등을 세울 수 있으나 국어사적 의의가 비교적 큰 한글 문헌은 동학교서이다.

5 동학가사에 대한 전체적 개관은 류탁일(1989)에 수록된 '동학교와 그 가사'편을 참고

것이라 하며, 교리를 관념적으로 해설한 것이어서 최제우가 지은 가사와 성격이 많이 다르다.

(6) 민간신앙서

점복·관상·풍수 등 민간신앙과 관련된 한글 문헌을 민간신앙서라 이름 붙인다. 조선시대 과거시험에서 이들이 잡과의 음양과에 속해 있었고, 민간신앙서들이 음양오행 철학에 바탕을 둔 점을 근거로 이 문헌의 명칭을 '음양서'(陰陽書)라 칭할 수도 있다. 그러나 음양서보다 민간신앙서가 더 쉽게 이해되고, 개념이 잘 드러나는 용어이기 때문에 민간신앙서라는 명칭을 취한다.

점복서(占卜書)란 점을 보는 방법을 기록하거나 점괘를 풀이한 책을 말한다. 간인본 한글 점서로 가장 오래된 것은 『일백첨』(一百籤)이다. 목판본으로 간행된 이 책은 19세기 말기 혹은 20세기 초기 간본으로 추정된다. 신활자본 점서로 『사주길흉자해법』(四柱吉凶自解法, 1917, 조선서관/광동서국)과 『당화주역』(唐畵周易, 1929, 회동서관) 등이 있다. 전자는 박건회(朴健會)[6]가 사주·천간·오행 등에 대해 서술한 것이고, 후자는 최병두(崔秉斗)가 이순풍의 점서를 연구하여 64괘를 각각 한글 문장으로 해설해 놓은 것이다.

관상서(觀相書)란 얼굴 모양과 각 부위의 형상에 따라 사람의 길흉을 판단하는 방법을 설명한 책이다. 우리나라에 전하는 관상서(觀相書)는 중국에서 전래된 것이 대부분이며, 일부는 이를 약간 응용하고 부연한

할 수 있다.

[6] 박건회는 20세기 초기에 활발하게 활동했던 편집인이자 출판가이다. 박건회는 『중용집주』(1913), 『증보주해 명심보감』(1914), 『현토주해 여자보감』(1914) 등 유교 관련 교육 도서와, 『영락백문 언문상법』(1916), 『개량증보 사주길흉자해법』(1919), 『언문물형 관상법』(1929) 등의 역술서를 간행했다. 그는 또한 신활자로 많은 소설을 간행했던 인물이기도 하다.

것이다. 조선시대의 이름난 유생들이 관상설을 집록한 것으로『지인명감』(知人明鑑)이란 책이 있었다. 한글 관상서로 대표적인 것은『언문상법』(1916)과『언문관상법』(1929)이다. 전자는 박건회(朴健會)의 저술로 오성서관에서 신활자로 간행한 것이고, 후자는 동일 저자가 1929년에 영창서관에서 신활자로 간행한 것이다. 이 책에 실린 언해문의 내용과 그림은 한문 관상서『마의상법』(麻衣相法)을 참고한 것이다.

풍수서(風水書)는 오래된 한글 간본을 찾지 못하였다. 저자가 본 것은 국한문 혼용의 필사본「상지가」(相地歌)와「도선아동방북신부」(道詵我東方北辰賦)이다. 두 작품은 모두 풍수가사라 이름 붙일 만한 자료이며, 20세기 초기에 필사된 자료이다.

2) 전문서류

전문서류는 전문 지식 및 전문 기술을 내용으로 하는 한글 문헌을 뜻하며, 아래의 여섯 가지로 하위 구분한다. 지식과 기술의 내용에 따라 더 세분하거나 새로운 자료가 나타나면 추가할 수 있다.

(1) 의서

의서(醫書) 간행은 지배 계급의 질병 치료는 물론 백성의 건강을 돌보는 민생 정책의 하나로 국가적 차원에서 중요시했다. 고대 중국에서는 기원전에 이미『황제내경』(黃帝內經)이란 의서가 나왔다. 우리나라에서는 고려 때부터 전의사, 봉의사 같은 왕실 의료 기관을 두었고,『향약구급방』(鄕藥救急方)과 같은 의서를 간행하였다. 고려말에 정도전은 진맥법을 해설한『진맥도결』(診脈圖訣, 1389년)을 간행했다.

조선조의 의서 편찬과 간행은 내의원을 중심으로 이루어졌다. 훈민정음 이전에 간행된『향약구급방』(鄕藥救急方, 1417/1427),『향약집성방』(鄕藥集成方, 1433)에는 약초와 약물의 향명(鄕名, 우리말 명칭)이 차자표기로 적혀 있다. 최초로 출판된 언해본 의서는 세조 12년(1466)에 간행한『구

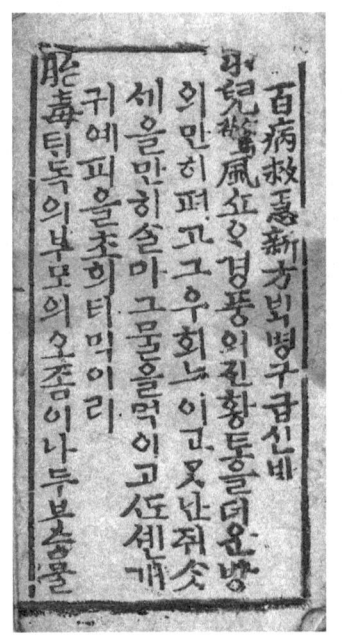

그림 1 수진본『백병구급신방』19세기, 홍윤표 교수 소장.

급방언해』(救急方諺解)이다. 그 뒤『구급간이방언해』(救急簡易方諺解, 1489),『구급이해방언해』(救急易解方諺解, 1499),『벽온방언해』(辟瘟方諺解, 15 18),『창진방언해』(瘡疹方諺解, 1518),『간이벽온방언해』(簡易辟瘟方諺解, 1525),『촌가구급방』(村家救急方, 1538/1572) 등이 간행되었고, 허준의 저술로 알려진『언해두창집요』(諺解痘瘡集要, 1608),『언해태산집요』(諺解胎産集要, 1608),『동의보감』(東醫寶鑑, 1613) 등의 의서가 지속적으로 간행되었다.

의서 중에는 소매 속에 넣어 간편하게 갖고 다닐 수 있는 자그마한 크기의 책, 이른바 수진본(袖珍本)이 더러 간행되었다.[7]『구급방언해』의 긴요한 내용을 줄여서 만든『백병구급신방』이 수진본의 사례이다. 의서류 한글 문헌은 그 수가 적지 않으며 국어사 연구뿐 아니라 의학사 연구에도 중요한 자료가 된다. 특히 한글 필사본 의서가 적지 않게 전해지고 있으나 거의 연구되지 않은 상태로 남아 있다.

(2) 역학서

역학서(譯學書)는 외국어를 배우고 가르치기 위해 간행한 외국어 학습서를 뜻한다. 이웃 나라와 교류하고 원만한 친선 관계를 유지하기 위해 국가는 외국어 교육기관을 두고 통역관 양성 교육에 필요한 책을 출판하였다. 고려 중기에 외국어 교육을 관장하기 위해 1276년(충렬왕 2)에 통

---

[7] 필사본 형태의 수진본은 더욱 흔하다. 수진본은 의서, 풍수서, 점복서 등에 많은 편이다.

문관(通文館)을 설치하였다가 고려말에 이를 사역원(司譯院)이라 개칭했다. 조선에 들어서는 1392년(태조 1)에 역과(譯科)가 정해지고 1393년에 사역원을 설치하였다. 세종 때 비로소 한학(漢學)·몽학(蒙學)·여진학(女眞學)·왜학(倭學)의 사학(四學)이 갖추어졌다. 사역원에서 쓰기 위한 외국어 학습 교재는 최세진에 의해 언해본이 처음 간행되었으며, 다음과 같은 언해본들이 조선 중·후기에 간행되었다.

한학서(漢學書): 중국 한족(漢族)이 쓰는 한어를 배우기 위해 만든 언해본. 최세진이 지은 『번역노걸대』(1517), 『번역박통사』(1517)는 중국어 학습서이다. 『노걸대언해』(老乞大諺解, 1670), 『박통사언해』(朴通事諺解, 1677), 『오륜전비언해』(伍倫全備諺解, 1721), 『역어유해』(譯語類解, 1690) 등이 있다. 최세진이 『노걸대』와 『박통사』의 난해어구를 풀이한 『노박집람』(老朴集覽, 1517년 경)도 여기에 포함된다.

몽학서(蒙學書): 몽고족이 사용한 몽고어를 배우기 위해 만든 언해본. 고려는 원의 지배를 받았기 때문에 특히 몽고어가 중시되었다. 『첩해몽어』(捷解蒙語, 1737/1790), 『몽어노걸대』(蒙語老乞大, 1737/1766/1790), 『몽어유해』(蒙語類解, 1768/1790), 『몽어유해보편』(蒙語類解補篇, 1790) 등이 있다.

왜학서(倭學書): 일본어를 배우기 위해 만든 언해본. 『첩해신어』(捷解新語, 1676), 『개수첩해신어』(改修捷解新語, 1748), 『왜어유해』(倭語類解, 1700년대초), 『인어대방』(隣語大方, 1790/1873), 『교린수지』(交隣須知, 1813/1842, 필사본, 일본 심수관본) 등이 있다.

청학서(淸學書): 청나라를 세운 만주족의 언어 즉 만주어를 배우기 위해 만든 언해본. 1667년(현종 8)에 여진학을 청학(淸學)으로 명칭을 바꾸고 통역관을 양성하였다. 『청어노걸대』(淸語老乞大, 1704/1765). 『동문유해』(同文類解, 1748), 『삼역총해』(三譯總解, 1704/1774), 『팔세아』(八歲兒, 1704/1774), 『소아론』(小兒論, 1704/1774) 등이 있다.

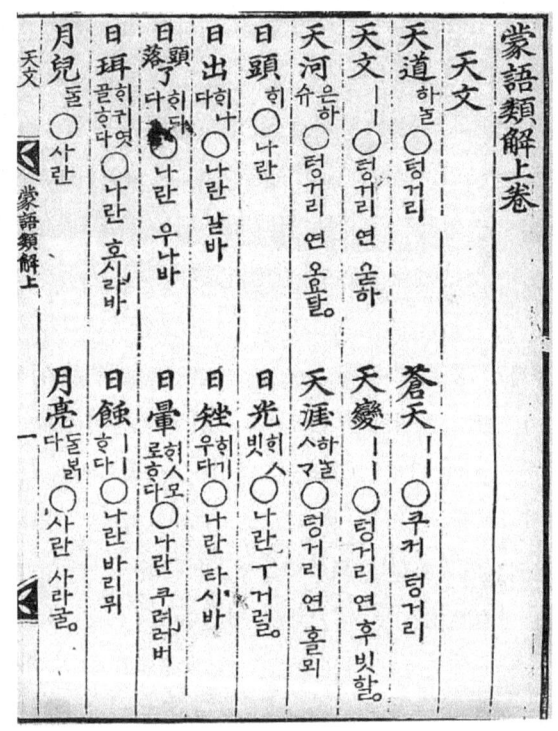

그림 2 『몽어유해』 상권 권두

(3) 병서

병서는 전쟁과 전투를 대비하여 군사적 목적으로 만든 책을 말한다. 여기서는 한글로 언해된 병서를 가리킨다. 조선시대의 병서(兵書)는 무예서, 진법서, 화포서 세 부류로 나눌 수 있다. 무예서는 무사 개인의 전투력을 향상시키기 위한 병서이다. 진법서는 일정한 규모의 부대 병력이 진을 치고 성을 지키거나 적진을 공격하는 방법을 설명한 병서이며 연병서(練兵書)라 부르기도 한다. 화포서는 화포(火砲)와 화약을 다룬 병서를 가리킨다. 이 세 가지에 대해 각각 설명한다.

임진왜란 뒤 군사의 무예훈련을 위해 1598년(선조 31)에 한교(韓嶠)가 지은 『무예제보』(武藝諸譜)가 간행되었다. 조금 뒤에 간행된 『무예제보

번역속집』(1610)은 『무예제보』에 실려 있지 않은 내용을 보충하기 위해 당시 훈련도감의 최기남(崔起南)이 간행한 것이다.[8] 1759년(영조 35)에 『무예신보』(武藝新譜)가 간행되었다. 『무예도보통지언해』(武藝圖譜通志諺解, 1790)는 『무예제보』와 『무예신보』의 내용을 보완하여 집대성한 것이다. 『무예도보통지언해』는 1790년에 규장각(奎章閣)의 이덕무(李德懋), 박제가(朴齊家)가 편찬하고, 당시 장용영(壯勇營)의 초관(哨官) 백동수(白東脩)가 그 기예를 교열하여 편찬한 조선 고유의 전통 무예서이다.[9] 오늘날도 전통 무예를 수련하는 사람들이 이 책을 교본으로 이용하고 있다.

『연병지남』(練兵指南, 1612)과 『병학지남』(兵學指南, 1684외)은 진법 등 조직적 군사 훈련을 위한 전투 훈련용 병서이다. 전자는 1612년(광해군 4)에 한교(韓嶠 1556~1627)가 지은 군사학 교범으로 1권 1책의 목판본이다. 『병학지남』은 조선시대 때 가장 많이 읽혔던 병서로서 중앙과 지방의 군영에서 간행한 이본이 24종 이상이 확인되었다(백두현 2012a). 이 두 책은 모두 임진왜란 이후 전란의 경험을 배경으로 간행된 것이며, 명나라의 척계광(戚繼光)이 지은 『기효신서』(紀效新書)를 바탕으로 하였다.

『화포식언해』(火砲式諺解, 1635)는 화약 및 포 제조법을 설명한 책이다. 『신전자초방언해』(新傳煮硝方諺解, 1698)는 역관(譯官) 김지남(金指南)이 북경에서 배워 온 화약 제조법을 목판본 1책으로 간행한 것이다. 이 책의 초간본은 1698년(숙종 24)에 간행되었지만 전하지 않고, 1796년(정조 20)에 간행된 중간본이 전한다.

---

[8] 영인본 『무예제보 번역속집』(武藝諸譜飜譯續集)에 실린 김영일 교수의 해제를 참고. 『武藝諸譜飜譯續集』, 계명대학교 출판부, 1999.

[9] 『무예도보통지언해』의 편찬은 이덕무(李德懋, 1741~1793), 박제가(朴齊家, 1750~1805), 백동수(白東脩, 1743~1816) 세 사람에 의해 이루어졌다. 이덕무와 박제가는 정조의 신임을 받은 탁월한 문인 학자였고, 백동수는 정조가 설치한 장용영(壯勇營)의 무사이자 지휘관이 었다. 이 책에 대한 자세한 정보는 304쪽에 수록한 해제를 참고 바람.

(4) 농서

농서(農書)는 농업 관련 서적을 뜻한다. 한글본 농서로 가장 이른 것은 김안국이 경상감사로 있으면서 1518년에 간행한 『잠서언해』(蠶書諺解)와 『농서언해』(農書諺解)이다. 그러나 두 책은 현재 전하지 않는다. 현전하는 순한글본 농서는 고종 23년(1886)에 이희규가 편찬한 양잠서인 『잠상집요』(蠶桑輯要, 필사본)이다. 『농사직설』(農事直說, 1581), 『금양잡록』(衿陽雜錄, 1492), 『농가집성』(農家集成, 1655) 등은 한문 서적이지만 식물명 등 농사 관련 어휘 일부가 한글로 표기된 것이 실려 있다.[10] 그밖에 몇 장의 필사본으로 전하는 「감저종식법」(甘藷種植法),[11] 「종저방」(種藷方)[12] 등의 한글 농서 자료가 있다. 전체적으로 볼 때 한글 농서는 극히 드물다. 김안국의 『잠서언해』와 『농서언해』 이후 간인본으로서 한글 농서는 없다. 한글본 농서가 이렇게 드문 이유가 무엇인지 해명되어야 할 것이다.

(5) 법의서

법의서(法醫書)는 범죄 행위로 죽은 자의 시체를 검안(檢眼)하여 그 원인을 찾아내는 방법을 설명한 책이다. 의서의 하나로 간주할 수도 있으나 질병 치료에 관한 내용이 전혀 없기 때문에 별도로 세운다.

한글본 법의서로 『증수무원록언해』(增修無寃錄諺解, 1790)가 있다.[13]

---

10 아세아문화사(1981)에서 1581년판 중간본 『농사직설』과 1655년판 『농가집성』을 『농서(1)』에 합본하여 영인하였다.

11 규장각 소장 '가람古633.491-G155g'. 「장화홍련전」의 이면지를 사용하여 적은 고구마 재배법이다. 양계, 양어, 양봉, 양조법 등이 추가 필사되어 있다. 규장각 검색(http://kyujanggak.snu.ac.kr/HEJ/HEJ_NODEVIEW)에서 「감저종식법」 해제(김호 작성)를 참고함.

12 영남대학교 도서관 소장, 등록번호 Y0132830.

13 이 책에 대한 자세한 역주는 송철의·이현희·장윤희·황문환(2004)을 참고할 수 있다.

중국 원나라의 『무원록』(無冤錄)을 조선에 가져와 세종 대에 최치운이 주해하여 『신주무원록』(新註無冤錄, 1440)이란 이름으로 간행했다. 이 한문본을 저본으로 정조가 서유린(徐有隣)에게 명하여 교서관에서 『증수무원록언해』(增修無冤錄諺解, 1792) 3권 2책을 간행했다. 초간본은 교서관에서 운각활자본(芸閣活字本)으로 간행했고, 이 판본을 지방 감영에 보내어 목판본으로 간행했다. 1797년에 간행한 영남 감영판이 전해지고, 전라 감영에서 간행한 책판이 현재 전하고 있다(전북대학교 박물관 소장). 인체에 관련된 어휘가 풍부한 점이 이 책의 가장 큰 특징이다.

(6) 음식조리서

음식조리서는 먹는 음식을 만드는 방법과 마시는 술을 담그는 방법을 설명한 자료를 총칭한다. 식재료를 가공하고 조리하는 방법을 문장으로 기록하여 이것을 책으로 묶은 것이 음식조리서이다. 음식조리법을 기록한 전문서로서는 『산가요록』(山家要錄, 1459년경)과 『수운잡방』(需雲雜方, 16세기)이 가장 오래된 것이나 이들은 모두 한문본이다.

『음식디미방』(경북대학교 도서관 소장)은 최초의 한글 음식조리서로 정부인 장계향(貞夫人 張桂香, 1598~1680)이 1670년경에 지은 것이다. 이밖에도 『주방문』, 『주식방문』 등 40여 종의 한글 필사본 음식조리서가 전하고 있다. 음식조리서는 한글본이 압도적으로 많은 점이 특징적이다. 그 까닭은 음식조리에 주로 여성들이 관계했기 때문이다. 이에 대한 자세한 설명은 10장 4절에서 베풀기로 한다.

3) 역사서류

역사서류(歷史書類)는 각종 역사서·인물전기·행장·일기 등을 포함한다. 그러나 한글 간인본 역사서는 그 수가 극히 적다. 한글 간인본 역사서가 드문 이유는 역사를 통치자 혹은 지배층의 전유물로 생각했던 점과 밀접히 관련되어 있다. 유학의 핵심 경전인 사서삼경 언해와 유교적 가르침을 담은 『삼강행실도』 등은 백성 교화를 위해 꼭 필요한 책이었지만, 역사서는 한글로 번역할 현실적 필요가 없었다. 언해된 역사서로는 겨우 『십구사략언해』가 있을 뿐이다. 이 책도 저본이 된 한문본 『십구사략통고』의 앞부분 권1·2를 번역하는 데 그쳤다. 한문 서적을 독점했던 조선의 양반들이 양반층 어린이 교육을 위해 역사서를 일부 언해한 것이 『십구사략언해』이다. 중국의 고대 역사를 한글로 번역한 『십구사략언해』는 16세기부터 간행되었다는 기록이 있고, 17세기 이후의 여러 판본들이 현재 전한다. 『십구사략언해』가 일찍부터 많이 간행된 이유는 이 책을 중국 역사 학습의 입문서로 삼았기 때문이다. 그러나 한문에 점점 익숙해지면서 사서를 한문 원전 그대로 읽을 수 있게 됨으로써 언해본 사서의 간행이 필요 없었던 것이다.

조선의 양반 지배층은 모든 역사 기록을 한문으로 하는 것이 당연하다고 생각했다. 조선시대에서 우리나라 역사를 다룬 한글 문헌이 언해되거나 저술된 것은 찾을 수 없다. 19세기 말에 이르기까지 『삼국사기』나 『삼국유사』가 언해되어 간행된 적은 전혀 없었다. 이는 조선시대를 관통했던 사대주의 이념 때문에 우리 자신의 역사를 널리 교육할 필요성을 인식하지 못했던 데 근본 원인이 있다. 『동국통감』(東國通鑑) 등 한문본 우리나라 역사서가 조선 초기부터 간행되었으나 이것이 언해된 적이 없었던 것은 이러한 맥락에서 이해할 수 있다.

필사본으로 전하는 『재조번방지』(再造藩邦志)는 임진왜란 당시 국내외 동향과 전쟁 진행 중의 역사적 사실 그리고 민간에 떠다니는 이야기를 한글로 기록한 것이다(백두현 1992b).[14] 정조의 명으로 김치인(金致仁 1716~1790)이 편찬한 『명의록언해』(明義錄諺解)를 역사서로 간주할 수도

---

14 이 책이 최초로 쓰여진 연도는 1649년이고 현전하는 사본(규장각 소장)은 1759년에 다시 쓴 것이다. 이 책은 산후(産後)에 병을 앓고 있던 딸을 위로하기 위해 신경(申炅)이 지은 것이다.

있다.[15] 비록 짧은 시기를 다루었지만 역사적 사실을 기록한 것이기 때문이다. 궁중 여성들의 교육과 독서를 위해 왕실 인물들의 전기를 한글로 번역한 필사본도 역사서에 넣을 수 있다. 『열성지장통기』(列聖誌狀通記), 『선보집략언해』(璿譜輯略諺解) 등이 그러한 문헌이다.

그러나 19세기 말에 민족의식이 싹트고 갑오개혁을 거치면서 한글본 조선 역사서가 나오기 시작했다. 국가가 우리나라 역사를 국한문체로 공간한 최초의 책은 『조선역사』(朝鮮歷史, 1895)이다. 갑오경장 이후 신교육 체제가 도입되면서 당시의 학부(學部, 현재의 교육부에 해당) 편집국에서 국한문 혼용체로 이 책을 간행하였다. 이 시기 역사서에 사용된 문체는 언필칭 국한문체라 하지만 본문의 한글 사용은 겨우 토씨 표기에 그치고 있다. 이 책이 나오기 이전의 조선 왕조 5백 년 동안 국가 교육기관에서 우리나라 역사를 한글로 서술하거나 가르친 적은 없었다.[16]

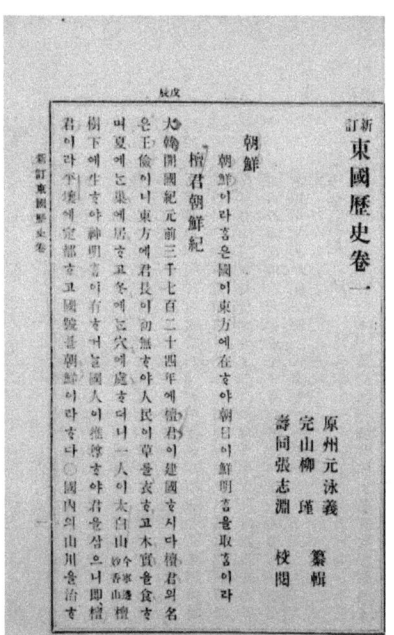

그림 3 『신정 동국역사』(1906) 권두

---

15 1776년(정조 즉위년)에 왕세손(정조)의 대리청정을 반대하던 홍인한과 정후겸 등을 사사(賜死)하였다. 정조 임금은 왕세손을 옹위했던 홍국영, 정민시, 서명선을 중용한 후, 이 사건의 자초지종을 공표하여 충역(忠逆)을 밝히고자 이 책을 간행하였다. 그 후 내용을 추가하여 『속명의록언해』(續明義錄諺解)을 다시 간행하였다.
16 저자는 중국의 원간본을 우리나라에 들여와 간행한 『고금역대표제주석 십구사략통고』(古今歷代標題註釋十九史略通攷)(약칭 십구사략통고)의 이판본들을 비교하는 과정에서 몇몇 판본에 우리나라 역사 기술이 편입된 사실을 발견하였다. 영변부판(寧邊府版), 을사

『동국역사』(東國歷史, 1899)는 학부 편집국에서 신활자본 교과서로 편찬한 것으로 『조선역사』를 개편한 것이다. 1905년 이후 조선역사를 국한문으로 편찬한 책이 다수 등장하였다. 국한문 『신정 동국역사』(1906), 『초등본국역사』(1908) 등과 한문본 『대동역사』[17] 등을 포함하여 1905년과 1910년 사이에 간행된 한국사 교과서가 도합 15종이나 된다.[18] 이 중에서 순국문으로 간행된 것은 『대한역사』(1908)와 『초등대한역사』(1908)가 있다. 조선이 대한제국으로 독립 국가의 위상을 확보하면서 한민족 역사를 가르치기 위한 교과서를 국가에서 간행한 것이다.

그러나 정통 역사서가 아닌 한글본 역사서가 전혀 없었다고 할 수는 없다. 매우 드물기는 하지만 우리나라 역사를 서술한 필사본 한글 역사서가 존재한다. 고 류탁일 선생이 소장했던 『동국사기』(東國史記)가 그것이다. 이 책은 19세기 말경에 이루어진 한글 필사본이다. 『동국사기』는 조선 개국 군주인 이성계로부터 이야기를 시작하여 조선의 여러 왕대에 일어난 사건을 약술하였다. 이 책의 한글 문장은 한글과 한자, 그리고 차자 표기까지 섞어 쓴 독특한 문체를 보여 준다.

그리고 역사적으로 중요한 정치적 사건과 관련되어 개인이 기록한 일기류를 역사서 범주에 넣을 수 있다. 한글로 기록된 일기류 역사서에는

맹동 영영판(乙巳孟冬 嶺營版), 임진 영영판(壬辰 嶺營版) 등의 간기를 가진 『십구사략통고』가 그것이다. 이 판본들의 특징은 중국인이 쓴 사론(史論)들이 삭제되고, 이 자리에 중국 역대 황제와 대응되는 시기의 우리나라 사실(史實)들이 들어간 점이다. 우리나라 역사 사실로서 가장 빠른 기록은 중국 상고의 '帝堯陶唐氏'(요임금)와 '帝舜有虞氏'(순임금) 사이에 처음 들어가 있는데, 그 내용은 신인 단군(神人 檀君)이 단목(檀木) 아래 내려와 나라를 세워 국호를 조선(朝鮮)이라 하고 첫 도읍을 평양으로 했다가, 나중에 백악(白岳)으로 옮겼다는 것이다. 이런 방식으로 삼한과 삼국시대, 고려시대의 여러 사실이 같은 시기의 해당 중국 황제에 관한 서술 뒤에 붙어 있다. 이런 방식의 기술은 권8에서 조선 태조의 개국 기사에서 끝나고 있다. 명나라 황제에 관한 내용인 권9와 권10에는 해당하는 조선시대의 사실을 덧붙이지 않았다. 이것은 한국사학사에서 관심을 기울여 검토할 주제이다.

17 한문본 『대동역사』를 한글로 번역한 필사본을 저자가 소장한 것이 있다.
18 이 시기 조선역사서 목록은 독립기념관 누리집의 '한국독립운동의 역사'를 참고할 수 있다. https://search.i815.or.kr/Degae/DegaeView.jsp?nid=408에 실린 〈표 15〉 참고.

다음과 같은 것이 있다. 유성룡의 『징비록』을 한글로 번역한 『번역 징비록』,[19] 『계축일기』(癸丑日記), 『산성일기』(山城日記), 『병자일기』(丙子日記) 등이 그것이다.[20] 이에 대한 설명은 6.1절 3)일기 항으로 미룬다.

국가의 역사를 다룬 것이 아니라 특정 인물의 전기와 행실을 기록한 행장류 한글 필사본도 역사서에 포함시킬 수 있다. 『윤씨행장』(尹氏行狀)은 김만중(金萬重 1637~1692)이 어머니 해평 윤씨의 행장을 지은 것이다. 『고행록』(苦行錄)은 정경부인 한산 이씨(韓山 李氏)(1659~1727)가 자신이 겪은 인생 역정을 기록한 것이다. 『퇴계선생언행록』, 『학봉선생가장』, 『영세보장』(永世寶藏)[21], 『선대보행록』(先代譜行錄), 『수원백씨가장』(水原白氏家狀)[22] 등이 여기에 해당한다.[23]

역사서에 속한 한글 문헌으로서 특별히 주목할 것은 외국 역사를 한글로 간행한 책들이다. 갑오개혁 이후 외국에 대한 관심이 증가하면서, 여러 나라 역사를 소개한 『만국약사』(萬國略史, 학부편집국 1895년)가 간행되었고, 러시아 역사를 다룬 『아국역사』(俄國歷史, 학부편집국 1898년)가 국한문 혼용으로 간행되었다. 1899년에는 네덜란드 전사를 다룬 『파란국말년전사』(波蘭國末年戰史)(어용선 역 1899년), 중동(中東)의 전사를 다

---

19 「번역 징비록」(필사본)은 경기도 광명시 충현박물관에 소장되어 있다. 경기도 유형문화재 제234호.

20 일기라는 이름을 가진 한글 문헌으로 『의유당관북유람일기(意幽堂關北遊覽日記)』가 있다. 이 문헌에 수록된 「동명일기」는 과거의 교과서에 실림으로써 특히 유명해졌다. 이 문헌의 작자는 연안김씨(延安金氏)라는 설(이병기)과 의령남씨(宜寧南氏)라는 설(이성연, 류탁일)이 있다. 이 문헌에 실린 작품들은 사실의 기록보다 감상(感想)을 문학적으로 표현한 경향이 강하다. 이런 점에서 이 문헌을 역사서에 넣기가 기껍지 않다.

21 『영세보장』은 창원 황씨가에 보존되어 온 것이다. 이 책은 영조의 제5녀 화유옹주와 부군 황인묵 등의 언행과 묘지명 등을 후손 황종림(1796~1875)이 1864년에 한글로 번역한 것이다. 화유옹주유사, 산부운유사, 오세지장록 등 여러 종류의 글이 실려 있다. 정양완(1998)이 원문 판독과 현대어 번역 및 주석을 붙여 세상에 널리 알렸다.

22 『선대보행록』(진천송씨가의 기록물)과 『수원백씨가장』은 개인 소장본이다.

23 행장 등 개인의 삶을 기록한 문헌에 대한 설명은 6장 1절의 (5)가장전기(家狀傳記) 항으로 미룬다.

룬『중동전기』(中東戰記)(上·下)(현채 번역),『미국독립사』(美國獨立史)(현채 번역),『애급근세사』(埃及近世史, 1905) 등이 국한문 혼용의 신활자[24]로 간행되었다. 이 책들의 문장은 국한문체로 되어 있으나 한글로 표기된 국어의 비율이 매우 낮고 한자어 표기가 압도적이다. 이런 이유로 20세기 초기에 간행된 한글 역사서들의 국어사적 가치는 매우 낮다. 그러나 서구의 인명, 지명, 술어 등에 대한 번역 용어가 중국어나 일본어를 통해 어떻게 우리나라에 유입되었는지 살펴볼 수 있다는 점에서 나름대로의 가치를 가진다.

4) 자서 물명류(字書 物名類)

자서 물명류는 한자나 한자어에 한글 새김[訓]을 붙이거나 우리말 뜻풀이를 붙여 체계적으로 분류한 문헌을 말한다. 한문을 배우기 위해 필요한 한자를 선정하여 그 한자의 새김(訓)과 음(音)을 단 것이 자서이고, 각종 사물을 뜻하는 한자어와 한자구에 한글 뜻풀이를 붙인 문헌이 물명류이다. 자서에는『훈몽자회』,『천자문』,『유합』,『아학편』(兒學編),『정몽유어』(正蒙類語) 등이 있고, 물명에는『물명고』,『물명유해』,『물명찬』 등이 있다.

자서로서 가장 오래된 책은『천자문』이다. 그 이본이 매우 많고 영향력 또한 큰 문헌이어서 자세한 설명이 필요하다.[25]『천자문』은 1,000자의 내용을 기준으로 다음 네 부류로 나눌 수 있다. 첫째 부류는 '주흥사 천

---

24 한국고전문학계의 일각에서는 이 활자를 '구활자'라 부르기도 하나 이 명칭은 부적절하다.

25 우리에게 가장 친숙한 천자문은 중국 양나라(502~549) 무제가 주흥사에게 명하여 편찬한 주흥사 천자문이다. 백제의 왕인 박사가 일본에 천자문을 전했다고 하는 것으로 보아, 이 책이 삼국시대 초기부터 우리나라에 들어와 한자 학습에 이용되었음을 알 수 있다. 왕인의 생몰년은 미상이지만 백제 고이왕 52년(서기 285년)에 일본에 천자문을 전했다는 설이 있다. 시대적 상거(相距)로 보아 왕인이 일본에 전했다고 하는 천자문은 주흥사 천자문은 아닌 것으로 본다.

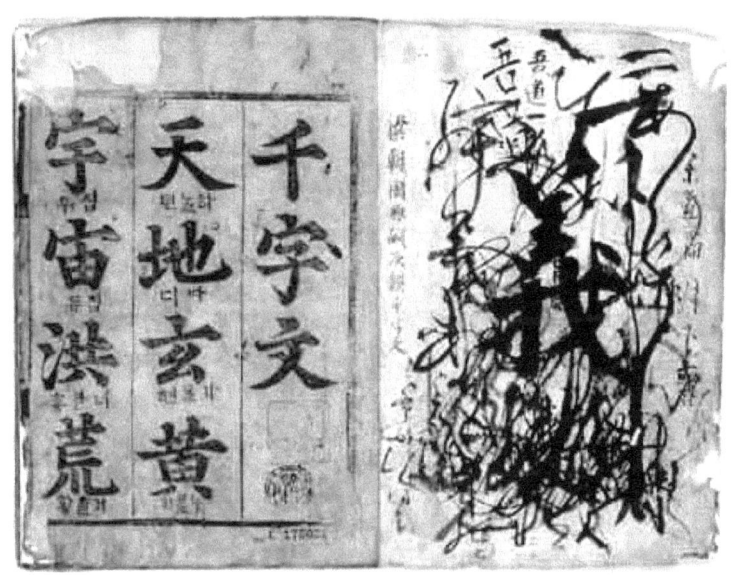

그림 4 『천자문』(광주판), 동경대 소장 귀중본을 영인한 CD에서 인용함.

자문' 계열이다. 여기에 속하는 가장 오래된 것이 일본의 대동급기념문고본(大東急文庫本)과 『광주천자문』(光州千字文, 1575년 일본 동경대 소장)이다. 『석봉천자문』(石峯千字文, 1583년)과 남해 영장사판 등 사찰판 천자문이 모두 여기에 속한다. 『주해천자문』(註解千字文)은 종전의 천자문보다 주석을 훨씬 자세하게 한 것이다. 이 책의 원간본은 1752년(영조 28) 남한(南漢) 개원사(開元寺)에서 홍성원(洪聖源)의 글씨로 간행한 것으로 알려져 있으나 그 소재가 불분명하다. 『주해천자문』을 1804년에 홍태운(洪泰運)의 글씨로 다시 간행하였고, 이 책의 이본들이 다수 전해지고 있다. 천자문의 둘째 부류는 한자 1,000자의 뜻을 일정한 기준으로 분류한 '분류 천자문'이다. 1913년 대구에서 간행한 『부별천자문』(部別千字文), 대계 이승희(大溪 李承熙)가 성주 한계에서 간행한 『정몽유어』(正蒙類語)는 완전히 새로운 내용을 가진 분류 천자문이다. 1925년에 김태린(金泰麟 1869~1927)이 저술한 『동몽수독천자문』(童蒙須讀千字文)도 분류 천자문의 하나이다. 천자문의 세 번째 부류는 19세기 말 이후 우리 민족과 역사에 대한 주체적 인식이 싹 트면서 천자문을 통해 우리나라의 역사를 가르치기 위해 간행한 '역사 천자문'이다. 혜산 이상규(惠山 李祥奎 1846~1922)가 저술하여 목판본으로 간행한 『역대천자문』(1910), 심형진(沈衡鎭)이 지은 『조선역사천자문』(朝鮮歷史千字文, 1928), 김호직(金浩直, 1874~1953)이 지은 『동천자』(東千字)가 역사천자문의 대표적 사례다. 중국 역사를 배우기 위한 천자문으로는 『영사속천자문』(詠史續千字文)이 있다. 그밖에도 특정 사상을 주제로 만든 『성리천자문』도 있다.

20세기에 들면 『천자문』의 글자 수가 대폭 확대되어 이천자문, 삼천자문도 간행되었다. 이천자문으로는 『일선몽학이천자』(日鮮蒙學二千字, 1926년 匯東書館 발행)[26], 『일선이천자』(日鮮二千字, 永昌書館 발행), 『도상이천자문』(圖像二千字文, 1951년, 白鳥社 발행) 등이 있다. 삼천자문으로는 『사체주해상용한자 세창삼천자문』(四體註解常用漢字 世昌三千字文, 1965년 세창서관 발행)이 있다.

『유합』은 중국에 없는 우리나라 고유의 자서이다. 수록된 글자수와 편찬자에 따라 『유합』은 크게 두 가지로 나누어진다. 하나는 저술자가 알려져 있지 않은 전통적 『유합』으로 1,512자가 실려 있다. 다른 하나는 미암 유희춘(眉巖 柳希春, 1513~1577)이 저술한 『신증유합』(新增類合)이다. 이 책은 전래의 『유합』에 수록된 1,512자를 3,000자로 늘려 상하 2권 1책으로 간행하였다. 이 책의 초간본은 1574년(선조 7) 황해도 해주에서 간행되었으나 방언이 들어가는 등 오류가 있어서 이를 수정하여 1576년에 교서관에서 재간하였다. 해주판은 현재 전해지지 않는다. 『신증유합』도 그 후에 나온 몇 가지 복각본과 중간본이 전하고 있다.[27] 그

---

26 회동서관에서 발행한 이 책은 한글 음훈과 함께 일본 가나 문자 음훈이 같이 붙어 있다.

27 『신증유합』의 이본 연구는 안병희(1972a)와 배현숙(2003)을 참고할 수 있다.

중 이수륜(李壽崙)가에서 간행한 사가판(私家版)이 가장 특이한 것이다.

『훈몽자회』(訓蒙字會)는 1527년(중종 22)에 최세진(崔世珍)이 어린이들의 한자 학습을 위해 새로 저술한 책이다. 천자문과 유합에 추상적 뜻의 한자가 많아 아동의 학습에 적절치 않다고 비판하면서 구체적 사물을 가리키는 한자를 중심으로 편찬하였다. 그러나 아동 수준을 넘어서는 어려운 한자가 많이 들어가 원래의 취지를

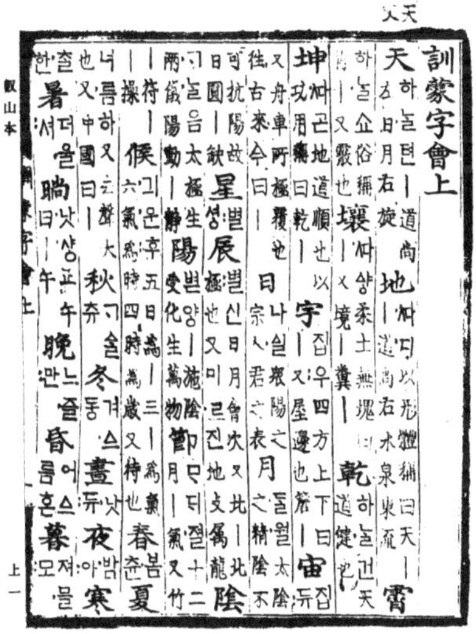

그림 5 『훈몽자회』 원간본(叡山文庫本) 권두, 단국대학교 동양학 연구소 영인

충분히 살리지 못했다. 수록된 한자는 모두 3,360자이며 3권 1책으로 나누어져 있다. 상권과 중권에는 구체적 사물을 나타내는 한자를, 하권에는 추상적인 개념을 나타내는 한자를 넣으려 하였다.

『훈몽자회』의 초간본은 일본 경도(京都)의 예산문고(叡山文庫)에 소장되어 있고, 중간본 몇 가지가 전해진다. 임진왜란 이전에 몇 차례에 걸쳐 중간본들이 간행되었다. 동경대 도서관(東京大 圖書館) 소장본, 일본의 존경각문고(尊經閣文庫) 소장본, 1559년(명종 14)판인 일본의 내각문고(內閣文庫) 소장본 등이 있다. 임진왜란 이후에 나온 중간본으로는 1613년(광해군 5)에 간행된 것이 있다. 중간본에서부터 『천자문』과 같은 방식으로 1행 4자씩 배열되어서 원간본의 행관 배열과 크게 달라졌다.

『훈몽자회』를 비롯한 여러 자서에 실린 한글 새김은 국어사 자료로 그 가치가 매우 높다.[28] 한자음 표기도 동국정운식 한자음이 아니라 당시

---

28 『훈몽자회』에 대한 연구 논저는 매우 많아서 연구사를 쓸 만한 소재이다.

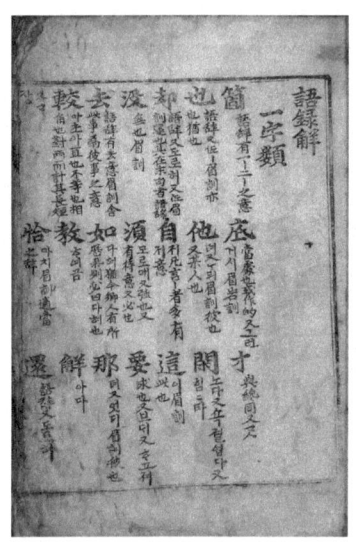

그림 6 『어록해』 원간본 권두

조선에 통용되던 현실음을 반영하였다. 이 책은 한자의 한글 훈은 물론 조선 한자음 연구에 매우 중요한 자료다. 한시의 한자에 훈을 붙인 『백련초해』도 자서에 넣을 수 있다. 이러한 문헌들은 아동 교육의 필요에 따라 수백 년 동안 꾸준히 간행되어서 다수의 이본들이 전해지고 있다.

『어록해』(語錄解)는 위의 자서들과 그 성격이 상당히 다르다. 조선조 유학자들이 중국에서 수입한 성리학서를 공부할 때, 이 책들에 포함된 중국 백화문의 요소들이 생소한 것이어서 별도의 주석을 붙일 필요를 느꼈다. 『성리대전』, 『주자대전』 등의 성리학서 속에 나오는 난해한 중국 백화문과 구어 요소들을 가려 뽑아 한문과 한글로 주석을 붙인 책이 『어록해』이다. 초간본은 1657년(효종 8)에 퇴계 문하에서 배웠던 정양(鄭瀁)이 퇴계의 가르침을 받은 제자들의 기록물을 종합하고 보완하여 경상도 의성에서 간행하였다. 이 책에는 이황(李滉)의 주석을 '계훈'(溪訓), 유희춘(柳希春)의 주석을 '미훈'(眉訓)으로 구별해 놓았다.[29] 『어록해』의 개간본(改刊本)은 1669년(현종 10)에 남이성(南二星)의 주관으로 초간본을 수정하여 교서관에서 간행하였다. 『어록해』는 선비들의 성리서 독서에 필요한 일종의 공구서(工具書)였기 때문에 그것의 필사본이 매우 많이 전해지고 있다.

---

29 '계훈'(溪訓)은 퇴계(退溪) 이황이 붙인 훈이다. '退溪'의 '溪'자를 따서 '계훈'이라 한 것이다. '미훈'(眉訓)은 '미암'(眉巖) 유희춘(柳希春)이 붙인 훈이다. '眉巖'의 '眉'자를 따서 '미훈'이라 한 것이다.

물명류(物名類)는 한문 어구에 한글 주석을 붙인 책으로 19세기에 이루어진 필사본이 대부분이다. 이만영(李晚永)이 편찬한 『재물보』(才物譜, 1798년), 정약용의 『청장관물명고』(靑舘物名攷, 19세기 초), 이재위(李載威)가 아버지 이철환의 유고를 이어받아 편찬한 『물보』(物譜, 1802년), 유희의 『물명고』(物名攷, 1824년경) 등이 대표적인 물명서이다. 이들은 모두 체제와 내용에서 서로 차이가 있다. 『물명괄』(物名括), 『물명류해』(物名類解), 『물명찬』(物名纂) 등으로 불리는 필사본이 있고, 『송간이록』(松澗貳錄)처럼 전혀 다른 명칭을 가진 물명서도 있다. 물명서는 조선 후기의 실학의 기풍을 반영한 문헌으로 국어사전학과 어휘사 연구는 물론 조선 후기의 지성사 연구에 중요한 문헌이다.

5) 운서류(韻書類)

운서(韻書)는 사성(평·상·거·입성), 성모(聲母), 운모(韻母)를 기준으로 삼아, 한자를 음가에 따라 분류하여 체계적으로 배열한 책이다. 운서는 시를 지을 때 압운(押韻)을 맞추기 위해 편찬한 일종의 한자 발음 사전이기도 하다. 운서는 중국에서 처음 편찬되어 우리나라에 건너와 우리의 필요에 맞추어 체제가 변형되었으며, 한자음을 한글로 표기하여 간행하기도 했다.

우리나라에서도 고려 광종 때부터 시부(詩賦)를 짓는 과거 시험이 시행되어 한문 및 한시 창작 능력이 요구되자 운서의 필요성이 크게 증대되었다. 중국의 운서 중 우리나라에 영향을 미친 것으로 『절운』(切韻, 601), 『광운』(廣韻, 1008), 『예부운략』(禮部韻略, 1037), 『임자신간예부운략』(壬子新刊禮部韻略, 1252), 『고금운회』(古今韻會, 1292) 『고금운회거요』(古今韻會擧要, 1297), 『중원음운』(中原音韻, 1324), 『홍무정운』(洪武正韻, 1375) 등이 있다. 고려는 중국의 운서를 수입하여 번각(飜刻)해서 사용했다. 고려의 어느 운학자가 1300년경에 『삼운통고』(三韻通考)를 편찬했다는 주장(김민수 1982:95~96)도 있다.

훈민정음 창제 이후, 중국 한자음과 크게 달라져 버린 조선 한자음을 교정하기 위해 최초로 만든 조선의 운서가 바로 『동국정운』(東國正韻, 1447)이다. 이 책에서는 한자의 음가를 한글로 표기했다. 『동국정운』의 성모(聲母, 초성에 대응)와 운모(韻母, 중·종성에 대응) 체계는 중국 한자음과 다른 점이 많았고, 당시의 조선 한자음과의 차이도 매우 컸다. 이런 까닭으로 『동국정운』의 한자음은 현실 한자음으로 정착되지 못하였다.

『동국정운』을 통한 조선 한자음의 교정과 함께 중국 한자음을 한글로 번역하는 사업도 추진되었다. 이 작업은 중국 한자음에 대한 깊은 지식이 요구되는 것이어서 더 많은 노력과 시간이 소요되었다. 신숙주와 성삼문이 열세 번이나 요동을 왕래한 것은, 당시 요동에 귀양 와 있던 당대의 최고 학자 황찬에게 중국 한자음을 질문하러 갔던 것이다. 그 결과물로 간행된 것이 1455년(단종 3)에 나온 『홍무정운역훈』(洪武正韻譯訓)이다. 『홍무정운역훈』은 중국의 운서에 한글로 중국 한자음을 붙인 것인데, 이것의 색인서 격으로 만든 운서가 『사성통고』(四聲通考)이다.[30] 최세진의 『사성통해』(四聲通解, 1517)는 『사성통고』를 증보한 것이다.

우리나라에서 편찬하여 간행한 운서로 연대 미상인 『삼운통고』(三韻通攷)가 있으나 이 책에는 반절로 된 한자음 표기도 없고, 한글에 의한 표음도 없다. 한자를 사성과 성모에 따라 분류해 놓고 간단한 뜻풀이만 붙인 운서이다.

박성원(朴性源)의 『화동정음통석운고』(華東正音通釋韻考, 1747)는 『삼운통고』의 내용과 체재를 그대로 두고, 각 한자마다 중국 한자음과 조선 한자음을 한글로 나란히 표기한 최초의 운서라는 점에서 독특한 가치가 있다. 『삼운통고』와는 다른 체제를 가진 조선 운서로는 홍계희(洪啓禧)의 『삼운성휘』(三韻聲彙, 1751)와 정조대왕의 명으로 서명응(徐命膺)·이덕무(李德懋) 등이 편찬한 『규장전운』(奎章全韻, 1796)이 있다. 조선 후

---

30 『사성통고』는 신숙주가 편찬했다고 하는데 전해지지 않는 책이다.

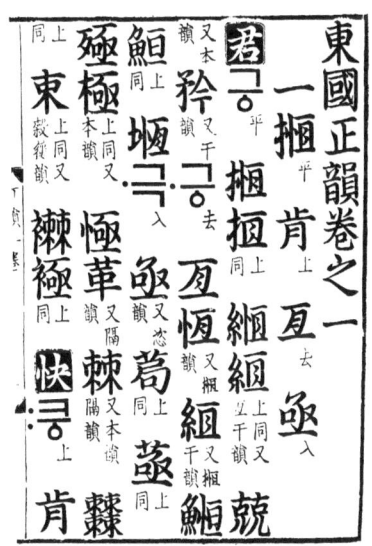 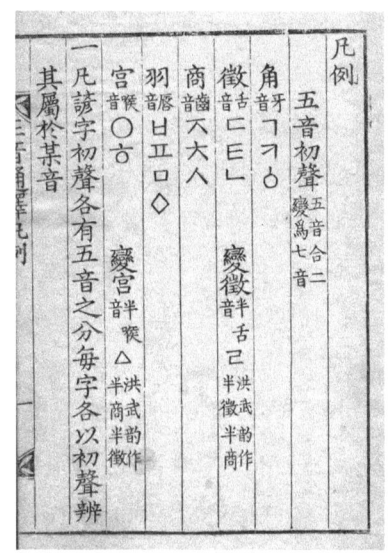

그림 7 『동국정운』 권두   **그림 8** 박성원이 지은 『화동정음통석운고』의 범례 부분

기에 가장 널리 통용되어 이본이 가장 많은 운서가 『규장전운』이다. 그런데 『규장전운』은 운을 정확히 모르면 한자 검색이 불편한 책이다. 보다 쉽게 한자를 검색하기 위해 『규장전운』을 옥편 방식으로 만든 것이 『전운옥편』이다. 이 책은 한자 아래 한글로 그 음가를 표기하고, 비교적 자세하게 그 글자의 뜻을 풀이해 놓았다. 또한 해당 글자의 운목명(韻目名)과 통용자·속자까지도 표시하여 음가와 뜻을 동시에 알 수 있도록 하였다.

6) 교화서류

교화서는 백성들에게 유교의 덕목과 윤리를 가르쳐 민심을 순화하고 풍속을 바로 잡기 위해 간행한 책을 말한다. 교화서에서 가장 중요한 비중을 차지하는 것은 이른바 행실도류이다. 한글본 행실도류에는 다음과 같은 것이 있다.

『삼강행실도』는 세종대왕 때 한문 원간본이 간행되었고, 언해 원간본은 성종 12년(1481)에 간행된 것으로 추정하고 있다.[31] 1581년(선조 14)과 1730년(영조 6)에 나온 중간본은 그 이전의 판본과 달라진 부분이 적지 않다. 영조 대에 지방 감영에서 간행한 『삼강행실도』의 여러 이본이 전하고 있다. 이들의 특성과 본문의 변이에 대한 자세한 설명은 7장 2절에서 베풀 것이다.

『속삼강행실도』(1514)는 신용개(申用漑) 등이 중종의 명을 받아, 『삼강행실도』에 빠진 효자 36명, 충신 5명, 열녀 28명(도합 69명)의 사적을 1책의 목판본으로 간행한 책이다. 이 책은 『삼강행실도』의 후속편이라 할 수 있으며, 원간본 이후 몇 차례 중간본이 나왔다. '丁未閏三月日 箕營開刊'(정미윤삼월일 기영개간)이란 간기를 가진 중간본은 1727년(영조 3)에 평양에서 간행한 것이다. 『속삼강행실도』에 수록된 도합 69명의 사적 가운데 56명의 사적이 『동국신속삼강행실도』에 재수록되었다. 이들 간의 정밀한 비교 연구가 필요하다.

임진왜란 이후 조선의 충신·효자·열녀를 표창하여 전란으로 흐트러진 윤리와 풍속을 바로 잡기 위해 간행한 책이 『동국신속삼강행실도』(1617)이다. 이 책은 유근(柳根) 등이 광해군의 명을 받아 우리나라 역대로 삼강에 뛰어난 인물 1,587여 명의 약전을 짓고 한글로 번역하여 18권 18책의[32] 목판본으로 간행했다. 방대한 분량으로 출판 비용이 많이 들어 지방 5개도에 분담시켜 간행하였다. 전라도 6책, 경상도 4책, 공홍도(公洪道, 충청도) 4책, 황해도 3책, 평안도 1책씩을 분담 간행하였다. 이 책은 그 뒤 중간된 사실이 없다. 분량이 많아 다시 간행하기가 어려웠을 것이다. 규장각에 그 완질본이 전한다. 『동국신속삼강행실도』는 『삼강

---

31 류탁일(1974) 참고.
32 원집 17권과 속부 1권을 합쳐 18권이 된다. 속부는 『삼강행실도』와 『속삼강행실도』에 실린 조선인 72인을 모아 부록으로 만든 것이다.

행실도』나 『이륜행실도』와 달리 교화서 간행이라는 목적 의식은 미약하였고, 전란으로 희생된 백성들을 포상·위무하여 무너진 사회 기강을 확립하고, 실추된 왕권을 회복하려는 정치적 의도가 더 컸다(이광렬 2007:171).

『이륜행실도』는 장유유서(長幼有序)와 붕우유신(朋友有信)의 덕목을 가르치고자 이륜의 행실이 뛰어난 사람 48명의 행적을 지어 언해한 책이다. 이 책은 중종 13년(1518)에 김안국(金安國)의 건의로 경상도 金山郡(금산군,

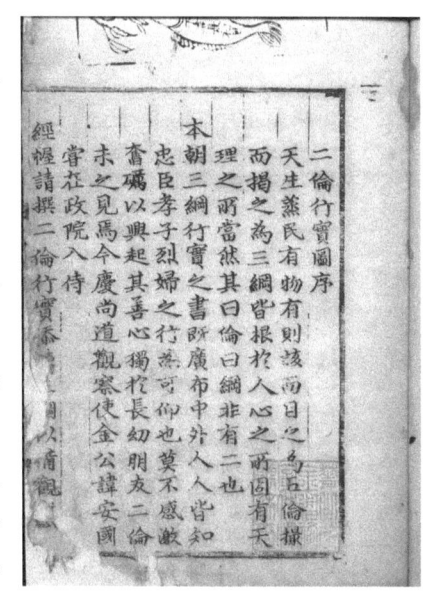

그림 9 『이륜행실도』 해영판 권두

현재의 김천)에서 처음 간행되었다. 원간본에 가장 가까운 판본이 경북 안강의 옥산서원(玉山書院)에 소장되어 있다. 이 책도 다수의 중간본이 여러 지역에서 간행되었다. 이에 대한 자세한 기술은 7장 2절에서 베풀 것이다.

『오륜행실도』(五倫行實圖)는 심상규(沈象奎) 등이 정조의 명을 받아 앞서 간행한 『삼강행실도』와 『이륜행실도』의 내용을 합치거나 빼어 5권 4책으로 간행한 것이다. 초간본은 금속활자인 정리자(整理字)로 간행하였는데 한글은 목활자로 만들었다. 1859년(철종 10)에 목판본으로 다시 간행하였으며, 5권 5책으로 분책된 점이 다르다. 『오륜행실도』는 조선의 행실도서를 집대성한 것이라 할 수 있다.

행실도 간행의 전통은 20세기 초에도 계속 이어졌다. 경상도에서 간행된 『오륜행록』(五倫行錄, 1936)과 『영남삼강록』(嶺南三綱錄, 1939)은 유교적 이념에 기초를 둔 풍속 교화의 끈질긴 전통을 보여 주고 있다.

이밖에 교화서에 속하는 한글본이 더 있다. 『주자증손여씨향약언해』(朱子增損呂氏鄕約, 1518), 『경민편』(警民編, 1518), 『정속언해』(正俗諺解, 1519) 등이 그것이다. 앞의 두 책은 원간본 『이륜행실도』와 함께 경상도 관찰사였던 김안국(金安國)이 중종 13년(1518)에 간행한 것이다. 『경민편』은 황해도 관찰사였던 김정국(金正國, 김안국의 동생)이 1519년(중종 14)에 간행한 1책의 목판본이다.

주자(朱子)는 중국 섬서성(陝西省)의 여씨(呂氏) 형제가 지은 향약을 가감[增損]하여 『주자증손여씨향약』(朱子增損呂氏鄕約)을 지었다. 이 책에다 구결을 달고 한글로 번역한 것이 『주자증손여씨향약언해』이다. 이 언해본은 1518년(중종 13)에 향촌 사회의 인민들이 서로 덕과 선을 권하고 악을 경계하여 도덕심을 함양키 위해 간행한 것이다. 원간본 이후 여러 차례 중간본이 간행되었다.

『정속언해』는 원나라의 일암왕(逸庵王)이 짓고, 14세기 중엽 중국의 왕지화(王至和)가 서문을 붙여 간행한 『정속편』(正俗篇)을 가져와서, 김안국이 구결을 붙이고 언해하여 1518년(중종 13)에 1권 1책의 목판본으로 간행한 책이다. 이 책은 효부모(孝父母)·우형제(友兄弟)·화실가(和室家)·훈자손(訓子孫) 등 18개 덕목에 대해 그 가르침을 서술하였다.

『경민편』은 앞의 교화서와 좀 다른 성격을 띠고 있다. 경상도 관찰사로 부임한 김안국(金正國)이 백성들이 법률의 엄중함을 미리 깨우쳐 범죄에 떨어지지 않도록 하기 위해 1519년(중종 14)에 이 책을 간행했다. 부모·처자·친척·이웃 등 13개 항목에 걸쳐 도덕적 훈계를 하고 관련된 범죄를 저질렀을 때 받게 되는 형벌 내용을 명시하였다. 이 책은 도덕의 가르침보다 법률의 엄중함과 형벌의 무거움을 설명하는 데 초점을 두고 있다. 현재까지 김안국이 간행한 원간본은 확인되지 않았다. 진주 중간본, 이후원(李厚源) 개간본, 완산판 등 여러 중간본이 전하고 있다.[33]

---

33 『경민편』의 이본들에 나타난 내용 차이는 7장 1절을 참고.

1510년대에 김정국·김안국 형제에 의해 간행된 『이륜행실도』·『정속언해』·『경민편』·『여씨향약언해』 및 농서와 의서 언해본들은 향촌사회에 기반을 둔 재지(在地) 사족의 대두와 시대적 맥락을 같이 한다. 향촌의 재지 사족들은 주자학에 바탕한 정치적 이념을 향촌사회의 사회 질서를 통해 실현시키기 위해 이 책들을 간행하였다.

교화서는 초간본이 간행된 후 서울과 지방에서 여러 차례 중간되어 다수의 이본들이 전해지고 있다. 이 이본의 비교를 통해 국어의 역사적 변화를 살필 수 있다. 또한 지방 감영에서 간행된 이본들의 비교를 통해 간행지 방언을 찾아낼 수 있으며, 이를 통해 방언사 연구에 도움을 줄 수 있다. 특히 『삼강행실도』와 『이륜행실도』는 중간을 거듭하면서 번역문과 표기 등 언어적으로 달라진 부분이 적지 않다. 『경민편』에도 여러 이본들 간의 차이가 적지 않게 나타난다. 앞으로의 이본 간의 차이점들이 보다 구체적으로 밝혀져야 할 것이다.

7) 문학류

문학류는 한글로 표기된 운문문학(시, 가사, 시조 등)과 산문문학(고소설, 기행문, 수필)을 포괄한다. 시, 시조, 가사를 포괄한 시가 자료, 그리고 고소설과 기행문 자료로 나누어 문학류 한글 문헌의 윤곽을 소개한다.

(1) 시가

『용비어천가』(龍飛御天歌, 1447)는 조선 건국이 천명에 따라 이루어진 역성혁명(易姓革命)임을 밝혀 건국의 정통성을 확립하기 위해 간행한 것이다. 새로 건국한 조선 왕조의 역사적 정당성을 내세우고, 새 왕조의 통치를 반석 위에 올려놓기 위해 이 책을 편찬하였다. 1445년에 정인지·권제·안지 등이 왕명을 받아 『용비어천가』를 지어 올리자, 박팽년·강희안·신숙주·성삼문 등에게 주해를 붙이게 하여 1447년(세종 29)에 간행하였다. 10권 5책의 방대한 분량이나 책 내용의 대부분은 한문으로 기록되어 있고, 한글 가사는 전체 분량의 일부에 지나지 않는다. 그러나 한글 가사가 이 책의 본문이고, 한문으로 쓰인 부분은 한글 가사의 주석문이라는 점이 특징적이다.

이 책은 한글로 표기된 최고(最古)의 문학작품을 수록하고 있다. 한글 창제 후 최초로 한글을 실제 운용해 본 것이다. 국한문 혼용으로 표기된 가사 125장은 시가 문학 및 국어사 연구에 귀중한 자료이며, 한문 주석문에 한글 표기 어휘와 인명, 지명 등의 희귀 고유명사가 실려 있다.

『월인천강지곡』(1447)은 석가의 공덕을 찬미한 일종의 불교 찬시이다. 조선시대 음악의 지침서『악학궤범』(樂學軌範)에는 고려가요인 「동동」(動動), 「정읍사」(井邑詞), 「처용가」(處容歌) 등의 가사가 한글로 표기되어 있으며, 당대의 악곡이 실려 있다. 고려와 조선 초기의 가사를 수록한 『악장가사』(樂章歌詞), 『시용향악보』(時用鄕樂譜)는 조선의 주요 악서로 문학사와 음악사 연구의 좋은 자료이다.

『두시언해』(분류두공부시언해 分類杜工部詩諺解)는 1481년(성종 12)에 초간본이 활자로 간행되었고, 1632년(인조 10)에 영남 감영에서 중간본이 목판으로 간행되었다. 전체 25권의 방대한 분량으로 풍부한 우리말 어휘를 담고 있다. 특히 중간본「두시언해」는 대구·선산 등 영남 지역에서 분간(分刊)되어 ㄷ구개음화 등 당시의 경상방언을 반영하였다. 중간본은 초간본을 번각한 것이 아니라 번역과 표현 등을 새로 고친 것이 적지 않으며, 중간본 내에서도 이각본이 많아 비교 연구의 소재가 된다.[34] 번역이 있는『백련초해』(1576)와『언해절구』(諺解絶句)도 시문 자료이다.[35] 당시(唐詩)를 언해하여 '유향'(遺香)이라는 이름을 붙여 전하는 필사본도 있다.[36]

---

[34]『두시언해』중간본의 여러 이각본에 대한 비교 연구는 이호권(2003)을 참고할 수 있다.

[35]『언해절구』(諺解絶句)는 남권희 교수가 소장한 낙장본이다.

[36] 기록에 문헌 이름만 나오고 자료가 현재까지 발견되지 않은 것으로『황산곡시집언

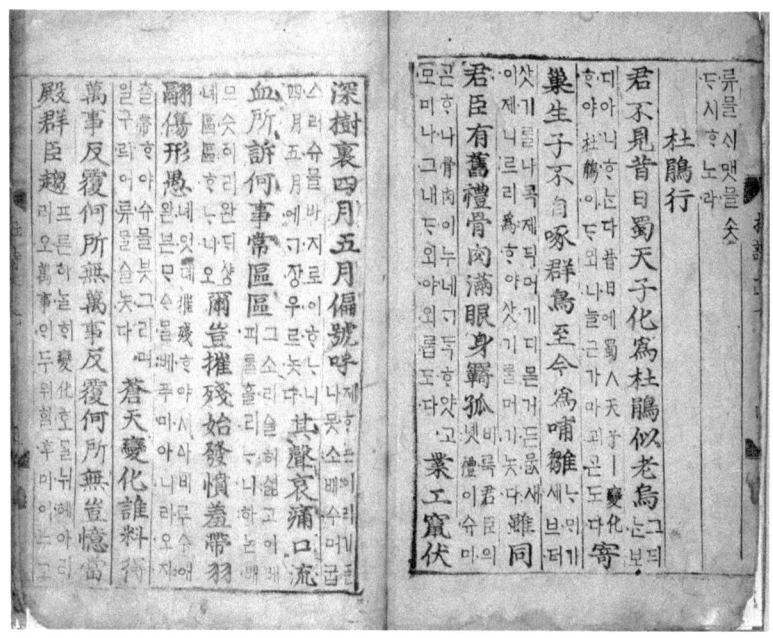

그림 10 『분류두공부시언해』 초간본 권17(동경대 소장본)

시가 자료로 빼놓을 수 없는 것은 시조집이다. 『청구영언』(靑丘永言, 1728)은 김천택(金天澤)이 편찬한 1권 1책의 필사본 시조집이다.[37] 『해동가요』(海東歌謠, 1755)는 김수장(金壽長)이 편찬한 시조집이며, 『청구영언』, 『가곡원류』와 함께 우리나라 3대 가집이라 칭한다.[38] 『가곡원류』(歌曲源流)는 1876년(고종 13) 박효관(朴孝寬)・안민영(安玟英)이 편찬한 1권 1책의 필사본으로 남창부 665수, 여창부 191수로 총 856수의 작품을 신

해』(黃山谷詩集諺解)(1483)와 서거정의 『연주시격』(聯珠詩格)(1483)이 있다.

37 지금까지 알려진 이본은 7종이다. 원본으로 추정되는 것이 진본청구영언(珍本靑丘永言)이다. 그밖에 홍재휴본(洪在烋本), 가람본 Ⅰ・Ⅱ, 연민본(燕民本, 李漢鎭이 1815년에 자필로 쓴 것), 육당본(六堂本 최남선 소장, 6・25때 소실)이 있다.

38 『해동가요』의 이본에는 세 개가 있다. 일석본(이희승 소장본), 周氏本(일명 최남선본), 박씨본이다. 『해동가요』는 『청구영언』과 『가곡원류』의 교량적 위치에서 가집의 편찬에 많은 자료를 제공하였다.

고 있다.[39] 그밖에도 『고금가곡(古今歌曲)』, 『남훈태평가』(南薰太平歌), 『동가선』(東歌選) 등 많은 가집이 출현하였다.

가사류는 분류 기준에 따라 몇 가지 종류로 나누어진다. 작자의 신분을 기준으로 사대부 가사, 규방 가사, 서민 가사로 나눈다. 가사의 내용을 기준으로 강호(江湖) 가사, 연군(戀君) 가사, 유배 가사, 기행 가사, 영사(詠史) 가사, 종교 가사, 개화 가사 등으로 나눈다. 종교 가사는 불교 가사, 천주교 가사, 동학 가사, 유교 가사로 다시 나누기도 한다.

한글로 창작한 가사문학 자료는 매우 많다. 정철의 『송강가사』(松江歌辭)에는[40] 「관동별곡」, 「성산별곡」, 「장진주사」 등의 가사와 시조가 실려 있다. 정극인의 「상춘곡」은 그의 문집 『불우헌집』(1786)에 수록되어 있다. 박인로가 지은 「태평사」(太平詞), 「선상탄」(船上嘆), 「누항사」(陋巷詞), 「사제곡」(莎堤曲), 「독락당」(獨樂堂), 「영남가」(嶺南歌), 「노계가」(蘆溪歌) 등 7편의 가사가 『노계집』에 실려 있다.

숙종 이후에는 장편 기행가사가 나온다. 백광홍(白光弘)의 「관서별곡」(關西別曲)은 국내 기행가사이다. 숙종 때(1694)에 유천명(柳命天)이 지은 한글 연행 가사 『연행별곡』,[41] 영조 때 김인겸(金仁謙)의 「일동장유가」(日東壯遊歌), 정조 때 안조환(安肇煥)의 「만언사」(萬言詞), 헌종 때 한산거사(漢山居士)의 「한양가」(漢陽歌), 철종 때 김진형(金鎭衡)의 「북천가」(北遷歌), 고종 때 홍순학(洪淳學)의 「연행가」(燕行歌) 등의 장편 가사가 한글과 한문을 혼용하여 창작되었다.

영남의 부녀자 사이에서 유행한 내방가사(內房歌辭, 규방가사)는 여성

---

39 이 책은 조선 최대의 가곡집이다. 작가의 신분이나 연대순 등은 전혀 고려하지 않았고 무명씨의 작품도 섞여 있다. 수록 작가의 범위는 고구려의 을파소에서부터 조선 고종조의 안민영에 이르고 있고, 작가의 신분도 유학자·선비·관원·기생 등에 걸쳐 있다.

40 『송강가사』의 이본에는 1687(숙종 13)의 성주본, 1690(숙종 16)의 황주본, 1708(숙종 34)의 관서본 등이 있다.

41 이 작품은 임기중(1981)에 의해 그 작자가 밝혀졌다.

들의 애환을 담고 있다. 내방가사는 필사본 두루마리로 전하는 것이 대부분이며, 권영철 박사에 의해 많은 작품이 수집되었고 그 일부가 활자로 간행되었다(권영철 1985 등).

종교 가사에는 불교 가사·동학 가사·유교 가사·천주교 가사 등이 있다. 불교 가사는 가사 발생 문제와 관련하여 쟁점이 되어온 나옹화상(懶翁和尙)의 「서왕가」(西往歌), 「승원가」(僧元歌) 등에 이어 휴정(休靜)의 「회심곡」과 그 이본들, 지영(智瑩)의 「전설인과곡」(奠設因果曲)과 「수선곡」(修善曲) 등이 있다. 동학가사는 천도교 가사라고도 하는데, 후천개벽의 도래를 주창하면서 동학을 창시한 최제우(崔濟愚)의 「용담유사」 9편 가사는 동학의 경전이 된 작품이다. 김주희(金周熙)가 상주 동학 본부에서 간행한 동학가사도 110여 편이 전하고 있다. 동학가사는 민중의 힘을 결집시킨 구국과 개혁의 사회적 이념이 자생적 근대 지향을 보인다는 점에서 그 의의가 크다. 유교가사에는 이태일의 「오도가」(吾道歌)가 있다. 천주교가사는 정약전(丁若銓) 등이 지은 「십계명가」(十誡命歌), 이벽(李檗)이 지은 「천주공경가」, 김기호(金起浩)의 「성당가」(聖堂歌) 등이 있다. 종교 가사는 앞에서 본 종교서와 그 성격이 겹치는 부분이 있어서 간략한 서술에 그친다.

(2) 고소설[42]

고소설(古小說)은 한글로 쓴 옛 소설을 뜻한다. 신소설과 구별하여 고대소설 혹은 고전소설이라 부르기도 한다. 조선시대에는 민간에서 창작된 이야기들을 패설(稗說)·고담(古談) 등이라 했으며 그중 특히 언문으로 된 것은 언패(諺稗)·언서고담(諺書古談)이라 했다. 최근에는 한문소설과 대조하기 위해 '국문소설'이라는 명칭이 많이 쓰인다. 고소설 중에

---

[42] 이 내용은 『민족문화대백과사전』에 조동일(趙東一) 교수가 작성한 항목을 참고한 것이다.

는 한문본과 국문본이 공존하는 것이 많다. 대다수가 필사본으로 유통되었으며, 등장 인물과 무대가 중국인 경우가 더 많다.

한글소설로서 가장 오래된 『설공찬전』(薛公瓚傳, 1511)은 채수(蔡壽, 1449~1515)의[43] 한문소설『설공찬전』(薛公瓚傳)을 번역한 국문 소설이다. 이 소설은 1996년에, 묵재(黙齋) 이문건(李文楗)[44]의 『묵재일기』(1535~1567)를 탈초하는 작업 중 일기의 뒷장에 간간이 적힌 국문 기록을 판독하는 과정에서 발견되었다. 허균(許筠)이 17세기 초에 지었다고 전해지는(?) 「홍길동전」은 고소설의 대표적 작품으로 영웅소설의 하나이다. 국내를 무대로 한 영웅소설에는 「임진록」(壬辰錄) 등이 있고, 중국을 무대로 한 영웅소설로는 「조웅전」(趙雄傳), 「유충렬전」 등이 널리 읽혔다.

17세기 후반에는 김만중(金萬重)의 「구운몽」(九雲夢)과 「사씨남정기」(謝氏南征記)가 나왔다. 이 두 작품은 사대부 취향의 고급문화가 고소설과 접합할 수 있음을 보여 주었다. 사대부 취향의 작품들 중에 상당수는 국문본과 한문본이 공존하는데 「창선감의록」(彰善感義錄), 「옥린몽」(玉麟夢)과 「옥루몽」(玉樓夢) 등이 그것이다. 여성을 중심으로 애정문제를 그린 「숙향전」(淑香傳), 「운영전」(雲英傳) 등도 널리 읽혔다.

고소설 중에는 주인공의 일대기를 다룬 것을 '○○○전'(傳)이라는 제목이 붙어 있는 것이 많은데 이것을 '전책'(傳冊)이라 부른다. 한 대 또는 여러 대에 걸쳐 가문의 흥망을 다룬 작품은 '○○○록'(錄)이라는 제목을

---

[43] 강직한 성품의 채수는 중종 반정 이후 상주 함창에 은거하면서 이 작품을 지었다. 이 소설에는 반정(反正)으로 정권을 잡은 사람은 지옥으로 떨어지며, 여성도 글을 알면 저승에서 관직을 맡을 수 있다는 등 당시의 통념에 어긋나는 내용이 들어 있다. 그리하여 금서(禁書)로 지정되어 유통이 금지되었다.

[44] 묵재 이문건은 그의 아버지 이윤탁(李允濯) 묘 앞에 최초의 한글 비석을 세운 인물이다. 이 비석은 서울시 노원구 하계동에 서 있으며, 흔히 '한글영비'(靈碑)라 부른다. 2007년도에 보물 1524호로 지정되었다. 이문건은 최초의 한글 비석을 세우고, 최초의 한글 고전소설을 기록했다는 점에서 한글 관련된 두 개 타이틀을 거머쥔 셈이다. 그가 남긴『묵재일기』는 사소한 일상을 꼼꼼하게 기록하여 조선시대 미시사 연구에 귀중한 자료가 되어 있다.

붙여서 '녹책'(錄冊)이라 이름한다. 전책의 하나인 「옥단춘전」(玉丹春傳)은 여성을 주인공으로 한 애정소설이고, 「진대방전」(陳大房傳)은 교훈소설이다. 이런 소설들은 하층민 독자들에게도 널리 읽혔다고 한다.

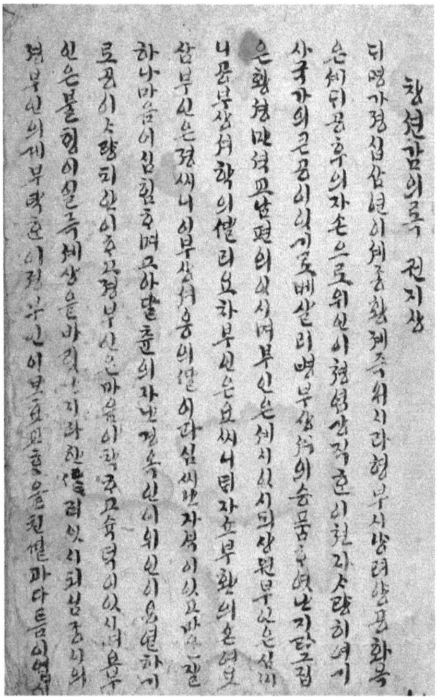

중국을 무대로 한 대장편 소설(대하소설)로서 분량이 길고 복잡한 사건을 끊임없이 연결하여 창작한 국문소설이 있다. 「완월회맹연」(玩月會盟宴)은 180책이나 되어 고소설 중에서 가장 길다. 「명주보월빙」(明珠寶月聘)은 100책이며, 연쇄적인 관계에 있는 다른 두 작품까지

그림 11 필사본 고소설 『창선감의록』 권두

합치면 전체 분량이 235책에 이른다. 이런 대장편 소설은 궁중에서 필사되고 많이 읽혀졌으며, 낙선재본에 다수 포함되어 있다. 여유로우면서도 하릴없이 노년을 보내는 왕실 여성들이 대장편 소설의 애독자였을 것으로 짐작된다.

판소리계 소설은 19세기에 이르러서 본격적인 발전을 보였다. 판소리계 소설은 판소리 사설이 정착됨으로써 성립하였고, 판소리 창에 영향을 미치기도 했다. 또한 판소리로 가창되기 때문에 생동하는 구어적 요소가 반영되어 당시의 방언 연구에도 도움이 된다.

판소리는 모두 열두 마당이었다고 하는데, 그중의 일부는 소설만으로 전하고, 일부는 판소리와 소설이 공존한다. 「옹고집전」(雍固執傳)과 「배비장전」(裵裨將傳)은 판소리는 없어지고 소설만 남은 대표적인 예이다.

판소리와 소설이 공존하는 것으로는 「춘향전」, 「심청전」, 「흥부전」, 「토끼전」 등이 있다.

고소설은 아직 총괄 목록이 작성되지 않아 작품 수를 정확하게 말하기 어렵다. 대체로 850여 종으로 추정된다(조희웅 2006). 작자를 알 수 있는 작품은 한문소설 및 국문본과 한문본이 공존하는 소설 일부에 지나지 않는다. 나머지 대부분은 작자를 모른다. 고소설 중에는 작자가 밝혀진 것이 거의 없다. 특히 고소설의 경우 소설을 짓는 일이 잠된 일이라는 사회적 통념 때문에 지은이 스스로 이름을 숨겼다.

고소설은 대부분 필사본으로 유통되었다. 인기 있는 작품은 필사가 거듭되면서 이본이 늘어났다. 고소설의 향유는 일정한 공간에서 한 사람이 소리내어 읽으면 여러 사람이 같이 듣는 경우가 흔하였다. 장터 등 행인의 내왕이 많은 곳에서 돈을 벌기 위해 직업적으로 낭독하는 사람도 있었다. 직업적 낭독자의 한 사람으로 서울에서 활동했던 인물 전기수(傳奇叟)는 흥미로운 대목에 이르면 소리를 멈추고 청중이 돈을 던져 주기를 기다렸다고 한다.

필사본 소설, 그중에서도 특히 대장편류[大河小說]를 많이 모아놓고 빌려 주면서 돈을 받는 세책가(貰冊家)의 영업도 서울에서 번창했다. 이는 새로운 작품이 창작되게 하는 환경을 만들었다. 18세기에는 민간 출판업자가 목판으로 간행한 이른바 방각본(坊刻本) 소설이 나와 판매되었으며, 19세기에 이르러서 그 영업이 크게 발전하였다. 방각본 소설에는 서울의 경판본(京板本), 전주의 완판본(完板本), 그리고 안성판본(安城板本)의 세 가지가 있다. 출판 비용을 덜 들이고 많이 팔려는 상업적 목적 때문에 소설의 분량이 비교적 짧고 인기가 있는 작품을 중심으로 출판되었다. 그 종수가 60여 종에 이른다.

(3) 기행문과 견문록

기행문이나 견문록은 여행을 통해 듣고 본 일, 경험한 일 등을 적은

기록문학의 하나이다. 한글 기행문에는 '일기'라는 이름을 달고 있는 것도 있다.[45]

8) 언간류

'언간'(諺簡)은 '언문 간찰'(諺文 簡札)의 준말인데 '언찰'(諺札)이라 부르기도 한다. 이는 한문으로 쓴 간찰과 구별하기 위해 만든 용어이다. 조선시대의 언간은 가장 높은 신분의 왕족과 양반 지배층 그리고 하층민들에게 이르기까지 널리 이용된 장거리 통신 수단이었다. 한문 편지가 조선의 지식인층(주로 양반층) 남성 간에 오고 간 것이라면, 언간은 특정 계층에 국한된 것이 아니라 왕실에서부터 양반 지식인층, 중인과 양인을 포함한 평민층, 그 이하의 하층민에 이르기까지 광범위하게 사용된 것이라는 점에서 한문 간찰과 그 의미가 크게 다르다. 언간이 이렇게 다양한 계층에서 이용되었던 것은 언문 학습이 사회적으로 확산되는 과정과 밀접히 관련되어 있다.[46]

현재 전하는 한글 편지로서 비교적 이른 시기에 속하며 연구 가치가 높은 것을 중심으로 간략히 정리해 보면 다음과 같다.

(1) 나신걸언간 (신창 맹씨묘 출토 언간)

이 편지는 2011년 5월 대전시 유성구 금고동의 안정 나씨(安定 羅氏) 집안의 분묘 이장 작업 중에 나신걸(羅臣傑, 1461~1524)의 부인 신창 맹씨(新昌 孟氏, 생몰년 미상)의 관(棺)에서 나온 것이다. 배영환(2012)이 두 장으로 된 이 편지를 판독하여 그 내용과 작성 연대(1490년경)를 밝혔다. 이 편지는 나신걸이 함경도에서 군역에 종사할 때 고향 온양의 부인 신

---

[45] 기행문에 대한 자세한 서술은 6.1절 2)기행문 항으로 미룬다.
[46] 한글의 지역적 확산과 사회 계층적 확산에 대한 설명은 백두현(2001)을 참고할 수 있다.

창 맹씨(新昌 孟氏)에게 보낸 것으로, 현재 전하는 한글 편지 중 가장 오래된 것이다. 불경 언해류 중심인 15세기의 한글 문헌과 달리 이 편지는 당시의 일상어를 보여 준다는 점에서 매우 가치 있는 자료이다.

(2) 순천김씨언간 (순천김씨묘 출토 언간)

전체 분량 192장 중 189장이 한글 편지이다. 가장 많은 분량을 차지하는 것은 신천강씨가 그의 딸인 순천김씨에게 보낸 것인데, 이 편지들은 1594년 이전에 쓰인 것이다. 순천김씨언간은 1560년대와 1570년대에 쓰여진 것이 많고, 더 내려오면 1580년대에 쓰인 것도 있다(조항범 1998: 23). 그동안 신천강씨의 생몰 연대가 밝혀지지 않았었는데, 저자가 김상헌(金尙憲)이 지은 김여물의 비명(碑銘)(『국조인물고』에 수록됨)에서 신천강씨의 몰년을 찾아냈다. 신천강씨의 둘째 아들인 김여물의 비명(碑銘)에 "을유년(乙酉年, 1585년 선조 18년)에 모친 상(喪)을 당하여 삼년상을 마치자 담양 부사를 제수 받았고, 이어서 대신이 천거하여 의주 목사가 되었다"[47]라는 기록이 나와 강씨의 몰년을 알 수 있다. 이 연대가 밝혀짐으로써 신천강씨가 쓴 편지 128장이 모두 1585년 이전에 쓰인 것임을 확정할 수 있게 되었다. 남편 김훈이 쓴 10장의 편지 역시 1585년 이전에 쓴 것이 확실하다. 김여물의 비명 기록에 따라 우리는 「순천김씨언간」 중의 138장 편지의 하한 연대가 1585년 이전임을 확정할 수 있게 되었다.

(3) 송강 정철 가(松江 鄭澈 家) 언간

송강 정철(鄭澈) 가의 가족들이 쓴 언간이다. 송강의 자당인 죽산안씨

---

[47] 『국역 국조인물고』에 실린 김여물의 비명(碑銘). 원전은 『국조인물고』 권 54에 실려 있다. 김여물의 묘는 경기도 안산시 와동 141 번지에 있고, 그의 묘 앞에 현종 3년 1662년에 건립된 신도비가 서 있다.

(竹山 安氏, 1495~1573)가 경기도 고양 신원리에서 여막살이를 하는 아들에게 쓴 3건(1571, 1572), 송강이 아내 유씨에게 쓴 3건(1571, 1573, 1593), 송강의 아내 유씨가 아들에게 쓴 1건(연대 미상)로 도합 7건이 전한다. 김일근(1991)에 그 해설과 판독문이 소개돼 있다.

(4) 안민학(安敏學) 애도문

안민학(1542~1601)이 1576년 23세의 일기로 죽은 아내 곽씨(1554~1576)를 애도하고, 고달팠던 처의 인생을 슬퍼하며 죽은 아내의 관 속에 넣은 애도문이다. 문투와 화법으로 볼 때 편지의 성격이 강하다. 양반 지식층이 쓴 것이지만 문장이 어색하고 표기법과 어법에 혼란스러운 곳이 있어 한글 작문에 미숙한 모습을 보여 준다. 구수영(1979)의 해제 및 판독문이 있고, 도수희(1985)가 표기법과 음운에 대해 썼으며, 최웅환(1999)이 판독문과 구문 분석을 한 논문이 있다. 홍윤표(2013)에 원문과 현대어역 그리고 해설문이 실려 있다.

(5) 원이 엄마 편지 (이응태묘 출토 언간)

固城李氏 李應台墓 出土 諺簡(고성이씨 이응태묘 출토 언간) 혹은 '원이엄마 편지'라 불리기도 하는 이 자료는 1998년 4월 24일 안동시 정상동의 택지 조성 공사를 하던 중 50여 점의 의복 자료와 함께 이응태의 관 속에서 출토되었고, 현재 안동대학교 박물관에 소장되어 있다. 고성이씨의 17세손 이응태(李應台 1556~1586)가 서른의 나이에 갑자기 죽자 그의 아내가 그 슬픔을 적어 고인의 관 속에 넣은 편지이다. 이 편지를 쓴 여인은 고성 이씨 족보에 그 성(姓)도 올라가 있지 않아 신분과 이름을 확인할 수 없다. 안귀남(1999)에 자세한 내용이 소개되어 있다.

(6) 김성일(鶴峯 金誠一)언간

학봉 김성일이 선조 25년(1592) 12월 24일에 임진왜란을 당하여 경상우도(慶尙右道) 감사(監司)로서 산청을 순행하던 중에 안동의 부인에게 보낸 안부 편지이다. 왜군과의 싸움을 치르는 전란 중의 어려운 처지와 아내를 애틋이 여기는 마음이 그려져 있다.

(7) 현풍곽씨언간 (진주하씨묘 출토 언간)

이 언간은 1989년 4월에 달성군 현풍면 대리(大里, 속칭 소례)의 현풍 곽씨 문중에서 같은 군의 구지면 도동리 석문산성에 있는 하씨 부인[郭澍의 再室]의 묘를 이장하던 중 관 속에서 다수의 의복류와 함께 발견된 것이다. 저자가 2003년에 172장(한문편지 5장 포함)을 소개한 후, 2008년에 곽씨 문중의 몇 분이 보관 중이던 4장의 편지가 추가로 나타났다.[48] 전체 장수는 176장으로 늘어났는데 이 중에 언간은 171장이다. 여기에는 종자분급기(種子分給記), 노비 명부, 음식조리법을 한글로 적은 문서도 포함되어 있다.

이 편지들이 쓰여진 연대는 1602년부터 1650년대에 걸쳐 있다. 전체 176장 중 106장이 소계공(蘇溪公) 곽주(郭澍, 1569~1617)가 쓴 것이다. 출가한 곽주의 딸이 친정 어머니에게 쓴 편지가 44장이고, 그밖에 아들이 어머니 하씨에게 쓴 것 6장, 손자가 조모에게 쓴 것 1장, 안사돈간 왕복 편지 2장 등이 있다. 건들바우박물관(1991)에 실린 김일근 선생의 글에서 간략한 해제가 이루어졌고, 백두현(2003b)에 판독문과 주석 그리고 해설문을 함께 실려 있다.

(8) 유시정언간 (진주유씨가 묘 출토 언간)

「유시정언간」은 2001년 가을에 경기도 용인시 모현면에서 유시정(柳

---

[48] 추가로 나타난 4건의 편지는 곽병숙(대구 능인고등학교 교장 역임) 선생의 도움으로 얻어 보았다. 새로 나타난 이 편지들은 1989년 4월 발굴 당시 곽씨 집안의 몇몇 분들이 개인적 호기심으로 가져가서 보관해 왔던 것이라 한다.

時定, 1596~1658)과 아내 안동 김씨의 합장 묘에서 출토되었다. 도합 58장이고 내용 연결로 보면 55건이다. 이 편지를 '진주유씨가 묘 출토 언간'이라 부르기도 한다. 양승민(2008)에서 서지 사항 및 유시정의 생애에 대한 보고가 있었고, 박재연(2008)에서 어휘적 특징이 논의된 바 있다. 홍순석 외(2008)에 원문이 수록되어 있다.

(9) 이동표언간 (진성이씨 이동표 가 언간)

「이동표언간」은 계명대 한문교육과에 재직하셨던 고 이원주(故 李源周) 교수가 소장하셨다가 지금은 후손이 보관하고 있다. 이동표 언간은 모두 37건인데 이동표(李東標, 1644~1700)가 쓴 36건과 그의 숙부 이명익(李溟翼, 1617~1687)이 쓴 1건으로 구성되어 있다.[49] 그래서 이 편지 이름을 '진성이씨 이동표(李東標) 가 언간'이라 부르기도 한다.

「이동표언간」은 김종택(1979)에서 6건을 판독하여 원문을 처음 소개했고, 그 후 오랫동안 이 언간에 대한 연구가 끊어졌다가, 최근 황문환 외(2014)에서 그 전문이 실려 내용이 드러났다.[50] 이동표가 쓴 36건 중에는 어머니 순천김씨에게 보낸 것이 17건, 아내 안동 권씨에게 보낸 것이 3건, 첩에게 보낸 것이 6건, 딸에게 보낸 것이 2건 등이다. 이동표가 어머니에게 보낸 편지가 가장 많고 어머니 병환에 대한 염려와 안부 인사에 대한 사연이 많다. 이 편지에 담긴 특이한 내용은 이동표가 응시한 과거 시험에 대한 것이다. 문과 회시에서 이동표가 장원급제했으나 다른 사람의 시험 부정 때문에 시험 결과가 취소되어 버린 사건이 이 편지에 그려져 있다. 이런 내용이 조선왕조실록에 기록되어 있어서 언간이 사료

---

[49] 박정숙(2012 : 158~162)이 『나은선생문집懶隱先生文集』에 있다고 밝힌 이동표 편지 1건과 이명익 편지 1건을 합치면 매수가 더 늘어난다.
[50] 이 자료의 명칭은 김종택에서 '이동표선생의 언간'이라 불리었고, 배영환 외(2013)에서 이동표의 숙부 이명익 언간 1건이 있음을 근거로 '진성이씨 이동표 가 언간'으로 재조정되었다. 필자는 간편함을 위해 '이동표언간'으로 약칭한다.

의 하나가 될 수 있음을 보여 준다.

(10) 은진송씨 송규렴(宋奎濂) 가 언간

제월당(霽月堂) 송규렴(宋奎濂, 1630~1709)의 후손이 소장한 『先札』(선찰)[51]에 실려 있는 한글 편지이다. 송규렴과 그의 부인 안동 김씨가 아들, 며느리, 딸, 손자 등에게 보낸 편지로 구성되어 있으며, 전체 분량은 127건이다. 이 자료는 17세기 후반에서 18세기 초반의 언어와 생활문화를 반영한다.[52]

(11) 왕실 언간

왕실 언간으로 임금이 공주에게 쓴 것, 왕비가 공주 등 친지에게 쓴 것, 상궁이 쓴 것 등 왕실 언간이 상당수 전해지고 있다. 선조, 효종, 숙종, 정조 등 임금이 쓴 것과 인선왕후, 순원왕후, 명성왕후 등 왕비가 쓴 편지가 이미 소개되어 있다.

「순천김씨언간」은 그 시기가 16세기 중기와 후기이고, 「현풍곽씨언간」은 17세기 초기이며, 「유시정언간」은 17세기 전기, 은진송씨 집안의 언간은 17세기 후기 및 18세기 초기에 걸쳐 있다. 이밖에도 18~19세기의 언간으로 추사가 언간 및 추사「김정희언간」, 의성김씨 학봉 김성일 가 언간, 은진 송씨(충북 영동) 송병필 가 언간 등이 있다. 16세기 후기와 17세기에 걸치는 이 자료들은 시대적으로 일정하게 연결되어 있고 그 분량도 상당한 편이다. 또한 수신자와 발신자가 다양하고 편지의 내용도 풍부하여 앞으로 진행될 국어사 연구에 중요한 의미를 가질 것으로 생각

---

51 이 자료들은 현재 경기도박물관으로 이관되어 있다. 『선찰』 1권에서 9권 중 제9권에 언간이 수록되어 있다.
52 송규렴 가의 언간에 대한 기술은 『「先札」 소재 언간 은진송씨제월당편』(2003년, 한국정신문화연구원)에 실린 안승준·황문환·이래호의 해제를 참고하였다.

된다.

19세기 후기와 20세기 전기에 걸쳐 생산된 언간은 그 대부분이 아직 연구자들의 손길이 미치지 못한 상태로 여러 고서실과 개인에게 흩어져 있다. 그 분량이 매우 많을 것으로 예상된다. 앞으로 이 시기의 언간들이 하나씩 정리되고 연구되어야 할 것이다.

언간을 쓰는 사람들이 크게 늘어난 것은 19세기 중엽경이라 생각한다. 그 이유는 이 즈음에 한글 편지의 다양한 서식을 담고 쓰는 방법을 설명한 언간독(諺簡牘)이 다수 간행되었기 때문이다. 19세기 중엽 이후부터 목판본으로 나오는 『언간독』, 『증보언간독』, 『징보언간독』이 그러한 언간독서이다.[53] 간본뿐 아니라 필사본 언간독도 다수 전해지고 있지만 연구되지 않고 있다. 20세기 초기 특히 일제 강점기 기간과 해방 직후에는 언간은 물론 한문투가 강한 국한문 혼용 편지 작성법을 해설한 신활자본 간독서들이 나왔다. 이 시기는 가히 간독서의 전성기라 할 만큼 다양한 종류의 간독서가 출판되었다. 『최신척독』(最新尺牘, 1911), 『척독대방』(尺牘大方, 1916), 『언문가정시행척독』(諺文家庭時行尺牘, 1922), 『신식금옥척독』(新式金玉尺牘, 1927), 『최신금옥척독』(最新金玉尺牘, 1929) 등 그 종류가 수십 가지가 넘는다. 언간독의 폭발적 증가는 한글 편지의 대중화를 뜻하며 나아가 한글을 통한 문자 활동이 크게 확산되었음을 의미한다. 이것은 한글 교육의 대중화에 따른 결과이며, 한글 생활사 및 근대 교육사에서 커다란 의미를 가진 역사적 변화이다.

9) 한글 고문서류

문서는 관청 혹은 민간에서 어떤 실용적인 목적을 위해 작성한 문장 자료를 뜻한다. 문서에는 작성해 주는 자, 즉 발급자(發給者)와 이를 받는 자, 즉 수급자(受給者)가 있다. 현실적 필요에 따라 작성된 문서가 긴

---

[53] 조선시대 언간독의 이본에 대한 자세한 연구는 김봉좌(2003)를 참고할 수 있다.

시간이 흐른 뒤 그 효용성이 상실된 문서를 '古文書(고문서)라 칭한다.[54] 고문서는 대부분 이두문 혹은 한문으로 쓰여졌으나 한글로 표기된 것도 더러 있다. 한글 고문서는 한글 표기가 있는 문서를 가리킨다. 한글 고문서에는 각종 매매 문서를 비롯하여 사문서적 성격을 가진 고목(告目) 등 여러 종류가 있다. 한글 고문서는 아직 제대로 연구되지 않은 대상이다. 한글 고문서의 종류에 대한 자세한 설명은 6장의 2절에서 베풀 것이다.

5.2. 언해의 대상과 방법에 따른 분류

한글 문헌에 실린 한글 문장은 그것이 어떤 방법으로 생성되었는가에 따라 다음과 같이 나누어 볼 수 있다.[55]

1) 원래 한글로 쓰인 자료:『청구영언』,『해동가요』,『악장가사』등 주로 시가 자료에 많다.『한중록』과『산성일기』등 여성이 쓴 일기류도 여기에 속한다. 앞에서 본『남해문견록』,『부여노정기』등 기행문과 견문록에도 이런 자료가 있다. 중국 소설을 번안하거나 언해하지 않은 고소설도 이 부류에 속한다. 한글 편지류도 모두 여기에 속한다.

2) 한문 원문에 한글로 구결을 단 자료: 한문에 언해문 없이 한글 구결만 단 책으로『예기대문언해』(禮記大文諺解),『소학집설』(小學集說) 등이 있다.

3) 한문 원문을 한글로 번역한 자료: 이것은 원문의 출처에 따라 다음 세 가지로 나눌 수 있다.

 (1) 중국 한문 원전을 언해한 자료: 유교경서 언해류, 불경언해류,『두시

---

[54] 1910년 이전의 문서를 고문서로 인정하는 것이 학계의 대체적 경향이다.
[55] 이 내용은 홍윤표 교수의『근대국어연구』에서 인용한 것이다.

언해』 등.

　(2) 한국 한문을 언해한 자료 : 『명의록언해』(明義錄諺解), 『천의소감언해』(闡義昭鑑諺解), 윤음 언해 등.

　(3) 한문 이외의 역학서(譯學書) 자료 : 중국 백화문이나 만주어 등 외국어 문을 언해한 자료를 말한다. 『노걸대언해』(老乞大諺解), 『첩해신어』(捷解新語), 『첩해몽어』(捷解蒙語), 『몽어노걸대』(蒙語老乞大), 『팔세아』(八歲兒), 『소아론』(小兒論) 등.

　이들 중에서 국어사 연구에 가장 적합한 것은 1)에 해당하는 원래 한글로 쓰인 문헌들이다. 원래 한글로 쓰인 자료 중에는 필사본이 매우 많다. 이 필사본 중에는 필사 연대가 확실치 않은 것이 적지 않다. 이런 자료들을 연구에 이용하려면 필사 연대, 필사자 등에 대한 검증을 먼저 거쳐야 한다.

　현존하는 한글 문헌의 상당 부분은 2)에 해당하며 이른바 언해본이라 불리는 것이다. 언해본은 중국 한문을 번역한 것이 대부분인데, 여기에 속하는 문헌의 국어 문장은 한문 문법 및 한문에 붙인 구결의 영향을 크게 받았을 것이다. 언해서의 국어 문장은 한문에 구속된 직역체 문장임을 유의해야 한다. 국어사 연구에서 언해본을 다룰 때는 이 점을 충분히 고려해야 한다. 그런데 한국 한문을 언해한 자료는 한글이나 한자로 구결을 붙이지 않은 것이 대부분이다. 따라서 중국 한문을 언해한 자료보다는 국어 문장의 성격이 조금 다를 수 있다.

　외국어 회화문을 번역한 『노걸대언해』 등은 3)에 속하는 것이며, 구어적 성격이 강한 문헌이어서 국어사 연구에 좋은 자료이다. 외국어 학습용 역학서 역시 해당 언어의 영향을 서로 주고받았을 가능성이 높다. 예컨대 『첩해신어』에 쓰인 국어 문장은 일본어의 영향을, 그리고 그곳에 쓰인 일본어 자료는 국어의 영향을 받았을 가능성이 있다. 이 역학서들은 해당 언어와 국어사 연구에 귀중한 문헌들이어서 많은 연구자들이 이용해 왔다. 특히 『첩해신어』, 『왜어유해』 등 왜학서에 대한 연구가 가장 활발한 편이다.

한문 원문을 언해한 3)의 문헌들은 언해의 절차와 방법에 따라 다음과 같이 세분할 수 있다.

(1) 원문을 직접 언해한 자료 : 『명의록언해』(明義錄諺解), 『천의소감언해』(闡義昭鑑諺解), 『이륜행실도』(二倫行實圖), 『삼강행실도』(三綱行實圖) 등.
(2) 원문에 구결을 단 후에 언해한 자료 : 불경언해류, 경서언해류 등
(3) 직역한 자료 : 『소학언해』(小學諺解) 등 경서 언해류
(4) 의역한 자료 : 『번역소학』(飜譯小學), 『조군령적지』(竈君靈蹟誌) 등 도교 관련서 언해본의 일부

이 중에서 동일한 한문을 직역한 언해본과 의역한 언해본이 공존하는 경우가 있다. 예컨대 앞서 간행한 『번역소학』(飜譯小學)은 의역체로 되어 있고, 이보다 뒤에 간행된 『소학언해』(小學諺解)는 직역체 언해문을 보여 준다. 이러한 문헌 자료는 번역학 및 국어사의 좋은 연구 대상이 된다.

그밖에도 한글 문헌을 간행 여부, 간행 주체, 간행 시기에 따라 분류하는 방법이 있다. 간행 여부를 기준으로 사본과 간본으로 나누고, 간본을 다시 활자본과 목판본으로 분류한다. 간행 주체를 기준으로 하여 관판(官版)·사찰판(寺刹版)·서원판(書院版)·사간판(私刊版, 개인 간행판)·방각판(坊刻版) 등으로 나눈다. 간행 시기를 기준으로 중세국어 문헌·근대국어 문헌·개화기 문헌·현대국어 문헌으로 나누거나, 15세기 문헌·16세기 문헌 등과 같이 세기별로 나누는 방법도 있다.

5.3. 기타 기준에 따른 분류

위에서 서술한 이외의 다른 기준을 써서 한글 자료를 분류할 수 있다. 분류의 기준 혹은 관점에 따라 한글 자료는 다양하게 나누어질 수 있다. 그중의 몇 가지를 추가하여 한글 자료의 분류에 대해 약간의 설명을 더 보탠다.

1) 재료별 분류
한글 자료의 재료가 무엇인가에 따라 다음과 같이 나눌 수 있다.
① 종이 : 종이에 기록된 한글 문헌은 그 형태에 따라 서적, 낱장 종이, 두루마리로 나누어 볼 수 있다. 한글 서적은 한글 문헌의 대표적 존재라 할 수 있으며, 이것은 다시 인쇄본과 필사본으로 나눌 수 있다. 서적을 제외한 나머지 대부분은 필사본 형태로 존재한다. 낱장 종이 자료에는 한글 고문서와 언간이 대부분이지만 한글로 쓴 버선본, 한글 부적, 한글 윷판, 한글 승경도 등 다양한 유형이 존재한다. 두루마리 형태의 한글 자료로는 한글 가사와 한글 제문 등이 있다. 한글 가승은 서적과 낱장은 물론 두루마리로 된 것과 절첩 형태로 된 것이 존재한다.
② 나무 : 나무에 한글을 새겨 넣거나 붓으로 쓴 한글 자료를 말한다. 한글 목판, 나무 떡살, 나무 함지, 나무 소반, 실패 등 나무로 만든 기물이나 도구 따위에 한글을 새긴 것이다. 여인의 택호(宅號)나 그 물건의 주인 이름을 새긴 것이 있다.
③ 돌 : 돌에 새겨진 한글 자료의 대표는 비문(碑文)이다. 조선시대의 한글 비문은 매우 드물다. 이문건(1494~1567)이 그의 부모 묘 앞에 세운 한글 영비(靈碑), 낭선군 이우(李俁, 1637~1693)의 묘 입구에 있는 비석 등 몇 개가 있을 뿐이다. 20세기 이후 한글 비문은 크게 늘었으나 자료적 가치는 낮다. 20세기 이후 돌에 새겨진 한글 문헌의 대표적 존재는 한글 시비(詩碑)라 할 수 있다. 세월이 흘러가면 이런 한글 시비에도 문

화재적 가치가 부여될 수 있다. 그밖에 다듬이돌 등 돌에 한글을 새긴 것도 있다.

④ 흙 : 흙을 재료로 만든 각종 그릇이나 도구에 한글을 새기거나 쓴 것을 가리킨다. 기와에 한글로 장인 이름 혹은 건물 이름을 새겨 넣은 것, 도자기나 항아리, 떡살 등에 한글을 새기거나 쓴 것 등 그 종류가 다양하게 존재한다. 백두현(2009a)은 도자기의 한글 명문을 소개했다.

⑤ 금속 : 철이나 놋쇠(鍮器) 등에 한글을 새겨 넣은 것이 있다. 놋그릇, 담배 물부리, 화살촉 등에 한글을 새긴 사례가 여기에 해당한다.[56]

⑥ 의복 : 붓으로 옷에 쓴 한글 자료를 가리키는데 불복장(佛腹藏) 유물로 남아 있는 것이 대부분이고, 현전 자료가 매우 적은 편이다. 한두망 마을에 살았던 '연이'라는 사람이 의복에 발원문을 써서 불복장(佛腹藏) 한 유물이 전해진다.

2) 시대별 분류

한글 문헌이 생산된 세기를 단위로 세기별 한글 문헌의 분류도 가능하다. 15세기 한글 문헌, 16세기, 17세기, 18세기, 19세기, 20세기 한글 문헌과 같이 이름을 붙여 분류하는 방법이다. 이 방법은 매우 기계적이고 편의적인 것이지만 자료를 1차적으로 정리할 때는 유용한 것이 될 수 있다.

국어사 시대 구분의 용어를 가져와 한글 문헌을 시대별로 분류하는 방법도 있다. 중세 한글 자료, 근대 한글 자료, 현대 한글 자료 등으로 나누는 방법이 그것이다. 조선 전기 한글 자료(15~16세기), 조선 후기 한글 자료(17~19세기)와 같이 나누는 방법도 고려해 볼 수 있다. 관점에 따라서는 전근대 한글 자료, 개화기 한글 자료, 현대 한글 자료와 같이

---

[56] 홍윤표의 『한글이야기 2』(2014)에는 나무, 돌, 도자기, 쇠 등 다양한 생활 도구에 기록된 한글 자료가 소개되어 있다.

이름 붙이는 것도 가능하다.

3) 지역별 분류

문헌이 생산된 지역을 기준으로 이름 붙이는 방법도 가능하다. 하나의 예시를 보이면 다음과 같다. 서울경기권 한글 자료, 충청권 한글 자료, 호남권 한글 자료, 영남권 한글 자료, 북한권 한글 자료, 국외 한글 자료 등이 그것이다. 국외 한글 자료는 외국에서 간행한 한글 자료를 뜻한다. 국외의 한글 연구자, 종교 관련자, 일제 강점기 때 독립운동을 하던 애국 지사들이 외국에서 간행한 한글 자료가 여기에 속한다.

6장 한글 필사본과 한글 고문서

　우리는 4장 1절에서 필사본의 유형 및 특성과 가치를 검토하였다. 지금까지 국문학계에서 고전시가 혹은 고전소설 분야에서는 필사본 연구를 많이 해 왔지만, 국어사 연구자들은 필사본에 대해 그리 큰 관심을 기울이지 않았다. 국어의 역사적 변천을 연구함에 있어서 자료의 생성 연대가 매우 중요하다. 그런데 필사본은 필사 연대(혹은 창작 연대)를 밝히기 어려운 것이 많다. 그리고 이본이 많은 필사본의 경우, 이본 간의 상호 영향 관계를 밝히기 어렵다는 점도 필사본에 대한 국어사 연구를 어렵게 하였다. 자료의 생성 연대를 엄밀히 하기 어렵고, 언어적 배경이 불확실한 문제점 때문에 필사본에 쉽게 접근할 수 없었던 것이다. 국어사 연구자에게 간행 연대와 간행 배경 등이 확실하고 연구 가치가 높은 간본(刊本) 자료의 연구가 더 효과적인 것이었다.

　그런데 간본 한글 자료는 거의 대부분이 한문을 번역한 언해본이다. 간본의 언해 문장은 간행 당시의 언어적 실상을 반영하는 데 한계가 있다. 간본은 대부분 공공(公共) 사업으로 이루어지는 것이 많으며, 간행 과정에 상당히 엄격한 교정을 거친다. 이런 까닭으로 간본의 언어는 문어적이면서 규범적인 성격을 띠게 된다. 이에 비해 사본은 사사롭게 필사되는 것이 대부분이다. 그리하여 사본의 언어는 규범과 관습을 따르는 간본의 언어보다 일상언어에 더 가까운 장점을 가진다.

　지금까지 국어사 연구의 대부분이 한문을 번역한 언해본을 대상으로 이루어져 온 한계를 극복하려면 연구 자료의 풍부함과 다양성을 확보할 필요가 있다. 한글 필사본 연구는 이런 요구에 부응할 수 있다. 필사본을 보다 적극적으로 연구 대상에 끌어들임으로써 우리는 한글 문헌과 국어사 연구의 새로운 가능성을 찾아내어 창의적 연구 방법론을 개발할 수 있다.[1] 이와 같은 인식을 바탕으로 한글 필사본 및 한글 고문서에 대한 연구 방법론을 모색하기 위해 본 장을 마련하였다.[2]

6.1. 한글 필사본

우리는 5장에서 한글 문헌의 내용에 따른 분류법을 공부하면서 여러 종류의 한글 필사본이 있음을 확인하였다. 한글 필사본의 종류가 다양하고 많지만 자료의 가치 판단에 있어서는 문헌의 특성과 연구자의 관점에 따라 차이가 있다. 필사본의 자료적 가치를 판단함에 있어서 다음 몇 가지 질문에 분명한 답을 갖고 있어야 한다. 필사 시기가 확인되는가? 필사자가 누구인가? 어느 지방 혹은 어느 집안에서 나온 것인가? 최초 저술본(혹은 창작본)인가 아니면 전사본(轉寫本)인가? 이런 질문에 대해 긍정적 답변을 할 수 있는 자료가 연구 대상이 되는 필사본이다.

필사 시기와 필사자를 확인했다 하더라도 그 자료가 최초로 저술된 것인지, 기존의 필사본을 보고 전사한 것인지가 매우 중요하다. 새롭게 지은 창작본이냐, 아니면 기존 자료를 보고 베낀 것이냐에 따라 필사본은 창작본과 전사본으로 나누어진다. 저술자와 저술 연대가 분명하고 또한 저술자가 직접 쓴 최초의 고본(稿本)이 가장 좋은 필사본 자료이다. 이런 정보를 갖춘 필사본은 그것의 시대적·사회적·언어적 특성을 명

---

[1] 한국정신문화연구원은 필사본 한글 자료 특별전을 열고 관련된 자료 사진과 해설문을 실은 『우리 한글의 멋과 아름다움』(2004)을 출판하였다. 이와 같은 자료집은 필사본 연구에 좋은 자극이 될 수 있다. 이 책의 말미에 실린 안병희 선생의 "장서각의 한글 필사본에 대하여"라는 해설문은 필사본의 이해에 좋은 참고가 된다.

[2] 아래 6.1절과 6.2절에서 다루는 자료 중 언간과 한글 고문서의 실물 사진은 11.6절(한글 필사본의 서체)에 수록하였다.

확하게 파악할 수 있다. 따라서 어떤 필사본 자료가 창작본이면서 그것을 지은 창작자 및 필사 연대가 분명한 것은 가치 있는 자료가 된다.『음식디미방』은 이런 자료의 대표적 예라 할 수 있다. 이 문헌은 경상도 북부 지역에 살았던 장계향(1598~1680)이 1670년경에 저술한 것이 분명하다. 문헌의 전래 경위 및 권말의 필사기로 볼 때, 이 문헌의 저술자와 필사자는 장계향 본인이기 때문이다. 이밖에도『한산이씨고행록』,『병자일기』등 한글 일기류와 개인 간에 왕복한 언간 자료 등도 창작본이면서 창작자 혹은 필사자가 분명한 자료에 속한다.

장르별 특성을 고려하여 필사본을 분류해 보면 대체로 다음과 같이 범주화할 수 있다.

언간	기행문
일기	역사서
가장전기(家狀傳記類)[3]	제문
여성교육서	음식조리서
한글 서화	문학류
한글 고문서	

음식조리서와 기행문에는 기존의 필사본을 보고 베낀 것이 있기도 하지만 이 범주에 속하는 필사본 중에는 창작본이 비교적 많다. 한글 서화는 그 수가 극히 적고, 문학류는 매우 많다. 문학류에는 가사, 시조, 고소설 등으로 더 나누어지고 자료의 양도 매우 방대하다. 문학류는 이 책에서 자세히 다룰 수 없는 것이어서 5장 1절 7)항에서 서술한 정도로 그친다. 한글 고문서류는 연구의 필요성을 강조하고 이에 대한 이해를 높이

---

3 가장전기란 선대 조상의 행장과 생애담이나 집안의 내력을 적은 글을 말한다. 학봉가 전승문, 퇴계선생, 공자 등의 언행을 한글로 기록한 전기문이 있다.

기 위해 6장 2절을 별도로 마련하여 더 자세히 설명하였다.

1) 언간

언간(諺簡)은 한문 간찰에 대응하는 용어로 한글 편지를 뜻한다. 분량이 많으면서 연구 가치가 높은 언간으로 「순천김씨언간」(16세기 후기), 「현풍곽씨언간」(17세기 전기), 「유시정언간」(17세기 전기), 「은진송씨언간」(17세기 후기), 「이동표언간」(17세기 후기)을 들 수 있다. 분량은 적지만 작성 시기가 빠르고 연구 가치가 높은 언간으로 최초의 한글 편지인 신창맹씨묘 출토 「나신걸언간」(1490년경), 「송강 정철가 언간」, 「김성일언간」, 이응태묘 출토 「원이엄마편지」, 「안민학애도문」 등이 있다. 19세기 이후의 언간은 그 분량이 매우 많다. 추사가 언간과 김정희언간, 의성김씨 학봉 김성일가 언간, 은진송씨(충북 영동) 송병필가 언간 등이 대표적이다.[4]

조선시대 언간 중 묘지 이장 작업 중 관 속에서 나온 이른바 출토(出土) 언간에는 다음과 같은 것이 있다.

표1 관 속에서 발굴된 출토 언간 목록

언간 명칭	연대	장수	소장처
나신걸언간 (신창맹씨묘 출토 언간)	15세기말	2장	대전시립박물관
순천김씨언간 (순천김씨묘 출토 언간)	1550년대~임란 전	189장	충북대 박물관
파평윤씨언간 (파평윤씨묘 출토 언간)	16C	3장	고려대 박물관
안민학 애도문 (안민학 언간)	1576년	1장	개인

---

[4] 지금까지 연구된 언간 일람표는 『한글이 걸어온 길』(국립한글박물관 2014b:77)에 박부자 박사가 작성한 도표 및 이래호(2015)에 실린 도표를 참고할 수 있다.

원이엄마편지 (이응태묘 출토 언간)	1586년	1장	안동대 박물관
현풍곽씨언간 (진주하씨묘 출토언간)	17C전반	171장	국립대구박물관, 경북대 도서관(1 장) 개인(4장)
유시정언간 (진주유씨가묘 출토 언간)	17C중반	58장	개인
[합계]		425장	

위 표에서 「현풍곽씨언간」의 장수는 필자가 추가로 발견한 것을 포함시킨 것이다. 언간 명칭은 간명하면서도 해당 언간의 특성을 명시할 수 있는 것을 그 이름으로 삼았다. 괄호 안에 넣은 명칭은 발굴보고서 등에서 출토처를 밝혀서 붙인 이름이다. '안민학 애도문'은 편지 성격을 띤 애도문이나 관례에 따라 여기에 넣었다.

서적이나 고문서와 함께 특정 가문에 전존(傳存)되어 오다가 세상에 널리 알려진 언간도 적지 않다. '출토 언간'에 대비하여 이런 언간을 '전존 언간'이라 부른다. 전존 언간으로서 연대가 가장 오래된 것은 송강 정철 가(家) 언간이다. 송강의 자당 죽산안씨가 아들에게 보낸 3장은 1571년과 1752년 사이에 쓴 것이고, 정철이 아내 문화 유씨에게 보낸 3장은 1573년에서 1594 사이에 쓴 것이다.[5] 문화 유씨가 쓴 2장도 전해지고 있다. 김성일언간은 1장(1592년)에 지나지 않지만 임진왜란 전장에서 학봉 김성일이 아내에게 보낸 편지로 역사적 가치가 있다. 「이동표언

---

[5] 언간의 수를 세는 단위명사로 '건'(件), '매'(枚), '장'(張), '편'(編 혹은 篇) 등이 쓰여 왔다. '건'(件)은 고문서를 세는 단위로 널리 쓰이는 용어이다. 편지 내용이 길어서 종이가 두 장 이상으로 작성된 경우도 한 건으로 친다. 낱장 종이를 셀 때의 단위 명사로 '장'(張)이 널리 쓰여 왔다. 한 건의 사연이 두세 장에 걸쳐 있는 경우에는 건수와 장수가 다를 수도 있다. '장' 대신에 '매'(枚)를 쓰는 방법도 있지만 '매'(枚)는 종이 이외의 물건을 가리키는 경우가 많다. '편'(篇)은 시문, 소설, 사부(詞賦), 장소(章疏) 등 상대적으로 긴 글의 단위를 가리킬 때 쓴다. 이런 점을 고려하여 언간을 세는 단위명사로 '건'과 '장'이 가장 적합한 것으로 본다.

간」(39장)은 이동표(李東標, 1644~1700)가 어머니, 처, 첩 등에게 보낸 편지로 과거 시험에서 저질러진 부정 사건이 그려져 있어서 조선왕조실록 기사와 대비하여 연구할 수 있는 중요 자료이다. 「이봉환언간」(25장)은 원본의 소재가 묘연한 것이지만 이봉환(李鳳煥, ?~1770)이 조선통신사를 수행하던 1747~1748년간에 그의 노정을 자세히 밝혀 쓴 것이어서 역사적 가치가 높다. 「김정희언간」(40장)과 추사가 언간(45장)은 19세기의 명필이자 대학자였던 김정희의 삶과 집안의 대소사를 알려주는 귀중한 자료이다. 병와 이형상 가 언간(21장), 은진송씨 동춘당 후손 가 언간(100장), 영동 송병필 가 언간(91장), 진주유씨 안동수곡파 언간(60장), 의성김씨 학봉 종택 언간(167장), 광산김씨 가문 언간(149장), 안동권씨 유회당 가 언간 외(150장) 등은 18세기부터 20세기 초기에 걸친 자료들이다. 『한글이 걸어온 길』(국립한글박물관 2014:74)에는 1,900장에 육박하는 사대부 가 언간 목록표가 수록되어 있다. 그리고 이 책에는 조선시대 왕실 언간 목록도 제시되어 있는데 지금까지 알려진 것은 도합 405장이다.[6] 「숙명신한첩」(68장)과 「숙휘신한첩」(35장)에는 효종, 현종, 숙종과 여러 왕비, 대비들의 한글 편지가 수록되어 있다. 선조언간(22장), 정조언간(20장), 순원왕후언간(64장), 명성황후언간(142장) 등이 분량이 많고 연구 가치가 높은 왕실언간들이다.

사대부가 언간과 왕실 언간의 대부분이 판독되어 그 원문이 공개되어 있다. 거의 2,300장에 가까운 언간 원문이 연구자의 수중에 확보된 것이다. 대량으로 확보된 언간 말뭉치를 기반으로 한 새로운 연구가 필요한 시점이다. 언간은 언어적으로는 경어법 연구에 특히 기여하는 바가 크고, 물명, 친족명 등 어휘 연구에도 유용한 자료이다.

언간은 앞으로 본격적으로 연구되어야 할 한글 문헌 중의 하나이다. 수신자와 발신자가 밝혀져 있고, 작성 연대가 드러나 있으며, 생산된 가

---

6 『한글이 걸어온 길』(국립한글박물관 2014)의 74면 참고.

문 배경을 알 수 있다는 점에서 언간은 독보적 가치를 가진다. 다양한 신분의 사람들이 쓴 언간 언어 자료는 사회언어학적 접근 가능성을 내포하고 있다. 또한 일상적 가정생활과 인간관계를 반영한 내용이 언간에 나타나 있어서 생활사 연구에 좋은 자료가 된다. 저자가 이 책의 제9장에서 제안한 문화중층론적 연구 방법을 적용할 수 있는 좋은 대상이 언간 자료라 생각된다.

이어서 언간 자료를 읽을 때 요구되는 텍스트 관련 기초 지식 세 가지를 첫째 언간의 내용 구성 방식, 둘째 언간의 지면 공간 구성 방식, 셋째 언간의 필사 격식에 따른 예의갖춤법으로[7] 나누어 각각 설명한다.

(1) 언간의 내용 구성 방식

「현풍곽씨언간」 중에서 곽주가 아내 하씨에게 보낸 편지의 사례를 통해 편지 내용의 흐름과 및 지면 구성 방식을 살펴보자.

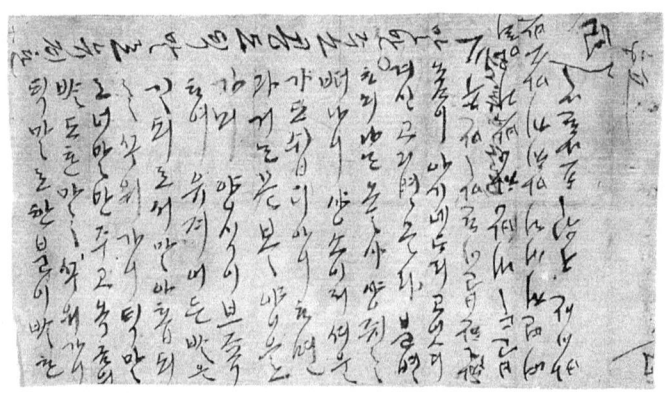

그림 1 곽주가 아내 하씨에게 보낸 편지

---

[7] 조선시대의 경어법에는 언어적 경어법(존대법, 겸양법 등)과 비언어적 경어법(필사 격식에 의한 경어법)이 함께 존재했다. 후자는 간찰, 고문서 등 여러 장르에서 널리 쓰였던 것이다.

위 편지의 내용 구성 방식은 다음과 같이 정리된다.

㉠ 수신자(뒷면) : 현풍 논공 가셔(家書) (手決)
㉡ 문안 인사 : 요亽이 아기네 드리고 엇디 겨신고. 긔별 몰라 분별 ᄒᆞ뇌.
㉢ 용건 : 나는 오늘사 샹쥐를 ᄠᅥ나니 샹소 이리 셔울 가도 쉽디 아니 ᄒᆞ면 과거는 몯 볼 양으로 가뇌. 양식이 브죡ᄒᆞ여 유지 어든 ᄡᆞᆯ을 길되로 서 말 아홉 되ᄅᆞᆯ 쑤워 가니 되말로 너 말만 주고 옥금의 ᄡᆞᆯ도 ᄒᆞᆫ 마ᄅᆞᆯ 쑤워 가니 되말로 한분이 ᄡᆞᆯ ᄒᆞ말만 주소. 콩도 되말 로 유지 ᄒᆞᆫ 말 한분이 ᄒᆞᆫ 말만 주소. 분들 내 방 창밧긔 마뢰여 연저 서리 마치게 마소.
㉣ 맺음 인사말 : 밧바 이만
㉤ 쓴 날짜 : 구월 초나흔날

(2) 언간의 지면 공간 구성 방식

위 편지의 지면 공간 구성 방식은 아래와 같은 그림으로 나타낼 수 있다. 위 편지는 한 장의 종이가 가진 여백을 최대한 이용하며 읽기에 편리하도록 지면의 방향을 바꾸어 가며 글을 썼다. ① 지면의 삼분의 이 쯤 되는 위치에서 글을 시작하여 왼쪽 끝까지 쓰고, ② 왼쪽으로 90도 돌려서 상란 여백에 한 줄을 썼다. ③ 다시 왼쪽으로 90도 돌려서 오른쪽 여백에 이어서 썼다. 이것을 도면으로 표시하면 그림 2와 같다.

종이가 귀하지 않았다면 이런 방식으로 쓰지 않았을 것이다. 이 편지를 쓴 곽주는 임진왜란 직후 물자가 극히 귀하고 삶이 고달팠던 시기를 살았고, 이 편지도 그즈음에 쓴 것이다.

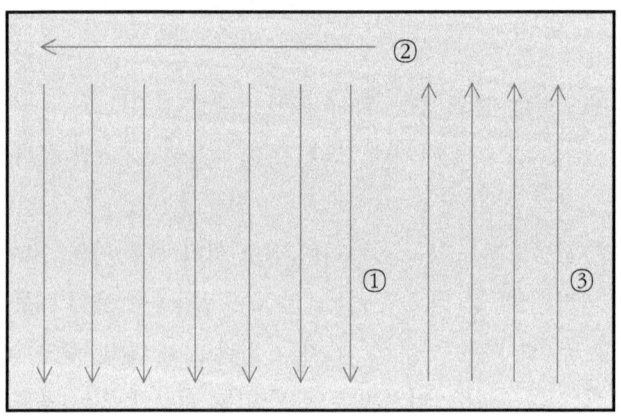

그림 2 지면 공간의 구성 방식 : 편지 내용의 작성 순서

(3) 필사 격식에 의한 예의갖춤법

전통 사회에서 경어법은 어휘(진지, 주무시다)나 문법 형태(-시-, -옵-, -께서)에 의한 언어적 경어법 장치뿐 아니라, 줄을 바꾸거나 글자 위치를 높이는 등의 비언어적 경어법 장치가 존재하였다. 이것을 필사 격식에 의한 예의갖춤법이라 부른다(이종덕 2005:21).

그림 3은 시집간 딸이 병환 중의 친정아버지(곽주)에게 쓴 편지로서 필사 격식에 의한 예의갖춤법을 잘 보여준다.[8] 위 편지에는 세 가지 유형의 필사 격식이 나타나 있다. 줄바꿈법[移行法이행법], 칸비움법[離隔法이격법, 空隙法공극법],[9] 글자올림법[擡頭法대두법]이 그것이다. [ ] 안에 넣은 한자어 용어들이 매우 어려운 것이어서 저자가 쉬운 우리말 용어로 바꾸었다. 줄바꿈법은 줄을 바꾸어 써서 존대하는 법이고, 칸비움법은 존대 대상 어휘 앞에 빈칸을 두는 법이다. 글자올림법은 존대 대상 어휘

---

8 그림 3에서 보듯이 해당되는 행에 선을 그어 높이는 양상이 드러나도록 했다.
9 이행법을 올려적기[移行式], 칸비움법을 사이띄기[平闕式]라고 부른 예도 있다. 김일근·이종덕(2000), 17세기의 궁중 언간 숙휘신한첩①.

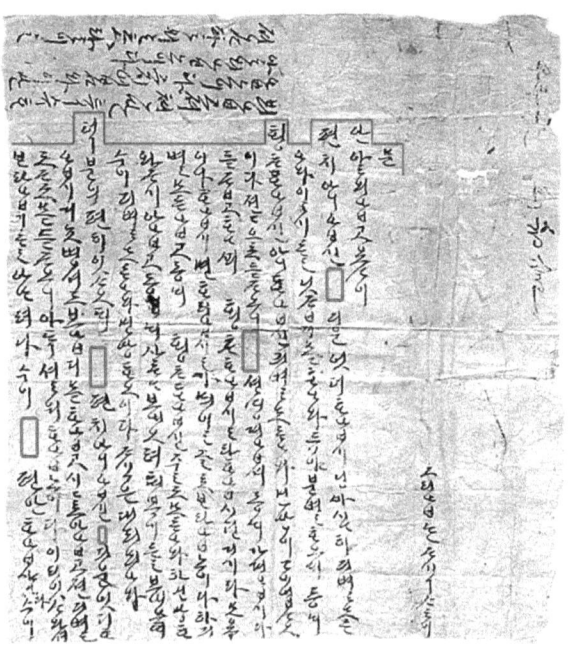

그림 3 시집간 딸이 친정아버지에게 보낸 편지에 나타난 예의갖춤법
(1617.8.8), 「현풍곽씨언간」 120번.

를 다른 행의 글자보다 더 높게 올려 쓰는 것이다. 존대의 정도에 따라 한 글자 올림법 혹은 두 글자 올림법을 쓴다. 글자올림법은 줄바꿈법과 동시에 구현되는 경우가 많다. 글자올림법과 반대로 글쓴이를 겸칭할 때는 글자낮춤법을 쓸 수도 있으나 글자 크기를 더 작게 쓰는 방식이 널리 쓰였다. 이것을 자소법(字小法)[10]이라 부른다. 위 편지에는 이 방법이 나타나지 않는다. 한자 용어들이 매우 어려운 것이어서 보다 쉬운 우리말

---

10 『전율통보』(典律通補)에 '字差小空間書'라는 표현을 근거로 差小法(차소법)이라 부르기도 한다(이종덕 2005:24). 용어는 그것이 의미하는 개념이 직접 드러나는 것이 바람직하다는 점에서, '字差小空間書'라는 문맥에서 '字小'를 취해 字小法(자소법)이라 부르는 것이 더 적절하다. '差小法'보다 '字小法'이 글자를 작게 쓰는 방법임을 더 잘 드러낸다.

용어로 바꾼 것이 줄바꿈법, 칸비움법, 글자올림법, 글자낮춤법, 자소법이다. 필사 격식에 의한 예의갖춤법은 언간뿐 아니라 여러 가지 문서 작성에 사용되었다.

2) 기행문(紀行文)

기행문이나 견문록은 여행을 통해 듣고 본 일, 경험한 일 등을 적은 기록문학의 하나이다. 조선시대의 기행문 중에는 가사체 형식의 운문으로 쓴 것도 있으나 이런 것들은 가사문학 자료에 포함시키고 여기서는 산문으로 된 한글 기행문만 언급한다. 여기에는 '일기'라는 이름을 달고 있는 기행문 자료도 포함된다.

『남해문견록』(南海聞見錄)은 유의양(柳義養, 1718~1788)[11]이 1771년 2월부터 1772년 7월까지 남해에서 유배 생활을 하는 동안 보고 느낀 바를 기록한 것이다. 이 책은 세로 30.9×가로 19.9㎝ 크기의 1冊 34장 분량이다. 광곽(匡郭), 계선(界線), 간기(刊記)가 없는 오침안정(五針眼釘)의 한글 필사본이며 국립중앙도서관에 소장되어 있다. 이 책에는 18세기 남해 사람들의 생활과 자연환경·지세·경승·산물·풍속·언어·신앙·교우 등이 비교적 자세히 기록되어 있다. 유배자가 그 지방의 관장이나 인근 지역의 관장으로부터 경제적 도움은 물론 식모나 심부름꾼을 지원 받은 사실도 나타나 있다. 당시 남해의 장례식에 풍물패를 동원하여 풍악을 잡힌 이야기, 남해의 혼례식은 매우 간소하여 대례만 치르고 끝난다는 이야기도 있다. 남해 사투리를 채록해 놓았는데 '정지, 늑의, 즉의, 작지' 등이 이 문헌에 실려 있다. 이런 자료는 어휘사는 물론 방언사 연구

---

11 유의양은 본관이 전주(全州)이며 호는 후송(後松), 자는 계방(季方)이다. 그는 영조 39년(1763) 증광문과 병과에 급제하여 사간원 정언, 홍문관 수찬, 부수찬 등을 역임하다가 영조 47년(1771) 남해로 유배되었다. 이듬해인 영조 48년 7월에 유배가 풀려 홍문관 부교리로 다시 등용되었다가 다시 아산으로 정배되었다. 이듬해 다시 풀려 나와 홍문관 부교리로 다시 등용되었으나 금성으로 귀양 가는 등 파란 많은 관직 생활을 하였다. 남해군 이동면 성현 마을 군민 동산에 최근에 세운 유의양 기념비가 있다.

에 유용한 것이다.

『북관노정록』(北關路程錄)은 1773년(영조 49) 유의양(柳義養)이 함경도 유배 생활에서 나온 견문록이다. 저자 유의양이 쓴 필적과 함께 다른 사람이 쓴 글씨도 있다. 이는 유의양이 구술한 것을 그의 딸이 받아 적은 것이다. 모두 4권 4책의 분량이나 현재 전하는 것은 3책뿐이다. 인(仁)책과 예(禮)책 2책은 대전대학교에, 지(智)책은 고려대학교 도서관에 각각 소장되어 있다. 이 책의 권1에서는 북청에서 방원(防垣)까지의 여행을 기록했다. 권3에서 방원에서 종성까지의 노정과 종성에서의 유배 생활을, 권4에서는 출발 준비부터 서울까지의 여행을 기록하였다. 단순한 개인의 여행 기록에 그치지 않고 각 지방의 풍속·언어·설화 등을 채록하였으며, 감회에 따라 스스로 한시를 지어 읊거나 기존 한시를 인용하기도 했다. 함경도의 남자들은 개가죽옷, 여자들은 삼베옷을 입고, 부엌을 넓게 만든 집에서 추위를 견디며 살아가는 모습이 생생하게 묘사되었다. 잃어버린 북쪽의 국토를 되찾자는 저자의 염원도 그려져 있다. 또한 황소를 '둥구레', 돼지를 부를 때는 '오루러'라고 했다는 등 함경도 사투리 30여 개 항이 채록되어 있다.

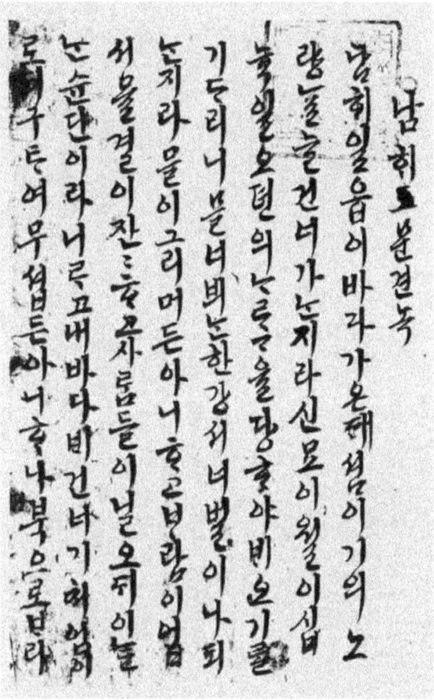

그림 4 『남해문견록』 권두 국립중앙도서관 소장

사신을 따라 중국 여행을 다녀온 후 한글로 지은 기행문이 여러 편 전하고 있다. 『무오연행록』(戊午燕行錄)은 『규합총서』의 저자인 빙허각 이씨의 부군 서유문(徐有聞, 1762~1822)이 지은 기행문이다. 지은이가

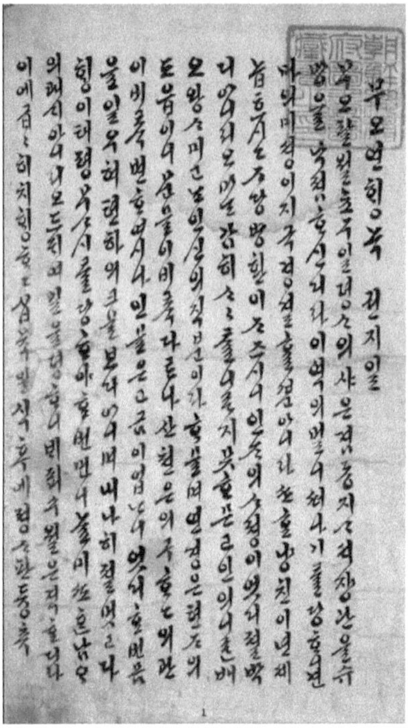

1798년(정조 22) 10월 사은사(謝恩使)의 서장관(書狀官)으로 청나라에 갔다가 이듬해 4월에 돌아와서 그간의 견문·경과·감상 등을 6권에 걸쳐 상세히 기록하였다. 이는 박지원(朴趾源)의 『열하일기』(熱河日記)나 『연행일기』(燕行日記)와 달리 한글로 쓴 기행문이라는 점에서 가치가 높다.

『노가재연행록』(老稼齋燕行錄)은 1713년(숙종 39)에 김창업(金昌業, 1658~1721)이 지은 기행문이다. 이 책은 『가재연행록』(稼齋燕行錄), 『연행일기』(燕行日記), 『연행훈지록』(燕行塤篪錄) 등으로 불리기도 한다. 이것은 김창업이 형 김창집(金昌集)이 동지사 겸 사은

그림 5 『무오연행록』(서유문), 국립중앙도서관 소장

사로 연경(燕京)에 갈 때 군관(軍官)으로 수행하고 돌아와서 쓴 기행문이다. 9권 6책의 한문 필사본과 6권 6책의 국문 필사본 두 가지가 있다. 이 책의 내용은 1712년 11월 3일 서울을 출발하여 11월 30일 통원보(通遠堡) 도착, 12월 15일 영원위(寧遠衛) 도착, 12월 29일 연경에 도착하여 이듬해 2월 14일까지 머묾, 2월 15일 연경을 출발하여 귀로에 올라 2월 21일 영평부에 도착, 2월 29일 십삼산에 도착, 그리고 3월 30일 서울 도착 등의 순서로 되어 있다. 총 146일 동안 왕복 6천여리를 여행하고 그 여정을 기록하였다. 이 책은 중국의 산천과 풍속, 문물제도, 여행 도중 만난 중국의 유생 도류(儒生 道流)들과의 대화 등을 상세히 기록하여 역대 연행록 중에서 가장 좋은 작품으로 꼽힌다.

한글 기행문 자료로 널리 알려진 『동명일기』(東溟日記)는 의유당 김씨 (意幽堂 金氏)가 1829년(순조 29) 남편이 함흥 판관으로 부임하는 길을 동행할 때, 부근의 명승고적을 탐승하며 지은 것이다. 섬세한 여성적 표현으로 문장미가 탁월한 이 작품은 유감스럽게도 그 원본의 소장처가 묘연한 상태이다.[12] 『남정일기』(南征日記)는 박조수(朴祖壽)가 지은 한글 기행문으로 1책(35장)의 필사본이다.[13]

연안 이씨(延安 李氏, 1737~1815)가 지은 『부여노정기』(扶餘路程記)는 아들 유태좌(柳台佐)가 1800년에 부여현감으로 도임할 때 고향 하회에서 부여에 이르는 여행을 하고 1802년에 창작한 것이다. 여행의 노정의 풍물과 감회를 적은 내방가사이며, 여성이 여행의 감회를 읊은 보기 드문 기행가사이다.[14] 『금행일기』는 송기정(1771~1840)의 딸인 은진 송씨가 1845년(헌종 12)에 지은 것이다. 시숙 권영규(1790~1857)가 공주 판관으로 부임하여 갈 때 은진 송씨가 시어머니를 모시고 여행하면서 노정에서 보고 듣고 느낀 일들을 기록한 것이다. 여성이 지은 기행가사 작품으로 『경신신유노정기』(庚申辛酉路程記)와 『종반송별』(宗班送別)도 있다(이종숙 1974)(최강현 1982).

한글 기행문 자료를 연구 대상으로 삼을 때, 원작자가 최초로 필사한 것인지 후대에 다른 사람이 옮겨적은 것인지 그 관계를 명확히 밝히는 작업이 선행되어야 한다. 이 점은 필사본 자료를 다룰 때 공통적으로 요

---

12 이 책은 두 번에 걸쳐 교주 작업이 이루어져 있다. 가람 이병기(李秉岐)의 『의유당일기』(意幽堂日記)(서울, 백양당, 1948)와 강한영(姜漢永)이 교주(校註)한 『의유당일기 · 화성일기』(서울 신구문화사, 1974, 신구문고 제3권)가 있다. 그 후 원본의 소재가 확인되지 않고 있다.
13 규장각 소장. 규장각에는 고종 때 이중하(李重夏, 1846~1917)가 지은 한문 필사본 『남정일기』(南征日記)(古 4254-50)도 있다.
14 권영철(1973)은 「부여노정기」를 발굴하여 소개하면서 이 작품의 원문을 판독하고 한자어를 보입한 판독문을 공개하였다. 이 작품은 순국문 총 219구로 된 규방가사이자 기행가사이다. 이 작품에 '차마 엇지 이질소냐'(31면) 나온다. 치찰음 ㅈ뒤의 ㅡ가 ㅣ로 전설모음화된 가장 이른 예이다.

구되는 사항이기도 하다.

3) 일기(日記)

일기류에 속하는 한글 필사본은 5장 1절 3)역사서류 항에서 짧게 언급했는데 여기서 자세히 설명한다.

『계축일기』(癸丑日記)는 『서궁록』(西宮錄) 또는 『서궁일기』(西宮日記)라 불리며, 2권 1책의 낙선재 문고 필사본이다. 이것은 1613년(광해군 5: 계축)에 선조의 계비인 인목대비(仁穆大妃) 폐비 사건을 시작으로 전개된 궁중 비사를 기록한 글이다.[15] 『계축일기』는 공빈 김씨(恭嬪 金氏)의 소생인 광해군과 인목대비의 소생인 영창대군(永昌大君)을 둘러싼 당쟁을 중후한 궁중 문체로 서술하였다. 묘사보다는 서술에 중점을 두고 있어 당시의 치열한 당쟁의 이면을 이해하는 데 보조 자료가 된다.

『산성일기』(山城日記)는 조선 인조 때 어느 궁녀가 쓴 일기체 수필이다. 병자호란이 일어나자 한 궁녀가 인조를 모시고 남한산성(南漢山城)으로 피난한 때의 시말을 적은 것이다. 기록 연대는 병자호란 이후 인조 15년(1637)으로 추정된다. 치욕적인 외교의 일면이 생생하게 기록되었고, 인조반정(仁祖反正) 때의 일까지도 상세하게 기록되어 있어서 사료적 가치도 가진다.[16]

---

[15] 인목대비의 아버지인 김제남(金悌男)이 영창대군을 추대하여 모반하려 한다는 무고로 인해 김제남 부자와 영창대군은 참혹한 죽음을 당하고, 인목대비는 서궁으로 불린 덕수궁으로 쫓겨나 폐비가 되었으나, 갖은 고초를 겪은 끝에 11년 만에 인조반정으로 복위되었다는 내용이다. 이 책의 제2권 끝에 "나인들이 잠간 기록하노라"라는 기록을 보아서 인조반정(仁祖反正) 뒤 대비의 측근 나인이 쓴 것으로 보인다. 그러나 문체와 역사적 사실을 들어 인목대비 자신이 쓴 것이라는 설도 있다.

[16] 『산성일기』는 글씨체가 다른 두 가지 이본이 있다. 이에 대한 강한영(姜漢永)의 교주(校註)가 『현대문학』(1958년 10 월호, 59년 2·3·5·6 월호)에 발표된 바 있다. 『산성일기』의 작자는 문장에도 매우 능하여 역사적 사실을 발단에서 위기를 거쳐 대단원에 이르는 하나의 사건처럼 기술하고 있다. 인조가 남한산성으로 피난 가는 것에서 시작하여 산성에서의 처절한 항쟁과 삼전도의 항복으로 이어지는 내용이 서술되어 있다. 50여 일의 기간에 일어난 사건이 핍진하게 묘사되어 있다.

『병자일기』(丙子日記)는 인조 14년(1636) 12월부터 인조 18년(1640) 8월까지 남평 조씨(南平 曺氏)가 병자호란 중에 겪은 고난과 시련을 기록한 일기이다. 이것은 전란이라는 급박한 정황 속에서 지은 것이어서 체험적 요소가 강하고 전쟁의 비참한 모습이 잘 그려져 있다. 역사적 가치뿐 아니라 문학적으로 의미 있는 작품이다.

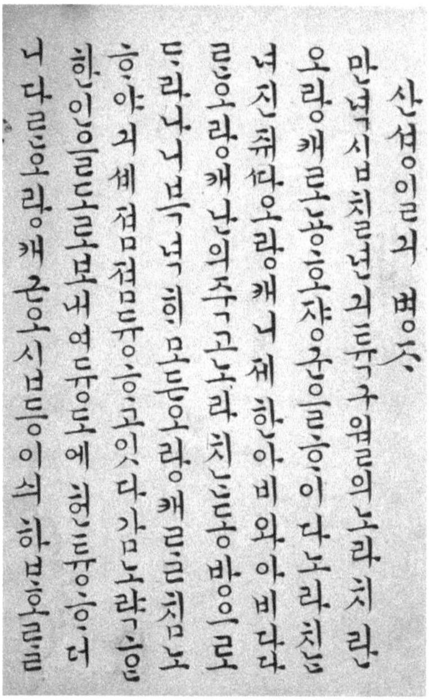

『윤씨행장』(尹氏行狀)은 김만중(金萬重, 1637~1692)이 돌아가신 어머니 해평 윤씨를 추념하여 지은 글이다.

그림 6 『산성일기』의 첫머리

『혜빈궁일기』(惠嬪宮日記)는 사도세자(思悼世子)가 참변을 당한 후 혜빈궁(惠嬪宮)에서 일어난 일을 적은 일기이다. 12권 2책의 필사본이 규장각에 소장되어 있다. 1764년(영조 40) 1월부터 이듬해 12월까지의 일기로서 궁중 나인과 내시가 기록한 것이다. 내용 중에는 정조 임금의 어머니이며 사도세자의 빈(嬪)인 혜빈(惠嬪)이 각 전(殿)의 문안에 내관(內官)을 보낸 일, 척신(戚臣)들의 별문안(別問安) 때 내린 사여(賜輿), 한글로 된 영칙(令飭)을 거행한 일 등이 기재되어 있다. 궁중생활의 풍속과 궁중어를 연구할 수 있는 자료이다.

『화성일기』(華城日記)는 정조 19년(1795)에 이의평(李義平)이 쓴 일기체 기행문이다. 정조가 어머니 혜경궁 홍씨(惠慶宮洪氏)의 회갑을 맞아 어머니를 모시고 경기 화성(華城)에 있는 아버지 장헌세자(莊獻世子)의 능에 참배하였을 때, 이를 수행한 이의평이 혜경궁 홍씨의 회갑연에 참석하고 그 모습을 기록한 것이 이 작품이다. 이 일기에 기록된 기간은

1795년 2월 9일부터 17일까지 9일간이다.

『한중록』은 『한중만록』(閑中漫錄)이라고도 하며 6권 6책의 필사본이다. 이것은 정조의 생모(生母)이자 사도세자(思悼世子)의 빈(嬪)이었던 혜경궁 홍씨(惠慶宮洪氏)의 자전적(自傳的) 회고록이다.[17] 혜경궁 홍씨의 부군(夫君) 사도세자가 부왕인 영조에 의해 뒤주에 갇혀 죽은 참변을 중심으로, 공사 간의 사건과 국가 종사(宗社)에 관한 복잡 미묘한 정치적 갈등이 그려져 있다. 험난하고 파란만장한 소용돌이 속에서, 칼날 같은 세월을 살아간 혜경궁 홍씨의 일생이 순 한글의 유려한 문장으로 묘사되어 있다. 작자 홍씨가 회갑을 맞던 해인 1795년(정조 19)에 친정 조카 홍수영(洪守榮)의 소청으로 이 글을 지었다고 그 동기를 밝혀 놓았다. 그 후 홍씨가 67세, 68세, 71세가 되던 해에 지은 네 편의 글을 『한중록』에 묶었다. 제1편은 정조 19년에 조카에게 주기 위한 순수한 회고록으로 친정 중심으로 기록하였다. 자신의 출생부터 어릴 때의 추억, 아홉 살에 세자빈으로 간택된 이야기, 입궁 후 50년 동안의 궁중 생활을 회고하였다. 그리고 나머지 세 편은 모두 아들인 정조가 승하한 직후부터 붓을 잡아 어린 왕 순조에게 보이기 위하여 쓴 것이다. 이 책은 기록을 남기는 자가 승자임을 증명하는 이른바 '승자의 기록'이라 할 만하다. 『한중록』은 사료적 가치는 물론 문학적 작품성까지 뛰어난 기록문학의 하나이다.

민간의 여성이 쓴 개인 일기류도 있다. 정경부인 한산 이씨(韓山 李氏, 1659~1727)는 유명천(柳命天, 1633~1705)의 세 번째 부인으로 들어가 정치적 격변의 와중에서 겪은 온갖 풍상을 『고행록』(苦行錄, 1719)에 그려냈다.[18]

---

[17] 혜경궁 홍씨(1735~1815)는 1762년 사도세자의 죽음으로 혜비에 추서 되었다가 1899년 영조에 의해 사도세자는 장조(莊祖)로, 혜경궁 홍씨는 혜경궁에서 경의 왕후로 추존되었다.

[18] 이것을 흔히 '한산이씨고행록'이라 부른다. 이 고행록은 한산 이씨의 친필본과 이씨 부인의 8대 손부(孫婦)인 안동 권씨[權太任]가 1925년에 표기법만 조금 다르게 하여 베낀

조선 후기 남성이 쓴 국문 일기도 몇 가지 전해지는데, 유성룡의 아들 유자진(柳子袗)이 쓴 『임진록』과 『임자록』, 김약행(金若行)의 『적소일기』 (謫所日記), 이희평(李羲平)의 『화성일기』, 이세보(李世輔, 1832~1895)의 『신도일록』(薪島日錄)(1862년경) 등이 있다(정우봉 2012: 412~413).

4) 역사서

역사서에 속하는 한글 필사본은 순수 창작문이 아니라 한문을 번역한 것이 대부분이다. 장서각과 규장각에 소장되어 있는 왕실 자료 중에는 역사서 범주에 들어갈 만한 한글 필사본들이 있다. 『열성지장통기』(列聖誌狀通記)와 『선보집략언해』(璿譜輯略諺解)가 그러한 예이다. 이 책들은 19세기 말에 민족의식이 싹트면서 왕실 인물들의 전기를 한글로 번역한 것들이다. 중국의 역사서를 한글로 번역한 필사본도 규장각에 전한다. 『자치통감』(資治通鑑)이 그것이다. 5장 1절 3항에서 언급했던 『동국사기』(東國史記)도 필사본 역사서에 들어간다.

5) 가장전기(家狀傳記)

가장전기류는 어떤 가문에서 그 가문을 빛낸 유명 인물의 행적과 전기를 한글로 번역하여 집안에 전승해 온 자료를 말한다. 가장전기류에 속하는 문헌의 사례 몇 가지를 들면 다음과 같다.

『퇴계선생연보』는 퇴계 이황(李滉, 1501~1570)의 생애를 한글로 작성한 것으로 기록 당시(19세기 추정)의 언어를 반영한다. 경북대학교 퇴계연구소에서 영인본을 간행한 바 있다(1992).

『학봉김선생행장』은 학봉 김성일(金誠一, 1538~1593)의 행장을 한글로

전사본(轉寫本)이 있다. 이 자료는 두 번에 걸쳐 연구 주해서가 나왔다. ① 김영배·강경훈 외, 『한산 이씨 고행록의 어문학적 연구』(태학사, 1999) ② 김봉좌·김학수 해제 주석, 『고행록 17세기 서울 사대부가 여인의 고난기』(한국학중앙연구원, 2014).

번역한 것이다.[19] 조상의 공적을 후손들에게 가르쳐 행실을 경계하려 한 것이다. 사료적 가치는 물론 당대의 언어를 반영하여 국어사적 가치를 가진다. 본문 필사를 모두 마친 후 권말에 "경인 원월 십이일 진시 필셔"라는 필사기가 있다. 이 필사기를 쓴 사람은 의성김씨 제27세인 김주국(金柱國, 1710~1771)이다. 권두 필사기에 "졔오녀의 손실을 주노라"라고 한 기록에서 김주국이 다섯째 딸인 '손실'(孫室)에게 준 책임을 알 수 있다. 김주국은 다섯 딸을 두었다. 이 책을 받은 막내딸은 월성인(月城人) 손성건(孫星建, 1755~1837)에게 출가한 것으로 의성 김씨 족보에 기록되어 있다. 위 필사기는 족보의 기록과 합치한다. 김주국은 경인년 1770년에 이 책을 번역하여 출가하는 딸에게 주고 그다음 해인 1771년에 작고하였다.

『선대보행록』(先代譜行錄)은 진천 송씨 집안의 가계와 집안의 인물에 관한 기록이다. 이 자료는 1667년(현종 8)에 태어난 송사윤(宋思胤)[20] 의 손자 송덕수가 필사한 것이다. 이 책에는 송사윤이 지은 「고조고 진사부군 비음기」, 「증조 고비 행장」, 「유인 전의이씨 행장」이 실려 있다. 그리고 송사윤의 손자 송덕수가 1744년에 지은 「조고가장」, 「순흥안씨세계」, 「종대부좌랑공 묘갈명」(도암이선생 재찬) 등이 실려 있다. 권말에 실린 「제문」을 제외한 나머지 글은 필체가 모두 동일하며, 송덕수의 필체로 판단된다. 수록된 글 중 「증조 고비 행장」과 「유인 전의이씨 행장」은 여성의 생애를 한글로 기록한 것이어서 특이한 자료가 된다. 여성의 생애는 이어서 살펴볼 한글 제문에도 자주 등장한다.

『선부군유사』(先府君遺事)는 홍낙술(洪樂述, 1745~1810)이 그의 아버지

---

19 이 자료를 처음 입수하여 저자에게 연구 자료로 제공한 분은 대구의 저명 한학자 김홍영 선생이다. 아래 서술하는 김주국에 대한 정보도 김홍영 선생이 제공해 준 것이다. 이 책은 현재 학봉종가에 소장되어 있다.

20 송사윤은 문과방목에 등재된 인물로 숙종 25년(1699), 증광시(增廣試) 병과(丙科)에 합격하였다. 생년(生年)은 1667년이며 본관은 진천(鎭川)으로 되어 있다.

홍인한(洪麟漢, 1722~1776)에 관한 기록을 모아 편찬한 한문본을 그 집안의 누군가가 한글로 번역한 것이다. 전체 55장 분량이며, 규장각 소장이다.[21]

『선부인가전』(先夫人家傳)은 규장각 소장본(고813-5-Sy28)이며, 「선부인언행별록」과 「제문」이 포함되어 있다. 이 책은 홍인한의 아들 홍낙원(洪樂遠, 1743~1775)이 한문으로 먼저 짓고 이것을 집안 여성들이 읽을 수 있도록 한글로 번역한 것이다. 이 책에서 말하는 선부인은 홍낙원의 어머니 평산신씨를 가리킨다.

『선부군언행유사』(先府君言行遺事)는 진안의 전주 이광찬 가에서 나온 고문서의 일부로 소개되었다.[22] 이 글은 이광찬(李匡贊, 1702~1765)의 행적을 그의 아들 이양익(李良翊, 1730~1801)이 지은 것이다. 한문본과 한글본이 함께 전하는데 한문본을 먼저 만든 후, 집안의 부녀자가 읽을 수 있도록 한글본을 만든 것으로 보인다. 『선부군효우유사』(先府君孝友遺事)도 이양익이 아버지 이광찬의 효행과 우애를 기록한 것이다.

『임인유사』(壬寅遺事)는 가람문고본이다(도서번호: 가람 923. 251-G415g). 『임인유사』에는 다음 세 편의 글이 차례로 수록되어 있다. 「임인유교」(壬寅遺敎)(1장~19장), 「선고유교」(先考遺敎)(1장~17장 전면), 「선고유서」(先考遺書)(17장 후면~19장 앞면)가 그것이다. 「임인유교」는 몽와 김창집(夢窩 金昌集, 1648~1722)이 남긴 유언을 아들 김신겸(金信謙, 1693~1738)이 기록한 것이다.[23] 「선고유교」는 죽취(竹醉 金濟謙, 1680~1722)의 유언을 아들 미호 김원행(渼湖 金元行, 1702~1772)이 기록한 것이다.[24] 세 번

---

21 이 책에 대한 소개는 김영진(2005)의 "『션부군유亽』에 대하여"를 참고하였다. 『션부군유亽』, 선문대 중한번역연구소, 김영진·박재연 교주.
22 『고문서집성』 53, 鎭安 程川 全州李氏 西谷 李正英後孫家篇(1), 한국정신문화연구원, 2002년.
23 『渼湖全集』에 실린 이 글의 한문은 '몽와성주유고'(夢窩星州遺敎)로 되어 있다.
24 『渼湖全集』에 실린 이 글의 한문은 '죽취부령유고'(竹醉富寧遺敎)로 되어 있다.

째 글인 「선고유서」는 김제겸(金濟謙, 1680~1722)이 신임사화에 휘말려 사약을 받기 전에 아들 김원행(金元行)에게 남긴 유언을 기록한 것이다. 한편 김제겸의 할아버지인 문곡 김수항(文谷 金壽恒, 1629~1689)이 사약을 받으면서 남긴 유언은 「기사유사」(己巳遺事)라는 글로 별도로 전해지고 있다(김충현 소장).[25] 김수항, 김창집, 김제겸은 조부손(祖父孫) 삼대가 사화(士禍)에 휘말려 사약을 받고 죽었다. 사약을 받기 전에 남긴 삼대의 유서는 한글로 기록된 매우 특이한 자료이다. 『임인유사』에 실린 세 글은 그 성격이 유서이면서 집안일을 기록했다는 점에서 가장전기류에 넣을 수 있다. 이 세 글은 조선 후기에 사화로 희생된 사람들의 언행을 한글로 기록했다는 점에서, 양반 지식인의 한글 생활을 보여 주는 주요 자료이다. 한문을 중심으로 한 관료 양반층에 속한 사람들도 한글을 중요한 기록의 도구로 활용했다는 점에서 가치 있는 자료이다.

『남원윤씨가승』은 책의 상태로 보아 19세기 말경에 필사 제책된 것으로 보인다. 책의 표지에 '남원윤시가승'이라 되어 있고, 권말에 파평 윤씨와 남원 윤씨의 세계(世系)가 한글로 묵서되어 있다. 표지 서명이 '남원윤시가승'이라 되어 있지만 주 내용은 몇 사람의 행장을 한글로 번역한 것이다. 이 책에는 「문열공사적」(文烈公事蹟), 「삼학사전」(三學士傳), 「충간공사적」(忠簡公事蹟), 「윤씨가승」(尹氏家乘)이 차례대로 수록되어 있다. 문열공 윤섬(尹暹, 1561~1592)은 조선 중기의 문신으로 본관은 남원(南原)이며, 1592년에 임진왜란이 일어나자 이일(李鎰)의 종사관이 되어 싸우다가 상주성(尙州城)에서 전사하였다. 「삼학사전」은 병자호란 때 척화론을 주장하다가 이듬해 청나라 심양(瀋陽)에 잡혀가 죽은 홍익한(洪翼漢) · 윤집(尹集) · 오달제(吳達濟)의 언행을 기록한 것이다. 「충간공사적」

---

25 이승복(1998 문헌과해석 가을호)에서는 『유교』라는 책을 소개하였다. 이 『유교』에는 '긔수유〈'를 포함하여 김창집과 김제겸의 유언을 담은 세 편의 글이 수록되어 있다. 이승복 교수가 소개한 『유교』는 그 내용이 규장각본 『임인유사』와 거의 같다. 자세한 논의는 이승복(1998)을 참고.

은 문열공 윤섬의 손자인 윤계온의 생애와 언행을 한글로 번역한 것이다.

저자는 수년 전에 개인 소장가의 도움으로 『선비유사언역』(先妣遺事諺譯)과 『증수파평윤씨소족보』(增修坡平尹氏小族譜)를 얻어 보았다. 한글 필사본인 두 자료는 파평 윤씨 집안의 여성을 중심으로 한 가승이다. 전자에는 「선비정부인 박씨유사」(先妣貞夫人 朴氏遺事)가 57장에 걸쳐 실려 있다. 이 책의 권말 필사기에 아들 윤광호(尹光濩)가 1800년에 쓴 것이라는 기록이 있다. 여러 사람이 필체가 섞여 있어서 박씨 부인의 자녀들이 나누어 쓴 것임을 짐작케 한다. 『증수파평윤씨소족보』는 세조비 정희왕후를 필두로 윤씨 집안에서 왕비가 된 성종비 정현왕후, 중종비 장경왕후·문정왕후 등의 출생과 생애를 간단히 기록한 것이다. 그 뒤에 윤씨 집안에서 벼슬한 사람들의 이름을 한글로 주욱 나열해 놓고 그 출생을 적어 놓았다. 한글 족보의 일종이라 할 만하다.

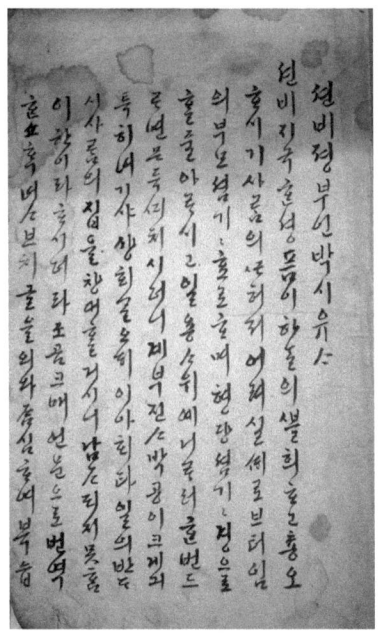 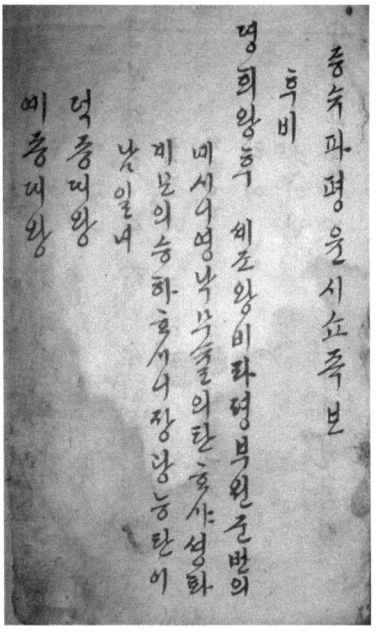

그림 7 『선비유사언역』의 권두 「선비정부인 박씨유사」

그림 8 『증수파평윤씨소족보』 권두

6장 한글 필사본과 한글 고문서 209

6) 제문(祭文)

제문은 한문으로 쓰인 것이 압도적으로 많으나, 제문의 작자가 여성이거나 여성이 제사의 대상인 경우는 한글로 지은 것이 적지 않다. 한글 제문은 한글 가사, 언간, 한글 고소설 등과 함께 조선 후기와 20세기 전기에 걸쳐 많이 창작되었다. 한글을 통한 문자생활에서 한글 제문도 중요한 의미를 갖는다. 한글 제문을 지어 향유한 계층은 양반층 중심이지만 19세기 후기 경에는 서민층도 이에 참여한 것으로 보인다.

그런데 한글 제문에 대한 연구는 매우 드물다. 일찍이 회재 이언적의 한글 제문에 대한 서원섭(1971) 선생의 연구가 있고 난 후 오랫동안 잠잠하다가, 안동민속박물관에서 『안동의 한글 제문』(1998)을 냈다. 최근에 이르러 홍윤표(2012)에서 한문 제문과 한글 제문의 여러 자료를 비교 검토하면서, 남성과 여성이 지은 여러 종류의 한글 제문이 소개되었다.[26] 최윤희는 『견문록』에 실린 한글 제문의 문학적 연구(2008)에 이어, 한글 제문 목록화 작업을 수행했다(2012).[27] 정승혜(2013)는 「제망매문」을 발굴하여 학계에 소개했다. 이 제문은 1746년에 기태동(奇泰東, 1697~1770)

그림 9 기태동이 누이를 애도한 한글 제문(1746). 현전 한글 제문 중 가장 오래된 것. 국립광주박물관 소장

---

26 홍윤표(2012), 한글 제문은 무엇을 어떻게 썼을까요? 쉼표마침표 77호.
27 한글제문 자료의 목록화 연구(2012, 한국연구재단).

이 32세에 죽은 누이를 애통해하며 쓴 것인데, 현재 알려진 한글 제문으로서 가장 오래된 것이다. 기태동의 이 제문은 전라도의 남성 사대부가 쓴 한글 제문이다.[28] 이 점은 현전하는 대부분의 한글 제문이 영남 지역에서 생산된 사실과 대조적이어서 흥미를 끈다.

7) 여성교육서

여성교육서로 가장 널리 알려진 것은 『내훈』(內訓)이다. 이것은 간본이고, 간행되지 않은 다수의 여성교육서가 필사본으로 전해져 온다.[29] 저자가 본 필사본 여성교육서에는 다음과 같은 것이 있다.

① 사소절(士小節)(이덕무 저) 중 부의(婦儀)[30] : 고종 7년(1870) 조택희(趙宅熙)가 '부의편'을 번역한 것. 홍문각 영인(1991).
② 정경부인 유씨사적 : 필사기는 '계유 육월초팔일 필셔'.
③ 여계약언(女戒約言) : '병오 이월십이일 필셔'(20세기 초기로 추정), 경북대 소장.
④ 규학신편(閨學新編) : 필사기는 '영역빅육십년(1806) 조션일민 우고'. 계명대 소장.
⑤ 고금여범(古今女範) : 필사기 없음. 가람문고본. 규장각 소장.
⑥ 부인요람(婦人要覽) : 필사기 없음(일제시대로 추정). 경북대 소장.

---

28 기태동의 묘는 전라도 장성 북상면에 있다(정승혜 2013:392).
29 백두현(2006d) 및 허재영(2006)에서 여성교육서와 여성의 어문생활에 대한 연구가 이루어졌다.
30 규장각본 외에 홍문각에서 영인한 것이 있다. 『사소절』 부의편은 이덕무(李德懋)(1741~1793)가 찬술한 『士小節』 중에서 부의편(婦儀編)을 조택희(趙宅熙)가 번역한 필사본이다. 이 책의 권두(卷頭)에 '완산 니덕무 편집', '양듀 됴틱희 번역'이라는 기록이 나오고 권말(卷末)(62b)에 '셩샹 즉위 칠년 경오이월회에 양듀 됴틱희는 셔ㅎ노라'라는 필사기가 있다. 이 책의 내용과 성격에 대해서는 "〈부의(婦儀)〉(士小節 중) 해제"(金智勇, 1991, 홍문각의 영인본에 수록)을 참고할 수 있다.

⑦ 규범(閨範) : 3권1책. 필사기는 '임슐 십이월'(1862/1922 중 하나). 개인 소장.

⑧ 여교(女敎) : 필사기는 '갑진 츄'(1844/1904 중의 하나). 가람문고본.

⑨ 충주공 부인 월성김씨행록 : 일사문고본.

⑩ 규곤의측(閨壼儀則) : 필사기는 '셰지 병진 밍츄 긔망 안동셔'. 가람문고본.

⑪ 여학사편(女學四編) : 필사기는 '임슐 뉴월'. 규장각 소장.

⑫ 정경부인행록(貞敬夫人行錄) : 필사기는 '경ᄌᆞ이월십육일'. 가람문고본.

⑬ 치심젼(治心傳) : 필사기는 '신미 칠월'. 박재연 교수 소장

⑭ 고금여감록(古今女鑑錄) : 개인 소장. 표지에 '거창가 고금녀감녹'. '쳑쥬 댱평 쳥강댁'이라 씌어 있음.

⑮ 규측(閨則) : 권말에 필사기 있음. 개인 소장.

⑯ 훈규록(訓閨錄) : 호상 조수가 계묘 계츈에 쓴 서문과 계묘 삼월에 쓴 권말 필사기가 있음. 남권희 교수 소장.

⑰ 계녀약언(戒女約言) : 서문 끝에 '졍유삼월넘팔일손녀근셔'라 되어 있고, 권말에는 원래의 저술자인 듯한 사람이 "경신윤ᄉᆞ월회일 父"라고 기록해 놓음. 경북대학교 도서관 취암문고 소장.

위 문헌 중 『여학사편』(女學四編)의 예를 들어 필사본을 연구하는 1차적 단계를 설명한다.

첫째, 해당 문헌의 성격을 파악한다.

『여학사편』은 규장각에 소장되어 있는 1책의 필사본이며, 19세기 자료로 추정된다. 한 면이 12행이고 한 행은 약 20자 내외로 되어 있다. 『여학사편』은 여성에게 가르칠 네 항목을 설명한 책이다. 그 네 가지란, 부인이 갖추어야 할 덕행, 경계해야 할 말과 거동, 봉제사와 접빈객, 길쌈과 집안의 일에 대한 것을 이른다. 이 책의 저자는 네 가지의 내용 중

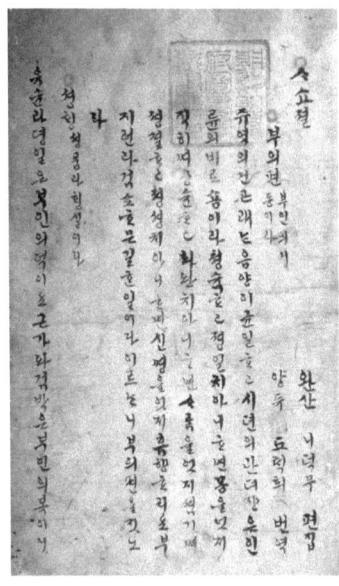 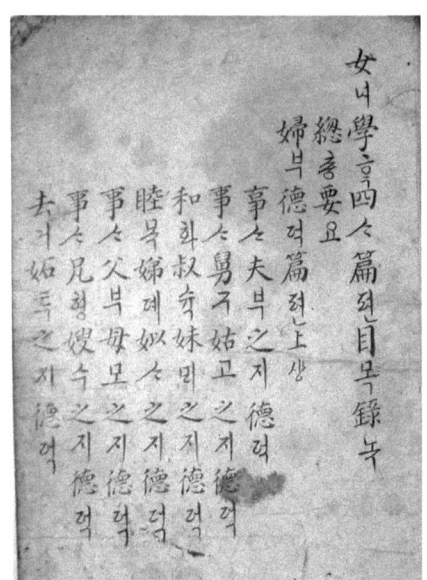

그림 10 『사소절』 '부의편' 첫머리   그림 11 『여학사편』의 목록

에서도 덕행에 대한 것을 가장 중요하게 서술하였다.

둘째, 본문을 읽고 판독한다.

필사본 연구를 위해서는 흘림체로 쓴 원문을 판독하는 이른바 탈초(脫草) 작업을 먼저 해야 한다. 『여학사편』의 서문을 예로 들어 판독한 내용을 아래에 옮긴다. 서문의 내용은 다음과 같다.

〈여학사편 서문〉

사름의 집 흥망이 흔 집 어미의게 들녓ᄂ니 ᄯᆞᆯ을 못 ᄀᆞᄅ치면 남의 집을 망ᄒ일며[31] ᄉᆞ리를 못 ᄀᆞᄅ치면 내 집을 망홀디라 엇디 두렵디 아니리오 그러나 셰속이 아들은 혹 ᄀᆞᄅ치되 ᄯᆞᆯ은 아니 ᄀᆞᄅ치고 혹 ᄀᆞᄅ치는 도리 언

---

31 망ᄒ일며: 망하게 할 것이며. '망ᄒ+이[사동]+ㄹ+며'. 현대 국어와 달리 동사 어간 'ᄒ-'에 사동접사(이)가 결합하여 사동형이 만들어졌다.

문과 침션³²을 걱정홀 뜨름이오 힝실은 여亽로³³ 아라 フ로되 다만 제 사름 나름이디 フ릭친 본으로 아니 간다ᄒ야 버려두니 슬프다 아모리 셩인의 ᄌ품인들 빈호디 못ᄒ고 엇디 착ᄒ리오 언문은 못ᄒ면 남의 손이나 빌거시오 침션은 못ᄒ면 갑 주고나 ᄒ려니 힝실이 업스면 남의 손도 빌 길 업고 갑 줄 길도 업고 텬ᄌ³⁴의 형셰와 셕슝³⁵의 부자라도 홀 슈 업서 집이 피ᄒ고 몸이 망ᄒ기에 니ᄅᄂ니 엇디 한심티 아니리오 허물며 싀집의 며ᄂ리 그늘은 더고나 남의 ᄌ식이라 ᄒ야 フ릭치든 아니ᄒ고 ᄒᄂ 대로 버려두고 흉이 나 보며 칙망만 ᄒ야 어버이 ᄌ식인 보람이 업ᄂ 이 만흔더라

며ᄂ리 의복 음식으로 싀집의 깃김³⁶이나 잘ᄒ면 그거시 효도라 ᄒ야 다른 허물은 다 フ리이〃고 은슈식³⁷과 보빈 노리개나 주는 거스로 며ᄂ리 亽랑을 삼ᄂ니 며ᄂ리 되는 재 쏘흔 셰상이 응당 그러ᄒ라 ᄒ야 싀집이 기리면 착흔 쳬ᄒ야 방ᄌᄒ기 쉽고 싀집이 나므라면 제 그름은 슬피디 아니코 도로혀 원망ᄒ며 친졍의셔 미스ᄅ 잘ᄒ여 주면 싀집에 와 쁜더운³⁸ 쳬ᄒ야 교만ᄒ고 친졍의셔 잘못ᄒ여 주면 치亽히 넉여 업고져 호디 오인³⁹ 힝실은 젼여 닥디 아니ᄒ야 혹 ᄌ식 亽랑홀 줄이나 아며 집아비 공경ᄒ리 업고 혹 집아비 친〃홀⁴⁰ 줄이나 아며 싀부모긔 효도ᄒ리 업ᄂ니 이러므로 셰쇽이 괴픽⁴¹ᄒ야 이곳에 오랑키와 시 즘싱이 되여가ᄂ 줄을 씨닷지 못ᄒ니 다 그 어려셔붓터 フ릭치디 못흔 연괴라 그러흔즉 쏠과 며ᄂ리 フ릭치기를 그 가

---

32 침션: 針膳. 바느질과 반찬 만드는 일을 통틀어 이르는 말.
33 여亽로: 보통으로. '예사'(例事)의 음 변화형.
34 텬ᄌ: 天子. 중국의 황제를 일컬음.
35 셕슝: '셕슝'은 중국 고사에 나오는 큰 부자로 우리나라 가사에 흔히 부자의 상징으로 등장하는 인물이다.
36 깃김: 기쁘게 함. 깃그+이+ㅁ. 사동접사 '-이-'가 결합한 사동형.
37 은슈식: 銀繡飾. 장식물이나 노리개.
38 쁜더운: 부끄럽지 않고 마음에 떳떳한.
39 오인: 온전한. '오올-'의 변화형.
40 친〃홀: 親親. 지나치게 친하게 지냄.
41 괴픽: 乖悖. 이치와 도리에 어긋남.

히 범연이 ᄒᆞᆯ것가

　너의 아름다은 ᄌᆞ품으로 어던 부모ᄭᅴ 빅혼거시 이믜 만흔디라 더 ᄀᆞᄅᆞ칠 거시 비록 업ᄉᆞ나 싀집의 경계 업스면 소견이 더 ᄂᆞ지 못홀디라 ᄉᆞ랑이 글ᄉᆞ록 디극ᄒᆞ기 ᄀᆞᄅᆞ치ᄂᆞᆫ 도리 더욱 극딘ᄒᆞᆫ디라 젼년의 녀계 ᄒᆞᆫ 권을 밍그러 주고 미진ᄒᆞᆫ ᄯᅳᆺ을 즉금 ᄯᅩ 녀흑 ᄒᆞᆫ 권을 뻐 주노니 다 녯사름의 지은 글이오 나의 ᄉᆞ〃로은 말이 아니라 이 두 칙을 잠깐도 눈에 ᄯᅥ나지 말아 착ᄒᆞᆫ 힝실이 태임 태ᄉᆞ에 니를지어다 나의 지극 졍셩이 남ᄆᆞ 돌도 거의 감동ᄒᆞ리니 네 만일 이 ᄯᅳᆺ을 져버려 ᄀᆞᄅᆞ친 효험이 업스면 곳 즘싱에 ᄀᆞ갑고 다시 날 볼 낫치 업슬이라

　내 말이 두 번이 아니리라 임슐뉴월 (여학사편 2b~3a)

　셋째, 내용 파악에 어려움이 없도록 난해한 구절에 주석을 붙인다. 주석은 원문에 붙여 각주로 처리하는 것이 일반적이다. 위에 간략한 주석을 붙여 예시를 보였다.

　넷째 판독하여 탈초한 원문과 이에 대한 주석을 이용하며 현대어로 번역한다. 이 작업은 누구나 쉽게 고전 문헌에 접근할 수 있도록 하기 위함이다. 다음은 위의 원문을 현대국어로 옮긴 것이다.

　〈여학사편 서문의 현대어역〉

　사람 사는 집이 흥하고 망하는 것이 한 집의 어미에게 달렸으니, 딸을 잘못 가르치면 남의 집을 망하게 할 것이며, 일의 이치를 잘못 가르치면 내 집을 망하게 할 것이라. 어찌 두렵지 아니하겠느냐.

　그러나 세속(사람들)이 아들은 간혹 가르치되 딸은 가르치지 아니하고 간혹 가르치는 도리가 언문 익히는 것과 바느질과 음식하는 것을 걱정할 따름이오, 행실은 예사로 알아서 말하기를, "다만 제 사람되기 나름이지, 가르친 본을 따르지 않는다"하고 내버려두니, 슬프다! 아무리 성인의 자태와 품성을 가진들 배우지 못하고 어찌 착하리오! 언문을 모르면 남의 손이나 빌릴 것

이오, 바느질은 못하면 돈을 주고나 하려니와, 행실이 없으면 남의 손도 빌릴 길이 없고, 갚아 줄 길도 없다. 천자의 형세와 석숭과 같은 부자라도 어찌 할 수 없어서 집이 패하고 몸이 망하기에 이르니, 어찌 한심치 않으리오! 하물며 시집온 며느리는 남의 자식이라 하여, 가르치지 아니하고 하는 대로 버려두고 흉이나 보며 책망만 하여 어버이와 자식 사이의 보람이 없는 이가 많은지라.

며느리가 의복과 음식으로 시집을 기쁘게 잘하면 그것이 효도라 하여, 다른 허물은 다 덮어주고, 은으로 수놓은 장식품과 보배 노리개나 주는 것으로 며느리 사랑하는 것을 삼는다. 며느리 되는 자도 또한 세상이 응당 그러하다 하여, 시집이 기리면 착한 체하여 방자하기 쉽고, 시집이 나무라면 제 잘못은 살피지 아니하고 도로 원망한다. 친정에서 모든 일을 잘하여 주면 시집에 와 떳떳한 체하여 교만하고, 친정에서 잘못하여 주면 부끄러이 여겨 (친정을) 업신여긴다. 온전한 행실은 전혀 닦지 아니하여, 혹 자식 사랑할 줄이나 알며 지아비는 공경할 리가 없고, 혹 지아비와 지나치게 친하게 지낼 줄이나 알지만 시부모께 효도할 줄은 모른다.

이러므로 세속이 도리에 어긋나 이곳이 오랑캐와 새 짐승이 되어 가는 줄을 깨닫지 못하니, 다 그 어려서부터 가르치지 못한 까닭이라. 그러한 즉 딸과 며느리 가르치기를 어찌 가히 평범하게 할 것인가?

너는 아름다운 자품으로 어진 부모께 배운 것이 이미 많은지라. 더 가르칠 것이 비록 없으나, 시집에 대한 경계가 없으면 소견이 더 늘지 못할 것이다. 사랑이 갈수록 지극하기에 가르치는 도리 또한 더욱 극진한지라. 지난해에 여계(女戒) 한 권을 만들어 주고, (그때 미처 밝히지 못했던) 미진한 뜻을 지금 또 여학(女學) 한 권에 써 주니, 다 옛사람이 지은 글이오, 나의 사사로운 말이 아니니라. 이 두 책을 잠깐이라도 눈에서 떠나게 하지 말고, 착한 행실이 태임과 태사에 이를지어다. 나의 지극 정성에 나무와 돌도 감동하리니, 네가 만일 이 뜻을 저버려 가르친 효험이 없으면 곧 짐승에 가깝고, 다시 날 볼 낯이 없을 것이니라. 내 말이 두 번 할 것이 아니라. 임술년 유월.

다섯째, 해설을 붙인다.
현대적 관점에서 이 서문에 대한 해설문을 작성해 붙이면, 국어사 연구자는 물론 일반 독자들이 이 서문이 갖는 의의를 보다 깊이 이해할 수 있게 된다. 다음은 이 서문에 대한 해설문이다.

〈해설〉
　위 글은 『여학사편』의 머리말로 여느 머리말과 마찬가지로 저자가 글을 쓰게 된 동기를 밝히고 있다. 저자는 먼저 세상 사람들이 아들 가르치기에는 정성을 다하나, 딸은 가르치지 않고 있는 세태를 지적한다. 이어서 딸을 가르쳐야 하는 이유를 들어 이러한 세태를 비판한다. 딸을 잘못 가르치면 두 집이 잘못될 수 있다는 점에서, 딸에 대한 교육이 중요함을 역설하였다. 지은이는 배우려 하지 않는 딸도 꾸짖고 있지만, 그보다는 제대로 가르치지 않고 흉보기만 하는 시집 식구를 더 질책하였다. 며느리를 남의 자식으로 여기지 말고, 제 자식과 같이 여기고 가르칠 것을 강조하였다.
　이러한 저자의 지적은 오늘날의 교육에서도 그대로 적용된다. 노리개 등 선물을 주어 며느리에게 잘 해 주는 것만이 도리가 아니며, 이런 행위가 오히려 귀한 딸과 며느리를 망쳐 두 집안을 그르칠 수 있다고 하였다. 돈에 휘둘리고 있는 현대인들에게 공감되는 이야기가 아닐 수 없다.
　바느질과 글 읽기를 못 하면 다른 이에게 맡길 수 있어도, 도리를 알고 선악을 판단하는 능력은 누구도 대신할 수 없다는 저자의 주장에 동의하지 않을 수 없다. 저자의 말대로, 올바른 분별력과 몸에 밴 교양은 한갓 재물이나 재주와 비교할 것이 못된다. 사람이 인격과 품성을 닦아야 함은 예나 지금이나 마찬가지이다.
　현대를 살아가는 우리가 여성 교육에 대해 단순하고 편협한 사고를 가지고 있는 것이 아닌지 반성하게 한다. 우리는 이러한 문헌을 읽으면서 조선시대 여성 교육에 대한 바른 모습을 알 수 있고, 오늘날 우리의 현실에 비추어 볼 수 있다.

위와 같은 작업 과정을 거치게 되면, 난해한 고어와 흘림체 한글로 씌어져 쉽게 읽기 어려웠던 옛 문헌 자료가 누구나 쉽게 접근할 수 있는 자료로 가공된다.

8) 음식조리서

여성의 가사 생활 백과사전격인 『규합총서』를 제외하고는 음식조리법을 설명한 한글 고문헌은 대부분 필사본으로 전한다. 한글 음식조리서로 가장 오래된 『주초침저방』, 『주찬방』, 『음식디미방』이 그러하고 후대에 생성된 여러 종류의 한글 음식조리서가 모두 필사본이다. 『서양음식만드는법』(1899)과 방신영의 『조선요리제법』(1913) 등 20세기에 들어 비로소 신활자로 된 간본이 나오게 된다. 한글 필사본으로 전하는 음식조리서의 역사적 추이와 그것이 갖는 의미는 이 책의 10장 4절에서 자세히 서술할 것이다.

9) 한글 서화

한글 서화는 그림에 한글을 써넣어 한글과 그림이 어울린 것을 가리킨다. 정재영(1998), 홍윤표(2013), 정우영(2014)에서 소개한 「안락국태자전변상도」(1576)가 대표적인 한글 서화이다. 현재 일본 청산문고(靑山文庫)에 소장되어 있는 「안락국태자전변상도」는 탱화 또는 변상도의 일종으로 각 세부 그림에 대한 설명이 한글로 붙어 있다.[42] 이 문헌은 제작 당시의 우리말 모습을 그림과 함께 보여준다는 점에서 매우 특이하고 귀

---

[42] 정재영(1998)에 이 그림의 명칭 문제, 한글 문장, 「안락국태자전」의 저본 등을 밝혔다. 홍윤표(2013)는 이 그림을 쉽게 풀이하여 일반인들이 이해할 수 있게 하였다. 정우영(2014)은 새로운 사진을 입수하여 이 자료를 다시 읽었다.

중한 자료이다. 호암미술관에서 낸 『조선전기국보전』(위대한 문화유산을 찾아서(2)(1996:242~243)에 그 도판이 실려 있다.[43]

도판의 그림과 한글이 함께 나타난다는 점에서 행실도류 문헌(삼강행실도, 이륜행실도, 오륜행실도 등)과 불교서 부모은중경언해도 서화류에 포함시키는 방안도 있다. 그러나 이런 문헌들은 책의 형태로 장정된 것이어서 외형상 서화로 보기 어렵다. 그러나 행실도의 이야기를 병풍 그림으로 재구성한「행실도 10곡병풍」(국립한글박물관 소장)은 한글 서화로 간주한다.

현전하는 유물로 볼 때 한글 서화는 매우 드물다. 그런데 20세기 이후에 한글 시와 그림이 결합한 '한글 시화(詩畫)'라는 새로운 장르가 이른바 시화전(詩畫展)을 통해 등장했다. 그림과 한글로 쓴 시를 결합한 이 장르를 '한글 시화'라 이름 붙일 만하다. 한글 시화도 넓게 보면 한글 서화라는 범주에 넣을 수 있다.

10) 문학류

문학류는 주제에 따른 분류를 다룬 5장 1절 '7) 문학류'에서 시가, 고소설, 기행문과 견문록으로 나누어 자세히 언급하였다. 문학류의 내부 장르는 훨씬 더 자세히 나눌 수 있으며, 남아 있는 문헌 자료도 방대하다. 문학류 자료에 대한 연구는 고전문학계의 성과로 미루고, 이 책에서는 5.1절 7)항에서 서술한 정도로 그친다.

11) 한글 고문서

한문 고문서에 비해 한글 고문서는 그 분량이 훨씬 적지만 국어사는 물론 생활사 연구에서 중요한 가치를 가진다. 한글 고문서에 대한 서술은 아래 6.2절에서 자세히 베풀기로 한다.

---

43 이 도판에서는 이 그림의 명칭을 '沙羅樹幀'(사라수탱)이라 해 놓았다.

6.2. 한글 고문서

6.2.1. 한글 고문서의 분류

문서는 관청 혹은 민간에서 어떤 실용적인 목적을 위해 작성한 문장 자료이다. 여기에는 작성해 주는 자 즉 발급자(發給者)와 이를 받는 자 즉 수급자(受給者)가 있다. 문서 중 법적으로 종결되거나 긴 시간이 흘러서 현실적 효력이 상실된 문서를 '古文書'(고문서)라 칭한다.

실질적 효력이 없음에도 불구하고 고문서가 오랜 세월 동안 전해질 수 있었던 요인은, 고문서가 가문의 사회적 위광을 상징하고 가문의 역사를 증언하는 가치를 갖기 때문이다. 특히 조상의 관직 임명장과 임금이 내린 교지는 가문의 영광을 상징하는 것이었다. 경제적 효력이 사라진 매매 문서나 계약서 등을 계속 보존한 것은 가문의 기록을 소중히 여기는 문중 의식에 기반한 것이다. 조선시대의 명문가로서 가문의 기록을 철저히 보존해 온 대표적 집안이 바로 학봉 김성일 가, 해남 윤씨 가 등이다.[44]

한글 고문서는 고문서 양식을 대체로 따르면서 한글로 표기된 각종 문서와 기록물을 뜻한다. 현전하는 한글 고문서들은 19세기 이후에 작성된 것이 많다.[45] 한글 고문서는 그 법적 효력이 보장되지 않은 것이어서 널리 통용된 것은 아니다. 한글 고문서의 작성은 개인적 혹은 사적 목적으로 이루어지는 것이 보통이다. 한글 고문서가 관문서로 작성된 사례는 매우 드물다. 한글 고문서에는 다음과 같은 종류가 있다.[46]

---

[44] 『고문서집성』에 수록된 여러 가문의 문서들이 여기에 해당한다. 조상의 필적이 담긴 종이 한 장을 허투루 대하지 않고 아끼고 간직하여 대대로 전수해 온 것, 이 사실 하나만으로도 그 가문이 명문가임을 인정할 수 있다.

[45] 현재 남아 있는 한글 고문서는 그 분량이 어느 정도인지 정확히 말할 수 없는 실정이다. 전국에 흩어져 있는 한글 고문서가 아직 제대로 파악된 단계가 아니고 목록화 작업도 이루어지지 않았기 때문이다.

[46] 아래 고문서 분류는 『생활문화와 옛문서』(국립민속박물관, 1991)과 『박물관 도록－고문서』(전북대학교 박물관, 1999)와 홍윤표(2006a)를 참고하고, 김봉좌 박사의 조언을 토

1) 관문서(官文書)
① 교령류(敎令類) : 왕이나 왕실에서 내리는 명령 문서. 유서(諭書), 각종 윤음, 은사문(恩賜文).
② 관령류(官令類) : 관에서 백성들에게 내린 명령을 한글로 기록한 것. 전령(傳令), 고시(告示), 완문(完文) 등.
③ 청원 소지류(請願 所志類) : 개인이 관청에 올리는 문서. 소지(所志), 청원서(請願書), 상언(上言)[47], 원정(原情), 의송(議送), 발괄(白活), 단자(單子), 등장(等狀) 등.[48]
④ 호적과 호구단자 : 상주 황씨가 한글 호적.

2) 매매·계약 문서
① 명문(明文) : 노비, 토지, 가옥 등 매매 문서.
② 배지(牌旨) : 윗사람이 아랫사람에게 명령을 내리는 문서. 배자(牌子)라고도 함.
③ 자문(尺文) : 영수증.
④ 계약 문서 : 수표(手標), 수기(手記)(다짐문서, 각서).
⑤ 전당 문서 : 차용증.

대로 작성한 것이다.

47 상언(上言)으로 가장 알려진 자료는 「김씨부인한글상언」이다. 이것은 이이명(李頤命)의 처 김씨 부인(1655~1736)이 영조에게 올린 한글 탄원서로 손자 이봉상과 시동생 이익명의 목숨을 구해달라는 내용을 담고 있다. 이 자료에 대한 연구는 임형택(2004)과 서경희(2006)를 참고할 수 있다.

48 청원 소지류는 개인이 관청에 올리는 문서이므로 공문서가 아닌 사문서로 분류할 수도 있다. 한글 고문서에는 사문서인 것이 적지 않다. 좁은 의미의 공문서는 관에서 작성한 것만을 가리킨다.

3) 의례(儀禮) 문서
① 왕실 의례 : 오례(吉禮, 嘉禮, 賓禮, 軍禮, 凶禮) 관련 문서나 기록
   길례 : 발기[件記], 설찬도(設饌圖), 등록(謄錄), 단자(單子) 등
   가례 : 발기, 홀기, 의주, 간택단자, 가례일기, 의궤, 악장, 책문 등
   흉례 : 발기, 단자, 제문, 애책문(哀冊文), 물목(物目) 등
② 사가(私家) 의례 : 사례(冠禮, 婚禮, 喪禮, 祭禮)
   관례 : 관례홀기, 축문, 관례착시 물종기(冠禮着示 物種記), 동상안
        (東床案).
   혼례 : 혼수물목, 흥성기(興盛記), 의양단자 등.
   상례 : 상례물목, 의제(衣制), 부조기(扶助記), 부의록 등.
   제례 : 제수물목, 기일록(忌日錄), 제문 등.

4) 신앙·종교 문서
① 불교 : 권선문, 불복장 축원문, 진언문 등.
② 무속 : 길흉 문기, 부적, 역술 문서.
③ 동제 : 동제(洞祭) 물목 및 관련 문서.

5) 의식주 문서
① 의복류 : 의양(衣樣), 의복발기, 버선본, 수본(繡本), 보본(袱本).
② 음식류 : 음식조리법 문기, 양조법 문기, 약방문[和劑].
③ 주거류(住居類) : 가옥, 건물, 기와 등에 쓰인 한글.

6) 가족·친족 문서
① 가계류(家系類) : 가승(家乘), 세계(世系), 가계도, 족보, 입후(立後)
   문서.
② 문중류 : 문중계안, 종계 문기, 회문, 재정문서, 선영도.
③ 상속류 : 분재기, 분급문기, 별급문기, 유서(遺書), 화회문기(和會文

記).
④ 행장류 : 선조의 행적에 대한 기록. 행장(行狀), 유사(遺事) 등.

7) 공동체 생활 문서
① 촌락 조직 문서 : 동약(洞約), 계문(契文), 동계안(洞契案).
   (동계치부책, 동중 전답안, 향규, 향안, 촌계 등)
② 농업 관련 문서 : 추수기, 두레문서, 소작 증서, 농계안(農契案), 종자 분급기.
③ 계 문서 : 족계, 서당계, 송계, 보민계, 상두계, 친목계.
④ 공동 작업 문서 : 교량 작자 성책, 건물 작업기.
⑤ 통지문 : 통문(通文), 게시문, 전보.

8) 개인 생활 문서
① 편지 : 언간, 고목(告目), 언찰 규식, 언간독.
② 생활기록 : 일기, 장부, 노비인명록[花名錄], 노정록(路程錄), 일정표.
③ 놀이 : 숭경도(陞卿圖), 남승도(覽勝圖), 윷말판, 악보.
④ 교육 : 언문 반절표, 본문뒷풀이, 가훈, 여훈.
⑤ 물품 : 기와, 도자기, 상, 다듬잇돌, 목기(木器) 등의 한글 기록.

한글 고문서를 분류할 때 부딪치는 가장 큰 문제는 분류 기준을 설정하는 것이다. 일본의 고문서학계에서는 발신자와 수신자가 분명한 것만 '문서'로 치고, 작성자만 있는 것은 '기록'이라 구별한다. 그러나 우리나라의 경우는 이것이 불분명하여 작성자만 있는 것도 문서로 간주하는 관례가 있다. 위 분류 체계에 나타나 있듯이 노정록, 윷판, 물품 기록 등을 고문서에 포함시킨 것이 그 예이다.
엄밀히 따지고 들면 문제점이 한둘이 아니다. 발신자와 수신자가 분명히 존재하는 언간을 고문서에 넣은 것은 문제가 되지 않는다. 그러나 한글 제문의 경우는 어떠한가? 제문은 받는 자가 현실적으로 존재하지 않는 혼령(魂靈)이어서 문제가 될 수 있다. 받는 자가 혼백이라 하더라도 받는 자가 설정되어 있다는 점에서 고문서의 조건을 일부 충족시켰다고 볼 수 있다. 「오대산상원사 중창권선문」과 「안락국태자전 변상도」의 경우는 어떠한가? 전자 문서에는 권선문의 시행 경위가 나와 있고, 여기에 뜻을 낸 다수인의 성명과 수결이 들어 있다. 이런 점에서 기록물의 하나로 보고 고문서에 포함시킬 수 있다. 그러나 후자 「안락국태자전 변상도」는 부처의 전생담과 연관된 보살의 이름과 행실을 적은 한글 문장으로 되어 있어서 서화의 하나로 봄이 적절하다.

6.2.2. 한글 고문서의 기재 양식과 내용

한글 고문서는 기본적으로 이두 고문서의 기재 양식을 그대로 따르고 있으며, 이두 고문서 내용을 표기만 한글로 바꾼 경우도 있다. 한글 고문서도 이두 고문서와 마찬가지로 매매를 위한 명문(明文), 상전이 노복에게 전답의 매매 등의 권한을 위임하는 배지[牌旨], 약속 이행을 다짐하는 수표(手票)나 수기(手記) 등 다양한 종류가 전해지고 있다. 드물기는 하지만 노비 신분의 사람이 쓴 한글 명문(明文)이 있는 것을 보면 하층민들도 한글 문서 작성에 참여했음을 알 수 있다. 특이한 한글 문서로 관청에 올린 언문 소지(所志, 청원서)도 있다. 이 언문 소지들은 대개 부녀자들이 작성하여 관에 올린 것이다.

고문서에는 중국 연호로 표기된 작성 연도와 발급자 및 수급자가 정확히 기록된 것이 있는가 하면, 연도가 간지(干支)만으로 표기되어 정확한 작성 연도를 알기 어려운 경우도 많다. 한글 고문서가 한문 혹은 이두문 고문서와 함께 일괄 문서 속에 있을 때 그 가치는 더욱 높다. 출처가 확인되지 않고, 낱장으로 떨어져 발견되는 한글 고문서는 하나의 사례를 보여주는 정도에 그친다.

현재 전하는 한글 고문서 중에서 몇 가지 종류를 대상으로 문서의 기

재 양식과 내용을 살펴보기로 한다.⁴⁹

1) 한글 토지 매매 문서

전통사회에서 토지나 물품 등의 거래를 위해 거래 당사자가 거래 행위를 확인하고 그 행위를 보증하기 위해 문서를 주고받았다. 이러한 문서를 명문(明文)이라 한다.⁵⁰ 토지 매매 문서는 논밭을 사고 팔 때에 파는 사람이 사는 사람에게 써주는 증서이다. 토지 매매 문서의 기재 양식은 대체로 다음과 같다(홍은진 1999:61).

① 문서 작성 시기와 문서 수급자(受給者, 받는이)의 성명
② 토지의 전래 경위
③ 위치와 수확량, 면적
④ 가격
⑤ 차후 계약 위반시의 조치
⑥ 방매자(放賣者, 파는이) 및 증인, 집필자의 서명(署名)

토지 매매 문서의 문장과 그 양식에 나타난 특징은 다음과 같다.

① 수급자(受給者)의 이름 옆에 '-전명문', '-쳐 명문', '-쳐의'를 사용한다.
② 문서를 작성하게 된 경위는 '우명문ᄉ단'(右明文事段)으로 시작된다.
③ 발급자, 증인, 필집은 신분에 따라 수결(手決)이나 손바닥(手寸)으로 서명을 하였다. 손바닥으로 서명할 경우 남자는 좌수(左手), 여성은 우수(右手)를 사용하였다.

---

49 한글 고문서의 기재 양식과 내용에 대한 설명은 홍은진(1999)를 일부 참고하였다.
50 최승희의 『한국고문서연구』(1995:389)에 토지 명문의 일반적 양식과 기재 사항 대한 설명이 나와 있다.

④ 양반은 직접 매매행위에 관여하지 않고, 주인 양반의 위임을 받은 노(奴)가 매매 업무를 대행하였다.
⑤ 매매 문서의 양식은 기본적으로 이두 고문서의 투식을 빌려와 사용하였다.
⑥ 문서 작성 연월일에서 문서의 작성 연도는 중국 연호 혹은 간지(干支)로 표기되어 있다. 조선 말기에는 중국 연호가 없고 간지만 기재한 문서가 많다.

기재 양식은 매매 연월일(年月日)을 첫 줄에 쓰고, 이어서 사는 사람의 이름을 쓴다. 매매자가 양반(兩班)일 경우에는 '모댁모노'(某宅奴某)라는 식으로 노비의 이름을 쓰는 경우도 있고, 본인의 이름을 직접 쓰는 경우도 있다. 그다음에 매매의 이유, 토지의 권리 전승의 유래, 토지의 소재처, 매도 대금과 그것의 수취(收取) 사실, 영구적 매도(賣渡) 확인문, 문서의 허급(許給) 여부와 그 이유, 담보(擔保)의 순서로 적혀 있다. 끝으로 매도인(賣渡人)이 이름을 적고 수결을 놓는다. 그 아래 증인(證人), 증견(證見), 증보(證保), 증(證)이라 칭하는 증인 또는 입회인의 이름을 쓰고 수결을 놓는다. 이어서 집필(執筆)이라 칭하며 이 문서를 직접 쓴 자가 이름을 쓰고 수결을 놓는다.

토지 매매의 경우 매매 후 관청에 곧바로 보고하여 입안(立案, 공증의 일종)을 받도록 하였다. 『경국대전』(經國大典)에 매매 계약 후 100일 이내에 관청에 신고하여 입안을 받도록 규정하고 있다(卷五, 刑典私賤條). 그러나 이러한 절차는 잘 지켜지지 않았다. 토지를 살 때에 문서를 새로 만들지 않고 그가 이전에 산 문서를 인도함으로써 해결되는 경우가 많았다. 특히 임진왜란 이후에는 매매 당사자들끼리 신구 문기(新舊 文記)를 주고받음으로써 매매가 완전히 이루어졌다고 생각하였다.

〈부안 김씨가 한글 토지 매매 문서 사례〉(홍은진 1999:64)[51]

기재 사항 순서	원 문
① 문서 작성 시기	을ᄉ년 삼월 스므날
② 문서 수급자(收給者) 성명	싱원님□ 노ᄌ 밤쇠젼 명문
③ 매매 사유	우명문ᄉ단은 쇼인이 빈틈기 ᄒᆞᇰ다가 패션ᄒᆞ와 물길이 업서 싱원님틱의 알외니 논을 풀나 ᄒᆞ시고
④ 가격과 매매 물건	싱원님 ᄐᆞ시던 물 ᄒᆞᆫ 필 볼 쉰 말 주시거늘 차□어 논 여듧 말지기을 싱원님 젼의 들이되 볼암이나 ᄒᆞ여 들이라 ᄒᆞ시매 볼암ᄒᆞ여 들이ᄂᆞ이다
⑤ 파는 이(放賣者)	답듀 도쇠 (左寸)
⑥ 증인	증인의 권웅남이 (左寸)
⑦ 집필자의 서명(署名)	필집의 녕암 원두마리 니굿쇠 (右寸)

2) 한글 배지[牌旨]

조선시대 양반들은 매물이 있어도 직접 매매에 관계하지 않고 가노(家奴)에게 전답, 가옥, 노비 등의 거래 임무를 맡겼다. 집안의 노복에게 매매 일을 맡길 때 이 사실을 상대방에게 알리기 위해 노복에게 주는 문서가 배지이다. 배지[牌旨]는 배자[牌子]라 부르기도 한다. 매매 업무는 다음과 같은 순서로 진행되었다. 양반은 노(奴)에게 배지를 주어 형식상 매도하는 일을 위임하며, 배지를 받은 노는 상전의 뜻을 받들어 원매인(願買人)을 찾아 매매계약서(賣買契約書) 문기(文記)를 한글이나 한문으로 작성한다. 이것을 배지 및 구문기(舊文記)와 함께 매수인에게 인도하고 매물 금액을 받아서 상전에게 바친다.[52] 실제 자료에 나온 배지의 기재 내용을 보면 다음과 같다.

---

51 이 문서는 乙巳年 三月(1845년 3月)에 양반 주인을 대행한 답주 '도쇠'가 노 '밤쇠'에게 발급해 준 것으로 되어 있다. 『고문서집성』 2(扶安 扶安 金氏)에 수록.
52 최승희, 『한국고문서연구』, 지식산업사, 388면.

① 문서 받는 사람(收給者)의 이름
② 토지를 매도(賣渡)하는 이유
③ 위치와 면적 (結負 또는 斗落)
④ 매도 관련 일을 위임하는 사람의 이름
⑤ 방매자(放賣者)의 서명(署名)
⑥ 작성 연월일

 방매자(放賣者, 파는 사람)와 작성 연월일의 순서는 바뀌기도 한다. 이러한 문서에 나타난 몇 가지 특징은 다음과 같다. 수급자(受給者)의 이름 끝에 '處'(처)를 두기도 하나 이름만 쓴 경우도 많다. 문서 첫머리는 '無他'(다름 아니라)로 시작하는 것이 보통이나 생략된 경우도 있다. 발급자와 수급자는 대부분 노비 이름[奴名]으로 되어 있다. 토지 매매 문서와 같이 이두문 고유의 문서 투식을 사용하고 있으며 차후 계약 위반 시의 조치 내용을 명시해 놓았다.

〈구례 문화 유씨가 한글 배지 사례〉(홍은진 1999:73)[53]

기재 사항 순서	원 문
① 문서 수급자(收給者)의 이름	노 치위 쳐
② 토지를 매도(賣渡) 사유	무타라 쳔만 의외 져근 셔방님 상스를 만나 초상 빗이 만ᄒ되 갑풀 길 업셔
③ 위치와 면적(斗落)	토지면 등즈답 십일두락고들 ᄑ라 갑푸려
④ 배자로 문서 작성 위임	ᄒ니 모인쳐의 방매ᄒ야 쥰가 바더 드리고 이 빈즈 드듸여 셩문ᄒ여 주라
⑤ 작성년월일	을유 십이월 이십일
⑥ 방매자의 서명	샹젼 윤씨

---

 53 이 문서는 乙酉年 十二月(1765년, 영조 41년)에 윤씨가 노 '치위'에게 발급해 준 배지이다. 『고문서집성』 38, 구례문화유씨(2), 286면.

3) 한글 노비 매매 문서

노비 매매 문서도 한글로 작성된 것이 있다. 조선 전기의 문서 가운데 노비분깃(奴婢分衿), 별급(別給) 등의 문서는 간혹 볼 수 있으나 현존하는 노비 매매 문서는 대부분 임진왜란 이후의 것이다. 노비 매매 문서는 토지나 가옥의 매매와 같이 관의 입안(立案)을 받아야 했고 입안의 절차는 대개 토지·가옥의 경우와 같다. 노비를 살 경우에 파는 사람으로부터 받은 문서를 근거로 관에 보고하여 공인을 받아야 하는바 이를 입안(立案)이라 한다. 입안은 제출한 문서의 여백이나 뒷면에 써 주는 것이 관례였다. 노비 매매 문서에 들어가는 내용과 일반적 양식은 대체로 다음과 같다.

① 작성연월일, 매수인(買受人)의 성명
② 노비의 전래(傳來) 경위. 매도(賣渡)하는 이유
③ 노비의 수·가격·매도 이후 발생하는 노비의 처리 문제
④ 차후 계약 위반 시의 문제
⑤ 매도인·집필자(執筆)·증인의 이름과 서명

4) 한글 수기(手記)와 수표(手標)

수기와 수표는 임차(貸借)·기탁(寄託)·매매(賣買)·약속 등을 할 때 주고받는 증서이다. 수표와 수기에는 연호(年號)를 쓰지 않고 간지(干支)만 표시하는 것이 일반적이나 때로는 연호를 쓴 경우도 있다. 전라도 해남 윤씨가에 전하는 한글 수표의 작성 사례를 살펴보자.[54]

---

54 『고문서집성』 3 (海南 尹氏家).

〈해남윤씨가 한글 수기 사례〉(홍은진 1999:82)

기재 사항 순서	원 문
① 작성연월일, 받는 사람의 성명	庚午二月十一日 右人前手記
② 수표를 쓰게 된 이유와 내용 : 매매토지 및 가격	우슈긔스쩐 의인 장니거힝이 가마공젼출 납무 노고로 음식복호 三結三十卜 가졀 젼문 三十九兩 六錢 의슈 방미ᄒ거온
③ 차후 계약 위반시의 조치	일후의 약유잡담이면 이차 고관변졍ᄉ라
④ 작성자 성명과 서명	슈긔쥬인 오셩신(手決)

수기나 수표의 특징은 받는 사람의 이름 옆에 '○○○前手記(전수기), '우슈긔스쩐'이라고 쓴다는 점이다. 문서 작성 사유와 그 내용·금액·계약 위반 시의 처리 문제 등은 토지 매매 문서나 배지의 기재 내용과 차이가 없다.

5) 고목(告目)

고목은 조선시대 각사(各司)의 서리 및 지방 관아의 향리가 상관에게 공적인 일을 알리거나 문안할 때 올리는 간단한 문서이다. 상관의 명칭은 그 지위에 따라 '대감(大監), 영감(令監), 안전(案前), 사또' 등으로 쓸 수 있으나 일정하게 고정된 것은 아니었다. 대체로 아랫사람이 윗사람의 안부를 묻고 어떤 일의 시말이나 경과를 간단하게 보고할 때 사용되었던 문서가 고목이다. 고목은 대체로 다음과 같은 양식으로 작성되어 있다 (홍은진 1999:88).

① 받는 사람의 호칭
② 작성 연대, 보내는 사람 이름
③ 문안 인사
④ 받는 사람에 대한 시후(時候)와 안부
⑤ 받는 사람의 안부와 보내는 사람의 안부 전하기, 상대방에 대한 축원
⑥ 보낸 날짜와 보낸 사람의 이름

한글 고목의 특징은 다른 매매 문기와는 달리 받는 사람에 대한 안부 묻기, 보내는 사람의 근황, 용건, 마무리 인사말 등으로 되어 있다. 특히 용건은 그 내용이 아주 자세하게 기록되어 있다.[55] 고목의 양식에서 알 수 있듯이 고목은 그 형식과 내용이 언간과 거의 같다. 그리하여 고목 작성 투식서가 『징보언간독』(增補諺簡牘)에도 실리게 된 것이다.[56] 이 『징보언간독』 24장 앞뒤에 걸쳐 실린 고목의 양식은 다음과 같다.

```
고목ᄒᆞᄂᆞᆫ 법
겻봉 규식
    아모짜   하인 아모 고목
    아모ᄃᆡ   시하인 기탁           근봉


   고목
   황공 복디 근복 문
   안ᄒᆞ오며복미심ᄎᆞ시의
 긔쳬후 일향만강ᄒᆞ옵신지 복모구〃 무임하셩이오며 쇼인은
 하휼지퇵을 입ᄉᆞ와 죠이 잇ᄉᆞ오니 복힝이오며 복츅
   긔후 만안 연유젼ᄎᆞ 고과누온ᄉᆞ
        년   월   일 소인 아모 고목
```

위와 같은 고목을 받은 상전이 아랫사람에게 답장으로 배지(牌旨)를 쓰는 투식은 『징보언간독』에 다음과 같이 소개되어 있다.

---

55 해남윤씨가 문서에는 '박몽치', '고담 노 인봉' 등이 작성자로 되어 있는 한글 고목이 포함되어 있다.
56 병술년(丙戌年)(1886)에 간행된 『증보언간독』이 그것이다.

답 빈디ᄒᆞᄂᆞᆫ법
　　것봉 규식
　　　　아모짜　아모딕셔
　　　규식　　　아모게　즉젼

　　아모 긔견
오ᄅᆡ 긔별 몰나 궁금ᄒᆞ든 ᄎᆞ 네 글시 보니 그 ᄉᆞ이 집안이 다들 무고ᄒᆞᆫ가 시부니 다ᄒᆡᆼ 긔특ᄒᆞ다 딕의셔는 다 ᄒᆞᆫ 모양이니 다ᄒᆡᆼ이며 인편 슈〃ᄒᆞ야 슈ᄌᆞ 적으니 연ᄒᆞ여 잘들 잇기 밋는다
　　　　년　월　일　아모딕 평셔

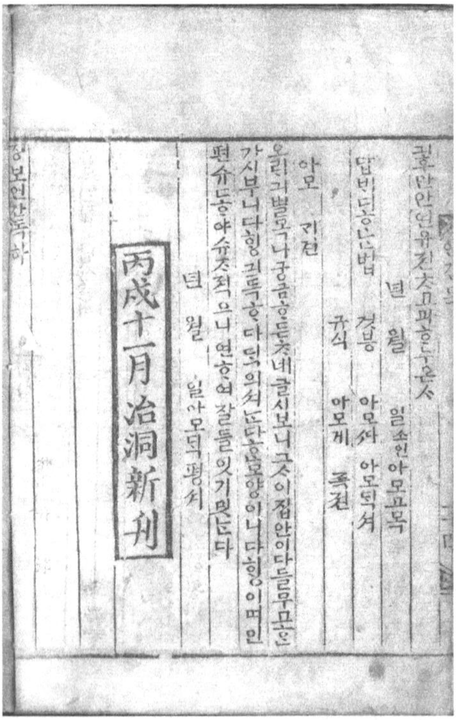

그림 12 『증보언간독』(병술 야동 신간판)에 실린 '답배 지하는 법'의 규식.

조선시대의 고문서는 거의 대부분 이두문으로 적혀 있다. 조선시대 이두 연구는 박성종(1996)에 의해 종합되었다. 한글 고문서에 대한 연구는 홍윤표(1999, 2006a, 2010a), 홍은진(1998, 1999), 정승혜(2000), 백두현(2008a, 2010a, 2011a), 이상규(2011) 등이 있다.

한글 고문서는 한문 혹은 이두문 고문서에 비해 전해지는 문서량이 매우 적고 실생활에서의 쓰임도 제한된 편이다. 한글 고문서에 대한 연구는 1999년에 발표된 홍윤표의 논문을 필두로 조금씩 진행되어 왔으나 그 성과는 아직도 미미한 편이다. 언간과 한글 제문을 포함한 다양한 한글 고문서 자료는 국어사 연구뿐 아니라 한글생활사와 사회사 등 다양한 연구에 기여할 수 있다. 그러나 목록 작성 등 가장 기초적인 작업도 아직 이루어지지 않은 상태이다. 새로운 한글 고문서의 발굴은 물론이고, 각종 자료집에 실린 한글 고문서의 목록 정리가 먼저 이루어져야 한다. 한글 고문서에 대한 새로운 관심이 필요한 때이다. 한글 고문서 연구는 인접 학문과 소통할 수 있는 매개체이기도 하다.

7장 문헌 내용의 구성과 그 변이

고서를 구성하고 있는 물질은 매우 단순하다. 종이와 먹물과 장정용 실끈이 전부다. 종이의 앞뒤 표면에 먹물로 문자를 인쇄하여 실끈으로 맨 것이 책이다. 책의 물질 구성은 참으로 단순하다. 그러나 단순한 재료로 만들어진 책에 담기는 내용은 전혀 단순하지 않다. 단순한 형태의 그릇에 온갖 음식을 담을 수 있듯이, 단순한 형태의 책에 인간이 성취한 온갖 사상과 제도와 문화를 담는다. 물질로서의 책은 그릇일 뿐이고, 그 속에 담기는 내용이 훨씬 중요하다. 7장에서는 책의 내용이 어떻게 구성되어 있으며, 그것이 어떻게 변이될 수 있는지 몇몇 사례를 통해 설명한다.

7.1. 책의 내용 구성

어떤 책의 내용과 그 구성을 파악하는 것은 그 문헌 연구의 기초이면서 매우 중요한 과제가 된다. 한 책의 처음부터 끝에 이르기까지 그 책에 실린 내용과 그 구성을 파악하는 절차를 내용 순서에 따라 설명하기로 한다.

1) 내사기(內賜記)

책을 대할 때 제일 먼저 보게 되는 것은 겉표지와 거기에 쓴 표지 서명이다. 이 표지를 넘기면 표지 안쪽에 면지(面紙)가 붙어 있다. 이 면지가 백지(白紙)로 비어 있는 책이 대부분이지만, 일부 서적에는 이 자리에 붓으로 쓴 내사기(內賜記)가 있다.

'내사'(內賜)란 물품이나 책을 임금의 명에 의해 특정의 문신과 관원, 관서, 서원, 사고(史庫) 등에 내려주는 것이다. 그래서 내사기를 '선사지기'(宣賜之記, 베풀어 준 기록)라 부르기도 한다. 내사기에는 '언제, 무슨 책, 몇 건을, 누구에게 주었고, 이 내사기를 누가 썼는지'에 대한 구체적 내용이 기록되어 있다. 책의 간기가 없더라도 내사기가 있다면 그 책의 간행 연도를 파악할 수 있다. 저자가 『경민편』의 여러 이본을 조사하다가 그중의 한 판본에서 다음과 같은 내사기를 발견하였다.[1]

順治十八年 五月初九日
內賜東萊府使李元禎警民編壹件
命除謝
恩
左副承旨臣 李 (手決)

제1행 '順治十八年 五月初九日'(순치십팔년 오월초구일)은 순치 18년(1661, 현종 2) 5월 9일에 내사했다는 연도 표기이다. 제2행 '內賜 東萊府使 李元禎 警民編 壹件'(내사 동래부사 이원정 경민편 일건)은 동래부사 이원정[2]에게 『경민편』 1건을 내사했다는 뜻이다. 제3행과 4행 '命除謝恩'(명제사은)은 '命'자를 한 글자 높이만큼 위로 높이고[글자올림법], '恩'

---

[1] 이 책은 대구의 어느 고서점에 있다가 모 대학 도서관에 수장된 것이다. 이 책은 단국대 동양학 연구소에서 영인한 판본과 동일하고, 내사기가 있는 점만 다르다. 단국대 영인본에 실린 안병희 선생의 해제에 이 책의 간행 연대가 확정적이지 아니라고 했다. 그러나 이 내사기에 의해 이후원이 개간한 『경민편』의 간년을 1661년으로 확정할 수 있게 되었다.

[2] 이원정(李元禎, 1622~1680) : 1660년에 사은사의 서장관으로 청나라에 다녀와서 이듬해 동래 부사가 되었다. 1670년에 사은부사로 청나라에 갔다. 1673년에 도승지, 1677년에 대사간, 동년 형조판서, 1680년에 이조판서를 지냈다. 경신대출척(庚申大黜陟)으로 초산에 유배되었다가 다시 불려와 장살(杖殺)되었다. 훗날 복권되어 영의정에 추증되었다. 시호는 문익(文翼)이다.

자는 행을 바꾸어 한 글자를 높여 놓았다[줄바꿈법].[3] 이것은 필사 격식에 의해 '임금의 명과 은'을 높이는 비언어적 경어법이다.

아래의 그림 1은 정조가 간행한 장용영판 『병학지남』을 당시의 문신이자 화가였던 강세황(姜世晃, 1713~1791)에게 내린 내사기이다. 내사기의 내용은 다음과 같다.

乾隆五十二年十二月十六日
內賜行副司直姜世晃 兵學指南一件
命除謝
恩   待敎 臣 尹 (수결)

전통 사회에서 책은 귀중한 물건이었고, 개인이 임금이 내린 내사본을 받았다는 것은 수급자가 그 책을 받을만한 관직에 있었음을 의미한다.

2) 서문

본문에 들어가기에 앞서 책머리에 서문(序文)이 실린 예가 많다. 물론 서문 없이 바로 본문으로 들어가는 책도 적지 않다. 『경민편』의 경우 원간본에는 김정국의 서문이 있다. 중간 『경민편』에는 내용을 증보한 이후원(李厚源)의 서문이 있다. 『정속언해』(正俗諺解)의 경우 권두에 이 책의 원저자 왕지화(王至和)가 쓴 서문이 실려 있고, 그 뒤에 목차가 놓여 있다.

서문에는 그 책을 저술한 동기나 책의 내용, 간행에 관계되는 사실 등이 서술되어 있어서 많은 정보를 제공해 준다. 서문의 장차(張次)는 본문과 구별하여 순서를 표기하고, 판심에 '序'(서)라고 표기한다. 임금이 내

---

[3] 신하가 임금의 하사품을 받으면 신하는 어전에 나아가 임금의 은혜에 감사하는 의례를 실천해야 한다. 이 의례를 '謝恩'(사은)이라 한다. '謝恩' 앞에 놓인 '命除'는 '명하여 면제시킨다'는 뜻이다. 즉 '사은'의 절차를 임금의 명으로 면제한다는 뜻이다.

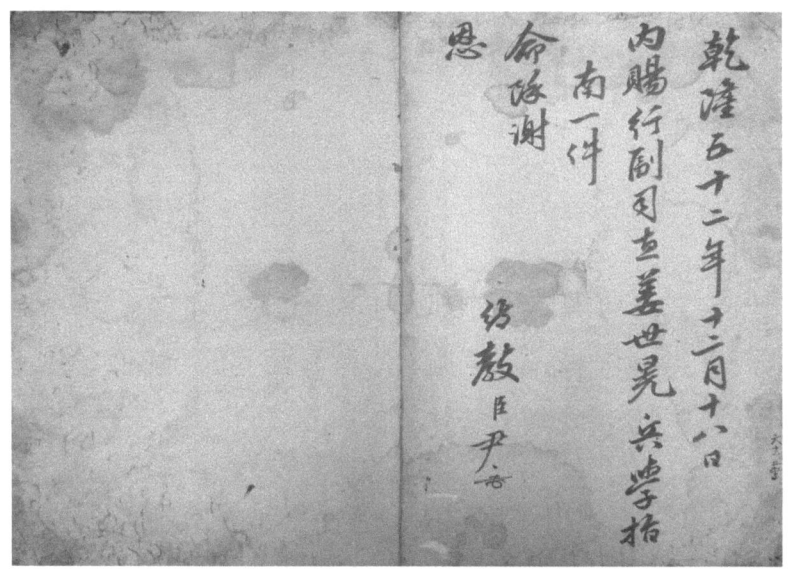

그림 1 『병학지남』의 내사기. 건륭 52년(1787)에 강세황에게 내사한 기록이 선명하다. 경북대학교 도서관 소장.

린 서문에는 '御製'(어제)라는 두 글자를 서문 제목 앞에 붙인다. 영조의 명으로 간행한 『소학언해』 서문에 '어제소학언해서'(御製小學諺解序)라고 한 것이 그 예이다. 이때 '어제'는 한 글자 공간만큼 높이고[글자올림법], 서문의 본문 글자들은 한 자씩 낮추어 배치한다[글자낮춤법]. 서문 중에 '자서'(自敍) 혹은 '자서'(自序)라고 한 것은 책의 저자가 직접 쓴 서문을 뜻한다. 서문 말미에는 대개 서문을 지은 시기를 썼다. 권말에 별도의 간행 기록이 없는 책은 이 서문 말미에 표기된 연대를 통해 간행 시기를 판단한다.

3) 목록과 범례

서문 뒤에는 본문 내용을 주제별로 분류한 목록(目錄)이 붙는다. '목록'은 요즘 용어로 하면 '목차'이다. 목록이 없는 책도 있기는 하나 격식을 갖춘 책이나 한 책에 여러 가지 성격의 내용이 들어 있을 때 목록을 붙였다. 『정속언해』의 목록은 다음과 같다.

目錄
孝父母　友兄弟　和室家
訓子孫　睦宗族　厚親誼
恤隣里　愼交友　待幹僕
謹喪祭　重墳墓　遠淫祀
務本業　牧田租　崇儉朴
懲忿怒　賑飢荒　積陰德

목차와 함께 범례(凡例)가 붙은 책도 있다. 범례는 책의 편찬 방법, 내용의 배열 순서, 책을 이용하는 요령 등을 설명한 것이다. 『훈몽자회』의 권두에 실린 범례가 대표적인 예이다.

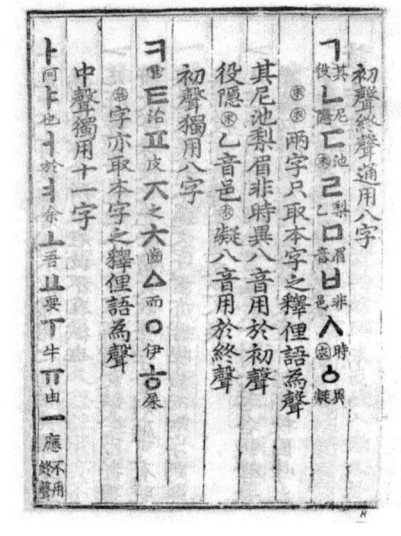

그림 2 『훈몽자회』 범례 중 초성과 중성자에 대한 설명

4) 본문

목차가 끝난 뒤부터 본문이 시작된다. 첫 행의 권두서명(卷頭書名 혹은 권수제卷首題)은 책 이름을 온전하게 표기한 것이어서 그 책을 대표하는 서명으로 삼는다. 책의 저자(역자 혹은 편찬자)도 첫 면에 표기되는 것이 일반적이다. 첫 권의 본문 제1장은 고서의 서지 조사에서 중요한 기술 대상이다. 본문 첫 면의 판식과 행관, 반엽의 크기, 판심 사항 등은 본문 첫 면을 대상으로 하여 기술한다.

본문이 시작되는 첫 면 오른쪽 하단에 붉은 주인(朱印)의 장서인(藏書印)이 찍힌 경우가 더러 있다. 서문이 있을 때는 서문 첫 면에 장서인이 찍힌 것도 있다. 그림 3은 정조대왕의 어람본 『주역언해』에 찍힌 장서인이다. 권두서명에 찍힌 '廂庫'(상고)⁴라는 사각형 인기(印記)는 이 책이 궁중의 상고 소장본이었음을 의미한다.

본문이 끝나는 마지막 장 판심에는 그 책의 최종 장수를 알려 주는 장차(張次)가 표시되어 있다. 이 자리를 권말이라 하며 권말 끝 행에는 권말서명과 권차 표시가 있다. 권말서명은 대개 권두서명과 동일하다.

5) 발문 혹은 후(後)

본문이 끝난 뒤에 발문(跋文) 혹은 후(後)에 해당하는 글이 붙는다. 서문은 원저자의 글이거나 원저자가 동시대의 저명 인사로부터 받은 글이다. 이에 비해 발문 혹은 후(後)는 그 책을 간행한 사람 혹은 간행 당시의 어떤 사람이 그 책을 간행하게 된 경위와 취지를 밝힌 글이다. 『경민편』 중간본의 경우 서문은 원저자 김정국이 지은 글이 붙어 있고, 후(後)는 간행 책임자인 관아의 수장(목사, 부사 등)이 쓴 것이 있다. 예컨대 '무진칠월 용성개간'(戊辰七月龍城開刊)이란 간기를 가진 중간본⁵의 제48~49장에는 '題警民編後'(제경민편후)라는 한문과 그 번역문이 실려 있다. 그 번역문 말미에 "경슐 구월일 샹쥐목사 니졍슉은 셔ᄒᆞ노라"라

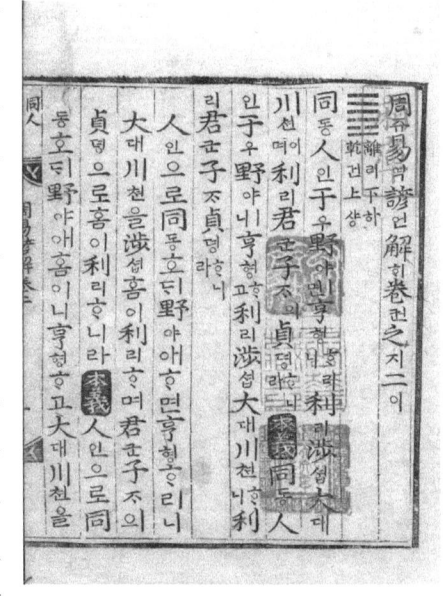

그림 3 『주역언해』의 본문과 권두에 찍힌 정조대왕의 장서인

---

4 상고(廂庫)는 궁중에서 소요되는 물품을 관리하는 관아의 하나였다.
5 같은 무진년 간행의 이본으로 '戊辰九月 完營重刊'이란 간기를 가진 책이 있다.

고 상주목사 '니졍슉'이 간행한 사실을 명시해 놓았다.⁶ 후에 표기된 경술년은 1730년이고 권말 간기에 나온 무진년은 1748년이다. 상주목사 이정소가 중간한 『경민편』을 1748년에 용성(龍城 전라도 남원)에서 다시 찍은 것이 용성판 『경민편』이다.⁷

6) 간행 기록

권말의 마지막 부분에 그 책을 간행한 때와 간행 기관, 간행에 참여한 사람의 직책과 이름 등이 나열되어 있다. 이것을 간행 기록 즉 간기(刊記)라 한다. 조정에서 많은 사람이 참여하여 간행한 책이나, 사찰에서 시주자의 도움으로 간행한 책에는 간기가 매우 자세한 경우가 많다. 간기를 통해서 간행 시기와 간행지, 간행한 사람이나 기관, 간행에 도움을 준 시주자 등을 알 수 있다.

간기는 그 형식이나 도안 모양에 따라 목기(木記), 인출기(印出記), 판권기(版權記) 등으로 나누기도 한다. 목기는 목판본에서 사각형 테두리 속에 간행 기록을 표시한 것이다. 인출기는 기존하는 판목을 이용하여 후쇄할 경우, 언제 누가 이 책을 재인(再印)하였다고 하는 기록을 적은 것이다. 간기의 서술 양식과 기록 내용을 몇몇 문헌의 예를 통해 자세히 알아보자.

그림 4는 『칠대만법』의 간기 면이다. 제2행에 권말서명 '七大萬法 終章'이 나오고, 이어서 '隆慶三年己巳五月日 慶尙道豊基地 小伯山 池叱方寺 開板'(융경삼년기사오월일 경상도풍기지 소백산 지질방사 개판)라는 간기가 있다. 그 뒤에 대시주 및 대공덕주의 이름이 나열되어 있다. 이것이

---

6 '이졍슉'의 성명 표기에 착오가 있다. 한문에는 '李廷熽'라 되어 있는데 언해문에는 '니졍슉'이라 표기되어 있다. 현대 한자음 기준으로 보면 '熽'는 '소'로 표기해야 옳다. 그러나 당시에는 '熽'의 성부(聲部)에 영향을 받아 '슉'으로 읽었을 가능성도 있다.

7 이 책은 전체 1책 54장이며, 서울대 도서관 일사문고에 소장되어 있다. (一簑古 340.0951-G421g)

간기의 전형적 기술 양식이다. 이 간기는 다음과 같은 내용으로 분석된다.

간행 연도와 간지: 隆慶 三年 己巳 (융경 삼년 기사)
간행일: 五月日 (오월일)
간행지: 慶尙道 豊基地 小伯山 (경상도 풍기지 소백산)
간행 사찰: 池叱方寺 (지질방사=짓방사 혹은 딧방사)
간행 방법: 開板 (개판) (새로 판을 새겨서 찍었다는 뜻)

해인사판 『염불보권문』(1776)의 권말 간기에는 간행 관련 정보가 더 자세히 나타나 있다. 아래의 인용에서 / 표시는 원본에서 행이 바뀐 위치를 가리킨다.

宗師秩　照愿 朗奎 / 性雨　/ 維善　斗定
前御秩　楚仁 /　補信 /　照信 /　寶行 /　和信 /　爾允 性摠 /

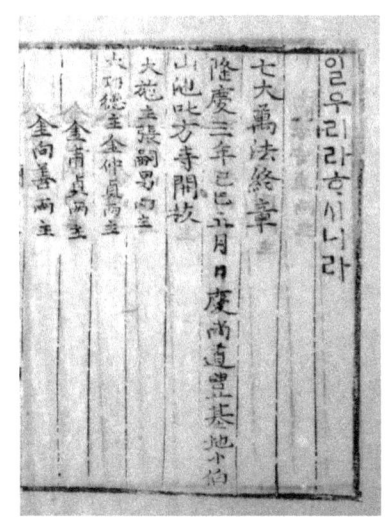 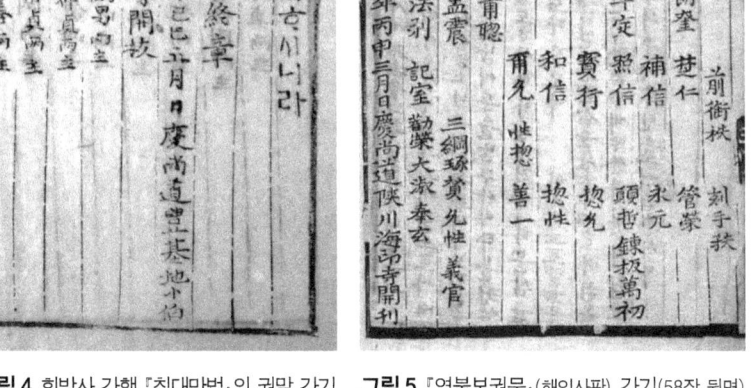

그림 4 희방사 간행 『칠대만법』의 권말 간기　　그림 5 『염불보권문』(해인사판) 간기(58장 뒷면)

刻手秩　管營 / 永元/ 顚哲/ 摠允 / 摠性 / 善一
時維那 肅聰
住持 孟震　　　三綱　琢贊 允性 義官
僧統 法剃　　　記室 勸榮 大淑 奉玄
乾隆 四十一年丙申 三月日 慶尙道 陜川 海印寺 開刊

이 간기에 나타난 직임(職任)에 대해 설명해 둔다. 종사질(宗師秩)은 이 책의 번역과 내용 감수 등에 관여한 스승 역할을 사람인데 위에는 승려 5명의 법명이 나와 있다. 전어질(前御秩)은 책의 간행을 감독한 직명인데 위에는 승려 7명의 법명이 나와 있다. 각수질(刻手秩)은 판각 작업을 직접 수행한 각승(刻僧)의 명단인데 위에서는 6명이다.[8] 시유나(時維那)는 간행 당시 이 일의 제반 서무를 담당한 사람인데 위에서는 1명이다.[9] 위 책을 간행할 당시의 주지(住持)는 맹운이고, 삼강(三綱)은[10] 탁찬 등 3명이다. 승통(僧統)은 승과에 합격한 후 승진한 직급 이름이다. 기실(記室)은 간행 업무와 관련된 각종 기록을 담당한 승려 직명이다. 이 용어들은 사찰 특유의 직책 이름이며, 하나의 일을 어떻게 분담하여 추진했는지 그 방식을 알려 준다.[11]

---

8 각종 불교서의 각수 직임을 표시한 것에 '각(刻)', '각수(刻手)', '각수승(刻手僧)', '각수질(刻手秩)', '각자(刻字)', '각원(刻員)', '공덕각(功德刻)', '간공(刊工)', '도(刀)' 등이 있다(김영선, 1996, 106~108). 간기에 나오는 각종 용어와 관련 논문을 찾아 준 경북대학교 도서관 고서실 임기영 박사께 감사드린다.
9 '시유나(時維那)'의 '시'는 현임(現任)이란 뜻이고, '유나'는 사찰 용어로서 요즈음의 총무 정도에 해당하는 직명이다. 관련자가 여러 사람일 때 '각수질'처럼 '질(秩)'자가 붙는다.
10 삼강(三綱)이란 절에서 대중을 통솔하여 기강을 유지하는 세 직책(上座, 寺主, 都維那)을 말한다. 상좌는 덕망이 높아 승려들을 통솔한다. 사주는 사찰 관리 승려이고, 도유나는 사찰의 여러 일을 지도하고 단속하는 승려이다(류탁일 1990 참고).
11 해인사판 『염불보권문』의 경우 권말 간기에 시주자 표기가 없고, 각 판면(板面)의 난외(欄外)에 시주자 이름을 새겨 놓았다.

위 간기에서 가장 중요한 것은 맨 끝에 있는 '乾隆 四十一年 丙申 三月日 慶尙道 陜川 海印寺 開刊'(건륭 사십일년 병신 삼월일 경상도 합천 해인사 개간)[12]이라는 기록이다. 이 기록을 통해, 이 책을 간행한 때는 1776년 3월의 어느 날이고, 간행지는 경상도 합천이며, 간행 기관은 해인사임을 알 수 있다. 이 기록은 이 책의 언어적 성격[시대와 지역]에 관한 가장 중요한 정보를 담고 있다.

1520년에 안음현 장수사(長水寺)에서 중간한 『선종영가집언해』[13] 권말에는 '正德 十五年 庚辰 六月日慶尙道 安陰地 智牛山 長水寺 重以開刊'(정덕 십오년 경진 육월일 경상도 안음지 지우산 장수사 중이개간)이란 간기가 있다. 간행지인 안음(安陰)은 간행 당시에 안음현이었으나 지금은 함양군 안의면으로 되어 있다.[14] 이 간기 뒤에는 『염불보권문』에 없는 화주(化主), 연판(鍊板), 공양주(供養主)와 같은 직임 명칭이 더 나타나 있다(백두현 2013:21). 시주자로부터 보시를 받아 출판 비용을 마련하는 등 간행 사업의 중심 역할을 하는 직임이 화주(化主)이다.[15] 연판(鍊板)은 판목에 쓰이는 나무를 다듬어 목판을 만드는 사람이다. 공양주(供養主)는[16]

---

12 끝에 놓인 '開刊'(개간)은 『칠대만법』에 나온 '開板'(개판)과 같은 뜻이다.

13 이 책의 책판이 해인사 장경각에 보존되어 있다. 이 책판을 이용하여 경북대 대학원 국어국문학과에서 재인출한 책이 널리 유포되었다. 『禪宗永嘉集諺解』玄覺 撰, 上下 2책, 慶北大學校大學院 國文學科硏究室, 國語國文學硏究資料 第二輯 (其六), 檀紀四二八七年(1954) 十二月一日 印刷.

14 장수사(長水寺)의 옛터는 현재 함양군 안의면 용추계곡의 용추폭포 조금 아래에 있다. 사찰 건물은 육이오 전화(戰禍)에 없어지고 일주문 기둥만 옛 자리를 지키고 있다.

15 '化主'(화주)와 같은 뜻을 나타난 용어로 '대화주'(大化主), '대간선'(大幹善), '간선대화주'(幹善大化主), '간화'(幹化), '화사'(化士) 등이 있다(김영선 1996:113). 화주의 직임은 대부분 승려가 맡는다. 이에 대하여 '시주'(施主)로 표기된 사람이 바로 화주의 출판 사업에 응하여 그 비용을 내는 신도이며, '시재'(施財), '재주'(財主)로 적기도 했다. 시주 금액의 다과에 따라 '대시주'(大施主), '소시주'(小施主) 등으로 표기된 경우도 있다. 시주 내용에 따라 '연판대시주'(鍊板大施主), '보시대시주'(布施大施主), '공양대시주'(供養大施主), '홍권대시주'(弘勸大施主)로 구분한 것도 있다(김영선 1996:115).

16 공양주(供養主)와 같은 뜻으로 '공사'(供司), '취반'(炊飯)으로 표기된 것도 있다(김영선 1996:117).

음식을 만들거나 제공하는 사람이다. 간기에 따라 직무의 구성과 그 용어의 쓰임에 조금씩 차이가 있다.

이밖에도 간기 면에 나타난 직명이 더 있다. 별좌(別座. 공양할 반찬과 음식, 상과 마루 등을 관리함), 지전 전주(持殿 殿主, 절에서 불전을 청소하고 향과 등을 관리함), 인출(印出. 인쇄 작업자), 목장(牧莊. 채소밭과 농장을 관리하는 사람), 관기(管記. 기록 관리자), 종두(鐘頭. 새벽이나 밤에 종을 치는 사람), 장무(掌務. 실무책임자) 등이 있다(김영선 1996:120).

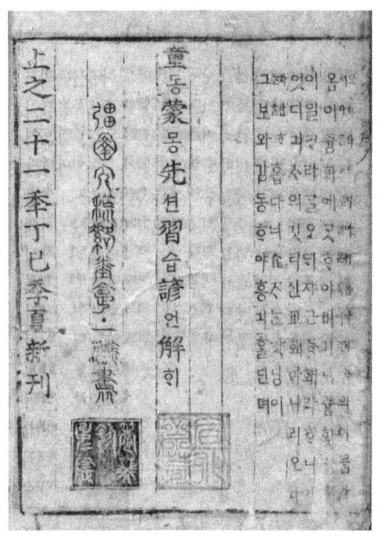

그림 6 정조 대에 간행한 목판본 『동몽선습언해』의 권말 간기

그림 6에서 보인 『동몽선습언해』는 정조 21년(1797)에 중간된 목판본이다. 권말서명 '童동蒙몽先션習습諺언解히' 아래 소장자 인기(印記)가 있다. 전서체로 쓴 것은 고갑자(古甲子) '疆圉大荒落'(강어대황락)을 새긴 것이다. 이 고갑자는 12간지의 丁巳(정사)에 해당한다. 끝 행의 '上之二十一年丁巳 季夏 新刊'(상지 이십일년 정사 계하 신간)(정조 21)은 왕이 즉위한 21년(정사년) 여름에 이 책을 새로 간행했음을 의미한다.

〈사례 분석〉

『경민편』을 한 예로 삼아 지금까지 살펴본 서문, 목록, 본문, 발문, 간기 등의 사항이 이본에 따라 어떻게 변화했는지 알아보기로 한다. 『경민편』의 여러 이본 중 복각본을 제외한 대표적 이판본 네 가지 책을 대상으로 서문, 목록, 본문에 나타난 차이점을 도표로 보이면 다음과 같다.

표1 『경민편』 네 이본의 내용 구성 비교

동경교대본 (1579)	규장각본 (1658)	초계판 (1731)	완영판 (1745)
重刊警民編序 警民編序	警民編序 警民編目錄	警民編序 警民編目錄	警民編請刊廣布諸路箚 警民編目錄 警民編序
君上 第一 父母 第二 夫妻 第三 兄弟姊妹 第四 族親 第五 鄰里 第六 鬪敺 第七 勤業 第八 儲積 第九 詐僞 第十 犯姦 第十一 盜賊 第十二 殺人 第十三 奴主 第十四	父母 第一 夫妻 第二 兄弟姊妹 第三 族親 第四 奴主 第五 鄰里 第六 鬪敺 第七 勤業 第八 儲積 第九 詐僞 第十 犯奸 第十一 盜賊 第十二 殺人 第十三	父母 第一 夫妻 第二 兄弟姊妹 第三 族親 第四 奴主 第五 鄰里 第六 鬪敺 第七 勤業 第八 儲積 第九 詐僞 第十 犯奸 第十一 盜賊 第十二 殺人 第十三	父母 第一 夫妻 第二 兄弟姊妹 第三 族親 第四 奴主 第五 鄰里 第六 鬪敺 第七 勤業 第八 儲積 第九 詐僞 第十 犯奸 第十一 盜賊 第十二 殺人 第十三
	附古靈陳先生仙居勸諭文 潭州諭俗文 泉州勸諭文 泉州勸孝文 訓民歌 請刊警民編廣布諸路箚	附古靈陳先生仙居勸諭文 潭州諭俗文 泉州勸諭文 泉州勸孝文 請刊警民編廣布諸路箚 刊警民編記	附古靈陳先生仙居勸諭文 潭州諭俗文 泉州勸諭文 訓民歌 宋寅明 八戒 題警民編後
		草溪開刊	乙丑六月 完營開刊

7장 문헌 내용의 구성과 그 변이 245

동경교육대학본의 '중간경민편서'(重刊警民編序)는 진주에서 허엽(許曄)이 중간하면서 새로 지은 서문이고, 그 뒤에 나오는 '경민편서'(警民編序)는 원간본에 있었던 김정국의 서문이다. 이하 다른 판본에 실린 '경민편서'(警民編序) 역시 김정국의 원간본에 실렸던 서문이다.

규장각본은 이후원(李厚源)이 내용을 보충하여 개간(改刊)한 것이다. 이후원 개간본부터 달라진 내용은 위 표에서 쉽게 찾아낼 수 있다. 권두 부분에 있었던 허엽의 서문을 없앴고, 원간본의 본문에서 맨 아래 있었던 '奴主'항을 다섯 번째 위치로 이동시켰다. '犯姦'(범간)도 '犯奸'(범간)으로 바뀌었다. 그리고 본문이 끝난 뒤에 '영진선생거권유문'(靈陳先生仙居勸諭文)을 비롯한 다섯 편의 글을 부록으로 붙여 놓았다. 그리고 맨 끝에 개간본을 낸 경위와 취지를 설명한 '청간경민편광포제로차'(請刊警民編廣布諸路箚)라는 글을 이후원이 스스로 지어서 붙였다.

권말 부록도 이본마다 그 내용이 조금씩 다르다. 초계판에는 '훈민가'가 빠졌고, 완영판에는 송인명의 '팔계'가 추가되어 있다.[17]

7.2. 이본(異本)의 내용 변화

같은 서명을 가진 문헌이 여러 차례 중간되면서 책의 외형과 판식의 변화는 물론 서문, 본문, 발문, 간기 등의 내용 면에도 여러 가지 차이가 생겨나게 된다. 새로운 내용을 추가하거나 덜 긴요한 내용을 빼는 경우가 있다. 중간본을 간행한 주체가 서문과 발문을 새로 써 붙인 사례도 있다. 한글 문장에서도 시대 변화에 따른 표기 양상의 차이는 물론 어휘와 문법 형태의 변화도 나타난다. 여러 번의 중간을 거쳐 다양한 이본이 존재하는 문헌일 때는 이본의 계통을 세우고, 본문의 이동(異同)을 비교

---

[17] 『경민편언해』의 이본 간에 나타난 번역 내용의 차이는 이은규(2007)을 참고하기 바란다.

하는 연구가 중요한 의미를 갖는다. 이본들 간의 비교 연구는 문헌학 연구의 토대가 됨은 물론, 국어의 역사적 변화를 파악하는 데 기여하기 때문이다.

조선시대에 국가적 차원에서 중간을 거듭한 『삼강행실도』 등 이른바 행실도류 언해본에는 다수의 이본이 존재한다. 그 이본들을 비교해 보면 이본에서 발생한 다양한 변화를 파악할 수 있다. 『삼강행실도』, 『이륜행실도』, 『오륜행실도』의 여러 이본들을 비교 검토하여 이본간의 차이점을 알아보자.[18]

1) 『삼강행실도』(三綱行實圖)

한문본 『삼강행실도』(三綱行實圖)는 세종의 명에 의해 설순(偰循) 등이 1434년(세종 16)에 편찬 간행한 책이다. 이 책은 중국의 역대 문헌에 기록된 효자·충신·열녀를 각각 110명(도합 330명)씩 선정하여, 각 인물의 행실을 도판·행적·시찬(詩贊)의 형식으로 편찬한 것이다. 1471년(성종 12)에 이르러 각 분야의 인물 수를 35명으로 줄이고(도합 105명), 난상(欄上)에 언해문을 붙여 3권 1책의 한글판을 간행하였다.

한글본 『삼강행실도』는 성종대의 원간본 이후 여러 번 중간되었다.[19] 원간본 계열로 추정되는 책이 성암문고 소장본 『삼강행실도』이다. 이 책에는 언해문의 한자어에 동국정운식 한자음이 붙어 있으며, 방점과 ㅸ, ㆅ과 같은 문자가 사용되었다. 이 원간본을 후쇄한 것으로 보이는 판본이 서울대 일사문고, 고려대 도서관, 통문관, 일본 내각문고에 소장되어 있다.

임진왜란 이전에 나온 중간본으로는 1581년(선조 14)의 내사본(이희승

---

18 이하의 행실도 관련 서술 내용은 백두현(2003a)에서 가져온 것이 많다.
19 『삼강행실도』를 중간한 연도는 1511년(중종 6), 1520년(중종 9), 1554년(명종 9), 1581년(선조 14), 1606년(선조 39), 1729년(영조 5), 1882년(고종 19) 등이 있다.

소장본)이 있고, 그 복각본이 서울대 도서관, 성균관대 도서관에 소장되어 있다. 이 판본에서 방점은 없어졌으나 ㆆ, △은 계속 사용되었다. 임진왜란 이후의 중간본으로는 1608년(선조 41)의 내사본이 전한다. 1730年(영조 6) 전후로는 교서관과 각도 감영에서 간행한 판본이 있다.

『삼강행실도』는 언해문 및 표기법의 특징을 기준으로 다음 세 부류로 나누어진다.[20]

① 원간본 계통: 성종대 1481년경 간행되었다. 성암문고, 고려대 도서관, 일본의 내각문고 등에 소장되어 있다. 언해문이 국한문 혼용이고 방점 표기가 있으며 ㅸ, △, ㆅ이 쓰였다. 또 언해문의 한자가 있고(국한혼용) 그 한자에 동국정운식 한자음 표기가 붙어 있다. 그러나 동국정운식과 달리 한자음 개음절 종성에 ㅇ을 표기하지는 않았다.

② 선조대 중간본: 1581년(선조 14)에 간행되었다. 서울대 상백문고, 규장각, 가람본 등에 소장. 언해문이 순한글로만 표기되어 있다. 즉 언해문에서 한자가 사라지고, 동국정운식 한자음이 아닌 현실 한자음으로 표기되었다. 방점도 없어졌다. 세부적 표기와 언어 사실에서 원간본과 약간 다르다. △, ㆁ 등이 계속 사용되었다. 원간본의 협주가 본문으로 편입되었으며, 언해문이 의역체의 성격을 띤다.

③ 영조대 중간본: 1727년 평안도 기영판(箕營板)을 시작으로 1730년 (영조 6)에 교서관과 각 감영에서 간행한 이본들이 있다. 선조판과 번역을 달리하여 언해문 내용에 상당한 차이가 있다. 서울대 일사문고, 규장각, 고려대 도서관, 경북대 도서관 등 다수 기관에 소장되어 있는 가장 흔한 계통이다. 영조판 『삼강행실도』의 언해문은

---

[20] 이 세 부류에 대한 기술은 규장각 한국본 도서 해제 및 송일기·이태호(2001)를 참고하여 정리한 것이다.

한문을 충실하게 번역한 직역체로 바뀐 점이 주목된다. 영조판으로는 평안도의 기영판(箕營板), 황해도의 해영판(海營板), 강원도의 원영판(原營板),[21] 함경도의 함영판(咸營板)이 알려져 있다.

그런데 지금까지의 연구에서 간기가 있는 영남감영판『삼강행실도』의 존재가 확인되지 않았다. 영남감영에서『삼강행실도』를 인출한 사실은 '庚戌六月 嶺營開刊'(경신유월 영영개간) 영영판『이륜행실도』발문에 분명히 기록돼 있다.

三綱行實二倫行實 各一件下送 卿其刻板流布事有旨 臣朴文秀 敬奉有旨內辭意 二倫行實則卽爲刻出 至於三綱行實則安東有新版 與賜送件 長廣無異 運來營門 與二倫行實同爲印出 庚戌六月日 觀察使臣朴文秀 敬奉聖旨 流布各邑 (嶺營板 二倫行實圖 卷末 跋文)

삼강행실과 이륜행실 각 일건을 내려 보내니 경은 그것을 판에 새겨 널리 펴라는 임금의 명이 있었다. 신 박문수는 임금의 명에 담겨 있는 말뜻을 공경히 받들어 이륜행실을 새겨 내었다. 삼강행실에 이르러서는 안동에 새로 새긴 판이 있어서 임금님이 내려 보내신 책과 비교해 보니 크기에 차이가 없었다. 그것을 감영으로 옮겨와 이륜행실과 함께 인출하였다. 경술년 6월 일. 관찰사 신 박문수가 임금의 명을 공경히 받들어 각 읍에 유포하였다.

영조가 내린 명에 따라 경상도 관찰사 박문수는『이륜행실도』를 새로 각판하여 출판하였다. 그러나『삼강행실도』의 경우는 안동에 새로 새긴 판(新板)이 있었다. 이 신판은 임금이 내려준 책과 크기(長廣)에 차이가 없어서 이 판목을 감영으로 운반해서『이륜행실도』와 더불어『삼강행실도』를 인출(印出)했다고 위 인용문에 기록되어 있다. 이와 같은 기록이 박문수의『이륜행실도』발문에 있음에도 불구하고, 영영판(嶺營板) 간기

---

[21] 刊記: 通政大夫守江原道觀察使兼兵馬水軍節度使 巡察使臣李衡佐奉敎刊布.

를 가진『삼강행실도』가 아직 나타나지 않고 있음이 이상한 것이다. 저자는 여러 종류의『삼강행실도』이본들 중 영영판을 확인하기 위해 간기가 없는 다음 세 판본을 비교 검토하였다.

㉮본: 이 책은 저자가 개인 소장가로부터 복사한 것이다. 사주쌍변, 상하내향이엽화문어미(上下內向二葉花紋魚尾)인 점은 다른 판본과 비슷하지만 판심에 대흑구(大黑口)가 있는 점이 특이하다. 효자도 첫째 항 '민손단의'(閔損單衣) 항의 도판 크기는 세로 25.0cm, 가로 16.7cm이다. ㉮본을 송일기(2001:87)에 정리된 '삼강행실도 재편(再編) 언해본의 계통 분류(표 2)'의 판본들과 비교해 보니, 순한글표기로 의역계 원간본인 선조 초기본(1570년경)과 서로 닮은 점이 있다. 반엽의 크기(도판 크기)가 거의 같고 판심에 대흑구가 있는 점이 서

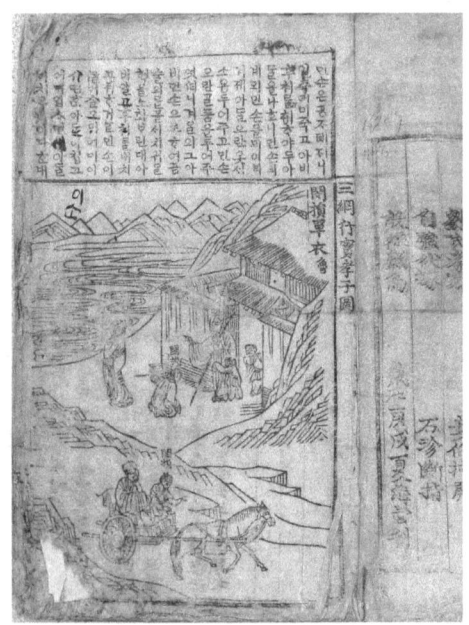

그림 7『삼강행실도』해영판(1730) 간기면(오른쪽). 경북대 취암문고 소장.

로 비슷하다. 그러나 선조판은 방점이 있고 삼엽화문어미이지만, ㉮본은 방점이 없고 이엽화문어미인 점이 다르다. 따라서 이 책은 동경대학 소장 선조판의 후대 중간본이라 할 수 있다.

㉯본: 이 책은 경북대학교 고서실, 영남대학교 고서실, 김무조 교수, 가람문고 소장본이다. 이들은 판식과 언해문 등이 완전히 서로 같은 판본이다. 경북대학교의 것은 목산문고본 삼강행실도(古牧 170.4 삼11)이고, 영남대학교 소장 『삼강행실도』는 '古凡 192 설순'(도서번호 Y0237171)로 되어 있다. 특히 영남대 소장본의 충신도편 첫장에는 '月城後人崔氏家寶'(월성후인최씨가보)라는 묵서가 있다. ㉯본은 경주시 반월성 교동 마을에 살았던 경주 최씨 가에서 영남대학에 기증한 책이다. 최씨 가에서 영남감영판을 수장하여 가장본으로 오랫동안 보존해 온 것으로 짐작된다. 동일 판본이 영남 지역의 여러 곳에 소장되어 있고, 규장각 소장본 중에도 같은 것이 있다. 이 책은 내용 편차에 있어서 충신편, 효자편, 열녀편 순서로 되어 있어 ㉮㉯본과 다르다.

㉰본: 이 책은 영조대 경술년판인 해영판 및 원영판과 매우 비슷한 것으로 경북대학교 고서실에 소장되어 있어서 경북대본이라 약칭한다. 도서번호 '古준귀 170.4 삼11(2)'. 해영판, 경북대본, 원영판 세 책은 매우 비슷하지만 세부적으로 약간의 차이가 있다. 이 세 판본의 주요 특징을 비교하면 다음과 같다.

	원영판	해영판	경북대본
① 판식	사주단변	사주쌍변	사주쌍변
② 언해문 廓線	없음	있음	없음
③ 판화의 異同	다름	같음	같음
④ 언해문	유사	유사	유사

해영판의 가장 큰 특징은 ㉣의 언해문 곽선(廓線, 테두리선)이 있다는 점이다. 언해문을 둘러싼 테두리선은 언해문 부분을 별도 목판에 새겨 목판 상단에 조립 결합하여 발생한 것으로 짐작된다. 이 테두리선을 제외하면 해영판과 경북대본은 사실상 같은 판이라 할 정도로 비슷하다. 특히 판화는 대부분 일치하고 언해문의 한글 서체에서 미세한 차이만 있을 뿐이다. 즉 해영판이 경북대본보다 한글 서체의 필획이 굵은 점이 약간 다르다. 판화와 한문은 탈획된 부분까지 서로 같아서 차이점을 찾아내기 어렵다. 경북대본은 원영판과는 확실히 다르고 해영판과는 미세한 차이만 가진 판이다.

경북대본은 권두에 낙장된 서문을 새로 필사하여 보충했다는 점이 특이하다. 권채(權采)가 쓴 서문의 앞 부분에 영영판 『이륜행실도』 발문에 들어가 있는 영조의 교서 내용을 3면에 걸쳐 붓으로 써서 붙여 놓았다. 이 책을 지녔던 후대의 어떤 사람이 박문수가 쓴 『이륜행실도』 발문을 보고 교지의 내용만 베껴 넣은 것이다. 경상도 관찰사로서 박문수가 쓴 발문 중에는 '세조조시작차서'(世祖朝始作此書)라는 잘못된 내용이 들어가 있는데 이 부분까지 동일하게 베껴 놓았다. 경상도 관찰사 박문수가 안동에 있던 판을 가져와 『이륜행실도』와 함께 인출했다는 책이 바로 이 ㉤본일 가능성이 가장 높다.

참고로 송일기의 논문을 참고하여 위에 언급한 『삼강행실도』의 효자도 첫째 면 '민손단의'(閔損單衣) 항의 판식 사항을 정리해 보면 다음과 같다.

판각처	사주	반곽크기[22]	어미	간년	소장처
원간본	사주쌍변	25×17.5	상하대흑구흑어미	1490년	성암고서박물관
중간본	사주단변	24.5×17.5	상하대흑구흑어미	1580년이전	일본 駒澤大 도서관
선조판	사주쌍변	26.7×17.5	상하대흑구삼엽화문	1570년경	동경대 도서관
㉮본	사주쌍변	25×16.7	상하일부대흑구	미상	개인 소장
㉯본	사주쌍변	23.7×16	이엽화문	미상	가람문고 外 다수
㉰본	사주쌍변	24.2×18	이엽화문	미상	경북대
기영판	사주쌍변	26×18.5	이엽화문	1727년	성균관대
함영판	사주쌍변	26×18.1	이엽화문	1730년	이화여대/일본 天理大
원영판	사주단변	25.3×18.6	이엽화문	1730년	규장각(규12148)
해영판	사주단변	24.5×18.5	이엽화문	1730년	경북대취암문고/고려대

위 판본 중 상란 언해문에 테두리선(廓線)이 분명한 것은 해영판이고, ㉰본에는 부분적으로 테두리선의 흔적이 있다. 이어서 주요 판본들의 언해문을 비교하여 상호 간의 같고 다름을 검토해 보기로 한다.

  원간본 閔民損손이 다슴어미 損손이를 믜여 제 아들란 소옴 두어 주고
      閔민損손이란 굴품 두어 주어늘
  중간본 閔민損손이 다슴어미 損손이를 믜여 제 아들란 소옴 두어 주고
      閔민損손이란 길품 두어 주어늘
  선조판 민손이 다슴어미 민손이를 믜여 제 아들란 소옴 두어 주고 민
      손이란 굴품 두어 주어늘
  취암본 민손이 다슴어미 민손이를 믜여 제 아들란 소옴 두어 주고 민
      손이란 굴품 두어 주어늘
   ㉮본 민손이 다슴어미 민손이를 믜여 제 아들란 소옴 두어 주고 민
      손이란 굴곳 두어 주어늘
   ㉯본 민손이 다슴이미 민손이를 믜여 제 아들란 소옴 두어 주고 민
      손이란 굴곳 두어 주어늘

---

22 반곽의 크기는 효자도 첫면 '閔損單衣' 항의 도판 크기를 뜻한다. 상란의 언해문은 이 크기에 포함시키지 않았다.

㉰본	민손은 공ᄌᆞ 뎨지니 일즉 어미 죽고 아비 후쳐를 취ᄒᆞ야 두 아들을 나ᄒᆞ니 민손의 계뫼 민손을 믜이 녀겨 제 아ᄃᆞᄅᆞ란 옷시 소옴 두어 주고 민손으란 골품을 두어 주엇ᄯᅥ니
해영판	민손은 공ᄌᆞ 뎨지니 일즉 어미 죽고 아비 후쳐를 취ᄒᆞ야 두 아들을 나ᄒᆞ니 민손의 계뫼 민손을 믜이 녀겨 제 아ᄃᆞᄅᆞ란 옷시 소옴 두어 주고 민손으란 골품을 두어 주엇ᄯᅥ니
원영판	민손은 공ᄌᆞ 뎨지니 일즉 어미 죽고 아비 후쳐를 취ᄒᆞ야 두 아들을 나ᄒᆞ니 민손의 계뫼 민손을 믜이 녀겨 제 아ᄃᆞᄅᆞ란 옷시 소옴 두어 주고 민손으란 골품을 두어 주엇ᄯᅥ니

원간본	치버 ᄆᆞᆯ 셕슬 노하 ᄇᆞ린대 아비 알오 다ᄉᆞᆷ어미를 내툐려커늘 閔민損손이 ᄭᅮ러 ᄉᆞᆯ보디
중간본	치버 ᄆᆞᆯ 셕슬 노히 ᄇᆞ린대 아비 알오 다ᄉᆞᆷ어미ᄅᆞᆯ 내툐려키늘 閔민損손이 ᄭᅳ러 ᄉᆞᆯ보디
선조판	치워 ᄆᆞᆯ셕올 노하 ᄇᆞ린대 아비 알오 다ᄉᆞᆷ어미를 내툐려커늘 민손이 ᄭᅮ러 ᄉᆞᆯ오디
취암본	치워 ᄆᆞᆯ셕올 노하 ᄇᆞ린대 아비 알오 다ᄉᆞᆷ어미를 내툐려커늘 민손이 ᄭᅮ러 ᄉᆞᆯ오디
㉮본	치워 ᄆᆞᆯ셕올 노하 ᄇᆞ린대 아비 알오 다ᄉᆞᆷ어미를 내툐려커늘 민손이 ᄭᅮ러 ᄉᆞᆯ오디
㉯본	치워 ᄆᆞᆯ셕올 노하 ᄇᆞ릿대 아비 알오 다ᄉᆞᆷ어미를 내티려커늘 민손이 ᄭᅮ러 ᄉᆞᆯ오디
㉰본	겨울의 그 아비 민손으로 ᄒᆞ여곰 술의를 몰시 치워 ᄆᆞᆯ 혁을 노화 ᄇᆞ린대 아비 알고 후쳐를 내치고져 ᄒᆞ거늘 민손이 ᄭᅮᆯ어 ᄉᆞᆯ오디
해영판	겨울의 그 아비 민손으로 ᄒᆞ여곰 술의를 몰시 치워 ᄆᆞᆯ 혁을 노화 ᄇᆞ린대 아비 알고 후쳐를 내치고져 ᄒᆞ거늘 민손이 ᄭᅮᆯ어 ᄉᆞᆯ오디
원영판	겨울의 그 아비 민손으로 ᄒᆞ여곰 술의를 몰시 치워 ᄆᆞᆯ 혁을 노화

　　　　 브린대 아비 알고 후쳐를 내치고져 ᄒ거늘 민손이 솔어 술오듸

원간본　어미 이시면 흔 아ᄃ리 치브려니와
　　　　업스면 세 아ᄃ리 치브리이다
중간본　어미 이시면 흔 아ᄃ리 치브려니와
　　　　업스면 세 아ᄃ리 치브리이다
선조판　어미 이시면 흔 아ᄃ리 치우려니와 어미
　　　　업스면 세 아ᄃ리 치우리이다 ᄒ야늘
취암본　어미 이시면 흔 아ᄃ리 치우려니와 어미
　　　　업스면 세 아ᄃ리 치우리이다 ᄒ야늘
㉮본　　어미 이시면 흔 아ᄃ리 치우려니와 어미
　　　　업스면 세 아ᄃ리 치우리이다 ᄒ야늘
㉯본　　어미 이시면 흔 아ᄃ리 치우려니와 어미
　　　　업스면 세 아ᄃ리 치우리이다 ᄒ야늘
㉰본　　어미 이시면 흔 아ᄃ리 칩고 어미
　　　　업스면 세 아ᄃ리 치우리이다 흔대
해영판　어미 이시면 흔 아ᄃ리 칩고 어미
　　　　업스면 세 아ᄃ리 치우리이다 흔대
원영판　어미 이시면 흔 아ᄃ리 칩고 어미
　　　　업스면 세 아ᄃ리 치우리이다 흔대

원간본　아비 올히 너겨 아니 내틴대 어미도 도ᄅ혀 뉘으처 어엿비 너
　　　　기더라
중간본　아비 올히 너겨 아니 내린대 어미도 도ᄅ혀 뉘으치 어엿비 너
　　　　기더라
선조판　아비 올히 너겨 아니 내틴대 어미 도ᄅ혀 뉘우처 어엿비 너기
　　　　더라

취암본	아비 올히 너겨 아니 내틴대 어미 도ᄅ혀 뉘우처 어엿비 너기더라
㉮본	아비 올히 너겨 아니 내틴대 어미 도ᄅ혀 뉘우처 어엿비 너기더라
㉯본	아비 올히 너겨 아니 내틴대 어미 도ᄅ혀 뉘우치 이엿비 너기더라
㉰본	아비 그 말을 어딜이 녀겨 아니 내치니 계뫼 도로혀 뉘읏처 어엿비 녀기더라
해영판	아비 그 말을 어딜이 녀겨 아니 내치니 계뫼 도로혀 뉘읏처 어엿비 녀기더라
원영판	아비 그 말을 어딜이 녀겨 아니 내치니 계뫼 도로혀 뉘읏처 어엿비 녀기더라

원간본과 그 중간본은 한자가 혼용되어 있고 방점이 표기되어 있지만 위 인용문에서 방점은 표기하지 않았다. 선조판에서부터 한자 혼용이 폐지되고 방점도 없어졌다. 위 인용문의 비교에서 알 수 있듯이, 『삼강행실도』 이본은 크게 세 부류로 나누어진다. 원간본 및 그것의 중간본 계열이 첫 번째 부류이고, 선조판 및 그것의 중간본 계열(위의 ㉮본 ㉯본)이 두 번째 부류이며, 영조대 감영판(㉰본, 기영판, 해영판 등)이 세 번째 부류이다. 어휘 표기에서도 '믈셕: 믈혁', '굴품: 굴곳', '다솜어미: 계모' 등과 같은 차이가 판본 간에 존재한다. 영조대 감영판에서는 언해문이 한문을 충실히 번역한 직역체로 바뀌어 앞선 시기의 것과 상당히 달라졌다.
㉯본의 '다솜이미', '브릿대', '뉘우치', '이엿비'는 탈획된 것이거나 오각한 것이다. 가람본과 김무조 소장본은 이 점에 있어서도 서로 같다.
『삼강행실도』에 대한 판본 비교 및 언해문 비교를 통해 우리는 하나의 문헌이 시대에 따라 상당히 달라져 가는 모습을 파악할 수 있었다. 판식은 물론 언해문에서 후대 판들은 상당히 많은 변화가 나타남을 확인할 수 있다.

2) 『이륜행실도』(二倫行實圖)

『삼강행실도』는 삼강(三綱) 즉 충효열(忠孝烈)의 윤리를 가르치기 위한 것이고, 『이륜행실도』는 이륜(二倫) 즉, 붕우유신(朋友有信)과 장유유서(長幼有序)의 윤리를 가르치기 위한 것이다. 『이륜행실도』에는 형제도(兄弟圖)에 25인, 종족도(宗族圖)에 7인, 붕우도(朋友圖)에 11인, 사생도(師生圖)에 5인 합계 48인의 사적(事蹟)이 실려 있다. 『삼강행실도』에 실린 총 105인 중 우리나라 사람이 16명이 실려 있으나, 『이륜행실도』에는 우리나라 사람이 전혀 없다.

현전하는 『이륜행실도』 주요 판본의 서지 사항을 정리하면 다음과 같다.[23]

판각처	사주	반곽[24]	판심	간년	소장처	비고
원간본1	사주쌍변	25.5×16.7	상하대흑구흑어미	1518년		방점 있음
원간본2	사주쌍변	24.2×16	상하대흑구흑어미	1580년이전	옥산서원본	방점 있음
학봉본	사주쌍변	25.8×16.6	상하대흑구화문어미	1570년경	학봉 김성일 종가	방점 없음
기영판	사주쌍변	24.3×16.4	이엽화문	1727년	규장각(규2074)	방점 없음
원영판	사주단변	24.4×16.6	이엽화문	1730년	규장각(규137)	방점 없음
해영판	사주단변	23.8×16.8	이엽화문	1730년	백두현/국립중앙도서관	방점 없음
영영판	사주쌍변	23.5×16.5	이엽화문	1730년	취암문고/상백문고	방점 없음

표의 원간본1은 필자가 10여년 전에 발견하여 복사본으로 가지고 있는 책인데 현재의 소장처는 확인하지 못하였다. 원간본1은 지금까지 원간본에 가장 가까운 판본으로 알려진 원간본2(옥산서원본)와[25] 거의 같지만, 원간본1이 판각 시기가 빠른 것이라 생각된다. 이렇게 판단한 근거

---

23 이 표는 필자가 수집한 이본들과 송일기·이태호(2001:104)를 참고하여 필요한 사항만 요약한 것이다. 『이륜행실도』 이본에 대한 종합적 연구는 정연정(2014)을 참고할 수 있다.
24 반곽의 크기는 본문 첫면 '伋壽闋同死'(급수동사) 항의 도판 크기를 뜻한다. 상란의 언해문은 이 크기에 포함시키지 않았다.
25 이 책은 이화여대 도서관에도 소장된 것으로 알려져 있다.

는 위 표에서 보듯 반곽 크기가 서로 다르고, 제2장에 실린 '卜式分畜'(복
식분축) 항의 도판에 차이가 있다는 점이다. 원간본1에는 도판 상단에
양이 네 마리 그려져 있으나, 원간본2의 같은 위치에는 세 마리만 그려
져 있다. 그리고 그 이후의 모든 판본은 원간본2와 같다. 원간본1에 그
려진 네 마리 중 한 마리를 후대 판에서 없애버린 것이다. 지워진 한 마
리는 다른 세 마리와 달리 혼자 머리를 오른쪽으로 향해 걷고 있으며
양의 몸에 검은 얼룩무늬가 선명하여 도판 전체에서 균형을 깨뜨리고 있
다. 이런 까닭으로 뒤의 판본에서 이 양의 그림을 삭제한 것이다. 그래서
'원간본1'은 지금까지 알려진 『이륜행실도』 중 연대가 가장 빠른 것으로
추정된다.

18세기 지방 감영판 『이륜행실도』의 간기는 각각 다음과 같다.

㉮ 기영판(箕營板) (규장각)
　　丁未四月日 箕營開刊(정미사월일 기영개간) (제48장)
㉯ 영영판(嶺營板)(경북대 등에 소장)[26]
　　庚戌六月 嶺營開刊(경술유월 영영개간) (제49장)
㉰ 해영판(海營板)(국립중앙도서관)(백두현)
　　庚戌八月 海營開刊(경술팔월 해영개간) (제48장)
㉱ 원영판(原營板)(규장각 소장)
　　庚戌仲夏 上旬日(경술중하 상순일) (제48장)

원영판 『이륜행실도』에는 발문이 없으나 같은 해 같은 곳에서 찍은
원영판 『삼강행실도』 권두에는 당시 강원도 관찰사 이형좌의 서문이 붙
어 있다. 두 책을 같이 찍으면서 책마다 서문을 붙일 필요가 없었기에
『이륜행실도』에는 서문을 빼고 권말 간기만 넣은 것이다.

---

[26] 권말에 박문수의 발문과 간기가 있다.

그림 8 『이륜행실도』 원간본1 '복식분축'조 도판. 양 4마리가 새겨져 있다.

그림 9 『이륜행실도』 해영판의 '복식분축'조 도판. 양 3마리가 나타나 있다. 원간본2를 포함한 모든 판본이 이와 같다.

한편 위 이본 도표에 넣지 않았지만 김무조 소장본 『이륜행실도』가 있다. 이 책은 간기가 있는 영영판과 동일한 것인데 다만 권말 간기 면이 낙장이다. 그러나 권두 내표지에 배접한 문서에 '진주목 경술 포보포령 상납감색 성명 성책'(晉州牧 庚戌 砲保布領 上納監色 姓名 成冊)이라는 묵서가 있고, 권말 내표지에도 '경술십월 의흥현 거추삼삭 각포방포차지 감색 성명 성책 차지 좌수 유학 홍주세 색리 박취강'(庚戌十月 義興縣 去秋三朔 各浦防布次知 監色姓名 成冊 次知 座首 幼學 洪柱世 色吏 朴就綱)이라는 묵서가 있다. 경술 연간에 진주와 의흥에서 이 책을 성책하여 교화용 도서로 활용했음을 보여 준다.

영조대에 간행한 감영판 네 개 중 해영판이 가장 독특하다. 해영판의 상란 언해문의 글자 배열은 1행에 7자이지만 다른 세 감영판은 1행에 11자이다. 서체도 다른 세 감영판은 서로 비슷한 복각본 관계이지만 해영판의 글씨체는 전혀 다르다. 도판의 새김은 해영판의 것이 가장 거칠고 섬세하지 못하다.

위 이본 중 상란의 한글 언해문에 테두리선[廓線곽선]이 있는 것은 영영판뿐이다. 원간본1, 2와 다른 감영판에는 이 테두리 선이 없다. 앞에서 본 삼강행실도 이본 중 ㊉본(경북대본)에 테두리선이 부분적으로 있었음을 지적하였는데, 영영판『이륜행실도』의 테두리선을 고려해 보면『삼강행실도』㊉본이 영영판(嶺營板)일 가능성이 높다. 우리는『이륜행실도』제 판본의 계통을 정리함으로써 판본의 시대적 추이를 이해할 수 있게 되었다.

각 판본의 언어적 변이를 알아보기 위해 제2장 '卜式分畜'(복식분축) 항의 한글 문장을 비교해 보자.

    원간본1   복식근 하람 사름미라 녀름지싀 즁싱 치길 ᄒ더니 져믄 아싀 잇더니

    기영판   복식이ᄂ 하남 사ᄅᆞ미랴 녀름지이와 즘싱 치기 ᄒ더니 져믄 아이 잇따가

    원영판   복식이ᄂ 하남 사ᄅᆞ미랴 녀름지이와 즘싱 치기 ᄒ더니 져믄 아이 잇따가

    해영판   복식이ᄂ 하남 사ᄅᆞ미랴 녀름지이와 즘싱 치기 ᄒ더니 져믄 아이 잇따가

    영영판   복식이ᄂ 하남 사름미랴 녀름지이와 즘싱 치기 ᄒ더니 져문 아이 잇째가

    원간본1   그 앗이 ᄌᆞ라거늘 집 뎐디 지믈를 다 아ᅀᅳ 주고 다문 양 일뷕 나ᄆᆞ닐 복식기 가지고

    기영판   그 아이 ᄌᆞ라거늘 집 뎐디 지믈를 다 아ᅀᅳ 주고 다문 양 일뷕

	나ᄆᆞ니늘 복식기 가지고
원영판	그 아이 ᄌᆞ라거늘 집 뎐디 ᄌᆡ믈롤 다 아ᄋᆞ 주고 다믄 양 일빅 나ᄆᆞ니늘 복식기 가지고
해영판	그 아이 자라거늘 집 뎐디 ᄌᆡ믈을 다 아ᄋᆞ 주고 다믄 양 일빅 나ᄆᆞ니늘 복식기 가지고
영영판	그 아이 ᄌᆞ라거늘 집 뎐디 ᄌᆡ믈롤 다 아ᄋᆞ 주고 다믄 양 일빅 나ᄆᆞ니늘 복식기 가지고

원간본1	뫼헤 드러가 여나믄 ᄒᆡ를 양을 치니 일쳔 나마 도이어늘 집 뎐딜 쏘 사니
기영판	모해 드러가 여라믄 ᄒᆡ를 양을 치니 일쳔이 나마 되어늘 집 뎐디를 쏘 사니
원영판	모해 드러가 여라믄 ᄒᆡ를 양을 치니 일쳔이 나마 되어늘 집 뎐디를 쏘 사니
해영판	뫼해 드러가 여라몬 ᄒᆡ를 양을 치니 일쳔이 나마 되어늘 집 뎐디를 쏘 사니
영영판	모해 드러가 여라믄 ᄒᆡ를 양을 치니 일쳔이 나마 되어늘 집 뎐디를 쏘 사니

원간본1	그 아ᄋᆞᆫ 셰간늘 다 배오 잇거늘 다시 논화 주니라
기영판	그 아ᄋᆞᆫ 셰간늘 다 패셜ᄒᆞ고 잇쩌늘 다시 ᄂᆞ화 주니라
원영판	그 아ᄋᆞᆫ 셰간늘 다 패셜ᄒᆞ고 잇쩌늘 다시 ᄂᆞ화 주니라
해영판	그 아ᄋᆞ 셰간늘 다 패셜ᄒᆞ고 잇쩌늘 다시 노화[27] 주니라
영영판	그 아ᄋᆞᆫ 셰간늘 다 일셜ᄒᆞ고 잇쩌늘 다시 노화 주니라

---

27 '노화'의 '노'는 'ᄂᆞ'의 오각이다.

 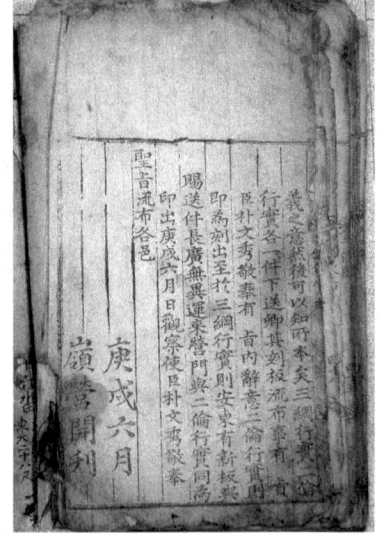

그림 10 『이륜행실도』 해영판 권말 간기   그림 11 『이륜행실도』 영영판 권말 간기

'원간본1'에는 방점이 있으나 위 인용문에서는 생략하였다. 여러 감영판은 세부적으로 조금씩 차이점을 보인다. 해영판의 언해문 행관은 다른 세 감영판과 판이하다. 해영판은 언해문 판하본을 완전히 새로 써서 새긴 것이다. 이 과정에서 어두 ᅟᅳㅣ>ㅑ 변화를 실현한 '자라거늘'과 같은 특이례가 출현하였다. 1727년에 간행된 문헌에 어두 ᅟᅳㅣ>ㅑ 의 예가 나온다는 것은 시기적으로 매우 빠른 것이다. 영영판에는 형태소 경계에서 원순모음화를 실현한 '져문'의 예가 주목된다. 영영판에서만 '패셜'을 '일셜'로 표기한 것도 특이하다. '패셜'은 '敗洩', '일셜'은 '逸洩'을 적은 한자어 표기다. '敗'를 번역한 고유어 어휘 '배-'가 사어화되면서 한자어로 교체된 예이다.

원간본1에 나온 '논화'(<논화)는 경상도 간행본에 나타난 특징적인 예이다. 『정속언해』(16a), 『칠대만법』(10b), 우병영판 『병학지남』(1:2b), 상산판(상주판) 『병학지남』(2:3a)(2:7a)에 '논호-'가 나오는데 이들은 모두 경상도 간행판이다(고성익 2007:155). '논호-'는 경상방언을 반영한 문헌

의 징표라 할 수 있다.

3) 『오륜행실도』(五倫行實圖)

앞에서 본 『삼강행실도』와 『이륜행실도』는 1797년(정조 21)에 왕명에 의해 『오륜행실도』(5권 4책)로 수정·합본 간행되었다. 『오륜행실도』 초간본은 1797년에 활자본으로 먼저 간행되었는데, 한문은 정리자(整理字)의 동활자를 사용했고, 언해문은 필사체의 목활자를 썼다. 이 책의 앞부분에 정조의 어제윤음(御製綸音)과 당시 좌승지 이만수(李晩秀)가 지은 서(序)가 실려 있다. 초간본은 국립중앙도서관과 규장각에 소장되어 있다.

중간본은 1859년(철종 10)에 목판으로 간행되었으며, 5권 5책인 점이 초간본과 다를 뿐 체제나 언해문은 초간본과 거의 같다. 중간본에는 김병학(金炳學)의 서문이 들어가 있다. 『오륜행실도』는 매우 정교한 도판과 언해문이 실려 있어 조선시대 판화 연구 및 국어사 연구에 유용한 문헌이다. 『오륜행실도』 초간본의 제1권의 앞부분에 수록된 내용 순서는 다음과 같다.

(1) 정조대왕이 이 책을 간행하면서 지은 윤음 : 어제양로무농반행소학오륜행실향음주례향약윤음(御製養老務農頒行小學五倫行實鄕飮酒禮鄕約綸音)
(2) 정조의 명을 받아 편찬 작업을 한 이만수(李晩秀)의 서문 : 오륜행실도서(五倫行實圖序)
(3) 초간본 『삼강행실도』에 실린 권채(權採)의 원서(原序) : 삼강행실도원서(三綱行實圖原序)
(4) 평안도 관찰사 윤헌주(尹憲柱)가 丙午年에 지은 『삼강행실도』 발문: 삼강행실도원발(三綱行實圖原跋)
(5) 정덕(正德) 무인년(戊寅年)에 강혼(姜渾)이 지은 『이륜행실도』 서문: 이륜행실도원서(二倫行實圖原序)

(6) 교열, 감인(監印)에 관여한 사람의 직책과 성명

위 (1)~(6)항이 끝난 뒤, '오륜행실도권제일목록'이라 하여 '민손단의'(閔損單衣), '자로부미'(子路負米) 등 33개 항의 편(編) 제목이 나온다. 이어서 '민손단의' 항이 시작되는데 각 편의 형식은 다음과 같다.

편 제목과 도판(1면 전체 배치)
한문 원문
시(詩)
찬(贊)
언해문

『오륜행실도』의 본문에 수록된 사람의 수는 모두 150명이다. 효자(33명), 충신(35명), 열녀(35명), 형제(24명), 종족(宗族)(7명), 붕우(朋友)(11명), 사생(師生)(5명)으로 나누어져 있다. 효자·충신·열녀는 『삼강행실도』 내용에 해당하고, '형제·종족·붕우·사생'은 『이륜행실도』 내용에 해당한다.

『삼강행실도』와 비교해 볼 때 『오륜행실도』는 효자 항에서 2명이 삭제되었다. 『오륜행실도』의 효자 항에서 삭제된 항목은 '원각경부'(元覺警父)항과 '곽거매자'(郭巨埋子)항이다. 전자는 아버지의 명에 따라 병든 할아버지를 산에 갖다 버리는 이야기이고, 후자는 할머니가 먹을 밥을 손자에게 자꾸 주자, 아버지가 아들을 땅에 묻어 버리려 한다는 이야기이다. 이 두 개 항은 그 내용이 효행에 어울리지 않는다고 판단하여 삭제한 것이다.

그리고 『이륜행실도』의 내용 중 '형제'에 속한 '노조책려'(盧操策驢)가 『오륜행실도』에서는 삭제되었다. '노조책려' 항의 내용은 노조라는 인물이 계모를 잘 섬기고 계모가 데려온 아들을 위해 나귀의 고삐를 손수

잡고 하인처럼 처신하였다는 내용이다. 적자가 서자를 공경하는 이런 태도는 18세기 조선 사회에서 받아들이기 어려운 것이어서 삭제한 것이다. 이와 같은 삭제는 『오륜행실도』 편찬자들이 18세기 후기 조선사회에서 일어난 가치관의 변화를 반영한 결과라 할 수 있다.

『삼강행실도』를 옮겨 놓은 『오륜행실도』도 권1·2·3에는 우리나라 사람으로는 효자 4인, 충신 6인, 열녀 6인 도합 16명이 실려 있다. 『오륜행실도』도 이와 동일하다. 두 책에 나오는 우리나라 인물의 명단을 추려내 보면 다음과 같다.[28]

표 2 『삼강행실도』와 『오륜행실도』에 실린 우리나라 인물 명단과 제목 대조표

	삼강행실도	오륜행실도
효자도	婁伯捕虎(高麗) 自强伏塚(本國) 石珍斷指(本國) 殷保感烏(本國)	婁伯捕虎(高麗) 自强伏塚(本朝) 石珍斷指(本朝) 殷保感烏(本朝)
충신도	堤上忠烈(新羅) 丕寧突陣(新羅) 鄭李上疏(高麗)[29] 夢周隕命(高麗)[30] 吉再抗節(高麗) 原桂陷陣(本國)	堤上忠烈(新羅) 丕寧突陣(新羅) 鄭李上疏(高麗) 夢周殞命(高麗) 吉再抗節(高麗) 原桂陷陣(本朝)
열녀도	彌妻啖草(百濟) 崔氏奮罵(高麗) 烈婦入江(高麗) 林氏斷足(本國) 金氏撲虎(本國) 金氏同窆(本國)	彌妻偕逃(百濟) 崔氏奮罵(高麗) 烈婦入江(高麗) 林氏斷足(本朝) 金氏撲虎(本朝) 金氏同窆(本朝)

---

28 『이륜행실도』에는 우리나라 사람이 한 명도 없다.

위 표에 나타나 있듯이, '本國'(본국) 표시가 '本朝'(본조)로 바뀌거나 '미처담초'(彌妻啖草, 도미의 처가 풀을 씹다)가 '미처해도'(彌妻偕逃, 도미의 처가 함께 달아나다)로 바뀐 것이 가장 큰 차이다. 충신도의 '夢周隕命'(몽주운명)이 『오륜행실도』에서 '夢周殞命'(몽주운명)으로 한자가 바뀐 것은 '殞'(운) 자에 담긴 자발성(스스로 죽음을 택함)을 드러내기 위함이다. 열녀도의 '彌妻啖草'(미처담초)가 『오륜행실도』에서 '彌妻偕逃'(미처해도)로 바뀐 것은 이 항목에 도미의 처가 함께 달아나 섬에 가서 살았다는 이야기를 제목에 드러내기 위함이다. '도미의 처가 풀을 씹다'는 뜻의 '미처담초'는 이야기 내용을 반영하지 못한 제목이라 보고 고친 것이다. 앞에서 본 3개항의 삭제와 제목의 변경은 『오륜행실도』 편찬자들의 심사숙고를 보여 준다.

이밖에도 『오륜행실도』가 『삼강행실도』와 『이륜행실도』의 내용을 단순히 합한 것이 아님을 보여주는 특징이 더 있다. 한문 원문이 달라진 곳도 있고, 언해문의 번역이 다르게 된 곳도 있다. 내용의 배열 순서와 방법이 가장 크게 달라졌다. 앞의 『삼강행실도』는 각 항의 첫면에 도판을 두고 도판의 상란에 언해문을 두었다. 그리고 뒷면으로 넘어가서 한문 원문과 시(詩) 혹은 찬(贊)을 붙였다. 그러나 『오륜행실도』는 첫면을 도판으로만 채우고 그 뒤에 한문 원문과 시 혹은 찬을 둔 후, 맨 끝에 번역문을 놓는 방식으로 배치하였다.

『삼강행실도』와 『오륜행실도』에서 언해문이 어느 정도 어떤 양상으로 다르게 되었는지 동일 인물에 대한 한 편의 글을 비교해 보자.

---

29 정추(鄭樞)와 이존오(李存吾)를 가리킨다.
30 강원도 원영판에는 이 항이 '포은운명'(圃隱隕命)(충신 33a)으로 제목이 바뀌어 있다.

〈삼강행실도 성균관대본〉[31]

민손이 다솜어미 민손이를 믜여 제 아들란 소옴 두어 주고 민손이란 골곳 두어 주어늘 치워 덜셕올 노하 브린대 아비 알오 다솜어미를 내툐려커늘 민손이 꾸러 솔오듸 어미 이시면 훈 아드리 치우려니와 어미 업스면 세 아드리 치우리이다 ᄒᆞ야늘 아비 올히 너겨 아니 내틴대 어미 도르혀 뉘우처 어엿비 너기더라 (효자도 1a)

〈삼강행실도 원영판〉

민손은 공주 데지니 일즉 어미 죽고 아비 후쳐를 취ᄒᆞ야 두 아들을 나ᄒᆞ니 민손의 계뫼 민손을 믜이 녀겨 제 아들으란 옷시 소옴 두어 주고 민손으란 골품을 두어 주엇써니 겨울의 그 아비 민손으로 ᄒᆞ여곰 술의를 몰시 치워 물 혁을 노화 브린대 아비 알고 후쳐를 내치고져 ᄒᆞ거늘 민손이 꿀어 솔오듸 어미 이시면 훈 아들이 칩고 어미 업스면 세 아들이 치우리이다 훈대 아비 그 말을 어딜이 녀겨 아니 내치니 계뫼 도로혀 뉘웃처 어엿비 녀기더라 (효자 1a~1b)

〈오륜행실도 초간본〉[32]

민손의 ᄌᆞ는 ᄌᆞ건이니 공주 데지라 일즉 어미 죽고 아비 후쳐를 취ᄒᆞ여 두 아들을 나ᄒᆞ니 손의 계뫼 손을 믜워ᄒᆞ여 나혼 아들으란 오시 소옴 두어 닙히고 손으란 골품을 두어 닙히더니 겨울에 그 아비 손으로 ᄒᆞ여곰 술위를 몰시 치워 물혁을 노하 브린듸 아비 슬펴 알고 후쳐를 내티고져 ᄒᆞ거늘 손이 술와 골오듸 어미 이시면 훈 아들이 칩고 어미 업스면 세 아들이 치우리이다 훈대 아비 그 말을 어딜이 녀겨 아니 내티니 계뫼 ᄯᅩ훈 감동ᄒᆞ고 뉘읏처 드듸여 ᄌᆞ의ᄒᆞ는 어미 되니라 (효자 2a~2b)

---

31 홍문각 영인, 1990, 461면. 이 성균관대본은 영조대의 원영판보다 앞선 시기의 언어를 반영한 것으로 판단된다.
32 을유문화사(1972), 『오륜행실도』.

후대로 내려올수록 번역 문장이 더 자세하고 문장의 의미 해득이 쉽도록 개선되었음을 알 수 있다. 그러나 전체적으로 볼 때 언어적 차이는 그리 크지 않다.

『이륜행실도』 '복식분축(卜式分畜)' 항의 본문을 서로 비교해 보자.

〈이륜행실도 옥산서원본〉
복식근 하람 사름미라 녀름지싀 즁싱 치길 ᄒᆞ더니 져믄 아싀 잇더니 그 아싀 ᄌᆞ라거늘 집 뎐디 지믈를 다 아ᅀᆞ 주고 다믄 양 일뵉 나ᄆᆞᆯ 복식기 가지고 뫼헤 드러가 여나믄 히를 양올 치니 일쳔 나마 도익어늘 집 뎐딜 쏘 사니 그 아ᅀᆞᆫ 셰간늘 다 배오 잇거늘 다시 논화 주니라 (2a~2b)

〈이륜행실도 원영판〉
복식이는 하남 사ᄅᆞ미라 녀름지이와 즘싱 치기 ᄒᆞ더니 져믄 아이 잇짜가 그 아이 ᄌᆞ라거늘 집 뎐디 지믈를 다 아ᄋᆞ 주고 다믄 양 일뵉 나ᄆᆞ늘 복식기 가지고 뫼해 드러가 여라믄 히를 양을 치니 일쳔이 나마 되어늘 집 뎐디를 쏘 사니 그 아ᄋᆞᆫ 셰간늘 다 패셜ᄒᆞ고 잇써늘 다시 ᄂᆞ화 주니라 (2a~2b)

〈오륜행실도 초간본〉
복식은 한나라 하남 사ᄅᆞᆷ이니 밧 갈고 즘싱치기로 일 삼더니 져근 아이 이셔 이믜 댱셩ᄒᆞ니 식이 뎐퇵과 지믈을 다 아ᄋᆞ를 주고 다만 기르던 양 빅여구를 가지고 홀로 산듕에 드러가 십여년을 양을 쳐 양이 셩ᄒᆞ여 쳔여 두에 니르니 뎐퇵을 사 두엇더니 그 아이 가산을 다 패ᄒᆞ거늘 식이 믄득 다시 ᄂᆞ화주니라 (형제 3b~4a)

위의 예시처럼 『오륜행실도』의 문장이 『이륜행실도』보다 맥락 표현이 더 잘된 편이라 이해하기 쉽다. 『오륜행실도』에서 '뎐퇵', '지믈', '가산', '산듕' 등과 같은 한자어가 더 늘어난 점도 중요한 변화이다. 이러한 변화를 엄밀히 계량화하여 그 특징을 통계 수치로 보여 준다면 한자어 사용의 역사적 변화를 보다 분명히 드러낼 수 있을 것이다. 용례와 빈도 검색 프로그램을 활용하면 이런 연구가 가능하다.

하나의 계통을 이루는 문헌이 가진 서지적 특징을 기술하고, 그 문헌에 실린 한글 문장을 서로 비교하여 이본 간의 이동(異同)을 밝히는 것은 한글 문헌의 역사적 연구를 위한 기초가 된다. 한글 문헌에 대한 이러한 연구는 판본의 시대적 특징을 파악하고, 언어 자료의 성격을 밝히기 위한 필수 작업이다. 이런 점을 고려하여 필자는 이 장에서 문헌의 기본적 내용 구성을 검토할 때 살펴야 하는 것을 차례대로 검토하고, 이어서 행실도류 문헌의 사례를 들어 이본 간의 차이를 구체적으로 기술해 보았다. 앞으로 다양한 국어사 문헌을 대상으로 이러한 연구가 실천되어야 우리가 가진 언어문화 자원의 가치를 드높일 수 있다.

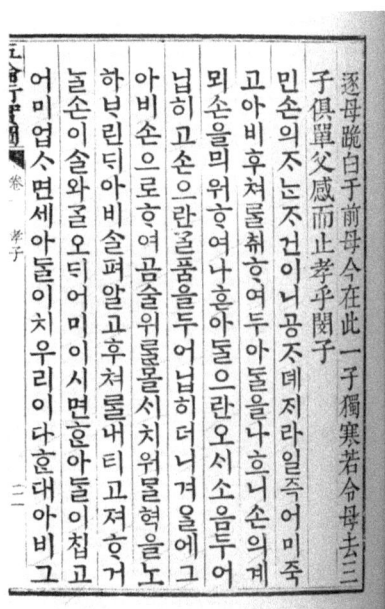

그림 12 『오륜행실도』 '민손단의' 조 내용

Ⅲ부

연구 방법론의 모색과 그 적용

8장 문헌해석학의 방법론과 서지·해제 작성법

3장에서 7장에 이르는 동안, 우리는 옛 책의 형태와 명칭, 판본의 분류와 감별법, 주제에 따른 문헌 분류법, 한글 필사본, 문헌 내용 구성과 그 변이 등을 배움으로써 문헌에 대한 이해를 넓혀 왔다. 8장에서는 앞에서 배운 지식을 토대로 하여, 하나의 특정 문헌을 조사 분석할 때 필요한 기본적 연구 방법과 그 절차를 체계화해 보기로 한다. 아울러 문헌의 서지 기술법과 해제 작성법을 몇몇 사례를 통해 익히도록 한다.

8.1. 문헌해석학의 방법론과 연구 절차

문헌학(Philology)은 서양에서 그리스의 고문서를 발굴·수집·정리·해독하는 과정에서 시작하여 근대에 들어 독자적 학문으로 정립되었다. 중국에서 학문의 중심은 한대(漢代)부터 청대(淸代)에 이르기까지 경서(經書)와 전적(典籍)의 연구에 있었다. 이 연구는 문헌에 대한 주석·고증·비평·해석을 통한 문헌 비판에 초점을 두었다. 특히 청대의 고증학은 원전 확립을 목표로 한 연구로서 동양 문헌학의 한 정점을 이루었다.

문헌학은 고전 인문학의 기초로서 문헌의 원전 분석과 이본 대조를 통한 본문의 교정과 확정, 전거 조사, 자구 해석 등을 기본적 방법론으로 삼는다. 문헌학의 개념을 좀더 엄밀히 하기 위해 '문헌해석학'이라는 용어도 함께 쓸 것이다.

우리나라에서 문헌학의 독자적인 방법론을 체계화한 최초의 업적은 류탁일의 『한국문헌학연구』(아세아문화사, 1989)이다. 류탁일 선생이 세운 문헌학의 체계는 다음과 같이 요약된다.

① 문헌의 본성론적(本性論的) 접근 : 사본, 목판본, 활자본 등 판본의 성격을 연구함.
② 기사양태론적(記寫樣態論的) 접근 : 문헌의 기록 문자를 연구함.
③ 배경·유통론적 접근 : 문헌이 형성된 역사·사회적 배경과 문헌의 유통을 연구함.
④ 변화·전승론적 접근 : 문헌의 역사적 변화와 전승을 연구함.
⑤ 고핵(考覈)·실증론적 접근 : 문헌과 관련된 각종 사실(작자, 간행자 등)을 연구함.
⑥ 원전비평론적 접근 : 문헌의 원문 분석을 통해 정본을 수립함. 원문서지학적 연구.[1]

류탁일의 이러한 연구 방법론은 그가 '서지학'이란 용어를 쓰지 않고 굳이 '문헌학'이라는 명칭을 쓴 이유를 깨닫게 한다. '문헌학'이라는 용어는 문헌에 대한 역사적 접근과 사회사적 접근 등 보다 포괄적 방법론을 함축한다. '서지학'은 그 개념이 '문헌학'보다 좁다. 저자는 기본적으로 류탁일의 문헌학 체계에 동의하면서, 하나의 문헌을 연구하려 할 때 거치는 구체적 과정을 다음과 같이 세우고자 한다.[2]

1) 1단계 : 문헌 조사와 수집

연구 대상이 된 문헌이 가진 각종 이본을 수집한다. 이본 수집을 위해 먼저 어떤 이본이 존재하는지 조사해야 한다. 이본 조사는 각급 도서관에

---

[1] 류탁일(1989:418~423)에는 서양과 동양의 학자들이 사용한 문헌비평의 방법론 다섯 가지를 소개하고 있다.
[2] 다음 9장에서 문헌해석학의 방법론을 보다 심화시켜, 한글 문헌에 대한 문화중층론적 연구 이론을 세우고 이에 대해 논할 것이다.

서 간행한 소장 고서 목록집을 이용하거나, 소장 기관의 누리집과 인터넷의 도서 검색 사이트를 활용한다. 요즘에는 전국 주요 대학 도서관 자료를 통합하는 검색 사이트가 개설되어 있다. 이본의 목록이 조사되었으면 그다음 단계는 조사된 문헌을 실사(實査)하는 일이다. 소장처와 관련 누리집을 찾아다니며 문헌의 실물을 조사하고, 복사본 혹은 이미지 파일을 확보한다. 이 단계에서의 연구는 그야말로 발로 뛰는 일이라 할 수 있다. 그래서 학문은 '머리'로 하는 것만이 아니라 '발'로 하는 것이라는 말이 생겨난 것이다.[3] 류탁일의 '본성론적(本性論的) 접근'은 이 단계에서 행해지는 작업의 하나이다.

2) 2단계 : 수집된 문헌의 형태 서지 기술

수집한 문헌의 물리적 사실을 조사 기술한다. 판본의 종류, 초간본이냐 중간본이냐, 판의 크기와 판심 사항 등 형태서지학적 조사를 행하여 각 이본들의 특성을 파악하고 이본들 간의 관계를 규명한다. 류탁일의 '본성론적(本性論的) 접근'과 '고핵(考覈)[4]·실증론적 접근'의 연구 내용이 이 단계에서 행해진다.

3) 3단계 : 문헌의 기록 문자와 내용의 교감

한 문헌에 속한 각 이본들의 내용 구성을 파악하고 상호 간의 차이점을 밝힌다. 또한 본문을 기록한 문자의 이동(異同)을 비교하여 이본 간의 차이점을 기술한다. 또한 이본에 나타난 오류를 교감하고 오류의 원인을 밝힌다. 여기서 필요한 방법론이 교감학이다. 이러한 교감을 근거로 가장 완벽한 내용 편제와 본문 구성을 밝혀 정본(定本)을 정하고, 이본 간

---

[3] 학문은 머리, 발, 궁둥이 세 가지로 한다는 말이 있다. 이 말이 무슨 뜻인지는 어렵지 않게 짐작할 수 있다.
[4] 고핵(考覈) : 조사하여 밝힘.

의 관계를 파악한다. 류탁일의 '기사양태론적 접근' 작업이 이 단계에서 행해진다.

4) 4단계 : 이본의 계통적 위치 비정

이본 비교를 통해 확정된 정본을 기준으로 한 문헌에 속하는 제 이본의 관계를 파악하여 이들의 계통적 위치를 비정(批正)한다. 문헌의 역사적 변화 및 지역과 시대에 따른 차이점을 고려하여 이본들의 계통을 세우는 일이 이 단계에서 행해진다. 본문의 변화, 간행 주체, 간행지 등을 고려하여 이본들 간의 관계를 서술한다. 여러 이본들의 위치를 자리매김하는 단계이다. 류탁일의 '변화·전승론적 접근'의 작업이 이 단계에서 행해진다.

5) 5단계 : 문헌의 사회·역사적 배경 분석

모든 문헌은 그것이 나오게 된 당대의 사회적 배경이 있다. 문헌의 저작자와 간행자, 간행에 참여한 사람, 문헌의 향유자, 유통의 양상 등을 고려하여 문헌이 생성된 사회적·역사적 배경을 파악한다. 이런 작업을 하려면 당대의 역사와 사회에 대한 지식이 필요하다. 특히 인접 학문으로서 한국사에 대한 지식이 필요하다. 어떤 문헌의 생성 및 유통에 대한 사회 역사적 배경을 연구함으로써 우리는 그 문헌을 보다 충실하게 이해할 수 있고 더 넓은 시야를 가질 수 있다. 류탁일의 '배경·유통론적 접근'은 이 단계에서 행해지는 작업이다. 다음 9장에서 설명할 문화중층론적 연구 방법 중 사회문화 요소의 분석은 이 5단계와 직접 관련된다.

6) 6단계 : 언어 분석

이 단계는 국어학자로서 보다 전문적인 방법론을 동원하여 문헌에 기록된 우리말의 양상을 연구하는 것이다. 표기법, 음운체계와 음운변화, 문법형태의 특징과 그 변화, 어휘의 특성과 그 변화 등을 연구하여 해당 문헌이 가진 국어사적 가치를 밝힌다. 특히 시대적 차이를 가진 이본들의 국어 문장을 비교 분석하여 우리말의 시대적 변화를 밝히는 데 초점을 두어야 한다. 다음 9장에서 설명할 문화중층론적 연구 방법 중 언어문화 요소의 분석은 이 6단계를 포함한다.

8.2. 목록 작성을 위한 서지 기술 방법

이 절에서는 앞에서 배운 형태서지학적 지식을 토대로, 고문헌의 목록 작성을 위해 문헌의 서지 기술 방법에 대해 알아보기로 한다. 우리는 연구에 필요한 문헌을 찾기 위해 고문헌 목록집을 찾아보는 경우가 많다. 고문헌의 목록 기재 양식을 이해하기 위해 규장각에서 간행한 『규장각 소장 어문학자료 목록·서지』의 사례를 검토해 보자. 이 목록집에서 『간이벽온방』(15면)을 찾아보면 다음과 같은 서지 항목이 기술되어 있다. 이 목록집에는 없지만 설명의 편의상 아래의 각 항목 앞머리에 원문자 번호를 붙였다.

① 簡易辟瘟方(諺解)
② 奎 3199, 5277, 5696, 7850
③ 金順蒙(朝鮮)等受命編. 1613年(光海君 5)
④ 1冊(25張). [活](訓練都監字) 33.3×20.6㎝.
⑤ 四周雙邊. 半葉匡郭：22.3×15.5㎝, 9行 17字, 注雙行.
　版心：上下內向三葉花紋魚尾.
⑥ 表題：辟瘟方(奎 3199), 簡易辟瘟方(奎 5696, 7850). 版心題：辟瘟方.
⑦ 序：嘉靖四年乙酉(1525)正月二十五日……金希壽奉敎謹書.
⑧ 內賜記：萬曆四十一年(1613)正月日 內賜辟瘟方一件 五臺山上(奎 3199), ……校書館上(奎 5277), ……太白山上(奎 5696).
⑨ 印：[宣賜/之記](朱文方印, 奎 3199, 5277, 5696), [弘文館](朱文長方印),

　　　　[帝室/圖書/之章](朱文方印, 奎 7850).
　⑩* 〈奎 7850〉은 교정본임.

위와 같은 서지 사항을 기술하기 위해 각각의 항목에 대해 어떤 내용을 알아야 하고, 어떤 지침이 필요한지 검토해 보자.『규장각소장 어문학자료 어학편 해설』(서울대학교 규장각 2001)의 '범례'에 제시되어 있는 세부 작성 지침을 인용하여 서지 기술법을 구체적으로 알아보기로 한다.

　①의 '簡易辟瘟方(諺解)'는 서목(書目) 즉 책의 표제이다. ( ) 안에 '언해'(諺解)라고 표기한 것은 한문본『간이벽온방』(簡易辟瘟方)과 구별하기 위함이다. ( ) 대신에 [ ]를 쓰는 경우도 있다. 표제 서목은 권두서명 즉 권수제(卷首題)를 취하는 것이 원칙이다. 권두가 떨어져 나가 버리거나 기타 이유로 권두서명을 알 수 없는 경우에는 목록서명, 서발(序跋)서명, 권말서명 등을 표제 서목으로 삼을 수 있다. 언해본이나 구결본의 경우에는 서명 다음에 '(諺解)'나 '(口訣)'을 부기하여 한문본과 구별할 수 있도록 한다.
　②의 '奎 3199, 5277, 5696, 7850'는 규장각에 소장되어 있는『간이벽온방』의 도서 청구기호이며, 모두 4책이 있음을 의미한다.
　③의 '金順蒙(朝鮮)等受命編. 1613年(光海君 5)'은 편저자 이름과 간행 연대이다. 해당 문헌에 간행지와 간행 기관이 명시되어 있을 때 이 항목에 표기한다. 간행 연대는 서기년 표시를 하고, ( ) 안에 왕대(王代) 및 연차를 표기한다. 편저자 이름은 원전에 실려 있는 것을 싣되, 원전에 나와 있지 않은 경우에는 관련 기록과 학계 연구에서 밝혀진 편저자명을 찾아서 적는다. 편저자 이름을 관련 기록을 통해 추정한 경우는 [ ] 표시를 하여 추정된 편저자임을 밝힌다.
　③의 간행 연대 표시는 해당 문헌의 간기에 따라 서기 연대를 먼저

적고, 역대 왕의 연대를 ( ) 안에 표기한다. 간기가 없더라도 서문, 발문, 내사기, 관련 기록 등에 의해 간행 연대를 명백히 알 수 있는 경우 이를 근거로 간행 연대를 기입한다. 간행 연도가 미상인 경우라도, 지질, 판식, 내용 등을 근거로 대략적인 간년을 추정할 수 있는 경우에는 [ ] 안에 추정된 간년을 표시한다.

④의 '1冊(25張). [活](訓練都監字) 33.3×20.6㎝.'에서 '1冊(25張)'은 권수 혹은 책수를 나타내고 ( ) 안에 전체 장수(張數)를 표시한 것이다. 만약 빠진 권책이 있을 때 ( ) 안에 넣어 함께 표시한다. 완질에서 한두 책이 빠진 경우에는 '낙질'(落帙), 한두 책만 남아 있을 때는 '영본'(零本), 절반 정도 남은 것은 '결본'(缺本)으로 구분하여 기입하고 그 세부 내역을 명시한다. 1책으로 되어 있는 경우에 한하여 전체 장수(張數)를 ( ) 속에 표시하고, 낙장이 있는 경우 그 장차(張次)를 밝혀 적는다. '[活](訓練都監字)'는 판종(版種)이 활자본이며 그 활자는 훈련도감자라는 것이다. 판종(版種)은 木版本[木], 活字本[活], 筆寫本[寫], 拓本[拓], 石版本[石], 油印本[油], 影印本[影] 등으로 구분하여 밝힌다. 각 판종별로 세부 사항을 ( ) 속에 기입하였다. 예) [木](刊經都監版 覆刻), [木](完版), [活](戊申字), [活](印經木活字). '33.3×20.6㎝'은 책의 크기이다. 책 크기는 책 중앙을 기준으로 측정하여, 세로×가로(㎝)의 방식으로 기입한다. 개장(改裝)된 표지의 경우에는 원표지, 또는 원책의 크기를 기준으로 한다.

⑤는 판식 사항을 기술한 것이다. '四周雙邊'(사주쌍변)은 광곽의 테두리 선이 두 개로 된 것임을 말한다. '半葉匡郭(반엽광곽):22.3×15.5㎝'는 반면 광곽의 크기를 '세로×가로'의 순서로 표시한 것이다. '9行17字'는 반면(半面)에 들어가 있는 행관(行款)을 표시한 것인데, 반면(半面)당 9행이고 한 행에 17자가 들어갔다는 뜻이다. '注雙行'은 본문에 들어간 주의 형식이 두 줄로 되어 있다는 뜻이다. 행을 바꾸어 '版心:上下內向三葉花紋魚尾'(판심:상하내향삼엽화문어미)라 한

것은 판심의 어미 양식을 적은 것인데 상하에 안쪽 방향을 향한 세 잎 화문어미가 있다는 뜻이다. 판심의 형태가 같은 책에서 여러 가지로 혼재된 경우는 제일 많은 판심의 종류를 먼저 적고, 섞여 있는 판심의 특징을 부기한다. 광곽(匡郭)은 반엽(半葉, 1장의 절반 즉 半面)을 기준으로 삼는다. 광곽의 크기를 재는 대상은 권수의 본문 1a면 변란 중앙의 안쪽(쌍변인 경우, 내측선)을 측정하는 것을 원칙으로 한다. 기재 순서는 세로×가로(cm)로 한다. 다만, 본문 1a면이 낙장이거나 파손되었을 경우에는 판의 상태가 깨끗한 부분의 광곽을 실측하고 그 면수를 밝힌다. 필사본의 경우에는 필사면의 크기를 잰다. 필사본이라도 광곽과 판심이 인쇄된 경우는 계선의 유무와 행관을 확인하여 기재한다.

⑥은 책의 겉표지에 쓰인 책 이름 즉 표지 서명이다. 표지 서명이 '辟瘟方'(奎 3199)으로 되어 있는 것과, '簡易辟瘟方'(奎 5696, 7850)으로 된 것 두 가지가 있다. 여기에는 판심제(版心題)도 표기된다. 이 책의 판심제는 '辟瘟方'이다.

⑦에는 서문과 발문에 관한 정보가 표시된다. 서문을 쓴 연대와 쓴 사람을 표시한다. 이 책에는 서문만 있고 발문이 없다. 교재 성격을 가진 사서언해 등에는 서문이나 발문이 없다.

⑧은 권두의 면지에 쓰인 내사기(內賜記)이다. 만력 41년 정월에 내사한 3책의 기록인데, 오대산, 교서관, 태백산 서고에 각각 하사한 내사기이다.

⑨에는 책에 찍힌 각종 인기(印記) 혹은 장서인(藏書印)을 기록한다. 인장에 새겨진 글자를 판독하여 적는다. [宣賜之記], [弘文館], [帝室圖書之章]이 그것이다. '朱文方印'은 '붉은 인주의 사각형 인장'이라는 뜻이다. 권수 또는 권말에 찍혀 있는 장서인(藏書印)의 인문(印文)과 인형(印形)을 모두 밝혀 적는다. 印文의 내용을 [ ] 속에 행을 ' / '로 구별하여 기입하고, 그 뒤에 인문(印文)의 색(色)과 인면(印面)

의 형태를 함께 기입한다. 예) [奎章/之寶](朱文方印). 인문(印文)이 불명확한 경우에는 인장(印章)의 형태만을 밝혀 적는다. 예: 印文未詳(白文朱長方印)

⑩에는 *를 붙인 후 기타 참고 사항 혹은 특기 사항 등을 적는다. 지질(紙質)이나 장정(裝訂) 등 책의 상태, 다른 이본과의 관계, 기타 관련 사항 등이 여기에 표시된다. 지질(紙質), 장정법(裝幀法) 및 낙장(落張) 유무 등의 도서 상태와 본문 내용 등 책의 이해에 도움이 되는 특징적인 사항을 기재한다. 판심이나 난외(欄外), 권말에 각수(刻手) 이름이나 시주자 이름이 있을 때 여기에 적는다. 다른 이본과의 관계 등 연구 분야와 관련된 참고 사항을 밝혀 적는다.

표 1 고서 조사표 양식

고서 조사표						
						no.
조사자	이름			조사일		년 월 일
	조사장소			촬영 유무		
서명	권두서명					
	표지서명					제첨/묵서
	판심서명					
	권말서명					
외형	크기	× cm	분책		장수	
	지질		발끈	cm	장정	
	보존상태			낙장	매 (장차:)	
판종 및 활자	판종				판차	
	활자명					
판식	사주(四周)		반광(半匡)		× cm	
	계선(界線)		행관(行款)		반엽 行 字	
	판구(版口)		판심제			
	어미(魚尾)					
도판	도판 유무		도판위치			
	도판 내용					

서문	제목			작성자		
	작성 연도			기타		
발문	제목			작성자		
	작성 연도			기타		
내사기	내사기					
	내사 연도			받은 사람		
간행 정보	간기					
	간행지		간행연도		간행기관	
	간행자		각수(刻手)		간행참여자	
필사 정보 (필사기)	필사기					
	필사자1				필사연도	
	필사자2				필사연도	
내용 정보	내용 분류			번역 여부		
	주요 내용					
구결	구결 유무		기입 방식	판각/필사	구결 문자	한글/한자. 약자/정자
	특징					
소장 정보	소장처			장서인	형태: 크기: 문자:	
	영인 사항					
기타 특기 사항						
관련 논저						

8.3. 해제 작성법과 사례

한 문헌의 형태서지 사항, 간행 관련 사실, 본문의 내용과 이본 간의 차이 등 그 문헌의 전체적 성격을 종합적으로 해설하는 글을 해제(解題)라고 한다. 이 절에서는 문헌의 해제 작성법을 설명하고 구체적 사례를 제시한다. 디지털 한글박물관, 국립중앙도서관, 한글박물관의 경우를 차례대로 설명한다. 각 기관의 설립 목적과 자료를 다루는 관점이 다른 만큼 해제 작성법에도 차이가 있다.

8.3.1. 디지털 한글박물관의 해제 작성법과 사례

『규장각 소장 어문학자료 목록집』의 범례 및 디지털 한글박물관에서 택한 해제 작성의 체제는 매우 비슷하다. 후자의 것을 중심으로 고문헌 해제문의 기술 체제와 방법을 설명한다.[5]

⟨디지털 한글박물관 해제 작성 지침⟩

1) 해제의 제목

해제의 제목은 책 이름을 그대로 가져와서 앞에 두고 그 뒤에 '해제'라는 말을 붙이는 것이 보통이다. 예컨대 '병학지남 해제'와 같은 방식이다. 그러나 해제문만으로 구성된 책이나 '해제'를 굳이 표시할 필요가 없을 때는 문헌명만으로 제목을 삼는다. 제목을 정할 때는 다음과 같은 세부 사항을 고려한다.

(1) 책의 경우 해당 문헌의 권두서명을 따르는 것을 원칙으로 하되, 학계에서 일반적으로 통용되는 서명이 있는 경우에는 통용 서명을 해제의 제목으로 삼는다.

(2) 필요한 경우, 자료의 성격을 명확히 나타내기 위하여 책 제목에 '언해', '구결', 또는 '음역' 등을 덧붙일 수 있다.

(3) 제목이 한자인 경우는 한글 표기를 앞세우고 해당 한자는 괄호 속에 넣는다. 제목이 고어형인 경우는 해당되는 현대어 표기를 앞세우고 원제목은 괄호 속에 넣는다.

(4) 문서, 금석문 등의 경우도 위에 준한다.

2) 본문(전문가용 기준[6])

(1) 기술 순서: 다음의 순서에 따르되, 대상 문헌의 성격에 따라 순서

---

5 아래의 설명은 디지털 한글박물관의 해제 작성 지침에서 인용한 것이다.
6 전문가용이란 관련 분야 학자들의 연구에 도움이 될 수준의 해제를 말한다.

및 내용은 부분적으로 조정될 수 있다.
① 간략한 서지 사항(문헌 정의, 책이름, 권책수, 판종 등).
② 편·저자 및 편찬 간행(또는 필사) 연대, 간기, 필사기, 내사기 등을 언급한다.
③ 해당 문헌의 일반적 성격 개관, 서문, 발문, 필요시 자세한 서지사항(판식, 지질, 인기 등), 이본 관계, 본문 내용, 자료의 특이성을 기술한다.
④ 관련 전공 분야와 관련시켜 자료적 특성을 상세히 기술한다.
⑤ 소장처 및 영인 사항을 표시한다.
⑥ 해제 집필자명을 본문 끝의 (   ) 속에 명기한다.

(2) 표기 원칙
① 한글 전용을 원칙으로 하되, 고유명사 등 전문용어는 필요시 한자 또는 원어를 괄호 속에 병기한다. 다만, 간기나 원문 인용 등의 경우는 한자를 노출시킬 수 있다.
② 인명: 필요한 경우, 호와 자를 모두 밝히되 본명을 우선시하고, 생몰 연대를 밝힐 수 있는 경우는 (~) 속에 적는다.
③ 연대: 서기년을 적고, 역조년(歷朝年), 연호년(年號年) 등은 (   ) 속에 적는다.
　　　예) 1447년(세종 29)에, 1172년(고려 명종 2)에, 1899년(광무 3)에, ….
④ 이본 표기: 판원에 따른 경우는 '~판'으로, 소장처에 따른 경우는 '~본'으로, 연도에 따른 경우는 '~년판'으로 용어를 통일하여 사용한다. 다만, 더 자세한 구분이 필요한 경우는 도서청구기호를 〈　〉 속에 사용할 수도 있다.
⑤ 원문을 인용하는 경우에는 반드시 인용된 부분의 권차와 장차를 (   ) 속에 밝힌다.
　　　예) '셋겨슈믈'(13:14b)과 같이…, [노푸시나(상 5a), 부모의 가라

치물(하 8b)].

⑥ 표기 부호: 문헌명은 《 》, 작품명 또는 편명은 〈 〉 속에 넣되, 기타 문장부호는 현행 한글맞춤법을 따른다.

3) 참고란

(1) 참고 문헌: 해당 문헌과 관련하여, 중요한 업적으로 평가될 수 있는 것만을 선별하여 필자(저자)순으로 해제 끝에 첨부한다. 예) 저자명(연도), 제목, 출판사.
(2) 관련 항목: 관련 문헌명, 이칭 등을 기입한다.
(3) 검색어(key words): 해제 본문 인덱스를 위한 검색어를 제시한다.
(4) [원전 보기]: 이미지 파일(Image File)로 제공되는 저본의 판종(필요시) 및 소장처(필요시 도서번호까지)를 기입한다.
　　예) 부모은중경언해: [동화사판(경북대 소장본)], [용주사판(홍윤표 소장본)]

디지털 한글박물관은 인터넷으로 고문헌을 제공하여 국어국문학자는 물론 한국학의 여러 분야의 학자들이 옛 한글 자료를 쉽게 이용할 수 있게 하고, 나아가 우리의 한글 문화를 세계에 알리고 이에 대한 지식을 대중화하는 목적으로 설립되었다. 이런 취지를 살리기 위해 디지털 한글박물관의 해제는 일반인용과 전문가용 두 가지로 작성되었다. 일반인용 해제는 일반인이 이해하기 쉽도록 평이하고 흥미 있게 집필하는 것을 원칙으로 하였다. 전문가용 해제는 해당 문헌 관련 전공자(국어국문학, 서지학, 역사학 등의 연구자)에게 도움을 줄 수 있는 수준으로 집필하였다. 이하의 해제 사례는 모두 저자가 집필했던 원고를 가져온 것이다.

〈디지털 한글박물관 해제 작성 사례〉

저자가 집필한 《병학지남》의 사례를 다음에 제시한다.[7]

■ 병학지남(兵學指南) 해제 (전문가용) ■

《병학지남》은 임진왜란 이후 조선군의 군사 훈련에 필수적으로 사용되었던 교본이다. 이 책은 명나라 장수 척계광(戚繼光)이 지은 《기효신서》(紀效新書) 18편 중 군사 조련법(操鍊法)을 간추려 조선의 군사 훈련에 활용할 수 있도록 만든 것이다.

전체가 5권 1책이다. 권1은 〈기고정법〉(旗鼓定法)과 〈기고총결〉(旗鼓總訣)로 나누어져 있는데, 깃발과 북으로써 호령하는 방법과 그 의미, 호령에 따라 대오를 구성하는 방법이 여러 항목에 걸쳐 자세히 설명되어 있다. 권2는 〈영진정구〉(營陣正彀)로 각종 진법의 뜻과 그것을 펼치는 방법을 34개조로 설명하였다. 권3은 〈영진총도〉(營陣總圖)로 52가지의 진법을 그림으로 그려 이해하기 쉽도록 하였다. 권4는 〈영진총도〉의 후속편으로 보병의 대오법, 수군의 작전법, 기마병 진법 등을 도판으로 설명하였다. 권5는 〈장조정식〉(場操程式), 〈성조정식〉(城操程式), 〈수조정식〉(水操程式)의 3편으로 되어 있는데, 육지에서 주야간에 진을 펼쳐 조련하는 법, 성에서 행하는 조련, 물에서 행하는 조련의 방법을 각각 설명하였다. 본문 구성은 권1과 권2에는 한문과 그것의 언해문을 나란히 배열했으나, 권3 이하는 언해문 없이 한문과 각종 도판으로 구성되어 있다.

임진왜란 때 명나라 장수 이여송이 왜군과의 치열한 접전 끝에 평양성을 탈환하자 선조가 이여송에게 그 비결을 물으니 척계광의 《기효신서》의 진법에 의거해 싸웠기 때문이라고 대답하였다고 한다. 이에 선조는 중국으로부터 《기효신서》를 구해 오게 하여, 유성룡에게 이 책의 방대한 내용을 간추려 이용하기 쉽게 만들도록 명하였다. 이상정(李象鼎)이 지은 《병학지남연의》

---

[7] 저자가 집필한 최초의 원고에 저자의 최근 연구 성과를 반영하여 일부 수정하였다.

(兵學指南演義)의 서문에 유성룡이 선조의 명을 받아 《기효신서》의 주요 내용을 가려 뽑아 《병학지남》을 편찬했다는 기록이 있다. 당시 병서에 밝았던 한교(韓嶠)가 유성룡을 도와 이 책의 편찬과 번역에 관여했다. 한교는 세조 때의 공신 한명회의 6세손이며, 경학과 병학에 두루 밝았다. 특히 선조 대에 나온 《무예제보》 등 병서 편찬에 공을 세워 조선시대 병학의 대표적 인물이 되었다.

군사 훈련 교본으로 선조 이후 19세기까지 이 책의 간행은 계속되었던 바, 24개가 넘는 이판본이 전해지고 있다. 그중의 일부를 보이면 다음과 같다.

강희묵서본(康熙墨書本, 간행지 미상, 1704년경)
별후영판(別後營版, 평안도, 1708년)
훈련도감묵서본(訓練都監墨書本)(서울 1734년경)
무고본(武庫本)(서울 1769년 印出)
어영청본(御營廳本)(서울 18세기 전기)[8]
공홍병영판(公洪兵營版)(충청도 1684년)
남원영판(南原營板)(남원 1688)
운봉영판(雲峰營板)(운봉 1711)
강원감영판(江原監營板)(강원도 1724)
우병영판(右兵營板)(진주 1737)
상산판(商山板)(상주 1740년)
광주부판(廣州府板)(경기도 광주 1746년)
경진영영판(庚辰嶺營板)(대구 1760년)

---

[8] 이 판본을 '경화당고본', '어상(御上)묵서본'이라 부르기도 한다. 저자가 소장한 판본에는 권두에 '훈련도감'(訓練都監) 장서인이 찍혀 있고 장서인 안에 '어상'(御上)이라 묵서되어 있다.

장영판(壯營板)(서울 1787년)

강영판(崗營板)(서울 1797년)

촉성판(矗城板)(진주 1798년)

계유영영판(癸酉嶺營板)(대구 1813)

위 이판본들은 한글 언해문을 기준으로 크게 세 부류로 나누어진다. 첫째 부류는 권1만 언해되어 있는 판본으로 강희묵서본, 무고본, 별후영판이 여기에 속한다. 이들은 선조 때 나온 원간본 계통을 이은 것으로 보인다. 조선왕조실록의 기사로 보아 이 판본들의 권1을 언해한 인물은 한교일 것이다. 둘째 부류에 속하는 것은 최숙이 간행한 공홍병영판 계통이며, 정조의 명으로 간행된 장영판(1787)이 나오기 이전의 판본들이다. 공홍병영판, 운봉판, 남원판, 상산판, 강원감영판, 우병영판, 광주부판 등이 여기에 속한다. 이 판본들의 권2는 충청도 병마절도사 최숙(崔橚)이 언해한 것이다. 셋째 부류는 정조의 명으로 간행된 장영판(1787)을 필두로 한 강영판, 촉성판, 계유영영판 등이다. 내용과 체제가 가장 정제되어 있고 언해문도 다듬어져 있다.

《병학지남》은 활자본으로 간행된 것은 없고, 현재 전하는 책은 모두 목판본이다. 현재까지 원간본의 존재가 확인되지 않았지만, 위의 이판본들 중 권1만 언해된 무고본, 어영청본 등이 훈국 구본 계통에 속하며, 원간본과 가장 가까운 것으로 보고 있다.

《병학지남》의 학술적 가치는 크게 세 가지로 나누어 볼 수 있다.

첫째, 한글생활사의 관점에서 이 책은 독특한 가치를 가진다. 《병학지남》은 무관 장교의 부대 훈련과 지휘를 위한 학습 교본으로 쓰였다. 따라서 한글생활사적 관점에서 이 책의 한글 사용 주체는 무관직에 종사한 남성 중심이라 할 수 있다. 또한 이 책을 통해 한글이 군사 훈련이라는 국가적 과업을 수행하는 데 공식적으로 활용되었다는 점도 주목할 만하다.

둘째, 긴 시간에 걸쳐 다수의 이판본들이 간행되었기 때문에 이 책의 언해문에는 국어의 역사적 변천 모습이 반영되어 있다. 최숙이 권2를 언해하고 발문을 붙인 공홍병영판 계통과 정조의 어명으로 간행한 장영판을 비교해 보면 다음 몇 가지 차이가 있다.

1) ㄷ구개음화 현상이 전자에는 거의 나타나지 않지만 후자에는 많이 나타난다. 예) 그티디〉그치지
2) 의 변화 예가 전자에는 거의 없지만 후자에는 나타난다. 예) 논호며〉난호며
3) 종성 ㅅ과 ㄷ 표기, 어중 ㄹㄴ 표기, 병서 표기 등은 판본 간에 차이가 교차된다.
4) 후자에는 원순모음화 표기가 빈번하고 그 역표기까지 보인다.
5) 같은 원문을 번역하면서 전자는 한자어로 한 것이 많으나 후자는 고유어로 푼 것이 다수 발견된다. 이것은 《번역소학》과 《소학언해》 등에서 나타나듯이 후대 판본에서 한자어가 더 늘어나는 국어사 문헌의 일반적 경향과 상반되는 모습이다. 그 몇 예만 제시한다.

전자	후자
쵸급을 거도고(10b)	나모 븨며 믈 깃기를 거두고(7b)
긔 지ᄒᆞᄂᆞᆫ 바(6a)	긔 ᄀᆞᆯᄐᆡᆫ 바〈4b〉
이회니(5a)	둘째 호령이니(3b)
명을(1b)	목숨을(1a)
견ᄒᆞ라(1b)	앒ᄒᆞ라(1a)

셋째, 이 책은 전술 및 전투사 연구 등 군사학적 가치가 큰 자료이다. 최근 국방 군사 연구에서 이 자료를 포함한 병서 연구에 관심을 기울이고 있음은 이 책의 가치에 주목했기 때문이다.

〈참고 문헌 및 관련 논저〉

고성익(2007), 병학지남(兵學指南)의 서지,《2007년 겨울 구결학회 국어사학회 공동 전국학술대회 발표논문집》.

국방군사연구소 역(1995),《병학지남연의》, 국방군사연구소.

김동소(2001), 무예제보 연구,《한글》251, 한글학회.

김영일(1999), 무예제보번역속집(武藝諸譜飜譯續集)의 국어학적 이해,《武藝諸譜飜譯續集》(영인). 대구 : 계명대학교출판부.

노영구(2000a), 정조대 병서 간행의 배경과 추이,《장서각》3집, 한국정신문화연구원.

노영구(2000b), 조선 후기 군사 조련의 기본서,《병학지남》,《정조대의 예술과 과학》, 문헌과 해석사.

도수희(1970), 병학지남 언해에 관하여,《어문론집》6, 충남대 국어국문학과.

백두현(1992),《영남 문헌어의 음운사 연구》, 태학사.

백두현(2012),《병학지남》이판본의 계통과 신자료《병학지남육조언해》연구,《국어학》63호, 국어학회.

백두현(2015),《병학지남》이판본의 연대 고증과 계통 연구,《국어사연구》20호, 국어사학회.

서울대학교 규장각 엮음(2001),《규장각소장어문학자료 : 어학편 해설》, 태학사.

육군본부(1979),《고병서 해제》, 육군본부.

이진호(2009), 17~18세기 병서(兵書) 언해 연구, 계명대학교 대학원 박사학위 논문.

이진호(2011),《진법언해(陣法諺解)》의 표기와 음운,《언어과학연구》56호, 137~158.

이진호(2013), 17세기 연병류 병서의 어휘 연구, 한글학회 대구지회 제282차 논문 발표회 발표지.

정형우·윤병태(1979), 《한국책판총목록》, 한국정신문화연구원.

최현배(1961), 《고친 한글갈》, 정음사.

홍윤표(1994b), 《근대국어연구(1)》, 태학사.

황용주(2004), 《兵學指南》의 서지(書誌)와 국어학적 특징, 《한국언어문학》 53호, 한국언어문학회.

■ 병학지남(兵學指南) 해제 (일반인용) ■

《병학지남》은 임진왜란 이후 조선군의 군사 훈련에 필수적으로 사용되었던 교본이다. 육상과 해상에서 전투를 벌일 때 진을 치고 북을 울려 명령을 전달하는 방법을 한글 번역문과 그림을 이용해 자세히 설명하고 있다. 이 책은 명나라 장수 척계광(戚繼光)이 지은 《기효신서》(紀效新書)의 내용 중 군사 조련법을 간추려 조선에서 활용할 수 있도록 만든 것이다. 전체가 5권 1책이며 권1과 권2만 한글로 번역되어 있다. 권3 이하는 한문과 진법을 그린 도판으로 구성되어 있다.

임진왜란 때 명나라 장수 이여송이 왜군과의 치열한 접전 끝에 평양성을 탈환하자 선조가 이여송에게 그 비결을 물으니 척계광의 《기효신서》의 진법에 의거해 싸웠기 때문이라고 대답하였다고 한다. 이에 선조는 중국으로부터 《기효신서》를 구해 오게 하여, 유성룡에게 이 책의 방대한 내용을 간추려 이용하기 쉽게 만들도록 명하였다. 당시 병서에 밝았던 한교(韓嶠)가 유성룡을 도와 이 책의 편찬과 번역에 관여했다. 한교는 한명회의 6세손이며 경학과 병학에 두루 밝았고 《무예제보》 등 병서 편찬에 공을 세운 인물이다.

군사 훈련 교본으로 선조 이후 19세기까지 이 책의 간행은 계속되었다. 훈련도감목서본, 어영청본, 무고본 등 서울 도성 인본과 충청도에서 간행된 공홍병영판(公洪兵營版, 1684), 전라도에서 간행된 남원영판(南原營版, 1688)이 있다. 이밖에도 강원감영판(1724년경), 우병영판(1737), 상산판(1740), 광주부판(1746), 강도부판(강화도 1769) 등의 지방 병영판이 이어지다가, 정조 임금에 의해 언해문과 체제를 정비한 정본이 확립되었다. 정조의 명으로 이 책의 내용과 번역문을 대폭 다듬어 정조의 경호 부대인 장용영(壯勇營)에서 1787년에 간행한 장영판이 정본(定本)이 되었다.

《병학지남》의 이판본들은 활자본으로 간행된 것은 없고, 현재 전하는 책은 모두 목판본이다. 현재까지 원간본의 존재가 확인되지 않았지만, 여러 이본들 중 권1만 언해된 강희묵서본, 무고판, 어영청본, 훈련도감묵서본 등이 훈국(訓局) 구본(舊本) 계통이며, 원간본과 가장 가까운 것으로 보고 있다.

《병학지남》의 학술적 가치는 크게 세 가지로 나누어 볼 수 있다.

첫째, 한글생활사의 관점에서 이 책은 독특한 가치를 가진다. 《병학지남》은 무관 장교가 부대의 훈련과 지휘를 위해 읽었기 때문에 이 책의 한글 사용 주체는 무관직에 종사하는 남성 중심이라 수 있다. 둘째, 긴 시간에 걸쳐 다수의 이본들이 간행되었기 때문에 이 책의 언해문에는 국어의 역사적 변천 모습이 반영되어 있다. 셋째, 이 책은 전술 및 전투사 연구 등 군사학적 가치가 큰 자료이다.

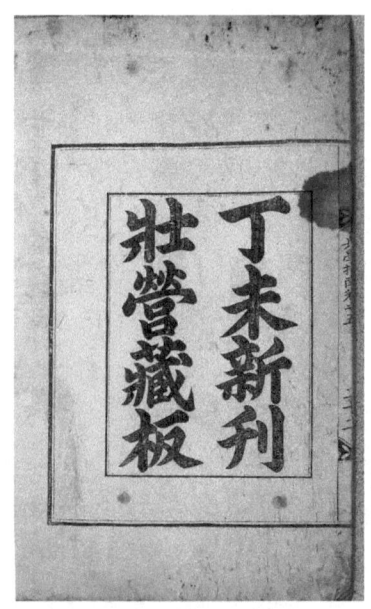

그림 1 정본으로 간행된 《병학지남》 장영판 권말 간기

8.3.2. 국립중앙도서관의 해제 작성법과 사례

대한민국 대표 도서관인 국립중앙도서관에는 귀중한 고문헌이 다수 소장되어 있다. 이 고문헌에 대한 해제 작업이 꾸준히 진행되고 있다. 여기서 정한 해제 원고의 분량은 각 문헌당 200자 원고지 15매 내외이며, 국립중앙도서관 고전운영실에서 정한 고서해제 작성 지침은 다음과 같다.

〈국립중앙도서관 해제 작성 지침〉

1) 해제의 구성

해제의 기술은 제어번호 및 청구기호, 목록기술부, 해제기술부로 구성한다.

(1) 제어번호 및 청구기호

원고 첫머리에 해당자료의 제어번호와 청구기호를 기술한다.
예)

```
KOL000000199 (제어번호)
古朝29-191 (청구기호)
貴234 (별치기호: 있는 경우 기재)
家禮大全書. 卷1-4 / 朱熹(宋) 著
        (생략)
```

(2) 목록기술부

한국목록규칙 제4판(서울 : 한국도서관협회, 2003)을 따른다.

(3) 해제기술부

다음 항목의 순서대로 번호와 항목을 병기하여 작성한다.

① 개요

해제 대상 자료의 전체적인 내용을 두세 줄 이내로 간략히 기술한다.

② 저자 사항

저자(著者)·편자(編者)·역자(譯者)·찬자(撰者) 등 저작 관련 인물의 생몰 연대를 기술하고 자, 호, 본관, 관력, 저서, 학문 등을 순차적으로 설명·기술한다.

③ 구성 및 내용

대상 자료의 전체적인 구성과 주요 내용을 설명한다. 구성이 방대한 경우 권별로 나누어 서술할 수 있다.

④ 서지적 특성 및 자료의 가치

간행(刊行)·필사(筆寫) 시기를 고증(考證)하고, 대상 자료의 형태적인 특성을 설명한다. 타 기관 소장 사항 및 우리 관 소장 유일본일 경우 그 사항을 밝힌다. 타 기관 소장 자료와의 비교를 통해 이판(異版)을 구별하고, 자료의 가치(價値) 및 평가(評價)를 기술한다.

⑤ 키워드

자료와 관련된 핵심어 혹은 검색어(keyword)를 제시한다.

※ 원고는 1종당 200자 원고지 10~15매를 기준으로 한다. 자료의 성격에 따라 항목별 내용은 달라질 수 있으나, 항목은 변경할 수 없다.

2) 원고 표기원칙

(1) 해제 원고는 한글전용을 원칙으로 하되 고유명사나 이름, 관직, 지명, 기타 전문용어는 한자 또는 원어를 원괄호(( )) 안에 표기한다.

(2) 인명은 호와 자를 모두 밝히되 본명을 우선시하며 생몰 연대를 밝힐 수 있는 경우는 (~) 속에 기록한다.

예) 추사 김정희(秋史 金正喜, 1786~1856)

(3) 간행·필사년이나 기타 연대를 기록할 경우에는 한국 연호나 역조 임금의 즉위 기년으로 환산하여 기술하고 이어서 그 서력 환산 기년을 원괄호로 묶어 부기한다. 추정 연도는 각괄호([ ])를 사용한다.

예) 英祖43(1767)

高麗高宗1(1214)

[英祖年間(1725~1776)]

(4) 주석, 설명 등을 넣을 때에 원괄호(( ))를 사용한다.
(5) 대화, 인용, 특별 어구 등을 나타낼 때에는 큰따옴표(" ")를 사용한다.
    예) 권말 간기에 "順治四年丁亥(1647)二月日全南道寶城地開}興寺開}板"이라고 간행 연도와 간행처가 밝혀져 있고 그 뒤로 시주자의 이름이 열거되어 있다.
(6) 서명(書名)은 겹낫표(『 』)를 사용한다.
    예) 『병학지남』, 『화포식언해』
(7) 책의 일부로 수록된 작품의 제목에는 홑낫표(「 」)를 사용한다.
    예) 이 책에는 선덕(宣德) 정미년(1427)에 쓴 무명씨의 서문과 홍무(洪武) 정묘년(1387)에 쓴 범고(梵翶)의 「중편서(重編序)」가 실려 있다.
(8) 기타 일반적인 것은 한글 맞춤법 규정에 따른다.

3) 기타

해제의 원고가 기술 원칙을 벗어난 경우나 감수를 거쳐 내용 등이 부적절하다고 판단될 경우에는 해제 원고의 재집필을 의뢰한다.

〈국립중앙도서관 해제 사례〉

위 해제 지침에 따라 작성된 사례는 다음과 같다.

KOL201100178
古3636-214

태남잡기 泰南雜紀 / 雲圃農夫 寫
筆寫本

1卷1冊

27.0×19.0 cm

筆寫記 : 戊辰(1923) 三月 日

1) 개요

이 문헌은 20세기 전기 합천에서 창작된 한글 가사와 한글 제문이 수록된 1책의 필사본이다. 이 문헌에는 네 편의 글이 수록되어 있다. 「고양고씨 효행표창식가」(高陽高氏 孝行表彰式歌)」, 「제문」, 「해인사 유람가」, 「사향가」가 그것이다. 이 책의 표지에는 '태남잡긔'(泰南雜紀)라는 표지 서명과 '무진 삼월 일'(戊辰 三月日)이라는 필사기가 묵서 되어 있다. 이 필사기와 이 글에 실린 작품의 내용에서 작자와 지역적 배경을 알아 낼 수 있다.

2) 저자 사항

이 책의 표지 다음 장에 '운포농부'(雲圃農夫)라는 필사자의 별칭이 있으나 이 농부가 누구인지 구체적으로 밝히기 어렵다. '운포농부'의 '운포'(雲圃)와 관련하여 운포정(雲圃亭)이 있음이 주목된다. 운포정은 현재 경상남도 합천군 합천읍 외곡리에 소재하고 있다. 필사기에 등장한 '운포농부'(雲圃農夫)는 이 운포정(雲圃亭)과 연관된 인물로 짐작된다. '운포'(雲圃)는 임란 때 활동한 이영(李霙 1546~1616)의 호이다. 한편 고양 고씨 가사에 나오는 산 이름 '태암산'(泰岩山)은 합천에 있고, 강 이름 '남정강'(南汀江)은 합천을 흐르는 황강(黃江)의 옛 이름이다. 따라서 이 책에 기록된 '운포농부'(雲圃農夫)는 합천 외곡리의 운포정에 살았던 사람으로 판단된다.

그리고 「고양고씨 효행표창식가」의 말미에 '기미 삼월 십오일 호연정의 서'라는 필사기가 있다. 호연정은 경상남도 합천군 율곡면 문림리 황강산에 있는 정자이다. 이 정자는 선조 대의 주이(周怡)가 후진을 양성하던 곳이라고 한다. 호연정과 운포정의 연관성은 앞으로 밝혀 내어야 할 과제이다.

이 책에 실린 「제문」에는 집안에서 치른 상례와 관련된 네 편의 한글 제문이 실려 있다. 첫 번째 제문에는 '불쵸손부 남평 문성은 망극지통에 이원을 못 이기여'라는 내용이 있다. 이 제문을 쓴 손부는 남평 문씨 집안에서 시집온 여인으로 판단된다. 「제문」에 수록된 네 편의 작품을 지은 사람은 각각 다른 인물이다. 집안에 전해 오는 네 편의 제문을 '운포농부'라는 분이 모두 모아서 이 책에 전사해 놓은 것이다.

3) 구성 및 내용

『태남잡기』에 실린 네 편의 글은 각각 구성이나 내용이 다르다. 「고양고씨 효행표창식가」(高陽高氏 孝行表彰式歌)는 국한문 혼용의 가사로 대체로 4·4조이지만 작품 중간에 3·4조나 3·3조와 같이 율격이 일정하지 않은 부분도 있다. 두 구절씩 짝을 지어 지면에 배열했으며, 한글 표기 우측에 한자음을 단 것도 있다.

가사의 내용은 다음과 같은 줄거리로 되어 있다. 율곡면 영전리(栗谷面 永田里)에 사는 고양 고씨 성을 가진 며느리가 안맹(眼盲)한 시모를 십여 년 동안 봉양하자 시모가 눈을 떴으며 이후 시모가 죽음에 이르자 무명지(無名指)를 잘라 피를 내어 입에 넣자 시모가 다시 살아났다. 남편인 이상기(李尙琪)는 일은 하지 않아서 고씨 부인이 나무 베기 등을 맡아 하였다. 이를 안 뜻 있는 신사[有志紳士]가 그 내용을 돌에 새겨 고씨의 효행을 기렸다. 시모의 이름은 조손순(趙孫順), 며느리 고씨 부인의 성명은 고복임(高福任)이다.

기미 삼월 십오일 '호연의 정'에서 이를 기록했다고 적혀 있어, 이 가사를 지은 연대를 1919년으로 추정할 수 있다. '호연의 정'은 경상남도 합천군 율곡면 문림리 황강산에 있는 호연정(浩然亭)이며, 지금은 경남 유형문화재 제198호로 지정되어 있다.

두 번째 글은 집안에서 내려 오는 한글 제문을 모은 것이다. 「제문」이란 이름으로 총 네 편의 한글 제문이 실려 있다. 첫 번째 제문은 손부(孫婦,

손자며느리)가 조부를 위해 지은 한글 제문(祭文)이다. 「제문」의 서두에 쓴 '유세츠 계히 삼월 기미삭 십팔일'이란 기록으로 보아 1923년 음력 3월 18일에 지은 글임을 알 수 있다. 이 제문은 조부를 잃은 슬픔을 표현하는 내용으로 시작하여 조부의 자질과 식견이 뛰어났음을 칭송하는 내용을 담고 있다. 조부가 생전에 제사를 정성들여 지내고 빈객을 후하게 대접하며, 일동일정(一動一靜, 때로는 움직이고, 때로는 조용히 함)하고 일언일묵(一言一默, 때로는 말하고, 때로는 침묵함)하라는 가르침을 내려 주었지만 제대로 지키지 못한 점을 반성하는 내용도 있다. 할머님께서 돌아가시고 얼마 되지 않아 할아버님까지 돌아가셨기 때문에 이를 매우 안타까워하는 필자의 마음이 제문의 곳곳에 드러나 있다. 나머지 세 편의 제문 또한 죽은 이를 그리워하고 애도의 마음을 적은 것이다. 네 편 제문의 내용은 묘사 방식과 형식은 비슷하지만 제문을 쓴 사람이나 대상은 모두 다르다.

세 번째 글은 국한문 혼용의 가사 「해인사 유람가」이다. 음수율이 4·4조가 기본이고 곳곳에 3·4조의 변조도 있다. 처음에 실린 「고양고씨 효행표창식가(高陽高氏 孝行表彰式歌)」처럼 두 구절씩 짝을 지어서 필사하였으며 한글 표기 우측에 한자음을 달았다. 초여름에 해인사를 유람하는 모습이 서술되어 있다. 먼저 해인사 오르는 길목에서 취적봉을 지난다. 일주문에 들어가 절 안의 대적광전, 봉황문, 해탈문을 둘러보고 관음정, 궁현당, 팔만대장경이 보관된 장경각의 모습에 감탄한다. 사찰에 딸린 국일암, 지족암, 약수암, 삼선암, 원당 등 작은 암자를 둘러보는 여정이 제법 자세하게 묘사되어 있다. 가사 말미에 가야산의 뛰어난 풍광과 해인사의 장엄한 모습을 다 표현해 낼 수 없음을 한탄하였다. 가사 끝에 '무진 오월 십육일 히인사 홍제암의셔'라는 필사기를 써 놓았다. 이 무진년은 1928년으로 판단된다.

이 필사본의 끝에 실린 가사는 「사향가」이다. 「사향가」는 「해인사 유람가」와는 달리 두 구절씩 필사하지 않고 산문처럼 잇달아 적었지만 율격을 가진 가사이다. 가사의 머리에 "잇썩는 어느 쎅요 긔사년 초춘이라"라는 구절이 있다. 이 기사년은 1929년으로 판단한다. 고향을 그리워하는 마음을 가사에 담고 있다. 작자의 어머니는 여덟 살이었던 오빠와 다섯 살이었던 필자, 남매 둘을 두고 돌아가셨다. 작자는 조모에게 의지하여 자랐다. 그 후 작자의 나이 일곱 살에 조모마저 돌아가셨다. 아버지가 어머니처럼 아이들을 보살펴 주시고, 또 고모가 따뜻한 사랑으로 보호하여 무사히 자란 어린 시절을 회상하였다. 현재의 작자는 출가외인이 되었으나 부모 생각이 간절하고, 돌아오는 이월 초삼일은 아버지 생신이라 정성스런 봉양을 다해 낼지 염려하고 있다.

4) 서지적 특성 및 자료의 가치

이 책에 실린 네 편의 글은 기본적으로 문어체의 성격을 띠고 있지만 부분적으로 당시의 합천 방언을 반영하고 있다. 첫 번째 글인 「고양고씨 효행 표창식가」와 세 번째 글인 「해인사 유람가」의 작품 배경은 경남 합천이다. 네 번째 글인 「사향가」에는 아버지가 현풍에 계신다는 내용으로 보아 고향인 현풍에서 합천으로 시집갔음을 알 수 있다. 이런 점으로 보아 이 필사본의 언어에는 합천과 현풍 지역어가 녹아들어 갔을 것이다. 합천과 현풍은 낙동강을 경계로 인접해 있다.

이 글의 한글 표기에는 ·를 사용하였으며(디야를, 쟝ᄒ고, 인산인히), ㄹㄹ을 ㄹㄴ으로 표기한 예(널니, 홀너)가 나타난다. '스〉시', '즈〉지'와 같은 전설고모음화가 두드러지게 나타나며(실하, 느진, 죽신, 무신), 비어두에서 ㅓ와 ㅡ가 변별되지 않는 표기(구경트니, 붓거릅다, 철모러는)도 보인다. 또한 '사향가'에는 자신의 손위 남자 형제를 지칭하는 단어로 '옵빠'가 나와 흥미롭다. 이 문헌은 20세기 전기의 가사문학 연구와 방언사 연구 자료로 활용될 수 있다.

5) Keyword : 문학, 가사, 합천방언, 필사본, 20세기전기

□ 참고문헌

동아일보 1921년 8월 15일 기사

한국고전적종합목록시스템 http://www.nl.go.kr/korcis/

8.3.3. 한글박물관의 해설문 작성 사례

한국인들의 한글 사랑은 유별나다. 세계에서 가장 우수한 문자가 한글이라고 자부하고 있기도 하다. 컴퓨터와 똑똑전화 등 디지털 환경에서 한글의 위력을 더욱 발휘하고 있으니 자랑할 만하다고 생각한다. 한글에 대한 엄청난 사랑과 관심에도 불구하고 오랜 기간 동안 한글박물관 하나 짓지 않고 있었다. 그러다가 2014년에 이르러 드디어 한글박물관을 개관하였다. 참으로 만시지탄(晚時之歎), 때늦은 것이기는 해도 다행한 일이라 아니할 수 없다. 앞으로 한글박물관은 세계의 문자를 아우르는 박물관으로 발전해야 한글의 진정한 가치를 더욱 빛나게 할 수 있을 것이다.

한글박물관은 자료의 수집과 정리를 시작하는 단계에 있다. 이런 연유로 소장 문헌에 대한 해제 작업은 아직 본격적으로 시작되지 않은 상태이다. 그런데 한글박물관은 일반 대중을 상대로 하여 한글 관련 각종 자료와 사업을 수행하는 기관이어서 그 성격이 다른 점이 있다. 문헌의 내용이나 관련된 이야기를 보다 쉽게, 그리고 재미있게 소개할 필요가 있다. 이런 점을 고려하여 저자가 작성한 해설문을 여기에 소개해 둔다.[9]

1) 『훈민정음』(해례본)

한글박물관의 핵심 콘텐츠는 다음 세 가지로 볼 수 있습니다. 첫째 문자로서의 '한글', 둘째 한글의 창제 원리를 담고 있는 책 「훈민정음」(해례본)과 「훈민정음」(언해본), 셋째 한글을 창제한 세종대왕입니다. '문자: 한글', '책: 「훈민정음」', '사람: 세종대왕'이 한글박물관의 핵심 콘텐츠인 것입니다. 이 셋에 담긴 내용과 얽혀 있는 이야기는 매우 많습니다. 이

---

9 아래의 해설문은 문화체육관광부 국어정책과(2013), 『국립한글박물관 콘텐츠 활용을 통한 박물관 문화사업 운영방안 연구』에 수록된 것이다.

많은 이야기는 목적과 수준에 따라 다양하게 풀어낼 수 있습니다. 유물의 형태를 가진 것으로서 한글박물관의 핵심 콘텐츠는 「훈민정음」(해례본)과 「훈민정음」(언해본)인데 전자가 우선이 됩니다.

한글이 만들어진 원리를 자세히 담고 있는 책이 「훈민정음」(해례본)입니다. 「훈민정음」(해례본)은 세종의 명령을 받아 정인지를 비롯하여 최항, 박팽년, 신숙주, 성삼문, 강희안, 이개, 이선로가 힘을 합쳐 지었습니다. 이 여덟 분을 흔히 '언문팔유'(諺文八儒)라고 부릅니다.

새 문자 '훈민정음'을 창제한 사람은 세종이고, 새 문자를 해설한 책 『훈민정음』의 지은이는 집현전 학자 여덟 분입니다. 이 점을 정확히 구별해야 합니다. 흔히 한글이라는 문자를 집현전 학자들이 세종의 명을 받아 만든 것이라고 오해하는 사람이 많습니다. 집현전 학자들이 훈민정음이란 문자를 창제한 것이 아니라, 이 문자를 해설한 설명서, 바로 「훈민정음」(해례본)을 지은 것입니다.

집현전에 소속된 학자는 20명 남짓이었습니다. 세종은 이 중에서 젊고 유능하며 문자 창제에 뜻을 같이한 여덟 명을 골라서 해례본의 저술을 맡겼습니다. 당시에는 임금과 신하가 모여서 학문을 토론하고 국정을 논하는 경연(經筵)이란 제도가 있었습니다. 세종은 이 경연을 이용하여 여덟 명에게 새 문자에 대해 충분한 해설을 해 주었을 것입니다.

그런데 왜 「훈민정음」(해례본)이라고 부를까요? '훈민정음'은 백성을 가르치기 위한 바른 소리라는 뜻입니다. 해례본(解例本)의 해(解)는 '풀이하다', 례(例)는 '예를 들다', 본(本)은 '책'이라는 뜻입니다. 따라서 '해례본'은 '예를 들어 풀이한 책'이라는 뜻입니다. 이 책의 내용을 들여다보면 다섯 개의 풀이(解)와 하나의 예(例)로 짜여져 있습니다. 이것을 5해 1례라고 부릅니다. 이 속에 우리말 낱말이 처음으로 한글로 표기되어 문헌에 등장합니다. 5해 중의 하나인 합자해(合字解)에 25개 낱말, 1례에 해당하는 용자례(用字例)에 무려 94개의 우리말 낱말이 실려 있습니다. '반되'(반딧불이), '벌', '굼벙'(굼벵이), '올창'(올챙이), '부헝'(부엉이), '비육'(병아리)과 같은 곤충과 새 이름이 그러한 예들입니다. '비육'은 '뼈약'의 옛 말입니다.

　조선왕조실록의 기록에 의하면 세종 25년(1443) 12월에 "이달에 임금이 친히 언문(諺文) 28자(字)를 지었다."라고 되어 있습니다. 이 기록은 문자로서의 한글이 1443년에 만들어졌음을 뜻합니다. 세종 임금은 새 문자를 만든 후 바로 실용에 들어가지 않고 3년이란 긴 기간 동안 시험적으로 운용해 보았습니다. 3년의 시험 운용 기간 동안에 새 문자를 만든 이치와 사용 방법을 설명한 해설서도 지었습니다. 세종 28년 9월 29일 조선왕조실록 기사에 "이 달에 훈민정음이 완성되었다."라는 기록은 이 해설서 즉 책으로서의 「훈민정음」(해례본)이 완성된 때를 알려 줍니다. 훈민정음을 창제한 1443년 12월과 이 문자의 해설서를 완성한 1446년 9월 사이인 1444년 2월에 최만리가 한글 창제를 반대하는 상소를 올렸습니다. 세종은 최만리를 직접 불러 반대하는 사유를 묻고서, "내가 아니면 누가 이 일을 하겠느냐?"라고 꾸짖고는 자신의 뜻을 확고히 실천하였습니다.

　유네스코에서 지정한 세계기록유산은 바로 「훈민정음」(해례본), 이 책이라는 점도 꼭 알아 두세요. 이 책에 얽혀 있는 이야기는 참으로 풍부합니다. 책의 보존 경위도 궁금한 것이 많습니다. 이 책에 담겨 있는 문자 창제의 이치 또한 깊습니다. 앞으로 우리는 이 책에 대해 더 공부하여 한글의 가치를 드높여야 하겠습니다.

　2) 『석보상절』
　『석보상절』은 석가의 탄생과 출가하여 수행하는 과정, 깨달음을 얻은 후 그 가르침을 널리 펼치는 내용을 이야기 방식으로 서술한 책입니다. 이 책은 세종 임금 당시의 우리말을 아주 풍부하게 담고 있는 것이어서 참으로 중요한 한글 문헌입니다. 이 책은 수양대군이 아버지 세종의 명을 받들어, 불교에 밝았던 유학자 김수온과 그의 형님이었던 승려 신미대사 등의 도움을 받아 편찬한 것입니다.

훈민정음 반포(1446년 9월)가 이루어지기 약 5개월 전에 세종대왕의 왕비 소헌왕후 심씨(昭憲王后 沈氏, 1395.10~1446.4)가 세상을 떠났습니다. 세종은 소헌왕후의 명복을 빌기 위해 수양대군에게 명하여 『석보상절』을 편찬케 했고, 이 책을 본 세종이 부처의 위대한 가르침에 감동하여 『월인천강지곡』을 지었다고 합니다. 불교계에서는 죽은 이의 명복을 비는 방식으로 사찰에서 법회를 열거나, 불교서적을 출판하는 것이 으뜸이라는 통념이 있었습니다. 이 풍습은 지금도 남아 있습니다.

『석보상절』의 출판 목적은 세종 임금께서 사랑하셨던 왕비의 명복을 빌기 위한 것이라는 점에서 또 다른 의미가 있습니다. 비슷한 경우가 인도 무굴(Mughul) 제국에 있었습니다. 이 나라의 제5대 황제 샤자한(Shan Jahan, 1628~1658)은 39세의 젊은 나이에 죽은 왕비(뭄타즈 마할)를 위해 타지마할이라는 대단히 아름답고 화려한 건축물을 세웠습니다. 이에 비해 세종 임금은 한글로 된 석가의 일대기를 편찬했던 것입니다. 무굴 제국의 황제 샤자한은 어마어마한 돈이 들어가는 건축물을 짓다가 국가 재정을 탕진하였습니다. 백성들의 원성이 높았고 결국 아들 아우랑제브(Aurangzeb)에게 황제 자리를 빼앗기고 타지마할이 멀리 보이는 성에 유폐되고 맙니다. 하지만 세종 임금은 석가의 일대기를 담은 한글 책을 간행함으로써 백성들에게 부처의 가르침을 펼쳤습니다. 이로써 15세기 우리말의 모습을 이 책에 고스란히 담아냈습니다. 오늘날 우리는 이 책이 있음으로써 옛 우리말의 모습을 알 수 있습니다.

『석보상절』 안에는 재미있는 이야기가 무수히 많습니다. 권6에는 흥미로운 혼인 이야기가 있습니다. 사위국 대신 수달이 막내아들을 장가보내기 위해 며느리 구하는 이야기, 혼례식을 위해 음식 만드는 이야기가 소설적 구성으로 그려져 있습니다.

3) 『무예도보통지언해』

조선시대의 병서(兵書)에는 몇 가지 종류가 있습니다. 무사 개인의 전투력을 향상시키기 위한 병서를 무예서라 합니다. 일정한 규모의 부대 병력이 진을 치고 성을 지키거나 적진을 공격하는 방법을 설명한 병서를 연병서(練兵書) 혹은 진법서(陣法書)라고 합니다. 그리고 화포(火砲)와 화약을 다루는 병서는 화포서라 부릅니다.

정조 임금은 어렵사리 왕위에 올랐으며, 정치적 위기 속에서 신변의 위협을 느꼈습니다. 이에 정조는 왕과 궁궐을 지키는 장용영(壯勇營)이란 부대를 창설했습니다. 수원 화성을 새로 지어 국가 안전을 도모했습니다. 이에 맞추어 정조는 두 가지 책을 간행합니다. 하나는 부대 규모의 병력이 성을 지키고 공격하는 전술을 설명한 책『병학지남』을 새롭게 간행한 것입니다. 다른 하나는 무사 개인의 싸움 기술 향상을 위해 무예 훈련용 표준서를 편찬했습니다. 이것이 바로『무예도보통지언해』입니다.

이 책의 편찬은 이덕무(李德懋, 1741~1793), 박제가(朴齊家, 1750~1805), 백동수(白東脩, 1743~1816) 세 사람에 의해 이루어졌습니다. 이덕무와 박제가는 정조의 신임을 받은 탁월한 문인 학자였고, 백동수는 정조가 설치한 장용영(壯勇營)의 무인 지휘관이었습니다. 세 사람은 조선 무예의 기법을 체계화한 이 책을 지음으로써 후세에 길이 남을 공을 세웠습니다. 이덕무와 박제가는 당대 최고의 실학자이자 문장가였습니다.

그런데 백동수는 무관으로 뛰어난 무술 실력자였습니다. 이 책에 실린 실제의 무술 동작과 훈련 방법은 백동수로부터 나온 것이 틀림없습니다. 백동수의 본관은 수원(水原)이며, 무예가 뛰어나 창검(槍劍)의 일인자로 꼽혔으며, 마술(馬術)과 궁술(弓術)에도 뛰어났습니다. 그는 1743년(영조 19)에 한양에서 용양위(龍驤衛) 부호군(副護軍)를 지낸 백사굉(白師宏)의 아들로 태어났습니다. 증조부인 백시구(白時耈)는 병마절도사를 지낸 무반(武班)이었지만 조부인 백상화(白尙華)가 서자였기에 백동수는 서자 신분이었습니다. 백동수의 누이가 같은 서자 신분인 실학자 이덕무에게 시집을 가서 그와는 매부와 처남 관계로 매우 가깝게 지냈습니다. 박제가 역시 서자이니 서자 출신 세 사람이 정조에게 중용되어 『무예도보통지』와 그 언해본을 완성했던 것입니다.

  백동수를 소재로 한 만화 「야뇌 백동수」(이재헌 글, 홍기우 그림)가 출판되어 큰 인기를 누렸고, 이를 대본으로 한 TV 드라마 「무사 백동수」(SBS, 2011)가 방영되어 높은 시청률을 기록하기도 했습니다.

  『무예도보통지언해』는 풍부한 내용과 정밀한 주석이 실려 있을 뿐 아니라, 각종 무술 동작을 그린 판화가 섬세하고 뛰어난 책입니다. 이 책은 전통 무예를 연마하는 현대인에게 교과서가 되어 있답니다.

9장 한글 문헌의 문화중층론적 연구 방법*

9.1. 한글 문헌 연구를 위한 새로운 방법론의 필요성

하나의 문헌에는 여러 가지 문화적 요소가 담겨 있다. 그 문헌이 저술·출판되던 당시의 언어문화는 물론이거니와 당대의 사회적 상황, 역사적 환경, 출판·기술적 상황, 편찬의 배경과 목적 등이 녹아들어 있다. 각각의 문헌에는 그 문헌의 성격을 규정짓는 언어, 사회, 정치, 역사, 기술 수준 등 다양한 측면의 문화적 요소가 융합되어 있다. 이런 점에서 옛 문헌 자료를 분석하고 연구하는 작업은 그 문헌 속에 융합되어 있는 여러 가지 문화 요소를 찾아내고 해석하는 것이라 할 수 있다. 이런 작업을 통해 우리는 한 문헌에 내재된 역사적 가치를 파악하고, 그것이 현재의 삶에 어떤 의미 양태로 작용하고 있는지 이해할 수 있다.

한 문헌에 융합된 다양한 문화 요소를 분석하고, 이들을 통합적 관점에서 해석하고 이해하는 방법론을 세우는 것이 9장의 목적이다. 우리는 한 문헌 속에 중첩된 여러 가지 문화적 요소를 분석해내어 그것의 의미와 가치를 밝히기 위한 방법론을 모색하고자 한다. 우리가 모색한 연구 방법론을 기반으로 하여 한글 문헌 자료에 대한 새로운 접근법을 제안하려고 한다.

이제까지의 한글 문헌 자료에 대한 연구는 크게 보아, 서지학적 측면의 분석과 국어학적 측면의 분석을 통해 행해져왔다. 문헌자료에 대한

---

* 9장은 백두현·배준영(2014)을 약간 보완하여 여기에 실은 것이다.

서지학적 분석은 그 문헌의 물질적 측면과 외형적인 특징을 기술하였고, 국어학적 분석은 내용적 측면에서 그 문헌에 담긴 언어적 특징 및 국어사적 성격을 밝히는 연구의 틀로 기능해왔다. 책의 장정법, 판식과 판본, 서체, 지질, 저자와 간행지, 간행 연도 등을 살피는 서지학적 분석은 그 문헌의 물질적 특징과 역사적 실체를 파악하기 위한 기초가 된다. 문자의 사용 양태와 한글 문장의 표기 양상, 음운현상, 형태, 의미, 어휘 등에 관한 국어학적 분석은 그 문헌의 언어적 특징과 국어사적 가치를 파악하는 방법론이 되어왔다. 두 측면의 분석방법을 통해 우리는 그 문헌의 물질적 특성과 역사적 가치, 언어적 특징과 국어사적 가치를 밝혀낼 수 있었다. 특히 국어학적 분석을 통해 우리는 그 문헌의 국어사적 특성은 물론 과거 전통사회에서 행해진 우리말의 다양한 쓰임과 역사적 변천 과정을 깊이 이해할 수 있게 되었다.

한글 문헌의 외형에 대한 서지학적 분석과 그 내용에 대한 국어학적 분석은 필수적이면서 기초적인 연구이지만, 한글 문헌 자료가 가진 다양한 문화적 가치를 보여주는 데에는 한계가 있다. 필자는 국어사 연구의 새로운 방향 설정을 시도한 논문에서 하나의 문헌이 나오게 된 사회적 배경과 역사적 배경을 두루 연구할 필요가 있음을 지적한 바 있다(백두현, 2006a). 언어 분석에만 국한된 한글 문헌 연구의 한계를 뛰어넘어 한글 문헌 자료가 가진 다양한 가치를 드러내는 방법을 찾기 위해 문헌이 담고 있는 문자 차원, 사고(思考) 차원, 사회 차원, 문학·예술 차원, 문화 차원의 가치로 나아가는 연구 방향을 제안한 것이다(백두현, 2006a: 20). 필자는 이 제안을 발전시켜 한글 문헌 자료가 가진 다양한 가치를 분석하기 위해, '문화중층론(文化重層論)'이라는 개념을 도입하여 새로운 연구 방법론을 세우고자 한다.

문화중층론적 연구 방법은 한글 문헌 자료에 중층적으로 융합되어 있는 여러 가지 문화적 요소를 드러내고, 이들의 상호 관계와 그 의미를 밝히는 작업이다. 각각의 한글 문헌에는 당대의 언어문화와 사회문화,

그리고 그 문헌의 주제와 관련된 특정문화가 중층적으로 축적·융합되어 있으며, 한글 문헌은 바로 이러한 문화적 요소의 축적과 융합의 결과물이다.

한글 문헌에 대해 이러한 태도로 접근하는 것은 국어사 연구 방법론을 확충하는 것이며, 옛 한글 문헌에 대한 새로운 이해를 가능하게 할 것이다. 지금까지 이루어진 한글 문헌 연구에서 충분히 논의되지 못했던 점들이 문화중층론적 방법론에 의해 드러날 수 있다. 한 문헌이 담고 있는 언어현상은 물론 그 문헌을 둘러싼 당대의 사회문화, 그 문헌이 산출된 역사적 배경, 그 문헌에 담긴 주요 내용과 그것의 문화적 의미 등을 통합적으로 이해하려는 것이 문화중층론적 연구 방법이다.

우리는 문헌이 산출된 당시의 언어생활과 사회적 환경, 시대적 배경과 그 특성 등을 포괄적으로 분석할 필요가 있다. 문화중층론적 연구 방법을 한글 문헌에 적용함으로써 그 문헌의 언어적 성격은 물론 문화 자원으로서의 가치를 조명해낼 수 있다.

다음 9.2에서는 문화중층론의 개념에 대해 본격적으로 논하고, 중층을 구성하고 있는 각각의 층위에 대해 구체적으로 설명한다. 9.3에서는 문화중층론의 분석방법과 적용상의 문제점 및 해결 방안을 제시한다. 그리고 9.4의 맺음말에서는 이 방법론의 이론적 핵심을 요약하면서 앞으로의 연구 전망에 대해 논할 것이다.[1]

---

[1] 필자는 별도의 논문을 통해, 조선시대 왕실언간 중 「숙휘신한첩」을 대상으로 문화중층론적 연구 방법을 적용해 보았다(백두현 2014b). 이어서 20세기 초에 출간된 한글 음식조리서 『조선무쌍신식요리제법』에 이 방법론을 적용하여, 각 층위별로 중첩된 요소들을 분석하고 그것의 의미를 통합적 관점에서 해석할 예정이다.

9.2. 문화중층론의 개념과 층위

1) 문화중층론의 개념

'문화(文化)'는 흔히 '인간에 의해 이룩된 행동양식이나 생활양식, 그리고 그 과정에서 나타난 물질적·정신적 결과물의 총칭'이라고 정의된다.[2] 영국의 문화인류학자 에드워드 타일러(Edward B. Tylor, 1832~1917)는 문화를 "지식, 신념, 예술, 도덕, 법, 관습, 그리고 기타 사회 구성원으로서 인간에 의해 획득된 모든 능력과 습관들의 총체"라고 정의 내리기도 했다.[3] 인간에 의해 만들어진 유형·무형의 생산물을 총체적으로 '문화'라고 이해할 수 있다.

'문화중층론'을 논하기에 앞서, 중층론(重層論)이란 술어에 내포된 '중층성(重層性)'의 개념에 대한 논의가 필요하다. 중층성이라는 용어는 여러 학문 분야에서 사용되어왔다. 철학 분야의 노양진(2007)은 문화를 다원주의적 관점에서 바라보면서 인간 문화에는 자연적 층위와 기호적 층위가 중층되어 있음을 논하였다. 사회학 분야의 배상훈(2009)은 조선 후기의 상속(相續) 관행에 사회·경제적인 특수 상황이 중층적으로 녹아 있다고 보았다. 문화학 분야의 김순배(2011)는 한국어의 지명어(地名語)에 한국인이 수행해온 언어생활의 중층성이 투영되어 있다고 보았다. 그는 언어생활의 역사적 변천과 그 결과가 중첩되어 있는 지명어의 속성을 가리키기 위해 '중층성'이란 용어를 사용했다. 문화역사지리학 분야의 조아라(2012)는 관광지(觀光地)라는 공간 속에 내재한 역사·문화적 요소를 중층성의 관점에서 해석하였다. 종교학 분야의 안신(2013)은 한국의 신종교인 수운교에 여러 종교가 혼합된 중층성이 있음을 지적했다.

---

2 국립국어원, 『표준국어대사전』[(주)두산동아, 1999], 2295면 참조.
3 Edward B. Tylor, *Primitive Culture*(London : John Murray, 1871, p.1). (유태용, 『문화란 무엇인가』(1999:10)에서 재인용).

국어학 분야에서 '중층성'이라는 용어는 김주필(2008)에서 사용된 바 있다. 이 논문은 구개음화와 원순모음라는 음운현상에 국한해 논한 것이지만, 『오륜행실도』에 반영된 언어가 『삼강행실도』와 『이륜행실도』를 흡수하면서 이전 시대의 언어현상을 중층적으로 포함한 것이라 보았다. 김슬옹(2007a)은 훈민정음 제자 원리를 설명하면서 '중층 담론'이라는 용어를 사용하고, 바탕층위, 과정층위, 제자층위, 내용층위, 배치층위, 최종 층위로 나누어 각 층위의 특성을 논했으며, 김슬옹(2007b)은 창제 동기와 목적을 중층 담론의 관점에서 다루었다.

이런 연구들을 통해서 '중층성'이라는 용어가 여러 학문 분야에서 널리 사용되어왔음을 알 수 있다. 이들은 대체로 '특정 대상에 어떠한 요소가 중첩되고 융합되어 있는 현상'을 '중층성'이라는 개념으로 이해하였다. '인간 문화'(노양진, 2007)와 '상속 관행'(배상훈, 2009), '한국의 지명어'(김순배, 2011)와 '관광지'(조아라, 2012)라는 대상은 어떠한 요소를 중층적으로 가지는 특정한 대상이 되고 있다. 어떠한 대상을 분석하는 데 '중층성'이라는 개념은 대상을 보는 관점과 시각, 나아가 연구의 방법론을 제공하고 있다고 할 수 있다.

이러한 관점에서 '중층성'이라는 용어는 '어떠한 요소가 여러 층으로 중첩되고 융합되어 있는 성질'이라고 정의 내릴 수 있다. '중층(重層)'이라는 단어가 '여러 층'이라는 의미를 가지며, 동시에 '중첩되고 융합되어 있는 모습'을 의미한다. 또한 문화중층성(文化重層性)이란 '어떤 대상에 문화적인 요소가 중첩되고 융합되어 있는 성질'이라고 정의할 수 있다. 나아가 문화중층론이란 '어떠한 대상에 문화가 중층적으로 녹아 있는 성질을 밝혀내고 분석하는 이론'이라고 정의할 수 있다. 이 글에서는 중층성과 문화중층성, 문화중층론에 대해 이와 같이 정의하고 이를 한글문헌을 분석하는 틀로 사용하고자 한다.

문화중층론의 개념을 더 깊이 논의하기 위해서는 문화의 구성 요소들을 어떻게 분류하고 체계화할 것인가라는 문제를 해결해야 한다. '문화'

라는 추상적 개념을 확정적이면서도 고정된 구성 요소로 규정하는 것은 매우 어려운 문제이다. 이 문제에 대한 더 이상의 논의는 필자의 영역 밖이므로, 한글 문헌의 중층성을 분석하는 이 글의 목적에 필요한 수준에서 문화의 구성 요소를 설정하기로 한다.

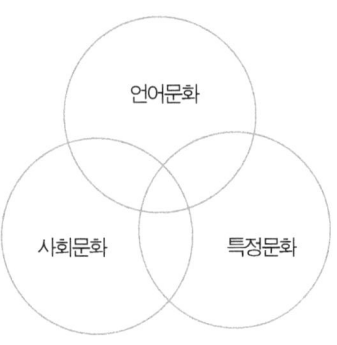

그림 1 한글 문헌의 문화 구성 요소

필자는 한글 문헌의 분석에 필요한 문화의 구성 요소를 크게 나누어 언어문화, 사회문화, 특정문화라는 세 가지 범주로 설정한다.

그림 1은 한글 문헌을 구성하고 있는 세 가지 문화 요소의 상호 관계를 도형으로 표현한 것이다. 하나의 한글 문헌에는 언어문화와 사회문화, 특정문화가 상호 관계를 이루며 중층적으로 녹아 있다. 언어문화는 한글 문헌 자료의 텍스트를 구성하는 언어와 연관된 문화적 특성을 가리킨다. 사회문화는 그 문헌에 반영되었거나 그 문헌과 관련된 당대의 사회적 특성을 가리킨다. 특정문화는 어떤 문헌에 특정적인 주제 혹은 중심 내용과 관련된 문화를 가리킨다. 이 세 가지 구성 요소가 하나의 문헌 자료에 문화중층적 융합체로서 녹아 있다고 보는 것이 문화중층론의 기본적 관점이다. 한글 문헌 자료의 중층적 문화 구성 요소를 세 가지로 구조화한 것은 한글 문헌 자료를 문화중층론적 관점에서 분석하기 위한 장치이다.[4] 다음 그림 2는 이 세 가지 문화가 한글 문헌에 중층적으로 융합되는 양상을 개념도로 표현한 것이다.

그림 2에서 보는 바와 같이 한글 문헌 자료에 녹아 있는 문화적 중층은 언어문화 층위, 사회문화 층위, 특정문화 층위로 나눌 수 있다. 그중

---

[4] 문화중층의 구성 요소를 몇 개로 하느냐, 그 명칭은 과연 적절한가와 같은 의문을 제기할 수 있다. 이 문제는 다음 2)항에서 좀 더 구체적으로 다룬다.

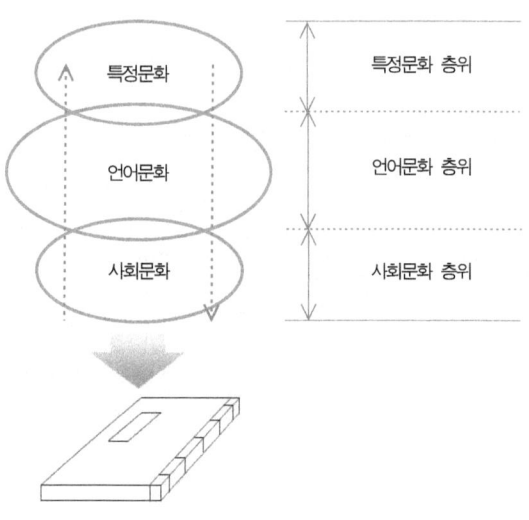

그림 2 한글 문헌 자료의 문화중층성 개념도

에서 언어문화 층위가 가장 큰 이유는 한글 문헌에 담겨 있는 문화가 기본적으로 언어로 표현되어 있고 그 문헌의 언어 텍스트 속에 각각의 문화 요소가 녹아 있기 때문이다.

　필자는 이 세 가지 층위로 문화를 범주화하여 한글 문헌 자료에 융합된 중층성을 분석하고자 한다. 각각의 층위는 다시 하위 구성 요소를 가진다. 하위 구성 요소들이 상호 결합하고 구조화되어 하나의 문화 층위를 형성한다. 분석의 방법론적 정립을 위해 3개의 층위로 나누었지만, 사실상 이 층위들은 각각 별개의 층위로 분리되어 있지 않고 한 덩어리로 융합(convergence)되어 실현된다. 그림 2에서 상하로 오르내리는 점선은 층위 간의 상호 작용과 융합을 의미한다.

　중층적으로 포개어진 문화적 요소들을 층위별로 나누어 분석하고, 분석된 요소들이 어떻게 융합하여 그 문헌의 의미 혹은 가치를 형성하는지, 그 본질을 밝히는 것이 한글 문헌의 문화중층론적 연구이다.

2) 문화중층론의 층위와 구성 요소

한글 문헌 자료의 문화 중층을 구성하고 있는 층위는 앞서 언급한 바와 같이 크게 세 가지로 나누어 볼 수 있다. 언어문화 층위, 사회문화 층위, 특정문화 층위가 그것이다. 하나의 문헌은 이 세 가지 층위가 녹아 들어간 문화 융합체(融合體)가 된다. 예컨대 『병학지남』은 당시 사회에서 통용되던 언어(한자 및 언문)로 간행된 한글 문헌으로서, 당시의 언어문화를 충실히 반영하고 있다. 또한 이 문헌의 형태나 내용, 간행 정보 등으로 미루어 볼 때, 간행 당시의 사회상을 짐작해 볼 수 있다. 이뿐만 아니라 이 책에 담긴 '군사를 다루는 기술'과 관련된 내용은 군대와 군사, 전쟁 등과 관련된 특정문화를 반영하고 있다. 이처럼 하나의 한글 문헌 속에는 언어문화와 사회문화, 특정문화가 개별적 또는 융합적으로 내포되어 있다고 볼 수 있다.

중층적 문화 융합체를 분석하기 위해 그것을 구성하는 층위를 설정하는 방법은 이미 언어 분석의 틀로서 기능해 온 방법론을 변용(變容)한 것이다. 인간의 언어는 말소리 덩어리라는 융합체로 실현된다. 언어라는 융합체를 분석하기 위해 전통적 언어학에서는 언어를 구성하는 하위 층위를 설정해 왔다. 음운 층위, 형태 층위, 통사 층위, 의미 층위로 나누어 언어 융합체를 분석하는 방법이 바로 이것이다. 언어학은 말소리로 실현되는 덩어리를 음운·형태·통사·의미 층위로 나누어 분석하는 방법론을 사용해 왔다. 우리는 이 방법을 창의적으로 변용하여 한글 문헌 자료에 융합된 중층적 문화 요소를 분석하려는 것이다. 이것은 한글 문헌 자료에 융합된 문화 요소들을 한 겹씩 벗겨내어 그것을 음미하고 해석하는 방법론이다. 이런 방법론을 적용함으로써 우리는 한글 문헌 자료에 대해 보다 깊고 넓은 이해에 도달하게 될 것이다. 각각의 층위를 좀 더 구체적으로 설명하면 다음과 같다.

(1) 언어문화 층위

언어문화 층위의 설정 목적은 어떤 문헌에 담겨 있는 언어문화 요소들을 추출하여 분석하고 그 요소들이 갖는 의미를 찾는 것이다. '언어문화'라는 용어는 '일상의 언어생활 또는 언론, 문학, 출판 등 언어에 의하여 이루어지는 모든 문화를 통틀어 이르는 말'이라고 정의할 수 있다.[5] 성기철(2004:121)은 언어와 문화의 관련성을 고찰하면서, 언어와 문화가 교차하는 중간에 '언어문화' 영역을 설정하자고 제안했다. 문형진(2012:295-297)은 한국의 상장(喪葬) 풍속에 담긴 제 문화 요소를 의례문화·정신문화·언어문화·상징문화로 나누어 분석하고, 이 중에서 언어문화에 해당하는 요소로 상·장례 관련 어휘, 상·장례 관련 속담과 금기어를 제시한 바 있다. 이처럼 학자마다 '언어문화'에 대한 개념이 다소간 차이를 보이고 있지만, 언어문화라는 개념이 '언어를 사용하는 일상생활의 모든 활동'이라고 보는 데에는 무리가 없다.

이 글에서는 한글 문헌 자료에 담긴 언어문화를 분석해 내는 차원에서 그 분석 대상을 개략적으로 제시함으로써 언어문화의 범위를 설정해 보기로 한다. 한 문헌에 반영되어 있는 언어 요소에는 문자 표기와 음운, 형태와 통사, 어휘와 의미, 방언 등이 포함된다. 이러한 언어 요소들은 지금까지 한글 문헌 연구의 주요 대상이 되어왔다. 그러나 문화중층론의 관점에서는 좀 더 다양한 언어문화의 요소들을 분석 대상으로 삼을 수 있다.[6] 언어 태도[7], 언어예절과 경어법 요소, 문체 요소, 텍스트 구성의 양상과 원리 등을 언어문화 층위에서 다룰 수 있다. 필사본의 언어적 특성과 관련된 필사 요소의 분석도 언어문화 층위에서 주요 대상으로 삼을

---

[5] 국립국어원, 앞의 책, 4242면 참조.
[6] 김무식(2011)은 대구·경북지역어 연구 양상과 대구 문화의 상관성을 언급하면서, 방언학의 외연을 넓히자고 제안한 바 있다.
[7] 언어 태도란 특정 언어 혹은 어법, 표현 등에 대해 화자(혹은 저자)가 갖는 태도를 가리킨다.

수 있다. 백두현(2006b)은 음식조리서와 여성교육서의 필사 관련 내용을 분석하며 문헌의 저자와 필사자, 필사자 수, 서문, 발문, 필사기, 서명, 필체 등의 요소를 추출하여 '문자생활의 양상'이라는 요소를 분석하고 그 의미를 해석한 바 있다. 이러한 분석은 언어 자체의 분석은 아니지만 '문헌자료의 언어적 성격을 종합적으로 파악'하기 위한 유용한 방법이 될 수 있다(백두현, 2006b:18-19). 문장과 문단을 넘어선 텍스트로서의 특징도 당시의 언어문화를 살펴볼 수 있는 대상이 된다. 음식조리서에 등장하는 조리법의 서술 방식은 시간적 순서에 따라 전개되는 조리 행위를 기준으로 하여 순차적으로 묘사되어 있다. 조리법의 서술 방식을 문헌별로 비교하면 텍스트 구성에 나타난 변화를 찾을 수 있다. 그리고 언간 작성에서 나타난 지면(紙面)의 '공간활용법'[8]은 언어 분석의 범위를 넘어선 차원에서 언중들의 언어생활을 살펴볼 수 있는 좋은 예이다.

이 밖에도 언어문화 층위에서는 문헌 출판 당시의 언어와 문자 관련 정책이 어떻게 반영되어 있는지 살필 수 있다. 책이 출판될 당시의 국가 언어정책이 그 문헌에 투영될 수 있으므로 이런 점을 주의 깊은 관찰로 찾아낼 수 있다. 예컨대 훈민정음 창제 직후의 한글 문헌들에서 이 문자에 대한 태도를 찾아볼 수 있다. 『용비어천가』에서 이른바 '최고 존엄'인 왕의 조상들이 이룬 업적과 행적을 한글 가사로 표현한 것, 『석보상절』에서 위대한 스승으로 깨달음을 이룬 붓다의 생애를 한글로 번역한 것, 『월인천강지곡』에서 한글 활자를 크게 하고 한자 활자를 작게 한 점 등이 그러한 예이다.

1894년 갑오개혁 이후 한글이 국가의 제1 공용(公用) 문자가 되었다. 이 정책이 이후에 간행된 한글 문헌에 어떻게 반영되어 있는가? 이런 질문을 던지면서 우리는 개화기 한글 문헌에 대한 새로운 접근을 시도할

---

[8] 종이가 매우 귀한 시절에 편지지의 공간을 최대한 활용하기 위해 종이를 종횡으로 회전시켜가며 여백에 글자를 쓰는 방법이 여기에 해당한다.

수 있다. 한글 문헌의 이런 특성을 문화중층론의 관점에서 접근하면 이에 대한 명료한 인식은 물론 그 문헌에 대한 더 깊은 이해에 도달할 수 있다. 언어문화 층위의 분석과 해석의 결과는 사회문화 층위와 특정문화 층위의 분석을 위한 기초가 되면서 나아가 층위 간의 상관성을 모색하는 토대가 된다.

(2) 사회문화 층위

사회문화 층위의 분석 대상은 어떤 문헌에 수용되어 있는 사회적 요소와 그 의미이다. 여기에는 그 문헌이 생산된 사회적 배경과 정치적 상황, 역사적 환경이 포함된다.

『경민편언해』는 법을 위반하면 어떤 처벌을 받게 되는지를 설명한 책이다. 이 책은 민란이 일어난 지역이나 그럴 가능성이 높은 지역에서 간행된 것이 적지 않다. 초계판『경민편언해』가 대표적이다. 이인좌의 난(1728)이 일어나자 합천 초계의 정희량(鄭希亮)이 여기에 가담하였다가 관군에 의해 토벌당했다. 그 여파로 초계 지역의 민심이 흉흉해지자 이를 다스리기 위해 간행한 것이 초계판『경민편언해』이다.『경민편언해』이본 전체를 이런 관점에서 분석해 보면 이 문헌이 지닌 사회문화적 특성을 더 잘 파악할 수 있을 것이다.

그 어떤 문헌도 정치적 환경과 사회적 배경에서 자유로운 것은 없다.『구급방언해』,『두창경험방언해』등 많은 의서 언해본은 당대에 횡행한 질병과 전염병에 대처하려고 한 국가정책의 소산이다. 임진왜란 이후 17세기 초기에 여러 한글 의서를 국가에서 출판한 것은 전후의 질병 치료와 민심 수습을 위한 국가정책을 배경으로 한다.『동국신속삼강행실도』의 편찬은 임진왜란과 정유재란을 겪으면서 엄청난 희생을 치른 백성들을 위무하고 민심을 안정시켜 통치의 기강을 다시 세우려 했던 정치적 의도를 갖고 있다(송일기·이태호, 2001:101). 광해군은 백성들의 충효열을 포상함으로써 실추된 왕권을 회복하고 집권층의 안정을 도모하는 효과를 노렸다(이광렬, 2007:145). 이 책에 이름이 올라간다는 것은 정려(旌閭)와 같은 포상(褒賞)의 의미가 있었다. 한양 도성을 비우고 도망친 선조와 전쟁에 임하여 무능하게 무너진 조선의 지배층에 대한 불신이 팽배하던 시대적 배경에서 이 문헌이 간행되었던 것이다. 임진왜란 때 희생당한 수많은 사람과 그들의 가족들을 위무하는 것은 민심수습의 첩경이었다. 충효열이라는 윤리적 기준과 삼강의 재정립을 통해 전쟁으로 크게 훼손된 왕권과 통치 이념의 복원을 시도한 정책이 『동국신속삼강행실도』의 편찬으로 나타난 것이다.

어떤 문헌에 융합된 사회문화적 요소를 찾고 그 의미를 해석하는 것이 사회문화 층위에서 우리가 할 작업이다. 이러한 연구 방법은 이판본이 많은 문헌(『법화경언해』, 『불설대보부모은중경언해』, 『삼강행실도』와 『이륜행실도』, 『천자문』, 『병학지남』 등)을 연구하는 새로운 방법론이 될 수 있을 것이다.

문헌이 출판되던 당시의 출판문화와 인쇄 기술, 종이 생산 능력 등과 같은 요소를 사회문화 층위에서 분석할 수 있다. 활자본으로 중앙에서 먼저 간행한 후, 이것을 지방에 내려보내 목판본으로 번각하여 출판한 일이 적지 않았다. 이와 같은 조치가 가진 정책 배경과 경제적 동기를 함께 고려하여 한글 문헌을 연구하면 문헌자료에 대해 더 깊이 이해할 수 있다.[9]

19세기 말기와 20세기 초기 인쇄 기술의 혁신은 한글 문헌의 간행에 커다란 변화를 초래했다. 출판 기술과 출판 환경의 변화에 따라 한글 문헌 간행이 양적으로 커다란 증가를 보였다. 서양의 기술과 문명에 눈뜸으로써 다양한 종류의 한글자료가 쏟아져 나왔다. 예컨대 신활자본 『조선무쌍신식요리제법』(초판 1924, 3판 1936)은 개화기 이후 서적 간행의

---

[9] 이런 연구가 그리 어려운 것은 아니다. 한국학의 인접 분야(한국사, 서지학 등)의 연구 성과를 참고하고 활용하는 것이 첩경이다.

기계화, 대중화, 독서층의 확대, 필사본의 퇴화를 배경으로 출판된 것이다. 이 책에는 신분 차이에 따른 음식문화의 차이를 묘사한 내용도 나온다. 이런 점들을 사회문화 층위에서 다룰 수 있다. 조선시대 양반 중심의 계급사회가 견고한 시절에 간행된 한글 문헌의 특성과, 개화기 이후 양반사회가 완전히 붕괴된 이후에 나온 한글 문헌의 특성을 비교 연구하는 과제도 사회문화 층위에 포함될 수 있다. 이런 점에서 개화기 이후부터 20세기 전기에 생산된 한글 문헌에 대한 새로운 접근이 필요하다.

어떤 문헌의 저자 및 필사자 요소에 대한 연구도 사회문화 층위에서 다룰 수 있다. 저술 및 필사의 목적과 동기, 필사자가 남긴 필사기에 내포된 사회문화적 의미 등을 여기서 연구할 수 있다. 필사기는 필사 작업에 대한 필사자의 의식을 보여준다는 점에서 각별한 가치를 가진다. 손으로 직접 글을 쓰는 것은 쉽지 않은 작업이다. 남이 써놓은 것을 보고 베끼는 작업과 새로운 창작물을 쓰는 일은 그 노고가 매우 큰 일이다. 필사자는 고된 작업 끝에 한 책의 필사를 완성하고 난 후 자기 나름대로의 생각이나 느낀 바를 책 끝머리에 써넣었다. 이렇게 써넣은 것이 필사기(筆寫記)이다. 이 필사기는 책머리에 붙여 서문에 가까운 것도 있으나, 대부분 필사를 마치면서 책 끝에 써넣었다. 이 필사기에는 그 글을 저술하거나 베낀 사람의 생각이 담겨 있기 때문에 필사기를 통해 우리는 당시 사람들의 생각을 엿볼 수 있다. 예컨대 필사본으로 전하는 『학봉김선생행장』의 앞표지 이면에는 "경인 십월 십구일 장츼ᄒᆞ야 졔오녀의 손실을 주노라 父 (수결) 듕ᄒᆞ온 힝장이니 이듕ᄒᆞ고 훔보로 내여 돌니지 말나"[10]라는 필사기가 있다. 이 필사기는 학봉 김성일 후손 김주국(金柱國, 1710~1771)이 쓴 것이다. 그는 딸 다섯을 두었는데 막내딸을 월성인(月城人) 손성근(孫星建, 1755~1837)에게 시집보내면서 이 책을 지어 딸에게

---

[10] 경인년 십월 십구일 장책(粧冊)하여 다섯째 딸 손실(孫室)에게 주노라. 아버지가 (서명). 중한 행장(行狀) 글이니 애중(愛重)하고 함부로 내어 돌리지 말아라.

주었다. 시집가는 딸에게 집안 어른의 행실과 가르침을 언문으로 지어준 것에는 이 가르침을 기둥으로 삼아 고단한 시집살이를 잘 해내라는 아비의 뜻이 담겨 있다. 이런 필사기가 갖는 사회문화적 의미는 각별한 것이라 아니할 수 없다.

문헌의 출판과 관련된 사회문화적 관점의 연구는 역사학이나 서지학, 국어사 등 여러 분야에서 부분적으로 다루어져왔다. 그렇지만 보다 체계적 관점에서 일정한 방법론을 세워 언어문화와 사회문화 층위를 아우르는 연구로 나아간 예는 찾기 어렵다. 문헌자료에 내재된 사회문화적 요소를 찾아내고 이와 관련된 실증적 자료를 활용하여 그것이 갖는 의미를 찾는 작업이 사회문화 층위에서 다루는 핵심 과제이다.

(3) 특정문화 층위

앞에서 언급했듯이 특정문화는 연구 대상 문헌의 중심 내용과 관련된 것으로 문헌 특정적인 것이다. 필자는 어떤 문헌의 주제 혹은 내용이 표방하는 문화적 성격을 가리키기 위해 '특정문화'라는 용어를 사용하기로 한다. 특정문화 층위는 그 문헌의 중심 내용을 기반으로 한 층위이다. 특정문화의 범위 설정에서 크고 작은 규모의 범주화가 가능하다. 크게 잡은 특정문화의 몇 가지 범주를 제시해 보면 다음과 같다. 음식문화(음식조리서)·불교문화(각종 불교서)·유교문화(유교경서와 교화서)·여성문화(여성교육서, 규방가사)·의료문화(의학서)·아동교육문화(아동교육서)·군사문화(병서) 등이 그것이다. 이 밖에도 문헌의 특수성이나 주제에 따라 범주를 세분하는 것도 가능하다.

『음식디미방』과 같은 음식조리서는 음식문화라는 특정문화 층위를 가진다. 특정문화 층위도 기준을 달리하여 다시 세분할 수도 있다. 17세기 음식문화(시대 기준), 경상도 북부의 음식문화(지역 기준), 양반가 음식문화(사회 계층 기준)와 같이 세분화된 특정문화 층위를 세울 수도 있다. 『불설대보부모은중경언해』는 넓게는 불교문화라는 특정문화 층위에 속하면서, 좁게는 불교가 유교적 효(孝) 문화를 흡수 융합하는 층위 속에 놓인다. 후자에 주목하면 이 문헌이 수많은 사찰에서 수많은 시주자의 협찬을 받아 몇 세기에 걸쳐 계속 출판된 이유를 이해할 수 있다.[11]

특정문화 층위는 그 문헌의 특수성을 기반으로 한 분석 층위이다. 『조선무쌍신식요리제법』이라는 책은 음식조리서로서 '음식문화'라는 특정문화를 내포하고 있다. 당시의 음식조리법적 특징과 먹을거리, 조리 도구 등 음식과 관련된 당시의 문화가 언어로 표현되어 있다. 이러한 문화적 요소를 문화중층론적 관점에서 접근하면, 이것이 언어에 미친 영향, 사회에 미친 영향 등을 논의할 수 있고, 이 문헌이 가진 가치가 더욱 잘 드러날 수 있다. 『동국신속삼강행실도』의 경우는 충효열을 기준으로 하는 유교문화가 중심이 된다. 당시 사람들이 충효열을 어떻게 받아들였는지, 국가는 이를 어떠한 방법으로 전파하고자 하였는지 등의 문제가 특정문화 층위에서 다루어질 수 있다.[12]

특정문화 층위에서는 『훈몽자회』와 『신증유합』 등 16세기에 간행된 자서류(字書類)들이 성리학적 유교문화의 확산을 위한 아동 대상 한자교육 정책과 어떤 관련성을 가진 것인지 논할 수 있다. 특정문화적 층위에 대한 분석은 개별 문헌자료들의 특수성을 드러내면서 동시에 이것이 언어문화 층위, 사회문화 층위와 어떻게 융합되어 그 문헌의 문화적 가치를 형성하는지를 밝혀낼 수 있게 한다.

---

11 『불설대보부모은중경언해』는 불교서임에도 불구하고 수 세기에 걸쳐 수많은 시주자의 협찬을 받으면서 출판을 이어왔다. 그 까닭은 이 책이 불교의 교리를 해설한 것이 아니라 부모 은혜의 무거움과 그 은혜를 갚는 방법을 설명한 내용이기 때문이다. 이것은 곧 효를 중시하는 유교적 도덕률에 부합하는 것이다.

12 이 부분에서 문제가 되는 것은 사회문화와 특정문화의 경계를 명료하게 긋기 어렵다는 점이다. 예컨대 『동국신속삼강행실도』의 경우 특정문화의 하나로 유교문화를 세울 수 있다. 그런데 유교문화는 사회문화의 한 요소로 잡을 수도 있다. 이런 점을 고려하여 이 글에서는 그림 1과 그림 2에서와 같이 문화 요소 간의 중첩되는 영역을 설정하였다. 이러한 중첩성은 다음에 다룰 통합적 해석 단계에서 충분히 고려해야 할 점이다. 각 문화 요소에 해당하는 구체적인 내용은 표 1에 제시하였다.

또한 여러 분야의 한글 문헌 자료들을 일정한 기준에 따라 분류하고 범주화한 후, 특정문화라는 관점에서 통합적으로 연구할 수 있을 것이다. 다양한 성격의 불교서들을 종합적으로 묶어서 불교문화라는 특정문화 층위에서 다룰 수도 있고, 좀 더 세분화하여 다룰 수도 있다. 불교서 중 『염불보권문』 계통의 문헌은 대중을 위한 불교 포교서라는 점에서 여타의 불경언해서와 성격이 다르다. 대중적 불교서에 초점을 맞춘 특정문화 층위의 접근을 『염불보권문』에 적용해볼 수 있을 것이다.

이상에서 우리는 문화중층성을 구성하고 있는 세 가지 층위를 설정하고, 각 층위의 개념을 논하였으며, 각 층위를 구성하고 있는 세부 요소를 설정하였다. 논의된 내용을 요약하면 표 1과 같다.

표1 문화중층론의 층위에 따른 구성 요소

구성 요소 \ 층위	언어문화 층위	사회문화 층위	특정문화 층위

구성 요소 (분석 대상)	• 언어 요소
	  - 문자 표기
	  - 형태와 통사
	  - 어휘와 의미
	• 언어예절과 경어법
	• 문체와 텍스트
	• 필사(筆寫) 요소
	  - 사본의 언어적 특성
	• 언어정책 요소
		• 사회적 배경
		• 정치적 상황
		• 역사적 환경
		• 출판과 인쇄 기술
		• 간행 목적
		• 간행 기관
		• 저자 및 필사자 요소
		  - 저술 목적
		  - 필사 목적
		  - 필사기의 특성
			• 음식문화(음식조리서)
			• 불교문화(불교서적)
			• 유교문화(경서, 교화서)
			• 여성문화(여성교훈서 등)
			• 의료문화(의학서)
			• 군사문화(兵書)
			• 아동교육문화(아동교육서)
			• 기타 문헌 주제별로 세분 가능

9.3. 문화중층론의 분석방법과 적용의 문제

1) 문화 요소의 추출과 해석방법

여기서는 앞서 진술한 문화중층론의 세 가지 층위와 이에 속한 문화 요소를 추출하는 방법, 그리고 추출한 문화 요소를 해석하는 방법과 단계에 대해 구체적으로 논한다.

(1) 문화 요소의 추출 방법

언어문화 층위, 사회문화 층위, 특정문화 층위를 구성하고 있는 각각의 문화 요소는 연구 대상 문헌의 내부에 실리거나 외부에 놓인 여러 가지 사실을 토대로 추출해낼 수 있다. 한글 문헌은 크고 작은 여러 가지 언어 단위 요소로 이루어져 있다. 문자 표기를 통해서 형성되는 형태소·어휘·구절·문장·텍스트 등이 언어 단위 요소이며, 이 단위들에서 여러 가지 문화 요소를 추출할 수 있다. 문자 표기는 시대에 따라 그 특성이 다를 수 있다. 특정 글자의 존재 여부, 특정 자모자의 글꼴이 지닌 시대적 특성이 문헌에 따라 다를 수 있다.

어휘 단위의 측면에서 음식조리서의 예를 들어보자. 한글 음식조리서에서 추출된 어휘는 일차적으로 당시의 언어문화 요소를 보여 준다. 또한 음식조리서에서 추출된 어휘 요소 중 음식 명칭, 조리 도구, 식재료 등에 속하는 어휘는 당시의 음식문화를 파악할 수 있는 기초를 제공해준다. 연구 대상 문헌을 통해 당시에 만들어진 음식과 조리방법, 식재료의 활용과 조리 도구의 사용 등에 대해 알 수 있다. 이는 곧 그 문헌이 지닌 특정문화 층위(=음식문화)에 접근하는 방법이기도 하다.

음식조리서의 어휘 중에는 당시의 사회문화를 추측하게 해주는 사회문화 층위의 문화 요소도 포함되어 있다. 『조선무쌍신식요리제법』(3판)에 나타나는 '신도(神道, shinto)'라는 일본어 낱말은 '일본 민속 신앙, 또는 제사'를 뜻하는 것이며, 일제강점기 당시 일본 사회문화의 영향을 보여주는 단서가 된다. 또한 이 책에 등장하는 일본 음식 어휘[스시, 오야고돔부리 親子井, 293면)]는 당시 사회에서 일본 문화가 미친 영향을 보여준다. 이처럼 음식조리서의 어휘자료를 연구자의 목적에 맞게 추출함으로써 우리는 당시의 언어문화와 사회문화 그리고 특정문화의 요소를 분석할 수 있다.[13] 분석된 문화 요소들은 해석의 단계로 나아가기 위한 기초가 된다.

문화 요소의 추출은 문헌의 서지 요소를 통해서도 이루어진다. 서지 조사방법을 통해 얻게 되는 책의 형태, 장정법, 지질, 판식과 판본, 자형(字形), 각수(刻手) 등의 정보는 그 문헌의 간행 연도와 간행 상황을 파악하는 데 중요한 역할을 한다. 문헌의 서지 관련 정보는 사회문화 층위의 구성 요소 추출에 큰 도움을 준다. 또한 이 정보는 언어문화나 특정문화의 요소를 심층적으로 이해하는 데 도움을 줄 수 있다. 이렇듯 각 문화 요소의 추출은 한글 문헌을 이루고 있는 언어 단위와 문헌을 구성하고 있는 비언어적 단위를 통해 이루어질 수 있다.

(2) 개별적 해석 방법

각 층위를 구성하는 문화 요소를 추출한 후에는 이에 대한 개별적 해석이 이어진다. 개별적 해석은 다시 두 가지로 나누어볼 수 있다. 하나는 추출된 문화 요소 개개에 대한 해석이다. 다른 하나는 이 요소들이 각각의 문화 층위 안에서 갖는 의미를 해석하는 것이다. 이 두 가지로 구분한 것은 방법론적 정밀성을 얻기 위한 것이지만 문화 요소 해석 시 개별적 차원과 문화 층위 차원을 동시에 고려하는 관점을 놓쳐서는 안 된다. 언어문화 층위를 구성하는 각각의 요소들은 언어적 관점에서 그 의미와 가치를 해석하고, 사회문화 층위를 구성하는 문화 요소들도 각각이 어떠한

---

[13] 언어 단위를 통한 문화 요소의 추출은 문장이 아닌 문맥이나 텍스트의 구성, 편집 양식, 관용표현이나 화법 요소 등을 통해서도 추출해낼 수 있다.

사회적 의미를 가지는지, 어떠한 사회문화의 모습을 반영하고 있는지에 대해 개별적으로 해석한다. 그리고 특정문화 층위를 구성하는 추출된 문화 요소 또한 그 문헌의 주제에 비추어 어떠한 의미를 지니는지를 개별적으로 해석한다. 예컨대 『진법언해』의 서두에 실린 「절목총론」(節目總論)에 "온갖 호령과 싸홈 절ᄎ와 샹시 습딘ᄒᆞᄂᆞᆫ 법을 언문으로 번역ᄒᆞ야 육담으로 ᄆᆡᆫᄃᆞ라 내여시니 긔ᄃᆡ총이어나 언문ᄒᆞᄂᆞᆫ 범군들이 브듸 힘뻐 닐그면 너희게 ᄀᆞ장 유익ᄒᆞ리라"(진법언해 1b-2a)와 같은 문장이 나온다. 이 문장에는 언문으로 번역하는 것을 '육담(肉談)'이라 표현했다. '육담'이란 어휘가 함축하는 언어적 의미와 사회적 의미를 이 문장을 통해 해석해낼 수 있다. 또한 '긔ᄃᆡ총이어나 언문ᄒᆞᄂᆞᆫ 범군'이란 표현을 통해 당시의 '긔ᄃᆡ총(旗隊總)'과 '범군(凡軍)'[14]들이 한문은 몰랐지만 언문을 아는 사람은 일부 있었음을 알 수 있다.

이와 같이 하나의 언어 단위 속에 함축되어 있는 의미를 유추하고 해석하는 일이 이 단계에서 행해진다. 각 층위의 구성 요소로 추출된 각각의 문화 요소들은 개별적으로 해석되어 다음 단계에서 진행되는 통합적 해석의 재료로 활용된다. 추출한 개별 문화 요소의 가치와 의미를 정밀하게 분석할수록 연구 대상 문헌에 대한 통합적 해석은 그 깊이를 더해갈 것이다.

(3) 통합적 해석 방법

문화 요소와 문화 층위에 대한 개별적 해석 단계를 거친 후, 문화 층위 전체를 묶어서 고찰하는 통합적 해석 단계로 나아갈 수 있다. 개별적으로 추출된 문화 요소들은 상호 간의 연계성을 찾아내어 의미 맥락을 서로 교차시키는 작업이 필요하다. 앞선 단계에서 추출된 문화 요소들

---

14 '기대총(旗隊總)'은 '기총(旗總)'(소대장급)과 '대총(隊總)'(분대장급)을 아울러 부르는 말이고, '범군(凡軍)'은 일반 병졸을 뜻한다.

이 하나의 문화 층위 안에서 어떤 의미를 가지는지 개별적 해석을 거치게 된다. 이어서 3개의 문화 층위를 다시 통합하여 고찰하는 통합적 해석으로 나아간다. 개별 문화 요소의 의미와 이 의미가 하나의 문화 층위 내에서 어떤 의미를 가진 것인지 개별적 해석을 거친 후 통합적 해석 단계로 진행되는 것이다. 이 단계에서는 언어문화, 사회문화, 특정문화라는 문화 층위에서 도출된 해석을 의미적으로 관련 지어 통합적 관점에서 수렴해내는 작업을 수행한다. 이러한 과정을 그림으로 나타내면 그림 3과 같다.

앞서 살펴본 그림 1, 그림 2, 표 1에서 우리는 언어문화, 사회문화, 특정문화라는 세 층위를 설정하고, 각 층위에 포함되는 구성 요소를 설정해 보았다. 위에서 설정한 3개의 층위와 문화 요소를 구성하는 것들은 융합체로 덩어리진 문헌을 분석하기 위해 만든 장치이다. 각 층위별로 분석되어 나온 구성 요소들은 개별 층위 내의 해석과 통합적 해석을 거

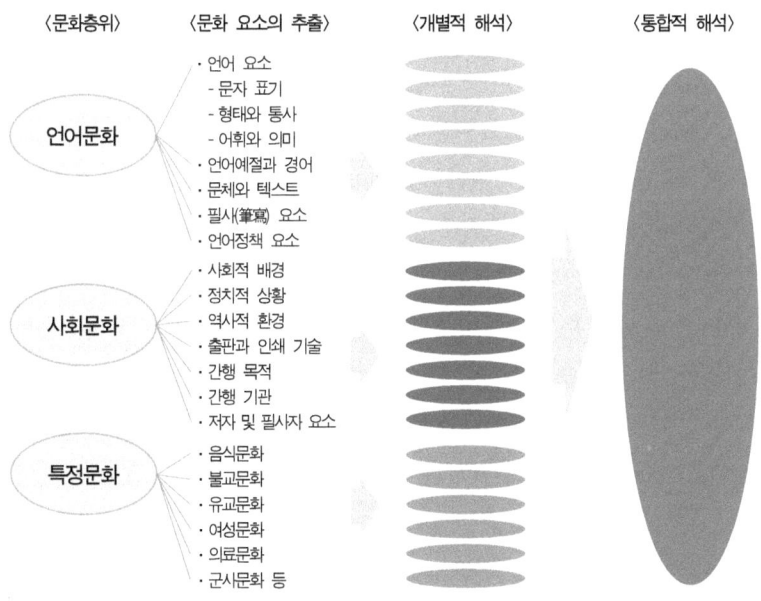

그림 3 문화중층론 구성 요소의 분석과 통합적 해석 과정

치게 됨을 위에서 논하였다.

　3개의 문화 층위를 아우르는 통합적 해석을 통해 그 문헌의 역사적 위상을 설정하고 그 가치를 온전히 드러낼 수 있다. 이런 점에서 통합적 해석을 위한 더 구체적인 방법론을 모색해야 한다. 그림 3에 나타낸 각 층위의 구성 요소의 설정과 분석은 문헌의 개별적 특성에 따라 조금씩 차이는 있을 것이다. 개별적 해석방법과 통합적 해석방법 역시 문헌에 따라 약간씩 다를 수 있다. 그러나 모든 문헌에 적용될 수 있는 통합적 해석을 위한 연구 절차를 세울 필요가 있다. 이를 위해 필자는 다음과 같은 세 가지 연구 절차를 고안해 보았다.

　첫째, 각 층위에서 나온 문화 요소의 분석과 그 결과를 명료하게 정리하고 체계화한다. 문화 요소의 분석 결과가 명료히 정리되고 체계화되어야 다음 단계로 나아갈 수 있다. 여기서 문제가 되는 것은 층위 간 중복되는 요소의 처리와 해석에 관련된 것이다. 예컨대 언어예절, 언어정책 요소는 언어문화이지만 동시에 언어의 사회적 성격에 지배되는 사회문화적 요소가 되기도 한다. 서지학적 요소는 사회문화 층위에 속하면서 정치적 상황과 관련되는 다중적 성격이 있다. 이처럼 두 층위에 걸치는 요소의 처리방법에 대한 이론적 고민이 필요하다.

　둘째, 각 문화 층위에서 정리되고 개별적으로 해석된 결과를 상호 연관 지어서 서로의 영향관계 혹은 인과관계를 찾는다. 언어문화 층위에서 나온 분석 결과가 사회문화 층위에 어떻게 작용하였으며, 역으로 사회문화 층위에서 나온 분석 결과가 언어문화 층위에서 어떻게 작용하였는지를 살펴야 한다. 문헌의 특정문화 층위에서 밝혀진 특성이 그 문헌의 언어문화에 어떻게 작용하여 어떤 결과를 만들어냈는지를 밝혀야 한다.

　셋째, 세 층위의 상호 연관성과 상호 작용의 결과를 통합적으로 해석하여 그 문헌에 내포된 문화중층성의 본질을 진술한다. 여기서 '통합적으로 해석하여'라고 한 것은 한 문헌의 언어문화적 가치, 사회문화적 가치, 특정문화적 가치를 묶는다는 뜻이다. 위의 두 번째 절차를 거쳐서 우리는 층위 간의 상호 연관성을 파악한 후, 이것을 다시 종합하여 연구 대상 문헌이 지닌 문화중층성의 본질적 속성을 문장으로 표현함으로써 통합적 해석 작업은 마무리된다.

2) 적용상의 문제점과 해결 방안

표 1에서 한글 문헌 자료에 내재된 중층적 층위와 각 층위를 구성하는 요소 및 분석 대상을 살펴보았다. 이러한 층위 설정과 문화중층성의 분석방법에서 제기되는 몇 가지 문제가 있다. 층위 간의 경계 혹은 관련성 문제, 문헌에 내재된 시간성과 공간성의 문제, 연구 대상 문헌을 설정하는 방법의 문제, 층위별 분석을 뛰어넘어 문화중층성을 통합적으로 해석하는 방법의 문제 등이 그것이다. 이 문제점들을 고찰하여 해결 방안을 모색해 보기로 한다.

(1) 층위 간의 경계 문제

첫째는 층위 사이의 경계를 분명히 할 수 있는가라는 문제이다. 예를 들면, 언어문화 층위의 구성 요소로 설정된 '어휘와 의미'는 특정문화 층위의 구성 요소가 될 수도 있는 것이다. 예컨대 신활자본 『조선무쌍신식요리제법』에 나타난 어휘들은 주로 음식명이나 조리 동사와 조리 도구 등의 조리 명사 어휘이다. 그런데 조리 관련 어휘들은 언어문화의 요소도 될 수 있고 동시에 음식문화라는 특정문화의 구성 요소가 될 수도 있다. 이것을 어떻게 나누어 분석하여 기술할 것인가?

이 문제에 대한 필자의 해결 방안은 다음과 같다. 양 층위에 걸치는 구성 요소들은 일단 각각의 층위에서 개별적으로 서술한 후, 이차적으로 언어문화와 특정문화가 중첩된 영역(언어문화∩특정문화)을 통합적 관점에서 다루는 것이다. 중층론적 방법론을 문헌 분석에 실제로 적용해 보면, 우리는 층위 간의 교차와 혼합 현상을 만나게 되어 있다. 이런 상황에서 우선 각 층위에 대해 정밀한 고찰과 서술을 한 후 이를 기반으로 층위 간의 교집합 영역을 논할 수 있다. 이 교집합 영역은 층위 분리가 아니라 층위 통합적 관점에서 접근해야 한다.[15] 층위 간의 교집합 영역에 대한 통합적 기술의 전제가 되는 것은 각 층위에 대한 철저한 분석이다. 특히 강조해야 할 것은 언어문화 층위에 대한 정밀하고도 체계적인 분석이 필수적이라는 점이다. 언어문화 층위의 분석이 철저히 이루어진다면, 그 결과를 특정문화 부문과 연관 지어 통합적 해석이 충실하게 이루어질 수 있기 때문이다. 사회문화 부문과 언어문화 부문의 교집합 영역에 대한 접근은 특정문화와 언어문화의 교집합 영역에 대한 접근과 달라질 수 있다. 한 문헌에 담긴 사회문화의 요소들은 그 문헌의 산출 배경이 되는 것이고, 특정문화의 요소들은 한 문헌이 표방하는 중심 내용을 구현하는 것이다. 양자의 성격이 서로 다른 것이므로 통합적 해석의 관점도 달라질 수 있다.

(2) 문헌의 시간성 문제

둘째는 문헌에 내재된 시간성의 문제이다. 각각의 문헌자료들은 그 문헌이 산출된 당대의 문화가 녹아 있는 공시적 융합체이다. 그런데 이 공시적 융합체는 개별 문화 층위 혹은 문화 요소들이 통시적으로 중첩된 결과물이다. 공시적 융합체로 그 모습을 현현(顯現)한 것이 문헌이라면, 여기에 녹아 있는 통시적 중첩을 어떻게 분석해내어 설명할 수 있는가라는 문제가 제기된다.

이 문제는 언어 연구에서 언어를 공시태와 통시태로 나누고, 이들을 통합적으로 기술하는 이론을 모색하는 것과 유사한 점이 있다. 필자는 "언어는 통시적으로 형성되어 공시적으로 작용한다"라는 기본 명제를 세우고자 한다. 인간 생활에 작용하는 문화도 이와 마찬가지 속성을 가진

---

[15] 두 가지 문화가 중첩된 영역을 '이중 중첩 영역', 세 가지 문화가 중첩된 영역을 '삼중 중첩 영역'이라 부를 수 있다.

다. 생각해 보면 인간을 비롯한 모든 생물체는 통시적으로 형성되어 와서, 지금 존재하는 이 순간에 공시적으로 작용하며 생명활동을 하고 있다. 언어도 이와 같다. 흘러간 과거 시간에 겪었던 변화, 생성, 소멸의 과정이 끊임없이 서로 다른 양상으로 전개되어왔고, 이들이 공시적 현실 속에서 융합적으로 기능하고 있는 것이 바로 언어이다.

하나의 문헌자료에도 그 문헌이 품고 있는 통시적 요소의 층위들이 누적되어 있다. 우리는 각 문화 층위에 누적된 통시적 요소와 특성을 분석하여, 그것이 문헌이 생산된 당대에 어떻게 작용했는지를 밝힐 수 있다. 나아가 그 문헌이 산출된 시대를 뛰어넘어 현재의 삶에 어떻게 작용하고 있는지도 해명할 수 있다. 통시적 지속성이 공시적 현실 속에 어떻게 작용하고 있으며, 그 의미가 무엇인지 밝히는 방법론은 언어는 물론 문헌자료에도 적용될 수 있다.

앞에서 세운 층위와 관련지어 말한다면 언어문화 층위는 물론 사회문화 층위의 서술에서 통시적 중첩을 통한 공시적 작용과 현재적 의미를 설명할 수 있다. 이에 대하여 보다 정교한 방법론을 모색하고 정립하는 것은 앞으로의 과제이다.

(3) 문헌의 공간성 문제

셋째는 문헌에 내재된 공간성의 문제이다. 생산 당시의 공시적 현현물(顯現物)인 문헌자료들은 통시적 중첩의 결과라는 점을 앞에서 언급했다. 그런데 각각의 문헌자료들은 그 문헌이 생산된 공간적 배경을 지니고 있다. 문헌의 산출 공간에는 지리적 차원의 공간도 있고, 사회적 차원의 공간도 있다. 사회적 차원의 공간은 사회문화 층위와 직접 관련된 것이다. 우선 지리적 공간에 초점을 두고 생각해 보자. 문헌자료가 생산된 지리적 공간은 그 문헌의 언어문화 층위는 물론 사회문화 층위의 성격을 결정하는 중요한 요소이다. 지리적 공간에 따라 언어적 차이가 문헌에 반영될 수 있고, 그 공간에 사는 사람들의 사회적 성격이 결정되기 때문

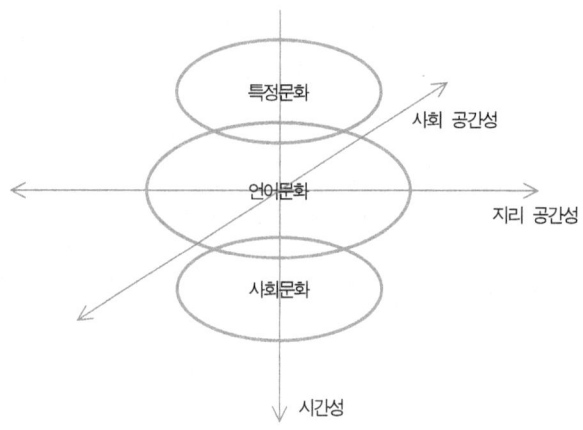

그림 4 한글 문헌의 시간성과 공간성 개념도

이다. 개별 문헌이 지닌 지리적 공간 혹은 사회적 공간의 성격과 특성이 언어문화 층위와 사회문화 층위에 어떤 영향을 미치며, 그 의미는 무엇인가? 이와 같은 문제제기는 문헌에 대한 심층적 이해에 도달하는 효과적 수단이 될 수 있다. 이런 점에서 우리는 문헌의 공간성에 주목할 필요가 있다.

한글 문헌 자료가 지닌 시간성 측면과 공간성 측면을 보다 명료하게 인식하면서 문헌의 문화 층위를 분석하는 것이 필요하다. 언어문화 층위와 사회문화 층위는 시간성과 공간성(사회 공간성, 지리 공간성)의 축을 지렛대로 삼아 움직여온 것이라 해도 과언이 아니다. 이러한 인식을 바탕으로 문화중층성 개념도에 시간성 축과 공간성 축(사회 공간성 축, 지리 공간성 축)이라는 지렛대를 더 보태어 간단히 표현하면 그림 4와 같이 나타낼 수 있다.

그림 4는 하나의 한글 문헌이 시간성과 공간성을 축으로 하여 여러 문화 요소가 중첩된 중층 구조를 형성하고 있음을 보여준다. 이러한 인식 틀에서 한글 문헌을 연구한다면 개별 문헌 혹은 일정한 문헌에 내재된 다중성(多重性)과 중층성(重層性)을 밝힐 수 있다. 그리고 이를 통해

우리는 문헌자료에 대해 보다 발전된 통합적 이해를 획득할 수 있다.

(4) 문화중층론 적용 대상 문헌을 설정하는 문제

넷째는 이 이론을 적용할 대상 문헌을 어떻게 설정할 것인가에 대한 문제이다. 원칙적으로 말해서 이 이론은 모든 한글 문헌에 적용될 수 있다고 생각한다. 그러나 한글 문헌 자료 하나하나에 이 방법론을 모두 적용할 필요는 없다. 그렇다면 문화중층론의 대상 문헌을 어떻게 선정해야 하는가? 문화중층론을 적용하여 연구할 만한 대상 문헌을 선정하는 방법과 기준은 무엇인가? 이 질문에 답하는 것은 그리 쉽지 않다. 필자가 생각해본 다음 몇 가지를 제시하여 후속 연구의 기초로 삼고자 한다.

첫째, 역사적 의의가 큰 문헌은 개별 문헌을 문화중층론의 연구 대상으로 삼을 수 있다. 『훈민정음 해례본』, 『석보상절』, 『두시언해』, 『음식디미방』, 특정 집안에서 나온 다수의 언간(순천김씨언간, 현풍곽씨언간, 은진송씨언간, 왕실언간) 등이 그것이다. 예를 들어, 『조선무쌍신식요리제법』은 전통 음식조리법과 외국 음식조리법이 혼재되어 있고, 전통문화의 소양을 가진 유학자가 개화기 이후에 들어온 신식 문화를 접하여 저술한 과도기적 성격을 가진 책이다. 이런 점에서 이 책 하나에 문화중층론의 방법을 적용할 수 있다.

둘째, 여러 번 중간되어 다수의 이판본을 가진 문헌(『삼강행실도』, 『이륜행실도』, 『경민편언해』, 『병학지남』, 『불설대보부모은중경언해』, 『염불보권문』 등)도 문화중층론의 적용 대상이 될 수 있다. 이런 유의 문헌은 대부분 역사적 의의가 큰 문헌들이다. 겉으로 보기에 개별적으로 존재하는 하나하나의 문헌자료는 다양한 문화 요소의 융합체이면서 동시에 문헌 간에 서로 연결되는 고리를 가지고 있다. 동일한 권두서명을 가진 『병학지남』 20여 개의 이판본은 명백한 공통성을 가지는 하나의 문헌 집단을 이룬다. 『불설대보부모은중경언해』 역시 그러하다. 서명(書名)은 다르지만 일정한 범위에서 공통성을 가진 문헌 집단도 문화 융합체의 관점에서 분석할 수 있다. 예컨대 『무예도보통지언해』, 『무예제보』, 『화포식언해』, 『진법언해』 등은 『병학지남』과 같이 '병서(兵書)'라는 하나의 문헌 집단으로 묶을 수 있다. 또한 각종 의서(醫書) 언해본도 이런 관점에서 묶을 수 있다. 다양한 층위의 개별 문헌과 문헌 집단에 융합된 문화 요소를 분석하고 문헌들 간의 연결 고리(상호 연관성)를 찾아내기 위한 방법론으로 필자는 문화중층성의 개념과 분석방법을 제안하는 것이다.

셋째, 공통적 성격을 가진 문헌 부류를 묶어서 문화중층론을 적용할 수도 있다. 간경도감본 불경언해류, 언해본 의학서류, 천자문류, 『신증유합』을 포함한 유합류, 사서삼경언해류, 19세기 간행 도가서언해류, 필사본 한글 음식조리서류, 20세기 전기의 신활자 음식조리서류, 언간류, 한글제문류, 한글고문서류, 언간독류 등등이 여기에 속한다. 공통적 성격의 범위를 어느 정도 크기로 하느냐에 따라 대상 문헌의 설정을 다양하게 할 수 있다.

문화중층론적 분석의 대상 문헌을 설정하고, 이에 대해 보다 세부적인 연구 방법을 찾는 일은 앞으로의 과제가 될 것이다.

9.4. 맺음말

한글 문헌 자료의 문화중층론적 연구는 지금까지 학계가 이루어놓은 성과를 기반으로 한다. 훈민정음 창제 이후에 나온 각종 한글 문헌 자료에 대한 연구 성과는 상당한 수준으로 축적되어 있다. 국어학 분야에서는 음운사, 문법사, 어휘사 등의 다양한 주제를 깊이 있게 다룬 연구 성과가 쌓여 있다. 문헌학 혹은 서지학 분야에서도 국어학자나 서지학자가 이루어놓은 한글 문헌의 연구 성과가 적지 않다. 한글 문헌에 대한 문화중층론적 연구는 이와 같은 선행 연구 성과에 기초를 두면서, 더 확장된 시야에서 새로운 방법론을 찾고자 하는 목적에서 고안된 것이다. 이런 점에서 한글 문헌의 문화중층론적 연구는 앞에서 제시한 각 층위에 대한 선행 연구의 흡수와 새로운 관점에서의 해석을 시도함으로써 소기의 목적을 달성할 수 있다. 선행 연구에 대한 폭넓은 조사가 선행되지 않으면 연구 대상 문헌을 깊이 이해할 수 없다.

우리말의 생명력과 역사를 간직하고 있는 한글 문헌 자료는 그 활용 범위와 가능성이 매우 넓고 높다. 우리는 한글 문헌 자료에 대한 폭넓은 이해를 토대로 국어사의 외연을 더욱 넓혀갈 수 있다. 필자가 제안한 문화중층론적 연구 방법은 국어사 연구의 지평을 넓히고, 국어사 연구가 인접 분야와 소통할 수 있는 길이 될 것이다. 앞에서 논의한 주요 내용을 요약하면 다음과 같다.

9.1에서는 한글 문헌 자료의 문화중층론적 연구 방법의 목적과 필요성에 대해 논하였다. 한글 문헌 자료 연구에 대한 기존 연구 방법론의 한계를 진단하고, 그 보완책으로 문화중층론적 연구 방법을 제안하였다.

9.2에서는 문화중층론의 구체적인 개념을 정의하고 그 하위 층위에 대해 논의하였다. 한글 문헌이 가지는 '문화중층성(文化重層性)'을 '어떤 대상에 문화적인 요소가 중첩되고 융합되어 있는 성질'로 정의하였다. 이러한 '문화중층성'을 분석해내는 이론을 '문화중층론'이라 칭하고, 이를 구성하고 있는 하위 층위로 '언어문화', '사회문화', '특정문화'의 범주를 설정하였다. 언어문화는 한글 문헌 자료의 텍스트를 구성하는 언어와 그와 연관된 문화적 특성을 뜻한다. 사회문화는 그 문헌에 반영되었거나 관련된 당대의 사회적 특성을 가리킨다. 특정문화는 그 문헌의 중심 내용 혹은 주제와 관련된 문화를 가리키는 것으로, 문헌 특정적(特定的)인 것이다. 그리고 이들이 중층적으로 결합된 융합적 구조체를 그림 2에서 '한글 문헌 자료의 문화중층성 개념도'라는 이름으로 제시하였다.

9.3에서는 문화중층론의 구체적인 분석방법과 적용의 문제를 논의하였다. 문화중층을 이루는 세 가지 문화 층위의 내용과 성격에 대해 논하고, 각 층위의 구성 요소를 어떻게 설정할 수 있는지를 다루었다. 각 층위를 이루고 있는 구성 요소는 표 1에 종합하여 제시하였다.

먼저 세 가지 층위의 문화 요소를 구체적으로 어디서 어떻게 추출하여 어떻게 해석할 것인지 그 연구 방법에 대해 논하였다. 언어 단위를 이루고 있는 문자 표기·형태소·어휘·구절·문장·텍스트에서 언어문화 요소와 사회문화 요소 및 특정문화의 요소를 추출함과 더불어, 내용상의 문맥과 서지 요소 등에서도 각 문화 층위의 요소들을 추출할 수 있음을 예를 들어 설명하였다. 그리고 이러한 문화 요소의 추출을 기반으로 문화 요소의 개별적 해석을 시도하고, 상호 간의 연관관계와 의미를 파악하는 방법을 제시하였다. 또한 문화 요소의 추출과 개별적 해석 및 통합적 해석으로 나아가는 과정을 그림 3에 제시하고, 세 가지 연구 절차를 제시하였다. 이러한 작업과정을 연구 대상 문헌에 적용함으로써 문화중층성의 본질을 진술할 수 있음을 논하였다.

이어서 한글 문헌의 문화중층성 이론에서 제기되는 몇 가지 문제에 대해 논하고, 그 해결 방안에 대해서도 논하였다. 첫째, 각 층위의 경계 설정과 경계 간 중복되는 영역을 다루는 문제를 논하였다. 이에 대해 각 층위에서 철저한 개별적 분석을 행하고 이어서 층위 간의 중복되는 부분을 교집합 영역으로 설정하여 다룰 수 있음을 제시하였다. 둘째, 문헌에 내재된 시간성 문제, 즉 문헌에 내재된 공시성과 통시성의 중첩 문제를 다루었다. 언어문화 층위는 물론 사회문화 층위의 서술에서 통시적 중첩을 통한 공시적 작용과 현재적 의미를 설명할 수 있다고 보았다. 셋째, 문헌에 내재된 공간성 문제를 다루었다. 공간성을 지리적 공간과 사회적 공간으로 나누고, 문헌의 공간적 특성이 언어문화 층위와 사회문화 층위에 큰 영향을 주는 것으로 보았다. 이 공간성 요소를 중시하여 그림 4에서 문화중층성 개념도를 재구성해 보았다. 넷째, 문화중층론의 적용 대상 문헌을 선정하는 문제를 다루었다. 역사적 의의가 크고 여러 번 간행된 문헌은 이본들을 한 부류로 묶어서 적용하고, 공통적 성격을 가진 여러 문헌을 한 부류로 묶어서 적용하는 방법을 제시하였다.

이 글에서 필자는 한글 문헌에 대한 문화중층론적 연구 방법의 얼개를 구성해 보려고 했다. 여기서 논한 연구 방법은 개별 문헌 혹은 문헌군(文獻群)에 구체적으로 적용해 봄으로써 수정과 보완을 거듭해야 할 것이다.

[더 나아간 글]

필자는 문화중층론을 한글 문헌에 적용한 연구를 더 진행하여 다음과 같은 논저를 발표하였다.

첫 번째 글, 『훈민정음의 문화중층론-관점의 전환과 새로운 해석』, 경북대학교 학술총서 1, 경북대학교 출판부, 2023.

이 책의 서장 제3절과 4절에서 문화중층론의 이론적 특성과 훈민정음에 이 이론을 적용하는 방법을 논하였다. 특히 이 책의 제4부(훈민정음 창제의 사회문화적 접근)는 더 쉽게 읽을 수 있다.

두 번째 글, 조선시대 왕실 언간의 문화중층론적 연구, 「한국학논집」 59집, 계명대학교 한국학연구원, 2016, pp.349-403.

이 논문은 조선시대 왕실에서 산출된 한글 편지, 특히 「숙명신한첩」에 실린 편짓글을 중심으로 발신자와 수신자, 주요 내용, 언어 표현 등을 탐구한 글이다. 학부생과 대학원생이 어렵지 않게 읽을 수 있다.

세 번째 글, 수운잡방, 중층의 문화를 담은 조리서, 「안동학연구」 15집, 한국국학진흥원, pp.7-27.

이 글은 한문으로 씌어진 음식조리서 「수운잡방」을 쉽게 해설한 것이다.

IV부

역사적 고찰과 현대적 활용

10장 한글 문헌의 역사적 추이(推移)와 그 의미

10장에서는 크게 네 가지 범주의 한글 문헌을 택하여, 그 문헌들의 출판 혹은 필사가 시대적으로 어떻게 이루어졌는지를 서술하고,[1] 그것이 갖는 역사적 배경과 의미를 탐색해 보기로 한다.

고찰 대상으로 삼은 네 가지 문헌은 불교서, 유교서, 병서, 음식조리서이다. 한글로 간행된 종교서는 불교서, 유교서, 도교서, 동학서, 기독교서, 민간신앙서로[2] 나눌 수 있다. 이 중에서 전통 시대부터 20세기에 이르기까지 한국인에게 가장 큰 영향을 끼친 문헌은 불교서와 유교서이다. 불교서와 유교서는 한국인의 사회 문화, 언어 문화, 국가 통치 제도 등 다방면에서 광범위한 영향을 미쳤다. 양적으로 보아서도 불교서와 유교서 한글 문헌이 압도적으로 많으며, 도교서 이하는 19세기 후기에 약간 간행되었을 뿐이다. 양적으로 다수이면서 질적인 면에서 한국 사회에 큰 영향을 미친 불교서와 유교서 한글 간본(刊本)을 대상으로 삼아 이판본 간행의 시대적 추세와 여기에 함의된 역사적 의미를 해석해 본다.

이어서 다룰 병서(兵書)와 음식조리서는 전문서의 하나로 실용 기술서의 성격을 갖는다. 병서는 국가 공동체의 안녕을 지키기 위한 문헌으로 공공(公共) 영역에서 활용된 것이다. 음식조리서는 일상생활 및 각종 의

---

[1] 조선시대의 간본 한글 문헌에 대한 정리는 여러 학자들에 의해 이루어져 왔다. 중세국어문헌을 대상으로 한 안병희(1979), 근대국어 시기의 문헌을 대상으로 한 홍윤표(1993, 1994a, 1994b), 한글 문헌 간행의 흐름을 조망한 이호권(2008), 훈민정음의 발달이란 관점에서 유교, 불교, 기독교, 언간 관련 문헌을 정리한 김슬옹(2012)의 연구가 대표적 업적이다.
[2] 민간신앙서는 점술법・택일법・관상법・풍수법 등 길흉에 관한 책을 통칭한다.

례에 소요된 음식물의 조리법을 기록한 문헌이다. 병서가 공공 영역에서 이용된 문헌이라면, 음식조리서는 주로 사적(私的) 영역에 속하는 가정 생활을 중심으로 이용된 문헌이다. 발기[件記] 등의 궁중 음식 관련 자료도 있지만 조리법을 서술한 문장 자료는 찾기 어렵고, 대부분 음식 이름과 기명(器皿)에 관한 것이다. 음식조리서는 살아있는 당대의 언어와 음식문화를 잘 보여 준다. 이 점을 고려하여 음식조리서를 본 장의 고찰 대상에 포함시켰다.

10.1. 불교서

유교 국가를 지향한 조선시대는 국가 정책의 차원에서 불교계의 인재 양성 제도와 경제적 기반을 붕괴시켜 갔다. 국사제(國師制)와 승과제(僧科制)를 폐지하여 인재양성을 못하게 하였고, 도첩제(度牒制)[3]를 시행하여 승려가 될 수 있는 조건을 크게 강화시켜 출가를 엄격히 통제했다. 사찰 소유의 전답을 몰수하거나 수많은 사찰을 폐하여 불교의 존립 기반을 무너뜨렸다. 고려 왕조에서 국가가 행하던 각종 법회와 불교 의례를 폐지하는 등의 정책적 탄압으로 불교의 사회적 위상과 영향력은 크게 추락하였다.

세조 때 간경도감이 설치되어 국가 기관에서 다수의 불교 서적을 간행하였고, 명종 때 잠시 승과가 부활되어 불교의 중흥이 이루어지는 듯했으나 지속되지는 못했다. 16세기 이후의 불교는 사찰 단위로 민간에서 생존을 도모하는 처지가 되었다. 왕권과 왕실의 비호를 받지 못하게 됨으로써 불교는 사회 하층의 민간으로 파고들지 않을 수 없었다. 그런데

---

[3] 도첩제는 승려로 출가하는 것을 국가가 허락해 주는 제도이다. 고려 말에 도입된 것을 조선 초기에 크게 강화시켰다. 승려가 되려면 양반은 포(布) 100필, 양인은 포 150필, 천인은 200필을 바쳐야 했다. 1492년에는 아예 이 제도를 폐지했다가 나중에 일시적으로 다시 부활하는 등 부침을 거듭했다.

조선의 사족 지배층은 공적으로 유교를 숭상했지만 개인의 가정생활에서는 여전히 불교를 신앙하여 불사에 참여한 사람도 적지 않았다. 이는 왕실의 경우도 마찬가지였다. 왕과 왕비를 비롯한 왕실 사람들은 망자(亡者)의 극락왕생을 기원하는 불사를 자주 벌였고, 때때로 불교서를 간행하기도 했다.

조선시대 불교서 간행의 경향은 대체로 다음 세 가지로 요약할 수 있다(남희숙, 2000:68). 첫째, 조선 전기에 간행된 불서들은 대승 경전, 율법, 논소 등 교학에 대한 것이고, 조선 중기 이후로 갈수록 진언집과 다라니경 등 불교 의식(儀式)과 제의(祭儀)에 대한 책이 많이 간행되었다. 둘째, 조선 전기에는 관판본 불교서의 비중이 높았으나 간경도감 폐지 이후에는 사찰 단위에서 간행된 불교서가 대부분이다. 셋째, 진언집류 및 대중을 대상으로 한 포교서는 대부분 언해본으로 간행되었다.

1) 세종의 불교서 간행

한글 불교서의 대표적 간본은 세종 및 세조가 활동한 15세기에 모두 간행되었다고 해도 지나친 말이 아니다. 세종이 훈민정음을 창제한 직후에 간행된 『석보상절』(1447)과 『월인천강지곡』(1447) 그리고 세조 연간의 간경도감에서 간행한 불교 언해서들이 대표적이다. 훈민정음 반포[4]

---

[4] 훈민정음 반포식을 공식적으로 거행한 기록은 없다. 흔히 말하는 훈민정음 반포는 사실상 훈민정음 해례본의 완성일을 기준으로 삼은 것이다. 조선왕조실록 세종 28년 음력 9월 29일 기사에, "이 달에 훈민정음이 이루어졌다[是月 訓民正音成]"고 한 것이 바로 해례본의 완성을 알린 기록이다. 『훈민정음』 해례본 권말에 실린 정인지(鄭麟趾) 서문에 "9월 상순[九月上澣]"에 썼다는 기록이 있어서 시간적 범위를 조금 더 좁힐 수 있다. 이를 근거로 해례본 완성일을 1446년 9월 상순으로 잡은 것이다. 상순의 마지막 날은 9일이 되고, 이것을 양력으로 환산한 날을 한글날(10월 9일)로 삼은 것이다. 북한에서는 반포가 아닌 창제일을 기준으로 '조선글날'을 정했다. 세종 25년 12월 30일 기사에 "이달에 임금께서 친히 언문 28자를 지었다. … 이를 훈민정음이라고 하였다[是月, 上親制諺文二十八字 … 是謂訓民正音]"가 창제일을 알린 실록 기사이다. 12월 30일을 양력으로 대략 환산하여 1월 15일을 조선글날로 정한 것이다. 남한에서 한글날을 10월 9일로 삼은 것은 1940년에 『훈민정음』 해례본이 발견된 이후이다.

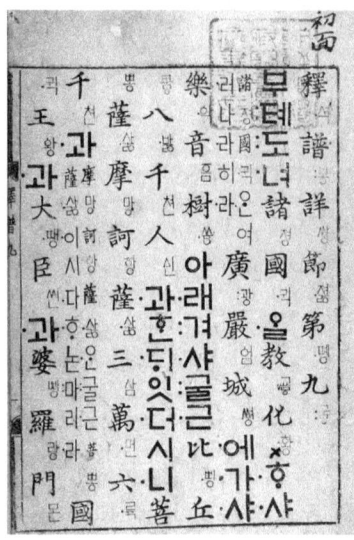

그림 1 『석보상절』 권9

(1446년 9월 상순)가 이루어지기 약 5개월 전에 세종대왕의 비 소헌왕후 심씨(昭憲王后 沈氏, 1395.10~1446. 4)가 세상을 떠났다. 세종은 소헌왕후의 명복을 빌기 위해 수양대군에게 명하여 『석보상절』을 편찬하게 했고, 이 책을 본 세종이 부처의 공덕에 감동하여 『월인천강지곡』을 지었다고 한다. 망자의 명복을 비는 추천(追薦)의 방식으로 법회를 열거나 불교서를 출판하는 것이 으뜸이라는 믿음이 있었다. 이런 믿음에 따라 두 책이 출판되었던 것이다. 이 책들은 한문이 아니라 한글로 간행되었다는 점에서 그 의의가 매우 크다. 세종은 한글 창제 직후 이 문자를 이용한 세 가지 문헌의 출판 사업을 진행하였다. 『용비어천가』, 『석보상절』, 『동국정운』이 그것이다. 『용비어천가』의 한글 가사는 국조(國祖)의 창업과 위업을 기려 왕조의 정통성을 확립하기 위한 것이고, 『석보상절』은 부처님의 행적과 공덕을 널리 베풀기 위한 것이다. 『용비어천가』는 국가적 차원에서, 『석보상절』은 종교적 차원에서 각각 가장 중요한 인물의 행적을 한글 운문과 한글 산문으로 각각 찬술한 것이다. 국가적 차원과 종교적 차원에서 가장 의미 있는 두 책의 출판에 한글을 사용한 것은 주목할 만하다. 가장 중요한 두 책을 한글로 출판한 것은 새 문자에 권위를 부여하려는 세종의 의지를 보여주는 것이기도 하다.

『용비어천가』는 양반 지식인층을 독서의 대상으로 한 것이고, 『석보상절』은 여성과 서민층을 위한 책이다. 이런 점에서 『용비어천가』는 조선 건국의 당위성을 당시 지배층에 각인시키기 위한 것이고, 『석보상절』은 붓다의 가르침을 모든 사람들이 쉽게 이해할 수 있도록 번역한 것이라 할 수 있다. 이런 책의 출판은 결과적으로 양반 지식인층과 서민층에게 훈민정음을 보급하는 데 기여하였다.[5] 이 점에서 두 문헌이 가진 역사적 의미가 깊고 무거운 것이다.

2) 간경도감판 불경언해

수양대군은 쿠데타를 통해 왕위를 찬탈하여 1455년에 즉위하였다. 왕위 찬탈에 반대한 신하는 모두 죽이고 충복 신료들로만 조정 권력을 구성한 후 강력한 왕권 체제를 확립했다. 불교에 대한 이해가 깊었던 세조는 1461년에 불교서 간행을 위해 간경도감(刊經都監, 1461~1471)을 세웠다. 이는 유교 국가를 표방한 조선에서 강력한 전제 왕권이 성립되지 않았다면 꿈도 꾸지 못할 일이었다.

세조 재위 기간 동안 간경도감에서 간행한 책은 9종이다. 『능엄경언해』(楞嚴經諺解)(10책, 1462), 『묘법연화경언해』(妙法蓮華經諺解)(9책, 1463), 『금강반야바라밀경언해』(金剛般若波羅蜜經諺解)(2책, 1464), 『불설아미타경언해』(佛說阿彌陀經諺解)(1책, 1464), 『선종영가집언해』(禪宗永嘉集諺解)(2책, 1464), 『반야바라밀다심경언해』(般若波羅蜜多心經諺解)(1책, 1464), 『원각경언해』(圓覺經諺解)(10책, 1465), 『목우자수심결언해』(牧牛子修心訣諺解)(1책, 1467), 『사법어언해』(四法語諺解)(1책, 1467)가 그것이다. 이들은 모두 불교의 주요 가르침을 담은 한문을 한글로 번역한 언해서이다. 이 중에서 한문 원문을 우리나라 사람이 지은 책으로는 『목우자수심결언해』(보조국사 지눌 지음)가 유일하다.

불교에 대한 신앙심과 학문적 이해를 갖추었던 세조는 그의 불교서 간행 사업을 보좌한 신미대사·김수온·한계희 등의 도움을 받아 조선

---

5 『월인석보』 1권 권두에 훈민정음 언해가 붙어있듯이, 『석보상절』 1권 권두에도 이것이 붙어있었을 것이다. 훈민정음 언해본은 한글 보급에 매우 중요한 역할을 했을 것이다.

시대 불교서 간행의 전성기를 이루었다. 간경도감판 한글 불교서가 갖는 의미는 네 가지로 요약할 수 있다. 첫째, 불교사 측면에서 이 책들은 불교학에 대한 체계적 이해의 토대를 놓았으며, 후대의 한글 불교서 간행의 기초가 되었다. 조선 후기에 간행된 불교서들은 간경도감판을 번각하거나 중간한 것이 적지 않다. 둘째, 간경도감판 불교서들은 국어사 측면에서 15세기 국어를 연구하는 데 매우 중요한 가치를 가진다. 셋째, 간경도감판 불교서들은 한글 보급의 측면에서 크게 기여했다. 예컨대 『목우자수심결』은 갓 입문한 승려나 불교 초심자의 수행을 위한 교과서 같은 책이다. 초보 승려의 교재로 쓰인 이 책의 언해본은 한글 보급에 기여했을 것이다. 넷째, 이 책들은 지방 사회에 한글을 보급하는 데 기여했다. 1500년에 가야산 봉서사(鳳棲寺)[6]에서 번각한 『목우자수심결언해』, 1520년에 경상도 안음현 장수사에서 중간한 『선종영가집언해』, 1553년 황해도 자비산 심원사에서 번각한 『반야바라밀다심경언해』 등은 모두 간경도감판을 지방에서 간행한 것이다. 지방에서 이루어진 번각판은 한글의 지역적 확산에 기여했을 것이다.

3) 선불교 언해서

한글본 불교서의 한 부류로 선종 혹은 선불교 관련 언해서들이 있다. 조선 개국 초기에 11개 종단이었던 불교 종단을 조선 태종 때 7개 종단 242사찰로 축소했고(태종 6~7년), 세종은 이것을 다시 크게 줄여 2개 종단 36사찰로 만들었다.[7] 선종이 불교 종단의 중요한 축을 이루면서[8] 선종

---

[6] 봉서사는 조선 세조 때 학조(學祖)대사가 오래 머물렀던 절이며, 1501년(연산군 7년)에 『고봉화상선요(高峰和尙禪要)』를 여기서 간행했다.

[7] 태종 때의 7개 종단은 조계종, 천태종, 화엄종, 자은종, 중신종, 총남종, 시흥종이다. 세종은 이 중에서 조계종, 천태종, 지남종 3개 종을 선종으로 합치고, 화엄종, 자은종, 중신종, 시흥종 4개 종을 교종으로 합쳤다.

[8] 선종과 교종의 2개 교단은 연산군 때 폐지되었다가, 명종 때 문정왕후의 후원을 받은 보우대사의 활약에 힘입어 종단이 다시 부활하고, 승과도 잠시 회복되었다. 그러나 그 후에

관련 불교서들의 언해본이 여럿 간행되었다. 간경도감판으로 나온 『선종영가집언해』(1464), 『몽산화상법어약록언해』(1467), 『사법어언해』(1467)가 초기에 간행된 한글본 선종 불교서의 대표적 존재이다. 이 책들은 그 뒤 여러 차례 사찰판으로 중간되었다.

『사법어언해』는 고담화상, 몽산화상 등이 지은 4개의 법어를 혜각존자 신미(信眉)가 번역한 것이다. 이 책의 원간본은 『목우자수심결』과 합철되어 1467년에 간경도감판으로 처음 간행되었고, 1500년에 가야산 봉서사에서 번각 출판되었다. 그 후 1517년 충청도 고운사(孤雲寺)에서 『몽산화상법어약록』에 합철되어 중간되었다. 이 책은 1525년에 황해도 심원사(深源寺), 1577년에 순천 송광사(松廣寺), 1605년에 울산 원적사(圓寂寺)에서 중간되었다. 봉서사판 · 고운사판 · 심원사판 · 원적사판은 간경도감판의 특징을 지니고 있다. 그러나 송광사판은 동국정운식 한자음 표기를 버리고 현실 한자음을 반영했다.

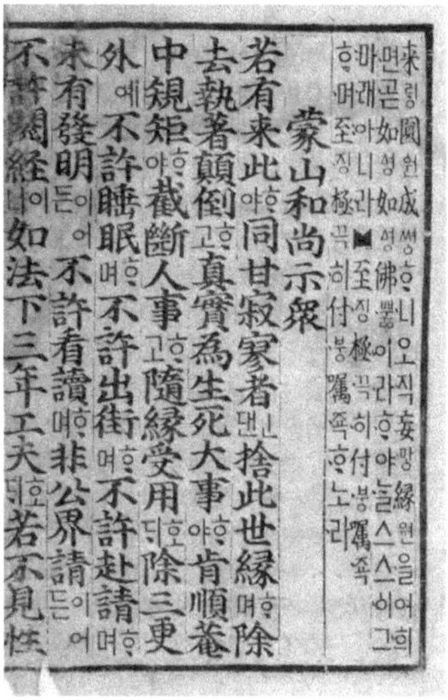
蒙山和尚示衆

若有來此同甘寂寥者ᅵᆫ댄 捨此世緣ᄒᆞ며 除去執著顚倒ᄒᆞ고 眞實爲生死大事ᄒᆞ야 肯順菴中規矩ᄒᆞ야 截斷人事ᄒᆞ고 隨緣受用ᄒᆞ되 除三更外예 不許睡眠ᄒᆞ며 不許出街ᄒᆞ며 不許赴請ᄒᆞ며 未有發明이어든 不許看讀ᄒᆞ며 非公界請이어든 不許閱經이니 如法下三年工夫ᄒᆞ되 若不見性

그림 2 『사법어언해』 초간본 중의 '몽산화상시중' 편

『몽산화상법어약록언해』(蒙山和尙法語略錄諺解)는 원나라의 선승 몽산화상 덕이(德異)의 가르침을 실은 책이며, 『몽산법어언해』(蒙山法語諺解)라 부르기도 한다. 이 책은 선 수행자들을 위한 교과서로서, 몽산 덕이의 법어 6편과 고려의 선승 나옹화상의 법어 『시각오선인법어』(示覺悟禪人法語) 1편이 같이 실려 있다. 이 책의 원간본은 성종 3년(1472)에 간행한 것으로 본다. 판식과 본문 체제가 여타의 간경도감판과 같지 않다. 이

이어진 억불 정책에 의해 승과는 15년 만에 다시 폐지되었다.

책은 한문본과 언해본에 모두 이판본이 많다. 이 책의 원간본을 복각한 이판본으로 1521년 금강산의 유점사(楡岾寺)판, 1523년 경상도 풍기의 석륜암(石輪庵)판, 1525년 황해도 심원사(深源寺)판, 1543년 전라도 진안 중대사(中臺寺)판이 있다. 원간본과 본문 체제가 다른 것으로는 1517년 충청도 고운사(孤雲寺)판, 1535년 평안도 영변 영발암(永鉢庵)판, 1577년 전라도 송광사(松廣寺)판 등이 있다.[9]

몽산화상의 법어를 언해한 또 하나의 책으로 『몽산화상육도보설언해』(蒙山和尙六道普說諺解)가 있다. 이 책의 이판본으로 1567년(명종 22) 전라도 순창의 취암사(鷲岩寺)판, 1584년(선조 17)의 충청도 서산 가야산 개심사(開心寺)판이 있다(남권희 1991)(백두현 1991).

『사법어언해』와 『몽산화상법어언해』의 출판 사례에서 보듯이 16세기에는 지방 사찰판이 압도적으로 많다. 명종 연간에 문정왕후의 후원을 받은 보우대사의 활동이 중종 연간으로 이어지면서 선불교 관련 이판본이 여러 지방의 사찰에서 간행되었던 것이다.

서산대사가 참선의 요점을 간추린 선불교 언해본으로 『선가귀감언해』(禪家龜鑑諺解)가 있다. 이 책은 서산대사 휴정(休靜)이 지은 한문본을 그의 제자 유정(惟政)이 발문을 붙이고 언해하여, 1569년(선조 2)에 평안도 묘향산 보현사(普賢寺)에서 초판 간행했다. 이 책의 중간본은 1610년 (광해군 2) 전라도 송광사에서 간행되었다. 이때의 책판이 순천 송광사에 보존되어 그 후쇄본이 많이 인출되었다.

선불교 언해서로 가장 일찍 간행된 것은 『육조법보단경언해』(六祖法寶壇經諺解)이다. 1496년(연산군 2)에 학조(學祖)대사가 인수대비의 명을 받아 번역 간행하였다. 15세기 말의 국어사 자료로서 이 책에 나타난 가장 두드러진 특징은 동국정운식 한자음을 버리고 당시의 조선 한자음을

---

9 하나의 불교서가 다양한 지역에서 간행된 사례를 보이기 위해 『몽산법어언해』(蒙山法語諺解)에 대해 비교적 자세히 기술하였다.

전면적으로 사용했다는 점이다. 이 책의 간행에 사용된 활자를 인경목활자(印經木活字) 또는 인경자(印經字)라 부른다. 이 활자는 다른 목활자와 비교할 때 새김이 정세(精細)하고 자체가 단정하고 미려하다.

성종이 죽은 후 성종의 어머니 인수대비가 아들의 명복을 빌기 위해 1495년(연산군 1) 서울 원각사에서 『법화경언해』(法華經諺解), 『능엄경언해』(楞嚴經諺解), 『월인석보』(月印釋譜), 『선종영가집언해』(禪宗永嘉集諺解), 『반야심경언해』(般若心經諺解), 『금강경언해』(金剛經諺解) 등의 불경을 대대적으로 간행했다. 이 책들의 발문은 학조대사가 썼고, 인경목활자를 사용하여 인출하였다.[10] 즉위 초에 숭유억불(崇儒抑佛)을 강화하고 간경도감을 폐지한 성종이, 죽어서 불경 간행으로 추천(追薦)의 복을 입은 셈이다. 인수대비는 성종의 죽음을 불교서 간행의 기회로 삼아 여러 가지 불교 언해서를 간행했다. 선왕의 극락왕생을 기원한다는 명분 앞에서 조정의 대신들도 불교서 간행을 반대하기 어려웠을 것이다.

불교서 중 조선시대에 가장 많이 간행된 것은 법화경이다. '묘법연화경'이라고 불리는 이 경전은 간경도감판 『묘법연화경언해』(妙法蓮華經諺解)(1463)가 간행된 이후, 간행지 미상의 번각본 2종(1500, 1523), 나주 쌍계사판(1545), 곤양 서봉사판(1659), 덕산 가야사판(1764), 순천 송광사판(1799) 등 7종이 중간되었다.[11] 법화경의 일부 내용은 일찍이 『석보상절』에도 포함되었던 것이다. 법화경은 조선 불교에서 가장 중요한 경전이었으며, 한문본과 언해본이 간행된 것이 무려 166회에 달하였다(정왕근 2012:173).

---

10 『규장각 소장 어문학 자료』(서울대학교 규장각, 2001)의 박진호 집필 항목 참고.
11 언해본 법화경의 이판본에 대한 정리는 정왕근(2012:168)을 참고했다.

4) 진언집

불교서 한글 문헌으로 진언집류가 있다. '진언'(眞言)이란 진실하여 거짓이 없는 말이라는 뜻인데, 이것을 낭송하거나 외우면 종교적 신통력을 발휘한다고 믿은 주문(呪文)이다. 실담 문자(悉曇文字, 梵字)로 표기된 원문에 한글 음역(音譯)을 붙인 책들을 한글 진언집이라 부른다.[12] 진언집은 종파적으로는 밀교에 속한 책이지만 아미타경 등 일반 불교서 내용에도 부분적으로 진언이 들어가 있다. 진언집은 조선 전기와 후기에 이르기까지 꾸준히 간행되었으며, 임진왜란 이후에 간행된 것이 더 많다.

진언집의 대표적 문헌이 『오대진언』(五大眞言)이다. 이 책의 원간본은 1485년(성종 16)에 간행되었으며, 다섯 개의 진언[13]과 영험약초(靈驗略抄)가 합철되어 있다. 인수대비의 명을 받아 학조대사가 쓴 발문이 붙어 있다. 중간본으로 1531년(중종 26) 지리산 철굴(鐵堀)판, 1534년(중종 29) 묘향산 도솔암판, 1535년(중종 30) 황해도 심원사(深源寺)판, 1550년(명종 5) 풍기 철암(哲庵)판, 1635년(인조 13) 은진 쌍계사판 등이 간행되었다. 『오대진언』의 일부 내용이 한글 음역만으로 간행된 책도 전해진다. 진언의 한글 음역에는 우리말 표기에 사용되지 않은 'ㅿ', 'ㆄ'과 같은 특이한 글자가 쓰였다.

『진언집』(眞言集)은 불정존승다라니, 불정심다라니경 등 여러 가지 진언을 한글 음역, 한자, 범자로 표기한 것이다. 1569년(선조 2)의 전라도 안심사(安心寺)판, 1688년(숙종 14)의 평안도 월영대(伄影臺)판 등의 이본들이 있다. 또 1777년(정조 1) 만연사(萬淵寺)에서 간행한 『진언집』(眞言集)과 이것을 다시 중간한 양주 망월사(望月寺)판(1800)이 있다. 이것을 흔히 '중간진언집(重刊眞言集)'이라 부른다. 이 책에는 승려들이 한글을

---

[12] 진언집과 실담 문자에 대한 연구는 안병희(1987), 이태승·안주호(2002, 2003, 2011) 등을 참고할 수 있다.

[13] 四十二手眞言, 神妙章句大陀羅尼, 隨求卽得陀羅尼, 大佛頂陀羅尼, 佛頂尊勝陀羅尼.

익히기 위해 만든 언본(諺本)과 실담 문자를 익히기 위한 실담장(悉曇章)이 포함되어 있다.

『육자신주경』(六字神呪經)은 '옴마 니반메훔'의 6자 진언을 외면 죄악이 소멸되고 윤회를 벗어난다고 가르치는 책인데 중간본(1560)이 전한다. 『비밀교집』(秘密教集)도 『진언집』과 같이 여러 종류의 진언 범자(梵字)와 한글 음역을 붙인 책이다. 이 책에는 『진언집』의 '언본'(諺本)과 거의 같은 내용의 '언반절'(諺反切)이 실려 있다. 한글로 표기한 범자 음역 진언을 낭

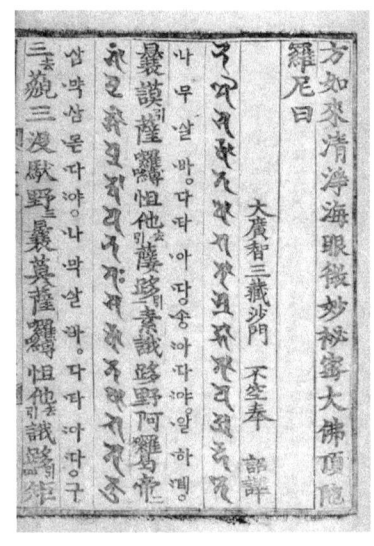

그림 3 『오대진언』 중의 '대불정다라니'

송하기 위해 한글을 먼저 배우도록 언본을 실은 것이다. 진언집류에 붙은 언본과 언반절은 승려들이 한글을 어떻게 배웠는지를 알려 주는 중요 자료이다.

그밖에도 범어 진언과 그 음역이 실려 있는 책에는 『시식권공언해』(施食勸供諺解)(15세기), 『불정심경언해』(佛頂心經諺解)(1485), 『권념요록언해』(勸念要錄諺解)(1637, 화엄사판) 등이 있다.

진언집과 다라니경은 신비적이면서도 기복적인 밀교적 요소가 불교에 습합된 것이며, 대중들이 요구하는 기복(祈福)과 피난(避難)의 소망을 담고 있다. 또한 이 서적들은 조선 후기 불교의 신비적·내세적 신앙을 반영하며, 초월적 영험을 기원하는 민중의 요구에 부응한 것이었다.

5) 불설대보부모은중경언해

한글 불교서로 가장 많은 판본을 가진 것은 『불설대보부모은중경언해』(佛說大報父母恩重經諺解)일 것이다. 1545년 전라도 완주에서 오응성

(吳應星)의 발문을 붙여 간행한 『불설대보부모은중경언해』가 최초의 원간본이다(송일기 2000b). 이 책의 지방 판본이 아주 많지만 간행 지역의 방언을 반영한 것은 찾기 어렵고, 판본에 따른 언어적 차이도 미미하다. 이 점은 지방 사찰판에 따라 언해문이 달라지거나 방언 차이가 반영된 『염불보권문』과 크게 다른 것이다.

정재영(2006)이 정리한 목록을 보면, 이 책의 언해본은 1545년부터 1925년에 걸쳐 전국의 여러 사찰에서 34차례나 간행되었다. 『불설대보부모은중경언해』가 전국의 여러 사찰에서 이렇게 많이 간행된 까닭은 이 책의 가르침이 효 윤리에 부합하기 때문이다. 부모의 은혜를 갚는 방법을 묻는 제자들의 질문에, 부처는 이 책을 찍어서 널리 읽도록 하면 부모의 은혜를 갚을 뿐 아니라, 돌아가신 부모가 극락에 태어나서 온갖 즐거움을 누리며 지옥 고통을 영원히 면하게 된다는 가르침이 이 책의 권말에 실려 있다. 정조 임금이 죽은 아버지(사도세자)를 위해 간행한 수원 용주사판(1796)도 이러한 믿음에서 나온 것이다.

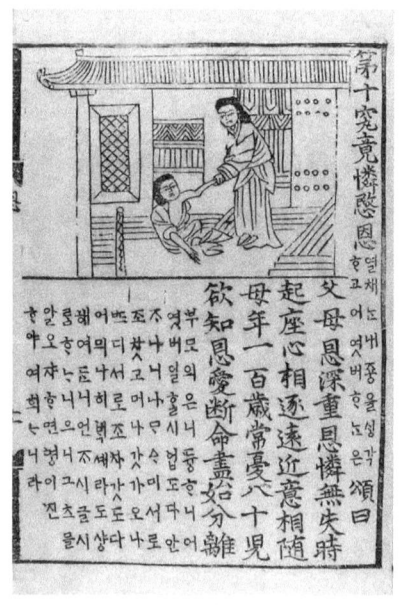

그림 4 『부모은중경언해』 원간본(1545)
화봉문고 소장

6) 대중 포교서 『염불보권문』

『염불보권문』은 대중들의 불심을 일으키기 위한 포교서이다. 누구나 살아생전에 잠시 아미타불을 외거나 염불심을 일으키면 지옥을 벗어나 극락왕생할 수 있다는 가르침을 담고 있다. 선남선녀들이 쉽게 읽고 신심을 내어 서방정토에 극락왕생할 수 있도록 함이 이 책의 간행 목적이다.

이 책은 예천 용문사의 승려 명연(明衍)이 『예념미타도량참법』(禮念彌陀道場懺法)을 간행한 원나라 사람 왕자성(王子成)을 본받아, 여러 경전에서 염불을 권하는 내용을 간추려 한글로 번역 편찬한 것이다. 1704년에 예천 용문사에서 초간본이 간행된 후 전국의 여러 지역에서 중간되었다. 1764년 대구 동화사판, 1765년 황해도 구월산 흥률사판, 1765년 평안도 묘향산 용문사판, 1776년 합천 해인사판, 1787년 전라도 무장 선운사판이 그것이다. 도합 여섯 개의 사찰에서 판각한 중간본이 알려져 있으며, 이들은 모두 18세기 문헌이라는 점이 공통적 특징이다. 이 책의 19세기 간행본은 아직 발견되지 않았다.

『염불보권문』은 '언해'라는 명칭을 달고 있지 않지만 한문과 언해문을 나란히 배열한 언해서의 일반 형식과 같다. 그런데 『염불보권문』은 간행지의 방언을 적지 않게 반영했다는 점에서 여느 불교 언해서와 다르다. 예천 용문사판은 18세기 초기의 경상도 북부방언을 적극적으로 반영했으며, 대구 동화사판도 당시의 대구방언을 반영하고 있다. 특히 동화사판에 새로 들어간 「공각전」, 「승규전」, 「왕낭전」 부분은 18세기 후기의 경상방언 특유의 음운변화가 반영되어 있다(김주원 1984a, 1984b). 황해도 구월산 흥률사판과 평안도 묘향산 용문사판은 ㄷ)ㅈ구개음화가 실현되지 않은 당시의 간행지 방언에 따라 동화사판의 구개음화 어형을 비구개음화 어형으로 모두 고쳐 놓았다.[14] 합천 해인사판의 권말 「현씨행적」(혹은 「션씨발원문」)에는[15] 18세기 후기의 지역 방언이 농후하게 반영되

---

14 '즁'(中)(동화사판 1b,2b)을 '듕'(묘향산 용문사판 5b,6b)으로 바꾼 것이 그러한 예이다.
15 권말 간기가 동일한 해인사판임에도 불구하고 현씨행적의 글 제목과 본문에 차이가 있는 판본이 있다. 일사문고본 해인사판에는 「현씨행적」이라 되어 있고, 서강대 도서관과 계명대 도서관본 해인사판에는 「션씨발원문」이라 되어 있다. 후자의 내용이 더 길고 방언 색채도 농후하다.

어 있다. 그러나 전라도 무장 선운사판은 해인사판의 복각이어서 당시 전라방언의 모습을 보여주지 않는다. 하나의 책이 여러 지역에서 간행되면서 간행지의 방언을 반영한 예는 『염불보권문』 외에 달리 찾아 보기 어렵다. 이 책이 간행 지역의 방언을 적극적으로 반영한 까닭은 간행지 지역민들을 대상으로 한 포교서이기 때문이다. 간행지의 주민들이 이 책을 쉽게 읽고 친밀한 마음으로 불심을 일으키도록 그들이 쓰는 방언을 활용한 것이다.

『염불보권문』은 불교 종파상으로 정토종(淨土宗)에 가까운 불교서이다. 중국 불교에서 들어온 정토종은 서방 극락 정토에 왕생하는 길은 아미타불을 염불하는 데 있다고 가르쳤다. 인간세에 살면서 짓는 죄와 업보는 아미타불을 염불하면 곧 소멸되고, 아마타불 염불로 공덕을 쌓은 사람은 임종 시에 아미타불이 제자들을 거느리고 나타나 그 사람을 서방정토에 데려간다고 하였다. 이런 내용을 가르치는 설법과 여러 사례 이야기가 『염불보권문』에 실려 있다.

정토종은 중생 구제를 위한 실천적인 불교 종파로서, 정토신앙은 백성들에게 불교를 전파하는 효과적 방법이었다. 유교 국가인 조선에서 불교는 도첩제와 승려 천시 등의 탄압적 제도 때문에 커다란 제약을 받았다. 이로 인해 불교는 위축되었으며, 사찰 운영의 어려움이 조선 후기에 더욱 가중되었다. 이와 같은 상황에서 불교계는 민중들에게 더 가까이 다가가려는 노력을 하지 않을 수 없었다. 평소에 나무아미타불을 염송하거나 임종 시에 잠시라도 염불을 하거나 들으면 서방정토에 다시 태어날 수 있다는 설법은 민중들을 불교로 이끌 수 있는 가장 효과적인 방법이었을 것이다. 이런 시대적 필요성에 부응하여 『염불보권문』이란 포교서가 전국의 여러 사찰에서 간행되었던 것이다.

민중을 위한 포교서 『염불보권문』이 전국 여러 지역에서 간행된 사실은 18세기 당시에 한글의 보급이 상당한 수준으로 진행되었음을 암시한다. 서민들을 위한 포교서 『염불보권문』이 여러 지역에서 간행된 것은 일정한 수준의 한글 해득층이 전국적으로 광범위하게 형성되어 있음을 의미한다. 이 점은 한글생활사의 관점에서 중요한 의미를 갖는다.[16]

10.2. 유교서

1) 사서삼경언해

유교서란 공자와 그의 제자들의 가르침을 담은 경서와 유교 관련 서적을 포괄한다. 흔히 사서(四書)와 오경(五經)을 통칭하여 '유교 경서'라 부른다. 사서는 『논어』(論語), 『맹자』(孟子), 『대학』(大學), 『중용』(中庸)이고, 오경은 『시경』(詩經), 『서경』(書經), 『역경』(易經), 『예기』(禮記), 『춘추』(春秋)를 말한다. 이 중에서 조선 왕조 때 한글로 언해된 것은 사서와 오경 중의 『시경』, 『서경』, 『역경』이다. 그리하여 이들을 합쳐 '사서삼경'이라 부른다.[17] 『예기』는 상란에 한글토를 붙인 한글 구결판이 간행되었지만 본문이 언해되지는 않았다. 『춘추』는 한글 구결판과 언해본 모두 이루어진 적이 없다.

『소학』과 그 언해(소학언해)는 사서삼경에 들어가지는 않지만 경서에 준하는 책으로 존숭되었다. 『소학언해』는 유교 가르침의 핵심을 담고 있기 때문에 여기서 함께 다룬다.

조선시대 유교 경서 중 가장 널리 읽힌 책이 사서삼경이다. 한문본 『사서오경대전』(四書五經大全)은 세종 당시에 세 번이나 중국에서 가져왔으며, 이것을 저본으로 삼아 1427년에 사서·오경·성리대전 등을 강원·호남·영남의 각 감영에서 판각하여 널리 보급했다.[18]

---

16 이밖에도 『법화경언해』, 『지장경언해』, 『천수경언해』 등의 불서가 몇 가지 더 있지만 여기서 깊이 다루지 않는다.

17 사서삼경의 연원과 각 경전의 핵심 내용을 쉽게 해설한 교양서로 『사서삼경 이야기』(이세동, 경북대인문교양총서 27, 2014, 역락출판사)가 있다.

18 옥영정(2005a, 2005b). 아래 서술 내용도 이 논문에서 참고한 것이 적지 않다.

한문본 사서삼경을 훈민정음으로 번역하는 작업도 세종대왕이 시작하였다. 세종은 1448년에 직제학 김문(金汶)에게 사서를 번역하도록 명했으나 그가 일을 마치지 못하고 죽었다. 이에 세종은 집현전의 천거를 받아 당시 상주 목사로 재임 중이던 김구(金鉤)[19]를 불러들여 번역 작업을 잇도록 했다. 그러나 김구 역시 일을 마치지 못하고 세상을 떠났다(세종실록 권119, 30년 3월 무신, 계축 기사).

세조는 아버지의 숙원 사업을 이루기 위해 정인지, 신숙주, 구종직, 한계희, 최항, 서거정 등에게 명하여 사서오경의 구결을 정하여 올리게 했다. 사서오경의 구결 작업이 그 후 어떻게 진행되었는지 기록을 통해 확인되지 않는다. 그런데 세조는 스스로 주역에 한글 구결을 달아 『주역전의구결』(周易傳儀口訣)을 간행하였다. 이 책의 구결은 선조 때 교정청에서 간행한 『주역언해』의 한글 구결과 다르다(안병희 1977:45). 이 점으로 볼 때, 세조가 붙인 구결이 선조 대의 작업으로 연결되지 못한 듯하다. 안병희(1983)의 연구에 따르면 세조는 만년에 경서 구결에 큰 관심을 갖고 최항 등을 중심으로 하여 사서오경 현토 작업을 계속하였다. 『예기집설대전구결』은 『주역전의구결』과 동일한 체제를 가지고 있고, 『소학집설구결』과 『논어대문구결』 역시 유사한 특성을 가진 것이어서 이들은 세조가 행한 경서 현토 작업의 산물로 보인다(안병희 1983).

선조는 사서오경의 구결과 석(釋)이 학자에 따라 이견이 많은 것을 염려하여 미암 유희춘(柳希春, 1513~1577)에게 사서오경의 토와 풀이를 해 올리라고 명했다(1573년). 그러나 유희춘은 스스로 사양하고 이를 율곡 이이(李珥, 1536~1584)가 맡도록 추천하였다. 율곡은 사서언해를 완성했

---

19 김구(1383~1462). 조선 전기의 문신. 본관은 경주(慶州). 1416년(태종 16년) 친시 문과에 을과로 급제. 1448년에는 상주목사로 나갔다가 판종부시사(判宗簿寺事)로 내직에 임명되어 사서언해(四書諺解)의 번역을 담당하였다. 1458년 이승소(李承召)와 함께 최선복(崔善復) 등 12인을 거느리고 『초학자회』(初學字會)를 우리말로 번역하였다. (민족문화대백과사전)

으니[20] 오경의 언해는 마치지 못하고 죽었다. 이에 선조는 1585년에 교정청을 설치하고, 이산해(李山海)를 비롯한 교정청 관원 31명에게 명하여 사서언해 작업을 진행하여, 1588년 10월에 드디어 언해문이 완성되었다. 완성한 언해문을 활자로 조판하여 책으로 간행하였으니 이것이 바로 교정청판 사서언해 초간본이다. 이 때 간행된 초간본으로 현전하는 것이 도산서원 소장본이다. 도산서원 소장본(2006년도에 한국국학진흥원으로 이관함)에는 1590년 7월에 내사(內賜)되었다는 내사기가 있다. 이 내사기로 보아 사서언해의 초간본 간행은 1589년에서 1590년 사이에 이루어진 것이라 할 수 있다. 『중용언해』의 초간본도 1590년에 간행된 것이 남아 있다. 교정청판은 그 후에 간행된 사서언해의 저본(底本)이 되었고, 이를 토대로 수많은 이본이 간행되었다.[21]

세종이 시작한 사서언해 작업이 1590년에 이르러 완성되었고, 삼경언해는 1610년경에 가서야 완성되었다. 세조 연간에 이미 다수의 불경언해 사업이 이루어졌음에 비해, 사서삼경 언해는 이보다 150년 정도나 뒤처진 까닭은 무엇인가? 현재 전하는 고려시대 불경의 석독구결과 음독구결 현토 자료를 보면 불경에 대한 높은 이해의 수준을 보여 준다. 불교 경전에 대한 높은 수준의 이해는 조선 초기에 불경 언해 작업이 순조롭게 진행될 수 있었던 토대가 되었을 것이다. 이에 비해 송나라 주희가 새롭게 세운 사서와 이에 대한 주석서 등의 성리학서는 조선 초기에 제대로 소화되지 못한 상태였다. 조선 왕조가 불교를 배척하고 유교를 국가 이념으로 표방했으나 유교를 새롭게 혁신한 성리학서에 대한 이해는 조선 초기에 높은 수준에 이르지 못했다.[22] 고려 말부터 이루어진 성리학서의

---

20 율곡이 이룩한 사서언해는 1745년에 홍계희에 의해 『사서율곡언해』로 간행되었다.
21 현재 전해지는 사서언해 이본에 대한 정보는 옥영정(2005a)에 가장 자세하다. 『논어언해』는 안현주(2003), 『맹자언해』는 한영균(1987)을 참고할 수 있다.
22 이 견해는 한문학 전공자인 경북대 황위주·이세동 교수의 자문을 구해서 필자가 서술한 것이다.

도입과 함께 성리학 연구가 시작되고, 이에 대한 학문적 이해가 점차 깊어지면서 1590년에 가서야 사서언해로 그 결과물이 나타난 것이다(김항수, 1987:18~40).

17세기에 간행된 사서언해의 이본 연구는 옥영정(2005a)에 의해 이루어진 바 있다. 이에 따르면 1608년에 제주도에서 간행된『중용언해』, 1611년에 간행된 목활자판『대학언해』, 1612년 내사기가 있는 경서자(초간본) 복각본 사서언해, 1631년 내사기가 있는 경서자 복각본 사서언해, 1637년의 궁유한사본(개인 간행) 사서언해, 1684년 간행의 사서언해와 같은 해의 내사기가 있는『중용언해』와『대학언해』, 1695년의 금속활자 무신자본(戊申字本) 사서언해, 1693년의 원종자본(元宗字本)『맹자언해』가 전해지고 있다.

『중용언해』의 중간본은 지방판까지 합치면 그 수효가 매우 많다. 교서관을 중심으로 한 서울 간행본도 10여 종이 알려져 있다. 간행 연도가 분명한『중용언해』의 경우 17세기 간행본만 해도 1608년(제주도 간행본)을 비롯하여, 1612년(광해군 4), 1631년(인조 9), 1684년(숙종 10) 간행본 등이 있다. 이들은 모두 방점이 폐기된 점만 다르고, 소실 문자 △·ㆁ의 사용까지 교정청 원간본을 그대로 따랐다. 소실 문자 △과 ㆁ이 완전히 폐기된 것은 1684년 중간본부터이다. 다른 사서언해도 사정이 비슷하다.『논어언해』의 1612년과 1631년의 내사본에는 원간본과 같이 소실 문자 △·ㆁ이 쓰였으나(안병희 1992b), 이후 판본에서 점차 사라져 버렸다.

삼경(三經)의 언해 작업도 임진왜란 이전에 이루어졌으나 난리 통에 책을 간행하지 못하였다. 교정청에서 언해한 원고본을 임진왜란 이후 다시 수습하거나 새로 만들어 간행했다. 전쟁이 끝난 후 삼경언해서가 간행되었지만 간행 연대가 정확히 드러나 있지 않다. 현재 규장각 등에 소장된 삼경언해 판본들의 내사기를 통해 간년을 짐작할 수 있다. 현재 알려진 것으로 연대가 가장 빠른『주역언해』는 규장각 소장본(규 3526,

3933)이다.[23] 이 책에는 만력(萬曆) 34년(1606)에 쓴 내사기가 있어서 간행 연대가 1606년임을 알 수 있다. 『시경언해』 중 원간본으로 추정된 것은 규장각 소장의 '규2425', '규3032', '규3460' 등이며, 여기에는 만력 41년(1613)에 쓴 내사기(內賜記)가 있다. 이들은 모두 훈련도감 목활자본이다.[24]

『서전언해』는 삼경의 하나인 『서경』(書經)을 언해한 것으로 전체 5권 5책이다. 내사기나 간기를 가진 16세기 초기의 간본은 발견되지 않았다. 다만 경북대학교 고서실 취암문고에 훈련도감 목활자로 찍은 『서전언해』 권5가 낙질로 소장되어 있는데 1610년 전후에 찍은 것이 분명하다.

지방 감영에서 간행한 사서삼경언해로 대표적인 것은 영남감영(嶺南監營)판이다. 영남감영에서는 사서삼경의 한문본과 언해본을 여러 번 찍었다. 이 판본들의 연대와 중앙 판본과의 연관성은 류탁일(2001)에서 밝혀진 바 있다.[25] 영남감영판의 여러 이본에는 공통적으로 사각형 목기(木記) 안에 새겨진 간기가 권말에 붙어 있다. 이 간기는 두 가지 유형으로 나타나는데, '乙丑四月嶺營重刊'(을축사월영영중간)과 '壬午新刊嶺營藏板'(임오신간영영장판)이 그것이다. 전자를 '영영 중간판', 후자를 '영영 신간판'이라 부른다. 류탁일(2001:125)[26] 선생은 영영 중간판과 영영 신간판의 계통을 정리하여 표로 제시한 바 있다. 저자가 조사한 판본과 류탁일 선생이 조사한 영영 중간판 사서삼경의 목기를 정리해 보니 다음과 같은 간기가 확인되었다.

---

23 『규장각소장 어문학 자료』, 358면 참조.
24 『규장각소장 어문학 자료』, 213면 참조.
25 류탁일(2001), 『영남지방 출판문화론고』, 세종문화사.
26 류탁일(2001), 『영남지방 출판문화연구』에 재수록된 논문을 인용함.

辛丑五月嶺營重刊　　　(1781)

丁巳正月嶺營重刊　　　(1797)

戊午正月嶺營重刊(詩傳大典) (1798)

戊午二月嶺營重刊　　　(1798)

戊午四月嶺營重刊(주역전의대전, 김희주 낙관 한문본) (1798)

戊午五月嶺營重刊　　　(1798)

壬戌季春嶺營重刊　　　(1802)　반엽 행관 12행 23자

乙丑四月嶺營重刊　　　(1805)

戊辰六月嶺營重刊　　　(1808)

　류탁일(2001:112~115)에 정리된 판본 목록을 보면 해당 간기년의 한문본과 언해본이 공존하는 경우와 둘 중 어느 하나만 있는 것이 있다. 무오(戊午)본은 한문본만 간행된 것이고, 임술(壬戌)본은 칠서언해 전체가 간행된 경우이다. 한편 영영 신간판 사서삼경 판본에 나타난 목기로 다음과 같은 것이 있다.

壬午新刊嶺營藏板　　　(1822)

甲申新刊嶺營藏板(맹자언해) (1824)

丙戌新刊嶺營藏板　　　(1826)

戊子新刊嶺營藏板　　　(1828)

庚寅新刊嶺營藏板　　　(1830)

戊寅新刊嶺營藏板　　　(1878)

　영영 신간판의 간행 연도를 보면 1822, 1824, 1826, 1828, 1830년과 같이 불과 2년 차이를 두고 있다. 이것은 2년마다 칠서 모두를 간행한 것이 아니라 칠서 중의 일부를 연도 차이를 두고 순차적으로 간행하였기 때문이다. 같은 책판에서 목기만 바꾸어 새겨 2년 뒤에 재인(再印, 後刷)

한 것도 있을 수 있다. 한문본 사서에서 이런 예가 확인된 바 있다.[27]

위 영남감영의 중간판과 신간판의 간년은 간지(干支)로만 표기되어 있어서 정확한 간년을 결정하는 데 우여곡절이 있었다. 간지로만 된 연대를 정확하게 확정짓는 데 장서인이 결정적 역할을 하였다. 위의 영남감영판 중 '壬戌季春嶺營重刊'(임술계춘영영중간)판과[28] '戊午四月嶺營重刊'(무오사월영영중간)판에 찍힌 장서인이 열쇠가 되었다. '壬戌季春嶺營重刊'의 '壬戌'년을 류탁일(2001:123)은 1802년으로 보았고,[29] 조정화(1996:38)는 1862년으로 보았다. 그동안 어느 견해가 맞는 것인지 확정짓기 어려웠으나, 저자가 소장한 임술판의 장서인에서 연도 판정의 증거를 찾았다. 저자는 '壬戌季春嶺營重刊'이라는 간기를 가진 『서전언해』 한 질을 소장하고 있다. 이 책들의 권두에는 책마다 '聞韶 · 金熙周印 · 聖思'(문소 · 김희주 · 성사)라는 세 개의 주인(朱印)이 찍혀 있다.[30] 이는 이 책의 소장자가 김희주(金熙周)였음을 알려 준다. 김희주는 1760년(영조 36)에 태어나서 1830년(순조 30)에 돌아가신 분이며 본관은 의성(義城)이다. 그는 처음에 자를 '公穆'(공목)이라 하였으나 왕명에 따라 '聖思'(성사)로 고쳤다 한다. 1760년부터 1830년까지 생존한 김희주가 스스로 소장인(所藏印)을 남긴 것이다. 따라서 '壬戌季春嶺營重刊'의 '壬戌'년은 김희주의 생존 연

---

27 남권희 · 이승철(2009:123~124)은 '경진칠월 영영중간'(庚辰七月 嶺營重刊)이란 간기를 가진 한문본 『논어집주대전』, 『주역전의대전』, 『시전대전』, 『서전대전』 4종이 그 이전의 목판에서 '庚辰七'이란 석 자만 깎아내고 나머지 판은 옛 것을 그대로 사용했음을 지적했다. 또한 '정사정월 영영중간'(丁巳正月 嶺營重刊)이란 간기를 가진 『논어집주대전』, 『중용장구대전』도 각각 경진년 판목에서 목기 판만 새로 판각하고 나머지 판은 모두 이전 판과 같은 것임을 밝혔다. 이런 점으로 인해 영영판의 언해문은 이판본에 따른 차이가 거의 없다.
28 다른 사서삼경언해는 모두 반엽(半葉)당 10행 18자이다. 그러나 이 임술(壬戌)판은 반엽당 12행 23자로 되어 있다.
29 류탁일 박사의 논문은 『영남지방 출판문화논고』(2001, 세종문화사)에 재수록된 것을 이용하였다.
30 聞韶(문소)는 김희주의 본관인 의성의 고려 때 지명이다. 聖思(성사)는 김희주의 호이다. 본관 · 성명 · 호의 순서대로 장서인 3개를 세로로 찍어 놓았다.

간에 있는 것이어야 한다. 여기에 딱 맞는 해는 1802년이다. 따라서 우리는 '壬戌季春嶺營重刊'판 사서삼경 전체의 간행 연도를 확정지을 수 있게 되었다(백두현 2003a:136).[31]

한편 '壬戌季春嶺營重刊'(임술계춘영영중간) 간기의 『서전언해』와 함께 필자는 '戊午四月嶺營重刊'(무오사월영영중간)이란 간기를 가진 『주역전의대전』(周易傳義大全)을 소장하고 있는데[32] 이 책에도 김희주의 장서인이 있다. 이 책의 각 권두에는 가로 4cm, 세로 4cm의 인기가 한 방 찍혀 있다. 앞의 『서전언해』와 달리 여기서는 한 개 장서인 안에 '聞韶印·金熙周·聖思印'(문소인·김희주·성사인)이라는 인각(印刻)이 새겨져 있다. '戊午四月嶺營重刊'이란 간기를 가진 『주역전의대전』도 같은 방법으로 간행 연도를 확정하면 1798년이 된다. 같은 무오(戊午)년 중간판이면서 월(月) 표기가 다른 영남감영판의 묵기 연도도 이를 준용하여 1798년으로 확정할 수 있다.

반엽의 행수와 각 행의 글자 수(행관 行款)로 볼 때 조선시대 간행의 사서언해는 크게 네 종류로 나누어진다. 첫째는 초간본 계열(교서관 경서자본)로 반엽 10행 19자이다. 둘째는 무신자본(교서관)과 그 복각 목판본 계열로 반엽 10행 17자이다. 셋째는 영남감영판 중 '임술계춘영영중간판'인데, 이 중간판은 반엽 12행 23자로 늘어나 있다. 책판의 수를 줄여 출판비를 절감하려는 의도로 이렇게 했으나, 그 뒤에 간행된 판본 중 이 체제를 따른 것은 하나도 없다. 넷째는 궁유한사본으로 이 책은 반엽 13행이며 1행 한문은 23자 내외, 언해문은 22자 내외로 되어 있다. 개인이 간행한 것으로 보이는 궁유한사본은 출판비를 줄이기 위해 반엽당 행관

---

31 안현주(2003:232)에서 임술 영영판 『논어언해』의 간년을 1862년으로 해 놓았으나 이는 수정되어야 한다.
32 24권 14책인 이 『주역전의대전』은 완질본이다. 이 책의 마지막 권에 위 간기가 나온다.

수와 글자 수를 크게 늘려 놓았다. 따라서 글자의 크기도 매우 작아졌다. 이것은 궁유한사본 사서언해가 판매를 목적으로 한 방각본임을 뜻한다. 첫째와 둘째는 중앙 관아에서 간행한 교서관판과 그 복각본이고, 셋째는 지방 감영판, 넷째는 판매용 성격이 뚜렷한 방각판이다. 셋째와 넷째는 일회적 간행에 그치고 이어지지 못하였다.

이외에도 칠서의 한문본과 언해본은 서울의 성균관판, 함경도 감영판, 평안도 감영판 등이 있지만 위에서 보듯이 영남감영판이 압도적으로 많다. 전라도에서는 전주의 하경룡(河慶龍)이라는 사람이 간행한 하경룡판본[33]이 간행되어 19세기 후기에 널리 통용되었다.

영남감영판 칠서언해가 압도적으로 많은 까닭은 무엇인가? 전주에서는 완판본 소설 등 방각본이 많이 간행되었지만 상대적으로 전라감영판 칠서언해는 그 수가 미미하다. 그런데 경상도 지역은 소설을 포함한 방각본 간행의 출현 시기가 뒤처지지만 칠서에 있어서는 영남감영판을 중심으로 그 수가 월등히 많다. 이러한 지방 간 출판문화의 차이가 어디에서 비롯된 것인가? 류탁일(2001:126)에서 이 문제가 제기된 바 있다. 이 질문에 대한 답은 해당 지역의 사회 경제적 토대와 문화적 차이에서 찾을 수 있다. 영남은 지역에 거주하는 유림 집단이 많았고, 유학을 숭배한 배경 속에서 사서삼경의 간행이 많았다. 이에 비해 호남지역은 문학과 예술을 숭상하는 기풍이 뚜렷하고 판소리와 같은 장르를 향유하는 사회계층이 형성되어 있었다. 이런 배경으로 완판본 판소리계 소설 등 방각본의 출판이 성했다.

사서삼경 언해본의 한글 문장은 초간본 이후 조선조 말기에 이르는 많은 이판본에서 그 변화가 극히 미미하다. 정조 17년(1793)에 금속활자 정유자(丁酉字)로 간행한 판본에 와서야 비로소 ·〉ㅏ 변화와 구개음화(ㄷ〉ㅈ, ㅌ〉ㅊ)를 반영한 한자음 표기가 등장하였다.[34] 언해문의 한자음

---

[33] '歲庚午仲春開刊 全州河慶龍藏板'이란 간기가 있다.

표기에서 아래아 변화 및 구개음화가 미미한 수준으로 반영되었을 뿐이다. 거의 400여 년 동안 사서삼경 언해문은 크게 달라진 점이 없다. 이런 점으로 인해, 사서삼경 언해본은 국어사 연구 자료로서의 가치가 낮다. 사서삼경 언해본의 이와 같은 언어적 보수성은 성리학을 통해서 조선시대 전체를 양반 지배체제로 일관되게 유지하려 했던 양반 지배층의 정치적 욕망과 밀접한 연관성이 있다.[35] 조선의 양반 지배층은 양반 중심의 변함없는 체제의 존속을 강렬하게 열망했으며, 이 열망이 사서삼경 언해본에 투영되어 '변함없는 언해문'의 결과로 나타난 것이라 할 수 있다.

갑오개혁과 함께 서양식 인쇄 기술과 신활자로 찍은 유교 경서가 다수 쏟아져 나왔다. 20세기 전기에 신활자(鉛活字, 납활자)판 사서언해가 여러 출판사에서 간행되었다. 이 중 가장 대표적인 판본 두 가지만 들어 둔다. 하나는 대정 13년(1924)에 아유카이 후사노신(鮎具房之進)이 편집 겸 발행자가 되어 유교경전강구소(儒敎經典講究所)에서 간행한 『언역논어』(諺譯論語), 『언역맹자』(諺譯孟子), 『언역대학중용』(諺譯大學中庸), 『언역서전』(諺譯書傳), 『언역시전』(諺譯詩傳) 등 유교경전 언역 총서판이다.[36] 이 판본은 기존 경서언해의 양식을 크게 바꾸어 놓았다. 한글 한자음과 한글 토가 달린 한문 본문을 앞에 두고 이 본문에 대한 풀이를 '자해'(字解), '훈두'(訓讀), '의해'(義解)라는 세 단계를 두고 상세히 설명했다. 본문에 담긴 속뜻까지 샅샅이 드러내 보이려 한 것이다. 이 판본은 1922년에 『언해논어』(諺解論語)라는 이름으로 재판본이 간행되었다.

다른 하나의 판본은 문언사(文言社)에서 소화(昭和) 8년(1933)에 상중하 3책으로 간행한 『언해맹자』(諺解孟子)이다.[37] 이 판본의 양식은 한문

---

34 류탁일(2001:117)에 '흑〉학(學)', '지〉디(知)', '티〉치(治)'와 같은 몇 예가 소개되어 있다.
35 사서삼경은 주자학의 사상적 기초이자 핵심적 상징이다.
36 『주역』은 이 총서에 포함되지 않았다.

본문을 앞에 두고 이어서 '대문푼것', '글자푼것', '글씃푼것'이라는 항목 아래[38] 뜻풀이를 각각 해 놓았다. 이 판본의 특징적인 것은 한문 본문의 한자 활자 크기를 작게 하고 한자에 붙은 한글 음을 굵고 큰 활자를 했다는 점이다. 이런 방식은 일찍이 세종이 지었다고 하는 『월인천강지곡』에 나타난 방식이다. 이 판본의 각 면 난상에 한자 하나하나의 훈음을 붙인 점도 특징적이다.

2) 번역소학과 소학언해

소학은 중국 송나라 유청지(劉淸之)가 원고를 쓰고, 그의 친구인 주희(朱熹)가 이 원고에 가필하고 재편성하여 1187년에 완성한 책이다. 소학은 크게 내편과 외편으로 나뉘어 있다. 내편에서는 유교 경전 이곳저곳에서 가져온 글을 배열해 유교 윤리를 가르쳤고, 외편에서는 내편에서 말한 가르침을 중국 역사에 등장하는 인물들의 언행(言行)을 통해 실증한 내용이다.

중국에서 지어진 소학은 고려 말기에 우리나라에 들어와 보급되었다. 주자학을 국시로 내세운 조선에서는 주자가 편성한 소학을 크게 중시했다. 조선에서 소학은 어린이를 위한 교육은 물론 품행과 인격 도야를 위한 기본 교과서였다. 소학은 유교 경서에 속하지는 않지만 경서 공부로 나아가기 전에 익혀야 하는 책이었다. 소학에서 가장 중시하는 가르침은 효(孝)이다. 부모에 대한 효도는 위로 군왕에 대한 충성으로 이어지고, 아래로 주인과 노비의 관계 정립에 이용되었다. 그리하여 효는 백 가지 행실의 근본이라 했고, 소학은 바로 이 효를 가르치는 내용이어서 유교 국가 조선의 기틀을 만든 책이 되었다. 이런 연유로 소학의 학습과 출판은 조선시대의 교육과 서적 출판사에서 중요한 위상을 차지한다.

---

37 문언사 판의 다른 경서 언해본도 있었을 것이다.
38 이런 형식은 바로 앞에 언급한 유교경전언역총서를 모방한 것으로 보인다.

소학이 아동 교육 도서로 역할을 했던 만큼 언해본의 간행이 빈번하였다. 소학을 한글로 번역하여 간행한 서적은 크게 『번역소학』과 『소학언해』로 두 가지로 나뉜다. 『번역소학』은 명나라 학자 하사신(何士信)이 주해한 10권 10책의 『소학집성』(小學集成)을 저본으로 삼아 1518년(중종 13)에 간행되었다. 「중종실록」 권34(중종 13년 7월)에 『번역소학』을 1300질이나 간행하여 배포했다는 기록이 나온다. 그러나 이 판본의 원간본은 전해지지 않고, 이것을 번각한 목판본이 영본(零本)으로 전해진다. 권3, 4, 6·7, 8, 9, 10이 국립중앙도서관 등에 소장되어 있다.[39] 이 책의 번역문은 직역체인 간경도감 불교서 언해와 달리 『석보상절』과 유사한 의역체이다. 『석보상절』의 문장처럼 자연스러운 우리말 표현이 많이 나타난다. 본문의 이해가 어려운 경우에는 읽는 이가 쉽게 이해할 수 있도록 주석문 내용을 번역문의 본문으로 옮겨 자세히 번역한 곳도 있다. 이 책이 어린이를 위한 초학자 교재로 사용되었기 때문에 이런 번역 방식이 채용된 것이다.

그러나 후대에 가면 이런 번역 방식이 원문의 뜻을 해친다는 비판을 받게 되었다. 『소학언해』의 범례(凡例)에는, 『번역소학』을 '무인본'(戊寅本)[40]이라고 부르면서 글자 밖의 뜻까지 주석에서 가져와 풀이함으로써 번역문에 번잡하고 쓸데없는 것[繁冗](번용)이 많이 들어갔다고 비판한 내용이 있다.[41] 이런 비판적 분위기에 따라 『소학집설』(小學集說)을 저본으로 『소학언해』(1587)라는 새로운 번역본이 간행되었다. 원전의 뜻을 그대로 살려서 직역한 『소학언해』의 태도는 조선 후기에 점차 강화된 명분론적 정통론(正統論)과 종법 질서의 확립과 바로 연결된다. 백성들

---

39 『번역소학』의 서지 사항과 보존 현황 등은 홍윤표(1982a, 1984a)의 두 해제를 참고하였다.
40 『번역소학』이 간행된 1518년이 간지로는 무인년에 해당한다.
41 『번역소학』과 『소학언해』의 비교 연구는 이숭녕(1973), 허재영(1998) 등을 참고할 수 있다.

의 생활을 돌보는 실용적 경세론을 중시하는 학자들은 권력에서 밀려나고, 송시열을 우두머리로 하는 노론 집단은 예송 논쟁을 정치적 무기로 삼아 시시비비에 치중하는 명분론적 정통론 강화에 몰두했다(김기협 2010:79~89). 명분론적 정통을 중시하는 태도가 학문적 차원에서 적용된 것이 직역체의 『소학언해』 간행으로 나타난 것이다. 정통론은 명분론(名分論)과 직결된 것이며 동전의 양면과 같다. 이와 같이 『소학언해』의 간행과 소학 교육은 주자학적 질서를 조선 사회에 뿌리 내리는 데 중요한 역할을 하였으며, 이것이 끼친 사회문화사적 의의가 매우 크다(윤인숙 2012).

『소학언해』가 간행된 이후 『번역소학』은 자취를 감추게 되고, 전자의 이본들이 지속적으로 간행되었는데, 현종판(1668), 17세기 후기판(1692), 1740년 전후의 판본, 영조판 어제소학언해(1744) 등이 그것이다(김주원 2001). 『소학언해』의 출판은 20세기 초기까지 계속 되었다.

『소학언해』에 대한 국어학자들의 연구도 적지 않다. 이기문(1960)은 통문관 주인 이겸로가 소장했던 교정청 초간본 『소학언해』(1586)를 통해 △이 강세첨사 '-사'에 겨우 명맥을 유지한 점, 어두의 ·〉_(흙) 흙) 변화, 성조의 음가 기술, 합용병서의 변화 등을 자세히 논했다. 이숭녕(1973)은 『번역소학』과 『소학언해』의 비교를 통해 두 판본 사이에 일어난 어휘 변화 등을 논했다. 이밖에 이현희(1988/1993), 허재영(1998), 김주원(2001) 등의 이본 비교 연구가 있다. 두 판본 간의 차이를 예시하면 다음과 같다. '雙', '椿', '灑'의 한자음이 『번역소학』에서 '쌍'(9:24), '츈'(9:75), '쇄'(6:7)로 표기되던 것이 『소학언해』에 가서 '상'(6:21), '튬'(6:70), '새' (5:3)로 표기되었다. '놈낫가이'(범례), '둔눈'(1:13), '언눈'(2:49) 등과 같은 자음동화형이 『번역소학』에 빈번하게 나타난 점, 『소학언해』에 동명사형 어미 '-옴' 등의 '오'가 소멸된 예가 많고 명사형어미 '-기'가 대폭적으로 많이 사용된 점 등의 차이가 있다(이현희 1993:243~246).

사서언해와 『소학언해』의 언해문에 나타난 차이점도 주목할 만한 가치가 있다. 이영경(2011:126~132)에 따르면 사서언해는 직역체이면서 언해문에서 번역되지 않은 한자가 매우 많이 나타난다. 이에 비해 『번역소학』보다 더 직역체로 바뀐 『소학언해』의 언해문에는 사서언해에 비해 한자어가 적게 나타난다. 다음과 같은 번역의 차이가 그 예이다(이영경 2011:128).

슬프며 슬프다(至哀哀) 〈소학언해 6:24b〉, 슬프다(嗟乎ㅣ라) 〈소학언해 6:131a〉

哀홉다(哀哉라) 〈맹자언해 7:20b〉, 嗟홉다(嗟乎ㅣ라) 〈서전언해 2:9b〉

동일한 한문을 각각 달리 번역한 『논어언해』와 여성 교육서 『어제 내훈』의 다음 문장을 비교해 보자. 대상 독자에 따라 번역문의 양상과 한자어 사용이 크게 달라지는 모습을 관찰할 수 있다(이영경 2011:129).

- 구결문: 君이 賜食이어시든 必正席先嘗之ᄒ시고 〈논어언해 2:59b〉
- 논어언해 번역문: 君이 食을 賜ᄒ야시든 반드시 席을 正히 ᄒ고 몬져 嘗ᄒ시고 〈논어언해 2:59b〉
- 어제 내훈 번역문: 님금이 밥을 주어시든 반드시 돗글 正히 ᄒ고 몬져 맛보시고 〈어제내훈 1:8a〉

사서삼경[七書]의 언해문은 오늘날의 관점에서 보면, '번역'이라 말하기 어렵다. 번역하지 않은 한자가 언해문에 너무나 많이 남아있기 때문이다. 한자를 언해문에 이렇게 많이 남겨둔 까닭이 무엇일까? 칠서언해의 언해문은 경서의 한문을 우리말로 충실히 번역하는 데 목적이 있는 것이 아니라는 견해가 주목된다. 이영경(2011:131)은 경서 언해문에 한자가 많은 까닭을 "한자 하나하나의 의미보다 개별 한자가 원문에서 차지하는 직능을 정확하게 이해시키고자 하는 번역 의도에서 기인하는 것"이라 보았다. 달리 말해 칠서언해의 언해문은 경서의 한문을 정확하게 이해하기 위한 보조 수단으로 기능했다는 것이다. 예컨대 "子ㅣ 글으샤되 言을 巧히 ᄒᆞ며 色을 슈히 홀 이 仁홀 이 鮮ᄒᆞ니라"〈논어언해 1, 2b〉와 같은 언해문은 한문 원문의 문법을 이해하는 데는 도움이 되지만, 이 번역으로 원문의 뜻을 결코 이해할 수 없다. 칠서언해 번역문이 이와 같은 성격을 가지게 된 것은 여타의 다른 언해서와 번역 목적이 달랐기 때문이다. 칠서언해는 한자 학습의 기회를 얻기 어려운 양반 이하 계층을 위한 책이 아니었던 것이다.

10.3. 병서(兵書)

1) 병서를 언해한 까닭

병서는 국가 안보에 중요한 서적이었기에 국가 차원에서 관리되었다. 세종 32년에 집현전 부교리 양성지(梁誠之, 1415~1482)가 비변(備邊=國防)에 대한 열 가지 방책을 올리면서 장수 선발 방안을 제안하였다.[42] 양성지는 무과 시험에 응시하는 자에게 "사서(四書) 중에서 한 책만 외우게 하거나, 오경(五經) 중에서 한 책만 외우게 하고, 다만 무경칠서(武經七書)는 모두 외우게 하는 것이 어떠하오리까."라고 하였다. 또한 그는 "내금위와 별시위의 갑사 중에 나이 40세 이하로 기량과 지식이 있고 문자를 해득한 자를 자원(自願)에 따라 훈련관에 입학시키되, 번 들어 순찰하는 날을 제외하고는 무경을 습독(習讀)하도록 함"을 청하였다. 양성지의 이 제안은 무과 시험에서 유학 경서보다 무경, 즉 병서를 중시하고, 갑사(甲士)와 같은 하급 무사들도 병서를 습독토록 하자는 것이다.

---

[42] 세종 127 32/01/15(신묘) 기사.

양성지는 성종 13년에 올린 상소문에서, 국가 통치에 중요한 서책을 철저히 보관할 것을 제안하였다. 그는 이 상소문에서 화포(火砲)를 다룬 『총통등록』(銃筒謄錄)은 병가(兵家)의 비밀스러운 책이라고 하면서, "신이 원하건대, 지금 이후부터 성상께서 보는 한 건 외에는 모두 언문으로 서사하여 내외 사고(史庫)에 각기 한 건씩 보관하게 하며, 해당하는 신하로 하여금 굳게 봉하도록 하고, 군기시(軍器寺)에 한 건을 두어서 제조(提調)로 하여금 굳게 봉하도록 하고, 그 나머지 한자로 서사된 것은 모두 불태워 버려서 만세를 위하는 계책으로 삼게 하소서."라고 제안하였다. 화포에 관한 기술은 조선이 인접 국가(특히 일본)에 비해 우월한 군사력이었으며, 조정에서 매우 중시했던 것이다. 화포서인 『총통등록』을 언문으로만 번역하여 보게 하고, 한문본은 임금이 보는 책 이외에는 모두 태워 없애기를 청한 것이다. 한문은 동아시아의 통용 문자로 외국의 첩자들도 이해할 수 있다. 그러나 언문은 외국인이 모르므로 국가 기밀 유지에 도움이 된다고 생각한 것이다.[43] 양성지의 상소문에 나온 『총통등록』의 언해본은 전해지지 않는다. 현전하는 한글 병서의 효시는 1598년에 한교(韓嶠, 1556~1627)가 번역하여 간행한 『무예제보(武藝諸譜)』(1598)이다.

병서를 한글로 번역한 목적은 한문을 잘 모르는 하급 지휘관과 병사를 위함에 있었다. 병서 언해의 취지[44]는 최숙(崔橚, 1636~1708)이[45] 쓴 남원

---

[43] 양성지의 이 상소문에 국가가 비밀스럽게 수장해야 할 서책 목록이 들어있다. 이 목록에는 『총통등록』(銃筒謄錄)은 물론 주요 역사서와 지리지 서명이 올라가 있다. 특히 『훈민정음』과 『동국정운』이 포함되어 있음이 주목된다. 『훈민정음』을 기밀서로 간주한 것은 언문이 국외로 널리 알려지는 것을 기피했기 때문이다.

[44] 이진호(2009:23~24) 참고. 이하 병서에 대한 서술은 이진호(2009)의 연구에 기댄 바가 크고, 백두현(2012)에서 기술한 내용도 활용하였다.

[45] 최숙은 『병학지남』 권2와 『진법언해』를 언해하였다(이진호 2013:2). 최숙은 1694년에 제70대 삼도수군통제사로 부임하여 통영 충렬사에 있는 이순신 장군의 사당을 중수하고 사적비를 세웠다. 최숙은 숙종 7년에 경상도좌수사(慶尙左水使), 숙종 8년에 춘천부사(春川府使), 숙종 9년(1683)에 공홍병사(公洪兵使), 숙종 11년에 남병사(南兵使) 등을

영판 『병학지남』 발문에 잘 나타나 있다. 그 요지는 다음과 같다. "병학지남은 그 문장이 간략하고 뜻이 심오하여 학자라 하더라도 풀이하기 쉽지 않다. 심지어 노련한 장수라도 미묘한 차이를 구별해 내기 어렵다. 문필에 마음 쓸 겨를이 없는 갑사(甲士)나 배움의 문지방을 넘지 못한 초학자들은 말할 것도 없다. 이에 난해한 곳에 훈을 달고 조선어로 풀이했다."라는 것이 최숙의 언해 취지이다.

『진법언해』 서두에 실린 「절목총론」(節目總論) 중의 다음 글은 병서 언해의 목적을 아주 간명하게 설파한 것이다(이진호 2011, 2013).

싸홈 이긔기는 쟝관이며 긔티총과 군병이 딘법을 다 아라 샹시예 니겨야 홀 쎠시로딕 글 못ᄒᆞᄂᆞ 쟝관이며 긔티총이며 군병이 다 알기 어려오매 온갖 호령과 싸홈 졀ᄎᆞ와 샹시 습뎐ᄒᆞᄂᆞ 법을 언문으로 번역ᄒᆞ야 육담으로 민ᄃᆞ라 내여시니 긔티총이어나 언문ᄒᆞᄂᆞ 범군들이 브듸 힘뼈 닐ᄋᆞ면 너희게 ᄀᆞ장 유익ᄒᆞ리라 『진법언해』 절목총론(節目總論)(1b~2a)

최숙이 지은 이 문장의 요지는 한문을 모르고 언문을 하는 장관, 기대총, 군병들을 위해 언문으로 번역했다는 것이다. 이 인용문에는 장관(將官), 기대총(旗隊總), 군병(軍兵), 범군(凡軍)이라는 지휘자와 병졸의 직명이 나온다. '기대총'(旗隊總)은 '기총'(旗總)(소대장급)과 '대총'(隊總)(분대장급)을 합쳐 부르는 말인데, 3대(隊)가 합쳐 1기(旗)를 이루며, 3기가 합쳐 1초(哨)를 이룬다. 초(哨)의 지휘관을 '초관'(哨官)(중대장급)이라 하며 약 100명의 군사를 거느리는데 이를 '장관'이라 부르기도 한다.[46] "글 못

지냈다.

46 초관 이상의 지휘관을 장관(將官)이라고 하는데 장(將), 장령(將領), 장수(將帥)는 모두 장관(將官)을 다르게 이르는 말이다. 5초(哨)로 이루어진 사(司)의 지휘관을 파총(把摠)이라 하고, 10초(哨)로 이루어진 부(部)의 지휘관을 천총(千摠)이라 하며, 이들을 아울러 천파총(千把摠)이라 부른다. 5사(司) 또는 5부(部)로 이루어진 영(營)의 지휘관을 영장(營

ᄒᆞᄂᆞᆫ 장관이며"라는 구절은 100명 정도를 지휘하는 장관도 한문을 몰랐음을 암시한다. 장관보다 낮은 계급의 대총, 기총 군병 등은 말할 필요가 없다.

그런데 "긔딗총이어나 언문ᄒᆞᄂᆞᆫ 범군"이란 구절에서 대총과 기총은 물론 범군(군병과 같은 뜻) 중에서 언문을 아는 사람이 있었음을 알 수 있다. 무인 중 초급 지휘관에 속하는 장관, 기총, 대총 그리고 일반 병사인 범군을 위해 만든 책이 언해본 병서들임을 최숙이 증언한 것이다.

"언문으로 번역ᄒᆞ야 육담으로 밀ᄃᆞ라 내여시니"라는 문장에 나온 '육담'(肉談)도 흥미로운 용어이다. 이 문맥의 육담은 요즘 말로 '입말[口語]에 해당한다. 『병학지남』의 언해문을 육담이라 한 것은 이 언해문의 구어적 성격을 드러낸 표현이라 생각된다. 「절목총론」의 이 기록은 무관과 병사의 문자생활을 알려 주는 귀중한 증언이다.

2) 병서의 범주와 현전(現傳) 언해본

병서는 군사 관련 서적을 포괄하는 용어이며,[47] 크게 무예류(武藝類), 연병류(練兵類), 무경류(武經類), 화기류(火器類)로 나누어진다.[48] 여기서는 한글 문장이 있는 병서, 즉 한글 병서에 국한하여 다룬다. 무예류에는 『무예제보』(武藝諸譜)(1598), 『무예제보번역속집』(武藝諸譜飜譯續集)(1610), 『무예도보통지언해』(武藝圖譜通志諺解)(1790)가 있다. 연병류에는 『연병지남』(練兵指南)(1612), 『병학지남』(兵學指南), 『진법언해』(陣法諺解)

將)이라 한다. 별장(別將)은 정규군이 아닌 별군(別軍)의 지휘관을 가리킨다. 주장(主將)과 대장(大將)은 여러 영(營)을 통솔하여 훈련이나 전쟁을 수행할 경우에 그 최종적인 지휘 책임을 지는 장수를 가리킨다. 무인 직명에 대한 해설은 이진호(2013:8)를 참고한 것이다.

47 이진호(2009:4)의 논의에 따라 '병학서', '병법서'를 취하지 않고 '병서'라는 용어를 취한다. '병서'는 조선시대 군사 문헌을 두루 포괄할 수 있음에 비해 앞의 두 용어는 제한적 의미를 가진다.

48 병서의 분류는 육군본부 전사편찬과(1979), 노영구(1998b), 정해은(2004), 이진호(2009) 등을 참고할 수 있다.

(1693)가 있다. 이 중에서 『병학지남』의 이판본이 가장 많아서 20여 종에 이른다. 무경류에는 『신간삼략언해』(新刊三略諺解)(1711)와 이를 증보한 『신간증보삼략직해』(新刊增補三略直解)(1805)가 있다. 화기류(火器類)에는 『신기비결』(神器秘訣)(1603), 『화포식언해』(火砲式諺解)(1635, 1685), 『신전자취염소방언해』(新傳煮取焰焇方諺解)(1635, 1685), 『매화법』(埋火法)(1685)[49], 『신전자초방』(新傳煮硝方)(1796)이 있다.

(1) 무예류

무예류 문헌은 적을 직접 대면하여 창검을 휘두르며 몸으로 부딪치는 싸움에서 개인 전투력을 높이기 위한 훈련 교범서이다. 『무예제보』(武藝諸譜)(1598)와 『무예제보번역속집』(武藝諸譜飜譯續集)(1610)이 시기가 빠른 무예서이며, 한교(韓嶠)가 번역 편찬한 것이다. 후자는 전자를 보완하기 위해 청룡언월도, 협도곤(挾刀棍), 구창(鉤鎗), 왜검(倭劍) 등의 개인 병기 훈련법을 추가한 책이다. 임진왜란 이후에 간행된 이 무예서들은 큰 전쟁을 치른 후 병사들의 전투력을 높이기 위한 방편으로 국가가 편찬한 것이다.

정조 임금이 무예 훈련용 정전(正典)을 확정하기 위해 편찬을 명한 것이 한문본 『무예도보통지』이고, 이것의 일부를 번역한 것이 『무예도보통지언해』이다. 이 책은 풍부한 내용과 정밀한 주석을 갖추었으며, 각종 기예 동작을 그린 판화가 섬세하고 뛰어나다. 이 책의 편찬은 이덕무(李德懋, 1741~1793), 박제가(朴齊家, 1750~1805), 백동수(白東脩, 1743~1816) 세 사람에 의해 이루어졌다. 이덕무와 박제가는 정조의 신임을 받은 탁월한 학자이고, 백동수는 정조가 설치한 장용영(壯勇營)의 초관(哨官)이며 무예의 고수였을 것이다.[50] 세 사람은 조선 무예의 훈련법을 체계화하

---

49 『매화법』은 단행본으로 나온 것이 없고 『화포식언해』에 합철되어 있어서 간년을 1685년으로 본다(이진호 2009).

여 후세에 길이 남을 공을 세웠다.

『무예도보통지언해』(武藝圖譜通志諺解)(1790)는 조선을 대표하는 무예서로서 71장본과 107장본 두 가지가 있다. 107장본은 71장본에 그림으로 된 총도(總圖)와 총보(總譜)를 추가한 것이다.[51] 휴대용으로 만든 71장본 언해서에는 기예의 자세와 훈련법이 글로만 적혀 있어서 실제 훈련 과정에서는 구체적인 동작을 연상하기 어려운 문제가 있었다. 이 문제를 해소하기 위해 무예 동작을 그림으로 그려 추가한 것이 107장본이다. 언해문은 71장본과 107장본이 같다(이진호 2009:33). 『무예도보통지언해』는 검과 창과 곤봉 등의 훈련법 18가지와 마상(馬上) 무예 6가지를 합쳐 모두 24개 무예를 다루었다.

(2) 연병류

무예류가 무사 개인의 전투력을 향상시키기 위한 병서라면, 연병류는 일정 규모의 부대 병력이 진을 치고 성을 지키거나 적진을 공격하는 방법, 즉 진법(陣法)을 설명한 책이다. 연병류에 속하는 『연병지남』과 『병학지남』은 임진왜란을 계기로 조선의 군사 훈련 교범서로 활용되었다.

---

[50] 백동수의 본관은 수원(水原)이며, 무예가 뛰어나 창검(槍劍)의 일인자로 꼽혔고, 마술(馬術)과 궁술(弓術)에도 뛰어났다. 1743년(영조 19년)에 한양에서 용양위(龍驤衛) 부호군(副護軍)를 지낸 백사굉(白師宏)의 아들로 태어났다. 증조부인 백시구(白時耈)는 병마절도사를 지낸 무반(武班)이었지만, 조부 백상화(白尙華)가 서자였기에 백동수도 서자가 된 것이다. 백동수의 누이가 같은 서자 신분인 실학자 이덕무에게 시집을 가서 그와는 매부와 처남 관계로 매우 가깝게 지냈다. 박제가 역시 서자이니 서자 출신 세 사람이 정조에게 중용되어 『무예도보통지』와 그 언해본을 완성한 것이다(『두산 백과』, 『태권도 용어정보사전』(이경명, 2011, 태권도문화연구소) 참고). 백동수를 소재로 한 만화 「야뇌 백동수」(이재헌 글, 홍기우 그림)가 출판되어 큰 인기를 누렸으며, 이를 대본으로 한 TV 드라마 「무사 백동수」(SBS, 2011)가 방영되어 높은 시청률을 기록했었다.

[51] 도(圖)는 그림으로 무예 자세를 나타낸 것이고, 보(譜)는 이것을 문장으로 설명한 것이다. 107장본에 들어간 총보와 총도의 내용은 한문본과 차이가 있다(이현희 2001:451~452).

연병류로서 가장 먼저 간행한 『연병지남』(1612) 역시 한교가 지은 책으로 북방 여진족을 막기 위해 편찬된 것이다(이진호 2009:39). 판각이 조악하고 오자가 많아 언해문 이용에 유의해야 하는 책이다. 연병류의 대표 문헌은 『병학지남』(兵學指南)이다. 이 책은 거의 300년에 걸쳐 여러 지방에서 중간을 거듭하여 이본이 24여 종에 이른다. 한교가 척계광의 『기효신서』의 내용을 간추려 『조련도식』(操鍊圖式)이란 책을 만들었고(1604년경), 이 작업이 『병학지남』으로 이어졌다. 최초의 『병학지남』은 한교에 의해 1604년에서 1627년 사이에 이루어진 것으로 추정된다(이진호 2009:41).

『병학지남』은 5권 1책의 목판본이다. 권1은 한교가 언해한 것으로 추정되고, 권2의 언해는 최숙이 간행한 공홍병영판(1684)에서 처음으로 이루어졌다. 권3과 권4는 모두 진도(陳圖)를 그린 도판으로 구성되어서 언해의 필요성이 없는 내용이다. 권5에 실린 장조정식(場操程式)과 성조정식(城操程式)은 육상의 군사훈련법, 수조정식(水操程式)은 수상의 군사훈련법을 설명한 한문 내용임에도 『병학지남』의 이판본에 언해된 적이 없었다. 권5의 내용 중 장조정식과 수조정식을 언해하여 1715년에 대구진(大丘鎭)에서 『병학지남육조언해』라는 이름으로 간행된 것이 있다. 이 책은 한문 원문에 한글 음을 일일이 붙인 사서언해 혹은 『십구사략언해』의 형식을 취한 점에서 기존 『병학지남』의 언해 양식과 크게 다르다.[52]

정조 임금은 무사 개인의 기예 향상을 위해 정전 『무예도보통지언해』를 편찬했듯이, 부대 훈련의 정전(正典)으로 『병학지남』을 전면 개보수하였다.[53] 이 판본을 장영판 『병학지남』(1787)이라 부른다. 그런데 정

---

52 이 책에 대한 자세한 정보는 백두현(2012)을 참고할 수 있다.
53 정조 임금은 정치적 위기 속에서 간신히 왕위에 올랐고 신변의 위협을 느꼈을 것이다. 이에 정조는 친위대 성격의 장용영(壯勇營)을 창설하고, 수원 화성을 새로 지어 국가 안전을 도모했다. 이에 맞추어 중요한 두 가지 병서를 간행했다. 하나는 부대 규모의 병력이 성을 지키고 공격하는 전술을 설명한 책 『병학지남』이고, 다른 하나는 무사 개인의 싸움

조의 어제 개수본으로 정본(定本)이 된 『병학지남』에도 권5의 언해는 들어가지 않았다. 『병학지남』의 정본이라 칭하는 장영판에 권5를 번역한 『병학지남육조언해』의 내용이 반영되지 못했으니, '정본'이란 이름에 모자란 점이 있다.

『병학지남』은 원문 변개, 언해문의 특징, 형태 서지적 차이 등으로 인해 다양한 이본을 갖고 있다. 『병학지남』의 이판본 서지 조사와 군사적 내용에 근거한 계통 연구는 상당히 이루어져 있다(이진호 2009). 그러나 국어사 연구자들이 크게 관심을 두는 언해문의 차이에 대한 연구는 미진한 상태이다. 앞으로 언해문의 내용 차이에 초점을 둔 이판본의 비교와 이에 따른 계통 연구가 필요하다.

임진왜란 후부터 19세기 초기까지 긴 세월 동안 거듭 간행되어 온 『병학지남』은 군사사 연구는 물론 중앙과 지방 영진 단위에서 행해진 병서 출판사 연구에도 유용한 것이다. 또한 『병학지남』을 포함한 언해본 병서에는 조선시대 무관의 문자생활 양상이 반영되어 있다. 특히 한문에 미숙했던 무관과 병사들의 군사 훈련에서 한글이 중요한 역할을 했음은 최숙의 증언을 통해 알 수 있다. 이런 점에서 『병학지남』의 한글생활사적 가치가 주목된다. 오랜 기간 동안 거듭 간행되어 온 『병학지남』에는 다양한 성격의 문화적 가치가 중층적으로 쌓여 왔다. 우리는 문화중층론적 관점(백두현·배준영 2014)을 적용하여 『병학지남』의 역사적 맥락과 그 의미를 보다 깊고 넓게 이해할 필요가 있다.

(3) 무경류

불교와 유교의 경서를 대접하듯이 무(武)에 관한 고전을 대접하는 말로 '무경'(武經)이란 말이 쓰였다. 사서삼경(四書三經)을 칠서(七書)라 부르듯이 무경칠서(武經七書)라는 용어가 사용되었다. 앞에서 본 무예류와

기술 향상을 위한 『무예도보통지언해』이다.

연병류는 개별 병사와 부대 단위의 구체적인 전투 기술과 방법을 설명한 것임에 비해, 무경류는 군사를 부리고 다스리는 전략과 윤리 도덕을 다룬 책이다. 무예류와 연병류가 전투 기술에 대한 것이라면 무경류는 군사 전략과 윤리에 대한 것이라 할 수 있다.

무경류의 언해본에는 『신간삼략언해』(新刊三略諺解)(1711)와 이를 증보한 『신간증보삼략직해』(新刊增補三略直解)(1805)가 있을 뿐이다. 두 책은 모두 한문본 『삼략직해』(三略直解)를 저본으로 하였다. 이 책들은 앞에서 보았던 척계광의 『기효신서』와 무관하게 이미 그 이전부터 도입되었다.

『신간삼략언해』(1711)는 이상징(李商徵)이 언해한 것이고, 이를 증보한 『신간증보삼략직해』는 경성(京城) 광통방(廣通坊)(1805)에서 간행했다. 이진호(2009:86)에 예시된 두 판본의 번역 차이는 다음과 같다.

1) 『신간삼략언해』(이상징 언해본)의 언해 문체
[원   문] 歸者를 招之ᄒ며 服者를 活之ᄒ며 降者를 脫之니라
[언해문] <u>귀ᄒᆞᄂᆞ</u> 쟈를 <u>툐ᄒ며</u> 복종ᄒᆞᄂᆞ 쟈를 <u>활ᄒ며</u> 항ᄒᆞᄂᆞ 쟈를 <u>탈홀따</u>니라

2) 『신간증보삼략직해』(광통방판)의 언해 문체
[원   문] 歸者를 招之ᄒ고 服者를 活之ᄒ고 降者를 脫之니라
[언해문] <u>도라오ᄂᆞ</u> 쟈를 <u>부르고</u> 복종ᄒᆞᄂᆞ 쟈를 <u>살오고</u> 항복ᄒᆞᄂᆞ 쟈를 <u>벗겨 닐디니라</u>

밑줄 친 언해문에서 보듯이 후자는 한자로 표기된 동사를 우리말로 번역한 차이를 보여 준다. 『신간증보삼략』은 영남 감영(1813)에서 간행한 것인데 광통방판과 구성과 내용이 같지만 협주에서 차이를 보인다(남권희 2002b:22~24). 광통방판은 판매를 목적으로 한 방각본 출판사에서

간행한 것이다.[54] 광통방판과 영남감영판 언해문의 차이는 이진호(2009: 92~96)에서 표기법, 음운변화 등을 기준으로 비교해 보았으나 양자의 선후 관계가 명료하게 드러나지 않았다. 영남감영판의 언해문에는 ㄷ구개음화의 과도교정형이 다수 보이고, 목적격조사가 선행 명사의 종성에 무관하게 거의 대부분 '-를'로 표기되어 있고, 심지어 어미 형태 속의 '늘'을 '를'로 표기한 것도 나타난다. 이런 양상은 한글 문장 작성에 미숙한 사람이 언해문을 작성했기 때문이지만, 오히려 표기자의 언어 의식을 보여 준다는 점에서 독특한 가치가 있다.

(4) 화기류

화기류(火器類)는 화포와 화약 제조에 관한 병서를 가리킨다. 여기에 속하는 한글본은 『신기비결』(神器秘訣)(1603), 『화포식언해』(火砲式諺解)(1635, 1685), 『신전자취염소방언해』(新傳煮取焰焇方諺解)(1635, 1685), 『매화법』(埋火法)(18세기 중반?), 『신전자초방』(新傳煮硝方)(1796) 등이 있다.

『신기비결』은 1603년에 함경도 순찰사 한효순이 함산(咸山)의 무학당(武學堂)이란 곳에서 간행한 것이다. 1책의 목활자본이며, 내용의 대부분이 한문이고 책 앞부분에 12행의 물품 목록이 한글로 표기되어 있을 뿐이다. 이 책은 『기효신서』의 「화기지론」(火器之論) 등 여러 곳에 분산되어 있는 화기(火器) 관련 내용을 조선의 실정에 맞도록 간추린 것이다(이진호 2009:97). 『화포식언해』는 각종 화기에 대한 설명문을 담고 있다. 현전하는 판본 중에는 화약 제조법을 설명한 『신전자취염소방언해』와 합철되어 있거나 『신전자초방』이 합철된 것도 있다. 『화포식언해』의 이본에는 1635년의 초간본, 1685년의 중간본, 17세기 말 이후의 중간본이 있다. 이들 간의 표기 차이는 그리 크지 않다(이진호 2009:100).

---

54 광통방은 『주해천자문』을 방각본으로 간행한 출판사이기도 하다.

『신전자취염소방언해』는 1635년의 초간본과 1685년의 중간본이 있는데 초간본은 『화포식언해』와 합철되어 있고, 중간본에는 『매화법』 혹은 『신전자초방』이 합철된 것이 있다.

『신전자초방』은 1698년에 초간된 것이지만 독립된 판본이 전해지지 않고, 『화포식언해』와 합철된 것이 남아 있다. 『신전자초방』은 『화포식언해』의 부록으로 실린 「자취염소방」(煮取焰硝方)의 내용을 더 발전시킨 것이다. 이 책의 권말에 실린 「득초법시말」(得硝法始末)이란 글에 역관 김지남(金指南)이 1698년에 뛰어난 염초(焰硝, 화약) 제조 기술을 개발한 경위가 기록되어 있다. 이 책에 대한 자세한 해설은 이진호(2009:106~109)와 황문환(2000)을 참고할 수 있다.

『매화법』(埋火法)은 『화포식언해』의 중간본에 합철된 필사본으로 전한다. 분량도 두 장에 지나지 않아서 독립된 문헌이라 보기 어렵다. '매화'(埋火)란 화약을 땅에 묻어서 무기로 사용하는 것인데 지뢰의 고식(古式)이다(민승기 2004:281~283).

병서 언해본은 지방 관아에서 간행된 것이 많고 여러 차례 중간을 거듭하면서 오자와 오각이 적지 않다. 병서 언해문을 국어학적으로 연구할 때는 이 점을 고려하여 표기 양상 등에 유의해야 한다.

10.4. 음식조리서

음식조리서란 식재료를 가공하여 조리하는 방법을 문장으로 표현하고 기록한 책이다. 현재 전하는 대부분의 음식조리서는 조선시대 사대부 양반가에서 행하던 음식 조리와 양조법(釀造法)을 기록하여 대대로 전승해 온 것이다. 음식과 술은 사대부가의 일상생활은 물론 접빈객 봉제사 등 각종 의례를 치르기 위해 필수적인 것이다.

현재 출처가 명확한 『음식디미방』(재령 이씨 석계공), 『온주법』(의성 김씨 청계공), 『주식시의』와 『우음제방』(은진 송씨), 주식방문(酒食方文)

(의성 김씨, 유와공) 등은 모두 종가(宗家)에서 이루어진 음식조리서이다. 이런 점으로 볼 때 한글 음식조리서의 저술과 전승은 종가를 중심으로 이루어졌음을 알 수 있다. 종가의 여인들은 좋은 음식을 잘 만들기 위해 조리법을 한글로 기록하여 집안 대대로 전수하였던 것이다. 훌륭한 음식 맛은 그 집안 여인들의 자부심과 긍지를 상징하는 것이었다.

음식조리서는 지금까지 우리가 널리 이용해 온 국어사 문헌, 즉 언해본 자료와 다른 특성을 가진다. 음식조리서는 한문본이 없는 한글 필사본이며, 집안 경영에 필요한 음식 조리와 술 만드는 방법을 설명한 책이다. 이런 배경으로 인해 20세기 이전의 음식조리서는 공적 차원에서 간행된 것이 없고, 개인적으로 저술하거나 필사한 것이 대부분이다. 이런 까닭에 음식조리서의 언어는 개인의 사적 언어생활을 배경으로 한 것이라 말할 수 있다.

음식조리서의 한글 문장은 한문에 구속되지 않을 뿐 아니라, 보통의 한글 문헌에서 찾아보기 어려운 생활 어휘들이 나타나 있다. 음식조리서에는 음식 이름은 물론 식재료 이름, 조리 기구 이름, 각종 그릇 이름 등의 명사가 실려 있고, 각종 조리법과 관련된 동사가 풍부하다. 또한 온도어, 미각어, 정도부사, 상태부사, 의성어, 의태어에 해당하는 순우리말 어휘도 다수 등장한다. 이런 어휘들 중에는 오로지 음식조리서에서만 쓰인 것도 적지 않다. 음식조리서의 국어 문장은 당시의 일상어를 보다 잘 반영한 것이며, 일반 언해서에서 찾기 어려운 생활 어휘를 제공해 준다. 이런 점에서 음식조리서는 국어사 연구의 지평을 확충하는 새로운 자원이며, 한국의 전통 음식조리법 연구자들에게 매우 유용한 것이다.

1) 필사본 음식조리서

지금까지 알려진 한글 음식조리서 전체를 모두 묶어서 시대 순서에 따라 도표로 정리해 보면 다음 표 1과 같다. 각 문헌의 연대는 대부분이성우 박사의 연구 성과를 수용한 것이다. 필자가 자세히 본 문헌 몇 개는 연대를 새로 추정하였다.

표 1 필사본 한글 음식조리서 목록(45개)

연대	서명	저자	소장처	영인
1500년대	주초침저방(酒醋沈菹方)	미상	이상훈	
1600년대 초기	주찬방(酒饌方)	미상	박록담	
1600년대 중기	해주최씨음식법(「자손보전」수록)	해주최씨	숙명여자대학교	
1670년경	음식디미방	장계향	경북대학교	경북대
1700년대 전기	주방문(酒方文)	하생원?	규장각	이성우[55]
1700년대?	침주법(浸酒法)	미상	궁중음식연구원	미공개본
1700년대	주방문초(酒方文鈔)	미상	백두현	
1700년대	술만드는법	미상	고려대학교	이성우
1700년대	음식보(飮食譜)	미상	황혜성(필름)	이성우
1786년	온주법(薀酒法)	미상	의성김씨 종가	이성우
1795년	주식방(酒食方)(고대규곤요람)	미상	고려대학교	이성우
1813년 직후	숭부리안 주방문	안동부 吏胥	규장각	방종현 소장본
1801/1861년	술방문	미상	국립중앙도서관	
1800년대 초엽	주방(酒方)	미상	미상	이성우
1827/1887년	주방(酒方)	미상	임용기	
1837/1897년	양주방(釀酒方)	미상	?	
1830년대	역잡록(曆雜錄)	미상	미상	이성우
1841년	잡지(雜志)	미상	궁중음식연구원	
1854년	윤씨음식법(尹氏飮食法)	미상	윤서석	이성우
1856년	정일당잡지(貞一堂雜識)	의령남씨	규장각	이성우
1858년	음식유취(飮食類聚)	용동	미상	
1860년	김승지댁주방문(金承旨宅廚方文)	미상	황혜성(복사본)	이성우

1838년/1898년	음식책(飮食冊)		단양댁	성균관대	이성우
1869년	규합총서(목판본)		빙허각	국립중앙도서관	홍문각
1886년경	가기한중일월(可記閑中日月)		미상	궁중음식연구원	
1896년	규곤요람(閨壼要覽)		미상	연세대학교	이성우
1800년대	규합총서(閨閤叢書)		빙허각	정양완	정양완
1800년대	규합총서(閨閤叢書)		빙허각	일본 동경대	정문연
1800년대	규합총서(閨閤叢書)		미상	영남대	
1800년대	홍씨주방문(洪氏酒方文)		홍씨	홍만선 후손가	
1800년대	주식방		미상	개인	미공개본
1800년대 중엽	음식방문(飮食方文)		미상	동국대학교	이성우
1800년대 말엽	음식방문(飮食方文)[56]		미상	정영혜	이효지 외
1800년대 말엽	술빚는 법		미상	국립중앙도서관	이성우
1800년대 말엽	이씨음식법(李氏飮食法)		이씨	미상	이성우
1800년대 말엽	시의전서(是議全書)		미상	이상훈	이성우
1800년대 말엽	주식방문(酒食方文)(유와공 종가)		미상	유와공 김이익 종가	
1800년대 말엽	주식시의(酒食是儀)		미상	대전시립박물관	
1800년대 말엽	우음제방(禹飮諸方)		미상	대전시립박물관	
1800년대 말엽	한글 음식방문 (낱장)		미상	전주역사박물관	
19세기말~20세기초	부인필지(婦人必知)		미상	규장각	홍문각
19세기말~20세기초	양조법서(釀造法書)		미상	국립중앙박물관[57]	
1907년	주식방문(酒食方文)(정미년본)		미상	국립중앙도서관	
1913년	반찬등속		미상	국립민속박물관	
1927년	보감록(寶鑑錄)		미상	백두현	

---

55 '이성우'는 다음 책에 영인돼 있음을 의미한다. 이성우(1992), 『韓國古食文獻集成』, 修學社. 이하의 '정양완'은 정양완 선생이 역주한 『규합총서』(1975/2008, 보진재)를 가리킨다.

56 이 책의 권말에 '병진 오월 이십삼'이라는 기록이 있다. 이 병진은 1880년일 것으로

『주초침저방』과 『주찬방』에 대한 자세한 소개는 백두현(2017)과 백두현(2019)을 참고할 수 있다. 국립한글박물관에 「음식방문」이 소장되어 있으나(『한글이 걸어온 길』 68면), 이 책의 실체를 검증하지 못하여 위 표에 넣지 않았다. 위 표에 수록한 전체 45개 문헌 중 『규합총서』(1869년 목판본)를 제외하고 모두 한글 필사본이다.[58] 위 42개 음식조리서 중 그동안 국어학자들이 연구 자료로 이용한 것은 『음식디미방』, 『주방문』(규장각 소장), 『온주법』, 『승부리안 주방문』, 『시의전서』, 『반찬등속』, 「한글음식방문」 정도에 지나지 않는다. 앞으로 이들이 더 적극적으로 이용되어야 할 것이다. 위 목록 중 대표적인 음식조리서 세 가지의 내용과 특징을 소개하기로 한다.

(1) 음식디미방

『음식디미방』은 한글 음식조리서의 대표적 존재이다. 이 책은 최초의 한글 음식조리서이며 한글 음식조리 전문서로 가장 오래된 것이다. 이 책은 경상도 북부지방 안동·영해·영양 일대에서 살았던 정부인(貞夫人) 장계향(張桂香, 1598~1680)이 1670년경에 지은 것이다. 1책 28장의 필사본(경북대학교 중앙도서관 소장)인데 6장의 백지가 포함되어 있다. 이

추정되었다. 경기도 성남 거주 정영혜씨가 시어머니로부터 물려받아 소장한 이 책은 1998년 한국정신문화연구원에서 촬영하였다. 안동김씨 집안에서 내려온 것이라 한다. 『음식방문』은 책 크기가 21×20cm, 전체 36장이며, 면당 14~17행, 1행 글자 수는 15자 내외이다(이효지 외 2014:222~223).

57 이 책은 전시 도록 『겨레의 글 한글』(국립중앙박물관, 2000:124)에 사진이 소개되어 있다.

58 위의 음식조리서 목록표를 작성하기 위해 다수의 선행 연구 논저를 조사하였다. 특히 다음 논저의 도움이 컸다.

이성우(1981), 『韓國食經大典』, 향문사.
이성우(1992), 『韓國古食文獻集成』, 修學社.
한복려·한복진(2001), 『옛 음식책이 있는 풍경전』, 국립민속박물관 특별전 도록, 궁중음식연구원.

백지는 내용을 추가할 것에 대비하여 미리 예비해 둔 것이다.

이 책에는 총 146가지의 조리법이 설명되어 있다. 면병류(麵餅類)에는 국수, 만두, 빈대떡, 밤설기, 다식(茶食) 등 모두 18가지 조리법이 포함되어 있다. 어육류(魚肉類)에는 모두 74가지 종류가 있는데 생선구이, 고기만두, 해삼, 꿩, 닭, 개고기, 돼지고기 등의 조리법을 설명하였다. 그리고 누룩 제조법을 포함하여 각종 술 빚는 법이 51가지가 나온다. 순향주, 삼해주, 청주, 약산춘, 소주, 오가피주 등 우리에게 익숙한 술 이름도 많다.

『음식디미방』은 국어사 연구에 독특한 가치를 가진다. 17세기 말기의 진행 중인 음운변화(ㄷ구개음화, 비음동화, 어두경음화 등)가 어간 내부 혹은 형태소 경계에서 다양하게 반영되어 있다. 다른 언해서에 찾아보기 어려운 어휘들(동식물어, 조리도구어, 조리동사, 정도부사, 의성어와 의태어 등)이 폭넓게 나타나는 점도 이 문헌의 가치를 높여 준다.

또한 『음식디미방』은 한국의 음식사를 연구하는 데 중요한 자료이다. 이 책에 서술된 음식조리법은 조선시대 사람들이 음식과 술을 어떻게 만들어 먹었는지 오늘날의 우리들에게 잘 보여 준다. 이 책을 비롯한 조선시대의 음식조리서는 봉제사 접빈객(奉祭祀 接賓客)의 실천을 위한 양반 사대부가의 유교 문화와 밀접한 관련을 맺고 있다. 일상생활은 물론 각종 의례에서 음식과 술은 필수품이기 때문이다. 이 책은 후대에 나온 여러 한글 음식조리서의 원조(元祖)격이며 한국 음식[韓食]의 정체성을 보존해온 근원이다. 『음식디미방』에 대한 여러 학자들의 종합적 연구는 『음식디미방과 조선시대 음식문화』(경북대학교 출판부, 2017)를 참고할 수 있다.

(2) 주방문(酒方文) (하생원주방문)

『주방문』은 1책 28장의 필사본이며 규장각에 소장되어 있다. 책 이름은 '주방문'이지만 양조법 28개 항목과 음식조리법과 식초법, 염료법 등

50개 항목을 합하여 도합 78개 항이 서술되어 있다. 각 음식 이름을 한글로 먼저 쓰고 이에 해당하는 한자어 명칭을 한자로 병행 표기했는데, 이런 표기 방식은 다른 음식조리서에서 찾아볼 수 없는 것이다. 이 책의 권말 28장 뒷면에는 '正月二七日 錢一兩 河生員酒方文冊'(정월이칠일 전일량 하생원주방문책)이라는 묵서가 있다. '정월 이십칠일에 돈 한 냥을 주고 만든 하생원 주방문 책이다'라는 뜻으로 풀이할 수 있다. 하생원이 구체적으로 어떤 사람인지 확인할 수 없지만, 하생원 댁에서 돈 한 냥을 주고 글 잘 쓰는 사람에게 부탁하여 이 책을 필사토록 한 것으로 짐작된다. 이 점을 고려하여 이 책을 '하생원 주방문'이라 부를 만하다.

이 책의 연대를 이성우(1981b)의 견해를 따라 17세기로 보아왔으나 저자가 이 책에 반영된 음운변화를 정밀히 분석한 결과 18세기 전기경으로 봄이 합당하다는 결론을 내렸다(백두현 2012). 『주방문』에는 비어두에서 ㅣ 앞의 ㄴ이 탈락한 '아이-'(〈아니-)가 나타난다. 이러한 ㄴ탈락은 영남 문헌에서 18세기 초부터 나타나고 서울 간행 문헌에서는 『개수첩해신어』(1748)에 처음 보이는 것이다.

이 책에는 여러 개의 특이 어휘가 보이는데 '고오리'(시루의 하나로 떡을 찌거나 소주를 고을 때 쓰는 둥근 질그릇), '고즉묵'(고조를 사용하여 만든 묵), 'ᄆᆞᄃᆞ락'(굵고 거친 알갱이), '손녑쩍'(떡 이름, '손녑'은 미상), '항샥리'(항아리 부리), '어사리나모'(개나리), '워석워석'(버스럭거리는 소리를 나타낸 상징어) 등 흥미로운 예가 있다.

(3) 규합총서(閨閤叢書)

『규합총서』는 필사본과 목판본 두 가지가 있다. 필사본 『규합총서』는 여성의 가정생활에 필요한 온갖 지식과 서화, 필묵 등 일반 교양에 관한 내용을 포괄하고 있어서 여성용 교양백과서라 할 수 있다. 음식과 관련된 내용도 포함되어 있으므로 음식조리서에 넣을 수 있다. 이 책은 빙허각 이씨(1759~1824)가 1809년에 저술한 것인데 필사본의 원본은 현재 확인되지 않고 있다. 1939년 1월 31일자 동아일보(제 6265호)에 『빙허각전서』(憑虛閣全書)가 발견된 보도가 나왔다. 이 보도에 따르면, 이 전서는 3부 11책으로 구성되어 있고, 1부의 5책이 『규합총서』에 해당한다. 여기에 주식(酒食)·봉임(縫紝)·산업(産業)·의복(醫卜) 등으로 분류한 내용이 한글로 기록되어 있다. 이 『빙허각전서』는 광복과 육이오 전쟁 통에 소실되어 버린 듯 현재까지 확인되지 않았다. 이를 부분적으로 필사한 이본으로 정양완본, 국립중앙도서관본, 일본 동경대학본(소창문고본), 일본 고마자와(駒澤)대학본(탁족문고본), 서강대본, 영남대본 등이 있다. 국립중앙도서관본(1책 필사본)에는 음식 관련 내용이 없어서 위 음식조리서 목록에 넣지 않았다.

목판본 『규합총서』는 방대한 분량의 필사본 내용을 음식조리법 중심으로 줄여서 1책으로 간행한 것이다. 서화·문묵·농업·점복 등의 내용은 빼고, 음식조리법을 주 내용으로 실었다. 이런 점에서 목판본 『규합총서』는 필사본의 내용과 크게 달라졌다. 목판본 권두에 '친화실장판'(親和室藏板)이란 기록과 '동치기사맹춘신간'(同治己巳孟春新刊)이란 간기가 있다. 1869년(고종 6)에 친화실에서 간행한 것이다.

목판본 『규합총서』는 판매를 염두에 두고 간행한 듯하다. 목판본의 목록 뒷면 끝에 '빅지한권 닌츌돈반 쟝황두돈'이란 기록이 있기 때문이다. 이 책을 만드는 데 소요된 종이가 백지(白紙) 한 권, 인출(印出) 비용으로 한 돈 반, 장황(裝潢, 책의 제본) 비용으로 두 돈이 들어갔음을 밝힌 것이다. 이는 출판비 금액을 수치로 기록해 놓은 특이 사례이다. 목판본 소장처로 국립중앙도서관본·서울대 가람문고·일본 동양문고 등이 있다.

목판본의 권두 목록에는 총 62개항이 제시되어 있다. 이 중 57개항이 술을 포함한 음식에 대한 것이고, 기타 염색법·각색비단 도침법(搗砧法)·세의법(洗衣法)·비단에 좀 없애는 법·도망한 종 찾는 법 등 5개항이 추가되어 있다. 본문 내용에서 세분 항목은 음각(陰刻)으로 새겨 놓았는데 그 항목 수는 도합 71개이다.

목판본 『규합총서』는 필사본이 판매용 서적으로 변용된 것이며, 이는 출판문화사적으로 흥미로운 예이다. 고소설이 필사본에서 판매용 방각본으로 발전된 예는 완판본·경판본·딱지본 소설 등에서 더러 있으나 음식조리서에서는 매우 드물다.

『음식디미방』과 『규합총서』 등의 음식조리서들은 이어서 검토할 20세기 초기의 신활자본 음식조리서의 대량 출판을 가능케 한 바탕이 되었다.

2) 신활자본 음식조리서

1670년경에 저술된 『음식디미방』을 필두로 하여 조선 후기에 저술된 한글 음식조리서는 모두 필사본으로만 전해진다. 음식조리법과 함께 집안 관리 등에 관한 내용도 포함된 『규합총서』만 유일하게 목판본으로 간행되었다. 그러나 신활자와 인쇄기 등 새로운 인쇄 출판 기술이 갖추어진 20세기 초기에 신활자(납활자)로 인쇄한 음식조리서가 다수 출판되어 음식조리서의 대중화가 이루어진다. 몇몇 집안에서 전승되던 음식조리서가 일반 대중들이 쉽게 접근할 수 있는 서적으로 재탄생하게 되었다. 선행 연구를 참고하여[59] 필자가 작성한 신활자본 음식조리서 목록은 다음 표와 같다.

표 2 신활자본 한글 음식조리서 목록

연번	서명	간년	편찬자	출판사	분량
1	가정잡지 (家庭雜誌)	1906	유일선 (柳一宣)	가정잡지사	4면
2	만가필비 조선요리제법 (萬家必備 朝鮮料理製法)	1917	방신영 (方信榮)	新文館/廣益書館1936/ 漢城圖書株式會社1942 24판	150면
3	간편조선요리제법 (簡便朝鮮料理製法)	1934	이석만 (李奭萬)	三文社	182면

---

59 신활자본 음식조리서의 목록과 설명은 이성우(1981)와 『옛 음식책이 있는 풍경전』(2011년, 궁중음식연구원 발행)을 참고하였다.

4	사계의 조선요리 (四季の朝鮮料理)	1934	鈴木商店 味の素本	鈴木書店 內外料理出版部	58면
5	신영양조리법(新榮養調理法)	1935	이석만 (李奭萬)	新舊書林	265면
6	朝鮮無雙新式料理製法 (조선무쌍신식요리제법) 증보판	1924 1936 1943	이용기 (李用基)	永昌書館, 韓興書林 振興書館	287면
7	조선요리법(朝鮮料理法)	1938	조자호 (趙慈鎬)/ 京城家政女塾	廣韓書林 1943	248면
8	가정주부필독(家庭主婦必讀)	1939	이정규 (李貞圭)	京城名著普及會	미확인
9	조선요리제법(朝鮮料理製法)	1939	방신영	漢城圖書株式會社,	496면
10	개정 증보 조선요리제법 (朝鮮料理製法)	1942	방신영	漢城圖書株式會社,	286면
11	동방불로선제백죽비방 (東方不老仙劑百粥秘方)	1939	青頭巾		36면
12	조선요리학 (朝鮮料理學)	1940	홍선표 (洪善杓)	朝光社	263면
11	절미영양식조리법 (節米營養食調理法)	1941	양우회 조선본부	糧友會 朝鮮本部	미확인
12	조선식물개론 (朝鮮食物槪論)	1944	김호직 (金浩稙)	生活科學社	126면
13	생활진로 (生活進路)	1945	오억(吳億)	生活科學社	303면
14	조선가정요리 (朝鮮家庭料理)	1946	京城女子師範大學 家事科, 손정규 감 수	建國社	미확인
15	사계의 조선요리 (四季의 朝鮮料理)	1946	김유복 (金遺腹)	朝鮮文化建設協會	58면
16	조선영양독본 (朝鮮營養讀本)	1947	한귀동 (韓龜東)	乙酉文化社	77면
17	우리음식	1948	손정규 (孫貞圭)	三中堂	193면
18	영양학강의 (營養學講義)	1950	채예석 (蔡禮錫)	숙명여자대학 가사과	108면
19	조선요리대략 (朝鮮料理大略)	1950	황혜성	숙명여자대학 가사과	67면

| 20 | 우리나라 음식 만드는 법 | 1954 | 방신영 | 靑丘文化社 | 321면 |
| 21 | 음식관리법 | 1956 | 방신영 | 金龍圖書株式會社 | 102면 |

20세기 전기에 이렇게 많은 활자본 음식조리서가 간행된 것은 전통적 필사본 음식조리서의 배경을 전제로 해야 설명이 가능하다. 어느 날 갑자기 이렇게 다양한 조리서가 갑작스레 출현할 수는 없기 때문이다. 『음식디미방』 이후에 나온 40여 종의 필사본 음식조리서의 전통이 그 배경으로 작용한 것이다. 20세기 전기에 서구 인쇄기술의 도입과 함께 출판사가 다수 설립되면서 그동안 축적되어 온 음식조리법이 신활자본으로 간행되어 널리 보급된 것이다. 한 집안 단위의 사적 차원에서 전승되어 오던 양반가의 음식조리법이 신활자본 서적을 통해 대중화되면서 사회 계층 전반에 널리 확산되었던 것이다.[60]

신활자본 음식조리서의 조리법들은 서양음식 조리법과 만난 한식 조리법이 새롭게 변모하는 모습을 보여주기도 한다. 이 책들에서 음식조리법을 서술한 문장 텍스트는 20세기 전기의 한국어 자료가 된다. 따라서 신활자본 음식책들은 20세기 전기의 한국어와 한국 음식조리법 연구에 중요한 자료가 된다.

신활자본 음식조리서로 가장 대표적인 책은 『만가필비 조선요리제법』(방신영, 1917)과 『조선무쌍신식요리제법』(이용기, 1924)이다. 방신영의 책은 초판본 이후 제목도 몇 번 바뀌고 내용도 개정되어, 『주부의 동무 조선요리제법』(1936, 광익서관), 『개정증보 조선요리제법』(1942, 한성도서주식회사), 『조선음식 만드는 법』(1946, 대양공사), 『우리나라 음식 만드는 법』(1954, 청구문화사) 등으로 간행되어 음식조리서의 베스트 셀러가 되었다. 이용기의 『조선무쌍신식요리제법』은 3판을[61] 거듭한 책으

---

[60] 1939년과 1940년에 걸쳐 동아일보에 〈명일식탁표〉(총 151회), 〈오늘 저녁엔 이런 반찬을〉(총 75회)과 같은 기획 기사가 게재되었다(이지영 2014). 이는 신문을 통해 음식조리법을 널리 알려 식단 개선을 시도한 계몽적 활동이었다.

로 음식조리법의 연원을 설명하고 지역적 풍토, 음식맛에 대한 품평 등을 담고 있다. 전통사회의 지식인 이용기가[62] 현대 문명에 접하여 전통 조리법을 새롭게 변용시켜 이 책을 지었다.

저자는 한국연구재단의 지원을 받아 〈조선시대 한글 음식조리서 연구를 통한 조리 용어 통합 검색 시스템 개발〉(백두현·차경희·남길임 공동연구)을 수행했다. 이 과제에서 선정한 텍스트는 17세기부터 20세기 초기에 걸쳐 작성된 조선시대 한글 필사본 음식조리서 28종이다. 근대국어의 모습을 보여주는 이 필사본들은 훈련된 연구자가 아니면 읽어내기 힘든 초서체로 씌어 있다. 이 자료를 판독하여 입력하고 형태소 분석과 어휘 검색이 가능한 주석말뭉치로 가공하였다. 그 결과물은 〈조선시대 필사본 음식조리서의 용어 색인 DB 구축〉(남길임·백두현 공동연구)이란 과제에서 재가공하여 한국연구재단 기초학문자료센터에서 제공하고 있다.[63] 이 연구를 통해 전통 음식을 담고 있는 한글 필사본 음식조리서 내용이 색인화되었고 다양한 목적의 검색이 가능하게 되었다.

한글 음식조리서는 국어사 연구에 유용한 자료이다. 활자본이나 목판본으로 간행된 한글 문헌들은 엄격한 교정을 거치는 것이 대부분이지만, 음식조리서는 개인의 필요에 따라 사적으로 저술·필사하기 때문에 일상생활의 언어가 반영되어 있다. 한글 간본은 대부분 한문으로 된 원문을 한글로 번역한 언해문이다. 이러한 언해문은 한문에 구속된 것이어서 당대의 현실어를 반영하는 데 한계가 있다. 이에 비해 음식조리서의 문장은 당시의 일상생활어를 바로 문장화한 것이다. 따라서 다른 언해서와 비교할 때 음식조리서의 언어는 한문을 번역한 언해문의 제약에서 벗어나 당대 우리말의 실상을 훨씬 잘 반영하고 있다.

---

61 1924년 영창서관, 1930년 한흥서림, 1936년 진흥서관.
62 이용기와 그의 활동에 대한 연구는 신경숙(2010)을 참고할 수 있다.
63 http://ffr.krm.or.kr/base/td003/intro_db.html

한글 음식조리서에 대한 연구는 국어학 연구는 물론 전통 문화의 이해, 전통주 및 전통 음식 개발 등 여러 방면에서 활용될 수 있다. 한글본 전통음식 조리서는 국어사 자료이면서 동시에 전통 음식 및 전통주 연구의 귀중한 자원이다. 이 문헌들은 한국인의 음식문화와 식생활에 대한 연구 자료로서 과거의 음식 문화 연구는 물론, 세계인의 관심을 끌고 있는 한식을 널리 알리는 기초 자료로 활용될 수 있다.

또한 음식조리서에 담긴 전통 조리법은 현대인의 식생활을 위한 새로운 음식 개발의 원천이다. 현대 사회는 전지구적 차원에서 '글로벌'과 '융합'이라는 커다란 흐름 속에서 지금까지의 지구사에서 볼 수 없었던 변화에 휩쓸려 있다. 이러한 변화의 흐름에서 음식도 예외가 아니다. 전통 음식을 뛰어넘어 이른바 퓨전 음식(fusion food)이 끊임없이 명멸(明滅)하고 있다. 한식도 예외가 아니다. 전통 조리법을 활용하여 현대 지구촌 사람들의 입맛을 당기는 융합형 음식이 계속 개발될 것이다. 이러한 시대 변화에서 한글 음식조리서는 전통 조리법의 원형을 보존하면서, 창조적 변용을 뒷받침하는 밑거름이자 마르지 않는 샘물 같은 역할을 할 것이다(백두현 2014a). 한글 음식조리서에 실린 조리법은 한국인의 영혼을 일깨우고 성숙시키는 소울 푸드(soul food)의 곳간이 될 것이다.

11장 한글 서체의 역사적 변천

11.1. 말, 문자, 서체

언어(말)에는 두 가지 측면이 있다. 발음기관을 통해 입으로 실현되어 귀로 들리는 말소리[음성언어]가 첫째이고, 손으로 써서 눈에 보이는 문자[문자언어]가 둘째이다. 전자는 인간의 청각에 호소하고, 후자는 시각에 호소한다. 언어의 본질은 말소리에 있고, 문자는 말소리가 지닌 순간성을 보완하는 존재이다. 말소리가 지닌 시간적 제약, 즉 말해지는 그 순간에만 존재하는 약점을 문자가 보완해 준다.

문자는 눈으로 인식되는 시각적 형상(시각 이미지)을 통해 구현된다. 문자가 구현되는 시각적 형상을 우리는 서체(=글꼴)라 부른다.[1] 말소리(speech sound) · 문자(letters) · 서체[글꼴, 자형, font]는 언어활동의 세 요소이다. 말소리 · 문자 · 서체 이 세 가지를 통해 인간은 온갖 종류의 언어생활을 영위하고 있다.

현대인의 언어생활에 작용하는 문자생활 매체는 매우 다양하다. 책, 신문, 광고물, 현수막, 인터넷, 휴대폰, 텔레비전 자막 등 온갖 매체를 통한 문자의 소비가 대량으로 이루어지고 있다. 이러한 매체들은 문자를 사용하며, 이 문자를 시각적으로 표현하기 위해 다양한 서체를 이용하고

---

[1] 문서 작성과 인쇄가 컴퓨터화되면서 '활자'라는 용어는 사라지고 '글꼴' 혹은 '폰트'라는 용어가 널리 쓰이고 있다. 우리말 용어 '글꼴'과 함께 한자어 '서체(書體)도 널리 쓰이고 있다. 저자는 서체와 글꼴 두 용어를 문맥에 따라 적절히 섞어 쓸 것이다.

있다. 현대 한국인이 접하는 각종 인쇄물, 디지털 매체, 광고물 등에 사용되고 있는 한글 서체의 종류는 헤아리기조차 어려울 정도이다. 라면 봉지나 과자 상자 등 각종 포장지에 인쇄된 상품 이름이나 광고문의 서체를 보라. 온갖 종류의 서체가 신문과 잡지, 광고문, 상품명의 문자들을 장식하고 있다. 이런 점에서 우리의 일상생활을 둘러싸고 있는 한글 글꼴 즉 한글 서체를 살펴보는 것은 의미 있는 작업이다. 한글 서체 변화에 대한 역사적 탐구는 현대인의 일상생활에 작용하고 있는 한글의 시각화 양상을 보다 깊이 이해하는 밑거름이 될 것이다.

11.2. 현대 한글의 서체와 그 다양성

1980년대부터 컴퓨터 문서 작성기와 다양한 수준의 인쇄기가 보급되면서 많은 한글 서체가 개발되었다. 한국인이 많이 쓰는 문서 작성기 '아래아한글' 프로그램에 들어가 여기에 등록된 서체를 보면 그 수가 적지 않음을 알 수 있다. 그중의 몇 가지만 뽑아서 보이면 다음과 같다.

글꼴은 아름답고 실용적이어야 한다. (바탕체)

글꼴은 아름답고 실용적이어야 한다. (굴림체)

글꼴은 아름답고 실용적이어야 한다. (돋움체)

글꼴은 아름답고 실용적이어야 한다.(맑은 고딕)

글꼴은 아름답고 실용적이어야 한다. (신명 태명조)

글꼴은 아름답고 실용적이어야 한다.(양재매화체)

글꼴 아름답 실용적이어야 한다.(굵은 안상수체)

글꼴은 아름답고 실용적이어야 한다. (세나루)

글꼴은 아름답고 실용적이어야 한다. (HY목각파임B)

글꼴은 아름답고 실용적이어야 한다.(HY나무L)

글꼴은 아름답고 실용적이어야 한다. (HY견명조)

글꼴은 아름답고 실용적이어야 한다.(휴먼편지체)
글꼴은 아름답고 실용적이어야 한다.(오이)

오늘날 여러 종류의 문서 작성기에서 다양한 서체들이 개발되어 쓰이고 있다. 보고 자료에 의하면 한글 서체는 현재 1천여 개에 달한다고 한다.[2] 이 많은 글꼴 중에서 실제로 널리 쓰이는 것은 그리 많지 않다. 글꼴은 사용 목적 혹은 사용자에 따라 선택이 달라진다. 다양한 사용자의 요구에 부응하기 위해 갖가지 서체가 개발되었고, 새로운 글꼴 개발이 계속 진행되고 있다. 국가적 차원에서도 한글 글꼴의 개발을 촉진하기 위한 사업이 펼쳐지고 있다. 그중의 하나가 문화체육관광부와 관련 단체가 협력하여 벌이는 한글 글꼴 공모전이다. 해마다 한글 글꼴 공모전이 개최되어 새로운 글꼴 개발을 촉진하고 있고, 여기서 나온 글꼴의 실용화가 이루어지고 있다. 글꼴 개발에 종사하는 전문가들과 글꼴 디자인 회사들이 서체 관련 사업을 하고 있으며, 이들의 활동은 한글 글꼴의 발전과 지식 정보화, 인쇄와 출판 등 문화산업 발전에 기여하고 있다.[3]

위에 제시된 글꼴 명칭에서 몇 가지 경향성을 발견할 수 있다. 첫째는 글꼴 명칭어 구성에서 글꼴 제작 주체나 회사를 앞에 놓고, 그 뒤에 글꼴의 특성을 표현하는 낱말을 배치한 점이다. '양재참숯체', '문체부 훈민정음체', 'HY견명조', '휴먼편지체' 등이 그러한 예이다. 둘째는 글꼴의 용도를 고려한 명칭어들이다. '바탕체', '돋움체', '제목체' 등이 여기에 속하는 대표적인 예이다. 그러나 '오이', '세나루' 등은 이런 경향성을 보여 주지 않고 어감(語感)에 초점을 둔 작명이다. 셋째는 글자의 크기나 획의 굵기

---

[2] http://www.printingkorea.or.kr/index.php?mid=font&document_srl=42792 프린팅코리아 누리집.

[3] 디지털 한글박물관(http://www.hangeulmuseum.org/)의 '아름다운 한글'에 들어 있는 '글꼴보기'에 각종 한글 글꼴 이름과 이미지가 소개되어 있다. 여기에는 박병천, 이기성 교수가 한글 서체에 대해 집필한 유익한 정보가 실려 있다.

에 따라 붙인 명칭어들이다. '세명', '중명', '태명'이 획의 굵기에 따른 명칭어의 예이다.

글꼴 명칭어에 이런 경향성이 발견되기는 하나 그것을 정하는 데 작용한 일관된 기준이나 원칙은 찾을 수 없다. 앞으로 개발할 한글 서체도 적지 않을 것이다. 관련 기관과 단체가 협의하여 서체 명칭 부여를 위한 기준안을 제정할 필요가 있다.

11.3. 문자 관련 용어의 정의

한글 서체를 논하기에 앞서 먼저 문자에 관련된 용어를 정의해 둘 필요가 있다. 선행 연구를 참고하여,[4] 서체를 설명할 때 필요한 용어 및 개념을 다음과 같이 설정한다.

(1) 문자(文字) : writing. script. 서사 기호의 체계.

(2) 음절자(音節字, syllabograph) : 한글의 초성과 중성이 결합하거나, 초성, 중성, 종성이 결합한 단위. 음절자(音節字)라 부른다. 중국의 한자, 모아쓰기를 하는 한글, 음절문자인 일본 문자 등에 유용한 용어가 '음절자'이다. 중국 한자의 한 글자(예: 白)나 일본 문자의 개별 글자가 모두 음절자에 해당한다. 로마자 알파벳에는 여기에 해당하는 것이 없다.

(3) 자모자(字母字, letter) : 음소 문자의 각 자. 영어의 a, b, c. 한글의 ㄱ, ㄴ, ㅇ, ㅏ, ㅓ, ㅗ 등. 음소문자의 자모자는 letter, 단어문자의 자모자는 character에 해당한다. '달'이란 글자(음절자)는 ㄷ ㅏ ㄹ이란 세 자모자로 구성되어 있다. 한국인이 일상적으로 많이 쓰는 '자'와 '글자'는 각각

---

4 아래 용어들은 이익섭(1992:12~15)과 배보은(2013)을 참고하여 필자가 나름대로 설정한 것이다. 배보은의 박사 논문 2장에 문자론 관련 용어가 잘 정리되어 있다. 연규동(2014)은 문자의 명칭과 분류 기준에 대해 논하였다.

자모자와 음절자를 동시에 가리키는 것이어서 학술 용어로 쓰기 어렵다.[5]

(4) 자소(字素[6], grapheme) : 자모자를 구성하는 선이나 점. 로마자의 E와 F는 가로선과 세로선이 각각 자소이고, O는 곡선, Z는 가로선과 사선이 자소이다. 한글의 경우 자소를 세로선, 가로선, 점(동그라미), 왼쪽 삐침(/), 오른쪽 삐침(\ )으로 나눌 수 있다(홍윤표 2012).

(5) 자획(字劃, strokes) : 자획은 자소와 비슷한 뜻을 가진 용어이지만 서체(글꼴)를 다룰 때 유용한 개념이다. 문자가 물질적 질량과 시각적 외형을 가지고 구현될 때 나타나는 그 문자의 구성 요소를 자획으로 간주한다. ㄱ은 가로획과 세로획으로 구성되어 있고, ㅅ은 왼쪽 삐침(/)과 오른쪽 삐침(\ )으로 구성되어 있다.

(6) 점획(點劃) : 중성자로 쓰이던 아래아는 원래 원형이었다가 점으로 바뀌었고 급기야 가로와 세로 방향의 짧은 획으로 변형되었다. ㅑ, ㅕ 등에서 가로짧은획, ㅛ, ㅠ 등에서 세로짧은획으로 바뀐 것이다. 가로짧은획과 세로짧은획은 용어상 번거로운 점이 있기 때문에 두 개를 묶어서 '점획'(點劃)이라 칭하기로 한다. '점획'은 '점 형태의 획'이라는 뜻과 원래 '점에서 변한 획'이란 뜻을 동시에 나타낼 수 있기 때문에 아래아에서 변한 가로짧은획과 세로짧은획을 지시하기에 적절한 용어다.

(7) 서체 · 글꼴[書體, font] : 글자체를 가리키는 용어로는 '글꼴', '서체' (書體), '폰트'(font)가 널리 쓰이고 있다. '글꼴'은 순우리말 용어이고, '서체'(書體)는 한자어, '폰트'(font)는 영어에서 온 것이다. 문화체육관광부를 포함한 한글 디자인계 및 국어학계에서는 '글꼴'을 많이 쓰고, 인쇄

---

[5] 보통의 한국인은 '달밤'을 두 '글자' 혹은 두 '자'라고 말한다. 한국인이 쓰는 '낱자'의 개념도 음절자와 자모자에 걸쳐 있다. '달밤'을 한국인은 '달'과 '밤' 두 개의 낱자로 인식하면서 동시에 '달'은 ㄷ ㅏ ㄹ 세 개의 낱자로 되어 있다고 생각한다. 두 개의 단위를 동시에 지칭하는 '자', '글자', '낱자'는 일상어로 쓸 수는 있다. 그러나 지칭하는 대상이 모호하기 때문에 학술 용어로 쓰는 것은 부적절하다.

[6] 이익섭(1992:14)은 '자소'(字素, grapheme)란 용어를 설정은 했으나 혼동을 줄 염려 때문에 쓰지 않는다고 했다.

관련 단체와 글꼴 관련 협회에서는 '폰트'(font)를 많이 쓰는 것으로 보인다.[7] 한자와의 연관성을 살리고 한자문화권에서 통용될 수 있는 '서체'를 중심으로 쓰고, 우리말 용어의 학술 언어화를 도모하는 취지에서 '글꼴'을 함께 쓰기로 한다.[8]

11.4. 한글 서체의 분류와 그 적용

1) 기존 학설의 검토

현대의 글꼴은 물론이고 과거 한글 문헌에 쓰인 한글 서체의 이름도 학자에 따라 여러 가지로 다르다.[9] 홍윤표(2006b)에서 정리된 선행 연구자들의 서체 명칭을 요약해서 보이면 다음과 같다.

(1) 김응현(1973), 『동방 국문서법』, 동방연서회.
정음체, 판본체, 정자, 흘림, 진흘림
(2) 류탁일(1981), 『완판 방각소설의 문헌학적 연구』, 학문사.
① 역사적 관점에서 : 시원체(始源體), 실용지향체(實用指向體), 실용체(實用體)

---

[7] 최근에는 이 분야의 전문가나 비전문가들이 영어 원어를 쓰면 "뭔가 있어 보이는지", '타이포그라피'(typography), '캘리그라피'(calligraphy)와 같은 용어를 무분별하게 쓰고 있다. 영어 용어를 쓰면 뭔가 있는 듯하고 유식하게 여기는 세태가 빚어낸 결과이다. 이른바 '개념 없고 무분별한 외국어 남용은 피해야 할 일이다. '타이포그라피'(typography)는 '인쇄체' 혹은 '활자체'라고 부르면 된다. '캘리그라피'(calligraphy)는 '손멋글씨'로 순화되었으며, '필사체', '손글씨체', '솜씨체'라 부르기도 한다.

[8] 이밖에도 '자체'(字體)와 '필체'(筆體)라는 용어도 쓰인다. 각 용어를 표기한 한자어로 볼 때, '자체'는 주로 활자의 글꼴을 의미하고, '필체'는 손글씨의 글꼴을 뜻하는 것으로 이해된다. '자형'(字形)은 '자체'와 거의 같은 개념으로 판단된다.

[9] 디지털 한글박물관(http://www.hangeulmuseum.org/)의 '한글 타이포그래피' 항목을 집필한 이기성은 한글 글꼴의 10가지 범주를 다음과 같이 설정했다. 바탕체, 돋움체, 제목체, 디자인체, 서예체, 외국어표기체, 쓰기체, 탈네모틀체, 풀어쓰기체, 기타. 용도를 고려한 분류이긴 하지만 일관된 기준을 찾기는 어렵다.

② 노력 경제의 관점에서

초서(반초달필체, 반초서민체)[10]

행서(초서지향 행서체, 행서체)

해서체(행서지향적 해서체, 종후횡박 우견상향적 해서체, 종후횡박 좌우평견적 해서체[11])

(3) 박병천(1983), 『한글 궁체 연구』, 일지사.

① 한글 인쇄체(판본고체, 판본달필체, 인서체[12])

한글 필사체(정음체, 방한체, 궁체, 혼서체, 일반체)[13]

② 전서체(정음체, 판본체), 예서체, 해서체(정자), 행서체(반흘림), 초서체(흘림, 진흘림)

(4) 윤양희(1984), 『바른 한글 서예』, 우일출판사.

판본체, 혼서체, 궁체(정자, 반흘림, 진흘림)

(5) 김양동(1986), 「한글 서예의 현실적 문제성」, 한글 서예 학술 세미나.

정음고체, 언문시체(諺文時體=선비 언필체)(男筆), 궁체(女筆, 정자, 흘림, 진흘림)

(6) 김일근(1986), 『언간의 연구』, 건국대 출판부.

반포체, 효빈체, 궁체, 잡체, 조화체[14]

(7) 손인식(1995), 「한글 서예 서체 분류와 명칭에 대한 연구」, 월간서예 1995년 2월호, 3월호.

반포체, 고체, 궁체(정자, 반흘림, 흘림, 진흘림), 한글 시체(時體)

(8) 김명자(1997), 「한글 서예 字, 書體 명칭에 관한 연구」, 단국대 교육대학원 석사학위논문.

---

10 半草達筆體, 半草庶民體
11 行書志向的 楷書體, 縱厚橫薄 右肩上向的 楷書體, 縱厚橫薄 左右平肩的 楷書體
12 板本古體, 板本達筆體, 印書體
13 正音體, 倣漢體, 宮體, 混書體, 一般體
14 頒布體, 效顰體, 宮體, 雜體, 調和體

정음원체, 정음필서체, 궁체(정자체=바른체, 흘림체, 진흘림체)
- (9) 여태명(2001), 「민체의 조형과 예술성」, 서예문화 2001년 2월호. 판본체(판본고체, 판본필사체), 궁체(정자, 흘림, 진흘림), 민체(정자, 흘림, 진흘림)
- (10) 허경무(2006), 「조선시대 한글서체의 연구」, 부산대 박사학위 논문. 해례본체, 언해본체(언해본체정자, 언해본체흘림, 언해본체진흘림), 궁체(궁체정자, 궁체흘림, 궁체진흘림)

위에 제안된 서체의 분류 명칭에서 (2), (3), (10)은 일정한 기준을 설정하고 이에 따라 분류한 것이다. (2)류탁일은 서체의 역사적 변화와 노력 경제의 정도에 따른 서체 변이를 고려한 분류이다. (3)박병천은 용도에 따라 인쇄체와 필사체를 나누고, 한자 서체의 영향을 고려하여 전서체, 예서체 등으로 분류했다. (10)허경무는 한글의 필서가 붓으로 이루어진 점을 중시하여 서예적 관점에서 분류했다. 그는 한글 서체의 분류 기준으로 '전형성', '중앙축성', '기필(起筆)의 노봉성(露鋒性)'을 들었다. 기타 사람의 분류에서는 일정한 기준을 찾아보기 어렵다.

여러 학자들의 제안에서 보듯이 제 나름대로의 서체 명칭을 제각각 붙여서 통일성이 없을뿐더러 일정한 경향성을 파악하는 것조차 쉽지 않다. 이런 점에서 조선시대 한글 문헌에 쓰인 서체를 분류하는 기준과 이 기준에 따라 서체 명칭을 설정하는 문제를 먼저 논할 필요가 있다. 한글 서체의 분류 기준과 서체 명칭을 체계적으로 세워놓아야 서체에 관한 설명에서 일관성 있는 진술을 할 수 있기 때문이다. 여기서 부딪치는 현실적 문제는 한글 서체의 명칭이 매우 다양하고 학자 간 차이가 심하다는 점이다. 저자는 이런 현실을 고려하여 서체 분류를 위한 원칙을 먼저 세우고, 이어서 이 원칙에 의거한 서체 분류를 제시한다.

2) 서체 분류의 원칙

서체 명칭의 통일 방안에 대해서는 홍윤표(2006b:11~54)에서 이미 자세히 논한 바 있다. 필자는 한글 서체를 분류함에 있어서 다음 몇 가지 원칙을 고려해야 한다고 생각한다.[15]

첫째, 한글 서체가 한자 서체와의 연관성 속에서 나온 만큼 양자의 연관성을 고려한 명칭이 적절하다.[16] 이렇게 분류한 서체 명칭은 한자 문화권에서 두루 통용될 수 있는 장점을 가진다.

둘째, 흘림의 정도를 고려한 기준을 도입함이 적절하다. 이 기준은 류탁일 선생이 '노력 경제'라고 부른 기준과 실질적으로 같은 것이다.

셋째, 한글 문헌의 판본 유형을 고려하여 분류할 필요가 있다. 한글 서체는 사용되는 한글 문헌의 판본 유형(인쇄본/필사본, 활자본/목판본 등)에 따라 달라질 수 있다.

넷째, 한글이 사용된 사회적 위상을 고려한 분류가 필요하다. 한글이 사회생활의 여러 층위에서 다양하게 사용된 만큼 실용 양상을 고려함이 필요하다.

다섯째, 한글 서체의 역사적 변화 과정을 고려한 명칭 부여가 필요하다. 그러나 한글 서체 분류에서 역사적 변화 과정을 살펴야 함은 당연한 것이지만 현실적으로 이에 대한 연구가 불충분하여 한계가 있다.

여섯째, 필사본의 경우 붓글씨 쓰기의 숙련 정도를 고려해서 분류함이 적절하다. 붓글씨의 숙련도를 엄밀하게 단계화하기 쉽지 않지만 개략적 차등을 둔 분류는 어렵지 않다.

---

[15] 아래 기준은 홍윤표(2006b)의 7장에 제시된 서체 명칭의 정비 기준을 고려하여 필자가 설정해 본 것이다. 홍윤표 선생은 국외자도 이해할 수 있는 쉬운 용어여야 함, 개념이 그 용어에 내포되어야 함, 용어에 역사성이 있어야 함, 어문규범에 맞아야 함이라는 네 가지 기준을 들었다.

[16] 여기에 해당하는 것은 박병천(1983)의 분류이다.

위와 같은 여섯 가지 기준에 따라 서체를 분류하고 그 명칭어를 결정하면, 그 명칭어가 과거 시대의 특성을 반영하면서 현대에도 통용될 수 있다. 지나치게 어려운 용어나 의고적 용어는 피하는 것이 좋으며, 현대인의 언어 감각으로 쉽게 인지되고 수용될 수 있는 용어가 바람직하다. 이러한 기준들을 염두에 두고 분류상의 편이성을 고려하여 한글 서체를 분류해 보면 대체로 다음과 같은 분류 체계를 설정할 수 있다.

3) 한글 서체의 분류
(1) 한자 서체와의 연관성을 고려한 분류

한자 서체의 종류에는 여러 가지가 있다. 한글과 관련된 한자 서체로 전서체(篆書體), 해서체(楷書體), 행서체(行書體), 초서체(草書體)가 있다. 전서체의 경우는 좀 특수한 사정이 있다. 한글에서 한자의 전서체(篆字)와[17] 가까운 서체는 찾기 어렵다. 그럼에도 굳이 이 용어를 사용하는 까닭은 훈민정음 해례본, 세종실록, 최만리의 반대 상소문 등에 '자방고전(字倣古篆)' 즉, 훈민정음 글꼴이 중국의 '고전'(古篆)을 본받은 것이라는 언급이 있기 때문이다. 이미 여러 학자들이 '자방고전(字倣古篆)'의 뜻과 이 구절이 갖는 의의에 대해 논하였다.[18] 해례본에 쓰인 한글 서체와 전서체의 공통점은 방정(方正)한 사각형이라는 점과 획의 굵기가 일정하다는 점이다.[19] 그러나 한자 전서의 중요한 특징인 곡선 형태가 해례본의 한글 글꼴에 나타나지 않는다. 해례본의 한글 글꼴은 직선 형태의 서양 고딕체와 비슷한 점이 있다. 다음의 그림 1과 그림 2에서 한자의 전서체

---

[17] 전서체에는 비갈(碑碣)의 제목에 쓰는 대전(大篆), 도서에 쓰는 소전(小篆), 인장에 쓰는 방전(方篆)이 있다. 훈민정음 해례본에서 언급된 '고전'은 소전체에 해당한다.

[18] '古篆'(고전)의 해석에 대한 여러 학자의 견해는 백두현(2012:133-136)에 정리되어 있다.

[19] 해례본의 한글 글꼴은 획의 굵기가 일정하며 이것이 전서와 같은 점이라고 본 견해가 있다(박형우 2008).

그림 1 훈민정음 해례본 용자례 중의 한글 글꼴

그림 2 한자의 전서체
http://upload.wikimedia.org/wikipedia/

와 해례본의 한글 글꼴을 비교해 볼 수 있다.

훈민정음 해례본에 나타난 한글 서체의 특성을 드러내기 위해서 정음체(김응현), 반포체(김일근), 전서체(박병천), 시원체(始原體, 류탁일) 등의 용어가 제안되었다. 그런데 해례본의 한글 글자에 '전서체'라는 이름을 붙이면 훈민정음 해례본 한글 서체가 가진 역사적 중요성을 놓칠 우려가 있다. 그리고 전서체의 특징과 해례본 한글 글꼴의 특징이 그리 쉽게 연결되지 않는다는 점과 이 술어가 일반인들에게 이해되기 어렵다는 문제점도 있다. 이런 이유로 전서체라는 용어의 선택을 망설이게 된다. 해례본의 한글은 서체만으로 보면 '한글고딕체'라는 용어가 더 잘 어울리지만, 이는 서양의 영문 서체에서 온 '고딕'이란 용어를 해례본 한글 서체에 적용하는 것이어서 적절치 못하다. 이런 문제점 때문에 한글 창제 당시의 서체를 가리키는 이름으로 여러 학자들이 정음체, 반포체, 시원체와 같은 용어를 만들었던 것이다.

훈민정음의 창제 원리에 중국 성운학과 문자학이 영향을 미친 요소가 강하게 나타나지만 창조적으로 변용한 독창성 또한 매우 뚜렷하다(백두현 2012). 또한 해례본의 서체가 한자 서체의 영향을 받은 것을 부정할 수 없지만 훈민정음 고유의 독창성 또한 매우 뚜렷하다. 해례본의 한글 서체의 명칭을 정함에는 이 점이 고려되어야 한다.

훈민정음 해례본의 한글 서체는 『용비어천가』(초간본), 『석보상절』, 『월인천강지곡』에서 아래아자의 꼴이 둥근 원에서 짧은 막대형(점획)으로 약간 달라졌을 뿐 기본 형태가 유지되었다. 이 책들은 모두 세종 생존 시에 훈민정음 해례본과 거의 같은 시기인 1446년과 1447년경에 만들어졌다. 이 네 책의 한글 서체를 모두 묶어서 '훈민정음체'(줄여서 '정음체')라 부르는 것이 가장 적절하다.[20] '훈민정음체'는 한자의 전서체(篆書體)

---

[20] 홍윤표(2012)에서 이미 이 명칭이 제안된 바 있다. 훈민정음체와 궁체, 쉼표 마침표 (2012.9.18.), 국립국어원.

와 가장 가깝지만 전서체와의 차이도 명백하다. 훈민정음 해례본에 처음 나타난 한글 서체라는 역사성을 중시하고 한자 전서체와 차별 짓기 위해 '훈민정음체'라는 이름을 부여함이 가장 적합하다.

나머지 한글 서체 이름은 한자와의 관련성을 가진 해서, 행서 등 일반적 명칭을 쓰는 것이 적절하다. 다만 '한글'이라는 용어를 앞에 붙여서 '한글 해서체', '한글 행서체', '한글 초서체'라 명명함이 바람직하다. 이에 따라 필자가 한자 서체와의 관련성을 고려하여 설정한 서체 분류는 훈민정음체, 한글 해서체, 한글 행서체, 한글 초서체라는 네 가지가 된다. 한글 해서체는 활자본으로 간행한 언해본에 나타난다. 한글 초서체와 행서체는 필사본에 주로 나타나고 간본에 쓰인 예는 매우 드물다. 목판본 『태상감응편도설언해』(1852)는 초서체 느낌이 있는 한글 행서체가 사용되어 있다. 이것은 매우 특이한 사례에 속한다. 이런 서체의 판각(板刻)은 해서체 판각보다 훨씬 어렵다.

(2) 흘림의 정도를 고려한 분류

흘림의 정도를 고려한 분류는 주로 필사본에 적용된다. 인쇄본에도 흘려 쓴 것이 간혹 있지만 매우 드물다. 위의 분류 명칭 중 '한글 초서체'는 이른바 '흘림'이 있는 글꼴을 가리킨다. 전통 사회의 필사 도구가 붓이었던 만큼 붓의 특성상 획과 획을 이어서 쓰거나 자모자(子母字)를 간결하게 표현하는 서법이 나타나게 된다. 한자 서체에서 비교적 덜 흘린 것을 정초(正草), 매우 심하게 흘린 것을 진초(眞草) 혹은 광초(狂草)라 부른다.

저자는 흘림을 기준으로 한 서체를 정자체와 흘림체로 크게 나누고, 흘림체를 다시 예사흘림체와 아주흘림체로 나눈다. 따라서 흘림의 정도를 기준으로 하여 **정자체(正字體)**, 예사흘림체, 아주흘림체라는 세 가지로 나눌 것을 제안한다. 정자체는 흘리지 않고 반듯하게 쓴 서체이다. 예사흘림체는 약간 흘려 쓴 서체로 한자어 정초(正草)에 대응한다. 아주흘림체는 아주 흘려 쓴 서체로 한자어 진초(眞草) 혹은 광초(狂草)에 대응한다. 이를 기존 용어와 비교해 보면, 정자체는 정자체 그대로이고, 예사흘림체는 '반흘림체', 아주흘림체는 '진흘림체'에 각각 대응한다.[21] '반흘림체'와 '진흘림체'의 접두사로 쓰인 '반(半)'과 '진(眞)'은 서로 대립되는 한자가 되지 못하여 학술 용어로 짝을 지어 씀이 적절치 않다. 또 '진흘림체'는 그 개념이 일반인에게 쉽게 인지되지 않는 문제점이 있다. 예사흘림체와 아주흘림체는 이런 문제점을 모두 피할 수 있고 누구에게나 쉽게 그 뜻이 인지될 수 있는 술어이다. 예사흘림체는 보통으로 흘려 쓴 초서체이고, 아주흘림체는 흘림의 정도가 심한 것이다.

그러나 흘림의 정도를 객관적으로 판단할 기준을 세우기는 어렵다. 보는 이의 감각적 기준에 따라 판단하는 것이 오늘날의 현실이다.[22] (1)에서 말한 한글 행서체는 예사흘림체와 일치하지 않지만 서로 가까운 관계라 할 수 있고, 한글 초서체는 아주흘림체와 서로 가깝다. 예사흘림체와 아주흘림체는 둘 다 한글 초서체에 넣을 수 있다. 그러나 행서체와 한글 초서체에 속한 예사흘림체의 경계를 엄격히 구별짓기는 어렵다.

(3) 판본 유형을 고려한 분류

한글 서체가 인쇄본에서 사용되었는가 혹은 필사본에 사용되었는가에 따라 인쇄체와 필사체로 나누고, 인쇄체를 다시 활자체와 목판체로 나눈다. 인쇄본은 서지학 분야에서는 간인본(刊印本) 혹은 간본(刊本)이라 부르지만 이 용어는 일반인 혹은 타 분야 사람들에게 그 의미가 쉽게 인지되지 않는다. 인쇄체라는 용어는 현대의 여러 분야 사람들과 비전문가에게 쉽게 이해될 수 있는 용어이다. 인쇄체는 선행 연구자들의 분류에서

---

21 궁체를 세분하여 정자체, 반흘림체, 진흘림체로 나누기도 한다(박병천 1983). 필자가 말하는 한글 초서체는 궁체와 같은 개념이 아니므로 궁체가 아닌 서체에도 적용된다. 특히 궁체에도 흘림체가 아닌 정자체가 있음에 유의할 필요가 있다. 정자체는 초서체가 아니기 때문이다.

22 앞으로 보다 정밀한 분석을 하여 좀더 객관적 기준을 찾아야 할 것이다.

'판본체'와 대체로 일치한다.[23]

인쇄체의 하나인 활자체를 다시 **금속활자체**와 **목활자체**로 나눌 수 있다. 서지학계에서는 한글 금속활자를 한자의 활자 이름과 결부시켜 '초주 갑인자 병용 한글자'(석보상절 한글자)나 '을해자 병용 한글자'(초간 두시언해 한글자)라는 세부적 용어를 쓰고 있다.

목판본에 쓰인 한글 서체를 목판체라 부른다. 목판본 한글 자료가 많은 만큼 목판체는 더 자세하게 나눌 수 있다. 간경도감판 불경 언해류의 한글 서체를 '간경도감체'(자세히 하면 '간경도감 한글 목판체')라 할 수 있고, 목판본 『오륜행실도』의 서체를 '오륜행실도체'(자세히 하면 '오륜행실도 한글 목판체')라 명명할 수 있다. 이밖에도 완판본과 경판본 판소리계 소설의 한글 서체를 '완판본체'(혹은 한글 완판본체), '경판본체'(혹은 한글 경판본체)라고 이름 붙일 수 있다.

한편 손으로 쓴 필사본에 사용된 서체를 모두 통틀어 필사체라 부른다. 필사체도 더 세부적으로 분류할 여지가 많다. (2)흘림의 정도를 고려한 분류에서 나온 정자체, 예사흘림체, 아주흘림체를 가져와서 필사체를 더 자세하게 나눌 수도 있다.

(4) 사용자의 사회적 위상을 고려한 분류

한글은 궁중의 왕실과 궁녀들에서부터 양반가의 남녀와 평민 이하의 하층민들에 이르기까지 널리 쓰였다. 사회 계층적 통용성을 기준으로 볼 때 한글은 한자보다 훨씬 넓게 쓰였다. 한글 사용자의 사회적 위상을 고려하여 **반체**(班體), **민체**(民體), **궁체**(宮體)로 분류한다.

반체는 왕실의 남녀 및 양반가의 남녀가 쓴 편지나 한글 제문, 한글

---

[23] '판본체'에 대응하는 한자어는 두 가지를 상정할 수 있다. 板本體와 版本體가 그것이다. 전자는 목판본만 뜻하고, 후자는 금속활자본까지 포괄할 수 있다. 한글로 '판본체'라 쓰면 두 가지 한자 용어 중 어느 것인지 한정하기 어렵다. 이런 문제점과 '인쇄체'라는 용어가 가진 대중성을 고려하여 '인쇄체'란 용어를 택하였다.

가사 등에 쓰인 것으로 글꼴의 조화가 이루어진 것을 가리킨다. 반체는 김일근이 세운 '조화체'와[24] 통하는 점이 있다.

민체는 붓글씨에 서툰 사람들이 쓴 것으로 미숙하고 꾸밈없이 소박한 느낌을 주는 서체이다. 한글을 갓 배운 여성이나 어린이의 편지에 이 서체가 보인다. 또한 문자생활과 거리가 있는 평민과 노비 등 하층민이 쓴 한글 고문서류에 민체가 나타난다.[25] 민체의 글씨는 미숙하고 졸렬한 것이지만 소박하고 진솔하며 편안한 느낌을 준다. 민체는 김일근이 세운 '잡체'와 통하는 점이 있다.

궁체는 한글 서체의 가장 완성된 단계를 보여 준다. 왕실 여성(왕비, 공주, 대비 등)과 궁중의 서사상궁(書寫尙宮)이 쓴 한글 편지 혹은 한글 소설(『낙성비룡』 등)과 한문 번역서(『조야회통』 등)에 궁체가 쓰였다. 19세기말과 20세기 초에 궁체가 널리 일반화되어 여러 종류의 책에서 널리 쓰였다. 심지어 목판본이나 신활자본[납활자본]에도 궁체가 쓰인 것이 있다.[26] 정형화된 궁체는 아름답기는 하나 몰개성적이고, 민체는 못난이 글씨이지만 개인적 특성이 잘 드러난다. 궁체와 민체는 여러 면에서 서로 뚜렷한 대조를 보인다.

서체가 쓰인 사회적 위상을 고려하여 반체, 민체, 궁체로 나눌 때 두 가지 문제점에 부딪친다. 하나는 이 용어에 들어간 '반·민·궁'(班·民·宮)의 개념과 실제로 쓴 사람의 사회적 신분이 불일치하는 경우가 많다는 점이다. 다른 하나는 승려나 중인층이 명칭에서 제외되었다는 점이다. 이런 점을 고려하고 필사자의 사회적 신분을 더 잘 드러내기 위해 궁체(宮體), 반체(班體), 중인체(中人體), 민체(民體), 승려체 등으로 더 세분하는 방법도 있다. 반체는 양반체, 중인체는 중인 신분의 사람이 쓴

---

24 김양동 선생이 이름 붙인 '선비 언필체'가 조화체와 가깝다.
25 민체는 궁체와 대비되는 용어로 궁중 밖의 민간에서 쓴 서체로 보기도 한다.
26 궁체의 용어 발생, 궁체가 사용된 각종 문헌 자료, 궁체의 변화와 분류에 관한 해설은 홍윤표(2012)를 참조할 수 있다.

것, 승려체는 사찰의 승려가 쓴 한글 서체를 가리킨다. 그러나 이 분류는 필사자의 신분에 따라 지나치게 많은 서체명을 만들어내게 된다. 필요에 따라 무인체, 기녀체, 노비체 등의 용어를 더 만들 수도 있다. 이런 용어들은 필사자의 신분을 드러내주지만 각 서체의 차별적 특성을 담보하지 못한다. 예컨대 반체, 중인체, 승려체의 서체적 특성을 그 신분에 따라 구별할 수 없기 때문이다. 이런 점을 고려하여 사회적 신분에 따라 서체를 세분하는 방법을 택하지 않았다.

반체는 양반층이 쓴 서체라는 뜻도 있지만 조화롭게 잘 쓴 서체라는 의미도 내포한다. 중인층이 쓴 서체라도 조화롭게 잘 쓴 것은 반체에 넣는다. 이와 마찬가지로 민체는 일반 백성들이 쓴 서체라는 뜻과 함께 붓글씨에 미숙하여 서툴게 쓴 서체라는 뜻도 내포한다. 글씨의 솜씨를 고려하여 필획의 흐름이 매우 서툴고 소졸(疏拙)한 것은 민체로 간주한다. 하층민이 직접 쓴 한글 고문서류에 주로 민체가 나타나지만, 송강 자당 죽산안씨가 쓴 언간에도 이런 서체가 발견된다.

반체는 다음 (6)에서 다룰 달필체(達筆體)인 것이 많고, 민체는 상대적으로 소졸체(疏拙體)가 많은 편이다. 반체와 궁체는 그 안에서 다시 정자체[한글해서체], 예사흘림체[한글행서체], 아주흘림체[한글초서체]로 더 나눌 수 있다. 민체는 대부분 정자체로 쓰여 있다.

(5) 서체의 역사적 변화를 고려한 분류

앞의 선행 연구자들이 제시한 분류 명칭 중 류탁일의 시원체(始源體), 실용지향체, 실용체는 서체의 변화를 고려한 것이다. 그러나 한글 글꼴의 역사적 변화 과정과 내적 원리는 아직 충분히 연구되어 있지 않다. 김일근 선생이 이름 붙인 '효빈체'(效顰體), 김양동 선생이 이름 붙인 '선비 언필체'와 같은 이름도 서체의 발달 과정을 염두에 둔 것들이다. 그러나 효빈체라는 용어는 어렵기도 하거니와 그 뜻이 잘 드러나지 않는 문제점이 있다. 선비 언필체는 선비가 아닌 사람들의 서체가 배제되는 문제가

있다.[27]

김두식(2003/2008)은 서체 변화의 연구에서 중요한 성과를 거둔 업적이다. 그러나 그는 소수의 간인본 문헌에 국한하여 서체 변화를 분석했기 때문에 앞으로 더 폭넓은 연구가 필요하다.[28] 김두식의 연구에서 한글 서체 변화에 대한 기술은 궁체의 형성과 그 완성에 초점을 두고 있다. 궁체에 초점을 둔 이런 관점이 어느 정도 유용하고 의미 있는 것인지는 더 검증될 필요가 있다.

한글 서체의 변화 과정은 한글 활자본, 한글 목판본, 한글 필사본을 각각 기술하고 이를 다시 서로 관련지어 포괄하는 연구 방법론이 필요하다. 판본은 그 판원에 따라 서체의 차이가 있다. 그러므로 중앙 관아의 관판본 및 간경도감판, 지방 관아의 관판본, 사찰판, 방각본(완판본과 경판본) 등의 특성을 고려하여 서체 변화를 연구할 필요가 있다. 이와 같은 연구는 아직 이루어진 바 없어서 서체의 역사적 변화를 고려한 서체 분류는 더 이상 다루기 어렵다. 11.5절과 11.6절에서 한글 서체의 시대적 흐름에 대해 사례 중심으로 더 서술할 것이다.

(6) 숙련 정도를 고려한 분류

손으로 쓴 필사체에서는 붓글씨 쓰는 숙련도에 따라 서체의 차이가 적지 않다. 숙련의 정도를 엄밀하게 객관화하기는 어렵지만 전체적 수준에서 판단할 수는 있다. 한글 쓰기의 숙련 정도를 고려하여 크게 분류하면 **달필체**(達筆體), **보통체**(普通體), **소졸체**(疏拙體)로 나눌 수 있다. 달필체는 한문 쓰기에 능숙한 사대부가 쓴 한글 필사본에 많이 나타나고, 소졸체는 일반 서민이 쓴 편지나 하층민이 직접 쓴 한글 고문서에서 찾아

---

[27] '효빈체, 잡체, 혼서체, 방한체, 조화체' 등과 같은 서체 명칭은 그 개념이 불투명하기 때문에 사용하지 않기로 한다.
[28] 김두식의 이 연구는 한글 글꼴 변화의 연구에서 거둔 탁월한 성과이다. 필자가 아래에서 기술한 한글 글꼴 변화의 상당 부분은 김두식의 연구에 기대고 있다.

볼 수 있다. 보통체는 중간 정도의 솜씨를 가리키는데 달필체와 소졸체 사이에 놓이는 것이다. 그러나 그 경계를 분명히 하기는 어렵다. (4)에서 세운 반체 속에 달필체가 많고, 민체 속에 소졸체가 많아서 양자는 상관성이 높다. 류탁일 선생이 말한 '반초 달필체'와 '반초 서민체'는 숙련 정도를 고려한 명칭인데, 저자가 세운 달필체 및 소졸체에 각각 대응한다.

지금까지 제시한 한글 서체의 분류 기준과 이에 의거한 분류 체계를 도표로 요약해 보면 다음과 같다.[29]

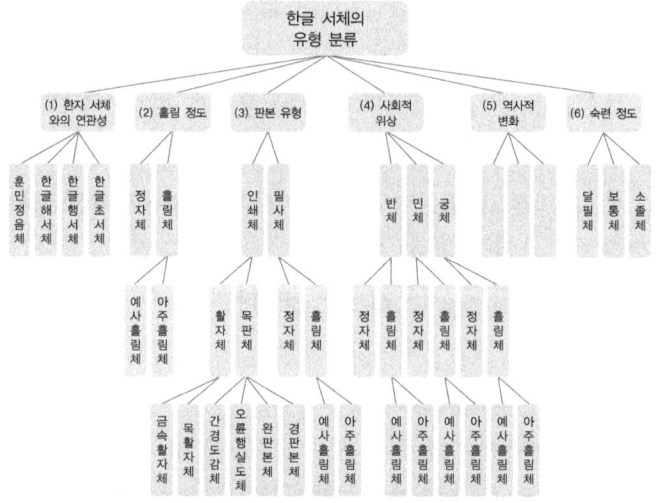

그림 3 한글 서체의 분류 기준과 분류 체계

---

[29] 이 그림에서 역사적 변화 아래 하위 분류가 없는 것은 이에 대한 연구가 미진하기 때문이다. 목판체 아래에 속한 간경도감체, 완판본체 등은 하나의 예시로 보인 것이다.

4) 한글 필사본에 적용해 본 서체 분류의 실제

(1)에서 (6)에 이르기까지 저자가 세운 서체 분류 체계를 언간을 중심으로 한 몇몇 필사본에 적용하여 그 타당성을 검증해 보기로 한다. 위에서 설정한 한글 서체 분류 체계를 18개 한글 필사본에[30] 실제로 적용해 보면 아래의 표와 같다. 저자가 세운 서체 분류 체계가 상당한 변별성과 타당성을 갖고 적용될 수 있음을 아래 도표에서 확인할 수 있다.[31]

표1 한글 필사본의 서체 분류 예시

필사자 이름	작성 연도	자료 이름	필자 신분	사회적 위상			숙련 정도			한자 서체와의 연관성			흘림 정도			판본 유형		종합적 서체 명칭
				반체	민체	궁체	달필체	보통체	소졸체	훈민정음체	한글해서체	한글행서체	한글초서체	정자체	예사흘림체	아주흘림체	금속활자체	목판체	필사체
신미(?)	1464	상원사중창 권선문	승려	○						○		○							○	반체 달필 해서 정자체
나신걸	1490년경	나신걸언간	양반무인		○				○						○				○	민체 소졸 해서 예사흘림체
채무이	1570년경	순천김씨언간 27번	양반문인		○			○				○							○	민체 보통 행서 예사흘림체
정철	1570년경	정철언간	양반문인	○							○								○	반체 달필 행서 예사흘림체
죽산안씨	1571	죽산안씨언간	양반여성		○				○			○							○	민체 소졸 해서 정자체
?	1593	선조한글교서	양반문인	○							○								○	반체 달필 해서 정자체

---

[30] 표에 들어간 필사 자료의 사진은 11.6절에서 제시한다.

[31] 아래 표에서 분류 기준의 배열 순서는 종합적 서체 명칭을 부여하기에 적절하도록 조정하였다. 그 결과 사회적 위상, 숙련 정도, 한자 서체와의 연관성, 흘림 정도의 순서가 되었다. 종합적 서체 명칭에서 대상 자료가 모두 필사본이므로 판본 유형은 표기하지 않았다. 이 도표에서 숙련 정도 및 흘림 정도에 대한 판단은 필자의 주관에 따른 것이어서 이론(異論)의 여지가 있다.

이름	연대	출전	신분								서체
합산댁(벽진이씨)	1607	현풍곽씨언간 118번	양반여성	○	○		○	○		○	민체 보통 행서 정자체
곽주	1610년경	현풍곽씨언간 99번	양반문인	○	○		○	○		○	반체 달필 행서 예사흘림체
장계향	1670년경	음식디미방	양반여성	○	○		○	○		○	반체 보통 행서 예사흘림체
양사언	16세기 후기	서호별곡	양반문인		○		○	○		○	반체 달필 행서 예사흘림체
이황	16세기 후기	퇴계간찰-조목	양반문인		○	○	○			○	반체 보통 해서 정자체
설훈	1774	마곡사언간	승려		○		○			○	반체 보통 행서 예사흘림체
숙명공주	17세기	효종언간	공주	○	○		○	○		○	반체 달필 해서 정자체
효종	17세기	효종언간	왕		○		○			○	반체 달필 해서 예사흘림체
?	1847	정미가례시일기	궁중여성	○	○		○	○		○	궁체 달필 해서 예사흘림체
김정희	1874	김정희언간 17신[32]	양반문인	○	○		○	○		○	반체 달필 초서 아주흘림체
?	19세기	노(奴)무열의 토지매매명문	평민	○		○	○	○		○	민체 소졸 해서 정자체
순원왕후	19세기	순원왕후언간	왕비	○	○		○	○		○	궁체 달필 행서 예사흘림체

11.5. 한글 서체의 시대적 흐름

1) 한글 서체의 탄생 : 훈민정음 해례본의 글꼴

한글 서체는 훈민정음 해례본에서 탄생하였다. 훈민정음 창제 당시의 한글 글꼴을 이루는 기본 요소는 가로선(ㅡ), 세로선(ㅣ), 동그라미(●ㅇ)[33], 왼쪽 삐침(/), 오른쪽 삐침(\ ) 다섯 가지이다.[34] ㄱ은 가로선과 세

---

32 이 번호는 김일근(1991:283)을 따른 것이다.

로선의 결합이고, ㄴ은 세로선과 가로선의 결합이다. ㅅ은 왼쪽 삐침과 오른쪽 삐침의 결합이며, ㅈ은 여기에 가로선이 위에 얹힌 글꼴이다. 이 다섯 가지 기본 요소로써 초성자와 중성자가 모두 만들어졌다. 훈민정음 해례본에 나타난 초성자의 글꼴은 다음과 같다.[35]

그림 4 『훈민정음』 해례본의 초성자 글꼴

---

33 동그라미에는 두 가지 종류가 있다. 하늘을 상형한 중성의 ● 자와 목구멍을 상형을 초성의 ㅇ이 그것이다. 전자는 검은 동그라미[黑圈點]이고, 후자는 흰 동그라미[白圈點]이다.
34 홍윤표(2012), 훈민정음체와 궁체(쉼표 마침표, 국립국어원)에서 인용했다. 앞서 홍윤표(2000)에서는 훈민정음 자모 구성 요소를 'ㅡ, ㅣ, ㅁ, ㅇ, ／, ＼, ●'의 일곱 가지를 설정했다. 홍윤표(2012)는 동그라미를 하나로 합치고, ㅁ을 없애 간결하게 만들어 다섯 가지 요소로 줄인 것이다.
35 이 글꼴은 해례본(통문관 영인본)을 스캔하여 그 이미지를 편집하여 해당 글자를 따낸 것이다. 이용준이 복원하여 써 넣은 해례본 1, 2장의 서체는 원본의 서체와 매우 다르기 때문에 제외했다.

훈민정음 해례본에 나타난 중성자의 글꼴은 다음과 같다.

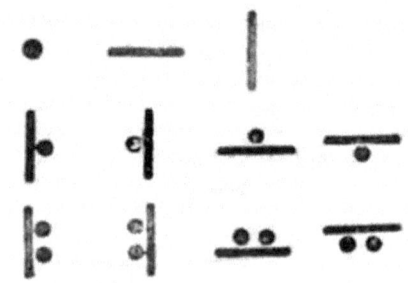

그림 5 『훈민정음』 해례본의 중성자 글꼴

초성, 중성, 종성자를 합하여 음절자와 낱말을 이룬 예와 그 모습은 다음과 같다.

그림 6 『훈민정음』 해례본의 음절자와 낱말

해례본에 쓰인 훈민정음 초성자와 중성자 그리고 이들이 결합한 음절자의 글꼴은 한글이 탄생하던 최초의 원형(原形)을 잘 보여 준다. 이 글꼴의 특성을 몇 가지로 요약하면 다음과 같다.[36]

(1) 한글 자모는 직선과 원으로 구성되어 있다. 더 자세히 말해 한글은

---

[36] 훈민정음 자모의 서체가 지닌 특징은 홍윤표(2012, 훈민정음체와 궁체)에 10가지로 제시되어 있다. 필자는 이 내용을 참고하였다.

직선과 사선, 검은 원(•아래아자)과 흰 원(ㅇ이응자)로 구성되어 있다. 직선과 사선은 묶어서 '직선'으로 합칠 수 있다. 그리고 원을 검은 원과 흰 원으로 나눔으로써 아래아자와 이응자를 구별할 수 있다. 그런데『석보상절』과『용비어천가』등에서 초출자와 재출자에 들어간 아래아자가 원에서 짧은 막대획(=점획)으로 바뀌었다. 이어서 초성 뒤에 단독으로 쓰인 아래아자(ᄒ, ᄉ 등)까지 점획으로 바뀌었다. 이 변화로 중성자에서 원이 사라졌다. 결과적으로 중심이 찬 원(•, 검은 원)은 없어지고, 중심이 빈 원(ㅇ, 흰 원)만 남아서 초성자로 쓰이게 되었다.

　(2) 초성자 및 음절자(초성, 중성, 종성이 합쳐진 글자)는 사각형 구조로 되어 있다. 중성자도 사각형 구조 안에 들어가기는 하지만, 외형상 초성자 혹은 음절자와 같은 사각형 구조가 중성자에서는 확연히 드러나지 않는다.

　(3) 해례본의 서체는 자획이 곧은 직선이고 굵기가 일정하다. 이런 특성은 최초로 글자를 창안하고 글꼴을 디자인할 때, 각 자모의 전형적 형태를 보여주려는 의도에서 나온 것이다. 선의 굵기가 일정한 것은 한자 전서체와 같은 특성이다. 이 특성으로 인해 정인지 서문에 나온 '자방고전'(字倣古篆)의 '전'을 한자 전서체와 관련지을 수 있는 것이다.

　(4) 제자 원리가 글꼴에 반영되어 있다. 초성 기본자는 음성 기관의 작용 및 그 형상을 본뜬 것이고, 중성 기본자는 하늘, 땅, 사람을 본뜬 것이다. 이러한 상형의 원리가 글꼴에 반영되어 있다. 가획의 원리 역시 글꼴에 직접 반영되어 있다. ㄴ에 가획한 ㄷ자, ㄷ에 가획한 ㅌ자 등은 가획의 형태가 시각적으로 잘 표현되어 있다. 특히 ㅌ자는 상단 가로획의 왼쪽 끝이 돌출되어 있어서(ㅌ) 이 획이 가획된 것이라는 점을 시각적으로 잘 드러냈다. 중성자 ㅏ ㅓ ㅗ ㅜ ㅑ ㅕ ㅛ ㅠ 8자에는 天地人이라는 삼재 요소가 형태적으로 잘 드러나 있다. 특히 아래아자의 모양이 둥근 원형 그대로 잘 표현되어 있다. 그림 6에서 보듯이 실제의 낱말 표기에 쓰인 아래아자도 그 모양이 둥근 원형 그대로이다.『훈민정음』해례본의 아래

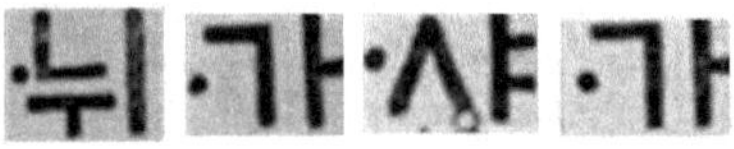

아자의 형태는 『동국정운』까지 유지된다. 그러나 『석보상절』, 『월인석보』, 『용비어천가』에 가면, 초성 뒤에서 단독으로 쓰인 아래아자(ㅎ, ㅅ의 아래아자)는 그 꼴이 원형을 유지하지만, 초출자와 재출자(ㅏㅓㅗㅜㅑㅕㅛ)의 아래아자가 점획(짧은 막대획)으로 바뀌는 변화가 일어났다.

그림 7의 음절자들은 『용비어천가』 제15곡 중에서 따온 것인데, 초출자와 재출자에 합성된 아래아 자가 점획으로 바뀌었다. 아래 그림은 『월인천강지곡』 제28곡인데 단독형 아래아자는 그 꼴이 원형과 같고, 초출자와 재출자에 합성된 아래아자는 점획으로 바뀌었다. 다음 그림 8은 이런 변화의 전모를 보여준다.

말하자면 다음 그림 8에 보는 바와 같이 둥근 흑권점이 짧은 점획으로 바뀐 변화가 일어난 것이다. 아래 그림의 각 쌍에서 아래아자가 둥근 흑권점인 왼쪽 글자는 훈민정음 해례본의 글꼴이고, 점획으로 바뀐 오른쪽 글자는 『석보상절』・『용비어천가』・『월인

그림 7 둥근 아래아자가 짧은 막대 모양의 점획으로 바뀐 모습. 『용비어천가』 제15곡.

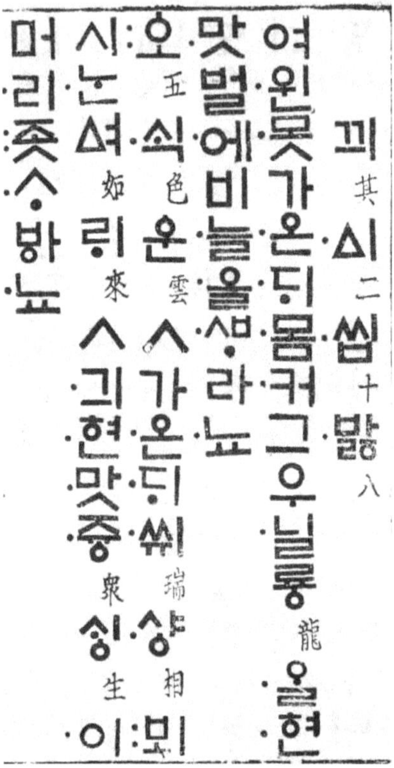

그림 8 아래아자가 점획(짧은 막대획)으로 바뀐 모습. 『월인천강지곡』 제28곡.

그림 9 각 쌍에서 아래아자가 둥근 흑권점에서 점획(짧은 막대획)으로 바뀐 모습

천강지곡』의 글꼴이다.

2) 인쇄본에 나타난 한글 자모자의 변화

앞에서 정의했듯이 자모자란 하나의 음절자를 구성하는 초성자와 중성자 각각을 가리키고, 자소는 자모자를 구성하는 선과 점획을 뜻한다. 중성 ㅏ, ㅗ 등과 초성 ㄱ, ㅅ 등이 자모자에 해당하고, 이 자모자를 구성하는 선과 점획이 자소(字素)에 해당한다. 자모자와 자소들이 15세기에 탄생된 이후 그 후대의 인쇄본 문헌에서 어떻게 변화했는지 그 줄거리를 요약하여 소개한다.[37] 필사본의 서체에 대한 것은 절을 달리하여 서술할 것이다.

(1) 16세기의 변화

인쇄체의 정사각형 형태를 가진 해례본의 글꼴은 1455년 을해자 한글자의 등장으로 붓글씨 서체를 닮은 글꼴로 변했다. 이 을해자에 영향을 받아 16세기에는 여러 가지 자소 변화가 나타나서 글꼴 형태가 불안정한 양상을 보였다. 그러나 『무예제보』(武藝諸譜, 1598)에 이르면 상당히 안정되어 균형 잡힌 모습을 보여 준다. 'ㅅ'의 경우 아래 표와 같이 해례본에서는 좌우 사선획이 비례를 이룬 대칭 형태였으나, 『무예제보』에서는 왼쪽 사선의 조금 아래에서 오른쪽 사선이 시작된다. 이러한 모습을 처음 보이기 시작한 것은 『두시언해』(1481)와 『정속언해』이지만 그 정도가 미약하였고, 『무예제보』에서 확실한 변화가 나타났다.

---

[37] 이 내용은 김두식의 박사 논문에서 요점을 인용한 것이다. 김두식의 선공(先功)에 감사 드린다.

표2 'ㅅ'의 변화. 김두식(2003:447)

시기/문헌 명칭	15세기				16세기				17세기			
	훈민	석보	동국	월인	육조	여씨	정속	장수경	무예제	두창	연병	가례	마경
'샤'의 'ㅅ'	ㅅ	ㅅ	ㅅ	ㅅ	ㅅ	ㅅ	ㅅ	ㅅ	ㅅ	ㅅ	ㅅ	ㅅ	ㅅ

'ㅈ, ㅊ'도 좌우 사선획이 상단 가로획의 가운데에서 접필(接筆) 되어 좌우로 갈라졌던 15세기 형태가 『무예제보』에서는 좌측 사선획이 상단 가로획 우측 끝에서부터 시작되고, 좌측 사선획 중간에서 우측 사선획이 접필되었다. 'ㅈ, ㅊ'의 이러한 글꼴은 그 뒤 『연병지남』에 보이나 19세기 말에 가서야 일반화된다.

표3 'ㅈ'의 변화. 김두식(2003:445)

15세기				16세기				17세기			
훈민	석보	월인	육조	여씨	정속	장수경	무예제	두창	연병	가례	마경
져	졔	졔	졔	졔	졔	졔	져	졔	졔	져	져

18세기						19세기			
내훈	천의	훈서	무원	경신	오륜	태상	태상	삼성	경석
졔	졔	졔	졔	졔	졔	졔	졔	졔	졔

'ㅟ'는 원래 'ㅓ'의 점획이 'ㅜ'의 가로획 위에 자리잡고 있었다. 그러나 16세기부터 'ㅓ'의 점획이 'ㅜ'의 가로획 아래에 놓인 예들이 나타났다. 이런 현상은 1514년에 간행된 『속삼강행실도』에서 나타나기 시작하였고, 1632년의 『가례언해』, 1690년의 『역어유해』, 1721년의 『오륜전비언해』, 1762년의 『지장경언해』, 1765년의 『박통사신석언해』 등에 나타났다. 그러다가 19세기 중기 이후에 일반화되었다.

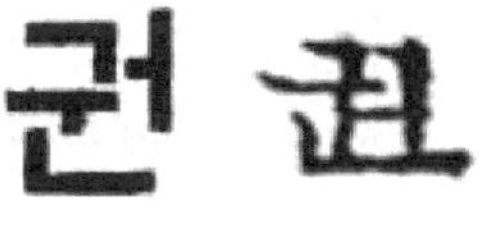

그림 10 『석보상절』(좌)과 『속삼강행실도』(우)에 나타난 '권' 자

(2) 17세기의 변화

17세기에 이르러서는 16세기보다 균형과 안정성을 유지하면서 다양한 유형의 자모자 서체가 등장하였다. 예를 들어, 자음에서는 초성자 'ㄱ'의 세로획이 미미하나마 왼쪽으로 휘어지는 경우가 나타났다.

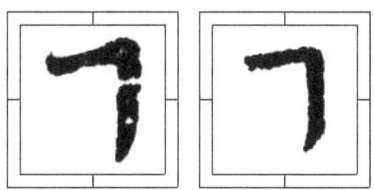

그림 11 『연병지남』(좌)과 『마경초집언해』(우)의 'ㄱ'. 김두식(2003:403)

'ㅇ'의 시작[起筆 기필] 부분은 'ㆁ'(옛이응)처럼 상투를 튼 형태로 나타나기도 했다.

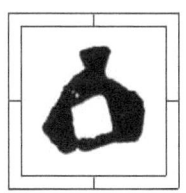

그림 12 『연병지남』에 나타난 '아'의 'ㅇ'. 김두식(2003:197)

'ㅋ'은 'ㄱ'에 가로획을 수평으로 그은 것이었지만, 이것이 수평이 아니고 위로 약간 삐쳐 올라가게 된 모습은 『마경초집언해』(1682)나 『신전자초방언해』(1698) 등 17세기 문헌에서 보이기 시작하였다.

케 키 코 킨

그림 13 『신전자초방언해』의 '케, 키, 코, 킨'. 홍윤표(1998:184)

해례본에서 'ㅊ'의 첫 획은 세로로 내리그어 'ㅅ'자 형태였다. 첫 획을 가로로 그어 'ㅊ' 형태로 변한 것은 『연병지남』(1612)으로부터 나타나기 시작했다. 'ㅊ' 형태가 일반화되어 널리 쓰이게 된 것은 19세기 중기 이후이다.

'ㅍ'의 가로획과 세로획은 서로 붙어 있던 것인데, 이것이 떨어진 형태로 나타나는 것도 『연병지남』에서 시작되었다. 가로획과 세로획이 붙은 형태와 떨어진 형태가 공존하다가 후자가 우세하게 나타난 것은 19세기 말이다.

그림 14 『연병지남』의 '차'의 'ㅊ'과 '파'의 'ㅍ'. 김두식(2003:197-198)

『가례언해』(1632)에 보면 'ㅟ, ㅞ'의 'ㅓ, ㅔ'에서 좌측 점획이 'ㅟ, ㅞ'일 때에는 'ㅜ'의 가로획 아래에 놓이고, '워'일 때에는 위에 위치하였다.

그림 15 『가례언해』에 나타난 'ㅟ, ㅞ, 워'. 김두식(2003:405)

(3) 18세기의 변화

18세기는 17세기에 변화된 자모자의 형태가 더 다듬어져 간 시기였다. 초성의 'ㄱ'은 세로획이 왼쪽을 향해 약간 기울어지는 변화를 보였다.

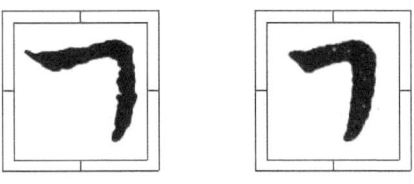

그림 16 『어제훈서언해』와 『오륜행실도』의 초성 'ㄱ'. 김두식(2003:408)

'ㅌ'은 상단 가로획이 아래의 'ㄷ'과 완전하게 분리되는 형태 변화가 있었다. 이런 모습을 보이기 시작한 것은 1514년에 간행된 『속삼강행실도』였고, 17세기까지도 드물게 보이다가(『마경초집언해』(1682)) 18세기에 와서 일반화되었다.

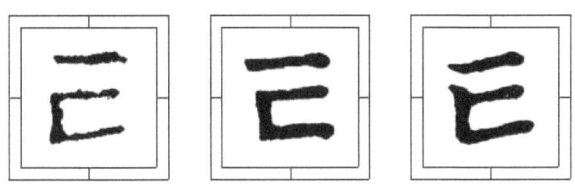

그림 17 18세기 문헌에 나타난 'ㅌ'. 김두식(2003:408)

(4) 19세기의 변화

19세기에는 자소의 형태가 일관되고 균형이 잡혀 현대적 인쇄체용 한글 자모자와 거의 같은 모습을 보였다. 초성자 'ㄱ, ㅋ'의 세로획과 중성자 'ㅠ'에서 왼쪽의 세로 점획은 완전하게 왼쪽으로 휘어져 표기되었다.

그림 18 19세기 문헌에 나타난 중성자 'ㅠ'. 김두식(2003:410)

김두식(2003)은 19세기 후기의 한글 문헌 4종을[38] 대상으로 글꼴의 특성을 자세히 기술하였다. 그러나 19세기의 한글 문헌에서 가장 중요하고 사회적 영향력이 컸던 것은 목판본으로 간행된 방각본 한글 소설류이다. 19세기의 목판 방각본 한글 소설의 글꼴에 대한 깊이 있는 연구가 필요하다. 그 결과를 20세기 초기의 완판본과 경판본 판소리계 소설의 한글 글꼴과 비교해 보면 흥미로운 변화를 찾아낼 수 있을 것이다.[39]

(5) 19세기 말기와 20세기의 서체

19세기 말기부터 대한제국의 멸망(1910)에 이르는 동안에 한글의 위상은 큰 변화를 겪었다. 한글이 국문으로 승격되었고(1894), 이어서 각종 교과서와 신문·잡지 등이 한글로 출판되었다. 1895년에 학부(學部)에서 목활자로 한글을 만들어 『조선역사』, 『국민소학독본』의 교재를 찍었고, 이어서 『신정심상소학』, 『조선지지』 등을 간행했다. 이때 사용한 목활자를 학부 인서체 한글자라 부른다.

그림 19는 학부에서 편찬한 교과서의 목활자인데 획이 가늘고 나약한 느낌을 준다. 당시의 쇠락한 조정의 모습을 서체가 보여주는 듯하다. 이에 비해 민간에서 찍은 방각 목판본 『유충렬전』의 서체는 오히려 굵고

---

38 『태상감응편도설언해』(1880), 『삼성훈경』(1880), 『과화존신』(1880), 『경석자지문』(1882).

39 목판 방각본 한글 소설로 그 시기가 빠른 것은 '歲庚子孟冬京畿開板'(세 경자 맹동 경기 개판)이라는 간기를 가진 『임경업전』이다. 이 경자년은 1780년으로 보고 있다. 19세기 목판 방각본으로는 『전운치전』(1847), 『삼설기』(1848) 등이 있다.

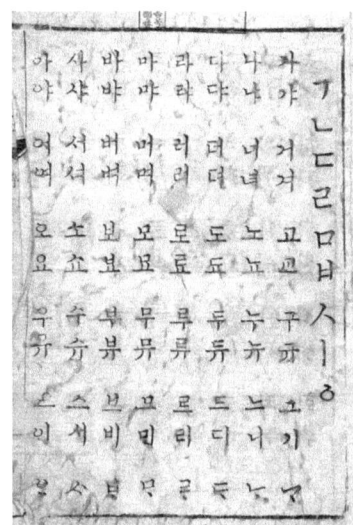

그림 19 『신정심상소학』(1896)의 한글 서체(목활자).

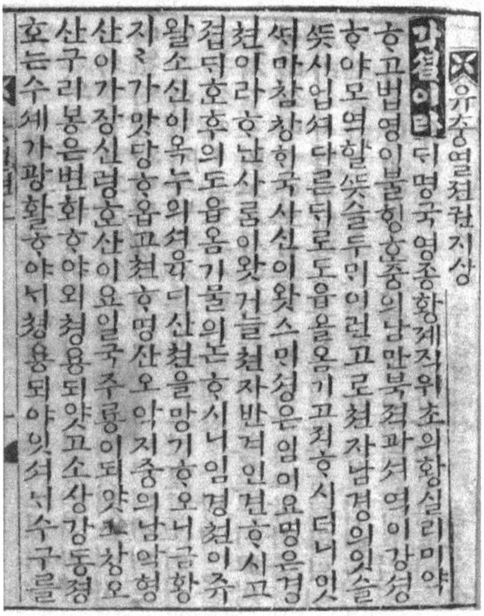

그림 20 『유충렬전』 방각 목판본의 한글 글꼴(통문관본). 풍패 중인(豊沛 重印, 1902), 완판본.

튼실한 느낌을 준다. 조정이 비록 허약해졌으나 민중의 저력은 살아있음을, 학부 교재의 서체(그림 19)와 방각본 소설의 서체(그림 20)를 비교해 보면 실감할 수 있다.

19세기 말기와 20세기 초기에는 교육의 확대에 따라 출판물의 수요가 크게 증대하였다. 이 수요에 부응하여 상업적 출판사가 다수 설립되어 신활자(납활자)로 순국문체 딱지본 소설과 간독서, 국한문체의 각종 교양 서적과 교과서를 간행하였다.[40]

그런데 이 때 많이 쓴 신활자의 명칭을 '신활자', '연활자', '납활자' 등 여러 가지로 부르고 있다. 심지어 고소설 학계에서는 이 활자체를 '구활자'라 부르는 이도 있다. 재료로 보면 '납활자'라는 용어가 적절하고, 조

---

40 신활자본이 간행되던 20세기 초기에도 목판본 방식의 전통적 출판 활동이 계속 이루어졌다. 대표적인 것이 경판본과 완판본의 판소리 소설이 목판본으로 간행된 것이다. 『유충렬전』(1902), 『초한전』(1907) 등이 이에 속한다. 그림 20 참고.

선시대 전통적 금속활자와 대비하여 개화기 때 나온 특성을 중시한다면 '신활자'가 적절하다. '금속활자'와 '목활자'처럼 재료 표현 어소를 한자로 드러낸다면 '연활자'(鉛活字)라는 명칭도 무방하다. 그러나 '연활자'는 '납활자'에 비해 그 개념이 쉽게 인지되지 못하는 단점이 있다. 저자는 '신활자'를 주고 쓰고, 필요에 따라 활자 재료가 드러나는 '납활자'라는 용어를 병용한다.

최초의 한글 신활자는 1880년(고종 17) 최지혁이 쓴 자본(字本)으로 프랑스인 주교 리델이 일본 요코하마에서 주조한 것이다. 이 활자는 『한불자전』에 처음 사용되었다. 1883년에 우리나라 최초의 신식 인쇄소인 박문국(博文局)이 설치되고, 일본 도쿄의 즈꾸지(築地)에서 제작한 활판 기계와 명조체 한자 활자를 수입하여 『한성순보』, 『한성주보』를 간행하였다. 이와 별도로 1885년에 미국인 선교사 아펜젤러가 서울에 배재학당을 설립하고, 1886년에 학당 안에 활판인쇄소를 개설하여 개신교 서적을 간행했다.[41] 여기서는 한글 및 영문자 활자를 직접 주조하였으며, 이 배재학당의 활자로 『독립신문』(1886년 창간)을 인쇄하였다.

『한불자전』의 활자를 더 다듬고 글자 크기를 다양하게 만든 활자가 일본 도쿄의 즈꾸지 활판 제작소에서 주조되었다(추정). 이를 1886년에 국내로 수입하여 천주교 한글 서적 간행에 사용하였다(김진평 1990:42). 일제 강점기 때는 일본 요코하마와 도쿄에서 제작한 한글 납활자를 수입해서 사용했다. 조선총독부에서 1915년에 조선서적인쇄주식회사를 통해 간행한 보통학교용 『조선어독본』에는 일본에서 개발된 한글 활자가 사용되었다. 1910년부터 1930년에 걸쳐 나온 많은 간행물의 한글 활자는 일본에서 제작된 것이 대부분이다.

한글 신활자를 국내에서 자체적으로 만든 계기는 동아일보 한글 글꼴

---

[41] 개화기 및 일제 강점기의 인쇄기술 도입과 발전에 대한 연구는 김봉희(1994)를 참고하였다.

공모전(1933)이다. 동아일보사는 응모 작품 중 이원모체를 채택하여 활자를 만들었고, 바로 뒤이어 조선일보사에서도 새 활자체를 개발하였다.

20세기 후반기에는 6·25 남북전쟁 이후 국가 체제가 정비되고, 현대적 인쇄기가 도입되면서 한글 글꼴 개발은 큰 변화를 맞게 된다. 1954년에 사진 식자기가 처음으로 도입되어 금속활자에서 벗어난 원도(原圖) 활자 시대가 열렸다. 초기 원도 활자는 이임풍(李林風)과 최정순(崔貞淳)의 설계로 만들어졌다(김진평 1990:56). 이들이 만든 한글 글꼴로 국정 교과서가 출판되었다. 1954년에 국정교과서(주) 회사에서 일본제 벤톤 자모 조각기와 사진 식자기가 수입되었다. 이해 가을부터 벤톤 포인트 활자가 개발되어 종래의 호수(號數)와 다른 호수의 활자 시대가 열렸다.

1957년에는 동아출판사는 최정호에게 새로운 한글 글꼴을 의뢰하였고, 여기서 개발된 글꼴을 서적 출판에 이용하였다. 1960년대와 1970년대에는 최정호, 최정순, 장봉선 등이 새로운 한글 서체를 개발하였다. 1980년대 후반부터 개인용 컴퓨터 보급이 급속히 확산되면서 새로운 한글 글꼴 시대가 열렸다. 애플, 매킨토시, 아이비엠 등에서 제작한 개인용 컴퓨터와 개인용 프린터가 널리 보급되면서 다양한 글꼴이 개발되어 인쇄와 출판에 이용되었다. 드디어 디지털 활자[font] 시대로 접어든 것이다. 여러 글꼴 개발사가 속속 세워져서 출판 시장의 요구에 부응하였다. 1998년까지 약 1,200종의 글꼴이 개발되었고, 1999년에 약

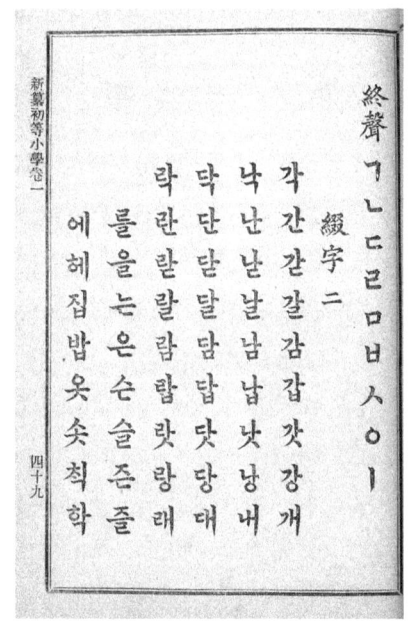

그림 21 『신찬초등소학』(1909) 권1의 한글 납활자, 1909년 일한(日韓) 인쇄주식회사에서 인쇄하고 현채(玄采)가 발행한 교과서

230여 종, 2000년에는 165종, 2001년에는 87종, 2002년에는 357종의 한글 글꼴이 개발되었다. 윤디자인연구소·산돌커뮤니케이션을 비롯한 수십 개의 글꼴 개발 회사들이 활동하고 있다. 그러나 취약한 사업 환경과 자본금의 영세성 때문에 글꼴 회사의 부침이 심했다. 19세기 말기부터 거의 1세기 동안 출판의 중심을 차지해 오던 납활자는 더 이상 명맥을 잇지 못하고, 2000년 이후부터 납활자로 인쇄한 책은 찾아보기 어렵게 되었다.

3) 한글 서체 변화의 시대 구분 문제

아직까지도 한글 서체의 역사적 변화에 관한 연구가 충분히 이루어지지 않아서 한글 서체 변화의 시대 구분을 세우기 어렵다. 그런데 박병천(1991:172)[42]에 의해 한글 서체 변화의 시대 구분이 시도된 바 있다. 그는 최현배와 이윤재의 한글 변천 시대 구분을 원용(援用)하여 한글 서체 변화의 시대 구분을 다음과 같이 하였다.

한글 문자 창제·변화 시기(판본류, 필사류 변천 시기)
(1) 정음 시기 1443~1526(세종 25년~중종 21년, 훈민정음, 상원사 권선문) 한글 어용화 시기
(2) 언문 전기 1527~1699(중종 22년~숙종 25년, 훈몽자회, 양주 영비 각자) 양반화 평민화 시기
(3) 언문 후기 1700~1893(숙종 26년~고종 30년, 오륜행실도, 옥원듕회연) 일반화 시기
(4) 국문 시기 1894~1910(고종 31년~한일합방, 초한전, 궁인 봉서) 은둔 실용 시기

---

[42] 박병천(1991), 한글 서예의 변천사적 고찰, 『한글서예변천전』, 예술의 전당, 167~194.

이 시대 구분은 서체 변화의 내적 근거에서 도출된 것이 아니라 한글 발달의 시대 구분을 준용한 임시방편적인 것이다. 앞으로 더 정밀하고 체계적인 연구가 필요하다. 조선시대의 서체 분석을 활자본, 목판본, 필사본으로 나누어 진행한 후 이들을 다시 통합하는 안목과 방법론이 필요하다. 특히 일제강점기 이후부터 현대에 이르기까지 한글 서체 변화는 매우 광범위하게 전개된 것이어서 더욱 치밀한 연구가 요구된다. 20세기 이후의 서체 변화에 대한 연구는 이전 시기의 전통적 서체는 물론, 기술의 진보와 사회 환경의 변화에 따른 다양한 글꼴의 개발, 인쇄 출판물의 확산 등을 고려해야 한다.

한글 서체 변화에 대한 연구는 그 대상이 매우 풍부하고 다양하다. 그러나 이에 관한 연구자는 매우 적고 그 성과 또한 미미하다. 손멋글씨에 관심을 가진 사람들이 이 방면에 대한 공부를 겸해서 한다면 그 공부가 더욱 깊어지고 자신의 작업이 갖는 역사적 맥락을 파악하게 될 것이다.

11.6. 한글 필사본의 서체

한글 창제 이후 생산된 한글 필사본은 그 수가 매우 많고 다양하다. 그러나 15세기와 16세기 한글 필사본 자료는 아주 드물다. 17세기에 접어들면 언간, 소설, 가사 등 문학 작품을 중심으로 한글 필사본의 수가 늘어났다. 18세기와 19세기의 필사본 자료는 크게 증가하였다. 자료가 다양하고 방대한 만큼 한글 필사본의 서체 연구는 쉽지 않는 과제이다. 이런 상황에서도 필사본의 서체 연구가 진행되어 다음과 같은 연구 성과가 나왔다.

박병천(1983), 『한글 궁체 연구』, 일지사.
박수자(1987), 한글 서예의 변천과 특성에 관한 연구, 단국대 교육대학원 석사학위 논문.

김일근·박병천(1990), 한글 필사체의 분류와 변천사, 『아름다운 한글 : 글자체 600년전』, 문화부.

박병천(1991), 한글 서예의 변천사적 고찰, 『한글서예변천전』, 예술의 전당, 167~194.

김일근(1991), 한글 서체 변천의 개관-서예의 형성 지반으로서, 『한글서예변천전』, 예술의 전당, 161~165.

예술의 전당(1994), 『조선시대의 한글 서예』, 미진사.[43]

손인식(1995), 한글 서예 서체 분류와 명칭에 대한 연구, 월간서예 1995년 2월호, 3월호.

김향숙(2003), 현풍곽씨언간의 서체 연구, 원광대학교 대학원 석사학위 논문.

한국정신문화연구원 장서각(2004), 『아름다운 글자, 한글』, 이회문화사.

박정숙(2011), 순명효황후 언간체의 조형성 고찰, 『한국어정보학』, 13호, 15~39.

정복동(2012), 16~17세기 한글편지의 서체적 특징-여성 한글편지의 중심축 변천에 대한 사상사적 고찰을 중심으로, 『동양예술』 16호, 39~77.

한국학중앙연구원 어문생활사연구소(2013), 『조선시대 한글편지 서체 자전』, 다운샘.

필사본 자료 중 언간이 가장 많은 관심을 끌어 왔다. 언간은 글쓴이와 쓴 시기를 확실히 알 수 있는 것이 많다. 이러한 언간은 필사본 서체 연구에 큰 도움이 된다. 김향숙(2003), 박정숙(2011), 정복동(2012) 등에서

---

[43] 이 책에는 조선 전기(윤양희), 조선 중기(김세호), 조선 후기(박병천)로 나누어 각 시기의 한글 서체에 대한 세 분의 글이 사진과 함께 실려 있다. 한글 서체 변화를 공부하는 데 좋은 참고가 된다.

언간의 서체 연구가 부분적으로 이루어지다가,『조선시대 한글편지 서체자전』(2013)이 나오면서 연구 기반이 다져졌다.

한글 필사본은 워낙 다양한 자료가 많으므로 필사본의 서체를 연구함에 있어서 자료 유형과 시대 범위를 나누어 다룰 필요가 있다. 한글 필사본 중에서도 양적으로 많은 자료는 한글 고소설, 한글 가사, 한글 제문, 한글 음식조리서 등이다. 이 부류의 필사본에 나타난 서체 연구는 그리 많지 않다. 고소설과 가사류는 글쓴이와 쓴 시기에 대한 정보가 불분명하여 접근이 쉽지 않은 문제점이 있다. 그러나 음식조리서와 한글 제문 중에는 필사자와 필사시기를 알 수 있는 자료가 적지 않다. 실제의 생활 환경 속에서 생산되어 당대의 적실(適實)한 삶을 가장 잘 반영한 음식조리서와 한글 제문은 여러 가지 측면에서 연구 가치가 높다. 필사자와 연대를 알 수 있는 필사본을 대상으로 한 서체 연구가 더 활발하게 이루어질 필요가 있다. 이어서 한글 필사본에 나타난 서체 분석 방법에 대해 고찰해 보기로 한다.

1) 한글 필사본의 서체 분석 방법

붓으로 쓴 한글 서체는 워낙 다양하고 차이가 많아서 서체 분석에 일정한 기준을 세우기가 쉽지 않다. 한글 서예 글씨를 감상할 때 사용하는 방법을 서체 분석의 관점에서 변용해서 설명한다.[44]

첫째, 음절자 단위로 분석한다.[45] 한글의 글꼴은 한자와 같이 사각형의 틀 속에 들어간다. 그러나 궁체를 비롯한 필사본 한글 문헌에는 이 틀을 벗어난 글꼴이 적지 않다. 음절자 단위로 각 음절자의 서체를 분석함으로써 글자의 중심축 이동이나 변화를 파악해 낼 수 있다.[46]

---

[44] 아래 내용은 서예가 겸 전각가(篆刻家)인 백영일 교수가 경북대학교 한국어문화원에서 강의한〈한글 서예의 아름다움〉(2010.7.1.)의 주요점을 취하여 저자가 약간 보완한 것이다.

[45] 음절자란 초성·중성·종성을 합친 글자를 가리킨다. 예) 봄, 밥.

둘째, 음절자와 음절자 간의 관계를 분석한다. 음절 단위의 글자들이 서로 이어지거나 끊어지는 등의 모습이 어떻게 나타나는가를 살핀다. 정자체와 흘림체의 구별이나 아주흘림체와 예사흘림체의 구별은 이런 분석에서 나온 것이다.

셋째, 음절자를 구성하는 자모자(子母字) 차원에서 자세히 분석한다. 자음 글자와 모음 글자를 각 글자별로 그것이 놓이는 위치에 따라 어떻게 달라지는지 면밀히 조사한다. ㄱ의 경우를 예로 든다면 '갸'의 ㄱ, '구'의 ㄱ, '박'의 ㄱ을 서로 비교하여 위치에 따른 서체 변이를 관찰할 수 있다. 모음의 경우, ㅏ의 글꼴이 전후에 오는 자음 글자에 따라 어떤 변이가 일어나는지 분석한다. 이런 방식으로 자모자 하나하나의 서체 변이를 찾아낼 수 있다.

넷째, 붓으로 쓰는 행필(行筆)에 유의하면서 자소(字素)와 자획(字劃)의 변이를 관찰한다. ㄱ의 가로획과 세로획, ㄴ의 가로획과 세로획이 문헌에 따라 시대에 따라 어떻게 변화하는지 조사한다. ㄷ, ㄹ, ㅁ 등에서도 이런 방법을 적용하여 서체 변이를 확인할 수 있다. 모음 글자에도 동일한 분석 방법을 적용할 수 있다. 각각의 음절자 내에서 가로획과 세로획의 형태를 세밀하게 나누어 분석하면 보다 정밀한 서체 변화를 찾아낼 수 있다.

이어서 다음과 같은 몇 가지 관점에서 한글 서예 작품의 격조와 품격을 평가해 본다.

- 서예적 차원에서 글자의 예술성이 구현되어 있는가?
- 글자의 형태가 그 서체의 정형성을 어느 정도 실현하였는가?

---

46 정복동(2012)에서 밝힌 다음 사항을 인용해 둔다. 조선조 여성 한글편지를 분석해 보면 16세기는 계층·성별에 관계없이 전반적으로 중심축이 중앙에 맞추어졌지만 17세기 중반부터 왕후를 비롯한 여성들이 쓴 한글편지에는 세로획 [ㅣ]으로 중심축이 이동되었음을 알 수 있다. 남성들도 예외가 아니어서 종성에서 일정한 변화를 보이고 있다.

- 글쓴이의 개성, 정서, 심리적 특성이 어떻게 표현되어 있는가?
- 글의 내용과 서체의 특성이 서로 어울리는가?
- 글 내용과 지면 구성이 잘 어울리는 장법(章法)을 이루었는가?

서예가들은 한글 서예 작품을 바라볼 때, 크게 다음 두 가지 질문을 던지며 접근한다. 첫째, 붓과 먹으로 한글 글자를 어떻게 표현하였는가? 이 질문에 대한 답은 다음 내용을 포함해야 한다. 필획과 선이 주는 질감(質感), 글자의 짜임새와 균형, 행필(行筆)의 흐름과 여기서 느껴지는 힘, 글자 사이의 이음새 처리, 글자 사이와 행 사이의 변화 등에 대한 평가와 기술적(記述的) 표현을 담아야 한다.

둘째, 그 글자들이 어떤 느낌을 주는가? 한글 서예의 극치는 그 글씨에서 글씨를 쓴 사람의 목소리가 들려야 하고, 문자의 필획을 통해 음성언어와 같은 차원의 느낌을 구현하는 것이다. 그 글의 의미와 감정이 정확히 전달되어야 하며, 글씨를 통해 글이 내포한 정서를 구현해야 한다. 나아가 글의 내용이 자획의 이미지로 형상화되는 경지에 도달함을 목표로 한다.

2) 가장 오래된 한글 필사본의 서체

조선왕조실록에는 세종 임금이 손수 한글 유시(諭示)를 글로 써서 신하들에게 내렸다는 기록이 있다.[47] 명필로 알려진 양녕대군이 한글 편지를 써서 보낸 기사도 실록에 나타난다.[48] 그러나 아쉽게도 이 글씨들은 전해지지 않는다.

---

[47] 세종 28년 10월 10일, 세종 28년 10월 13일, 세종 31년 6월 20일 실록 기사에 언문 유시에 대한 내용이 실려 있다. 세종이 직접 쓴 한글 자료가 발견된다면 한글 연구에서 참으로 귀중한 자료가 될 것이다.
[48] 문종 1년(1451) 11월 17일 기사에 양녕대군이 조카 문종에게 언문 편지를 썼다는 기사가 있다.

현재 전하는 한글 필사본 문헌으로 가장 오래된 것은 「오대산상원사 중창권선문」(五臺山上院寺 重創勸善文, 1464)이다. 이 문헌의 권두서명은 '오대산상원사 중창권선문'이고, 권선문 뒤에는 '어첩'(御牒)이 있어서 사실상 두 편의 내용으로 되어 있다. 권선문과 어첩의 서체는 기본적으로 정자 해서체이지만, 권선문에서는 약간의 행서체 요소도 가미되어 있다. 어첩의 글씨가 약간 크고 더 정성스럽게 쓴 모습을 보여주지만 서체상의 차이는 뚜렷하지 않다.

이 자료가 만들어진 1464년은 훈민정음이 반포된 지 18년이 지난 후로서 간경도감판 불경언해들이 간행된 시기(1462~1467)와 일치한다. 권선문의 한글 서체는 고딕체의 느낌이 나는 『석보상절』 등의 훈민정음체와 크게 다르다. 아래아자는 위치에 상관없이 모두 점획으로 변했다. 가로획과 세로획의 시작과 끝의 마무리가 붓글씨의 특성을 그대로 드러내어 뾰족한 형상을 보인다. 음절자의 전체 형상은 사각형에서 크게 벗어나지 않았으나 「훈민정음」 해례본의 서체와 크게 달라진 모습이다.

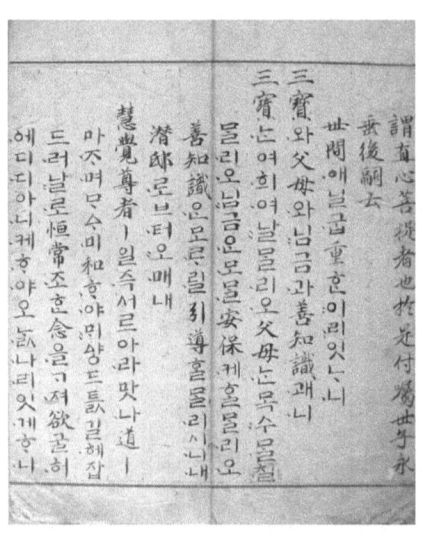

그림 22 「오대산상원사 중창권선문」의 한글(1464)

이 권선문의 서체는 붓이 지닌 필사체의 특성을 보여 준다는 점에서 훈민정음 언해본의 서체와 유사성이 있다. 아울러 세조대에 간행된 『월인석보』(1459)의 목판본 서체의 영향을 받은 것으로 볼 수 있다. ㅣ ㅏ ㅡ와 결합한 아래아자는 모두 짧은 획으로 바뀌었고, 'ㅎ' 등에 쓰인 단독형 아래아자는 점획의 형태로 변했다. 단독으로 쓰인 ㅅ(스, 시)은 해례본과 같은 글꼴 ㅅ을 유지했으나 '짜', '릀'처럼 다른 글자와 합용된 ㅅ의 왼쪽 삐침이 밑으로 내려와 사람 인(人)의 꼴로 변한 것도 발견된다. 권선문의 한글 서체는 필사 도구로 쓴 붓의 특성이 나타나 있다. 세로획과 가로획의 붓이 들어가는 부분과 나오는 부분에 세리프(serif, 획끝의 돌기)가 두드러지게 나타난다. 이런 특징은 훈민정음 해례본과 『석보상절』 등의 훈민정음체와 크게 다른 점이다.[49]

3) 한글 필사본 서체의 특성

이 책에서 수록하거나 언급한 언간과 그 밖의 몇 가지 필사본 자료를 대상으로 필사본 서체의 특성을 분석해 보기로 한다. 양반가 남성이 쓴 언간, 여성이 쓴 언간, 왕실 언간, 한글 고문서로 나누어 서술하기로 한다.[50]

(1) 사대부 남성의 서체

현전하는 한글 편지 중 가장 오래된 「나신걸언간」은 한 글자 한 글자가 모두 떨어져 있어서 또박또박 쓴 정자체에 가깝다. 이 점은 「오대산 상원사중창권선문」(약칭 권선문)의 서체에서도 동일하다. 15세기의 한글 필사본 자료 두 개를 놓고 볼 때, 이 시기에는 아래 위에 놓이는 두 글자를 붙여서 쓰는 행필법이 발달하지 않았음을 알 수 있다. 「나신걸언간」

---

49 상원사 중창권선문의 서예학적 분석은 장용남(2007)을 참고할 수 있다.
50 한국정신문화연구원 장서각(2004)에서 편찬한 『아름다운 글자, 한글』(2004)에는 정자체, 흘림체, 반흘림체, 진흘림체로 나누어 다수의 필사본 서체 사진을 수록해 놓았다.

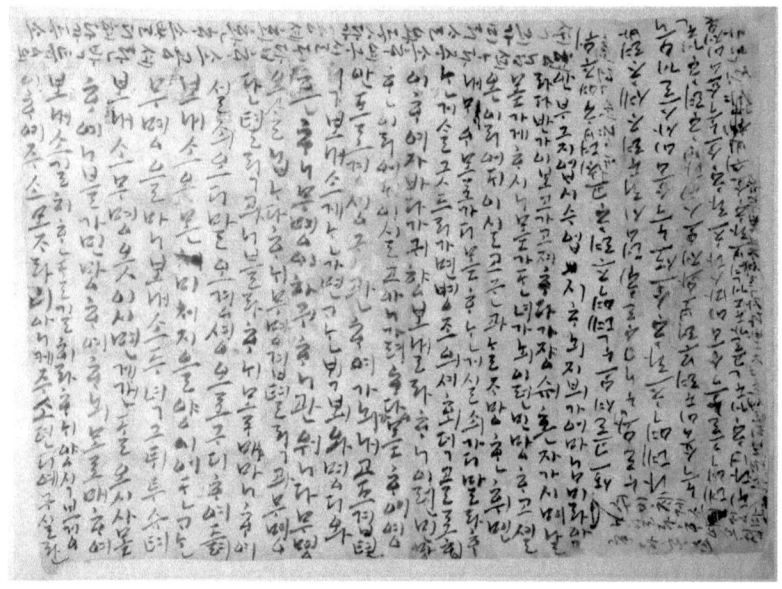

그림 23 『나신걸언간』, 대전시립박물관 소장.

의 한글자는 사각형 틀에서 벗어난 모습이 많이 나타나고 각 글자의 중심축이 안정되어 있지 않다. 이 점은 한글 붓글씨에 능숙하지 못한 나신걸의 개인적 특성에서 비롯된 것일 수도 있지만, 15세기 말기에는 아직 붓글씨 한글 서체가 정립되지 않았음을 의미하는 것이기도 하다.

「나신걸언간」에 쓰인 개별 자모자의 글꼴 변화도 주목할 만하다. ㅅ자는 훈민정음체 ㅅ과 달리 오른쪽 획이 밑으로 내려와 사람 인(人)과 같은 꼴로 바뀌었다. 이 점은 권선문의 ㅅ이 훈민정음체와 동일한 사실과 대조적이다. ㅈ자 역시 훈민정음체 ㅈ이 아니라 현대국어의 글꼴과 같은 ㅈ으로 바뀌었다.[51] ㅁ자는 좌세로획의 시작부가 돌출되어 있고, 우세로획은 수직선이 아니라 좌향 사선으로 기울어져 있으며, 하가로획은

---

51 ㅅ과 ㅈ 글꼴의 이런 변화는 목판본에서는 16세기 후기 진주 간행의 『경민편언해』에서 나타났다(홍윤표 2012).

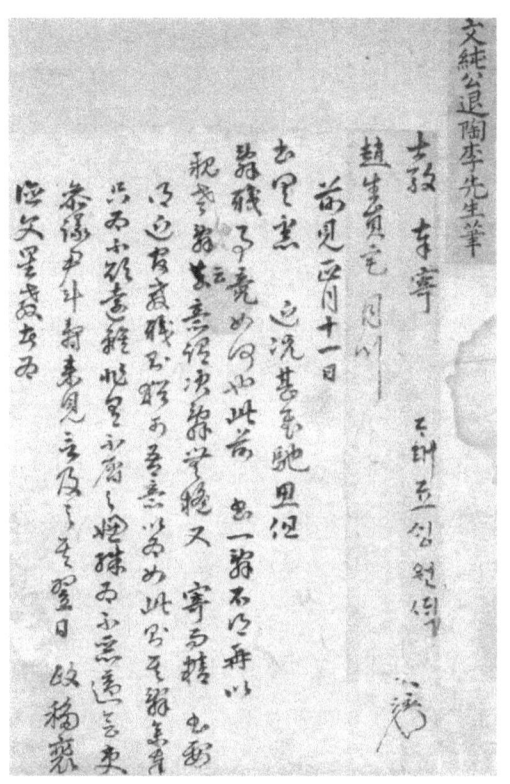

그림 24 'ᄃ래 됴싱원씍'이 쓰인 이황의 간찰, 『조선시대 한글서예』(예술의 전당 1994:41).

돌출 세리프처럼 처리되어 15세기 문헌의 ㅁ자와 크게 달라졌다. 이런 변화는 끝이 뾰족한 붓의 특성에 기인한 것이다. ㄹ자는 초성과 종성의 위치에서 ㄹ의 중간 획들이 제 모습을 잃고 소홀하게 처리된 흘림체로 씌어 있다. ㄹ자는 자모자 중 가장 흘림체에 가까운 모습을 보여 주고 있다. '겨틱', '바틱' 등의 ㅌ자는 상가로획과 중가로획이 모두 세로획에서 떨어진 ㄷ으로 쓰여 있어서 매우 큰 변화를 보였다. 아래아자는 위치에 상관 없이 모두 점획으로 변하였다. 「나신걸언간」의 서체는 전체적으로 정자체의 소졸체라 할 수 있다. 소박하고 단순한 느낌을 주는 서체로 평범한 무인(武人)의 기풍이 있다.

퇴계 이황(1501~1570)이 제자 조목(趙穆, 1524~1606)에게 보낸 한문 간찰[52] 중 수신자를 '드래 됴싱원쎡'이라고 쓴 것이 있다. 이 여섯 글자에서도 특징적 글꼴을 관찰할 수 있다. ㄷ자의 상가로획은 좌측이 돌출되어 훈민정음체의 특징을 유지하지만 세로획은 좌향 사선에 가까운 변화를 보였다. '래'의 ㄹ자는 각 획이 분명한 모습을 가지지 못한 흘림체이다. ㅅ자의 우획은 좌획 아랫쪽에 점처럼 찍혀 있어서 상당한 변화를 보인다. '원'자는 ㅓ의 점획이 ㅜ자 위에 놓여 있어서 당시의 일반적 글꼴과 같다. 퇴계가 쓴 여섯 글자들은 각각 떨어져 있으며 획이 서로 닿은 접필(接筆) 부분을 찾을 수 없다.

송강 정철(1536~1594)이 집으로 보낸 편지에서[53] ㄷ, ㅁ자의 글꼴은 나신걸 언간과 같지만 받침의 ㄹ자는 흘림의 정도가 더욱 심해지고 간략화된 모습을 보인다. 정철의 언간에서도 대부분 글자가 각각 떨어져 있으나 '이쇼디'의 ㅅ은 앞 모음 ㅣ에 붙어 있고, '다엿'의 두 글자도 이어져 있다. 정철의 언간은 이어진 글자를 보여 주는 초기 사례에 속한다. 정철과 비슷한 시대를 살았던 양사언(楊士彦, 1517~1584)이 쓴 「서호별곡」(西湖別曲)은[54] 국한 혼용체로 쓴 것이다. 이 작품에서 ㅅ, ㄷ, ㄹ 뒤에 놓인 아래아자의 글꼴은 정철의 언간에 나타난 모습과 비슷하다. 같은 시대를 산 사람들의 글씨체가 서로 공통점을 가짐이 여기서도 확인된다.

「순천김씨언간」[55] 중 남성이 쓴 편지로서 필자가 확실하고 일정한 서체가 드러나는 것은 채무이가 쓴 편지이다. 그림 25에서 ㅅ, ㅈ, ㄹ 등의 자형은 16세기와 17세기에 나타난 일반적 경향과 비슷하다. 글자의 중심축이 잡혀져 있지 않고 일정한 서체가 형성되지 않은 때의 모습을 보여

---

52 조선시대 한글서예, 예술의 전당, 41면. 이 간찰을 쓴 정확한 연대는 미상이다.
53 조선시대 한글서예, 예술의 전당, 40면. 이 간찰을 쓴 정확한 연대는 미상이다.
54 조선시대 한글서예, 예술의 전당, 42면. 이 작품을 쓴 정확한 연대는 미상이다.
55 「순천김씨언간」은 1560년대와 1570년대, 1580년대에 걸쳐 쓰여진 것이다(조항범 1998:23).

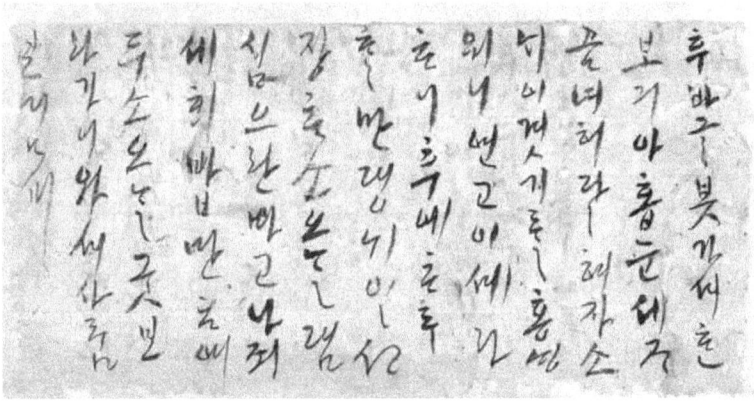

그림 25 「순천김씨언간」 27번, 남편 채무이가 아내 순천김씨에게 보낸 것.

준다. 부드러우면서 단정한 서풍이 필사자의 개성을 암시한다.

임진왜란 중에 김성일(1538~1593)이 경상우도 감사로 나가 다니면서 안동에 있는 아내 권씨에게 보낸 편지가 있다(조선시대 한글서예: 82면). 조선시대 지식인 유학자의 반듯한 서체이다. 그러나 전란 중의 암울한 상황이 글의 사연 속에 반영되어서 그런지 글씨에 강직(剛直)한 맛은 느껴지지 않는다. 글꼴로 보면 받침의 ㄹ의 자형을 특히 흘려 썼는데 세로로 굴곡진 오른쪽 삐침 획처럼 보인다. 받침 ㄹ의 이런 필획은 16~17세기 언간의 글꼴에 공통적으로 나타나는 특징이다.

17세기의 대표적 언간으로 「현풍곽씨언간」을 들 수 있다. 그림 26의 편지를 쓴 곽주(郭澍, 1569~1617)는 한글 붓글씨에 매우 능숙한 솜씨를 보여 준다. 곽주가 금기일과 근신해야 될 일을 적은 이 편지의 필체는 시원스럽고 굵직하며 자유분방한 느낌을 준다. 받침의 ㄹ은 획을 과감하게 줄여 세로선처럼 변형되었다. ㅅ, ㅈ, ㄷ 등의 자모자는 16세기 이래 변화된 모습과 동일하게 나타나 있다. 곽주의 서체는 한문 쓰기에 익숙한 선비답게 한글 서체가 매우 세련되고 균형 잡힌 모습을 보여 준다. 이런 서체는 아내뿐 아니라 노복까지 자애롭게 보살피는 곽주의 품성과 연관된 것일 수 있다.

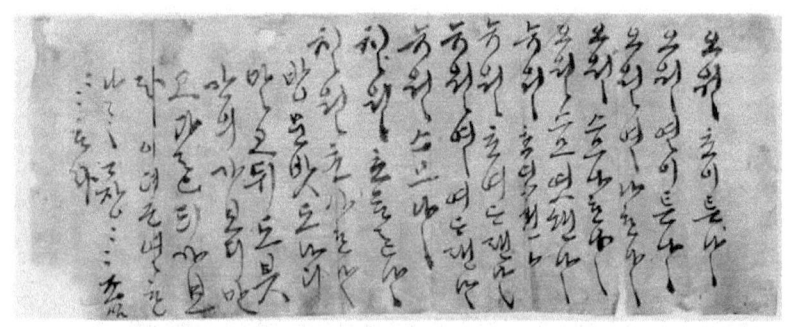

그림 26 「현풍곽씨언간」 99번, 곽주가 쓴 금기일 및 근신.

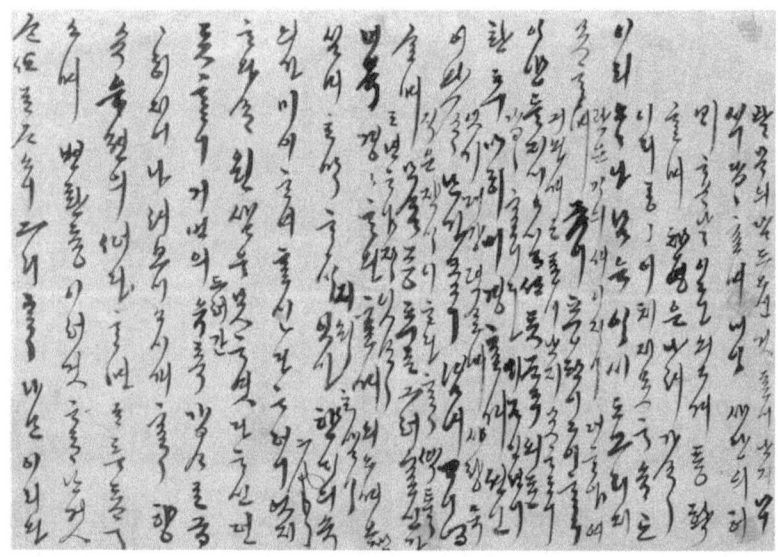

그림 27 김정희언간 17신, 김정희가 아내에게 쓴 편지(1829), 『조선시대 한글서예』(예술의전당, 1994:126).

그림 27은 18세기 말기에서 19세기 중기를 살았던 추사 김정희(1786~1856)가 쓴 언간이다. 명필로 이름 높은 김정희의 한글 서체는 유려한 필세의 흐름과 함께 그만의 독특한 서풍을 느끼게 한다. 이 편지에서 추사 한글의 진면목을 확인할 수 있다. 이 편지는 한글 초서의 아주흘림체에 가까운 서체인데다가 한자어가 적지 않게 들어가 있어서 판독과 번역

이 쉽지 않은 것이다.[56]

(2) 승려의 서체

승려들도 언간을 썼다. 충청도 마곡사[57]에서 불화를 그리던 화승(畵僧) 설훈(雪訓)이 1774년에 그의 스승에게 보낸 한글 편지가 있다. 마곡사 화승이 쓴 언간들에는 서로 다른 여러 필자의 것이 있으나 그림 28에 보인 설훈의 글씨가 가장 좋다.[58] 이 언간은 불화를 그리는 데 소요되는 금과 그림 바탕에 쓸 명주를 구한다는 사연을 전하고 있다. 이 편지의

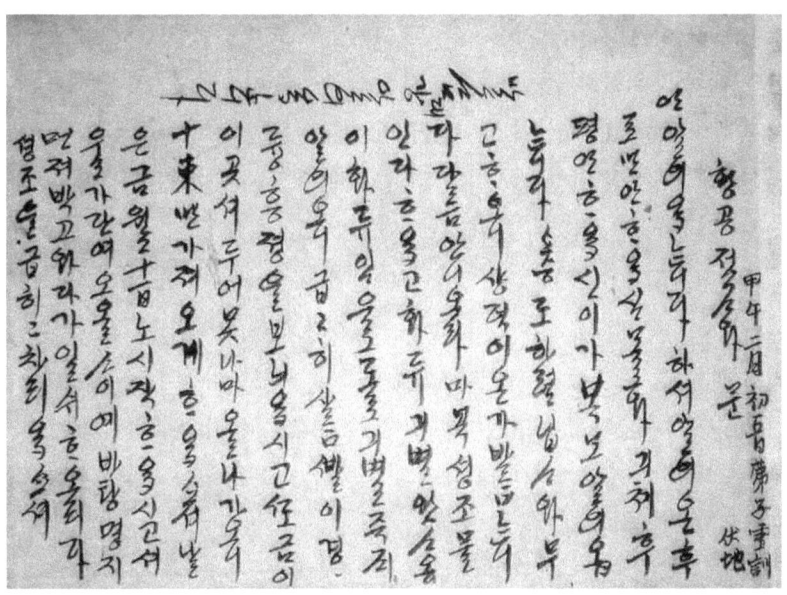

그림 28 충청도 마곡사의 화승 설훈이 그의 스승에게 쓴 편지(1774)

---

56 김정희언간 17신의 판독문은 김일근(1991:288)에 실려 있다.
57 마곡사는 조선시대의 화승들이 제자들에게 불화를 가르친 사찰로 유명하다.
58 이 편지는 수덕사 법당에 걸린 불탱화 뒷면 배접지에 붙어 있었다. 이 불탱화의 제작 연도는 1774년으로 알려져 있다. 1774년이 甲午年이므로 이 편지에 쓰인 甲午와 일치한다.

한글 서체는 상당히 세련된 모습을 보여 준다. '읍'자 받침의 ㅂ을 ㅋ형으로 쓴 글꼴이 나타난다. ㅂ을 이런 형태로 쓴 것은 19세기의 궁체 한글 서간문에 많이 보인다.

(3) 사대부가 여성의 서체

언간 중에는 사대부가 여성이 쓴 것이 적지 않다. 그런데 양반 사대부가 여성이라 하더라도 한글을 제대로 익히지 못하여 글씨 쓰기에 미숙한 사례가 발견된다. 가장 전형적인 예가 송강 정철의 어머니 죽산안씨(竹山安氏, 1495~1573)가 1571년에 쓴 편지이다. 죽산안씨의 이 편지는 한글을 갓 배운 사람의 글씨처럼 소졸체의 전형을 보여준다. 그러나 이 소박한 서체가 오히려 아들을 향한 모정을 더 잘 드러내 준다. 전혀 세련된 서체가 아니지만 시묘살이 중인 아들의 안부가 궁금하여 서툰 글씨로 애써 쓴 죽산안씨의 안간힘이 이 편지의 서체에 잘 나타나 있다. 개성적인 소졸체가 친근한 인간미를 드러낸 사례라 하겠다.

죽산안씨의 편지보다 15년 뒤(1586년)에 이응태(1556~1586)의 처 '원이 엄마'가 쓴 편지가 있다. 이 편지는 갑자기 죽은 남편의 관 속에 넣으려고 황망 중에 급히 쓴 것이다. 그럼에도 불구하고 여성의 글씨라고 믿기 어려울 만큼 필치가 활달하고 힘 있는 느낌을 준다. 이 편지를 보면 붓글씨 솜씨는 성별이 아니라 개인의 재능과 소질의 차이에 좌우된다는 생각을 하게 된다.

「현풍곽씨언간」 중에서 곽주의 장모 합산댁이 안사돈 박씨에게 보낸 편지가 있다. 이 편지는 죽산 안씨의 편지보다 38년 뒤(1607년)에 씌어진 것이다. 한글 글씨의 서체가 훨씬 정돈되고 단정하지만 소박한 느낌을 주는 점은 서로 비슷하다.

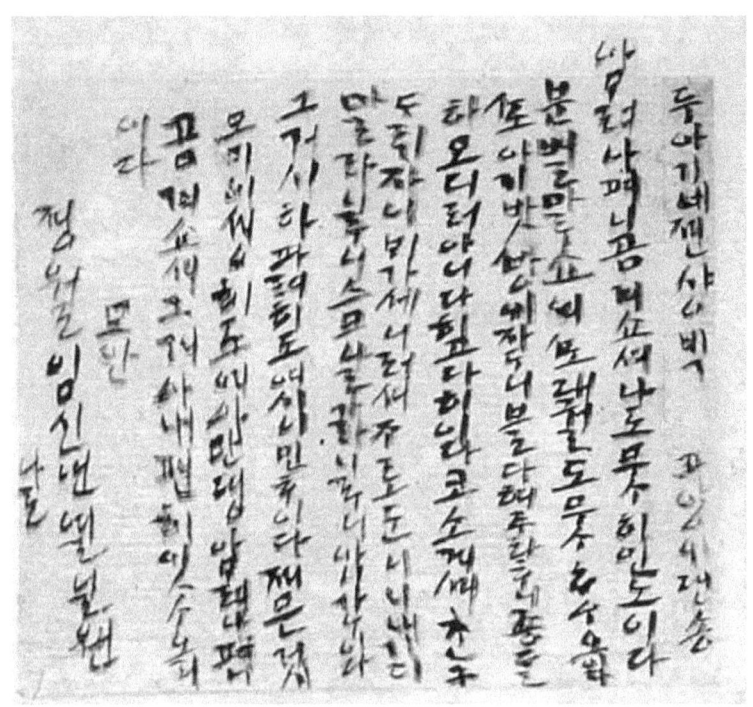

그림 29 정철의 어머니 죽산 안씨(1495~1573)가 아들에게 쓴 편지(1571). 이화여자대학교 박물관 소장.

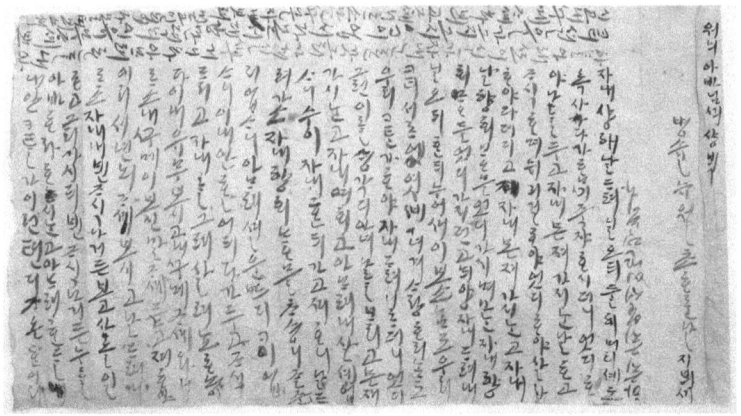

그림 30 원이 엄마의 편지(이응태묘 출토 편지). 안동대학교 박물관 소장.

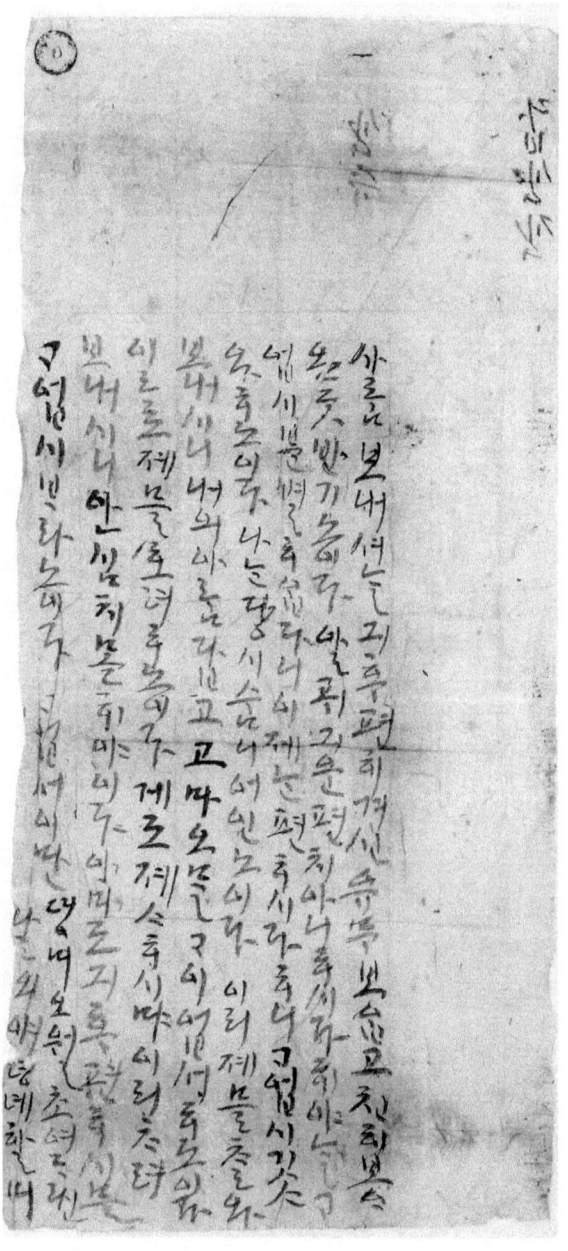

그림 31 「현풍곽씨언간」 118번. 곽주의 장모 합산댁(벽진 이씨)이 사돈 박씨에게 보낸 편지(1607). 국립대구박물관 소장.

(4) 왕실 언간의 서체

조선시대 왕실에서도 언간을 주고받았다. 왕이 공주에게 쓴 편지나 왕비나 대비가 쓴 언간이 전해지고 있다. 「숙휘신한첩」, 「숙명신한첩」, 「정조어필한글편지첩」, 「순원왕후언간」 등의 왕실언간첩에 효종, 현종, 숙종, 정조 임금을 비롯하여 왕실의 가족들이 쓴 편지가 전하고 있다.

그림 32는 아버지 효종이 출가한 딸 숙명공주와 주고받은 편지이다. 공주가 먼저 궁체 정자로 반듯하게 쓴 문안 편지를 보내자 효종이 그 종이에다가 답장을 써서 되돌려 보냈다. 공주의 글씨는 작지만, 왕의 글씨는 크고 굵다. 하나의 종이에 수신자와 발신자의 글이 모두 들어가 있는 재미있는 편지이다. 17세기에 활동했던 인선왕후, 장렬왕후, 명성왕후, 순원왕후 등 왕비가 쓴 한글 편지도 전하고 있다.

그림 33은 순조의 비였던 순원왕후가 쓴 것이다. 이 언간은 19세기 궁중에서 쓴 한글 궁체의 전형적 모습을 보여 준다. 흘림의 정도로 말하면 예사흘림체에 가까운 것이라 할 수 있다.

붓으로 쓴 한글 서체 중 가장 아름답고 완성도가 높은 것이 궁체(宮體)이다. 궁체는 직선을 최대한 곡선화하여 화려하고 아름다운 서체로 만들어 한글 서체의 최고봉을 구현한 것이라 평가된다(홍윤표 2012). 한글 서체로서의 '궁체'라는 낱말이 처음 문헌에 등장하는 것은 조선시대 이옥(李鈺, 1760~1812)의 한시 「서호죽기사」(西湖竹技詞)이다(홍윤

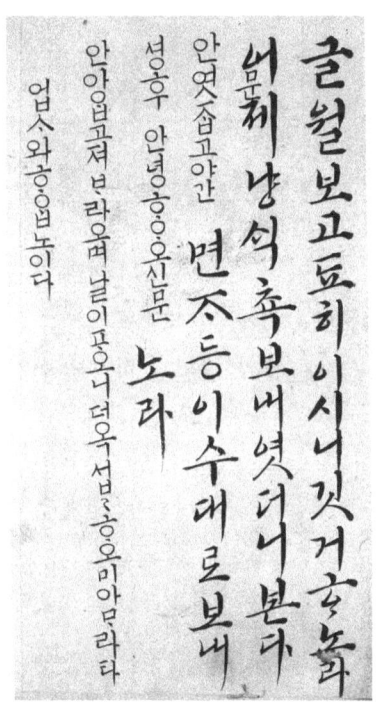

그림 32 숙명공주와 효종이 주고받은 편지. 『조선시대 한글서예』 75면.

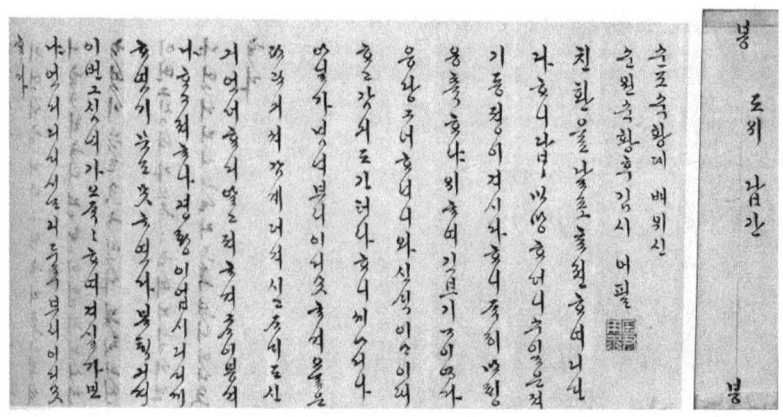

그림 33 조선 말기 궁체의 전형을 보여 주는 순원왕후 언간

표 2012).⁵⁹ 궁체를 흘림의 정도에 따라 정자체, 예사흘림체, 아주흘림체로 나눌 수 있다. 위 그림 33의 순원왕후 언간은 예사흘림체에 속한다.⁶⁰ 19세기 이후 궁체는 언간은 물론 고소설에서 가장 널리 쓰이는 대표 서체가 되었다. 오늘날 서예를 배울 때 가장 전범이 되는 서체가 바로 궁체이기도 하다.⁶¹

19세기 후기 이후부터 20세기 전기에 쓰인 언간 자료는 매우 많다. 이 시기 자료는 아직 목록 정리조차 이루어지지 않았다. 19세기 중기 이후 판매용으로 출판된 방각본 언간독(諺簡牘)은 언간을 쓰는 인구가 크

---

59 홍윤표에 따르면 '궁체'는 원래 한자의 서체와 한문 문체를 가리킨 것인데, 이것이 한글 서체에 전용되었다고 한다. 한글 궁체가 제 모습을 나타낸 필사본은 『어제경세문답언해』(1761년에 필사된 것으로 추정), 『어제경세문답속록언해』(1763년에 필사된 것으로 추정)라고 한다. 이런 사실을 근거로 홍윤표 선생은 한글 궁체로 다양의 필사가 이루어진 시기를 1750년 이후로 보았다.
60 홍윤표(2012)는 다양한 한글 문헌을 통해서 궁체를 자세히 설명하였다.
61 그러나 궁체의 한계는 일정한 틀에 갇혀 개성을 발현하기 어렵다는 점이다. 궁체의 서예적 예술성은 높지만 예술이 추구하는 개성을 표현하기 어렵다는 점은 궁체가 가진 치명적 약점이라 할 수 있다.

게 증가했음을 보여준다. 언간 쓰는 방법을 설명한 편지투 서적이 판매용으로 다수 간행된 것은 한글생활사에서 그 의미가 큰 것이다. 이것은 언간을 주고받는 일이 양반층뿐 아니라 일반 양인층으로 확산되었고, 이에 따라 한글 사용 인구가 크게 증가했음을 의미한다. 19세기 후기 이후의 언간 서체에 대한 연구는 전혀 이루어지지 않았다.

(5) 한글 고문서의 서체

가장 오래된 한글 필사본인「오대산상원사 중창권선문」은 고문서의 일종으로 볼 수도 있다. 그러나 고문서의 조건을 완벽하게 갖춘 한글 고문서로는 임진왜란 전란 중에 공포한「선조 한글 유서」(1593)이다.[62] 17세기 이후의 한글 고문서로는 윤선도 집안 고문서가 여러 편 전해진다. 현재 전하는 한글 고문서는 19세기 것이 가장 많다. 한글 고문서는『고문서집성』(정신문화연구원)의 여러 책에 자료와 사진이 실려 있고, 홍윤표(1999, 2006a, 2010a), 홍은진(1998, 1999), 정승혜(2000), 백두현(2006a, 2008a), 김봉좌(2010a, 2010b, 2013), 이상규(2011) 등에서 연구된 바 있다. 지금까지 알려진 한글 고문서를 대상으로 한글 서체를 연구할 수 있다.[63]

한글 고문서의 서체는 크게 네 부류로 나누어진다.

첫째,「선조 한글 유서」처럼 반듯한 정자체의 해서체 부류이다. 그밖에 달필체는 아니지만 정자체로 쓴 부안 의성김씨가 전답 매매 문기, 충청남도 노성 백조시 白活(발괄, 그림 34) 등도 정자로 쓴 한글 해서체에 넣을 수 있다. 둘째, 달필의 흘림체로 쓴 해남윤씨가의 한글 배지 1, 2이

---

[62] 이 문서는 '선조국문교서'로 소개되어 있고 이 명칭이 널리 쓰이고 있다. 그러나 김봉좌(2013:281~282)는 이 문서에 적힌 어보가 '諭書之寶'로 판독되는 사실을 근거로 이 문서의 명칭을 '선조 유서'(宣祖 諭書)로 함이 옳다고 보았다.

[63] 한문 고문서의 초서체에 대한 연구는 심영환(2008)을 참고할 수 있다. 여기서는 고문서 종류별(고신, 시권, 입안, 소지, 조보)로 초서체의 필사 양상을 기술하였다. 중국에서 유입된 송설체의 영향과 전통적 초서체의 상관성에 대해서도 언급하였으며, 조보(朝報) 초서체의 유형을 세 가지(전통형, 난서형, 정형형)으로 나누기도 했다.

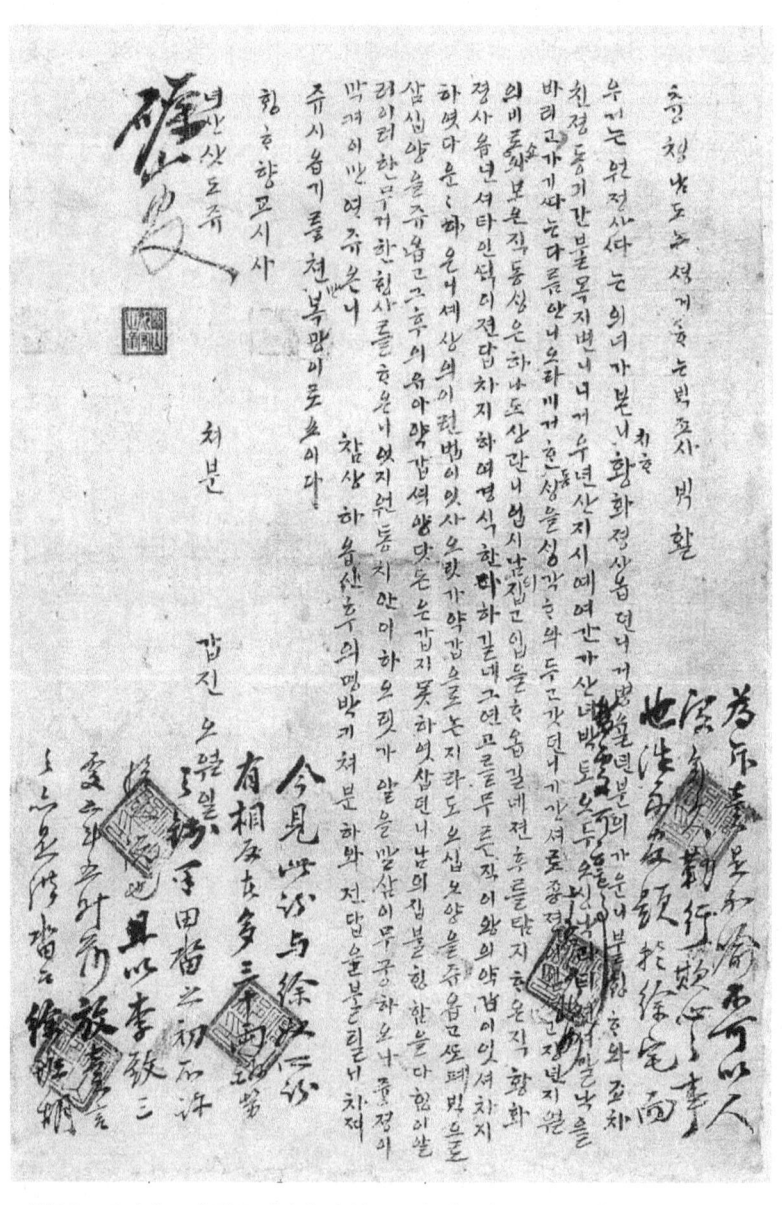

그림 34 고문서에 쓰인 한글 해서체, 충청도 노성 백조사(白召史)의 발괄, 69X43cm, 『박물관 도록-고문서-』(전북대학교, 405면).

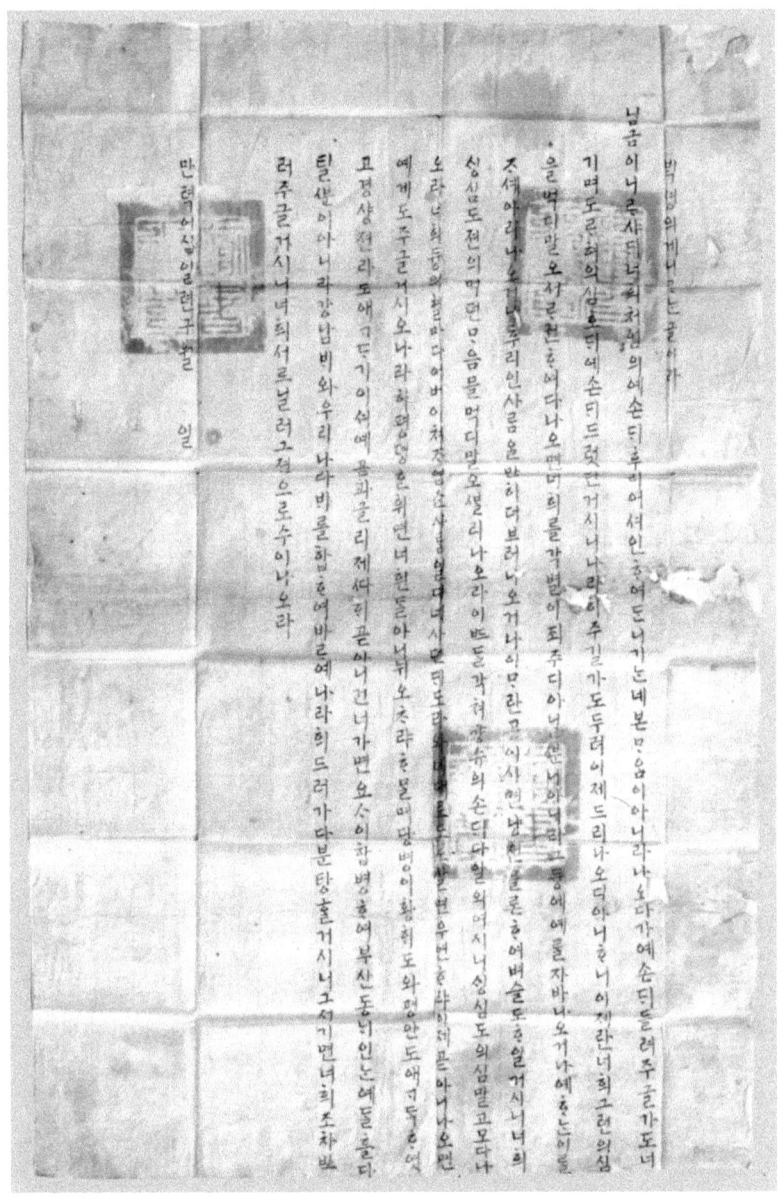

그림 35「선조 한글 유서」, 1593년. 75.0X48.8cm.『조선 전기 국보전-위대한 문화유산을 찾아서』, 호암미술관, 1996, 123면.

다. 양반 주인이 노비 '애순'과 '일삼이'에게 내린 이 문서(그림 36)는 달필의 예사흘림체를 잘 보여 준다.

셋째, 평민 혹은 노비 등 하층민이 직접 쓴 것이거나 글쓰기에 익숙지 못한 사람이 쓴 것이다. 이 부류의 서체는 민체이면서 전형적 소졸체라 할 수 있다. 해남윤씨가의 한글 고목과 풍산김씨 노비 명부 등이 여기에 속한다. 이 문서들의 글씨는 비록 소졸체이지만 쓴 사람의 개성을 그대로 보여 주며, 진솔함과 소박함이 물씬 풍긴다. 또박또박 서툴게 쓴 글씨들이 정답게 느껴지고 인간미가 배어난다. 이 느낌을 살려 '삐뚤빼뚤 소박진솔체'라 이름 붙일 만하다.

넷째, 궁중의 한글 일기나 발기 등의 문서에 쓰인 한글 궁체 부류가 있다. 이 부류는 위 셋째 부류와 극명한 대조를 이루는 서체이다. 궁중의 일기와 발기에 쓰인 궁체는 정형적 규범성을 그 특징으로 한다. 궁체는 필획의 운필에서 개성적 면모를 찾을 수 없지만, 세련된 아름다움과 높은 품격을 자랑하는 서체이다. 그리하여 궁체는 조선 후기의 대표적 한글 서체로 자리잡았다.

기타 한글 필사본의 서체도 연구할 만한 가치가 있다. 여기에는 『음식디미방』을 비롯한 음식조리서, 여러 집안에서 집안의 부녀자를 가르칠 목적으로 필사한 여성교육서 등이 있다. 특히 한글 고소설은 그 분량이 매우 방대하지만 서체의 관점에서 연구된 적이 없다. 각종 다양한 한글 필사본은 국어사, 생활사, 문화사 등 여러 방면의 연구가 가능하다. 이 문헌들에 대한 서체 연구는 아직 손을 타지 않은 미지의 어장처럼 우리 앞에 놓여 있다.

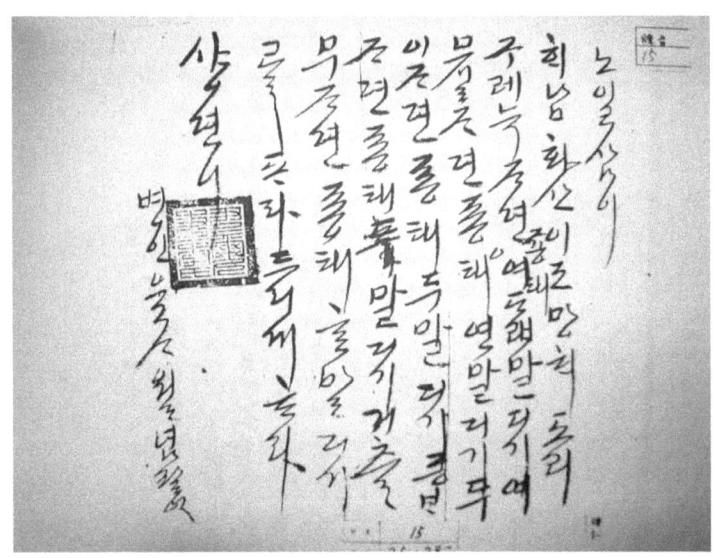

그림 36 달필의 예사흘림체. 노비 일삼이에게 준 해남 윤씨가 한글 배지, 26X28cm, 『고문서집성』 3(해남 윤씨편, 420면).

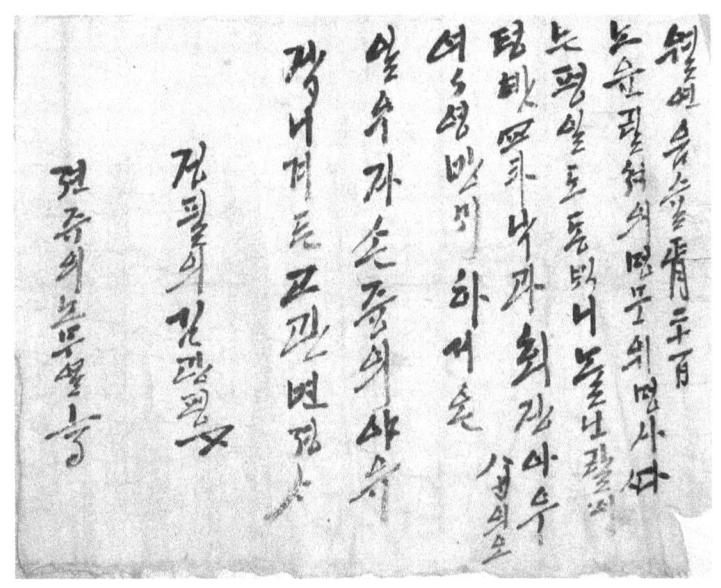

그림 37 민체 소졸 해서 정자체
19세기 후기로 추정되는 한글 고문서. 땅주인 노(奴) 무열의 토지 매매 명문

11장 한글 서체의 역사적 변천 447

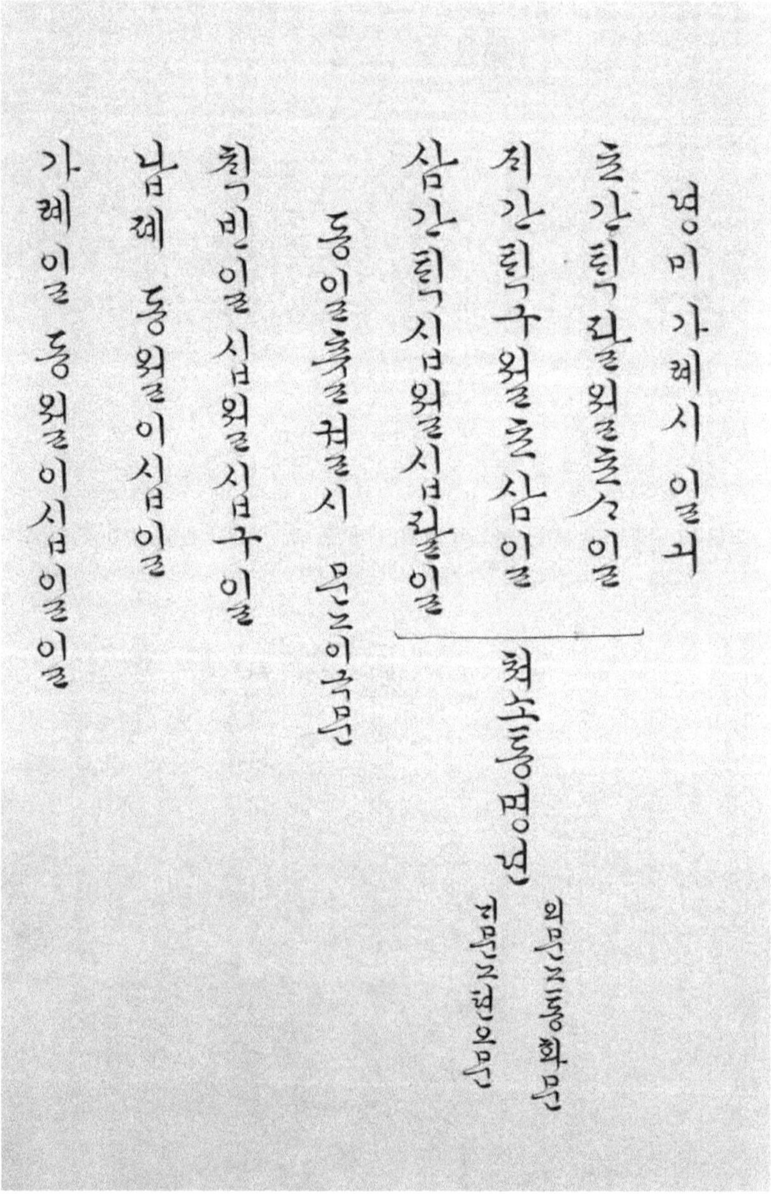

그림 38 조선시대 왕실의 한글 자료에 쓰인 전형적 궁체, 「정미가례시일기」(1847).

12장 한글 문헌의 현대적 활용

12.1. 현대적 활용의 뜻과 가능성

옛 한글 문헌은 한국 전통문화의 정수(精髓)를 담고 있는 그릇이며 동시에 한국문화의 정체성을 담고 있는 원천 자원이다. 이런 점에서 옛 한글 문헌은 현대인에게도 여전히 의미 있게 활용될 수 있다.

한글 문헌의 '현대적 활용'이란 말은 무슨 뜻인가? 이에 대한 답은 활용 목적과 분야에 따라 달리 말할 수 있다. '현대'라는 시대적 개념과 발달된 기술에 초점을 둘 때, '현대적 활용'의 핵심은 디지털 매체와 한글 문헌의 결합에 있다. 한글 문헌을 디지털 매체 및 정보기술과 결합하여 이용하는 것이 곧 한글 문헌의 현대적 활용이다. 정보기술(IT, information technology)과 문화기술(CT, culture technology)을 융합한 정보문화기술(ICT)의 측면에서 한글 문헌을 활용하는 것이 곧 한글 문헌의 현대적 활용이다.

컴퓨터와 디지털 기술의 발전은 현대인의 일상적 삶을 크게 바꾸어 놓았다. 한국 사회도 예외가 아니어서 1980년대 후반에 개인용 컴퓨터 보급이 일반화되었고, 1990년대 초기에 인터넷 사용자가 급속히 늘어났으며, 2012년 전후로 똑똑 전화(스마트폰)를 중심으로 하는 모바일 디지털 기기 사용이 일상화되었다. 그리고 지금은 인공 지능의 시대이다. 그 덕분에 현대 한국인은 컴퓨터, 똑똑 전화, 각종 디지털 기기와 이들을 통해 구현되는 각종 소프트웨어에 둘러싸여 살고 있다.

인터넷으로 대표되는 정보 향유 시스템은 개인의 일상생활은 물론 신문·방송·출판·교육·문화예술·각종 업무 처리 등의 인간 생활에 총체적 영향을 미치고 있다. 이러한 현대적 환경에서 한글 문헌 속에 잠재된 요소를 발굴하여 활용하는 것은 말 그대로 온고지신(溫故知新)이라 할 수 있다. 한글 문헌은 이미 흘러간 시대의 유물이 아니라 정보문화기술과 결합하여 다양하게 활용되고 있다.

지금까지 그러해 왔듯이, 한글 문헌은 무엇보다도 국어의 역사적 연구에 가장 큰 도움을 준다. 한글 문헌의 학문적 활용이 중요한 것이지만 다양한 영역으로 그 실용성을 확대해 갈 수 있다. 특히 디지털 기술의 발전과 함께 한글 문헌의 활용은 새롭게 진화하고 있다. 디지털 기술과 한글 문헌이 결합함으로써 전통문화에 대한 원형 탐구의 원천 자원으로써 한글 문헌이 활용되고 있다. 나아가 스토리텔링의 기법을 한글 문헌에 적용하여 영화 제작, 드라마와 소설 창작 등 여러 분야에서 창의적 작품 창작의 소재로 활용되고 있다. 이제 한글 문헌은 국어사 연구의 자료를 뛰어 넘어 전통문화의 창조적 변용을 위한 원천 자원으로 이용되고 있다. 이런 점에서 한글 문헌은 한국문화의 새로운 창달에 기여할 수 있는 생생한 문화유산이라 할 수 있다.

이미 오래전부터 한글 문헌에 담긴 내용은 알게 모르게 우리 생활 속에 존재했다. 누구나 좋아하는 돈, 한국은행 발행 1만 원권 지폐를 자세히 살펴보라. 세종대왕 초상 옆에 "불휘 기픈 남ᄀᆫ ᄇᆞᄅᆞ매 아니 뮐씨 곶 됴코 여름 하ᄂᆞ니 ᄉᆡ미 기픈 므른 ᄀᆞᄆᆞ래 아니 그츨ᄉᆡ"라는 용비어천가 제2장의 가장 아름다운 구절이 옛 글씨체 그대로 인쇄되어 있다. 지폐의 좁은 지면임에도 글자 왼쪽에 찍힌 방점까지 살려 놓았다. 이미 오래전의 아날로그 시대부터 한글 문헌 자원이 중요한 경제수단(지폐)에 이용되어 왔던 것이다.

한글 문헌이 가장 전형적으로 활용된 곳은 중고등학교 국어 교과서이다. 「훈민정음 언해본」, 『용비어천가』, 『소학언해』 등의 한글 서적과 송강가사, 윤선도의 「어부사시사」 등의 한글 문학 작품이 일종의 정전(正典) 교육의 텍스트로 이미 오래전에 교과서에 실렸다. 최근 2011년 이후에 나온 고등학교 국어 교과서에는 「원이엄마편지」(이응태 부인 언간), 「현풍곽씨언간」 등 당대 사람들의 정서와 생활상을 잘 반영한 한글 편지 작품이 원문 그대로 실리기 시작했다. 한글 문학 작품이 국가가 인정한 교과서에 실린다는 것은 19세기 말까지는 생각지도 못한 것이었으니, 20세기 이후 한글의 위상이 얼마나 달라졌는지 가히 짐작할 수 있다.

아날로그 시대에서 디지털 시대로 전환되면서, 인터넷 환경을 배경으로 한글 문헌의 활용도는 또 한 번의 획기적 전환기를 맞이하였다. 먼저 문화원형 디지털화 사업의 소재로서 한글 문헌이 주목받았다. 그리고 디지털 한글박물관 누리집이 개설되어 한글에 대한 각종 정보는 물론 한글 문헌 1,000건 이상의 이미지와 해설문이 일반인에게 제공되었다. 디지털 한글박물관이 개관되기 이전에는 영인본을 통해 소수의 연구자들만 한글 문헌에 접근할 수 있었고, 몇몇 관심자들만 이용하였던 한글 문헌이 모든 사람이 자유롭게 접근할 수 있는 공간에서 재탄생한 것이다. 새로운 디지털 환경을 만난 한글 문헌은 민족문화의 정수이자 한국문화의 세계화를 위한 원천 자원으로 새로운 주목을 받고 있다.

이 장에서는 디지털 환경에 놓인 한글 문헌이 현대의 한국 사회와 세계 사회에서 어떤 역할을 할 수 있는지 주요 사례를 통해 살펴보기로 한다. 한글 문헌은 현대 사회가 요구하는 문화콘텐츠 및 교육콘텐츠의 개발에 이용될 수 있는 다양한 가능성을 갖고 있다. 이 장을 통해 한글 문헌의 현대적 활용 방향은 무엇인지, 그리고 어떻게 이 목표를 실현할 수 있는지 그 방안을 모색해 보자.

12.2. 한글 문헌에 대한 접근 방법과 활용 방향

한글 문헌의 현대적 활용을 위해서 가장 먼저 해야 할 일은 이용하고자 하는 한글 문헌이 지닌 특성을 샅샅이 파악하는 것이다. 활용코자 하는 대상 문헌이 가진 특성이 무엇인지를 파악해야 그것의 활용 방안을 찾을 수 있기 때문이다. 한글 문헌은 그 종류가 매우 많고 그 내용도 다양하므로 그 특성이 개별 문헌에 따라 다르다. 그러나 특성을 파악하는 방법은 여러 부류의 문헌에서 두루 통용될 수 있다.

한글 문헌은 크게 볼 때, 두 가지 측면을 가진다. 하나는 문헌 자료로서 갖는 형식적 측면(자료의 형상)이고, 다른 하나는 내용적 측면(자료의 질료)이다. 형식적 측면과 내용적 측면을 아울러 문헌의 특성을 파악하는 방법을 모색해 보자.[1]

1) 역사적 배경을 살핌

첫째, 대상 문헌이 생산되거나 저술된 역사적 배경을 밝혀 그것의 특성을 파악하는 작업이 필요하다. 어떤 문헌이든 그것이 만들어지게 된 역사적 배경 혹은 시대적 환경이 있다.

1443년에 한글이 창제되고, 1446년에 『훈민정음』(해례본)이 간행됨으로써 새 문자가 공포되었다. 세종 임금이 훈민정음을 창제하고 나서 가장 먼저 만든 책은 『용비어천가』이다. 이 책은 1445년에 한글 가사가 완성되었고, 여기에 한문 주석을 붙여 1447년에 간행되었다. 이 책에 실린 노래 가사는 중국의 고사에 빗대어 조선 건국의 역사적 당위성을 읊은 것이 대부분이다. 왕씨 왕조를 이씨 왕조로 바꾼 역성(易姓) 혁명에 정당성을 부여하기 위해 이 책을 간행하였다.

『용비어천가』의 한글 가사가 훈민정음 공포 이전인 1445년에 완성되었다는 것은 그 의미가 크다. 새로 만든 문자로 조선 건국의 정당성을 읊은 가사를 국가에서 짓고 이것을 책으로 간행한 것은 새 문자의 권위

---

[1] 이 모색은 하나의 시론이다. 앞으로 더 정교한 방법을 만들고 이론적 깊이를 더해야 할 것이다. 문화콘텐츠 관련 교육이 피상적으로 흐르지 않고 튼튼한 기반을 가지려면 이하에서 말하는 방법론의 탐구와 실천이 필요하다.

와 위상을 높이려는 세종의 정치적 의도를 보여준다. 훈민정음 창제 직후에 조선왕조의 창업주 태조 이성계와 그의 조상들이 이룩한 공적을 『용비어천가』의 핵심 내용으로 삼은 것은 이 문헌의 편찬 의도에서 가장 중요한 사실이다.

『용비어천가』와 같은 해에 간행한 것으로 보이는 불교서 『석보상절』과 『월인천강지곡』은 사랑하던 왕비를 잃은 세종의 아픔을 담고 있다. 부처님의 위신력(威神力)에 의탁해 고인의 극락왕생을 축원하기 위해 두 책을 편찬·간행하였다. 청년 시절의 세종 임금은 여러 개의 불교 종파를 두 개로 대폭 합병하는 구조 조정을 단행하였다. 승려가 되려는 사람에게 많은 세금을 물렸고, 전국의 많은 사찰을 폐사(廢寺)시켰다. 불상과 동종을 녹여 활자를 만드는 등 억불정책을 강력하게 펼치기도 했었다. 그러던 세종이 말년에 가서 소헌왕후 심씨가 세상을 뜨자, 궁중에 내불당을 짓고 왕비의 극락왕생을 위해 『석보상절』을 편찬하는 등 불교를 숭상하는 여러 사업을 벌였다.

인도 무굴제국의 샤자한 황제는 왕비 뭄타즈의 죽음을 애통해하며 왕비를 위해 화려하고 아름다운 타지마할 묘당을 지었다. 세종 임금은 석가의 가르침을 널리 펼치는 책을 간행하여 소헌왕후의 명복을 빌었다. 같은 일을 당한 두 왕의 대조적 처사는 여러 가지 이야기를 만들 만한 소재이다.

불교 서적 하나하나에도 그 시대가 요구한 역사적 배경이 있다. 1500년에 가야산 봉서사(鳳栖寺)에서 간행된 복각판 『목우자수심결언해』는 서울이 아닌 지방에서 간행된 최초의 한글 문헌이다. 왜 이 책이 지방에서 간행된 최초의 한글 문헌이 되었을까? 이 책은 원래 고려의 보조국사 지눌(知訥)이 지은 『修心訣』(수심결)을 조선시대의 승려 신미(信眉)가 한글로 번역하여 세조 13년(1467)에 간경도감에서 간행한 것이다. 세조 임금이 불교를 숭상하여 유교 이념 국가인 조선 왕조 때 궁중에 간경도감이라는 국가 기관을 세워 여러 불경을 번역·간행했다. 성종 즉위 후

간경도감이 폐지되고 사찰과 승려에 대한 탄압이 다시 시작되자 정부 기관에서 불교서적을 간행한다는 것은 꿈도 꾸지 못하게 되었다. 이런 시대적 변화에 따라 불교서의 간행은 지방의 각 사찰이 담당하게 되었고, 출판 비용도 민간 시주자의 희사금으로 할 수밖에 없었다. 보조국사 지눌이 지은 이 책은 승려 입문자를 위한 교재로 이용되었던 책이어서 불교계로 보아서는 매우 요긴한 것이었다. 이런 현실적 요구에 따라 이 책이 한글 문헌으로서 가장 먼저 지방에서 간행된 것이다.

2) 문헌의 내용을 살핌

둘째는 한글 문헌의 본문 내용에 담겨 있는 각종 이야기 소재를 찾아서 그것의 활용 방안을 모색하는 것이다. 한글 문헌은 그 종류가 다양한 만큼 내용 역시 책에 따라 매우 다를 수 있다. 이런 다양성은 한글 문헌의 현대적 활용을 위한 원천이 된다.

『삼강행실도』는 중국과 우리나라의 충신·효자·열녀 105인의 뛰어난 행실을 뽑아서 한글로 번역하고 그 내용을 그림으로 그려서 도판과 함께 간행한 책이다. 이 책에는 현대인에게도 유익한 이야기가 적지 않다. 중국 노나라 사람 민손(閔損)의 이야기 사례를 보자.

민손의 계모는 민손이를 미워하여 제 아들에게는 솜옷을 따뜻하게 입히고 민손에게는 허술한 갈대 솜옷을 입혔다. 겨울 어느 날 아버지를 태운 수레를 몰다가 추워서 손이 언 민손이 말고삐를 놓쳤다. 아버지가 저간의 사정을 알고 계모를 내쫓으려 하자 민손이 아비 앞에 꿇어앉아 말하기를, "어머니가 있으면 한 아들만 춥고, 어머니를 내치시면 세 아들이 모두 추울 것이오니이다."라고 하였다. 아비가 그 말을 옳게 여겨 계모를 내치지 않으니 계모가 크게 뉘우쳐 행실을 고쳤다. 효도와 지혜를 함께 가르칠 수 있는 훌륭한 이야기다.

『삼강행실도』에는 공자의 제자 자로가 부모를 위해 쌀짐을 지는 이야기가 있다. 자로는 젊은 시절에 가난하여 도투라지(풀이름)와 팥닢으로 겨우 끼니를 때웠다. 어버이를 위하여 백 리 길이나 쌀짐을 져다 날랐다. 훗날 자로가 출세하여 그를 따르는 수레가 백 대였고, 집에 곡식을 가득 쌓아두었으며, 비단 요를 겹으로 깔고 앉았다. 그러나 때때로 한숨지으며 말하기를, "이제 어버이를 위하여 쌀짐을 지려 해도 계시지 아니하니 어찌 하리오."라고 했다. 이 말을 들은 공자가 자로를 칭찬하기를, "자로는 부모 생전에 힘껏 효도하고 돌아가신 후에도 못내 그리워하는구나."라고 하였다. 부모님 살아생전에 못다 한 효도를 안타까이 여긴 자로의 마음과 이를 기특히 여긴 공자의 이야기는 평범하지만 인간 삶의 진실을 담고 있다.

그 후 『삼강행실도』는 정조 임금 때 이르러 『이륜행실도』와 합본하여 『오륜행실도』로 개편되었다. 1797년(정조 21)에 왕명에 의해 『오륜행실도』가 5권 4책으로 간행되었다. 김홍도가 그렸다고 하는 아름다운 목판화와 미려한 한글 글씨체가 이 책을 예술품처럼 만들었다. 그런데 『오륜행실도』에는 『삼강행실도』의 효자도에 있었던 두 가지 이야기가 삭제되어 빠졌다. 효자도에서 빠진 것은 '곽거가 아들을 땅에 묻다'(郭巨埋子)항과 '원각이 아버지를 경계하다'(元覺警父)항이다. 곽거의 이야기는 다음과 같다.

> 郭巨의 어미 샹녜 바볼 더러 세 설 머근 孫子룰 머기더니 郭巨ㅣ제 겨집 두려 닐오딕 艱難흔 거긔 내 아드리 어믜 바볼 앗ᄂ니 무더 브리져라 ᄒ고 싸홀 석 자홀 프니 金 흔 가매 나니 그를 뻐 이쇼딕 하늘히 孝子 郭巨룰 주시ᄂ다 ᄒ야 잇더라 (삼강행실도 런던대학본 효자도 12)

곽거가 어머니를 지극히 봉양하였다. 어머니가 밥상의 밥을 손자에게 먹이는 것을 보고 곽거는 어머니 밥을 빼앗는 아들을 땅에 묻어 버리려 했다. 땅을 석 자 깊이로 파니 땅에서 금 한 솥이 나왔고, 이는 하늘이 효자 곽거에게 내린 것이라고 했다. 이런 이야기를 『오륜행실도』에서 뺀 것은 정조 임금 당시에 어머니를 위해 아들을 땅에 묻으려 한 것이 인륜에 어긋난 것이라는 윤리 의식이 생겨났음을 의미한다. 효도를 행함에 있어서도 인륜의 근본에 어긋나서는 안 된다는 생각을 하게 된 것이다.

원각이 아버지를 경계한 이야기는 다음과 같다.

> 元覺이 한아비 늙고 病ᄒᆞ더니 元覺이 아비 元覺일 ᄒᆞ야 담사ᄂᆞ 지여 뫼헤 다가 더디라 ᄒᆞ야ᄂᆞᆯ 元覺이 마디 몯ᄒᆞ야 더디고 올 저긔 元覺이 그 담사ᄂᆞᆯ 가져오거늘 아비 닐오ᄃᆡ 머즌 그르슬 므스게 ᄡᅳ다 ᄒᆞᆫ대 對答ᄒᆞ되 뒷다가 나도 아비 다모리라 ᄒᆞ야ᄂᆞᆯ 븟그려 제 아비ᄅᆞᆯ 도로 더브러 오니라. (삼강행실도 런던대학본 효자도 13)

원각의 할아버지가 늙고 병들자 원각의 아버지가 원각이를 시켜 할아버지를 지게에 지고 산에 갖다 버리게 하였다. 원각이 마지못하여 그렇게 하고 산에서 돌아오면서 할아버지를 담았던 담산(깊이가 있는 광주리 같은 것으로 추정)은 다시 지고 왔다. 아비가 원각에게 그 흉한 물건은 왜 다시 가져왔느냐고 묻자, 원각은 두었다가 나중에 아버지를 담으려 한다고 대답하였다. 그 아비가 듣고 부끄러워하여 산에 갖다 버린 할아버지를 다시 집으로 모셔 왔다.

곽거의 이야기는 어미가 먹을 밥을 손자에게 자꾸 주자 아들을 땅에 묻어 버리려 한다는 이야기이고, 원각의 이야기는 아버지의 명에 따라 병든 할아버지를 산에 갖다 버린 내용이다. 정조 임금 이전에 『삼강행실도』가 이미 여러 번 중간되었지만 이 내용들은 빠지지 않았다. 그러다가 정조 임금이 『오륜행실도』를 편찬하면서 두 이야기를 삭제한 것은 도덕적 관념이 변화했음을 의미한다. 18세기 후기에는 위 두 가지가 효를 가르치기 위한 이야기로 적절치 않다고 판단했던 것이다. 한글 문헌에 실린 이야기의 변화가 시대에 따라 달라지는 윤리관을 반영했음을 알 수 있다.

가야산 봉서사(鳳棲寺)판 『목우자수심결언해』는 고려시대의 보조국사 지눌이 짓고,[2] 조선 세조 때 학승 신미(信眉)가 한글로 번역 간행(1467)한 것이다. 신미가 번역 작업을 한 곳은 경복궁 비현합(丕顯閤)이었다. 지눌은 고려시대 불교의 타락한 모습을 깨뜨리고자 대구 팔공산 거조암에서 뜻을 같이하는 승려들과 정혜결사(定慧結社)를 조직하여 불교계에 새 바람을 일으킨 인물이다. 보조국사 지눌은 불교계의 대표 종파인 조계종을 창설한 분이기도 하다. 지눌은 이 책에서 9개의 질문과 9개의 답변을 통해, 불타는 집에 사는 듯한 삶의 고통에서 벗어나는 진리를 설파했다. 이 책은 그 문장이 간결하고 평이하여 참선에 입문하는 승려들의 교과서 역할을 하였다. 이 책은 고려와 조선시대의 선불교 수행서로 큰 역할을 하며 수십 차례 간행되었고, 중국과 일본에서 편찬한 대장경에 실리기도 했다. 지눌이 이 책에서 제시한 수행의 방법은 돈오점수(頓悟漸修)와 정혜쌍수(定慧雙修)로 요약된다. 한 번 얻은 깨달음은 꾸준히 갈고 닦아야 하며 참선 수행과 독서 공부를 병행하기를 권한 것이다. 이것은 우리나라 선종의 수행 지침이 되었으며 지금도 큰 영향을 미치고 있다. 『목우자수심결언해』는 불교에 갓 입문한 초학 승려를 위한 가르침을 담고 있다. 이 책 속에 나오는 비유나 일화를 찾아내어 그것을 매개로 삼아 교육 콘텐츠로 승화시키는 시도를 해 볼 수 있다.

문헌의 내용을 살피는 데 있어서 가장 다양한 소재를 제공하는 부류는 한글 필사본 자료이다. 필사본으로 전해지는 한글 문헌에는 한글 고소설, 기행가사를 포함한 각종 가사 작품, 한글 음식조리서, 한글 제문, 한글 전기문류, 매매 문서, 한글 궁중 문서, 한글 편지(언간), 한글 족보 등 그 내용과 종류가 매우 다양하다. 필사본 한글 문헌은 무궁무진한 문화 교육 콘텐츠를 제공해 주는 보물 창고이다.

---

[2] '목우자(牧牛子)'는 보조국사 지눌의 호이다. '수심결(修心訣)'은 마음을 닦는 요긴한 가르침이란 뜻이다.

3) 문헌에 얽힌 이야기를 살핌

셋째는 한글 문헌에 얽힌 이야기를 찾아서 활용 방안을 모색하는 것이다. 한글 문헌은 책 혹은 문서 형태의 물질적 외형을 가진다. 과거 오래전에 생산된 물질적 외형으로서의 한글 문헌은 간행에서부터 전존(傳存) 과정에 이르기까지 온갖 이야기가 서려 있는 것이 적지 않다.

대표적 한글 문헌인 훈민정음 해례본에는 많은 이야기가 얽혀 있다. 간송미술관 소장본은 안동시 와룡면 주하리의 이한걸 씨 집안에서 전해진 것으로 알려졌으나 최근에 같은 와룡면의 광산 김씨 집안(김대중)에 전해지던 것을 사위 이용준이 빼내어서 간송 전형필에게 넘겼다는 설이 제기되기도 했다.

2008년 7월에 세상에 알려진 훈민정음 해례본(상주본)은 원 소유자와 매수자 간의 소유권 공방이 일면서 재판까지 거치고 2024년 8월 현재에도 모씨가 어딘가 감추어 두어 행방이 묘연한 상태이다. 관련자들이 벌인 법정 공방을 보면 추리소설을 쓸 수 있을 만큼 온갖 이야기가 난무하였다.

앞에서 말한 『목우자수심결언해』의 끝부분에는 이 책의 출판에 관여한 사람들의 기록이 있다. 이것을 시주질(施主秩) 혹은 시주기(施主記)라 한다. 이것을 잘 분석해 보면 이 책의 간행에 어떤 사람이 관련되어 있는지 알 수 있고 책과 연관된 이야기 소재를 찾을 수 있다. 간행 관련 인물에는 전 유점사 주지 계은(戒恩)과 법총(法聰)이란 승려 이름이 가장 첫머리에 나오고, 출판비를 댄 대시주 이씨와 김씨 그리고 전씨가 나온다. 이름이 없고 '-씨'만 붙은 이 세 사람은 여성임이 분명하다. 세 여인의 발심이 이 책을 간행한 바탕이 된 것이다. 간기의 뒷면에는 다수의 법명(승려 이름)이 나온다. 설매(雪梅), 성전(省田), 능도(能道), 신주(信珠) 외 16명의 승려 이름이 나오고 그 뒤에 시주를 한 보통 사람들 이름이 죽 나열되어 있다. 무관직인 사맹(司猛) 경력을 가진 이중공(李仲恭) 양주(兩主부부), 책형(柵衡) 부부, 김수광 부부, 강수산 부부, 이경지 부부, 서득명 부부, 조극중 부부 이름이 나온다. 책형을 제외하고 모두 번듯한 성과 이름을 가진 사람들이다. 이 일곱 부부는 양반 혹은 양인 신분의 사람들일 것이다. 앞의 대시주 이름은 여성의 성씨만 표기하고, 시주 금액을 적게 보탠 이 일곱 부부는 남성의 이름을 내세웠다. 이 일곱 명의 이름 뒤에 이 목판본의 판목을 새긴 각수 승려 2인의 이름이 있다. 이들은 '경담 도(冏湛 刀)', '윤정 도(胤禎 刀)'와 같이 법명 뒤에 칼을 뜻하는 '刀'자가 쓰여 있다. 각수 두 사람 뒤에는 목판을 다듬은[鍊板] 목공 승려 육회(六會)의 이름이 나온다. 이어서 공양주(供養主) 지행(志行)과 요흑(了黑)이란 이름이 나오는데, 이들은 밥과 음식을 담당한 인물이다. 이른바 절에서 밥 짓는 등 허드렛일을 하는 불목하니로 보면 된다. 맨 끝에 간화(幹化) 직임을 맡은 산인(山人) 경민(冏敏)이란 이름이 나온다. 간화는 일을 돌보는 사람이란 뜻인데 책 간행과 관련하여 이리저리 뛰어다니며 실무를 담당한 사람이다. 이 사람에게 '산인'이란 명칭을 앞에 놓은 것이 특이하다.

조선시대에 지방에서 간행된 한글 서적으로 최초인 이 책의 간행을 위해 얼마나 많은 사람이 관여했는지 이 권말 간기에 잘 나타나 있다. 출판비를 댄 세 여성과 금강산 유점사(楡岾寺)의 전 주지를 비롯해 많은 승려들이 힘을 합쳤음을 알 수 있다.

『목우자수심결언해』 뒤에 합철하여 함께 묶어 간행한 『선종유심결』(禪宗唯心訣)의 권말에도 간행 기록이 자세하다. 이 책의 시주질은 "홍치(弘治) 13년(1500) 경신년 한겨울 어느 날, 좋은 인연으로 맺은 착한 남자[善男]와 부처님 믿는 여자[信女]들이 서약하고 기록한다."라고 시작하였다.[3] 이어서 '主上殿下壽萬歲'(주상전하수만세)라고 새겨 왕에 대한 예의를 표시하였다. 대부분의 불서 권말이나 권두에 왕, 왕비, 세자 등의

---

3 물론 이 부분은 한문으로 되어 있다. 이 문장은 한문을 번역한 것이다. 이하 시주기 표기는 모두 한문을 우리말로 번역 풀이한 것이다.

수복강녕을 축원하는 발원 문구가 들어가 있다.

이 책의 시주자 명단에는 『목우자수심결』의 세 여성 중 이씨와 김씨만 표기되어 있고 전씨는 빠졌다. 간기 뒷면에는 불 밝히는 역할(灯谷정곡)을 한 승려 이름으로 설매(雪梅), 취구(鷲丘), 지휘(智揮), 경순(敬淳)이 기록되어 있다. 이 중에서 설매는 『목우자수심결』 간기에서 맨 앞에 나온 인물이다. 이 책들의 간행에 승려로서 가장 중요한 역할을 한 인물이 설매임을 알 수 있다. 이 네 사람의 승려 다음 줄에는 시주를 바친 보통 사람들의 이름이 나온다. 종대 양주(從大 兩主), 정동 양주(丁同 兩主), 박말로 양주(朴末老 兩主)로 표기된 사람들은 이름 없는 평민이거나 하층민 부부들이다. 이러저러한 서민들이 승려 교육용 불교서 교재 간행을 위해 재물을 낸 것이다. 중앙 정부의 재정 후원을 더 이상 받을 수 없는 상황에서 불교계는 평범한 사람들의 후원을 받아 사찰 재정을 유지했음을 알 수 있다.

수많은 불교서의 권말 간기에는 이런 기록이 많이 발견된다. 이 기록을 잘 분석해 보면 당시의 사회사를 엿보는 데 중요 정보를 얻어 낼 수 있다. 이런 정보들은 곧 이 문헌에 얽힌 이야기가 되고 이 이야기를 소재로 당시를 살았던 사람들의 삶을 그려낼 수 있다.

『목우자수심결언해』와 같은 해에 봉서사(鳳棲寺)에서 간행한 책으로 『현수제승법수』(賢首諸乘法數)가 있다.[4] 이 책의 권말 간기까지 위 책들의 간기와 연결 지어 분석하면 더욱 풍부한 이야깃거리를 찾아낼 수 있을 것이다. 가야산 봉서사는 오늘날의 해인사 맞은편 산기슭에 자리 잡은 원당암에 해당한다. 그리고 『목우자수심결언해』의 판목은 해인사 장판각에 보존되어 있다. 500여 년 전 봉서사 승려의 수행심과 원근 지역

---

4 이 책도 나중에 다시 찍은 여러 이본이 있다. 예컨대 '順治 4년 丁亥(1647, 仁祖 25) 全南道 寶城 開奧寺 開板'(순치 4년 정해 전남도 보성 개오사 개판)이란 간기를 가진 책이 규장각에 소장되어 있다.

백성들의 불심이 서로 합쳐져 목판을 마련하여 다듬고 가르침의 글을 새긴 그 책판이 지금 우리들 가까이 있으니 생각해 보면 대견한 일이 아닐 수 없다.

저자가 발굴하여 학계에 소개한 『수운정비회유록』(睡雲亭悲懷遺錄)은 1826년에 작성된 문서로서, 경주 김씨 계림군파의 후손으로 전라도 임실에 살았던 김낙현(金樂顯)이 직접 짓고 쓴 필사본이다. 김낙현이 그의 사후에 손수 지은 수운정의 보존과 관리를 위해 세 명의 노복에게 전답을 나누어 주고 몇 가지 당부의 말을 이 글 속에 담았다. 이 수운정(睡雲亭)이란 정자는 전북 임실군 신덕면 금정리 마을에 고스란히 보존되어 있다. 조선 후기 성리학자 기정진(奇正鎭, 1798~1879) 등이 이 정자에 와서 학문과 시를 논하였으며, 중수기(重修記)를 비롯하여 다녀간 이들이 남긴 현판이 30개 가까이 걸려 있다. 후손에 의하면 김낙현은 학식을 갖춘 건장한 인물로 백마를 타고 다녔다고 한다. 한글 문헌 속의 이야기가 현재의 공간으로 직접 연결되어 흥미로움을 더한다.

12.3. 문화콘텐츠의 개념과 문화원형 디지털화 사업

12.3.1. 문화콘텐츠의 개념[5]

한글 문헌과 관련된 콘텐츠 사례에 대한 구체적 설명에 들어가기에 앞서서 '문화콘텐츠'를 비롯한 몇 가지 주요 용어의 뜻을 알아둘 필요가 있다. 인문콘텐츠학회(2006)에서 낸 『문화콘텐츠 입문』에서 관련된 내용을 참고하여 여기에 소개한다.

1) 문화콘텐츠
현재 한국·일본 등에서 통용되고 있는 '콘텐츠(contents)'란 용어는

---

[5] 아래의 주요 개념은 인문콘텐츠학회(2006), 『문화콘텐츠 입문』에서 발췌한 것이다.

근래에 새로 만들어진 것이다. 한국에서는 '콘텐츠'가, 일본에서는 'コンテンツ'란 용어가 각각 통용되고 있지만, 영어권에서는 이런 뜻의 'contents'가 쓰이지 않는다. content가 한국과 일본에서는 유독 's'가 붙어 복수형인 '콘텐츠(contents)'가 된 것이다. 이 점 때문에 콘텐츠는 표준 용어가 아니라고 보아 우리나라 일부 신문(중앙일보)에서는 한글 표기를 '콘텐츠'가 아니라 '콘텐트'로 적는 경우도 있다.

콘텐츠의 어휘적 의미는 '내용물'이다. 미디어 또는 웹의 플랫폼에 담기는 내용물이 콘텐츠이다. 약간 풀어서 말한다면, 콘텐츠란 "말이나 문장 또는 여러 종류의 예술 작품과 같이 어떤 매체를 통해서 표현되는 내용"이나 "문자, 영상, 소리 등의 정보를 제작하고 가공해서 소비자에게 전달하는 정보 상품"을 뜻한다. 콘텐츠란 개념은 문자, 영상, 소리 등으로 표현되어 각종 미디어에 담기는 내용물을 포괄한다.

'콘텐츠' 앞에 '디지털'을 붙여서 '디지털 콘텐츠', '문화'를 붙여서 '문화 콘텐츠'라는 용어를 만들어 쓰고 있다. 현대의 콘텐츠는 디지털 기술을 통해 구현되므로, '디지털 콘텐츠'라는 용어는 디지털 기술을 강조한 용어이다.

그런데 우리나라에서는 이러한 디지털 내용물을 흔히 '문화콘텐츠'라고 불러왔다. 사실상 문화콘텐츠라는 용어는 한국에서 만들어진 것이다. 정부 차원에서 문화콘텐츠 산업을 육성하기 위해 세운 기관으로 '한국문화콘텐츠진흥원'이 있다. 이 기관의 영문 표기명 'Korea Culture & Content Agency'는 Culture와 Content를 단순 병렬해 놓았다. 여기서 보듯이, 문화콘텐츠를 영어로 표현하면 매우 생소한 것이 되고 만다. 새로운 것은 처음에 생소하게 받아들여지기 마련이다. 기존 문화자원에 디지털 기술이 접합되고, 문화자원의 중요성이 크게 부각되면서 문화콘텐츠라는 합성어가 생겨나 널리 쓰이게 된 것이다.

2) 인문콘텐츠

'인문콘텐츠'라는 용어는 문화콘텐츠 창출의 기본 원천이 인문학적 사고와 축적물에 있음을 강조한 것이다. 문화콘텐츠가 인문학적 사고와 자원을 바탕으로 하고 있음을 강조하는 취지에서 '인문콘텐츠'라는 용어가 새롭게 창안되었다.[6] 인문콘텐츠라는 용어는 문화콘텐츠가 지향하는 방향성을 제시한 것이기도 하다. 모든 콘텐츠(내용물)에는 의식하든 안하든 어떤 지향성이 있게 마련이다. 과거에 만들어진 탁월한 내용물이 그러하듯이, 오늘날 제작되는 문화콘텐츠도 근본적으로 인류의 공동선(共同善)·인간화·인류 복지를 지향해야 한다는 점을 인문콘텐츠라는 용어는 내포하고 있다.

3) 문화 기술(Culture Technology)

문화콘텐츠와 관련하여 문화기술(CT, culture technology)라는 용어도 출현하였다. 일부에서는 정보기술(IT, information technology)만 있을 뿐이지 CT란 따로 존재하지 않는다고 하면서 CT를 부정하기도 한다. 그러나 그렇게 협소하게 생각할 필요는 없다. IT가 CT에 필수적으로 요청되는 체계라면, CT는 IT가 충분한 생명력과 활용성을 지니도록 만드는 동력이다. IT와 CT는 필요충분의 연계 구조를 지니는 셈이다.

디지털 기술에 담기는 내용물을 표현함에 있어 형식과 기술적 특성을 중시하면 '디지털 콘텐츠'라는 용어가 적합하고, 내용적 성격에 초점을 두면 '문화콘텐츠'라는 용어가 적절하다. 콘텐츠 창출의 방향성을 강조한다면 '인문콘텐츠'라는 용어가 잘 어울린다. '문화기술' 혹은 CT는 문화적 내용물을 표현해 내는 기술을 총칭하는 용어이다.

---

[6] 이러한 취지를 실천하기 위해 2002년 10월에 '인문콘텐츠학회'가 창립되어 활동하고 있다. 이 학회의 안내문에서, "인문콘텐츠란 콘텐츠 창출의 기본 원천이 인문학적 사고와 축적물이라는 것을 명확히 주장하기 위하여 새롭게 명명된 것입니다."라고 천명하였다. 학회 누리집 주소는 http://www.humancontent.or.kr/sobis/hc.jsp.

4) 문화콘텐츠 개발의 과정과 방법

문화콘텐츠 개발의 과정은 일반적으로 기획 → 개발 → 제작 → 판매의 순으로 이루어진다(김풍기 2008:351). 각 과정에서 하는 일과 역할을 하나씩 살펴보자.

첫째, 기획 단계에서는 누구를 위하여 어떤 콘텐츠를 개발할 것인지 명확히 해야 한다. 주제를 선정하고 자료를 수집하여 치밀한 기획서를 작성해야 한다. 기획서에는 콘텐츠 개발의 필요성과 전략을 구체적으로 명시하고, 개발이 완료되었을 때 어떠한 이익이 창출될 것인지 예상할 수 있도록 해야 한다.

둘째, 개발 단계에서는 작성된 기획서를 토대로 본 콘텐츠를 제작하기 위한 준비 작업을 해야 한다. 한 편의 영화나 애니메이션을 만들거나 연극 또는 뮤지컬을 제작하려고 할 때 설계도가 되는 대본·시나리오·스토리보드(storyboard, 이야기틀) 등을 구성하는 일들이 이 단계에서 이루어진다. 본격적인 제작을 위한 설계도를 그리는 일이 개발 단계에서 이루어진다.

셋째, 제작 단계에서는 개발된 시나리오나 대본을 토대로 본격적인 촬영, 연출, 편집 등이 이루어지고 수정·보완을 통해 하나의 콘텐츠가 완성된다.

넷째, 판매 단계에서는 완성된 콘텐츠를 상품화하여 시장에 내보내는 것이다. 판매를 위한 홍보 및 마케팅 과정을 거쳐 상품화된 콘텐츠를 시장에 제공하는 단계이다.

아래 표는 이러한 콘텐츠 개발의 단계를 도식화한 것이다.

표1 콘텐츠 개발의 단계

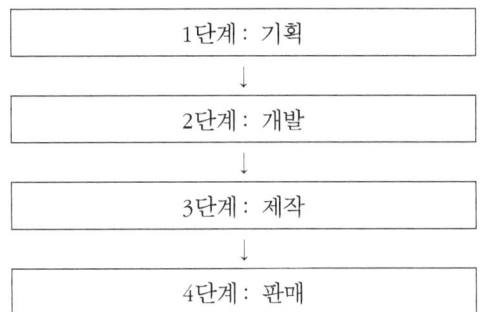

콘텐츠 제작에 있어서 가장 중요한 일은 기획서를 작성하는 일이다. 기획서는 콘텐츠를 개발하기 위한 아이디어를 구체화하는 첫 번째 단계이다. 여러 번의 수정을 거쳐 완성되는 기획서는 그 내용이 구체적이고 명확할수록 성공적인 콘텐츠를 이끌어 낼 수 있다. 따라서 충분한 시간을 들여 기획서를 체계적으로 만들어야 한다. 아래에 제시한 콘텐츠 기획서 양식을 살펴보면서 한글 문헌을 활용한 문화 콘텐츠 기획서를 작성해 보자.

표4 문화 콘텐츠 기획서 양식 사례

문화 콘텐츠 기획서
□ 제 목 □ 콘텐츠 종류 □ 기획자
1. 기획 의도와 목적 2. 기획 배경 및 필요성 3. 유사 콘텐츠 점검

> 4. 제작의 세부 내용
>   1) 콘텐츠 명칭
>   2) 주제와 소재
>   3) 형식
>   4) 세부 내용
>   5) 구성도
>
> 5. 개발 일정
>
> 6. 소요 예산
>
> 7. 사업화 방안
>   1) 시장분석
>   2) 수요자 예측
>   3) 홍보전략
>   4) 마케팅 전략
>   5) 예상 수익
>
> 8. 개발의 의의 및 기대 효과

12.3.2. 디지털 한글박물관과 한글 문헌 콘텐츠 구축 사업

한국인은 남북한을 막론하고 누구나 한글을 사랑하고 자랑스럽게 생각하고 있다. 한글은 인류가 만든 문자 중 매우 특별한 가치를 가진 세계적 문화유산이다. 그럼에도 불구하고 한글로 기록된 자료를 수집하여 전시하고 연구하는 한글박물관이 없었다. 그러다가 2014년에 국립중앙박물관 옆에 아담한 규모의 한글박물관이 건립되었다. 만시지탄(晩時之歎), 때늦은 것이지만 다행스러운 일이라 아니할 수 없다.

그간 실물 전시관으로서 한글박물관이 존재하지 않았지만 그나마 다행스러운 것은 인터넷 환경에 디지털 한글박물관(https://archives.hangeul.go.kr/)이 개설되어 그 나름대로 역할을 해 왔다는 점이다. 국립국어원에서 설치 운영하던 디지털 한글박물관은 현실 한글박물관[7]에서 구현하기 어려운 다양하고 알찬 정보를 제공하고 있다. 2001년 5월에 디지털 한글박물관 구축 작업이 착수되어 2002년에 역사관, 조형 예술관을 개관하였다. 이어서 2003년에 학술 정보관, 2004년에 교육 문예관, 2005년에 미래관을 각각 개관하였다. 2006년부터는 통합 검색 서비스 기능을 갖추었고, 이 해부터 해마다 주제가 있는 특별 기획전이 인터넷상에 개설되었다.

디지털 한글박물관 누리집에 들어가 보면 다양한 접근 항목이 설정되어 있다. 실물 박물관인 국립한글박물관, 인터넷 박물관인 디지털한글박물관, 한글글꼴사전, 한글도서관이 주요 서비스이다. 이 중에서 디지털 한글박물관으로 접근하면, 한글박물관으로서 가장 핵심적 정보를 담고 있는 '박물관 소장품'에 접근할 수 있다. 여기서는 한글과 관련된 옛 문헌들을 촬영한 사진과 문헌에 대한 설명을 함께 제공하고 있다. 각 문헌에 대한 전문가용 해제 및 일반인용 해제를 통해 찾고자 하는 문헌의 기본 정보를 얻을 수 있다.

'박물관 생산 자료'에서는 그간의 전시, 연구, 교육, 행사, 구술[8] 아카이브를 활용할 수 있도록 제공하고 있다. 이렇게 디지털 한글박물관에서 제공하고 있는 박물관 소장 자료와 박물관 생산 자료가 한글 문헌 콘텐츠 구축 사업의 일환이라 볼 수 있다.

12.3.3. 문화원형 디지털 콘텐츠화 사업과 그 성과

1) 문화원형 사업의 개요

문화원형 디지털화 사업은 한국의 전통 문화에 나타난 원형적(原型的)

---

[7] '디지털 한글박물관'에 대응하는 용어로 현실에서 존재하는 실물 박물관을 '현실 한글박물관'이라 부른다.

[8] 구술 아카이브 자료는 '한글문화인물구술채록 사업'의 일환으로 2015년부터 지금까지 구축된 것이다.

요소를 콘텐츠화하여 문화산업에 필요한 창작 소재를 제공하기 위한 목적으로 시행되었다. 이는 문화적 요소가 담긴 전통문화, 문화예술, 생활양식, 이야기 등 문화원형 창작 콘텐츠를 캐릭터, 게임, 영화, 에듀테인먼트, 음악, 만화, 공연, 방송, 애니메이션 등 다양한 문화산업 분야에 활용하려는 시도였다.[9] 이 사업은 인문학과 예술, 인문학과 기술의 만남을 통해 문화콘텐츠의 산업화를 지향하는 현대적 산물이라 할 수 있다. 이 사업의 목표는 민족 문화원형의 발굴과 전통문화의 복원·보전·창달을 통해 민족 정체성을 확립하는 것이었다. 문화원형 콘텐츠는 이야기형(구비문학, 인물 등 5개 분야), 디자인형(회화, 미술, 음악, 의복, 음식, 주거 등 7개 분야), 정보자료형(과학기술, 의례 등 6개 분야)으로 구분되어 있으며, 시대적으로는 고려·조선·근현대 등 여러 시대에 걸쳐 있다.

문화원형 콘텐츠 사업에 2002~2011년 동안 총 654억 원을 투입하여, 237개 과제(콘텐츠 약 30만 건)를 개발하였다. 개발된 콘텐츠들은 2005년부터 문화콘텐츠닷컴(www.culturecontent.com)에서 제공되다가 2021년에 해당 누리집 서비스가 아쉽게도 종료되었다. 당시 이 서비스는 연도별, 과제별로 개별화되어 있어서 전체 과제를 대상으로 하는 통합 검색의 기능이 없었다. 이런 불편함을 해소하기 위해 2013년 3월에 한국콘텐츠진흥원[10]은 네이버 지식백과에 '문화원형백과' 항목을 신설하여 지금까지 구축된 콘텐츠를 일반인이 쉽게 볼 수 있도록 하였다. 일반인이 문화원형 사업의 결과물에 보다 쉽게 접근할 수 있게 된 것이다.

---

9 문화원형 디지털화 사업의 평가와 향후 발전 방향, 『코카포커스』 2012-02호(통권 50호), 한국콘텐츠진흥원, 3면.

10 한국콘텐츠진흥원은 2009년 5월 7일 문화산업의 진흥발전을 지원하기 위해 문화산업진흥기본법 31조에 의거하여 한국방송영상산업진흥원, 한국문화콘텐츠진흥원, 한국게임산업진흥원, 문화콘텐츠센터, 한국소프트웨어진흥원 디지털콘텐츠사업단을 하나로 통합한 공공기관이다.

2) 문화원형 사업의 한국어문학 관련 과제

아래 표에 정리한 목록은 2002년부터 2010년 사이에 수행된 문화원형 사업 과제 중에서 한국어문학 관련 과제를 뽑아 본 것이다.[11]

과제명	수행연도	수행처	내용
1) 서사무가 「바리공주」의 하이퍼 텍스트 만들기 및 그 샘플링 개발	2002	한국예술종합학교	우리의 전통 서사무가인 "바리공주"를 게임, 애니메이션 등의 문화콘텐츠산업의 인프라로 다양하게 활용될 수 있는 다중 디지털구조 시나리오로 개발하고, 주 사용자인 콘텐츠 개발자의 작업 공정을 효율적으로 단축시킬 수 있는 시나리오 편집 도구의 개발.
2) 『삼국유사』 민간설화의 창작 및 디지털 콘텐츠화 사업(연오랑과 세오녀)	2002	정동극장	『삼국유사』에 기록된 우리나라 최초의 해와 달을 소재로 한 민간설화인 "연오랑과 세오녀"를 현대적 시나리오 소재로 제공될 수 있도록 스토리 보드를 제공하고, 배경이나 의상 등의 당시 사회상을 다양한 멀티미디어 기술을 활용하여 동영상 등으로 제공.
3) 한국 무예의 원형 및 무과 시험 복원을 통한 디지털 콘텐츠 개발	2002	영진전문대학	『무예도보통지』의 24반 무예 및 관련 조선시대 무과 시험을 대상으로, 무예 3D 모션 제작, 무사 캐릭터 개발, 무예 기반의 무과 시험 재현 등을 통해 24반 무예에 대한 Text 해석자료, 무예 모션 데이터, 무사 캐릭터(2D/3D), 무과시험 시나리오(text/그래픽), 무과시험 애니메이션(동영상) 등의 디지털 콘텐츠를 제공.

---

11 보는 사람의 관점에 따라 한국어문학 혹은 한글 문헌과 관련 과제의 수는 달라질 수 있다.

4) 탈의 다차원적 접근을 통한 인물 유형 캐릭터 개발	2002	민족미학연구소	한국의 대표적 전통탈춤인 봉산탈춤, 수영들놀음, 고성오광대와 천재동, 이석금의 창작탈을 대상으로, 탈 및 탈춤의 3D스캐닝 및 모션캡쳐를 통한 3D캐릭터의 소재화 및 동작 소스화 등의 개발.
5) 조선시대 대하소설을 활용한 시나리오 창작소재 및 시각자료 개발	2002	(주)엔브레인	조선시대 대하소설 및 풍속사 등을 대상으로 소설의 단위담, 에피소드, 인물/배경 등을 유형별로 추출하여 현대적으로 재구성하고, 관련기록, 삽화, 물목(物目) 등을 디지털로 구현하여 한국 고유정서에 기반한 콘텐츠 창작소재 개발.
6) 조선시대 음식조리서에 나타난 식문화 원형 콘텐츠 개발	2003	(주)토스코리아	조선시대 조리서 12종에 수록된 음식, 식품재료, 도구, 조리법, 음식 유래담을 대상으로 원문과 번역문, 재현 음식의 동영상, 조리도구의 이미지 및 사용법, 상차림 Wizard 서비스 등 멀티미디어 형태의 조선시대 음식문화를 WEB 서비스 형태로 구축 제공.
7) 현대 한국 대표 서예가의 한글 서체를 컴퓨터 글자체로 개발	2003	(사)세종대왕기념사업회	궁체, 판본체, 민체 등의 다양한 서예작품을 대상으로, 한국을 대표하는 한글 서예가들의 글꼴을 디지털 서체로 개발하여 대중화함으로써 인쇄 및 영상용 글꼴로 활용하고, 미술, 서예 등의 교육용 교본으로도 제공.
8) 문화원형 관련 동물 아이콘 체계 구축 및 고유 복식 착장 의인화(擬人化) 소스 개발	2004	이화여자대학교 섬유·패션디자인센터	조선시대 동물화(動物畵)를 대상으로 주요 동물의 종(種), 색채, 질감, 형태, 세부 사항 등 다양한 분류 기준에 의한 동물 아이콘 체계를 구축하고, 고유 복식 착장을 통한 의인화(擬人化) 소스 개발 및 뮤턴트(mutant) 캐릭터 모델 사례 제시.
9) 근대 토론 문화의 원형인 독립신문과 만민공동회의	2004	(재)서재필기념회	한국 최초의 근대 일간지인 독립신문을 주요 텍스트로 하여 근대적 공론장인 만민공동회를 복원 및 기타 연구 성과물과 개화기의 각종 자료, 사진을 근거

복원			로 근대의 사회상과 근대적 공론장의 모습을 디지털 콘텐츠화.
10) 새롭게 펼쳐지는 신화의 나라	2004	건국대학교 산학협력단	구전 신화의 공간 체계를 재구성한 판타지 콘텐츠의 원천 소스 개발.
11) 한국 근대 여성교육과 신여성 문화의 디지털 콘텐츠 개발	2004	(사)한국 여성연구소	근대 여성교육과 신여성 문화에 관한 자료를 다양하게 발굴, 수집, 정리하여 여성교육, 대표적 신여성 인물, 직업 및 사회활동 등의 내용을 산업적 활용이 가능하도록 디지털로 재구성하여 문화 콘텐츠 산업에 활용 가능한 콘텐츠 제공.
12) 근대초기 한국문화의 변화 양상에 대한 디지털 콘텐츠 개발	2004	한국문화 정책연구소	근대초기의 신문, 사진과 엽서 등을 바탕으로 당시 한국의 문화적 변화 양상을 디지털 콘텐츠화하여 애니메이션, 영화, 게임 등 문화콘텐츠 산업 분야에서 다양하게 활용할 수 있는 텍스트 및 시각 콘텐츠 제공.
13) 아리랑 민요의 가사와 악보 채집 및 교육자료 활용을 위한 디지털 콘텐츠 개발	2004	중앙대학교 (국악교육 연구소)	국내외 아리랑에 관한 어원, 역사, 갈래, 일화, 악보, 가사, 작품 해설, 음원, 영상을 콘텐츠 발굴·정리·재구성하고, 이를 문자, 이미지, 음원, 동영상 등 디지털 콘텐츠로 개발.
14) 조선왕조 아동교육 문화원형의 디지털 콘텐츠화	2004	세종대학교 만화애니메이션산업연구소	격몽요결, 동몽선습, 명심보감 등의 사료를 기반으로 조선시대 아동교육의 여러 가지 사례를 발굴하고 아동교육 체계를 재해석하여, 오늘날 아동교육 현장에서 적용시킬 수 있는 실질적 data를 개발하여 에듀테인먼트 창작 소재로 활용.
15) 조선시대 유배 문화의 디지털 콘텐츠화	2005	(주)세종에 듀테인먼트	기약 없는 기다림과 단절의 형벌 유배. 그 속에 깃든 수많은 역사적 인물들의 갖가지 사연과 문화적 성취를 개발하여 다양한 문화 콘텐츠 장르에 활용.

16) 판타지 삼국유사	2007	위덕대학교 산학협력단	우리 민족의 위대한 역사와 뛰어난 상상력의 보고인 삼국유사 속 설화들을 한국형 판타지의 원형적 소재로 발굴하고, 디지털 콘텐츠로 개발하기 위한 다양한 작업을 수행.
17) 혜초의 왕오천축국전	2007	KAIST	8세기 세계의 절반을 탐험한 최초의 세계인 혜초 콘텐츠 개발.
18) 처용설화	2007	동의대학교 산학협력단	고화질의 3D 애니메이션 복원 영상물을 실시간 가상 공간에 제공함으로써 처용무 전승·전수교육, 문화교육 홍보, 이벤트 등에 활용, 우리 문화의 우수성을 알리고자 함.
19) 고려가요의 디지털 콘텐츠화	2007	이화여자대학교 산학협력단	고려가요에 대해 쉽게 이해하고 접근할 수 있도록 설명하는 자료들을 제공. 고려가요의 국악보 및 복원된 악보를 제공하고 국악기의 음원 샘플과 컴퓨터 음악 MIDI 시퀀싱 프로그램을 활용하여 오선보로 옮기는 등 콘텐츠 자료로써 다양하게 활용.
20) 한글 조립 및 발음 알림장 소개	2010	(주)오비에스파크	한글을 처음 배우기 시작하는 유아 및 한글을 처음 접하는 외국인, 다문화 가족들에게 한글 창제의 기본 원리, 음절의 구성(조립) 원리 및 발음 입모양을 쉽고 재미있게 익힐 수 있는 자원으로 활용될 수 있도록 직관적인 사용자 인터페이스와 3D 모델 및 영상을 활용한 소프트웨어 개발을 목적으로 함.
21) 함께 읽는 용비어천가	2010	(주)편섬	고전시가인 「용비어천가」를 이미지와 영어 자막, 내레이션 등을 지원하는 전자책 형태로 개발하여 한국뿐만 아니라 전 세계의 다양한 사람들이 우리나라의 문화적 원형과 전통을 체감할 수 있도록 개발.

한글 문헌을 활용한 문화콘텐츠 구축에서 가장 중시되어야 할 것은 사실 정보에 충실한 콘텐츠의 구축이다. 한국콘텐츠진흥원의 평가 보고서에서도 기존 문화원형 콘텐츠의 문제점으로 사실 정보와 반 창작 형태의 재가공 정보가 혼재해 있음을 지적했다. 앞으로 이 사업이 재개된다면 충실한 고증을 통한 사실 정보와 가공 작업을 통해 복원한 정보를 구별하여 제공할 필요가 있다는 것이다.[12] 이런 평가는 정확한 사실 정보의 중요성을 재인식하고 있음을 보여 준다. 한글 문헌에 대한 접근에 있어서도 이런 평가를 충분히 고려할 필요가 있다.

아직도 한국 문화원형 사업에 이용하지 않은 한글 문헌이 훨씬 더 많다. 수많은 한글 고소설과 한글 기행가사, 한글 제문과 한글 편지, 한글 고문서 등에는 한국인이 겪어온 삶과 이야기가 담겨 있다. 이 자료들은 과거의 한국인이 일구어 온 전통문화와 삶의 원형적인 모습이 담겨 있다. 이런 점에서 한국 전통문화 원형의 디지털화 사업에 한글 문헌을 더욱 유용하게 활용하는 노력이 필요하다. 한글 문헌의 교육적 활용 혹은 문화산업적 활용은 한글 문헌에 대한 새로운 가능성을 열어 줄 것이다.

12.4. 한글유산을 이용한 영상 강의 제작

12.4.1. 한글유산의 정의와 범위

이 장에서 사용할 '한글유산'[13]이란 용어는 한글로 작성된 모든 언어 자료를 총칭한다. 간본이나 필사본처럼 종이 위에 한글로 작성한 문서류

---

12 문화원형 디지털화 사업의 평가와 향후 발전 방향, 『코카포커스』 2012-02호(통권 50호), 한국콘텐츠진흥원, 16면.

13 한글유산의 정의 및 범주는 안주현(2023)에서 정의한 '한글 문화 유산과 관련된 내용을 참고하여 작성하였다. 본고에서는 '한글 문화 유산보다 좀 더 간결하게 한글유산으로 용어를 다듬었다.

뿐 아니라 도자기나 버선, 철제 간판처럼 재질에 관계없이 한글이 사용된 모든 언어 자료가 한글유산이다.

한글이 세종대왕의 창제 이념과 같이 민주성을 근간으로 하는 문자라면 경제적인 이유로 종이나 서책을 소유하기 어려웠던 백성들은 어떻게 한글을 사용했을까? 지금까지 학자들은 문서나 서책의 형태로 된 한글 기록들에만 관심을 기울여 왔으나 이 장에서는 그 대상을 확장한다. 평민들이 버선이나 소반과 같은 생활용품에 쓴 한글도 한글유산의 범주에 포함시킬 것이다. 이러한 개념으로 볼 때, 한글유산은 양반 위주로 생산되어, 종이 위에 주로 작성된 한글 자료에서 확장되어 다양한 계층이 생활용품 위에 쓴 것까지 포함한다. 즉, 한글유산은 문화유산으로서의 가치가 있는 것이라면 무엇이든 포함될 수 있는 개념이다. 이렇게 되면 한글유산은 사용 재질, 작성 연대, 주제, 텍스트 구조, 향유 계층 등 그 구성요소가 광범위하고 다양하다.

한글유산에 대한 정의와 범주를 설정하기 위해서는 먼저 몇 가지 문제를 해결할 필요가 있다. 첫째, 한글유산의 가치를 판단할 기준이 필요하다. 한글유산도 문화유산의 일부이기 때문에 문화유산으로서의 가치 여부를 판단할 수 있어야 한다. 문화유산의 사전적 정의는 '다음 세대에 계승·상속할 만한 가치를 지닌 과학, 기술, 관습, 규범 따위의 문화적 소산.'(〈우리말샘〉)이다. 국가유산포털(www.heritage.go.kr)에 따르면 '국가유산'이란 '인위적이거나 자연적으로 형성된 국가적·민족적 또는 세계적 유산으로서 역사적·예술적·학술적 또는 경관적 가치가 큰 우리나라의 소중한 유산'으로, 「문화유산」, 「자연유산」, 「무형유산」으로 나누어진다. 넓은 의미의 한글유산에는 「무형유산」도 포함될 수 있겠지만, 이 장에서는 한글이 쓰인 유형문화 유산으로 한정한다. 또 국가유산처럼 '국가지정유산'과 '시·도지정유산'만 포함할 경우 한글유산을 따로 설정한 의의가 퇴색되기 때문에 지정유산이 아니더라도 한글의 가치를 역사적·예술적·학술적으로 드러낼 수 있는 것이라면 한글유산에 포함할 수 있을 것이다.

　둘째, 한글유산의 작성 및 제작 시기의 상한을 결정하여야 한다. 한글의 문화적 가치를 드높인 것이라 하더라도 현대에 만들어진 것을 한글유산에 포함하는 것은 '유산(遺産)'의 뜻에 맞지 않다. 그러나 단순히 시기적으로 현대의 것을 모두 제외해 버린다면 디지털한글박물관(archives.hangeul.go.kr)의 소장품 목록에 있는 한글 타자기나 인쇄판, 한글 간판과 같은 물품들도 한글유산에서 제외해야 하는 문제가 발생할 수 있다. 이러한 문제를 해결하기 위해서는 한글유산의 범위를 생산된 지 최소 한 세대 이상 지난 유형유산으로 설정하고, 필요한 경우 개별 문화유산에 따라 문화유산으로서의 적절성 여부를 검토하여 판단하는 것을 제안한다.

　셋째, 한글유산에 포함될 수 있는 재질의 기준을 결정해야 한다. 재질의 기준은 한글유산을 수집하고 분류하기 위해 필요하다. 디지털한글박물관의 재질에 따른 소장품 분류는 '① 금속, ② 토기・도자기・옹기, ③ 나무, ④ 사직, ⑤ 지, ⑥ 합성재질, ⑦ 기타'의 7가지로 나누어져 있다. 합성재질의 경우 플로피디스크나 폰트 등도 포함되어 있으며, 기타의 경우 인포그래픽이나 유리식자판, 간판 등도 포함되어 있다. 한글유산 영상 강의는 한글의 현대적 활용을 목적으로 한다. 이에 디지털한글박물관의 소장품처럼 재질에 관계없이 한글을 명시적으로 사용하고 있는 것이라면 모두 한글유산의 범위 안에 포함시킬 수 있을 것이다.

　지금까지 논의한 한글유산의 개념과 범위를 요약하면 한글유산은 '한글이 명시적으로 사용되었으며, 최소 한 세대 이전에 제작 또는 작성된 모든 재질의 문화유산'이다.

12.4.2. 한글유산의 분류와 데이터베이스 구축

1) 한글유산의 분류

이 책의 4장에서 판본을 ① 간행 여부, ② 간행 시기, ③ 인출 시기, ④ 출판 판원에 따라 분류하였고, 5장에서는 한글 문헌을 ① 주제, ② 언해의 대상과 방법, ③ 기타를 기준으로 분류하였다. 이 절에서는 4장의 판본 분류 기준을 참고하여 한글유산의 분류 기준을 수립하고자 한다.

한글유산은 문헌 자료 이외의 대상까지 확장하는 것을 주요 목표로 한다. 이에 5장에서 기타 기준의 일부에 포함되었던 '재료별 분류'를 주제, 언해의 대상과 방법 등과 같은 층위에서 살펴볼 필요가 있다. 주제에 따른 분류의 경우에도 외장형 저장장치 속에 저장된 내용이나 한글 폰트, 인포그래픽과 같은 형태를 추가할 필요가 있다.

안주현(2023: 222-223)은 이 책에서 사용하고 있는 '한글유산'이란 용어 대신 '한글문화유산'이란 용어를 사용하고 있다. 두 용어의 개념이 같으므로 이 장에서는 안주현(2023)의 한글문화유산 데이터베이스의 분류 기준에 따라 한글유산 데이터베이스의 분류 체계를 다음과 같이 제시한다.

(1) 한글 문화유산 데이터베이스의 분류 체계

 ① 재료에 따른 분류
  ㉠ 종이
  ㉡ 나무
  ㉢ 토기
  ㉣ 석기
  ㉤ 금속
  ㉥ 면직
  ㉦ 기타

② 형식(문자)에 따른 분류
　㉠ 순한글
　㉡ 언해문
　㉢ 국한문 혼용

③ 내용(주제)에 따른 분류
　㉠ 문자·언어
　㉡ 역사·지리
　㉢ 종교·사상
　㉣ 사회·문화
　㉤ 기술·과학
　㉥ 문학·예술
　㉦ 행정·실무
　㉧ 생활·의례
　㉨ 기타

2) 한글유산 데이터베이스 구축

한글유산을 대상으로 하는 영상 강의를 제작하기 위해서는 강의에서 사용할 수 있는 자료를 풍부하게 수집하여 활용할 필요가 있다. 앞서 살펴본 바와 같이 한글 문헌 자료, 즉 한글 문헌 콘텐츠는 국가 기관과 대학, 개인 연구자 등 다양한 주체에 의해 역사 자료 말뭉치로 구축되고 있다. 그럼에도 불구하고 아직도 국사편찬위원회의 한국사 데이터베이스 등과 비교하였을 때 한글 문헌 콘텐츠는 양과 질에서 여전히 역사 관련 콘텐츠에 뒤진다.

영상 강의를 통해 한글유산을 일반인에게 공유하기 위해서는 우선 한글유산을 데이터베이스화하는 작업이 필요하다. 지금까지 구축되어 온 역사 자료 말뭉치의 구축 과정 등을 고려하여 한글유산 데이터베이스가 갖추어야 할 요건들을 제시하면 다음과 같다.

첫째, 한글유산 데이터베이스는 원본(原本)과 정본(定本)의 가치를 모두 담고 있어야 한다. 경우에 따라서는 한글유산을 있는 그대로 보여주거나, 필요한 요소만 선별적으로 분석·종합하여 보여줄 수 있어야 한다. 특히 컴퓨터로 처리하기 위해 원본 자료를 입력하는 경우 글자만 판독하여 옮기는 것으로는 해당 자료가 가지고 있는 문화적·내용적 맥락을 제대로 드러내지 못할 수 있다. 예를 들어 한글 편지에는 줄바꿈법이나 칸비움법과 같은 글 경어법이 사용되는데, 이미지를 그대로 보여주지 않는 상황에서는 그것이 누락될 가능성이 높다. 데이터베이스에 원본 이미지를 포함하는 것이 가장 이상적이겠지만 저작권 문제 등으로 이것이 용이하지 않을 수 있다. 이럴 때에는 '정서된 고서 형식의 이미지'를 제공하거나 메타 언어를 통해 문자 이외의 정보들을 함께 기록할 수 있다.

둘째, 한글유산에 포함된 내용을 손쉽게 검색하고 통계적으로 처리하기 위한 말뭉치 주석 데이터베이스가 필요하다. 특히 근대국어 이전 자료의 경우 정서법이 통일되어 있지 않고, 다양한 이형태와 음운변화형이 공존하기 때문에 형태 분석을 활용한 주석 데이터베이스의 구축이 진행되어야 한다. 이러한 필요에 따라 'UTagger-훈민정음'과 같은 국어 역사자료 통합 형태소 분석 프로그램이 개발 중에 있기도 하다. 그리고 인공지능의 발달은 한글유산의 데이터베이스화에도 크게 기여할 수 있을 것으로 기대된다.

셋째, 구축된 한글유산 데이터베이스는 영상 강의에의 활용뿐 아니라 인터넷을 통한 일반에의 공유를 목표로 해야 한다. 현재 한글유산을 활용할 수 있는 인터넷 사이트로는 '디지털 한글박물관'과 '한국학종합정보서비스(Rinks)', '한국사 데이터베이스' 등을 들 수 있다. 또 사용자 친화적 데이터베이스의 예로 미국의 터프츠(Tufts) 대학교에서 구축한 '페르세우스 디지털 도서관(Perseus Digital Library)'을 들 수 있다. 이들 사이트에서는 서로 다른 내용의 자료를 데이터베이스로 구축하고 서비스하기 위해 최적의 구조를 마련해 놓고 있다. 예를 들어 한국사 데이터베이스의 경우 '원본이미지', '국역+원본이미지', '원문+원본이미지', '국역+원문+원본이미지' 중에서 사용자가 필요한 요소의 조합을 선택해 내용을 살펴볼 수 있다. 페르세우스 디지털 도서관의 경우에는 두 개 이상의 판본을 병렬로 배치할 경우 그리스어본과 영어 번역본이 연동되어 있어서 내용을 비교하며 살펴볼 수 있다.

한글유산 데이터베이스는 기존의 국어사 자료 말뭉치가 전공자들 중심으로 활용된 한계를 벗어날 필요가 있다. 문화콘텐츠로서 활용되기 위해서는 해당 문화유산에 관심을 가진 비전공자들도 손쉽게 접근하고 이해할 수 있는 구조로 구축되어야 할 것이다. 한글유산 영상 강의는 비전공자들이 한글유산에 접근할 수 있는 마중물이 될 수 있을 뿐만 아니라 한글유산을 현대적으로 가치 있게 활용하는 사례가 될 것이다.

12.4.3. 한글유산 영상 강의를 위한 강의안 작성 사례

이절에서는 지금까지 살펴 본 한글유산의 정의와 범위, 활용 방안에 따라 실제로 한글유산과 관련된 영상 강의를 제작하기 위한 강의안을 단계별로 작성해보기로 한다. 필자가 생각하는 한글유산 영상 강의의 제작 목적은 다음과 같다.

첫째, 한글유산의 가치를 현재화한다.
둘째, 전통적 한글유산의 향유층을 넓힌다.
셋째, 새로운 문화창조의 원천으로 삼는다.
넷째, 한글유산의 가치를 세계에 널리 알리고 세계인과 공유한다.
다섯째, 정보와 지식을 제공하고, 배우는 즐거움을 선사한다.

이상의 강의 목적에 따라 15-30분 길이로, 한글유산을 주제로 한 영상 강의안을 계획해 보자.

1) 강의 주제 잡기

강의 주제는 먼저 넓은 범위에서 접근하여 좁은 범위로 좁혀서 설정할 필요가 있다. 넓은 범위는 일반적이고 포괄적인 주제를 가리키며, 이에 대해 좁은 범위는 개별 문화유산별로 흥미를 끄는 좁은 주제를 가리킨다. 아래의 예시는 한글유산을 활용한 강의 주제들이다. 이 주제 예시를 참고하여 나만의 강의를 위한 강의 주제를 잡아 보자.

훈민정음 관련 주제
(1) 훈민정음은 어떤 책인가? (훈민정음 해례본 소개)
(2) 훈민정음 친제설과 협찬설, 어느 것이 맞아?
(3) 왜 과학적 문자라고 하지?
(4) 책 『훈민정음』은 와 이렇게 귀하노? (왜 이렇게 귀하지?)
(5) 왜 세계 기록유산이 되었을까?
(6) 상주본은 왜 공개되지 않을까?   상주본, 저걸 어쩌나?!
(7) 책『훈민정음』에 실린 우리말의 모습, 세종 때 사람들은 어떤 낱말을 썼을까?
(8) 조선시대에는 누가 한글을 썼을까?   (조선시대의 노비도 한글을 읽을 수 있었을까?)
(9) 한문 이름과 한글 이름이 어떻게 공존했을까?
(10) 조선시대 사람들은 한글을 어떻게 가르치고 배웠을까?
(11) 한글 음절표로 한글을 어떻게 배웠을까?
한글 편지 관련 주제
(1) 임금이 쓴 한글 편지
(2) 공주와 왕후가 쓴 한글 편지
(3) 추사 김정희도 한글 편지를 썼다.
(4) 가장 오래된 한글 편지 : 최전방 군인이 된 나신걸이 충청도 회덕의 아내에게 쓴 편지
(5) 송강 정철의 어머니가 아들들에게 쓴 편지
(6) 따로 나가 살려는 아내를 위해 집을 지어주겠다는 남편
(7) 조선통신사 길에서 어머니에게 쓴 이봉환언간
(8) 임진왜란 난리통에 김성일이 아내에게 쓴 유언장 같은 편지
(9) 원이엄마편지
음식조리서, 병서, 어린이 한자 교육서, 한글 비문, 한글 도자기, 한글 금속활자 관련 주제
그림이 있는 한글 자료
(1) 한글 반절표
(2) 한글 학습서

[작업 예시]

```
1단계 강의 주제 잡기
기록으로 지키는 전통 음식의 맛
```

2) 자료 수집하기

자료 수집 단계에서는 12.2에서 살펴본, 한글 문헌에 대한 접근 방법과 활용 방향을 고려해 강의안 주제와 관련된 자료를 수집한다. 해당 한글유산의 저작자와 당시의 역사적 배경과 관련된 자료, 문헌의 내용과 관련된 자료, 문헌에 얽힌 이야기와 관련된 자료로 나누어 자료를 수집해 정리하도록 한다. 조사 방법은 문헌 자료 조사(학술 논문 등), 인터넷 자원 조사(온라인 데이터베이스 등), 전문가 인터뷰, 실제 사례와 통계 자료 조사로 나누어 진행할 수 있다.

만약 '한글 금속 활자'를 주제로 잡았다면, 고려 활자와 조선 활자로 나누어 활자 제작의 역사적 배경, 활용 양상 등을 살펴 기존의 연구 자료를 수집하고, 조선시대의 경우 세종대의 한글 창제 이후, 한글 활자의 제작 및 활용과 관련된 자료를 수집할 수 있을 것이다. 또한 전문가를 찾아 관련 내용에 대한 질적 인터뷰를 진행하여 강의안에 활용할 수도 있다.

[작업 예시]

```
2단계 자료 수집하기

-지금까지 발굴, 연구된 전통 음식 조리서를 목록화한다.
-이중에서 스토리텔링이 가능해보이는, 흥미로운 음식 조리서를 선택해 해당
 조리서의 저자와 관련된 정보를 수집한다.
-해당 조리서의 저작 배경, 조리서의 내용적 구성, 형식적 구성, 다른 조리서와
 비교할 때 보이는 특징, 현대적 활용 양상 또는 방안으로 나누어 자료를 수집
 해 정리한다.
```

3) 강의 내용 구성하기

일반적인 강의는 도입부-본론-결론으로 구성된다. 도입부에서는 강의 목표 및 기대 효과를 소개하고, 학습자의 흥미를 유발할 내용으로 구성한다. 본론에서는 주제에 대한 주요 개념과 이론을 설명하고, 조사한 자료를 바탕으로 구체적인 사례와 예시를 들어 강의의 예상 학습자의 이해를 도모할 필요가 있다. 결론에서는 지금까지 소개한 주요 내용을 요약 정리하고, 향후의 과제를 제안한다. 다음 강의가 있을 경우, 다음 강의로의 연결고리를 마련하여 강의의 연속성을 확보할 수도 있다. 추가로 학습자들이 더 보거나 읽으면 좋을 참고 자료를 제공하는 것도 강의 내용의 이해에 도움이 될 것이다.

[작업 예시]

구분	시간	소주제	내용	활용 자료
도입	10초	인사		사진 자료
	1분	주제 소개		
		…		
본론				
결론				
추가 (참고)자료				

4) 영상 강의 제작하기

마련한 영상 강의안을 바탕으로, 실제로 영상 강의를 제작할 때는 좀 더 실질적인 계획이 필요하다. 먼저 강의안을 바탕으로 한 대본을 작성하고, 실제로 강의를 진행하고 촬영할 장소와 촬영자, 강의 진행자, 필요 자료, 촬영 장비 등의 섭외도 필요할 것이다. 어떤 영상 플랫폼을 활용할 것인지도 결정해야 영상 강의의 편집 방향과 방법을 결정할 수 있을 것이며, 촬영 후에는 편집 작업과 배포 작업 및 이후 학습자들의 피드백을 반영해 수정하는 작업도 필요하다.

· 참고 자료: 영상 강의 구성 예시
· 소요 시간: 20분
· 활용 플랫폼: Youtube

시간	주제	내용	자료
1'	시작하는 말	장계향은 왜 음식 조리법을 기록했을까? 그가 음식 조리법을 기록한 목적이 무엇일까. 이런 기록이 현대의 우리들에게 그리고 미래의 후손들에게 어떤 의미를 가지는 것인지 같이 생각해 본다.	음식디미방과 수운잡방 (사진 처리)
1'	출생과 성장 환경	아버지 경당 장흥효와 어머니 안동 권씨의 외동딸로 안동 서후 금계리에서 출생(1598. 11.24.) 10세 전후에 소학과 십구사략을 읽고 깨우침. 12세에 학발시, 성인음 등의 뛰어난 시를 지음. 어릴 때 글재주 이야기, 이름 석 자가 밝혀진 동기	안동 서후 경당고택
2'	일생 요약	1616년, 19세에 영해 인량리의 석계 이시명의 후처로 혼인, 이시명은 아버지 장흥효의 제자임. 전처 자녀를 거두어 양육함. 1631년 부군을 따라 영양군 석보면 원리로 이주함. 1652년 부군을 따라 영양군 수비로 이주함. 1670년경 음식디미방을 저술함. 1673년 안동부 대명동(풍산읍 수곡리)으로 이주. 부군 이시명 작고(85세). 1680년 석보리에서 별세. 1999년 11월 문화관광부에서 이달의 문화인물로 선정	장계향 초상, 두들마을
2'	생활 속의 일화	부모를 잃은 아이, 늙어 의탁할 데 없는 사람을 도와 구휼하고 이를 남이 알지 못하게 했다. 이웃의 늙은이와 마을의 할미들이 모두 그의 은덕에 감동하여 오래 살고 복받기	-영양 두들마을 풍경 -석계 고택 -도토리나무

		를 축원하였고, 죽어서도 은덕에 보답하겠다고 축원하였다. 젊을 때 어린 여종이 불을 내어 짜놓은 베를 태워 버렸으나 부인은 여종을 꾸짖거나 성내지 않았다. 다른 집의 종들이 이런 일을 듣고서 모두가 심부름 하기를 원치 않는 자가 없었다. 죽을 끓여 굶주린 사람을 먹인 이야기, 도토리 나무를 심은 까닭	
2'	음식디미방이 어떻게 나올 수 있었나?	장씨는 본생 6남 2녀와 전처 김씨 생 1남(상일) 1녀를 모두 양육하여 출가시켰다. 아들 이현일이 이조판서를 지내는 등 가정적으로 접빈객의 기회가 많았을 것이다. 장계항 본인의 현실적 필요와 자녀들을 위한 지침서로서 『음식디미방』을 지었을 것이다. 장계항은 문필에 능하고 아버지 장흥효에게 학문을 전수 받아 학식 또한 깊었다. 글쓰기 문장력과 학식을 갖추었고, 크고 작은 집안일을 경영하면서 배우고 익힌 음식조리법을 문필로 기록하여 남긴 것이다.	강의자가 두들마을 현장에 가서 설명하는 영상을 촬영한다.
2'	음식디미방은 어떤 내용인가?	총 145개 음식조리법, 이 중에서 51개가 술 방문. 만두법, 생선과 고기 다루는 법, 술빚는 법, 각종 국수 조리법, 약과 만드는 법 등 아주 다양하다. 웅장법이란 이름 아래 곰발바닥 조리법이 있다. 이 조리법은 다른 음식조리서에 없는 특이한 것이다. 조리법의 내용 묘사가 아주 자세하고 정밀하여 장부인이 직접 해 보았음이 틀림없다.	두들마을에서 행해지는 음식조리법 시연-종부님 제자, 혹은 과거에 찍은 영상을 이용한다.
2'	소주는 어떤 것이 있는가?	소주는 4개 방문이 있다. 쌀로 빚는 소주 두 가지, 밀로 빚는 밀소주, 찹쌀로 빚는 찹쌀소주가 있다. 쌀소주도 제조법이 소주를 고을 때 뽕나무나 밤나무 장작을 때는 것으로 묘사되어 있다. 이 소주 방문이 오늘날의 안동 소주로 이어진 것이다.	소주방문의 내용을 소개한다. 소주 빚는 영상을 활용한다.
2'	장부인이 후손들에게 당부한	본문을 다 작성한 후 책 끝에 "눈 어두운데 간신히 썼으니 이대로 시행하고, 딸들은 베껴 가되, 책을 가져갈 생각일랑 하지 말라.	권말 필사기 (사진 처리)

	말이 있다는데?	책이 상하지 않도록 부디 잘 간수해라". 장부인의 이 당부를 후손들이 잘 명심하여 이 책을 수백 년이 지난 지금까지 지켜낸 것이다.	
3'	경북에서 나온 다른 음식조리서는 없는가?	한문으로 쓴 수운잡방이 있다. 안동 오천에 산 광산 김씨가의 김유가 지은 필사본이며, 16세기에 쓴 것이다. 안동부 관아의 이서들 이름을 적은 문서 뒷면에 쓴 음식 방문(승부리안 주방문)도 있다. 안동 내앞 마을의 의성김씨 종가에서 나온 『온주법』, 상주의 음식법을 기록한 『시의전서』도 중요한 책이다.	-수운잡방과 시의전서 사진도 곁들인다.
1'	마무리	이 다섯 가지 책은 모두 경북 북부지역에서 저술되었다. 이 책들은 한식의 원형을 담고 있다. 오늘날 한국의 음식문화의 뿌리를 간직하고 있다. 한식의 정체성을 연구하는 원천이다.	
	총 18분		

참고문헌

강순애(2000), 새로 발견된 내의원자본 언해두창집요의 연구, 『서지학연구』 19집, 한국서지학회, 34~72.
강신항(1970), 한국의 예부운략, 『국어국문학』 49·50호, 국어국문학회, 1~7.
강신항(1973), 『사성통해연구』, 신아사.
강신항(1994), 심악선생의 국어사연구, 『어문연구』 22집, 19~25.
강윤호(1975), 『개화기의 교과용 도서』, 교육출판사.
강한영(1963), 규합총서 해제, 『아시아여성연구』 2집, 숙명여자대학교 아시아여성연구소, 191~226.
강헌규(1976), 昭和版 『胎敎新記』와 필사본 『틱교신긔언희』의 비교 연구, 『논문집』 13집 1호, 공주교육대학교.
강헌규(1995), 『역주 영인 태교신기언해』, 삼광출판사.
강현구(2005), 『문화콘텐츠와 인문학적 상상력』, 글누림.
강훈덕(1989), 일제하 사회계층의 분화 – 서울지역을 중심으로, 『성신사학』 7집, 동선사학회, 25~56.
건들바우박물관(1991), 『진주하씨묘출토문헌과 복식조사보고서』.
경기도박물관(2000), 『조선의 옷 매무새』.
고성익(2007), 『병학지남』의 서지, 『2007년 겨울 구결학회 국어사학회 공동 전국학술대회 발표논문집』, 141~166.
고영근(1987/2010), 『표준 중세국어 문법론』, 탑출판사/집문당.
고정민(2007), 『문화콘텐츠 경영전략』, 커뮤니케이션북스.
곽충구(1980), 18세기 국어의 음운론적 연구, 『국어연구』 43.
구수영(1979), 안민학의 애도문고(安敏學의 哀悼文攷), 『백제연구』 10집, 백제문화연구소, 169~192.
구자황(2012), 『한국개화기 국어교과서』, 신정심상소학.
국립국어원(1999), 『표준국어대사전』, (주)두산동아.

국립민속박물관(1991), 『생활문화와 옛문서』.

국립민속박물관(1995), 『한국의 종이 문화』.

국립전주박물관(2003), 『대한제국기 고문서』, 전주시 전주박물관.

국립중앙도서관(2006), 『한글 금속활자』, 국립중앙박물관 소장 역사자료 총서 IV.

국립중앙박물관(2000), 『겨레의 글 한글』.

국립중앙박물관(2011), 『문자, 그 이후 한국 고대 문자전』, ㈜통천문화사.

국립진주박물관(1998), 『국립진주박물관 - 임진왜란』.

국립진주박물관(2004), 『목활자로 보는 옛 인쇄문화』(심재온 기증 유물 특별전).

국립한글박물관(2014a), 『세종대왕 한글 문화 시대를 열다』, 국립한글박물관 개관 기념특별전.

국립한글박물관(2014b), 『한글이 걸어온 길』, 국립박물관 전시도록.

국방군사연구소(1995), 「병학지남연의(Ⅰ)」, 국방군사연구소.

국방군사연구소(1996), 「병학지남연의(Ⅱ)」, 국방군사연구소.

국방군사연구소(1997), 「병학지남연의(Ⅲ)」, 국방군사연구소.

국어사학회 · 국립국어원(2013), 『동국신속삼강행실도』의 현대적 이해와 국어음운사, 2013년 국어사학회 · 국립국어원 공동학술대회 발표 자료집.

국어사학회(2015), 2014년 겨울 국어사학회 전국학술대회 : 한글 필사본의 특성과 가치 (발표 논문집).

국학자료원(1997), 『국어사회언어학논총』, 국학자료원.

권선영(2008), 『반찬등속』 중 조리서의 내용 소개, 『생활문물연구』 23호, 국립민속박물관, 125~155.

권순형(1988), 『음식방문』의 조리에 관한 분석적 고찰, 『식품영양연구지』 2호, 한양여자전문대학 식품영양연구소, 41~58.

권순형(1989), 『음식방문』 속의 술방문에 관한 분석적 고찰, 『식품영양연구지』 3호, 한양여자전문대학 식품영양연구소, 5~15.

권영철(1972), 규방가사 연구, 『연구논문집』 제10 · 11합집, 효성여자대학교.

권영철(1973), 부여노정기 연구, 『국문학연구』 4집, 효성여자대학 국어국문학연구실, 27~41.

권영철(1975), 규방가사 연구 - 계녀교훈류를 중심으로, 『연구논문집』 제16 · 17합집, 효성여자대학교.

권영철(1985), 『규방가사 : 신변탄식류』, 효성여자대학교 출판부.

권오호(1996),『우리문화와 음양오행』, 교보문고.
권재일(2004), 국어사 연구 방법과 외래 이론 수용,『국어학』 43집, 국어학회, 385~405.
김경숙(1973), 백련초해(원문 해제 및 색인),『국문학연구』 4집, 효성여자대학 국어국문학연구실, 121~124.
김경숙(2006), 고문서를 활용한 생활사 연구의 현황과 과제,『영남학』 10호, 경북대 영남문화연구원, 303~334.
김광해(1996), 국어발전의 양상,『선청어문』 24, 서울대 사범대 국어교육과, 123~146.
김귀영(1983),『김승지댁 주방문』의 조리가공학적 고찰,『경북대학교 논문집』 22, 경북대학교, 45~58.
김귀영(1992),『온주법』의 조리에 관한 분석적 고찰,『담헌이성우박사논문집』 2권, 한양대학교.
김귀영·남관석·이성우(1992),『음식책』의 조리에 관한 분석적 고찰,『담헌이성우박사논문집』 3권, 한양대학교.
김귀영·이성우(1988),『온주법』의 조리에 관한 분석적 고찰,『한국식문화학회지』 3호, 한국식생활문화학회, 143~151.
김근수 편저(1973), 한국 잡지 개관 및 호별 목차집,『한국학자료총서』 1집, 한국학연구소.
김기덕(2007),『한국전통문화와 문화콘텐츠』, 북코리아.
김기동(1981),『한국고전소설연구』, 교학사.
김기협(2010),『망국의 역사, 조선을 읽다』, 돌베개.
김덕수(1990), 삼의당의 시문학 연구, 전북대학교 대학원 박사학위논문.
김덕신(2006), '한글 마춤법 통일안'(1933) 보급을 위한 조선어학회의 활동 – '한글'(1934)지를 대상으로,『어문학』 91집, 한국어문학회, 99~127.
김동소(2000), 무예제보(武藝諸譜) 해제·색인·영인.『한국말글학』 17호, 한국말글학회, 451~527.
김동언(1996), 개화기 번역 문체 연구 – '텬로력뎡'을 중심으로,『한국어학』 4-1호, 한국어학회, 141~170.
김동언(1998),『『텬로력뎡』과 개화기 국어』, 한국문화사.
김동욱·황패강(1985),『한국고소설입문』, 개문사.

김두식(2003), 한글 자형의 변천에 관한 연구, 단국대학교 대학원 박사학위 논문.
김두식(2008), 『한글 글꼴의 역사』, 시간의 물레.
김두종(1974), 『한국고인쇄기술사』, 탐구당.
김만수(2006), 『문화콘텐츠 유형론』, 글누림.
김목한·이래호·정재영·황문환 외(2001), 『장서각 한글 자료 해제』, 한국정신문화연구원.
김무봉(1996), 상원사(上院寺)「어첩(御牒)」및「중창(重創) 권선문(勸善文)」의 국어사적 고찰, 『한국어문학연구』 31, 한국어문학연구학회, 29~55.
김무봉(1999), 조선시대 불전언해 연구, 『불교어문논집』, 4집, 15~34.
김무식(2009), 조선조 여성의 문자생활과 한글편지, 『인문학논총』 14-2호, 경성대 인문과학연구소, 1~25.
김무식(2011), 대구·경북지역어의 연구 양상과 대구 문화, 『어문론총』 55호, 한국문학언어학회, 9~34.
김문식·신병주(2005), 『조선 왕실 기록문화의 꽃 의궤』, 돌베개.
김민수(1973), 『국어 정책론』, 고대출판부.
김민수(1982), 『신국어학사』, 일조각.
김민수(1987), 『국어학사의 기본 이해』, 집문당.
김민수·하동호·고영근 공편(1986), 『역대 한국 문법 대계 총색인』, 『역대한국문법 대계』 별책, 탑출판사.
김병철(1975), 『한국 근대 번역 문학사 연구』, 을유문화사.
김봉좌(2003), 조선시대 방각본 언간독 연구, 한국정신문화연구원 석사 논문.
김봉좌(2010a), 조선시대 유교의례 관련 한글 문헌 연구, 한국학중앙연구원 대학원 박사학위 논문.
김봉좌(2010b), 조선 후기 궁묘 제사 관련 한글문헌의 문헌적 특징, 『국어사연구』 10호, 국어사학회, 133~172.
김봉좌(2013), 조선시대 관청문서의 대민 유포와 한글 사용, 『한국문화』 61집, 규장각한국학연구소, 279~299.
김봉좌(2015), 왕실 한글 필사본의 특성과 가치, 『2014년 겨울 국어사학회 전국학술대회: 한글 필사본의 특성과 가치』(발표 논문집)에 수록.
김봉좌·김학수(2014), 『고행록 17세기 서울 사대부가 여인의 고난기』, 한국학중앙연구원.

김봉희(1987), 한국 기독교 문서 간행사 연구(1882~1945), 『한국문화총서』 22호, 한국문화 연구원.
김봉희(1994), 근대인쇄문화의 도입과 발전과정에 관한 연구, 『서지학연구』 10집, 한국서지학회, 99~134.
김봉희(2008), 일제시대 출판문화-종합잡지를 중심으로, 『한국문화연구』 14호, 이화여자대학교 한국문화연구원, 173~232.
김사엽(1960), 규호시의방과 전가팔곡, 『고병간박사송수기념논총』, 경북대학교.
김삼기(1998), 15~16세기 관영 제지 수공업 연구, 공주대 대학원 사학과 석사학위논문.
김상준(2003), 온 나라가 양반되기-조선 후기 유교적 평등화 메커니즘, 『사회와 역사』 63집, 한국사회사학회, 5~29.
김성미·이성우(1982), 『이씨음식법』의 조리에 관한 분석적 고찰, 『담헌이성우박사논문집』 3권, 한양대학교.
김성미·이성우(1992), 『酒方』의 조리가공에 관한 분석적 고찰, 『담헌이성우박사논문집』 3권, 한양대학교.
김성미·이성우(1993), 『曆雜錄』의 조리가공에 대한 분석적 고찰, 『동아시아 식생활학회지』 3-1호, 동아시아 식생활학회, 11~17.
김성주(2012), 역학서 언해와 조선의 외국어 교육, 『한국어문학연구』 58집, 한국어문학연구학회, 51~93.
김성주·박상준·박준경(2006), 『금강경언해』, 신구문화사.
김수경(2008), 여행에 대한 여성적 글쓰기 방식의 탐색-여성 기행가사의 형상화 방식과 그 의미-『한국고전여성문학연구』 17호, 한국고전여성문학회, 47~87
김순배(2011), 언어적 변천에 따른 지명 유형과 문화정치적 의의, 『정신문화연구』 34-3호, 한국학중앙연구원, 229~257.
김슬옹(2005a), 『조선왕조실록』의 한글 관련 기사를 통해 본 문자생활 연구, 상명대학교 대학원 박사학위 논문.
김슬옹(2005b), 『조선시대 언문의 제도적 사용 연구』, 한국문화사.
김슬옹(2007a), 훈민정음 문자 만든 원리와 속성의 중층 담론, 『한민족문화연구』 21집, 한민족문화학회, 95~135.
김슬옹(2007b), 훈민정음 창제 동기와 목적에 관한 중층 담론, 『사회언어학』

15-1호, 사회언어학회, 21~45.

김슬옹(2012), 『조선시대의 훈민정음 발달사: 조선시대의 훈민정음 보급과 활용의 통합언어학적 연구』, 역락출판사.

김업식(2008), 조선시대 부식류의 조리법에 관한 문헌적 고찰-『음식디미방』, 『규합총서』, 『조선무쌍신식요리제법』을 중심으로, 경희대학교 대학원 식품영양학과 박사논문.

김영모(1971), 『일제하 사회계층의 형성과 변동에 관한 연구』, 민중서관.

김영배(1977), 『석보상절 第卄三·四 註解』, 일조각.

김영배(1991), 이륜행실도 원간본과 중간본 비교, 『동방학지』(연세대) 71·72 합집, 499~534.

김영배·강경훈 외(1999), 『한산이씨 고행록의 어문학적 연구』, 태학사.

김영배·장영길·김혜숙·김무봉·김명실(1997), 『아미타경언해의 국어학적 연구』, 법보신문사.

김영배·정우영·김무봉 편저(1996), 『염불보권문의 국어학적 연구』, 동악어문학회(영인본).

김영선(1996), 해인사 간행 서적의 서지적 분석, 경북대학교 대학원 석사학위 논문.

김영숙(1998), 『한국복식문화사전』, 미술문화.

김영순·김현 외(2006), 『인문학과 문화콘텐츠』, 다홀미디어.

김영신(1988), 중·근세 한글 문헌의 국어학적 가치, 『김영신교수논문집 국어학연구』.

김영일(1999), 『무예제보번역속집(武藝諸譜飜譯續集)의 국어학적 이해』, 武藝諸譜飜譯續集(영인). 대구: 계명대학교출판부.

김영진(1982), 『농림수산 고문헌 비요』, 한국농촌경제연구원.

김영진·박재연(2005), 『션부군유스』, 선문대학교 중한번역문헌연구소.

김예니(2012), 음식조리서에 나타난 근대국어 부사 연구, 경북대학교 석사학위논문.

김완진(1972a), 세종대의 어문 정책에 대한 연구, 『성곡논총』 3집, 성곡학술문화재단, 185~215.

김완진(1972b), 『先世諺蹟』에 대하여, 『국어국문학』 55·56·57호, 국어국문학회, 129~142.

김용숙(1964), 이조 후기 내인 생활 연구- 실지 수집을 주로 하여, 『아세아여성

　　　　연구』 3집, 숙명여자대학교 아세아여성문제연구소.
김용숙(1987), 『조선조 궁중풍속 연구』, 일지사,
김원룡(1982), 삼강행실도 해제, 『三綱行實圖』, 세종대왕기념사업회 영인.
김윤경(1938), 『조선문자 급 어학사』, 조선기념도서출판관.
김윤경(1946), 『한국문자 급 어학사』, 동국문화사.
김일근(1959), 『해설·교주 이조어필언간집』, 신흥출판사.
김일근(1970), 명성대비의 언찰에 대하여, 『국어국문학』 49·50호, 국어국문학회.
김일근(1974a), 『친필언간총람』, 국학자료 3집.
김일근(1974b), 한글서체변천사, 『서예』 7, 월간서예사.
김일근(1976), 정경부인 이씨 제문－忠肅公 尹塾의 한글 祭妻文, 『인문과학논총』 9호, 건국대학교 인문과학연구소.
김일근(1982a), 秋史家의 한글 편지들(上), 『문학사상』 114호, 문학사상사.
김일근(1982b), 秋史家의 한글 편지들(下), 『문학사상』 115호, 문학사상사.
김일근(1986), 『언간의 연구』(三訂版), 건국대학교 출판부.
김일근(1991a), 망우당 종질 곽주의 재실 진주하씨묘 출토문헌의 개관, 『진주하씨묘출토문헌과 복식조사보고서』, 건들바우박물관.
김일근(1991b), 한글 서체 변천의 개관－서예의 형성 지반으로서, 『한글서예변천전』, 예술의 전당, 161~165.
김일근·박병천(1990), 한글 필사체의 분류와 변천사, 『아름다운 한글: 글자체 600년전』, 문화부.
김일근·이종덕(2000~2001), 17세기의 궁중 언간－숙휘신한첩①②③④, 『문헌과해석』 11~14호, 문헌과해석사
김일근·이종덕(2001), 숙명공주의 한글 편지첩 ①②③, 『문헌과해석』 15~17호, 문헌과해석사.
김종근 역저(譯著)(1985/1993), 士小節, 『한국고전명저정선』 4, 명문당.
김종택(1979), 언간을 통해 본 근세전기어의 단면, 『어문연구』 4집, 경북대 어학연구소.
김주원(1984a), 18세기 경상도 방언의 음운현상, 『인문연구』 6집, 영남대 인문과학연구소, 31~56.
김주원(1984b), 18세기 경상도방언을 반영하는 불서에 대하여, 『목천유창균박사환갑기념논문집』.

김주원(1994a),『보권염불문』(용문사판)의 구두점 연구,『국어국문학연구』22집, 영남대, 7~57.
김주원(1994b), 18세기 황해도 방언의 음운현상,『국어학』24집, 국어학회, 19~44.
김주원(1998), 십구사략언해(영영판)의 간행 연대,『국어학』32집, 국어학회, 247~263.
김주원(2001), 소학언해 연구,『국어학』37집, 국어학회, 3~31.
김주원(2013),『훈민정음 사진과 기록으로 읽는 한글의 역사』, 민음사.
김주필(1993), 진주 하씨 묘 출토 한글 필사 자료의 표기와 음운현상,『진단학보』75호, 진단학회, 129~148.
김주필(2008),『오륜행실도』에 사용된 국어사 자료의 중층성 - ㄷ구개음화와 원순모음화의 확산 상태를 중심으로,『어문학논총』27, 국민대학교 어문학연구소, 89~112.
김준석(1981), 조선 전기의 사회사상 - 소학(小學)의 사회적 기능 분석을 중심으로,『동방학지』29호, 연세대학교 국학연구원, 105~192.
김중권(2009), 조선조 내의원의 의서 편간 및 의학자료실에 관한 연구,『서지학연구』42집, 한국서지학회, 345~380.
김진평(1990), 한글 활자체 변천의 사적 연구,『출판연구』1-1, 한국출판연구소, 277~462.
김진평(1999),『한글조형연구』, 김진평 교수 추모 논문발간위원회.
김창룡(2004), 조선시대의 소학,『한국언어문화학』1-2호, 국제한국언어문화학회 75~88.
김천영(2002),『문화콘텐츠 기획을 위한 인문학의 활용방안 연구』, 인문사회연구회 한국교육개발원.
김춘식(1985), 16세기 이륜행실도 보급의 사회적 고찰,『역사학보』107집, 역사학회, 15~68.
김충현(1974), 나의 한글 서예론. 한글은 아름답다,『월간 서예』1974년 10월호.
김태준·박성순(2001),『을병연행록』, 돌베게.
김풍기(2008), 고전문학의 콘텐츠 개발과 그 지향 : 정선아리랑의 경우,『한국언어문학』67호, 한국언어문학회, 343~360.
김항수(1987), 16세기 경서언해의 사상사적 고찰,『규장각』10호, 17~40.

김향숙(2003), 「현풍곽씨언간」의 서체 연구, 원광대학교 대학원 석사학위논문.
김현숙(2005), 개화기 정부 고용 서양인들의 고용실태와 일상생활, 『한국 근현대사 연구』 34호, 한국근현대사학회, 7~36.
김형철(1997), 『개화기 국어 연구』, 경남대학교 출판부.
김호(2007), 의학 지식의 사회사 - 조선시대 의서의 역사적 이해, 『조선시대 인쇄출판 정책과 역사 발전』(2007 조선왕실 주조 금속활자 복원사업 학술자료집), 청주고인쇄박물관, 94~107.
남경란(2006), 사서언해의 국어학적 고찰, 『민족문화논총』 34집, 영남대학교 민족문화연구소, 159~194.
남권희(1991), 몽산화상육도보설 언해본의 서지적 고찰, 『어문론총』 25호, 경북어문학회.
남권희(1992), 고려시대 판본 연구. 청주 고인쇄
남권희(1998), 담양 용천사 간행 구결본 3종의 서지적 고찰, 『고서』 6호, 한국고서협회.
남권희(2002), 『고려시대 기록문화 연구』, 청주고인쇄박물관.
남권희(2003), 취암문고의 고서(古書)와 고문서(古文書) 개관, 『영남학』 3호, 경북대학교 영남문화연구원, 175~230.
남권희(2004), 산청 화계리 심씨 목활자와 경남 지역의 목활자 인쇄 문화, 『목활자로 보는 옛 인쇄문화』, 국립진주박물관.
남권희(2013), 목판과 활자 인쇄를 통해본 전통시대 지식과 정보의 소통, 『사회과학 담론과 정책』 제6권 1호, 141~165.
남권희·옥영정 외(2013), 『목판의 행간에서 조선의 지식문화를 읽다』, 한국국학진흥원 연구부.
남권희·이승철(2009), 경상감영 간행본과 낙육제 소장 서책 분석 - 조선시대 지방 감영의 인쇄 출판 활동, 『2009 조선왕실 주조 금속활자 복원사업 학술대회논문집』, 청주고인쇄박물관, 117~141.
남권희·이은규·이문규(2002), 『장수경언해연구』, 홍문각.
남풍현(1996), 언어와 문자, 『조선시대 생활사』, 한국고문서학회, 역사비평사.
남풍현(2014), 『국어사연구』, 태학사.
남희숙(2000), 조선시대 다라니경·진언집의 간행과 그 역사적 의의, 『회당학보』 5집, 67~105.

남희숙(2004), 조선 후기 불서간행 연구 : 진언집과 불교의식집을 중심으로, 서울대학교 대학원 박사학위 논문.

노고수(1981), 『한국 기독교 서지 연구』, 예술문화사.

노양진(2007), 다원주의적 문화 해석 – 체험주의적 접근, 『철학연구』 101, 대한철학회, 49~69.

노영구(1998a), 조선 중간본 기효신서의 체제와 내용, 『軍史』 36, 국방군사연구소, 101~135.

노영구(1998b), 조선시대 병서(兵書)의 분류와 간행 추이, 『역사와 현실』 30, 역사와 현실사, 281~304.

노영구(2000), 조선 후기 군사조련의 기본서 『병학지남』, 『정조대의 예술과 과학』, 179~228, 문헌과 해석사.

노영구(2002), 조선 후기 병서와 전법의 연구, 서울대학교 대학원 박사학위 논문.

노영구(2007), 조선시대 병서 출판의 인쇄사적 성격, 『조선시대 인쇄 출판 정책과 역사 발전』(2007 조선왕실 주조 금속활자 복원사업 학술자료집), 청주고인쇄박물관, 64~79.

도수희(1970), 병학지남언해에 대하여, 『어문연구』 6, 어문연구학회, 17~32.

도수희(1985), 애도문에 나타난 16세기 국어, 『어문논지』 4·5집, 충남대 국문과.

류준경(2007), 지식의 상업 유통과 소설 출판, 『조선시대 인쇄 출판 정책과 역사 발전』(2007 조선왕실 주조 금속활자 복원사업 학술자료집), 청주고인쇄박물관, 225~247.

류탁일(1974), 초간 삼강행실도에 대하여, 『국어국문학』(부산대) 11호.

류탁일(1986), 『한국문헌학연구서설』, 세종문화사.

류탁일(1989), 『한국문헌학 연구』, 아세아문화사.

류탁일(1994), 『한국고소설 비평자료 집성』, 아세아문화사.

류탁일(2001), 『영남지방 출판문화논고』, 세종문화사.

린 헌트 엮음, 조한욱 옮김(1996), 『문화로 본 새로운 역사 : 그 이론과 실제』, 소나무.

문형진(2012), 한국 상장 풍속에 담긴 제 문화요소와 그 의미를 토대로 한 문화교육 방안 연구, 『아시아문화연구』 25, 경원대학교 아시아문화연구소, 283~308.

문화재관리국(1993), 『중요민속자료 지정조사보고서』(진주 하씨묘 출토 유물).

문화재청(2007), 『훈민정음 언해본 이본 조사 및 정본 제작 연구』, 연구책임자 조규태, 공동연구원 김주원 이현희 정우영 이호권.

문화체육관광부 국어정책과(2014), 『국립한글박물관 콘텐츠 활용을 통한 박물관 문화사업 운영방안 연구』, 한국문화관광연구원, 연구책임자 이윤경.

민병준(1988), 소학과 소학언해 어문연구, 『어문연구』 59·60 합병호, 일조각, 553~561.

민현식(1993), 개화기 국어사 자료에 대하여, 『국어사 자료와 국어학의 연구』, 문학과 지성사.

민현식(1994), 개화기 국어 문체 연구, 『국어국문학』 111권, 국어국문학회, 37~61.

민현식(2003), 국어문화사의 내용 체계화에 대한 연구, 『국어교육』 110, 국어교육학회, 201~267.

박록담(2002), 『우리 술 103가지』, 도서출판 오상.

박명준(1992), 『서예』, 동북조선민족교육출판사, 연변.

박몽구(2010), 일제 강점기 한민족 출판 연구, 『한국출판학연구』 59, 한국출판학회, 89~124.

박문성(1991), 오륜행실도를 중심으로 한 삼강행실도, 동국속삼강행실도, 이륜행실도 비교, 『대전어문학』 8호, 대전대학교 국어국문학회, 36~59.

박미자(1996), 『음식법』의 조리학적 고찰, 『대한가정학회지』 34-2(108호), 대한가정학회, 283~302.

박병채(1983), 『홍무정운역훈의 신연구』, 고려대학교민족문화연구소.

박병천(1977), 한글 서체미에 대한 분석 연구, 경희대학교 교육대학원 석사학위논문.

박병천(1983), 『한글 궁체 연구』, 일지사.

박병천(1991), 한글 서예의 변천사적 고찰, 『한글서예변천전』, 예술의 전당, 167~194.

박병천(2000), 『한글판본체연구』, 일지사.

박병천(2002a), 옛 문헌 한글 글꼴 발굴·복원 연구－15, 16세기 문헌을 중심으로, 『글꼴 2002』, 한국글꼴개발원.

박병천(2002b), 옛 문헌 한글 글꼴 발굴·복원 연구－17, 18세기 문헌을 중심으로, 『글꼴 2002』, 한국글꼴개발원.

박병천(2004), 한글 서체의 분류 방법과 용어 개념 정의에 대한 논의 제안, 성균관 대학교 유학동양학부 서예문화연구소 개소 기념 서예학술대회 발표 논문.

박병천(2007), 『조선시대 한글 서간체 연구』, 다운샘.

박병철(1986), 신증유합의 한자어 자석 연구, 『동천 조건상선생 고희기념논총』, 형설출판사.

박부자(2001), 한글필사본 『녈성지장통긔』에 나타난 주체존대 '-시-'의 통합 관계, 『장서각』 5집, 한국정신문화연구원, 101~134.

박부자(2008), 은진 송씨 후손가 언간의 서지 – 정리자 및 정리 시기에 대한 검증, 『돈암어문학』 20호, 돈암어문학회, 128~156.

박부자(2014), 삶 속에 자리잡다, 『한글이 걸어온 길』(국립박물관 전시도록), 국립한글박물관, 69~101.

박성봉(1999), 『한국사 연대 대조 편람』, 서문문화사

박성종(1993), 이화(李和) 개국공신록권(開國功臣錄券)의 이두(吏讀)와 그 해독(解讀), 『고문서연구』 4, 한국고문서학회, 1~32.

박성종(1996), 조선초기 이독 자료와 그 국어학적 연구, 서울대학교 대학원 박사학위 논문.

박성종(2008), 이조년의 『鷹鶻方』에 나타난 이두문 작품에 대하여, 『국어국문학』 148호, 국어국문학회, 5~37.

박수자(1988), 한글 서체의 변천과 특성에 관한 연구, 『교육논총』 4집, 단국대학교 출판부, 231~254.

박옥주(2000), 빙허각(憑虛閣) 이씨(李氏)의 『규합총서(閨閤叢書)』에 대한 문헌학적 연구, 『한국고전여성문학연구』 1호, 한국고전여성문학회, 271~304.

박은향(2005), 조선 후기 한글 음식조리서 『주방문』의 음운 연구, 경북대학교 석사학위논문.

박재연(2008), 진주 유씨가 묘 출토 언간의 어휘론적 고찰, 『동방학지』 142호, 연세대학교 국학연구원, 231~270.

박재연(2012), 『한글 필사문헌과 사전 편찬』, 도서출판 역락.

박재연·황문환(2005), 『충북 송병필가 한글 편지』, 중한번역연구소·미도민속관.

박정숙(2011), 순명효황후 언간체의 조형성 고찰, 『한국어정보학』 13-2호, 한국어정보학회, 15~39.

박정자 외(2001), 『궁체 이야기』, 다운샘.

박종기(2008), 『500년 고려사』, 개정판, 푸른역사.

박종빈(2011), 한글 교과서의 서체 분석 및 교육 과정에 따른 서체 변천 과정 연구, 『조형미디어학』 14-2호, 한국일러스아트학회, 59~69.

박준호(2003), 한국 고문서의 서명 형식에 관한 연구, 한국정신문화연구원 한국학 대학원 박사 학위 논문.

박창원(1998), 한국인의 문자생활사, 『동양학』 28호, 단국대동양학연구소, 57~88.

박태권(1983), 훈몽자회와 사성통해 연구, 『국어국문학』 21, 부산대학교 국어국문학회, 15~32.

박형우(2008), 훈민정음 '象形而字倣古篆'의 의미, 『한민족어문학』 53호, 한민족어문학회, 154~180.

방종현(1934), 『한글 연구 도서 해제』, 한글 3.1.~3.8. [일사국어학논집(1963)에 재수록됨].

방종현(1948), 『훈민정음통사』, 일성당서점.

방종현(1963), 『일사국어학논집』, 민중서관.

방효순(2000), 일제시대 민간 서적 발행 활동의 구조적 특성에 관한 연구, 이화여자대학교 대학원 박사학위 논문.

배보은(2013), 문자론 용어와 문자 분류 체계에 관한 연구, 경남대학교 대학원 박사학위 논문.

배상훈(2009), 조선의 상속 관행에 관한 연구－17~18세기 삼남지방 분재기 사례를 중심으로, 고려대 대학원 사회학과 사회학전공 박사논문.

배영환(2003), 『字訓諺解』에 나타난 '釋'에 대하여, 『개신어문연구』 20집, 개신어문학회, 109~141.

배영환(2012), 현존 最古의 한글편지 '신창맹씨묘출토언간'에 대한 국어학적인 연구, 『국어사연구』 15호, 국어사학회, 211~239.

배영환·신성철·이래호(2013), 〈진성이씨 이동표가 언간〉의 국어학적 연구, 『장서각』 30집, 한국학중앙연구원 장서각, 222~254.

배현숙(2003), 신증유합 판본고, 『민족문화연구』 39호, 고려대 민족문화연구소, 283~330.

백두현(1988a), 두시언해 초간본과 중간본의 통시음운론적 비교, 『어문학』 50호, 한국어문학회, 47~67.

백두현(1988b), 강희 39년 남해 영장사판 유합과 천자문의 음운 변화, 『파전김무

조박사화갑기념논총』, 509~533.

백두현(1988c), 영남삼강록의 음운론적 고찰,『용연어문논집』4집, 경성대학교 국어국문학과, 85~119.

백두현(1989), 영남 문헌어의 통시적 음운 연구, 경북대학교 대학원 박사학위 논문.

백두현(1990), 영남 문헌어에 반영된 방언적 문법형태에 대하여,『어문론총』24 호, 경북대학교 국어국문학과, 1~22. 홍사만 외(2003),『국어의 형태·의미의 탐색』에 수정 재수록, 481~511.

백두현(1991), 몽산화상육도보설의 국어학적 연구,『어문론총』25호, 경북어문학회, 75~98.

백두현(1992a),『영남 문헌어의 음운사 연구』, 태학사.

백두현(1992b),『재조번방지』의 서지·국어학적 연구,『성곡논총』23집, 성곡학술문화재단, 1831~1877.

백두현(1993), 궁유한사본 맹자언해에 대하여,『용연어문논집』6집, 경성대학교 국문과.

백두현(1998), 19세기 한글 문헌에 대한 고찰,『수련어문논집』24집, 수련어문학회, 59~84.

백두현(2000a),『십구사략언해』제 판본의 계통 연구,『국어학』36집, 국어학회, 3~38.

백두현(2000b),「현풍곽씨언간」의 음운사적 연구,『국어사자료연구』창간호, 국어사자료학회, 97~130.

백두현(2001a),『음식디미방[閨壺是議方]』의 내용과 구성에 대한 연구,『영남학』창간호, 경북대학교 영남문화연구원, 249~281.

백두현(2001b), 조선시대의 한글 보급과 실용에 관한 연구,『진단학보』92호, 진단학회, 193~218.

백두현(2003a), 취암문고 소장 국어사 자료의 연구,『영남학』3호, 경북대학교 영남문화연구원, 109~175.

백두현(2003b),『현풍곽씨언간 주해』, 태학사.

백두현(2004),『음식디미방』의 표기법과 자음변화 고찰,『국어사연구』4호, 국어사학회, 95~121.

백두현(2005a), 조선시대 여성의 문자생활 연구- 한글 편지와 한글 고문서를 중심으로,『어문론총』42호, 한국문학언어학회, 39~85.

백두현(2005b), 진행중인 음운변화의 출현 빈도와 음운사적 의미 - 17세기 후기 자료『음식디미방』을 중심으로,『어문학』90호, 한국어문학회, 45~72.
백두현(2005c), 한글 필사본 연구와 국어사 연구의 심화,『국어국문학, 미래의 길을 묻다』, 서강대학교 국어국문학과 엮음, 49~65.
백두현(2006a),『음식디미방 주해』, 도서출판 글누림.
백두현(2006b), 국어사 연구의 새로운 방향 설정을 위하여,『국어학』47집, 국어학회, 3~38.
백두현(2006c), 안동 권씨가 남긴 한글 분재기,『문헌과 해석』36호, 문헌과해석사, 134~147.
백두현(2006d), 조선시대 여성의 문자생활 연구 - 한글 음식조리서와 여성교육서를 중심으로,『어문론총』45호, 한국문학언어학회, 261~321.
백두현(2007a), 애국지사 김태린이 지은『동몽수독천자문』연구,『어문학』95호, 한국어문학회, 55~93.
백두현(2007b), 한글을 중심으로 본 조선시대 사람들의 문자생활,『서강인문논총』22집, 서강대학교 인문과학연구소, 157~203.
백두현(2008a), 17세기 한글 노비 호적 연구,『어문학』100호, 한국어문학회, 31~58.
백두현(2008b), 계명대학교 동산도서관 소장 국어사 자료의 가치,『한국학논집』37집, 계명대학교 한국학연구원, 65~113.
백두현(2009a), 도자기에 쓰인 한글 명문(銘文) 해독,『미술자료』78호, 국립중앙박물관, 205~218.
백두현(2009b), 잠와(潛窩) 최진립 공이 쓴 한글 편지,『문헌과 해석』36호, 문헌과해석사, 219~229.
백두현(2009c), 조선시대 한글 음식조리서로 본 전통 음식 조리법의 비교 - 만두법,『흔맛흔얼』2-2, 한국식품연구원, 39~49.
백두현(2009d), 조선시대 한글 음식조리서로 본 전통 음식 조리법의 비교 - 상화법,『흔맛흔얼』, 2-1, 한국식품연구원, 51~57.
백두현(2009e), 훈민정음 해례본의 텍스트 구조 연구,『국어학』54집, 국어학회, 75~107.
백두현(2009f), 훈민정음을 활용한 조선시대의 인민 통치,『진단학보』108호, 진단학회, 263~297.

백두현(2010a), 어문생활사로 본 언간과 한글고문서의 연구 방법, 『국어사연구』 10호, 국어사학회, 41~72.

백두현(2010b), 조선시대 한글 음식조리서로 본 전통 음식조리법의 비교 - 고추장법, 『흔맛흔얼』 3-4(통권 12호), 한국식품연구원, 378~394.

백두현(2010c), 조선시대 한글 음식조리서로 본 전통 음식조리법의 비교 - 부의주(동동주), 『식품문화 흔맛흔얼』, 3-3(통권 11호), 한국식품연구원, 246~257.

백두현(2010d), 『훈민정음』 해례본의 영인과 『합부훈민정음』 연구, 『조선학보』 214집, 조선학회, 1~29.

백두현(2011a), 19세기 초기 전라방언 자료 『수운정비회유록』 연구, 『한국문화』 53집, 서울대학교 규장각한국학연구원, 65~96.

백두현(2011b), 한글 음식조리서로 본 전통술 담그는 법 - 오가피주, 『흔맛흔얼』 제4권 2호(통권 14호), 한국식품연구원, 137~148.

백두현(2011c), 『한글 편지로 본 조선시대 선비의 삶』, 경북대학교 인문교양총서 1호, 역락.

백두현(2012a), 『병학지남』 이판본의 계통과 신자료 『병학지남육조언해』 연구, 『국어학』 63집, 국어학회, 3~36.

백두현(2012b), 19세기 초기 안동부의 승부리안 주방문 연구, 『영남학』 22호, 경북대학교 영남문화연구원, 211~242.

백두현(2012c), 융합성의 관점에서 본 훈민정음의 창제 원리, 『어문론총』 57호, 한국문학언어학회, 115~156.

백두현(2012d), 음운변화로 본 하생원 『주방문』의 필사 연대, 『한국문화』 60집, 서울대학교 규장각한국학연구원, 181~211.

백두현(2013), 영남 지역 국어사 자료의 연구 성과와 연구 방향, 『어문론총』 59호, 한국문학언어학회, 1~49.

백두현(2014a), 한글 음식조리서 : 전통 음식문화를 담은 우리말의 보물 창고, 『새국어생활』 제24권 제1호, 국립국어원, 19~38.

백두현(2014b), 한글 창제와 세종 정신, 『세종대왕 한글 문화 시대를 열다』, 국립한글박물관 개관 기념특별전, 180~187.

백두현(2014c) 조선시대 왕실언간의 문화중층론적 연구 - 「숙휘신한첩」을 중심으로, 계명대학교 동산도서관 소장 고문헌의 학술적 가치, 계명대학교 한국학연구원, 31~64.

백두현(2016), 조선시대 왕실 언간의 문화중층론적 연구,『한국학논집』 59집, 계명대학교 한국학연구원, 349~403.

백두현(2016), 수운잡방, 중층의 문화를 담은 조리서,『안동학연구』 15집, 한국국학진흥원, 7~27.

백두현(2017), 음식디미방의 위상과 가치,『음식디미방과 조선시대 음식문화』, 경북대학교 출판부, 15~71.

백두현(2017), 전통 음식조리서에 나타난 한국어 음식맛 표현의 연구,『국어사연구』 24, 국어사학회, 183~230.

백두현(2017), 주초침저방의 내용 구성과 필사 연대 연구,『영남학』 62호, 경북대학교 영남문화연구원, 407~446.

백두현(2019), 표기와 음운변화로 본『주찬방』의 필사 연대,『국어사연구』 28호, 국어사학회, 233~268.

백두현(2021),『한글생활사연구』, 역락.

백두현(2023),『조선시대의 한글 교육과 확산』, 태학사.

백두현(2023),『훈민정음의 문화중층론 – 관점의 전환과 새로운 해석』, 경북대학교 학술총서 1, 경북대학교 출판부.

백두현·김주원(2003),『십구사략언해 연구』, 도서출판 역락.

백두현·배준영(2014) 한글문헌의 문화중층론적 연구 방법 서설,『정신문화연구』 제37권 제3호, 한국학중앙연구원, 225~258.

백두현·송지혜(2012a), 19세기 초 안동부의 승부리안 주방문 연구,『영남학』 22호, 경북대 영남문화연구원, 211~242.

백두현·송지혜(2012b), 안동부(安東府) 향리 문서 승부리안(陞府吏案)의 주방문(酒房文) 주해,『어문론총』 57호, 한국문학언어학회, 513~540,

백두현·이미향(2010), 필사본 한글 음식조리서에 나타난 오기의 유형과 발생원인,『어문학』 107호, 한국어문학회, 25~63.

백두현·전영곤(2012),『수운정비회유록(睡雲亭悲懷遺錄)』의 원문 번역과 주해,『국어사연구』 15호, 국어사학회, 323~356.

백두현·정연정(2019),『음식디미방』의 '맛질방문' 재론,『지명학』 30, 한국지명학회, 157~205.

백린(1964), 고문서의 연구와 그 정리문제,『국회도서관보』 1-4호.

백린(1965a), 고판본의 장정과 판심에 대하여, 『국회도서관보』 2~11(18호).
백린(1965b), 한국 고활자본에 대한 연구, 서울대학교 중앙도서관.
백린(1966a), 고서분류법에 대한 소고, 『국회도서관보』 106호.
백린(1966b), 고서의 장정과 판심에 대하여, 『도서관문화』 7-2호, 한국도서관협회, 6~10.
백린(1969a), 고전의 문화적 가치, 『국회도서관보』 1호.
백린(1969b), 내사기와 선사지기에 대하여, 『국회도서관보』 60호, 6~8.
백린(1969c), 조선 후기 활자본의 형태서지학적 연구(上) : 선조25~융희4년사이의 규장각소장도서를 중심으로, 『한국사연구』 3,집 한국사연구회, 123~160.
백린(1969d), 조선 후기 활자본의 형태서지학적 연구(下), 『한국사연구』 4집, 한국사연구회, 507~544.
백린(1971), 집현전과 장서각, 『국회도서관보』 26-5(156호).
백순철(2003), 〈금행일기(錦行日記)〉와 여성의 여행 체험, 『한성어문학』 22호, 한성대학교 한성어문학회, 59~79
백순철(2008), 조선 후기 여성기행가사의 여행 형태와 현실인식, 『고전과 해석』 5호, 고전문학한문학연구학회, 101~127
백운산(1995), 『역학백과 사전』, 책만드는집.
백종구(2010), 한글 보급과 천주교, 그리고 기독교(1603~1910), 『역사신학 논총』 20집, 한국복음주의역사신학회, 207~234.
부산여자대학 국어교육과 동문회 편(1988), 김영신 교수 논문집 『국어학 연구』, 부산 제일문화사(부산).
삼성문화재단(1996), 『조선 전기 국보전-위대한 문화유산을 찾아서(2)』. 호암미술관.
서경희(2006), 김씨 부인 상언을 통해 본 여성의 정치성과 글쓰기. 『한국고전여성문학연구』 12호, 한국고전여성문학회, 39~75.
서병패(1993), 문헌편, 『중요민속자료 지정보고서』(진주 하씨묘 출토유물), 문화재 관리국.
서보월(1999), 『온주법』의 말자음군 표기, 『안동어문학』 4집, 안동어문학회, 23~44.
서울대학교 규장각 편(1978), 상백 고도서목록.

서울대학교 규장각 편(1981), 규장각도서 한국본 종합목록.
서울대학교 규장각 편(1981), 『규장각 한국본 도서해제』(史部 1).
서울대학교 규장각(1987), 『규장각 한국본 도서해제』(8책), 보경문화사.
서울대학교 규장각(1994), 『규장각 한국본 도서해제 속집』(4책), 민창문화사.
서울대학교 규장각(2001), 『규장각소장 어문학자료 - 어학편 목록·서지』, 태학사.
서울대학교 규장각(2001), 『규장각소장 어문학자료 - 어학편 해설』, 태학사.
서울대학교 규장각한국학연구원(2012), 『해외 한국본 고문헌 자료의 탐색과 검토』, 삼경문화사.
서울대학교 대학원 국어연구회 편(1993), 『국어사 자료와 국어학의 연구』, 문학과지성사.
서울대학교 대학원 국어연구회 편, '국어연구 어디까지 왔나', 『주제별 국어학 연구사』, 동아출판사.
서울서예박물관(2002), 『조선왕조어필』, 한국서예사특별전 22, 예술의전당.
서원섭(1971), 회재선생 한글제문고, 『어문논총』 6호, 경북대학교 문리과대학 국어국문학과.
서은영(2012), 근대 인쇄문화의 형성과 『대한민보』 '삽화'의 등장 - 애국계몽기를 중심으로, 『우리어문연구』 44호, 우리어문학회, 541~573.
서희환(1974), 나의 한글 서예론. 한글서예 예술화의 가능성, 『월간 서예』 1974년 10월호.
석주연(2010), 조선시대 한글 문헌의 간행 경위와 배포 양상 연구, 『한민족어문학』 57집, 한민족어문학회, 43~70.
성기철(2004), 언어와 문화의 접촉 - 언어문화, 『한국언어문화학』 1-1호, 국제한국언어문화학회, 105~123.
성백인(1978), 계초심학인문·발심수행장·야운자경서 해제, 『명지어문학』(명지대) 10집, 명지대학교. 219~302.
소재영(1983), 『고소설통론』, 이우출판사.
소재영·조규익·장경남·최인황(1997), 『주해 을병연행록』, 태학사.
손계영(2004), 고문서에 사용된 종이 연구 - 『탁지준절(度支準折)』을 중심으로, 『고문서연구』 25호, 한국고문서학회, 225~257.
손계영(2006), 조선시대 문헌에 나타나는 종이의 종류 및 제조·가공법, 『고전적』 2호, 한국고전적보존협의회, 20~51.

손계영(2008), 출판문화사 연구현황과 생활사로의 접근, 『영남학』 13호, 경북대학교 영남문화연구원, 369~397.

손계영(2009), 장서인(藏書印)을 통해 본 동춘당(同春堂) 후손가(後孫家)의 장서 형성 배경, 『고문서연구』 34호, 한국고문서학회, 1~29

손계영(2011), 조선시대 시전지(詩箋紙) 사용과 시전 문화의 확산, 『고문서연구』 38호, 한국고문서학회, 187~209.

손보기(1971), 『한국의 고활자』, 한국도서관연구회.

손보기(1977), 금속활자와 인쇄술, 『교양국사총서』 21권, 세종대왕기념사업회.

손보기(1982), 『새 판 한국의 고활자』, 보진재.

손보기(1986), 『세종 시대의 인쇄출판』, 세종대왕기념사업회.

손인식(1995), 한글 서예 서체 분류와 명칭에 대한 연구, 『월간서예』 1995년 2월호, 3월호. 월간서예사.

손정렬·김정미·이성우(1991), 『홍씨주방문』의 양조에 관한 분석적 고찰, 『동아시아식생활학회지』 1-1, 동아시아 식생활학회, 17~29.

손정자(1966), 『음식디미방』, 『아세아여성연구』 15집, 숙명여자대학교 아세아여성문제연구소, 249~278.

손희하(1991), 새김 어휘 연구, 전남대학교 대학원 박사학위 논문.

송기호(2002) 고대의 문자생활: 비교와 시기 구분, 『강좌 한국고대사』, 가락국사적개발연구원.

송일기(2000a) 한국본 『부모은중경: 한문』의 판본에 관한 연구, 『서지학연구』 19집, 한국서지학회, 179~218.

송일기(2000b), 한국본 『부모은중경: 언해·한글』의 판본 및 한글서체에 관한 연구, 『도서관』 55-2(통권 제355호), 국립중앙도서관.

송일기(2000c), 영광 불갑사 사천왕상의 복장불서, 『성보』 2호, 대한불교조계종 성보보존위원회.

송일기(2001), 『불설부모은중경: 언해』의 초역본에 관한 연구, 『서지학연구』 22집, 한국서지학회, 181~200.

송일기·박민희(2010), 새로 발견된 호남판 〈부모은중경언해〉 4종의 서지적 연구, 『한국도서관·정보학회지』 제41권 제2호, 한국도서관·정보학회, 209~228.

송일기·이태호(2001), 조선시대 『행실도』 판본 및 판화에 관한 연구, 『서지학연구』 21집, 한국서지학회, 79~121.
송재용(2008),『미암일기연구』, 제이앤씨.
송종숙(1989), 이륜행실도 고,『서지학연구』 4집, 한국서지학회, 223~256.
송지혜(1999),「현풍곽씨언간」의 경어법 선어말어미 연구, 경북대학교 대학원 석사 논문.
송지혜(2009), 온도감각어의 통시적 연구, 경북대학교 대학원 박사학위 논문.
송철의(2008), 반절표의 변천과 전통시대 한글교육,『세계 속의 한글』(홍종선 외, 도서출판 박이정), 165~194.
송철의·이현희·장윤희·황문환(2004),『역주 증수무원록언해』, 서울대학교 한국문화연구소 한국학공동연구총서 4, 서울대학교 출판부.
송호근(2011),『인민의 탄생』, 민음사.
신경숙(2010), 위관 이용기의 저술 활동과 조선적인 것의 추구,『어문논집』 62호, 민족어문학회, 61~90.
신경철(1978), 신증유합의 자석 연구,『한국언어문학』 16집, 137~158.
신경철(1993),『국어 자석 연구』, 태학사.
신명선(1998), 개화기 국어 생활 연구-독립신문의 광고를 중심으로,『국어교육』 119, 한국국어교육연구회, 127~156.
신민자·이영순·최수근 (2001),『음식디미방』에 수록된 전통 음식의 향약성에 관한 고찰,『동아시아식생활학회지』 11-5(39호), 동아시아 식생활학회, 325~335.
신승운(2007), 문집의 편찬과 간행의 확산,『조선시대 인쇄 출판 정책과 역사 발전』(2007 조선왕실 주조 금속활자 복원사업 학술자료집), 청주고인쇄박물관, 187~198.
신양선(1996), 조선 후기 서지사 연구,『모악실악회총서』 7집, 혜안.
신하영(2010), 신활자본 음식조리서의 음운 연구, 경북대학교 석사학위논문.
신하영(2012),『시의전서』와『반찬등속』의 국어학적 연구,『어문학』 117호, 한국어문학회, 101~127.
심영환(2008),『조선시대 고문서 초서체 연구』, 소와당.
심재기(1982),『국어 어휘론』, 집문당.
안귀남(1996), 언간의 경어법 연구-16~20세기 언간자료를 대상으로, 경북대학교 대학원 박사학위 논문.

안귀남(1998), 고성이씨 이응태묘 출토 편지, 『문헌과 해석』 6호, 문헌과해석사.
안귀남(1999), 이응태 부인이 쓴 언간의 국어학적 의의, 『인문과학연구』 1호, 안동대학교 인문과학연구소, 213~239.
안길정(2000), 『조선시대 생활사』(상·하), 사계절.
안대회(2006), 조선 후기 이중 언어 텍스트와 그에 관한 논의들 ,『대동한문학』 24호, 대동한문학회, 203~232.
안동민속박물관(1998), 『안동의 한글 제문』.
안명숙(2000), 출토복식의 종류 및 특징, 광주민속박물관 편, 『하천 고운 출토유물』.
안병희(1972a), 신증유합 해제, 『신증유합』, 단국대학교 동양학연구소 영인본.
안병희(1972b), 임진란 직전 국어사자료에 관한 이삼 문제에 대하여, 『진단학보』 33호, 안병희(1992b) 『국어사자료연구』(문학과 지성사)에 재수록.
안병희(1975), 여씨향약언해의 원간본에 대하여, 『학술원논문집』 14집, 인문사회과학편.
안병희(1977), 『중세국어 구결의 연구』, 일지사.
안병희(1978), 이륜행실도해제, 『이륜행실도』, 단국대 동양학연구소 영인.
안병희(1979), 중세어의 한글자료에 대한 종합적 고찰, 『규장각』 3호, 서울대 도서관, 109~147.
안병희(1980), 아미타경언해 활자본에 대하여, 『난정 남광우박사 화갑기념논총』, 일조각.
안병희(1982), 국어사자료의 서명과 권책에 대하여, 『관악어문연구』 7호, 서울대학교 국어국문학과.
안병희(1983), 세조의 경서 구결에 대하여, 『규장각』 7호, 서울대 도서관, 1~14.
안병희(1985a), 별행록절요언해에 대하여, 『건국어문학』 9·10호, 건국대학교 국어국문학연구회, 887~902.
안병희(1985b), 언해의 史的 고찰, 『민족문화』 11집, 민족문화추진회, 7~26.
안병희(1985b), 훈민정음 사용에 관한 역사적 연구- 창제로부터 19세기까지, 『동방학』 46·47·48호, 연세대 동방학연구소, 793~821.
안병희(1985c), 효경언해와 효경구결, 『역사언어학』, 전예원.
안병희(1987), 한글판「오대진언」에 대하여, 『한글』 195호, 한글학회.
안병희(1991), 신선태을자금단 해제, 『서지학보』 6호, 한국서지학회.

안병희(1992a), 『국어사 연구』, 문학과지성사.
안병희(1992b), 『국어사 자료 연구』, 문학과 지성사.
안병희(1992c), 훈민정음 사용의 역사, 『국어사연구』, 문학과 지성사.
안병희(1993), 여씨향약언해 해제, 『연민학지』 1호, 연민학회, 333~341.
안병희(1996), 노걸대와 그 언해서의 이본, 『인문논총』 35호, 서울대학교 인문학연구소.
안병희(1999), 왕실 자료의 한글 필사본에 대한 국어학적 검토, 『장서각』 창간호, 한국정신문화연구원, 1~20.
안병희(2009), 『국어사 문헌 연구』, 태학사.
안승준(1998), 점필재 김종직이 어머니와 아내로부터 받은 편지, 『문헌과 해석』 5호, 문헌과해석사.
안신(2013), 한국 신종교의 창조성과 중층성에 대한 연구 - 수운교의 세계관을 중심으로, 『신종교연구』 28호, 한국신종교학회, 79~108.
안주현(2023), 한글 문화유산 데이터베이스 구축 방안 연구, 『국어사연구』 36호, 국어사학회, 217~247.
안춘근(1986), 『한국 고서 평석』, 동화출판공사.
안춘근(1991), 옛책, 『빛깔있는 책들』, 대원사.
안현주(2003), 조선시대에 간행된 언해본 『論語』의 판본에 관한 고찰, 『서지학연구』 26집, 한국서지학회, 219~247.
양승권(2010), 한국국학진흥원 소장 책판의 종합적 검토 - 일본의 '화혼양재(和魂洋才)'가 갖는 근대화 방법론의 중층적(重層的) 특징, 『대동문화연구』 70호, 성균관대학교 대동문화연구원, 333~365.
양승민(2008) 진주유씨가묘 출토 유시정언간, 『경기동부지역의 고문헌』, 강남대학교 인문과학연구소, 308~316.
양승민(2012), 필사본 고전소설의 국어사 자료적 활용 방향 탐색, 『국어사연구』 15호, 국어사학회, 117~145.
여찬영(1984), 번역소학의 구결문, 『국문학연구』 7집, 효성여자대학교 국어국문학과.
여찬영(1987), 경서류언해의 번역학적 연구, 연세대학교 대학원 박사학위 논문.
여찬영(2009), 조선조 언해류와 번역학, 『한국말글학』 26집, 한국말글학회, 35~60.

연규동(1995), 역어유해 현존본에 대한 일고찰, 『국어학』 26집, 국어학회, 293-316.

연규동(2014), 문자의 종류와 개념에 대한 새로운 이해,『국어학』 72집, 국어학회, 155-181.

염정삼(2010), 소학(小學)의 형성과 변천 - 경전 텍스트와 언어문자의 관계,『中國文學』 63집, 한국중국어문학회, 177~197.

영남문화연구원(2010),『영남지방 생활사 자료의 길잡이 : 관료생활편』, 경북대학교 영남문화연구원.

예술의 전당 서예박물관(2004),『추사 한글 편지』, 우일출판사.

예술의 전당(1994),『조선시대 한글 서예』, 미진사.

오인택(2007), 조선시대 농서 간행과 농업 발달,『조선시대 인쇄 출판 정책과 역사 발전』(2007 조선왕실 주조 금속활자 복원사업 학술자료집), 청주고인쇄박물관, 80~93.

옥영정(2005a), 17세기 간행 사서언해에 대한 종합적 연구 - 간본의 계통과 경서자 복각본의 형태서지적 분석을 중심으로,『서지학연구』 32집, 한국서지학회, 361~386.

옥영정(2005b), 17세기『맹자언해』간본의 계통과 서지적 특징,『민족문화논총』 32집, 영남대 민족문화연구소, 329-363.

옥영정(2008), 한글본「뎡니의궤」의 서지적 분석,『서지학연구』 39집, 한국서지학회, 139~168.

우인수(1997), 赴北日記를 통해 본 17세기 出身軍官의 赴防生活,『한국사연구』 제96호, 한국사연구회, 35-73.

우인수(1999), 조선시대 생활사 연구의 현황과 과제,『역사교육론집』 23 · 24호, 역사교육학회, 825~854.

우인수(2010), 조선 후기 군관의 병영 생활 기록,『부북일기』,『기록인IN』 11호, 국가기록원, 80-87.

위진(1997), 신증유합의 새김 고찰, 전남대학교 석사학위 논문.

유경숙(1999),『언어, 문자와 정보 업무』, 경성대학교 출판부.

유명우(2004), 한국 번역사에서 본 조선조 언해(諺解) 번역,『번역학연구』 5-2호, 한국번역학회.

유창균(1966),『동국정운연구』, 형설출판사.

유태용(1999), 『문화란 무엇인가』, 학연문화사.

유희경·김미자(1991), 복식편, 『진주하씨묘출토문헌과 복식조사보고서』, 건들바우박물관.

육영수(2002), 역사학의'문화적 전환 : 서양적 기원과 한국적 전유, 『역사민속학』 4호, 한국역사민속학회, 256~280.

윤병태(1972), 『한국서지연표』. 한국도서관협회.

윤서석(1991), 한국의 음식 용어, 『대우학술총서 자료집』 3, 민음사.

윤서석·조후종(1993), 조선시대 후기 조리서인 『음식법』의 해설1, 『한국식문화학회지』 8호, 한국식문화학회.

윤석민(2005), 일제시대 어문규범 정리과정에서 나타난 수용과 변천의 양상 – '언문철자법'과 '한글 맞춤법 통일안'을 중심으로, 『한국언어문학』 55호, 한국언어문학회, 51~72.

윤숙경(1996), 우리말 조리어 사전, 신광출판사.

윤숙경(1998), 『수운잡방 주찬』, 신광출판사.

윤숙경(1999), 『경상도의 식생활 문화』, 신광출판사.

윤인숙(2010), 『소학(小學)』의 성격과 정치론, 그 적용 – 조선 전기 사림파의 정치이론과 적용, 『사림』 35호, 수선사학회, 135~154.

윤인숙(2012), 16세기 『소학』언해의 사회 정치적 의미와 대중화 – 『번역소학』과 『소학언해』를 중심으로, 『한국어문학연구』 58, 한국어문학연구학회, 189~216.

윤춘병(1984), 『한국 기독교 신문·잡지 백년사』, 대한기독교출판사.

윤희진(2011), 향토문화콘텐츠 제작을 위한 스토리텔링 방법 연구 – 인천시 검단지역 현장연구를 중심으로, 인하대학교 문화경영학과 석사학위논문.

이겸로(1987), 『통문관 책방비화』, 민학회.

이경하(2005), 17세기 상층여성의 국문생활에 관한 문헌적 고찰 – 여성 대상 傳狀文, 碑誌文을 중심으로, 『한국문학논총』 39호, 한국문학연구회, 217~241.

이경하(2010a), 소혜왕후 『내훈(內訓)』의 『소학(小學)』 수용 양상과 의미, 『대동문화연구』 70호, 성균관대학교 대동문화연구원, 229~253.

이경하(2010b), 중세의 여성 지성과 문자의 관계, 『여성문학연구』 24호, 한국여성문학학회, 31~55.

이경하, 정일당잡지, 규장각 누리집 해제. http://kyujanggak.snu.ac.kr/

이광렬(2007), 광해군대(光海君代)『동국신속삼강행실도』 편찬의 의의, 『한국사론』 53호, 정옥자선생 정년기념호, 서울대학교 국사학과, 143~202.
이광린(1958), 이조 초기의 제지업, 『역사학보』 10집, 역사학회, 1~38.
이광호 외(2007), 『장서각 소장 한글 필사 자료 연구』, 태학사.
이광호(2000), 『음식디미방』의 분류 체계와 어휘 특성, 『문학과 언어』 22집, 문학과 언어연구회, 1~26.
이광호(2001), 장서각 소장『병자록』과『션부군 언힝유亽』에 나타난 격조사 체계, 『한일어문학논총』(梅田博之敎授 古稀記念), 태학사, 483~507.
이광호·김병선·황문환·김태환(2005), 『조선 후기 한글 간찰(언간)의 역주 연구』 1·2·3, 태학사.
이규진(2013), 근대시기 서양인 시각에서 본 조선음식과 음식문화 – 서양인 저술을 중심으로, 『한국식생활문화학회지』 28-4호, 한국식생활문화학회, 356~370.
이근명(2002), 주희의 『증손여씨향약』과 조선사회 – 조선향약의 특성에 대한 검토를 중심으로, 『중국학보』 45호, 한국중국학회, 275~293.
이근수(1979), 『조선조의 어문 정책』, 개문사.
이기문(1960), 소학언해에 대하여, 『한글』 127호, 한글학회, 50~69.
이기문(1970), 개화기의 국문 연구, 『한국문화연구총서』 1, 한국문화연구소.
이기문(1971), 『훈몽자회연구』, 『한국문화총서』 5, 한국문화연구소.
이기문(1974), 훈민정음 창제에 관련된 몇 문제, 『국어학』 2집, 국어학회.
이기문(1998), 『국어사개설』(신정판), 태학사.
이기성·최윤곤(2001), 2001년도 한글 글꼴 개발 현황, 『글꼴 2001』, 한국글꼴개발원.
이길표·최배영(1996), 『규합총서』의 내용구성 분석, 『생활문화연구』, 10집, 성신여자대학교 생활연구소, 73~88.
이동석(2012), 전주역사박물관 소장 '한글 음식방문'에 대하여, 고려대학교 민족문화연구원, 『민족문화연구』 57권, .615-656.
이래호(2015), 조선시대 언간 자료의 특성과 가치, 『2014년 겨울 국어사학회 전국학술대회 : 한글 필사본의 특성과 가치』(발표 논문집)에 수록.
이만열(1987), 한국 기독교 문화 운동사, 『한국기독교백년사대계』 3, 대한기독교출판사.

이민수(1972), 오륜행실도 해제, 『오륜행실도』, 을유문화사 영인.
이복규(1996), 우리의 옛 문장부호와 교정부호, 『고문서연구』 9·10집, 한국고문서학회, 457~482.
이상규(2011), 『한글 고문서 연구』, 도서출판 경진.
이상백(1957), 한글의 기원, 국립박물관총서 갑제삼 『한글의 기원』에 수록, 통문관, 1-46.
이상혁(1998), 언문과 국어의식, 『국어국문학』 121호, 국어국문학회, 55~73.
이상혁(2004), 『훈민정음』과 국어연구, 역락출판사.
이석규(1998), 조선초기 '敎化'의 성격, 『한국사상사학』 11집, 한국사상사학회, 153~185.
이선영(2004), 『음식디미방』과 『주방문』의 어휘 연구, 『어문학』 84호, 어문학회, 123~150.
이성무(1997), 『한국 과거제도사』, 민음사.
이성우(1981a), 식생활사 문헌 연구 『한국식경 대전』, 향문사.
이성우(1981b), 『한국식경대전』, 향문사.
이성우(1982), 『조선시대 조리서의 분석적 연구』, 한국정신문화연구원 연구총서 82-3.
이성우(1985), 『한국요리문화사』, 교문사.
이성우(1992), 『한국고식문헌집성』, 수학사.
이성우(1995), 『한국식품사회』, 교문사.
이성우(1999), 『한국식생활의 역사』, 수학사.
이세동(2014), 『사서삼경 이야기』, 경북대인문교양총서 27호, 역락출판사.
이수건(1995), 『영남학파의 형성과 전개』, 일조각.
이순원 외(2000), 『이석명(李碩明) 묘 출토복식 조사보고서』, 서울대학교 박물관.
이숭녕(1966), 15세기문헌의 문체논적 고찰 – 월인석보와 법화경언해의 비교에서, 『가람 이병기박사송수기념논문집』.
이숭녕(1973), 소학언해 무인본과 교정청본의 비교연구, 『진단학보』 36호, 진단학회, 77~97.
이숭녕(1982), 사서언해 해제, 『사서언해』, 경문사 영인.
이승복(1997), 「유교」의 서지와 문학적 성격, 『규장각』 20호, 55~73.
이승복(1998a), 긔수유사, 『문헌과 해석』 5, 174~215.

이승복(1998b), 유교,『문헌과 해석』4, 194~206.
이승희(2000), 규장각 소장본 '순원왕후 한글편지'의 고찰,『규장각』23, 서울대학교 규장각.
이승희(2008), '순원왕후 한글편지'의 자료적 성격에 대한 일고찰,『한국문화』44집, 서울대학교 규장각한국학연구원, 31~47.
이승희(2010),『순원왕후의 한글편지』, 푸른역사.
이승희(2011), 풍산 홍씨 가문 소장「읍혈녹」의 국어학적 고찰,『한국어와 문화』7호, 숙명여대 한국어문화연구소, 5~22.
이승희(2013), 조선 후기 왕실 여성의 한글 사용 양상,『한국문화』61집, 서울대학교 규장각한국학연구원, 301~325.
이영경(2011), 칠서의 언해와 그 국어사적 의의,『국학연구』19호, 한국국학진흥원, 109~143.
이우성(1976), 조선왕조의 훈민정책과 정음의 기능,『진단학보』42호, 진단학회, 182~186.
이유기·육효창(1999),『선종영가집의 국어학적 연구(上)』, 태학사.
이은규(2007),『경민편(언해)』이본의 번역 내용 비교-번역자 시점을 기준으로,『언어과학연구』43집, 23-47.
이은주(1997), 김흠조 분묘의 출토복식 자료분석-영주시 편,『판결사 김흠조 선생 합장묘 발굴조사 보고서』.
이장희(2007), 영남지역 고문서의 국어학적 특징-경북대학교 중앙도서관 소장 고문서를 중심으로-,『영남학』12호, 경북대 영남문화연구원, 7~33.
이장희(2008), 어문생활사 연구의 현황과 과제,『영남학』13호, 경북대 영남문화연구원, 333~367.
이재정(2005), 국립중앙박물관 소장 한글 활자 연구,『서지학연구』31집, 한국서지학회, 89~120.
이재정(2006), 국립중앙박물관 소장 한글 금속활자의 특징,『한글금속활자』, 236~251.
이종국(2002), 교과서 출판에 반영된 서체 변천 과정에 대한 연구,『글꼴 2002』, 한국글꼴개발원.
이종권(1988), 조선조 국역 불서의 간행에 관한 연구, 성균관대학교 석사학위논문.

이종덕(2005), 17세기 왕실언간의 국어학적 연구, 서울시립대학교 대학원 박사학위 논문.
이종묵(2007), 조선시대 여성과 아동의 한시 향유와 이중언어체계, 『진단학보』 104호, 진단학회, 179~208.
이종숙(1974), 내방가사 연구 (III) : 경신신유노정기와 종반송별을 중심으로 한 기행내방가사, "한국문화연구원논총』 24집, 이화여자대학교 한국문화연구원, 55~76.
이주나(2007), 『소년(少年)』지(誌)의 문체적 특성에 관한 연구, 『한국문화연구』 13호, 이화여자대학교 한국문화연구원, 223~262.
이준구(1993), 『조선 후기 신분 직역 변동 연구』, 일조각.
이지영(2014), 『동아일보』(1920~1945) 기사에 나타난 한식의 음식명 고찰, 『국어국문학』 169호, 국어국문학회.
이진호(2009), 17~18세기 병서언해 연구, 계명대학교 대학원 박사학위 논문.
이진호(2010), 『연병지남』의 표기와 음운, 『언어과학연구』 52, 언어과학회, 149~176.
이진호(2011), 『진법언해 주해』, 형설출판사.
이진호(2011), 『진법언해』의 표기와 음운, 『언어과학연구』 56, 언어과학회, 137~158.
이진호(2013), 17세기 연병류 병서의 어휘 연구, 한글학회 대구지회 제282차 논문 발표회 발표지.
이철경(1974a), 나의 한글 서예론. 균형과 조화 그리고 생동감, 『월간서예』 10월호, 월간서예사.
이철경(1974b), 이철경 : 한글 서예와 더불어 각고 50년, 『월간서예』 7월호, 월간서예사.
이춘호(1998), 조선조 전기의 소학 교육에 관한 연구, 『한자한문교육』 4집, 한국한자한문교육학회, 189~223.
이충구(1990), 경서언해 연구, 성균관대학교 대학원 박사학위 논문.
이태승·안주호(2002), 『실담자기(悉曇字記)』와 망월사본(望月寺本) 『진언집(眞言集)』에 나타난 실담자모(悉曇字母) 비교 연구, 『문헌과 해석』 21호(2002년 겨울호), 95~122.
이태승·안주호(2003), 『비밀개간집』(秘密開刊集)의 체계와 표기에 대한 연구,

『배달말』 32호, 배달말학회, 161~184.
이태승·안주호(2011), 훈민정음과 실담문자, 『밀교학고』 12집, 위덕대학교 밀교문화연구소, 56~86.
이학근(1984), 번역소학과 소학언해에 나타난 어휘의 비교, 『새결박태권선생 회갑기념논총』, 321~338.
이현희(1988), 소학의 언해에 대한 비교 연구 – 형태·통사적 측면을 중심으로, 『한신논문집』 5호, 한신대학교 국문과, 205~248.
이현희(1991), 훈민정음의 이본과 관련된 몇 문제, 『어학교육』 21, 전남대학교 어학연구소, 59~74.
이현희(1993), 『소학』의 언해본, 『국어사자료와 국어학의 연구』(안병희 선생 회갑기념논총), 문학과 지성사, 231~251.
이현희(1994), 『악학궤범』의 국어학적 고찰, 『진단학보』 77호, 진단학회, 183~206.
이현희(2001), 무예도보통지와 그 언해본, 『진단학보』 91호, 진단학회, 445~456.
이호권(2001), 『석보상절의 서지와 언어』, 『국어학 총서』 39, 태학사.
이호권(2003), 두시언해 중간본의 판본과 언어에 대한 연구, 『진단학보』 95호, 진단학회.
이호권(2008), 조선시대 한글 문헌 간행의 시기별 경향과 특징, 『한국어학』 41호, 한국어학회, 83~114.
이화숙(2009), 조선시대 한글 의궤의 국어학적 연구 – 『ᄌ주경뎐진쟉졍례의궤』와 『뎡니의궤』를 중심으로, 대구가톨릭대학교 대학원 박사학위 논문.
이효지 외(2004), 『시의전서 : 우리음식 지킴이가 재현한 조선시대 조상의 손맛』, 신광출판사.
이효지(1981a), 「규합총서·주식의」의 조리과학적 고찰, 『사대논문집』 1호, 한양대학교 사범대학.
이효지(1981b), 『시의전서』의 조리학적 고찰, 『대한가정학회지』 19-3(46호), 대한가정학회, 47~61.
이효지(1983), 『규곤요람』의 조리학적 고찰, 『한국생활과학연구』 1호, 한양대학교 한국생활과학대학 연구소, 127~134.
이효지(1996/2004), 『한국의 전통 민속주』(개정판), 한양대학교 출판부.
이효지(1998), 한국의 음식문화, 신광출판사.

이효지·차경희(1996),『부인필지』(夫人必知),『한국생활과학연구』14호, 한양대학교 한국생활과학연구소, 157~175.
이훈종(1992),『민족생활어 사전』, 한길사.
인문콘텐츠학회(2003),『인문콘텐츠』, 인문콘텐츠학회.
인문콘텐츠학회(2006),『문화콘텐츠 입문』, 북코리아.
임기중 외(1981),『한국문학개론』, 혜진서관.
임상석(2011), 1920년대 작문교본,『실지응용작문대방(實地應用作文大方)』의 국한문체 글쓰기와 한문전통,『우리어문연구』39호, 우리어문학회, 463~489.
임소연(2010), 문화원형을 창작소재로 한 개발사례 연구 - 드라마 '조선과학수사대 별순검을 중심으로, 중앙대학교 예술대학원 문화콘텐츠학과 석사학위논문.
임용기·홍윤표(2006),『국어사 연구 어디까지 와 있는가』, 태학사.
임재해(1999), 티베트 세시풍속의 복합성과 그 문화적 요소,『비교민속학』17호, 비교민속학회, 335~374.
임치균(2000), 션부인가젼·션부인언행별록,『문헌과 해석』11호, 문헌과 해석사, 269~280.
임치균(2001), 장서각 소장 한글 실기문학 연구 - 션부군언행유사, 고씨절효록, 병자록을 중심으로,『장서각』5집, 31~75.
임형택(2004), 김씨부인의 국문상언(上言) : 그 역사적 경위와 문학적 읽기,『민족문학사연구』25호, 민족문학사학회·민족문학사연구소, 357~385.
장서각(2004),『아름다운 글자, 한글』, 장서각 및 한국정신문화연구원.
장수진(2009), 근대시대 도서장정에 나타난 일러스트레이션 고찰 - 근대시대 문학도서 표지디자인을 중심으로,『일러스트레이션 포름』18호, 한국일러스트레이션학회, 5~14.
장요한·조지연·정혜선·박미영·정한데로·김한별(2014),『석보상절』권24와『월인석보』권 25의 역주 및 비교 연구, 역락.
장용남(2007),「오대산 상원사 중창권선문」의 서예학적 소고,『서예학연구』10호, 한국서예학회, 110-130.
장원연(2017), 조선시대 편찬 및 간행 고문헌의 교정기록 분석, 경북대 대학원 박사학위논문.

장철수(2001), 규합총서의 민속학적 의미, 『규합총서』, 한국학자료총서 29, 한국정신문화연구원.

장충덕(2003), 『음식디미방』의 표기와 음운현상, 『개신어문연구』 20호, 개신어문학회, 183~219.

장혜진·이효지(1989), 주식류의 문헌적 고찰, 『한국식생활문화학회지』 4호, 한국식생활문화학회, 201~211.

전경목(2007), 일기에 나타난 조선 중기의 지식 전파와 가공, 『조선시대 인쇄 출판 정책과 역사 발전』(2007 조선왕실 주조 금속활자 복원사업 학술자료집), 청주고인쇄박물관, 141~164.

전경목(2011), 한글편지를 통해 본 조선 후기 과거제 운용의 한 단면 – 진성이씨 이동표가 언간을 중심으로, 『정신문화연구』 제34권 제3호(통권 124호), 27~57.

전미정(1990), 19세기 국어의 음운론적 연구, 경북대 대학원 석사학위논문.

전북대학교 박물관(1999), 『박물관 도록 – 고문서』.

전상운(1996), 조선초기 과학기술 서적에 관한 기초 연구, 『국사관논총』 72집, 국사편찬위원회. 51-87.

전재호(1973), 『두시언해의 국어학적 연구』, 통문관.

전재호(1987), 『국어 어휘사 연구』, 경북대학교 출판부.

전주문화재단(2012), 『전주의 책 완판본 백선』, 신아출판사.

전철웅(1995), 청주 북일면 순천 김씨묘 출토 간찰의 판독문, 『호서문화연구』 13집, 충북대 호서문화연구소.

전형대·박경신(1991), 『역주 병자일기』, 예전사.

정광(1989), 역학서의 刊板에 대하여, 『주시경학보』, 4집, 주시경연구소.

정광(2002), 『역학서연구』, J&C.

정광(2004), 『원본 노걸대 역주·해제』, 김영사.

정긍식(1998), 1816년 구례 문화유씨가의 소지에 대한 법적 고찰, 『고문서연구』 14호, 한국고문서학회, 99~123.

정긍식(2007), 조선시대 법률서의 출판과 조선 사회의 성격, 『조선시대 인쇄 출판 정책과 역사 발전』(2007 조선왕실 주조 금속활자 복원사업 학술자료집), 청주고인쇄박물관, 9~35.

정길남 편(1995), 『개화기 국어 자료 집성』(성서 문헌 편), 박이정출판사.

정길남(1996), 개화기 교과서의 종결어미 연구, 『한국 초등교육』 8-1호, 서울교육대학교 초등교육연구원, 93~111.

정대용(2006), 『문화산업 벤처경영론』, 도서출판 청람.

정병설(2008), 조선 후기 한글, 출판 성행의 매체사적 의미, 『진단학보』 106호, 진단학회, 145~164.

정병설(2009), 조선시대 한문과 한글의 위상과 성격에 대한 一考, 『한국문화』 48집, 서울대학교 규장각한국학연구원, 3~20.

정복동(2012), 16~17세기 한글편지의 서체적 특징 – 여성 한글편지의 중심축 변천에 대한 사상사적 고찰을 중심으로, 『동양예술』 16호, 39~77.

정선영(1991), 苔紙에 대한 일고찰, 『서지학연구』 7집, 한국서지학회, 55~62.

정선영(2008), 白綿紙에 관한 연구, 『서지학연구』 41집, 한국서지학회, 427~451.

정순우(2007), 근대 계몽기 교육 자료의 출판과 인쇄정책의 변화, 『조선시대 인쇄 출판 정책과 역사 발전』(2007 조선왕실 주조 금속활자 복원사업 학술자료집), 청주고인쇄박물관, 52~63.

정승혜(2000), 한글 토지 매매 명문과 배지(牌旨)에 대한 일고찰, 『국어사 자료 연구』 창간호, 국어사 자료학회.

정승혜(2003a), 궁유한사(窮儒寒士)를 위한 사서언해(四書諺解)에 대하여, 『문헌과 해석』 통권 25, 문헌과해석사.

정승혜(2003b), 『조선 후기 왜학서 연구』, 태학사.

정승혜(2013), 유학 奇泰東이 죽은 누이를 위해 쓴 한글 제문에 대하여, 『국어사 연구』 17호, 국어사학회, 375~402.

정양완(1975/2008), 『규합총서』, 빙허각 이씨 저, 보진재.

정양완(1998), 『영세보장 – 창원황씨 가장본』, 태학사.

정연정(2014), 『이륜행실도』 이판본의 계통과 국어사적 연구, 경북대학교 대학원 박사학위 논문.

정연찬(1972), 『홍무정운역훈의 연구』, 일조각.

정왕근(2012), 조선시대 묘법연화경의 판본 연구, 중앙대학교 대학원 박사학위 논문.

정우락·백두현(2014), 문화어문학 : 어문학에 대한 문화론적 혁신, 『어문론총』 60호, 한국문학언어학회, 9~39.

정우봉(2012), 李世輔의 국문 유배일기 『신도일록』 연구, 『고전문학연구』 41집,

한국고전문학회, 411~446.

정우영(2014), 〈안락국 태자경 변상도〉의 국어사적 조명, 제48회 구결학회 전국학술대회 발표 논문집, 구결학회, 63~87.

정우영·이정일·정상훈(2008), 『역주 속삼강행실도』, 한국문화사.

정재영(1996), 19세기말부터 20세기초의 한국어문, 『한국문화』 18집, 규장각한국학연구소, 1~31.

정재영(1998), 안락국 태자 변상도, 『문헌과 해석』 통권 2호, 1998년 봄호, 156~169.

정창권(2007), 『문화콘텐츠학 강의』, 커뮤니케이션북스.

정창권(2009), 『문화콘텐츠 스토리텔링』, 북코리아.

정철(1955), 도산서원장 사서언해, 『국어국문학』 13호, 국어국문학회.

정해은(2008), 한국 전통 병서의 이해(Ⅱ). 서울 : 국방부 군사편찬연구소.

정형우·윤병태(1979), 『한국책판목록총람』, 한국정신문화연구원.

정형우·윤병태(1995), 『한국의 책판』 상하 보유·색인, 연세대 국학연구원 『국학연구총서』 4, 보경문화사.

정훈식(2012), 『을병연행록』(18세기 장편 국문 연행록의 현대어 완역본), 경진.

제홍규 편저(1976), 『한국 서지 관계 문헌 목록』, 경인문화사.

조건상(1981), 해제 및 개설, 『청주 북일면 순천김씨묘 출토 간찰』, 충북대 박물관.

조광(2006), 조선 후기 서학서(西學書)의 수용과 보급, 『민족문화연구』 44호, 고려대학교 민족문화연구원, 199~235.

조동일(2003), 어문생활사로 나아가는 열린 시야, 『관악어문』 28호, 서울대학교 인문대학 국어국문학과, 69~90.

조면희(1997), 『우리 옛글 백가지』, 현암사.

조수동 외(2002), 『문화의 이해』, 이문출판사.

조아라(2010), 일본 홋카이도의 지역개발 담론과 관광이미지의 형성 – 전후 고도성장기 대량관광에서 포스트모던 관광, 『문화 역사 지리』 22-1호, 한국문화역사지리학회, 79~96.

조정화(1896), 조선조의 영남 관찰영본에 관한 서지적 연구, 성균관대학교 석사학위논문.

조정화(1996), 조선조 후기 영남 관판본에 관한 연구, 성균관대학교 대학원 박사학위 논문.

조풍연(1989), 『서울잡학사전 - 개화기의 서울 풍속도』, 정동출판사.
조한욱(2000), 『문화로 보면 역사가 달라진다』, 책세상.
조한욱(2001), 사회사와 신문화사, 『서양사론』 71호, 한국서양사학회, 169~178.
조항범(1998), 『주해 순천김씨묘 출토 간찰』, 태학사.
조효숙(1984), 조선시대의 전통 염색에 관한 연구-『규합총서』를 중심으로, 이화여자대학교 석사학위논문.
조희웅(2006), 『고전소설연구 보정』 상·하, 박이정.
주명철(1991), 사회사에서 문화사로, 『한국사시민강좌』 8, 일조각.
주영하(2007), 백성의 교화와 윤리서의 보급: 『삼강행실도』를 중심으로, 『조선시대 인쇄 출판 정책과 역사 발전』(2007 조선왕실 주조 금속활자 복원사업 학술자료집), 청주고인쇄박물관, 123~140.
주영하(2009), 『한국음식문화의 역사문화적 맥락, 우리음식』, 광주시립민속박물관.
지정민(1996), 조선 전기 서민 문자교육에 관한 연구: 慕齋 金安國의 교화서 언해사업을 중심으로, 『교육사학연구』 6·7, 서울대학교 교육사학회, 97~116.
천병식(1985), 『석보상절 제삼 주해』, 아세아문화사.
천혜봉(1976), 『한국고인쇄사』, 한국도서관학연구會.
천혜봉(1981), 『서지학개론』, 성균관대학교.
천혜봉(1990), 『한국전적인쇄사』, 범우사.
천혜봉(1991), 『한국서지학』, 민음사.
천혜봉(1993a), 『한국금속활자본』, 범우사.
천혜봉(1993b), 『한국목활자본』, 범우사.
청주고인쇄박물관(2007), 『조선시대 인쇄 출판 정책과 역사 발전』, 2007 조선왕실 주조 금속활자 복원사업 학술자료집.
최강현(1982), 경신신유노정기(庚申辛酉路程記) 소고, 『홍익어문』 1집, 홍익대학교 사범대학 국어교육학과, 5~20.
최강현(1983), 정경부인 초계 정씨 행장 소고, 『홍익어문』 2호, 홍익대, 9~18.
최강현(1996), 『한국문학의 고증적 연구』, 고려대 민족문화연구소, 189~193.
최범훈(1985), 신발견 오자본 훈몽자회의 연구, 『소당천시권박사 화갑기념 국어학논총』, 형설출판사.

최승희(1995), 『한국고문서연구』(증보판), 지식산업사.
최연미(2000), 조선시대 여성 저서의 편찬 및 필사 간인에 관한 연구, 성균관대학교 대학원 박사학위 논문.
최완기(1994), 붕당정치의 전개와 정국의 변화, 『한국사』(강만길 외 편, 한길사) 9권, 105~145.
최응환(1999), 16세기 『안민학 애도문』의 판독과 구문분석, 『국어교육연구』 31호, 263~288.
최윤희(2008), 『견문록』 소재 한글 제문의 글쓰기 방식과 갈래적 변주, 『한국고전여성문학연구』 17호, 한국고전여성문학회, 413~438.
최인학(2010), 일제강점기의 식문화 지속과 변용, 『남도민속연구』 20호, 남도민속학회, 311~332.
최정란(2008), 조선시대 행실도의 서체와 목판화 양식, 『서예학연구』 12호, 한국서예학회, 123-158.
최현배(1940/1961/1976), 『고친 한글갈』(改正 正音學), 정음사.
최호석(2010), 영창서관의 고전소설 출판에 대한 연구, 『우리어문연구』 37호, 우리어문학회, 349~379.
충북대학교 박물관(1981), 『청주 북일면 순천 김씨묘 출토 간찰』.
충북대학교 박물관(2002), 『순천 김씨묘 출토 간찰』.
하동호(1986), 『근대 서지고 拾溪』, 탑출판사.
한계회(1983), 우리나라 전통적인 조리법에 관한 연구-『규곤시의방』과 『규합총서』를 중심으로, 서울여자대학교 석사위논문.
한국고문서학회(1996), 『조선시대 생활사』, 역사비평사.
한국고문서학회(2000), 『조선시대 생활사2』, 역사비평사.
한국고전문학연구회(1985), 『한국고전소설연구의 방향』, 새문사.
한국국학진흥원(2004), 『동아시아의 인쇄문화와 목판』, 2004한국국학진흥원 한국학 국제학술대회 발표 논문집.
한국국학진흥원(2012), 『동아시아 책판의 의미와 가치』, 한국국학진흥원.
한국국학진흥원(2013), 『목판의 보존과 가치 발굴』, 한국국학진흥원.
한국국학진흥원(2013), 『유교 책판 나무에 수를 놓다』, 한국국학진흥원.
한국도서관학연구회(1976), 『한국고인쇄 자료 도록』, 선문출판사.
한국문화콘텐츠진흥원(2004), 『(미래 문화 산업과 CT포럼) 인문, 예술과 기술의 소통과 창조적 융합』, 한국문화콘텐츠진흥원.
한국문화콘텐츠진흥원·청주시문화산업진흥재단(2005), 『우리 옛 책의 아름다움』.
한국역사연구회(1996), 『조선시대 사람들은 어떻게 살았을까?』 1-2권, 청년사.
한국정신문화연구원 장서각(2004), 『아름다운 글자, 한글』, 이회문화사.
한국정신문화연구원(2000a), 『장서각한글자료해제』, 한국학자료해제.
한국정신문화연구원(2000b), 『한국민족문화대백과사전』, 한국민족문화대백과사전 사전편찬부.
한국정신문화연구원(2001), 『규합총서』, 국학진흥연구사업추진위원회 편집, 한국학자료총서 29.
한국정신문화연구원(2003), 『「先札」 소재 언간 은진송씨제월당편』, 한국간찰자료선집 Ⅲ.
한국정신문화연구원(2003), 『한국간찰자료선집 Ⅲ - 은진 송씨 제월당편』.
한국정신문화연구원(2004), 『회덕 은진송씨 동춘당 송준길 후손가편 Ⅰ』, 한국간찰자료선집 Ⅵ.
한국콘텐츠진흥원, 문화원형 디지털화 사업의 평가와 향후 발전방향, 『코카포커스』 2012~02호(통권 50호).
한국학문헌연구소 편(1977), 『한국 개화기 교과서 총서』, 아세아문화사.
한국학문헌연구소 편(1978), 신소설·번안(역)소설, 『한국개화기문학총서』 Ⅰ, 아세아문화사.
한국학문헌연구소 편(1979), 역사·전기소설, 『한국개화기문학총서』 Ⅱ, 아세아문화사.
한국학중앙연구원 어문생활사연구소(2012), 『조선시대 한글편지 서체 자전』, 다운샘.
한국학중앙연구원(2008), 『장서각소장 왕실도서해제-대한제국기』, 한국학자료해제.
한국학중앙연구원(2009), 광산김씨 가문 한글 간찰-조선 후기 한글 간찰(언간)의 역주 연구 9
한국학중앙연구원(2009), 대전 안동권씨 유회당가 한글 간찰 외-조선 후기 한글 간찰(언간)의 역주 연구 8
한국학중앙연구원(2009), 은진송씨 송규렴 가문 한글 간찰-조선 후기 한글 간

찰(언간)의 역주 연구 4

한국학중앙연구원(2009), 은진송씨 송준길 가문 한글 간찰-조선 후기 한글 간찰(언간)의 역주 연구 5

한국학중앙연구원(2009), 의성김씨 김성일파 종택 한글 간찰-조선 후기 한글 간찰(언간)의 역주 연구 6

한국학중앙연구원(2009), 의성김씨 천전파·초계정씨 한글 간찰-조선 후기 한글 간찰(언간)의 역주 연구 10

한국학중앙연구원(2009), 전주이씨 덕천군파 종택 한글 간찰-조선 후기 한글 간찰(언간)의 역주 연구 7

한기형(1996), 1910년대 신소설에 미친 출판 유통 환경의 영향, 『한국학보』 22-3호, 일지사, 119~150.

한만수(2013), 식민지 시기 근대기술(철도,통신)과 인쇄물 검열, 『한국문학연구』 32호, 동국대학교 한국문학연구소, 57~91.

한복려(1999), 『쉽게 맛있게 아름답게 만드는 떡』, 궁중음식연구원.

한복려·한복선·한복진(1999), 『다시 보고 배우는 음식디미방』, 궁중음식연구원.

한복려·한복진(2001), 『옛 음식책이 있는 풍경전』, 국립민속박물관 특별전 도록, 궁중음식연구원.

한복진(1998), 『우리 음식 백 가지』, 현암사.

한복진(2001), 『우리 생활 100년: 음식』, 현암사.

한상권(1984), 16~17세기 향약의 기구와 성격, 『진단학보』 58호, 진단학회, 17~68.

한상규(1999), 조선시대 사림의 정신세계-『소학』 교육을 중심으로, 『남명학연구』 7집, 남명학회, 485~531.

한영균(1987), 맹자언해 이본고, 『울산어문논집』 3집, 울산대학교, 19~30.

한영균(2015), 후기 근대국어 시기 한글 필사 자료의 국어사적 활용과 관련된 몇 가지 문제, 『2014년 겨울 국어사학회 전국학술대회: 한글 필사본의 특성과 가치』(발표 논문집)에 수록.

한영우(1999), 『다시 찾는 우리역사』, 경세원.

한영우(2005), 『조선왕조 의궤』, 일지사.

한영제 편(1987a), 한국 기독교 정기간행물 100년, 『한국기독교사료전시회자료집』 4, 기독교문사.

한영제 편(1987b), 한국 성서·찬송가 100년, 『한국기독교사료전시회자료집』 3, 기독교문사.
한영제 편(1993), 책 속에 담은 복음과 나라 사랑, 『한국기독교사료전시회자료집』 6, 기독교문사.
한재영(1996), 『16세기 국어 구문의 연구』, 신구문화사.
한재준(2001), 한글의 디자인 철학과 원리, 『글꼴 2001』, 한국글꼴개발원.
한정수(1999), 조선 전기 제지 수공업의 생산체제, 『역사와 현실』 33호, 서울, 한국역사연구회, 78~111.
함복희(2007), 『한국문학의 문화콘텐츠화 방안』, 북스힐.
허 웅(1975), 『우리 옛말본 - 15세기 국어 형태론 -』, 샘문화사.
허 웅(1989), 『16세기 우리 옛말본』, 샘문화사.
허강, 문화를 담아내는 디지털 미디어 제작의 실제, 중부대학교.(Riss강의실)
허경진(2003), 『소대헌·호연재 부부의 사대부 한평생』, 푸른역사.
허원기(1999), 『열성후비지문(列聖后妃誌文)』과 조선시대 왕비의 형상, 『장서각』 2집, 한국정신문화연구원, 89~105.
허원기(2001), 왕과 왕비 입전, 한글 실기류의 성격, 『장서각』 5집, 한국정신문화연구원, 77~100.
허재영(1998), 『번역소학』과 『소학언해』 비교 연구, 『한국어교육학회지』 97호, 한국어교육학회, 205~234.
허재영(2006), 조선시대 여자 교육서와 문자 생활, 『한글』 272호, 한글학회, 197~219.
허정아(2006), 『디지털 시대의 문화콘텐츠 기획』, 연세대학교 출판부.
현영아(2007), 한국의 근대 서양인쇄술 유입의 영향에 관한 연구, 『서지학연구』 36집, 한국서지학회, 5~37.
홍기문(1946), 『정음발달사』(상, 하), 서울신문사 출판국.
홍순석·정은임·소인호·박광준·김동국(2008), 『경기동부지역의 고문헌』, 강남대학교 인문과학연구소. 임수영 조교
홍윤표(1982a), 번역소학 해제, 『번역소학』, 권8, 9, 10 영인본, 홍문각.
홍윤표(1982b), 십구사략언해 해제, 홍문각.
홍윤표(1984a), 번역소학 해제, 『번역소학』, 권6, 7 영인본, 홍문각.
홍윤표(1984b), 정속언해 해제, 홍문각 영인본.

홍윤표(1986a), 경신록언석 외 해제, 『경신록언석 외』, 한국어학자료총서 2집, 태학사.
홍윤표(1986b), 염불보권문 해제, 『염불보권문』, 한국어학자료총서, 8집, 태학사.
홍윤표(1990), 규합총서 해제, 『여훈언해·규합총서』, 홍문각.
홍윤표(1993), 『국어사 문헌자료 연구』(근대편Ⅰ), 태학사.
홍윤표(1994a), 규장각 소장 근대국어 문헌자료의 종합적 연구, 『한국문화』 15집, 서울대 한국문화연구소, 1~55.
홍윤표(1994b), 『근대국어 연구』, 태학사.
홍윤표(1997), 한글 자료의 성격과 해제, 『국어사 연구』, 태학사.
홍윤표(1998), 한글 자형의 변천사, 『글꼴 1998』, 한국글꼴개발원.
홍윤표(1999), 조선 후기 한글 고문서 해독, 『고문서연구』 16호, 한국고문서학회, 90~96.
홍윤표(2000), 정보화 시대와 한글 글꼴 개발, 『글꼴 2000』, 한국글꼴개발원.
홍윤표(2001), 버선본에 담은 효심, 『문헌과 해석』, 문헌과해석사.
홍윤표(2003), 조선시대 언간과 한글 서예로의 효용성, 『조선시대 한글 서간의 서예적 재조명』, 세종한글서예큰뜻모임·세종대왕기념사업회·한글학회.
홍윤표(2006a), 한글 고문서의 연구 현황과 과제, 『영남학』 10호, 경북대학교 영남문화연구원, 185~262.
홍윤표(2006b), 한글 서예 서체의 명칭, 『서예와 문화』 1호, 11~54.
홍윤표(2008), 어문생활사, 『세계 속의 한글』, 박이정.
홍윤표(2010a), 한글 고문서의 연구 의의와 연구 방법, 『국어사연구』 10호, 국어사학회, 7~40.
홍윤표(2010b), 가로쓰기를 처음 실행한, 우리나라 사람이 편찬한 최초의 문헌은?, 「쉼표 마침표」 52호, 국립국어원.
홍윤표(2010c), 돌에 새겨진 최초의 한글은 무엇일까요, 「쉼표 마침표」 55호, 국립국어원.
홍윤표(2012), 훈민정음체와 궁체, 쉼표 마침표(2012.9.18.), 국립국어원
홍윤표(2013), 『한글 이야기』 1, 2, 태학사.
홍윤표·김완서(2002), 2002년도 한글 글꼴 개발 현황, 『글꼴 2002』, 한국글꼴개발원.
홍은진(1997), 방각본 언간독에 대하여, 『문헌과해석』 1, 태학사.

홍은진(1998), 구례 문화 유씨가의 한글 所志에 대하여, 『고문서연구』 13호, 한국고문서학회, 111~144.
홍은진(1999), 조선 후기 한글 고문서의 양식, 『고문서연구』 16·17호, 한국고문서학회, 57~89.
홍은진(2001), 한글 필사본《을병연행록》의 국어사적 고찰, 『국어연구의 이론과 실제』(이광호 교수 회갑기념논총), 태학사, 459~505.
홍종선(1996), 개화기 시대 문장의 문체 연구, 『국어국문학』 117호, 국어국문학회, 33~58.
황문환(1997), 『신전자초방(언해)』에 관한 국어학적 고찰, 『정신문화연구』 69호, 한국학중앙연구원, 139~57.
황문환(2000), 신전자취염소방언해에 대한 국어학적 고찰, 『장서각』 4집, 한국학중앙연구원, 183~201.
황문환(2001), 이인칭대명사 '자내'의 기원, 『국어학』 37집, 국어학회, 197~217.
황문환(2002a), 『16·17세기 언간의 상대경어법 연구』, 태학사.
황문환(2002b), 조선시대 언간과 국어생활, 『새국어생활』 12-2호, 국립국어연구원.
황문환(2015), 『조선시대의 한글 편지, 언간諺簡』, 도서출판 역락.
황문환·임치균·전경목·조정아·황은영(2014), 『조선시대 한글편지 판독자료집』 1·2·3, 한국학중앙연구원 어문생활사 연구소, 역락출판사.
황용주(2004), 병학지남(兵學指南)의 서지(書誌)와 국어학적 특징, 『한국언어문학』 53호, 한국언어문학회, 41~70.
황혜성·한복려·한복진(1989), 『한국의 전통 음식』, 교문사.

藤本幸夫(1986), 朝鮮童蒙書－漢字本'類合'攷, 富山大學 人文學部紀要 11.
藤本幸夫(1990), 朝鮮童蒙書漢字本'類合'と新增類合について, アジアの諸言語と一般言語學, 三省堂.
마쯔모토 다께노리·정승진(2008), 근대 한국촌락의 중층성과 일본모델－사회적 동원화와 '전통의 창조' 개념을 중심으로, 『아세아연구』 51-1, 고려대학교 아세아문제연구소, 197~225.
小倉進平(1920), 『朝鮮語學史』, 大阪: 屋號書店.
小倉進平(1940), 『增訂朝鮮語學史』, 東京: 刀江書院.

小倉進平(1964),『增訂補注朝鮮語學史』,東京:刀江書院.

前間恭作(1937),『朝鮮の板本』,福岡:松浦書店.

前間恭作(1956),『古鮮册譜』II,東京:東洋文庫.

前間恭作(1957),『古鮮册譜』III,東京:東洋文庫.

趙紀彬(1976),『論語新探』,제1판,人民出版社.

Paek Doohyeon(2011), Hunminjeongeum: Dissemination Policy and Education, International Journal of Writing Systems, SCRIPTA volume 3, The Hunmin jeongeum Society, Printed in Seoul, Korea, 1-23.

Ramsey(2010), The Korean Writing System in the World od the 21st Century, SCRIPTA volume 2, The Hunmin jeongeum Society, 1-13.

Tylor(1871), Primitive Culture, London: John Murray.

Warnier, Jean-Pierre(2000),『문화의 세계화』, 주형일(역), 한울.

〈참고한 누리집 주소〉

디지털 한글박물관 https://archives.hangeul.go.kr/

문화콘텐츠닷컴 http://www.culturecontent.com/main.do(현재 미운영)

문화콘텐츠닷컴 www.culturecontent.com(현재 미운영)

유교넷 www.ugyo.net

의령남씨 대종회 누리집 http://euiryungnam.kr/xe/people1/2080

콘텐츠산업정보포털 http://portal.kocca.kr/portal/main.do(현재 미운영)

한국역사정보통합시스템 http://www.koreanhistory.or.kr/

한국콘텐츠아카데미 http://edu.kocca.or.kr/

한국콘텐츠진흥원 http://www.kocca.kr/about/index.html

찾아보기

ㄱ

『가곡원류』 169
『가례언해』 418
가로선 410
가사류 170
가장전기류 205
가족·친족 문서 222
각색 55
각수 459
각수질 242
간경도감 98, 99, 138
간경도감체 404
간경도감판 98, 344
간기 63
간독 45
간독서 181
간본 84
『간이벽온방언해』 146
『간이벽온방』 277
간인본 84
감지 75
개각본 91
개간본 90, 91
개인 생활 문서 223
거조암 457

건들바우박물관 178
견사서 81
『경국대전』 226
『경민편』 166, 244
경사자집 137
경서 한글자 123
경판본 114, 174
경판본체 404
계미자 119
계선 61
『계축일기』 202
고려가요 168
『고려국신조대장교정별록』 43
『고려도경』 72
고목 230
古文書 182
고문서 34, 220
『고반여사』 72
고서 조사표 281
고서 34
고소설 171
고인쇄박물관 117
고정지 73
고증학 43
공간성 330
공동체 생활 문서 223

찾아보기 529

공양주 243
곽주 26, 178, 435
관문서 221
관상감 96
관상감판 104
관상서 144
관성교 140
관우 140
관판 94
관판본 95
광곽 56
『광주천자문』 157
광초 402
교감학 42, 275
교서감 43
교서관 44, 95, 100
교서관판 100
교수학 42
교육콘텐츠 451
교정청판 사서언해 355
교화서류 163
『구급방언해』 145
국문 28
『국문연구의정안』 28
『국민소학독본』 420
국한문체 156
군국기무처 28
궁유한사판 112, 360
궁체 405
권자본 64
권축 46

규방가사 170
규장각 149
『규장전운』 162
『규합총서』 383, 384
균자장 44
그리스도교서 141
글꼴 개발사 423
글꼴 30, 394
글자낮춤법 197
글자올림법 196, 235
『금강경언해』 347
금속활자본 118
금속활자체 404
『금행일기』 201
기독교서 141
기영판 258
기정진 461
기초학문자료센터 388
기태동 210
기행가사 170
기행문 198
『기효신서』 149
김구 354
김기협 365
김두식 407, 420
김만중 155, 203
김명자 396
김문 354
김민수 161
김성일 177, 435
김수장 169

김수항 208
김슬옹 310
김신겸 207
김안국 150, 165, 166
김양동 396
김여물 176
김영선 244
김원행 207
김웅현 395
김일근 177, 396
김정국 166
「김정희 언간」 180
김정희 436
「김정희언간」 193
김종택 179
김좌명 100
김주국 206, 318
김주원 365
김주필 310
김주희 143
김지남 149
김진평 422
김창업 200
김천택 169
김치인 152
김태린 157
김호직 158
김홍도 455
김훈 176
김희주 359

ㄴ

나가사키 142
나신걸 175
「나신걸언간」 431
나신걸언간 175
낙선재본 173
낙질 48
남권희 94
『남원윤씨가승』 208
남이성 160
『남해문견록』 198
납활자 124, 421
내각판 102
내방가사 170
내사 53, 235
내사기 52, 234
내의원 95
내의원판 101, 130
『노가재연행록』 200
노로지 74
노비분급 229
녹책 173
『논어언해』 356
능엄경 한글자 121
『능엄경언해』 68, 347
능화문 51
능화판 51

ㄷ

다중성 330
닥종이 72
달필체 407
『대명률직해』 126
대장경판 96
대장도감 97
대하소설 173
『대학언해』 356
도교서 140
도수회 177
도융 72
도첩제 340
도침지 75
도화지 75
『독립신문』 422
『동국사기』 154
『동국신속삼강행실도』 164
『동국역사』 154
『동국정운』 68, 127, 162, 342
동그라미 410
『동명일기』 201
『동몽수독천자문』 157
『동의보감』 146
동학 가사 171
동학 141
동학가사 143
동학교서 143
두루마리 64
『두시언해』 168, 415

두주 62
등본 78
등사본 84
디지털 자료 36
디지털 콘텐츠 462
디지털 한글박물관 31, 451, 466
디지털한글박물관 283

ㄹ

류탁일 32, 38, 86, 154, 273, 395

ㅁ

『마경초집언해』 417
마곡사 437
마구리 114, 116
마지 74
『만가필비 조선요리제법』 387
매매 · 계약 문서 221
매목 93
『매화법』 377
면지 52, 74
명성왕후 441
명지 77
모사본 80
목기 240
목록학 40
『목우자수심결언해』 108, 453, 460
목판본 39, 84, 114
목판체 403

목활자 125
목활자체 404
『몽산화상법어약록언해』 345
『몽산화상육도보설언해』 346
몽학서 147
무경류 370
무경칠서 367
『무구정광 대다라니경』 116
『무구정광대다라니경』 64
무굴 303
무굴제국 453
무신자 병용 한글자 119, 123
『무예도보통지언해』 149, 304, 371
무예류 370
『무예제보번역속집』 371
『무예제보』 149, 371, 415
『무오연행록』 199
『묵재일기』 172
문광서원 142
문사서 81
문서지 76
문자 393
문자생활사 29
문자생활의 양상 315
문학류 167
문헌 34, 36
문헌의 공간성 문제 329
문헌의 시간성 문제 328
문헌학 36, 38, 273, 274
문헌학자 39
문헌해석학 37

문화 기술 463
문화 융합체 313
문화 콘텐츠 기획서 465
문화 309
문화기술 449
문화원형 사업 469
문화원형 콘텐츠 468
문화원형 31
문화중층론 307
문화중층성 310, 333
문화콘텐츠 451, 461
문화콘텐츠닷컴 468
뭄타즈 453
민간신앙서 144
민체 405

ㅂ

박건회 144
박문국 422
박문수 249, 252
박병천 396, 424
박성원 162
박재연 179
박제가 149, 304, 371
박종기 95
박효관 169
『반야심경언해』 347
『반찬등속』 381
반체 404
반초 달필체 408

반초 서민체 408
발급자 181
발문 62
방각본 113
방각판 111
배영환 175
배재학당 143, 422
배접지 52
백동수 149, 304, 371
『백련초해』 168
백린 59
『백병구급신방』 146
백종구 143
번각본 91
『번역노걸대』 24
『번역박통사』 24
『번역소학』 24, 364, 365
법의서 150
『법화경언해』 347
변란 56
병서 148
『병자일기』 203
병학지남 286
『병학지남육조언해』 373
『병학지남』 149, 373
보각본 93
보조국사 지눌 457
보통체 407
보판 93
복각본 91
봉서사 453, 457

『부여노정기』 201
『북관노정록』 199
분류 어휘집 138
분백지 75
불교 가사 171
불교서 138, 340
불설대보부모은중경언해 349
빙허각 이씨 383

ㅅ

사간판 110
사경 80
사경지 76
『사법어언해』 345
사본 78
사부법 40
사서삼경언해 353
사서언해 139
『사성통해』 162
사역원 95, 147
사역원판 103
사찰판 107, 109
사학 103, 147
사회문화 층위 316
산돌커뮤니케이션 424
「산성일기」 26
『산성일기』 202
『삼강행실도』 164, 247, 454, 455
삼경언해 139
『삼략직해』 375

534

삼문출판사 143
『삼운성휘』 162
상감 93
상비 58
상정예문자 118
상지 73, 75
샤자한 303, 453
서간지 76
서근 55
서궁 72
서미 57
서배 55
서원섭 210
서원판 110
서유린 151
서유문 199
서적원 43
서적점 95
서적포 95
『서전언해』 357
서지학 37, 274
서체 394
석독구결 355
석문산성 178
석보상절 한글자 119, 120
『석보상절』 302, 341, 342
『석봉천자문』 157
석인본 86
『선가귀감언해』 346
『선대보행록』 206
선본 48

『선부군언행유사』 207
『선부군유사』 206
『선부인가전』 207
선불교 344
『선비유사언역』 209
선장 69
「선조 한글 유서」 443
『선종영가집언해』 347
선풍장 66
『설공찬전』 172
설훈 437
성균관 96
성서활판소 142
세로선 410
세리프 431
세종 429
세주 62
소졸체 407
『소학언해』 364, 365
『소학집설』 364
『속삼강행실도』 164, 416
손병희 143
손보기 61
손인식 396
송규렴 180
송덕수 206
송병필가 180
송시열 36
송일기 252, 257
수급자 181
수기 43

『수능음경』 67
수서 경적지 41
수어청 100
『수운정비회유록』 461
수진본 49, 146
수택본 49
「숙명신한첩」 193, 441
「숙휘신한첩」 193, 441
순원왕후 441
「순원왕후언간」 441
「순천김씨언간」 434
순천김씨언간 176
스토리보드 464
시간성 330
시나리오 464
시원체 406
시전지 76
시주기 458
시주질 458
시지 77
『신간삼략언해』 375
『신간증보삼략직해』 375
『신기비결』 376
신라백지묵서 대방광불화엄경 80
신미 98, 453
신앙·종교 문서 222
『신전자초방』 377
『신전자취염소방언해』 376
『신정심상소학』 420
『신증유합』 158
신활자 124, 421

신활자본 음식조리서 385
심상규 165
『십구사략언해』 152
십진분류법 41, 138

ㅇ

아우랑제브 303
아주흘림체 402
아펜젤러 142
『악장가사』 168
『악학궤범』 168
안귀남 177
「안락국태자전변상도」 218
안민영 169
안민학 177
안성판본 174
양녕대군 429
양사언 434
양성지 367
양승민 179
양장 고서 23
『어록해』 160
어미 58
『어제훈서언해』 419
어필본 82
언간 175, 191
언간독 181, 442
언반절 349
언본 349
언어문화 층위 314

『언역논어』 362
『언역대학중용』 362
『언역맹자』 362
언찰 175
언해 24
『언해맹자』 362
언해서 24
『언해절구』 168
에드워드 타일러 309
여성교육서 140, 211
여태명 397
『여학사편』 212
『역대천자문』 158
역사서 205
역사서류 151
역학서 146
연려실기술 별집 42
연병류 370
연병서 148
『연병지남』 149, 373, 417, 418
연판 243
연활자 124, 421
『염불보권문』 109, 241, 351, 352
영남감영 357
영남감영판 359
『영남삼강록』 165
영본 48
영영 107
영영판 258
영인본 88
예사흘림체 402

예의갖춤법 196
예필본 82
「오대산상원사 중창권선문」 430
『오대진언』 348
오륜행실도체 404
『오륜행실도』 165, 263, 419
오른쪽 삐침 410
오침안정법 70
옥산서원 165
완영 107
완질 48
완판본 113, 174
완판본체 404
왜학서 147
왼쪽 삐침 410
요코하마 142
『용담유사』 143
『용비어천가』 167, 342, 452, 453
운서류 161
원각경 한글자 122
원간본 89
원문서지학 42, 43
원영판 258
원이 엄마 438
『월사선생집』 35
『월인석보』 347
『월인천강지곡』 168, 341, 342
유교 가사 171
유교 경서 353
유교서 139
유서 138

유성룡 155
유시정 178
유시정언간 178
유의양 198
유인본 88
유점사 459
유지 76
『유충렬전』 420
『유합』 158
유희춘 158, 160, 354
윤광호 209
윤디자인연구소 424
윤선도 443
윤섬 208
『윤씨행장』 203
윤양희 396
융합 312
은진송씨 180
음독구결 355
음식디미방 381
『음식디미방』 26, 151
음식조리서 151, 218, 378
음양서 144
음절자 393, 414
의례 문서 222
의서 145
의식주 문서 222
의유당 김씨 201
이덕무 149, 304, 371
이동표 26, 179, 193
『이륜행실도』 165, 257, 268

이만수 263
이만영 161
이문건 172
이봉환 193
이산해 355
이상규 158, 233
이수륜 111, 159
이승희 157
이양익 207
이영경 366
이옥 441
이용기 388
이우 185
이원모체 423
이원주 179
이윤재 424
이응태 177, 438
이이 354
이임풍 423
이재위 161
이정구 35
이정소 240
이정숙 240
이태호 257
이현희 365
이호권 94
이황 160, 434
이후원 246
인문콘텐츠 463
인문콘텐츠학회 461
인본 84

인선왕후 441
인쇄체 397, 403
인수대비 128
인출장 44
일기류 154, 202
『임인유사』 207
입안 229

ㅈ

자모자 393, 428
자방고전 399, 413
자서 물명류 156
자소 394, 415, 428
자소법 197
자체 395
자획 394, 413, 428
장계향 151, 190, 381
장렬왕후 441
장서인 39, 238
장수사 243
장용영 149
장정법 63
장지 75
장차 60
장황 64
재조대장경 96
『재조번방지』 152
저지 72
전경목 27
전기수 174

전문서류 145
전사본 80
전서체 399
『전운옥편』 163
전존 연간 192
전책 172
절첩장 64
점복서 144
점획 394, 413, 414
접필 416
『정몽유어』 157
정보기술 449
정복동 428
정본 275
『정속언해』 24, 166, 415
정승혜 210
정약용 161
정양 160
정연정 257
정우영 218
정자체 402
정재영 218
「정조어필한글편지첩」 441
정철 176, 434
정초 402
정초본 79
정현대비 128
정혜결사 457
정희량 316
제문 210
제첨 55

제첨지 55
조목 434
『조선무쌍신식요리제법』 387
조선서적인쇄주식회사 422
『조선어독본』 422
『조선역사』 153, 420
『조선음식 만드는 법』 387
『조선지지』 420
조지소 72
조항범 176
조희웅 174
존 로스 142
존 매킨타이어 142
종교서류 138
종사질 242
『주방문』 382
『주역언해』 354
『주역전의구결』 354
주자소 44, 95, 100
주제서지학 40
『주해천자문』 157
죽간목독 45
죽산안씨 176, 438
죽지 73
줄바꿈법 196
중간본 90
중봉 59
『중용언해』 356
중층론 309
중층성 330
증도가자 118

증보문헌비고 42
『증수무원록언해』 150
지각 62
지눌 453
지면의 공간활용법 315
지심 68
紙作伯士 72
『진법언해』 369
진언집 348
진초 402
『징보언간독』 231

ㅊ

창준 44
창호지 77
채륜 63
채수 172
책 45
책지 76
책차 53
책판 114
척계광 149
천두 62
『천자문』 156
천주교 가사 171
천주교서 141
천혜봉 60, 95
첩장 65
첩장본 65
『청구영언』 169

540

청학서 147
체계서지학 40
초고본 84
초서체 399
초쇄본 92
초조대장경 96
『총통등록』 368
최세진 159, 162
최시형 143
최웅환 177
최정순 423
최정호 423
최제우 143
최지혁 422
최현배 424
춘방 95
출토 언간 191, 192
층위 간의 경계 문제 327
『칠대만법』 240
칠서언해 358
침안 56

ㅋ

칸비움법 196
콘텐츠 462

ㅌ

탁인본 88
『태남잡기』 295, 297

『태상감응편도설언해』 402
태지 74
통문관 146
통합적 해석 324, 325
『퇴계선생연보』 205
특정문화 층위 319

ㅍ

파피루스 37
판본학 39
판소리계 소설 173
판심 57
판심제 57, 60
판하본 79, 90
편목 표시 53
포배장 67
풍수서 145
필사기 318
필사본 78, 189
필사체 397, 403
필체 395

ㅎ

하경룡 361
『학봉김선생행장』 205
학부 105, 130
학부판 105
학조 98
학조대사 128

한교 149, 291, 368, 371
한국콘텐츠진흥원 468
한글 고문헌 23
한글 글꼴 공모전 392
한글 배지 227
한글 수기 229
한글 시화 219
한글 영비 185
한글 초서체 402
한글 해서체 402
한글 행서체 402
한글문헌학 38
한글박물관 300
『한불자전』 422
한산 이씨 155
한서 예문지 40
『한성순보』 422
『한성주보』 422
『한중록』 204
한학서 147
한효순 376
『해동가요』 169
해동문헌총록 42
해동역사 예문지 42
해서체 399
해영판 258
「해인사 유람기」 298
해제 282
행관 62
행서체 399
행필 428

『향약구급방』 145
『향약집성방』 145
허경무 397
허균 172
허엽 246
허재영 365
「현풍곽씨언간」 26, 192, 435
현풍곽씨언간 178
현풍면 178
협주 62
형태서지학 39, 50
혜경궁 홍씨 203
『혜빈궁일기』 203
호접장 66
홍계희 162
홍낙술 206
『홍무정운역훈』 127, 162
홍순석 179
홍윤표 177, 182, 210, 218, 233, 395, 398, 411
홍인한 207
화구제 60
화기류 370, 376
『화동정음통석운고』 162
화문어미 59
화선지 77
『화성일기』 203
화승 437
『화엄경』 64, 71
화주 243
환지 77

활자본 85
활자체 403
황문환 179
효빈체 406
후쇄본 92
훈련도감 129
훈련도감자 129

훈련도감판 103
『훈몽자회』 159
훈민정음체 401, 402
『훈민정음』(해례본) 300
흑구 57
흑권점 414
홍덕사자 118